Helge Peukert
Die große Finanzmarktkrise

Helge Peukert

Die große Finanzmarktkrise

Eine staatswissenschaftlich-finanzsoziologische Untersuchung

Metropolis-Verlag
Marburg 2010

Bibliografische Information der Deutschen Nationalbibliothek
Die Deutsche Nationalbibliothek verzeichnet diese Publikation in der Deutschen Nationalbibliografie; detaillierte bibliografische Daten sind im Internet über http://dnb.d-nb.de abrufbar.

Metropolis-Verlag für Ökonomie, Gesellschaft und Politik GmbH
http://www.metropolis-verlag.de
Copyright: Metropolis-Verlag, Marburg 2010
Druck: Rosch Buch, Scheßlitz
Alle Rechte vorbehalten

ISBN 978-3-89518-836-7

Für Jürgen G. Backhaus
In Dankbarkeit für schöne und interessante Jahre in Erfurt

Inhaltsverzeichnis

Vorwort 9

Mini-Glossar 13

Abkürzungsverzeichnis 20

Für den eiligen Zeitgenossen: Die Kapitel und die vorgeschlagenen Finanzmarktreformen im Überblick 21

I. Feldvermessung und Ortsbestimmung 29
   1 Der Rubikon 31
   2 Ein Panoramabild 45

II. Die Finanzmärkte aus der Sicht des Mainstream 87
   1 Der orthodoxe Ansatz effizienter Finanzmärkte 89
   2 Skepsis und Relativierungen 113

III. Ein alternativer Ansatz: Das Bullen-Bären-Paradigma 151
   1 Das Erfordernis einer neuen Sichtweise der Kapitalmärkte 153
   2 Berichte aus der Akteursperspektive 157
   3 Heterodoxe Ansätze (Veblen, Keynes, Galbraith, Minsky, Wray, Roubini, Taleb, Stout) 173
   4 Marktfundamentalismus oder Spekulation? Eine Zusammenfassung und weiterführende Überlegungen 241
   5 Wirtschaftshistorische Evidenzen, Leverage und Verschuldung, Größe und Konzentration des Finanzsektors und die Quellen seiner (Extra)Gewinne 263

6 Menschliches, Allzumenschliches: Die Grenzen
  des Homo rationalis 289

7 Das große Staatsversagen 307

8 Die Notwendigkeit einer postautistischen
  Wirtschaftswissenschaft 323

IV. Ist ein Leben ohne Finanzkrisen möglich? Reformvorschläge für stabile Finanzmärkte 351

1 Halbherzige Reformdiskussionen und
  Regulierungsmaßnahmen 353

2 Prinzipielle Vorüberlegungen 375

3 Die Geldordnung: Das 100%-Geld 399

4 Größenbegrenzungen: Das 100 Milliarden-Limit 437

5 Die Aufspaltung der Geschäfts- und Investmentbanken
  und weitere Funktionstrennungen 445

6 Eigenkapital, Leverage und Bilanzierungsregeln 455

7 Die Finanzmarkttransaktionssteuer und die Begrenzung
  der Derivate 461

8 Credit Default Swaps, Leerverkäufe, Ratingagenturen,
  Zweckgesellschaften und Sekuritisierung und das
  Schattenbankensystem 471

9 Die große Vermögensvernichtung: Der verkaufte
  Kleinanleger und Riesterrentner 485

10 Der gesamtgesellschaftliche Rahmen 499

Literaturverzeichnis 511

Vorwort

Dieser Beitrag gilt dem Verständnis der großen, internationalen Finanzkrise (FK) der Jahre 2007ff., der ersten wirklich globalen Finanzkrise seit dem Zweiten Weltkrieg und den USA als neuem Epizentrum. Der Verfasser versucht, ihre Ursachen und Begleitumstände zu verstehen und die entsprechenden Lehren daraus zu ziehen. Im ersten Kapitel erfolgt eine Feldvermessung des öffentlichen und wissenschaftlichen Diskurses während und nach der FK. Das breite Panoramabild der Debatte weist eklatante Defizite auf. Sie hängen wesentlich von der im zweiten Kapitel untersuchten und – trotz aller Relativierungen und Widersprüchlichkeiten – immer noch vorherrschenden orthodoxen Sicht effizienter Finanzmärkte (EMH) ab, der im dritten Kapitel das alternative Spekulations- bzw. Bullen-Bären-Paradigma (BBP) gegenübergestellt wird, um im vierten Teil für notwendig erachtete und bisher kaum realisierte Regulierungsvorschläge abzuleiten.

Die Motivation zu diesem Beitrag speist sich aus einer gewissen Enttäuschung über die Verarbeitung der Finanzkrise (FK) mit angezogener Reflexionsbremse und die ungleiche Lastenverteilung bei den Rettungsaktionen zu ihrer Überwindung. In weiten Teilen der Politik, der Öffentlichkeit, der Wissenschaft und auch der Finanzindustrie hat man (vielleicht als Form erlernter Hilflosigkeit) nicht den Versuch unternommen, die drohende Kernschmelze als einzigartiges Phänomen verstehen zu wollen, das dazu nötigt, bequeme und eingefahrene Ansichten zu revidieren.

Natürlich ist ein solcher Versuch von Seiten einer einzelnen Person ein Kampf David gegen Goliath-Finanzinstitutionen, die alles daransetzen, ihr Deutungsmonopol als hegemonialen Diskurs weiter zu pflegen und hierfür auch immense Geldmittel in die Waagschale werfen. Ihr Handicap besteht darin, dass die FK als Pendant zu einem naturwissenschaftlichen Experiment angesehen werden kann, das liebgewonnene Annahmen und Selbstdeutungen (z.B.: Kontrolle ist gut, Selbstkontrolle ist für alle besser) widerlegte und die vermeintliche Brillanz der bestbezahlten Akteure sich als Illusionen und Neuauflage von „Des Kaisers neue Kleider" erwies. Der Verfasser dieses Beitrages konnte auf keine finanziellen Hilfen zurückgreifen, er ist dafür aber garantiert finanzinteresse- und drittmittelfrei. Auch verfügte er nicht über Schatten- und Geisterschreiber, die zunehmend im Auftrag unserer vielbeschäftigten Koryphäen mitwirken, so dass ihm der Werkstolz des integralen Handwerkers und die alleinige Kritik am Endprodukt gebührt.

Als Lehrender und Forschender an einer öffentlichen Universität verfügt er über ein Gut, das nicht hoch genug geschätzt werden kann: Die Freiheit unabhängigen Denkens jenseits bestimmter, enger Interessen und Ideologien! Der Dank gilt daher in erster Linie der Universität Erfurt und dem Steuerzahler, dessen Interessen sich der Autor verpflichtet fühlt, d.h. der zahlreichen Gruppe von Menschen, die die allergrößten Schwierigkeiten haben, sich Gehör zu verschaffen. Ihre Steuerzahlungen sind es auch, die als schlussendlicher Anker und sichere Bastion während der FK als letzte Garantie dienten, um den internationalen Zusammenbruch des Finanzsektors zu verhindern.

Der Autor ist kein Finanzmarktspezialist, was den Vorteil hat, dass er nicht der üblichen expertokratischen *déformation professionelle* unterliegt. Er hat die letzten zwei Jahre schwerpunktmäßig damit verbracht, sich umfassend in die (Fach)Literatur einzuarbeiten und in einigen Vorträgen in Europa und in den USA sowie in Lehrveranstaltungen und bei Podiumsdiskussionen die vorläufigen Ergebnisse zur Diskussion gestellt. Er ist nach wie vor kein Experte zur Strukturierung einer CDO[3]. Den Wald im Blick zu haben ist ihm wichtiger als alle Bäume bestimmen zu können. Die Aufgabe des Finanzwissenschaftlers ist es schließlich, die (Finanz)Ökonomie als Ganzes zu verstehen, fidukarisch zu beschützen und nach Unfällen über die Symptombehandlung hinausgehende Diagnostik und Prävention zu betreiben (Kotlikoff 2010, XVII-XX).

Die an der Staatswissenschaftlichen Fakultät der Universität Erfurt institutionalisierte Interdisziplinarität war eine große Hilfe, ebenso die kritischen Diskussionen mit Kollegen und Studenten, insbesondere mit Jürgen Backhaus und im finanzsoziologischen Doktorandenkolloquium und die Anregungen bei Tagungen und Vorträgen. Anstelle einer langen Liste sei hier nur ein gesonderter Dank an Franziska Totzauer für Recherchen und die gedankliche Einordnung der Beiträge, Norbert Häring und Udo Glittenberg für anregende Gespräche zum Thema sowie Hubert Hoffmann vom Metropolis-Verlag für seine entgegenkommende und kompetente Tätigkeit als Verleger erwähnt. Die (trotz Kürzungen nach wie vor) vorzügliche Universitätsbibliothek in Erfurt und das schnelle Fernleihsystem erwiesen sich als unentbehrlich. Die finanziell

Vorwort

bescheidene Ausstattung der öffentlichen Universitäten im Kernbereich, die dazu führen, dass in der Lehre und Forschung Tätige auch noch vielfältige Verwaltungsaufgaben übernehmen müssen, waren für den Autor nicht nur eine Belastung, sondern auch nachdrücklicher Ansporn, machen sie doch im Alltag täglich die frappierende Unverhältnismäßigkeit der Mittelverfügung und -verwendung im Bildungs- im Vergleich zum Finanzsektor bewusst. Auf globaler Ebene verdienen die Einen wieder Milliarden, während die Andere erst richtig anfangen zu sparen.

Die Auswahl der hier bedachten und zitierten Literatur fiel angesichts der Hunderten von Beiträgen nicht leicht, musste aber aus Gründen der Länge und Handhabbarkeit sein. Es wurden Texte und Sachverhalte bis September 2010 einbezogen, bis hin zu den geplanten neuen Lasten für den Durchschnittsbürger durch Beitragserhöhungen der gesetzlichen Krankenkassen, der Arbeitslosenversicherung u.a. und der neben einem unrealistischen Insolvenzrecht letztlich von den Bankkunden zu zahlenden Bankenabgabe, mit der der Bürger den Finanzinstituten einen Sicherungsfonds finanziert. Es wurde aus Raumgründen nicht extensiv auf die Diskussionen in den Blogs von Tyler Cohen, Richard Posner, Steven Levitt, Mark Thoma, Paul Krugman und im heterodoxen Umfeld eingegangen.[1] Der letzte Zugriff und die Überprüfung der Internetquellen erfolgte vom 12.-15. August. Sofern Ursprungsorte und Daten der Veröffentlichungen aus dem Internetverweis hervorgehen, wurden sie meist nicht noch einmal aufgeführt. Aus Raumgründen wurde auf ein Eingehen aller im Prinzip relevanten Gesetzestexte und die Angabe ihrer Fundstellen verzichtet. Auch kommen einige inhaltliche Aspekte wie z.B. die Detailanalyse der deutschen Regulierungs- und Überwachungsbehörden (Bafin, Bundesbank), Sinn und Unsinn der Rettungspakete im Einzelnen usw. bewusst zu kurz, da es nicht auf eine Rundumbetrachtung oder historische Rekonstruktion der Ereignisse, sondern um eine grundsätzliche Reflexion – wenn auch mit einem gewissen deutschen Bias – geht.

Hartgesottenen, heutigen Durchschnittsökonomen werden die folgenden Seiten selbstverständlich nicht sehr ‚theoretisch' erscheinen, da weder auf statistisch-ökonometrische, noch modelltheoretische Analyse beson-

---

[1] Siehe z.B. nakedcapitalism.com, www.angrybear.blogspot.com, www.delong.typepad.com, www.econbrowser.com, www.nachdenkseiten.de, www.weissgarnix.de, http://blogzeit.de/herdentrieb, http://firelarrysummersnow.blogspot.com/, www.debtdeflation.com und http://www.rgemonitor.com/blog/roubini.

deres Gewicht gelegt wird. Ihre Grenzen wurden von der FK aufgedeckt. Der Beitrag steht in der Tradition der Staatswissenschaften (interdisziplinäre Gesamtschau), der Finanzsoziologie (Einbezug der Interessen, Ideologien und Gefühle), der Historischen Schule und des kritischen Institutionalismus (Veblen, Commons u.a.). Der Text ist nichts für schnelle Leser, da Evidenzen über ein Mosaik aus Einzelereignissen, wirtschaftshistorischen Verläufen, stilisierten Fakten und vergleichenden Beispielen hergestellt wird. Sie sind im Zwischenbereich von Wirtschaftswissenschaft, Soziologie, Philosophie, Geschichtswissenschaft, Rechtswissenschaften und Politologie angesiedelt und haben den Anspruch, möglichst allgemein verständlich zu sein. Es konnte aber nicht vermieden werden, gelegentlich übliche Fachtermini zu verwenden. Nur die am häufigsten Gebrauchten werden im Mini-Glossar kurz erklärt, da man sich über das Internet schnell zur Bedeutung der sonstigen Begriffe informieren kann. Eine kurze Zusammenfassung der einzelnen Kapitel und abschließend der vorgesehenen Finanzmarktreformen bietet einen inhaltlichen Überblick.

Einer kurzen, dogmengeschichtlichen Analyse vieler einzelner Texte kommt hier eine vielleicht überraschende besondere Rolle zu. Im Unterschied zu Cassidys (2009) mustergültiger Analyse des Einflusses eines letztlich unveränderten marktliberalen Gedankengebäudes von Adam Smith über Friedman bis zu Greenspan, Bernanke u.a. werden hier die internen Ambivalenzen, nichtbegründete Folgerungen usw. im Vordergrund stehen. Ferner meint der Verfasser nicht, *den* Schlüssel oder *das* Modell zur Totalerfassung der FK in der Hand zu haben. Er versucht, der Unübersichtlichkeit und Undurchdringlichkeit der heutigen Finanzmärkte durch eine breite Palette an Ansätzen und Überlegungen gerecht zu werden. Mit dem BBP wird allerdings eine zwar im Kern eindeutige Interpretation vorgenommen, die aber hinsichtlich ihrer heuristischen und deskriptiven Füllung offen und weitverzweigt ist, ohne Vollständigkeit zu supponieren. Daher werden viele Überlegungen und Texte vorgestellt, um sie einerseits als historisch wertvoll im kollektiven Gedächtnis zu bewahren und um dem Leser andererseits die Möglichkeit zu geben, ein eigenständiges Urteil fällen zu können. In diesem Sinne ist der Autor dankbar für Kritik und Anregungen (Helge.Peukert@uni-erfurt.de). Die weitere Entwicklung (Basel III-Regelungen, auch ökologische Grenzen des Wachstums usw.) wird er ab November 2010 auf einem Blog begleiten (www.peukert.wordpress.com) und auf die dort eintreffenden Kritiken oder Anregungen an diesem Buch reagieren.

Mini-Glossar

Die folgenden kurzen Beschreibungen dienen einem ersten Überblick und nicht der Exposition wirtschaftswissenschaftlicher oder juristischer Raffinessen.

ABS *(Asset Backed Securities)*: Forderungsbesicherte Wertpapiere; Ausgabe handelbarer Wertpapiere, die (im günstigen Fall) durch regelmäßige Zahlungsströme (Hypotheken, Autokredite usw.) und eine breite Streuung der zugrunde liegenden Risiken (hier: *viele* Hypotheken *und* Autokredite in einem ABS) abgesichert sind.

Asset: Oberbegriff für Anlagegüter aller Art (Aktien, Anleihen, Immobilien, Rohstoffe usw.).

Bail-out: Öffentliche Rettungsaktionen für zahlungsunfähige Unternehmen in Form finanzieller Hilfen, Garantien, Änderungen von Bilanzierungsregeln usw., die sich oft in Form höherer Staatsverschuldung bemerkbar machen.

Bank: Ein Unternehmen, das kurzfristig – z.b. durch von Anlegern geliehene Spareinlagen – Gelder aufnimmt, die als Verbindlichkeiten der Bank i.d.R. jederzeit zurückgefordert werden können. Diese Einlagen (Passiva) werden mit Zinsen als Unternehmenskredite, Hypotheken usw. verliehen. Dies ist die einfache Elementarfunktion der Banken, doch Achtung: Die Passiva (Spareinlagen) sind liquide, die Aktiva (längerfristige Investitionen) sind nicht oder weniger liquide, da sie als längerfristig laufende Kredite gebunden sind. Problem: Je liquider die Spareinlagen, umso günstiger für die Bank (z.b. niedrige Zinsen bei Girokonten); je illiquider die Aktiva (lange Laufzeiten der Kredite), umso höher i.d.R. der Zins. Aus der möglichst hohen Zinsdifferenz zwischen Passiva und Aktiva resultiert der Gewinn der Banken; je größer die Differenz und je geringer die Sicherheitspolster, umso höher ist aber auch das Risiko der Illiquidität. Der *trade-off* divergierender Laufzeiten ist somit bei Banken strukturell-immanent. Bei einem Ansturm der Anleger kann sich die Bank gezwungen sehen, Aktiva (Hypotheken usw.) zu verkaufen *(deleveraging)*; sehen sich viele Banken hierzu gezwungen, kann es zu rasanten Wertverlusten kommen.

Behavioral Finance: Neuere Forschungsrichtung am Rande des Mainstream, die typische nicht-rationale Aspekte menschlichen Entscheidungsverhaltens untersucht, die zu Instabilitäten der Finanzmärkte führen können.

Bubble: (Spekulations)Blase.

Capturing: Kaperung oder Eroberung der Denkweisen und Beeinflussung des Kontrollverhaltens der Aufsichtsbehörden durch Lobbying, Geldzahlungen, Einladung zu Tagungen und ‚Aufklärung' über die wirklichen Zusammenhänge.

CDS *(Credit Default Swap)*: Kreditderivat; erlaubt den Handel mit Ausfallrisiken von Krediten, Anleihen usw. (z.B. bei Insolvenz oder teilweiser Nichtrückzahlungsfähigkeit); der Sicherheitsnehmer zahlt eine Prämie an den Sicherheitsgeber, um von diesem im Falle des Ausfalls des Referenzschuldners (z.b. des Anleiheemittenten) eine Ausgleichszahlung zu erhalten; Clou: man kann sich versichern, ohne Kredite, Anleihen usw. tatsächlich zu besitzen.

Collateral: Pfand, zur Sicherheit hinterlegter Gegenstand oder Wertpapier.

Counterparty risk: Risiko durch Ausfall der Gegenseite bzw. des Vertragspartners; diesbezügliche Risiken haben in den letzten Jahren durch Derivate, höhere finanzinterne Verschuldungsketten usw. stetig zugenommen.

Deleveraging: Geringe Wertverluste der Aktiva können zur Nichteinhaltung des angestrebten oder gesetzlich vorgeschriebenen Fremd- zu Eigenkapitalverhältnisses führen, was zwecks Ausgleich zum Verkauf von Assets in (mehreren) Anlageklassen (Aktien, Rohstoffe usw.) führen kann; Problem: Ein synchrones Zurückfahren und Verkaufen führt zu deutlichen Wertverlusten der verkauften Assets, mit denen sich die Verkäufer kollektiv gegenseitig schädigen, was das Ziel einer Rekonsolidierung verhindern kann (siehe mit Zahlen- und Buchungsbeispiel: http://www.blicklog.com/2008/11/17/deleveraging-der-hebel-zur-finanzkrise/).

Derivate: Abgeleitete Werte (lat. *derivare* = ableiten); Finanzinstrumente, deren Preis vom Wert anderer Handelsgüter (Lebensmittel, Rohstoffe), Wertpapiere (Aktien, Anleihen), Zinssätzen oder Ereignissen (Unternehmensinsolvenzen, Staatsbankrotte) abhängt; der Wert ändert sich in Abhängigkeit vom Basiswert; bei Futures muss die Verpflichtung bei Fälligkeit erfüllt werden; bei Optionen besteht ein Ausübungsrecht; bei Swaps werden Zahlungsströme (z.b. fixe versus variable Zinserträge) getauscht; Vorteil: bei Derivaten kann man mit wenig Einsatz eine große Menge des Basiswertes bewegen (Hebel, Einzahlungspflicht bei Abschluss von oft nur 5% des Handelswertes); Nachteil: eine geringe Veränderung des Basiswertes führt in der Regel zu einer deutlich höheren Schwankung des Derivatwertes, bei fallenden Preisen kann dies existenzbedrohende Auswirkungen haben; der Handelswert der Derivate übersteigt heutzutage bei weitem den der Basiswerte *(underlyings)*; die meisten Derivate stellen spekulative Wetten auf zukünftige Preisverläufe dar, mit einem Gewinner und einem Verlierer.

Eigenkapital (quote): Vermögensanteil, der nach Abzug aller Schulden übrig bleibt; Anteil der Eigentümer am Gesellschaftsvermögen (im Unterschied zum Fremdkapital); umfasst bei AGs im wesentlichen Grundkapital und Gewinnrücklagen (sogenanntes hartes Eigenkapital, Tier 1); Eigenkapitalquote: Anteil des Eigenkapitals an der Bilanzsumme; kann auf höchst unterschiedliche Weise definiert werden (D'Hulster 2009).

Exposure: Grad des Risikos oder Ausgesetztseins z.B. durch die Zusammensetzung der Bilanz, der Handelspositionen oder der Handelspartner.

Fundamentals: Volkswirtschaftliche Fundamentalwerte; bei einem Unternehmen z.B. Marktposition, Innovationsfähigkeit, Patente, Kompetenzen der Arbeitnehmer usw. Gemäß EMH sollte der Kurs einer Aktie diesem realökonomischen Fundamentalwert entsprechen.

(Geschäfts)Banken *(Commercial banks)*: Einlagen- und Kreditgeschäft; Organisation des bargeldlosen Zahlungsverkehrs (Girogeschäft); der Sektor ist in Deutschland in Privatbanken, Sparkassen und Genossenschaftsbanken aufgeteilt, die nach dem Universalbankenprinzip auch sekundär in der Vermögensverwaltung, bei Wertpapieremissionen usw. tätig sein können.

Haircut: wörtl. Haarschnitt, bezeichnet den meist prozentualen Sicherheitsabschlag vom Nennwert der Assets; er drückt das vermutete Ausfallrisiko aus.

Hedgen *(hedging)*: Absicherung, Deckungsgeschäft (mittels Optionen, Futures usw.); dient zur Vermeidung des Risikos nicht vorherbestimmbarer Preisschwankungen.

Investmentbanken: Sie tätigen die Vermögensverwaltung für Kunden, den Handel und Eigenhandel mit Wertpapieren, sie begleiten und initiieren Aktienemissionen, begeben Anleihen und führen Fusionen und Übernahmen (M & A) durch.

Leerverkauf *(short sale)*: Unterschieden werden gedeckte und ungedeckte Leerverkäufe; bei gedeckten werden z.b. Aktien oder Devisen von B durch A ‚ausgeliehen' und die Rückgabe zu einem späteren Zeitpunkt vereinbart; die geliehenen Aktien werden dann von A verkauft und kurz vor der vereinbarten Rückgabe an B am Markt von C gekauft; ein Gewinn entsteht, wenn der Preis kurz vor Rückgabe unter dem Ankaufspreis von B liegt; Meinung EMH: Leerverkäufe sind gut, da sie Handlungsoptionen erweitern und die Marktvolatilität senken kann; Meinung BBP: durch den Verkauf der Aktien von B kurz nach dem Ankauf durch A wird oft eine Talfahrt des Preises bezweckt und/oder bewirkt und so die Volatilität und Instabilität erhöht; bei ungedeckten Leerverkäufen *(naked short sales)* vereinbart man den Verkauf von A an C in der Zukunft, ohne sich die Assets vorher auszuleihen; Vorteil: Handel mit geringerem Eigenkapital möglich (Hebel); Nachteil: Mit weniger Kapital kann größeres Unheil angerichtet werden.

Lender of last resort: Wörtl. Kreditgeber letzter Instanz; der letzte Rettungsanker hinsichtlich Finanzierung oder Garantieleistungen in angespannten Zeiten; in Frage kommen Zentralbanken und Regierungen.

Leverage (Ratio): (Grad der) Fremdkapitalaufnahme bzw. Fremdfinanzierungsgrad, gibt das Verhältnis von Fremd- zu Eigenkapital an. Grundsätzlich gilt: Je mehr Fremdkapital aufgenommen wird, eine umso höhere Eigenkapitalrendite lässt sich erzielen (Hebelwirkung), umso größer ist aber auch das Risiko des Scheiterns mangels ausreichender Eigenkapitalpuffer. Beispiel: Eine Bank mit 100 Mio. Grundkapital und 400 Mio. zu 3% verzinsten Kundeneinlagen verleiht zu 8% und macht bei 10%iger Kapitalreserve 24 Mio. Gesamtgewinn. Leiht sich die Bank weitere 500 Mio. zu 4% und verleiht diese zu 8%, so ergibt sich ein Gewinn von 40 Mio. Die Eigenkapitalrendite steigt um 2/3. Durch einfaches Leveraging (hohe Risikobereitschaft) werden Helden des Finanzbusiness geboren, doch die Finanzalchimie kann in einer Abschwungphase auch in die umgekehrte Richtung bis zur Systemgefährdung führen (Nieten in Nadelstreifen).

Makroprudentielle Regulation: Im Unterschied zu mikroprudentieller Regulation, die sich auf einzelne Finanzinstitute bezieht, richtet sich das Augenmerk der Aufsichtsbehörden auf den Finanzmarkt als solchen betreffende Entwicklungen, z.b. den Gesamtverschuldungsgrad einer Volkswirtschaft (Verschuldung der Haushalte, Unternehmen, Finanzinstitute und des Staates in Relation zum BIP); so könnten die Aufsichtsbehörden bei Überschreiten einer bestimmten Grenze z.b. höhere, antizyklische Eigenkapitalanforderungen stellen; nicht allseits beliebt, da konzeptuell das BBP voraussetzend.

Mark-to-market: Aktiva werden immer zum aktuellen Marktwert in der Bilanz angesetzt, unabhängig davon, ob z.b. Gewinne durch Verkauf realisiert wurden oder nicht. Problem: In Boomphasen bläht sich der Wert der Aktiva (aus Sicht des BBP: übertrieben) auf, was weitere Fremdkapitalaufnahme erlaubt, bis die Preise nicht mehr weiter steigen und dann eine ebenfalls prozyklisch wirkende, meist abrupte Kontraktion *(deleveraging)* auslösen.

Moral Hazard: Wörtl. moralisches Risiko (treffender wäre wohl: Riskante Moral), Gefährdung oder Wagnis; bezeichnet nachvertraglichen Opportunismus und mangelnde Schadensvermeidung wegen geringerer Anreize zur Sorgfaltspflicht z.b. aufgrund von (Brandschutz)Versicherungen; im Finanzbereich v.a. virulent wegen Einlagensicherungen und der *too-big-to-fail*-Problematik.

Originator: Meist Banken als Gründer einer Zweckgesellschaft, Vorteil: Oft geringere Eigenkapitalhinterlegung, Nachteil: Meist Dennoch-Haftung bei Scheitern.

Prozyklizität: Beschreibt den Sachverhalt, dass beim Kreditvergabegeschäft der Banken gleiche Verhaltensmuster wie in der Realwirtschaft auftreten, d.h. ein starkes Kreditwachstum im Wirtschaftsaufschwung und eine starke Kontraktion im Abschwung erfolgt; wird begünstigt durch *mark-to-market*-Bilanzierungsregeln; besser wäre eine ausgleichende (ev. antizyklische) Wirkung, aber kann man die Bowle entfernen, wenn die Party gerade erst richtig beginnt?

Schattenbanken: Hier nicht betrügerisch-illegale Machenschaften, sondern innerhalb des gesetzlichen Rahmens agierende Kreditinstitute, die keine offizielle Banklizenz besitzen, nicht wie Banken kontrolliert werden und auch nicht ihren Regulationsvorschriften (z.b. hinsichtlich des Eigenkapitals) unterworfen sind; zeichnen sich oft durch hohes Leverage und sehr kurzfristige Mittelaufnahme aus; Beispiele: Hedgefonds, die früheren Investmentbanken (Lehman Brothers, Bear Stearns), Zweckgesellschaften, die amerikanischen Hypothekenfinanzierer.

Sekuritisierung: Ersetzung von Bankkrediten durch handelbare Wertpapiere (siehe Zweckgesellschaft).

Spread: Kursdifferenz zwischen An- und Verkaufspreis und z.b. Zinsdifferenz bei Staatsanleihen zwischen Ländern mit höherer und geringerer Bonität.

Systemisches (systemrelevantes) Risiko: Tatbestände, die das Finanzsystem insgesamt bedrohen wie z.b. die Insolvenz eines großen Finanzinstituts oder undurchsichtige, hohe Verflechtungen der Handelspositionen vieler Finanzinstitute.

Too-big-to-fail: wörtl. zu groß, um zu scheitern oder scheitern zu können; beschreibt den Umstand, dass große (Finanz)Unternehmen (Konglomerate, Megabanken) wie Goldman Sachs oder die Deutsche Bank wegen ihrer hohen Bedeutung für das Gesamtsystem von der Politik nicht fallen gelassen und gerettet werden, was sie zu höherem Risiko verleitet und zur unfairen Folgekostenübernahme durch die öffentliche Hand führt.

Trade-off: Zielkonflikt.

Volatilität: Maß der kurzfristigen Fluktuation einer Zeitreihe (z.B. Aktien, Währungen) um den Trend oder Mittelwert (gemessen als Standardabweichung oder Varianz); Gradmesser für Preisschwankungen; Grundsatz: Hohe Schwankungen sind schlecht.

Zweckgesellschaft: Juristische Person, die zu bestimmten Zwecken gegründet wird (meist zur Ausnutzung inkonsequenter Regulierungsunterschiede zum erforderlichen Eigenkapital); im Prinzip verkauft der Originator Zahlungsansprüche (z.b. Kreditrückzahlungen) an die Zweckgesellschaft, die die Zahlungsforderungen bündelt und in handelbare Wertpapiere mit oft sehr kurzer Laufzeit verwandelt (Verbriefung), die am Kapitalmarkt platziert werden und die (z.b. Hypotheken)Forderungen als Sicherheit dienen; als Unterlegung können auch Anleihen, oder Derivate dienen; Vorteile nach EMH: Bessere Risikostreuung, liquide Machen von Buchforderungen, bessere Risikoeinschätzungen über die Kapitalmärkte, geringeres erforderliches Eigenkapital usw.; Nachteile nach BBP: Größere Instabilität selbst durch kleinere Marktveränderungen (z.b. steigende Zinsen und fallende Immobilienpreise); durch Verkauf Illusion nichtvorhandenen eigenen Risikos und geringere Aufmerksamkeit *(Moral Hazard)* von Seiten des Originators; kaum einschätzbare Risiken der oft komplexen Finanzinstrumente, daher ideal geeignet für Freunde maximalen Risikos.

Abkürzungsverzeichnis

BBP: Bullen-Bären- (bzw. Spekulations-)Paradigma
CFTC: U.S. Commodity Futures Trading Commission
EMH: Effizienzmarkthypothese
ETF: Exchange Traded Fund
EZB: Europäische Zentralbank
FAZ: Frankfurter Allgemeine Zeitung
FED: Federal Reserve System (Amerikanisches Zentralbanksystem)
FTD: Financial Times Deutschland
FTS: Finanzmarkttransaktionssteuer
IWF: Internationaler Währungsfonds
FK: Die jüngste Finanzkrise (2007ff.)
HRE: Hypo Real Estate
NZZ: Neue Züricher Zeitung
OTC: Over-The-Counter (nicht über Börsen und Plattformen, direkt gehandelte Derivate)
NYT: New York Times
NZZ: Neue Züricher Zeitung
SEC: U.S. Securities and Exchange Commission
SZ: Süddeutsche Zeitung
WSJ: Wall Street Journal

Für den eiligen Zeitgenossen:
Die Kapitel und die vorgeschlagenen
Finanzmarktreformen im Überblick

Kapitel I: In der öffentlichen Diskussion über die Interpretation der Finanzkrise lässt sich eine große Unsicherheit und Schwammigkeit feststellen. Es überwiegt aber v.a. bei den Entscheidungsträgern nach wie vor eine Sicht im Prinzip rational-konstruktiver, effizienter Märkte (Effizienzmarkthypothese: EMH), die eine tiefergehende Aufarbeitung scheut. Als Grundmotiv dieses Beitrages wird dieser Sicht ein alternativer Ansatz gegenübergestellt: Das Bullen-Bären-Paradigma (BBP), das auch die irrational-destruktiven Aspekte einbezieht. Nach einem Panoramaüberblick anhand exemplarischer Beiträge aus dem wissenschaftlich-politisch-finanzindustriellen Komplex wird gefragt, wodurch die – von wenigen Ausnahmen abgesehen – unkritische Haltung der EMH zu erklären ist (ideelle Kaperung, Verdrängung und Ruhebedürfnis, finanzielle Abhängigkeit u.a.).

Kapitel II: Das Kapitel untersucht die EMH als wissenschaftlich-orthodoxen Mainstream (rationale Einpreisungen, kleinere Schwankungen, Bewegung auf die Fundamentals usw.). Bei näherem Hinsehen überraschen die von Anfang an bestehende Unübersichtlichkeit und tiefgehende Meinungsdivergenzen selbst in elementaren Fragen: Findet eine Zubewegung auf die Fundamentals statt, gibt es Random Walks, welche Form der Effizienz herrscht vor? All diese Fragen fanden verschiedene Antworten; oft können keine präzisen Angaben gemacht (wie hoch muss z.B. der Anteil der Informierten sein?) und die EMH nicht ohne verbundene Hypothesen zu Verhaltensannahmen getestet werden, was die Falsifizierbarkeit (theorieunabhängige Basissätze) der EMH in Frage stellt. Weitere Relativierungen, z.B. die Aufteilung von Marktprozessen in effiziente und nichteffiziente Informationsverarbeitungsphasen (Malkiel) tragen zur Vieldeutigkeit des Konzepts bei.

Das beste Beispiel sind die Schriften eines Begründers der EMH: Eugene Fama, der sich als Schüler Mandelbrots zur Gültigkeit von – der Gaussverteilung widersprechenden – Power Laws auf den Finanzmärkten bekannte und empirisch nachwies. Sie fanden auch in der jüngeren Wirtschaftsrealität Bestätigung (*fat tails* in den Jahren 1987, 2000ff.). In einem zweiten Schritt werden die Relativierungen der EMH durch ihre Annahmen variierende Partialmodelle verfolgt, die von innen heraus zu einer Infragestellung der EMH beitragen. Die Einführung von Uninformierten, rationalem Herdenverhalten, begrenzter Liquidität der Professionellen, Signalambivalenzen usw. führt zu dem Modell eigentlich widersprechenden Resultaten, z.b. zu destabilisierender Spekulation.

Am Beispiel A. Shleifers, der auch Ergebnisse von Behavioral Finance einbezieht, wird eine gewisse Schizophrenie festgestellt: Die EMH wird durch Gegenmodelle zerstört, gleichzeitig aber werden bei Fragen der Finanzmarktregulation theoretisch zur Begründung von (De)Regulierungsvorschlägen Zusammenhänge behauptet, die die EMH voraussetzen. Diese unterstellten Zusammenhänge widersprechen aber den Ergebnissen der neuentwickelten (Partial-)Modelle. Eine noch größere Paradoxie zeigt sich im Verhältnis zur praktischen Wirtschaftspolitik: Nachdem die EMH empirisch und theoretisch (bereits ab Mitte der 1970er, verstärkt in den 1980er Jahren) weitestgehend zur Disposition stand, setzte in der Wirtschaftspolitik u.a. in den USA, der EU und mit besonderem Eifer in Deutschland massiv die Deregulierung ein. Die Kopfgeburt selbstregulierender Finanzmärkte erfolgte somit ohne theoretischen Unterleib, was nicht verhinderte, dass Ökonomen oft ihren Segen gaben.

Kapitel III: In diesem Kapitel wird ansatzweise das BBP als zur EMH alternativer Ansatz entwickelt, das den Objektivitätsanspruch (Quantifizierbarkeit, Kenntnis aller Variablen in einem geschlossenen System usw.) und die Eindeutigkeit formal-mathematischer Modelle nicht teilt, da sie dem Untersuchungsphänomen der Finanzmärkte widersprechen. So stehen zur hermeneutischen Einstimmung am Anfang sich stark ähnelnde Erfahrungsberichte von Insidern (Mitte der 1980er Jahre bis 2009), die dem (Selbst-)Bild des kompetenten Informationsverarbeiters völlig widersprechen: Betrug, Übervorteilung, Verkauf sinnloser, riskanter und teurer Produkte, Phantasieratings, Ausnutzung von Informationsasymmetrien und Bestehen gravierender Interessenwidersprüche (Entsorgung toxischer Produkte des Eigenhandels durch Verkauf an Kunden nach ‚Beratung'), blanker Egoismus, Alkohol, Drogen usw. werden in bunten Bildern beschrieben.

In einem zweiten, dogmenhistorischen Teil, werden die heterodoxen Ansätze Veblens, Keynes', Galbraiths u.a. vorgestellt und mit Ereignissen aus der Wirtschaftsrealität und neueren theoretischen Beiträgen verglichen und ergänzt. Es erstaunt, welch originelle, zutreffende und konstruktive Überlegungen sich in zum Teil in mehr als 100 Jahre alten Beiträgen finden und es zeigt sich, dass neuere Theorieentwicklungen (z.b. Behavioral Finance) gar nicht so neu sind. Die reiche Ernte dieses Streifzugs wird dann systematisierend zusammengefasst. Diese Welt II des BBP zeichnet unvermeidbare radikale Unsicherheit, sehr unvollkommenes Wissen, heterogene Erwartungen, ein großer Einfluss emotionaler und sozialer Faktoren *(groupthink)*, überschießende und sich nicht zwingend auf die (kaum erkennbaren und reflexiv durch die Finanzmärkte beeinflussten) Fundamentals zubewegenden Preise und exzessive Handelsvolumina aus. Der Welt II wird dann eine Welt I mit einer nicht extremen Variante der EMH als heute vorherrschender Mainstreamperspektive gegenübergestellt.

Die idealtypische Klassifikation wird im Folgenden mit wirtschaftshistorischen Daten und Zusammenhängen belegt und unterfüttert, u.a. Leverage, die zunehmende Verschuldung und die Größe des Finanzsektors betreffend. Die Konzentration, die in vielen Segmenten des Finanzsektors zu fehlendem Wettbewerb führt, erklärt zu einem guten Teil die Extragewinne und die Bail-out-Problematik. Ein Unterkapitel widmet sich dem subjektiven Faktor menschlichen irrationalen Verhaltens, das auch vor den professionellen Finanzmarktakteuren nicht halt macht und ein Mosaikstein zur Erklärung manisch-depressiver Marktschwankungen ist. Auch das im Folgenden untersuchte große Staatsversagen ist zum Teil auf die Ansteckung kollektiver Gefühlswelten (z.B. Euphorie) zurückzuführen, aber auch auf ideologische und interessenbedingte Motive. Elementare Formen regulatorischen Fehlverhaltens werden thematisiert, die sich fatal mit Formen des Marktversagens kumulativ verbanden.

Aus dem BBP und den Formen des Markt- und Staatsversagens, auch durch unangemessene und einseitige Formaltheorien und seelenlose Ökonometrie ermöglicht, wird abschließend die Notwendigkeit einer heterodoxen Wirtschaftswissenschaft gefolgert, in der auch neue Formalmodelle (z.B. Risikomodelle, die Mandelbrotverteilungen unterstellen) eine Rolle spielen können. Sie haben aber zumeist nur einen heuristischen Wert (z.B. als nichtlineare dynamische Marktmodelle) und bedürfen des ergänzenden wirtschaftshistorischen Blicks und des Bewusstseins, dass es sich bei den Finanzmärkten um offene Systeme handelt. Epistemologisch-methodologisch wird vom vorherrschenden Erklärensein Verstehensansatz unterschieden, der u.a. dem methodischen Individualismus einen holistischen Ansatz entgegengestellt, der auch den Deutungen der Akteure über Marktprozesse und -phänomene hohen Stellenwert beimisst, was teilnehmende Beobachtung und Tiefeninterviews nahelegt.

Kapitel IV: Zunächst wird die Reformdiskussion über die Finanzmärkte der letzten zwei Jahre rekapituliert. Dann werden vorgesehene oder bereits in Gesetzesform gegossene nationale, europäische und internationale Vorschläge vorgestellt und deren erstaunliche Halbherzigkeit registriert. Es folgen einige weitere Vorüberlegungen für Reformvorschläge, z.b. die hohe Wahrscheinlichkeit der Kaperung und Halbherzigkeit der Marktsupervision und die Erfahrung, dass komplizierte Regulierung die zu beherrschende Komplexität erhöht. Hieraus lässt sich ein Plädoyer für möglichst einfache Regeln und herbeizuführende Strukturen ableiten, die sich in 13 Punkten, die im Text prinzipiengeleitet im Einzelnen näher begründet werden, zusammenfassen lassen. Im abschließenden, längerfristigen Ausblick wird exponentielles Wachstum als gemeinsame Grundlage und Ursache der Begrenzungskrisen in der Geld- und Realsphäre identifiziert, wobei letztere an die ökologischen Grenzen stößt. Die ungeklärte Zukunftsfrage lautet: Wäre eine ökologisch tragfähige Gesellschaft, die nicht auf den Wachstumsimperativ angewiesen ist, mit einer Geldordnung vereinbar, in der es positive Zinssätze gibt? Falls die Frage zu verneinen ist: Ist eine Geldordnung in einer arbeitsteiligen Wirtschaft ohne positive Zinssätze möglich?

Überblick 25

Die Finanzmarktreformen:
1. 100%-Geld nach I. Fisher als neue Geldordnung; a. Keine Geldschöpfung durch Kredite der Banken; für Giroguthaben gilt volle Deckungspflicht (100%ige Mindestreserve), Folge: Keine positiven Zinsen für Girokonten; Sparguthaben sind unter Berücksichtigung der Fristigkeiten verleihbar; b. Die Geldzufuhr erfolgt durch kostenlose ‚Geschenke' der unabhängigen Zentralbank an den Staat (Deutschland: Durchschnittlich 40-50 Mrd. Euro/Jahr), verschiedene Zuteilungsregeln sind möglich: Diskretionär, orientiert am Potentialwachstum (bei deutlichen Abweichungen: Entscheid durch Volksabstimmung?) oder fixer jährlicher Prozentsatz; im Gegenzug: Keine (Neu)Verschuldung durch die öffentliche Hand.

2. Entflechtung/Zerschlagung der Mega(Schatten)Banken: Internationales (als zweitbeste Lösung: europaweites) absolutes Größenlimit für Finanzinstitute bei 100 Mrd. € Bilanzsumme (A. Greenspan: „Wenn sie *too big to fail* sind, dann sind sie zu groß"); Erlaubnis für (Euro)Länder, auch niedrigeres Limit zu setzen.

3. Trennung der Tätigkeitsfelder der Geschäfts- und Investmentbanken; Geschäftsbanken tätigen das Depositen- und Kreditgeschäft im Realsektor (Abwicklung des Zahlungsverkehrs, Einlagen, Sparangebote, Kreditvergabe, An- und Verkauf von Wertpapieren für Kunden) durch dezentrale Banken (eine Variante: Ähnlich den deutschen Genossenschaftsbanken und Sparkassen); Girokonten können nur bei Geschäftsbanken gehalten werden; keine Einlagensicherung für Investmentbanken; Geschäftsbanken dürfen keine Kredite an Investmentbanken vergeben und keinen Eigenhandel und Derivatgeschäfte betreiben.

4. Investmentbanken: Prinzipiell keine Bail-outs für Nicht-Geschäftsbanken; Trennung 1. des Eigenhandels und der Beratung und 2. der Emissionstätigkeit und des Verkaufs der Assets; Verkauf durch unabhängige, auch keinen Eigenhandel betreibende Broker; langfristige Investitionen in nichtliquide Anlagen sind durch Aktienausgabe oder langfristige Anleihen zu finanzieren; Konzentration der Investmentbanken auf Kapital- und Wertpapierbeschaffung, keine Beteiligung an Hedgefonds oder Kapitalbeteiligungsgesellschaften usw. Generelle Funktionstrennungen: Beschränkungen auf das Kerngeschäft, gilt neben Geschäfts- und Investmentbanken auch für Kapitalbeteiligungsgesellschaften, Versicherungen

(die z.b. keinen Eigenhandel betreiben dürfen), Fonds usw.; Fonds sind von den Banken zu trennen; Keine Geschäftsbeziehungen der genannten Finanzinstitutionen mit nicht registrierten und nicht regulierten Akteuren des grauen Sektors der Finanzmärkte.

5. Höheres Eigenkapital aller (Schatten)Banken (einschließlich Hedgefonds): Bilanzielle Eigenkapitalquote ist, ähnlich dem Realsektor, auf 20-30% hartes Eigenkapital zu erhöhen; keine Risikogewichtungen nach Basel II oder III; Bilanzierung nach Niederstwertprinzip; unter bestimmten Bedingungen Kapitalnachschusspflicht bei drohender Verletzung der Eigenkapitalquote, sonst öffentliche Beteiligung mit Stimmrechten.

6. Erhebung einer Finanztransaktionssteuer (Keynes, Tobin) in Höhe von 0,01% bis 0,1% (bei Derivaten: Berechnet auf den Handelswert des Underlyings).

7. Derivate (Futures, Optionen, Swaps): OTC-Transaktionen sind im Unterschied zu über Börsen/Plattformen gehandelte Derivate rechtlich nicht einklagbar *(legally unenforcable)*, dies gilt nicht bei Reallieferung (Beleg nötig); deutlich höhere *(initial) margins* (30%); Verkauf an Kleinanleger nur in Ausnahmefällen. Untersagen von Leerverkäufen aller Art und von Credit Default Swaps (CDS), auf jeden Fall solcher ohne Besitz des Underlyings.

8. Ratingagenturen: Von den Käufern der bewerteten Produkte zu bezahlen; alternativ: Ein Pooling-Modell durch Zulosung; geringere Bedeutung der Agenturen durch Entfallen der Risikogewichtungen (siehe 5.) und anzustrebendes Entfallen .

9. Anstelle von Verbriefungen (Sekuritisierung), Zweckgesellschaften und Tranchierung: *Covered bonds* (gedeckte Anleihen) mit voller Originatorhaftung; falls Zweckgesellschaften: volle Eigenkapitalhinterlegung durch Originator und 20% der Assets sind von ihm zu halten, er hat außerdem eine 50%ige Wertgarantie zu bieten.

10. Boni: Volle persönliche Boni-Haftung der Manager, 3 Jahre Hinterlegung auf Sperrkonto (Malus); deutlich begrenzter Anteil von Boni am Gesamtgehalt; überlegenswert: Investmentbanken nur als Partnerschaften und die Umwandlung von Aktiengesellschaften in Stiftungen.

11. Karenzzeit *(cooling-off)* von 2 Jahren für den Wechsel von Regulatoren in die Finanzbranche und umgekehrt.

12. Abschaffung der Riesterrente; falls Beibehaltung, zumindest Umgestaltung in eine automatische, durch die öffentliche Hand organisierte Zusatzaltersversicherung (die z.b. über *Exchange Traded Funds* ein diversifiziertes „Weltportfolio" abbildet (jährliche Kostenbelastung: unter 0,5%), es besteht eine *opt-out*-Möglichkeit: Wer meint, es besser zu wissen, kann aussteigen und sich bei Privatanbietern zusatzversichern; alternativ: kein öffentliches Angebot, aber nur Zulassung von Riesterprodukten mit transparenter Preisgestaltung und einer Kostenbelastung von weniger als 0,5%.

13. Abbau der (u.a. durch den Zinseszins bewirkten) Konzentration der Geldvermögen, einmalige Vermögensabgabe bei Kapitaleinkünften über 50.000 Euro als Beteiligung an der Finanzkrise; stärker progressive Einkommens-, Erbschafts- und Vermögenssteuern; Verwirklichung eines *Rising tide tax system,* so dass die Steuern sich variabel an einer maximal zulässigen Einkommens- und Vermögensspreizung orientieren.

I.
Feldvermessung und Ortsbestimmung

1 Der Rubikon

„Die Finanzkrise der letzten Jahre ist die gravierendste globale Finanzkrise seit der Großen Depression, egal ob man sie nach Tiefe, Ausbreitung und (potenzieller) Dauer der begleitenden Rezession oder nach ihrem gewaltigen Effekt auf die Assetmärkte misst. Diese Krise stellt in der globalen Wirtschaftsgeschichte eine historische Herausforderung dar" (Reinhart und Rogoff 2010, 298). Sie wird von den Autoren zu Recht als ‚Zweite Große Kontraktion' nach der Großen Depression der 1930er Jahre bezeichnet. Stellt sich die Weltgesellschaft (Öffentlichkeit, Medien, Politik, Wissenschaft usw.) dieser Herausforderung in angemessener Art und Weise?

„Es ist … keineswegs ausgemacht, daß sich die Finanzkrise des Jahres 2008 langfristig als verkappter Segen erweisen wird … Alles hängt davon ab, wie sie symbolisiert wird, welche ideologische Interpretation oder Erzählung sich durchsetzt und die allgemeine Wahrnehmung der Krise bestimmt. Wenn der normale Lauf der Dinge auf traumatische Weise gestört wird, öffnet sich das Feld für einen ‚diskursiven' ideologischen Wettstreit" (Zizek 2009, 22). Die vorliegende Untersuchung greift in diesen interpretativen Wettstreit ein. Ihr Ziel ist es, angesichts der Erfahrungen der letzten Jahre die Sichtweise der Finanzmärkte (v.a. Aktien, Anleihen, Devisen und deren Derivate in Form von Optionen, Futures und Swaps) zu verändern und entsprechende wirtschaftspoltische Konsequenzen zu ziehen.

Es geht um nicht weniger, als dem vorherrschenden Paradigma des Finanzmarktfundamentalismus bzw. der Effizienzmarkthypothese (EMH) und der sie begleitenden Weltanschauung (zum Washington Consensus siehe Williamson 2005) ein entgegengesetztes Paradigma manisch-depressiver Märkte, das Bären-Bullen-Paradigma (BBP), gegenüberzustellen. „Die Krise, die im Jahr 2007 begann, war keine Ausnahme, Jahrzehnte des Marktfundamentalismus legten den Grundstein für den Zusammenbruch, da vermeintliche ‚Reformer' die während der Weltwirtschaftskrise geschaffenen Regeln für das Bankwesen aushöhlten und die

Wall Street Wege fand, die verbleibenden Wege zu umgehen ... Die Krise hat diesem Glauben [an die Wunder deregulierter Märkte] einen schweren Schlag versetzt. Bislang hat sich aber noch kein Ersatz dafür gefunden" (Roubini und Mihm 2010, 358 und 363).

Die Unterscheidung zwischen EMH und BBP ist für die Zukunft stabiler Finanzmärkte von entscheidender Bedeutung, um die unübersichtliche Debatte über Marktversagen (mikroökonomisches Versagen der Banken und Nichtbanken, unbestimmbare Risiken bestimmter Finanzinstrumente, geschönte Bewertungen von Ratingagenturen usw.) und Staatsversagen (falsche oder lasche Banken- und Finanzmarktaufsicht, zu expansive Geldpolitik und fehlende Aufsicht der Notenbanken, überzogene Deregulierungen des Gesetzgebers, die Vernachlässigung globaler realökonomischer Ungleichgewichte und der Einkommensverteilung) zu bündeln und einer verständlichen Deutung zuzuführen, die beide Formen des Versagens angemessen einbezieht.

Auch zwei Jahre nach Beginn der Megakrise ist man im Unklaren, ob die Größe, das Tempo, die Komplexität oder die globale Natur der Finanzmärkte, ob niedrige Zinsen, die Komplexität der Derivate, falsche Ratings, stagnierende Löhne, unerwartete Preisentwicklungen am Häusermarkt, eine laxe Hypothekenpolitik, eine zu hohe Verschuldung der Finanzunternehmen oder ganzer Volkswirtschaften usw. (den) entscheidenden Anteil hatten. Selbst hinsichtlich des angemessenen Stils zur Verlaufsbeschreibung herrscht Unsicherheit vor: Soll man eine Geschichte rational-selbstinteressierter Individuen und Gruppen erzählen, deren kollektives Handeln ungewollt Instabilität erzeugt, oder eignet sich z.B. eher eine distanziert-verwundert-nihilistische Rühmkorfsche Ironie, die die Akteure primär als Ignoranten, schnell sprechende Schauspieler und Artisten der Überzeugungskraft, als große und kleine Schwindler, krankhafte Glücksspieler und gierig-clevere Triebwesen mit sehr kurzem Belohnungshorizont präsentiert (mustergültig Kotlikoff 2010, Kapitel 1-4)? Die FK hat elementare Basissätze unseres Alltagsverstandes in Frage gestellt: Kompetente Bankdirektoren, Weltklassemanager, verantwortungsvolle Regulatoren und nicht korrumpierbare Ratingagenturen erwiesen sich als entzauberte Köche toxischer Suppen. Die Frage ist, ob das Bedürfnis nach schneller Wiederherstellung des Urvertrauens und Angstvermeidung größer ist als eine konsequente Aufarbeitung.

Nach der hier vertretenen Auffassung spielten die kurz aufgezählten Formen des Markt- und Staatsversagens allesamt eine Rolle und verstärkten sich gegenseitig in Form kumulativer Verursachung. Sie beruhen in ihrer Unterschiedlichkeit dennoch auf geteiltem ‚toxischen Ideengut', „einer Reihe von Theorien, die entweder direkt angewendet oder in schematische handlungsleitende Glaubensbekenntnisse praxisrelevant übersetzt wurden" (Priewe 2009, 12). Man kann sich in einfachen Worten den Geist und die vorherrschende Wirtschaftsgesinnung (auch der EMH) als „Inbegriff der die wirtschaftenden Menschen bestimmenden Zwecksetzungen, Beweggründe und Verhaltensregeln" (Sombart 2002/1925, 265), die nach Sombart der institutionellen Ordnung und Technik vorgelagert sind, vorstellen. „Die wohl wichtigsten Maximen oder Glaubenssätze waren, dass ein moderner Finanzsektor Innovationen hervorbringe, die per se als fruchtbar zu bewerten sind und die partieller Deregulierung des Bankensektors bedürfen; zweitens, dass der Finanzsektor eine Wachstumsbranche ist, die für modernen Strukturwandel steht – Wall Street als Modell für den Rest der Welt. Drittens, ‚Globalisierung', die ja in weiten Teilen Globalisierung von Finanzmärkten ist, wurde pauschal und unkritisch als positiv und wohlfahrtssteigernd für alle Beteiligten angesehen" (Priewe 2009, 12).

Mit Skidelsky lässt sich zugespitzt die These vertreten, „dass die eigentliche Ursache der gegenwärtigen Krise im intellektuellen Versagen der Wirtschaftswissenschaften zu suchen ist. Die falschen Ideen der Ökonomen legitimierten die Deregulierung des Finanzsektors, und erst die Deregulierung führte zur Kreditexplosion, die dann in den Kollaps und die Kreditverknappung mündete" (2010, 15). Mirowski hebt einige Charakteristika des nicht nur in den Wirtschaftswissenschaften in den letzten Jahrzehnten hegemonialen Gestaltparadigmas vor, das sich zu Recht unter dem Oberbegriff des Neoliberalismus oder Vulgärliberalismus zusammenfassen lässt: „‚(T)he market' is posited to be an information processor more powerful than any human brain, but essentially patterned on brain/computation metaphors … the market always surpasses the state's ability to process information … market society must be treated as a ‚natural' and inexorable state of humankind … treating politics as if it were a market and promoting an economic theory of democracy … … capital has a natural right to flow freely across national boundaries. (The free flow of labor enjoys no similar right.) … Neoliberals see pronounced inequality of economic resources and political rights not as an unfortunate by-product of capitalism, but as a necessary functional characteristic of their ideal market system … The market (suitably reengineered and promoted) can always provide solutions to problems seemingly caused by the market in the first place" (2010, 435-439, i.O. kursiv, dort mit weiteren Aspekten und Erläuterungen; den detaillierten Bezug zwischen Neoliberalismus und Finanzmarktregulation stellen Kuttner 2009 und Fox 2009, XI-XVI her). Klar und einfach ausgedrückt lautete die Devise der letzten Jahrzehnte: Der private Finanzsektor weiß am besten wo es langgeht und sollte daher so weit wie möglich in Ruhe gelassen werden. Natürlich wird sich kein Ökonom finden, der dieses hegemoniale Paradigma in solch einfachen und deutlichen Worten und Wertungen unterschreibt. Dennoch ist der Verfasser dieser Arbeit Dutzenden von Ökonomen (einschließlich Studenten) begegnet, die es verklausuliert und rationalisiert vertreten, ohne dass ihnen dies ganz bewusst sein muss. Die hervorragende ideengeschichtliche Arbeit von John Cassidy (2009), eine der wenigen Beiträge im Gefolge der FK, die über deskriptive Aspekte hinaus geht, beschreibt die durchgehende Linie der These unschlagbarer Märkte von Adam Smith, über Hayek, Friedman, die Varianten der Allgemeinen Gleichgewichtstheorie und der Theorie rationaler Erwartungen bis hin zu Alan Greenspan und zeitgenössischen Ökonomen. Schulmeister (2010, 72) bemerkt zutreffend, dass in Europa die entscheidungsrelevanten Akteure selbst nicht meinen, ein neoliberales Programm zu verfolgen und es z.B. in schöne Labels der sozialen Kohärenz verpacken. Doch die Wahrheit ist nach Hegel konkret, von „den Maastricht-Kriterien, über die Arbeitsmarktreformen, die Umstellung der Pensionssysteme, die Privatisierungen bis hin zur Senkung von Sozialleistungen zwecks Minderung der Anreize zur Arbeitslosigkeit, das alles folgt neoliberalen Leitlinien" (2010, 72).

Aus der Politik sei hier als Beispiel der Antrag der im Jahr 2010 regierenden CDU/CSU(-Fraktion) vom 1.4.2003 erwähnt, der sich v.a. für die Förderung von Verbriefungen und gegen überzogenen Verbraucherschutz ausspricht, um „dem Finanzplatz und seinen Akteuren in ihrer Diversität die volle Rückendeckung der Politik zu gewähren und sich in diesem Sinne als Interessenvertretung des Finanzplatzes Deutschland zu verstehen" (CDU 2003, 3). Das Bündel an Reformvorschlägen (z.B. auch die Forderung nach privatwirtschaftlichen *Enforcement*-Institutionen) zeigt neoliberales Gedankengut in der Praxis, mit dem nicht nur die Politik einer zeitbedingten Modeerscheinung auf dem Gebiet der Kapitalmarkttheorien hinterher lief (Kotz 2004). Trotz der veränderten politischen Rahmenbedingungen besteht eine gewisse personelle Überschneidung des Politpersonals vor, in und nach der FK: Unterschrieben hat den Antrag der CDU/CSU-Fraktion u.a. Michael Glos, Volker Kauder und die später mit schöner Regulationsrhetorik auffallende Bundeskanzlerin Angela Merkel.

Mit dem BBP wird diese Gestaltsicht in Frage gestellt, die sich in den Wirtschaftswissenschaften in der EMH, dem Ansatz rationaler Erwartungen, mathematischen Risikomodellen, allgemeinen Gleichgewichtsmodellen bis hin zu neukeynesianischen makroökonomischen Ansätzen ausdrückte.[2]

Natürlich ist es, auch zur Unterscheidung der beiden Paradigmen, nicht leicht, Spekulation von anderen Motiven und Verhaltensweisen definitorisch und deskriptiv eindeutig abzugrenzen. Das FAZ-Börsenlexikon definiert Spekulation als „in die Zukunft gerichtetes, vorausschauendes Verhalten" und stellt weltläufig fest: „Im engen deutschen Verständnis werden Ausdrücke wie ‚Spekulation' und ‚Spekulant' usw. eher im negativen Sinne verwendet und die Spekulation als eine der entscheidensten Triebfedern des wirtschaftlichen Handelns verkannt" (http://boersenlexikon.faz.net/p_spekulat.htm).

Anstatt normativer Vorfestlegungen möge hier eine allgemeine Definition genügen. „Als *Spekulation* wird jede durch Gewinnstreben motivierte Ausnutzung erwarteter zeitlicher Preisunterschiede eines Gutes auf einem bestimmten Markt bezeichnet ... *Spekulation im engeren Sinne* beinhaltet den Kauf (Verkauf) eines Gutes in der Absicht, dasselbe kurzfristig wieder mit Gewinn zu verkaufen (kaufen). Dabei werden eingegangene Positionen nach kurzer Zeit wieder rückgängig gemacht. Längerfristige Motive (z.B. Anlageentscheidungen) sowie die Nutzung des Gutes sind dabei nicht von Bedeutung" (Aschinger 2001, 1-2). Eine spekulative Blase bzw. ein Bubble lässt sich folgender Maßen definieren: „In a bubble, buyers are willing to overpay for an item in hopes that a *greater fool* will emerge who is willing to pay an even higher price.

---

[2] Als kritischen Theorieüberblick siehe Herr (2009), zur Verklammerung von Markt- und Staatsversagen in den USA detailliert Crotty (2008, 2009) und Crotty und Epstein (2009); zur langen Liste der mit verursachenden Akteure und Institutionen in der Wirtschaft, der Politik und im Finanzsektor, bei den Privatanlegern und den Kontrollbehörden sowie den Medien siehe Ritholtz und Task (2009, insbesondere die Auflistung in den Kapiteln 19-20).

When the supply of fools dries up, the price falls, often quite rapidly" (Miller 2002, 11). Die Definition erfolgt hier bewusst ohne Bezug auf objektive intrinsische Fundamentalwerte, „because an objective valuation of most financial assets is virtually impossible" (ebenda, 19).

Spekulation kann in der Regel von sonstigen Investments durch ein überdurchschnittliches Risiko und einen erhofften korrespondierenden überdurchschnittlichen Gewinn unterschieden werden. Oft wird auch die kurze Haltedauer als Charakteristikum angeführt, allerdings kann eine für ein halbes Jahr gehaltene Aktie spekulativ motiviert sein, eine Transaktion mit zweiwöchiger Haltedauer am Geldmarkt aber nicht. Wer spekulieren will, dem eröffnet sich jedenfalls ein weites Feld mit Aktien, Anleihen, Immobilien, Gütern aller Art einschließlich Rohstoffen und dem schier unerschöpflichen Variantenreichtum an Derivaten. Unter Arbitrage versteht man im Unterschied zur Spekulation die Ausnutzung örtlicher Preisunterschiede, Hedging beinhaltet die Absicherung offener (riskanter) Positionen durch Gegengeschäfte möglichst gleichen Umfangs und gleicher Fristigkeit.

Hochgesand weist in seinem nicht einseitig der Spekulation stabilisierende Wirkungen zuschreibenden Überblick darauf hin, dass Spekulanten natürlich immer versuchen werden, die Preisbewegungen zu erzeugen, von denen sie profitieren und dass sie „Interesse an ständigen, sich nach Möglichkeit verstärkenden Preisbewegungen haben und daß die Spekulation daher keineswegs einen ausgleichenden Einfluß auf wirtschaftlichen Abläufe ausüben wird" (1977, 174). Ganz anders sieht es Paul Cootner in einem frühen Artikel in der *Encyclopedia of the Social Sciences:* „In a world characterized by uncertainty, speculation is essential to the allocation of economic resources over time. There is no question of whether or not speculation should be permitted; the only economic issue is who will perform the service most effectively" (1934, 120). In der Neuauflage der Enzyklopädie wird die oben mit Aschinger definierte Spekulation sehr kritisch als Nullsummenspiel gesehen und von einer produktiveren Spekulationsart unterschieden: „The first is the investment of resources in the effort to create wealth under conditions which involve more than ordinary uncertainty as to the results" (Hardy 1968, 288). Schon Frank Knight bemerkte, dass jeder Akt des Produzierens Spekulation sei, da man bestimmte Annahmen über den relativen Wert von Geld im Verhältnis zu produzierten Waren vornehme (nach Bernstein 1997, 390).

1 Der Rubikon

Große ökonomische Krisen hat es seit langem gegeben (Pinner 1937), aber gerade aus der jüngsten FK mit weitverbreiteter Illiquidität, Insolvenzen und gigantischen öffentlichen Rettungsaktionen lässt sich, wie sich noch zeigen wird, eine Menge lernen (aus eher orthodoxer Sicht siehe Schinasi 2005). Die große Frage lautet: „Could the financial crisis have been avoided? That is the 1.1 trillion question – the price tag of the bailout thus far? ... (A) rare opportunity exists to examine and introduce reforms to the fundamental regulatory structure, but it appears there is a danger that this one-in-a-generation opportunity will be squandered" (Sorkin 2009, 534 und 538). Auf die 30-40 Menschen, die im Zentrum der Entscheidungsmacht an den Finanzmärkten (v.a. in den USA) standen und stehen, kann man hierbei kaum zählen. Sorkin, dem von einigen eine zu verständnisvolle Haltung gegenüber den Finanzakteuren vorgeworfen wird, resümiert nach mehreren hundert Interviews, dass die Meister des Universums jede Schuld von sich weisen, sich für unfehlbar halten, es für ihre riesigen Egos immer einen nächsten Deal gibt und das Ethos gilt, „dass Gier immer gut ist, das derjenige, der andere in die Pfanne haut oder austrickst, bewundert werden muss" (Sorkin 2010, 78).

Im Nachhinein zeigt sich eine merkwürdige Asymmetrie zwischen den Reaktionen auf Ereignisse in der Real- und solchen in der Finanzsphäre. Kotlikoff (2010, 23-24) führt das Beispiel mit Zyanid verseuchter, „toxischer" Tylenol-Flaschen an, die von Johnson & Johnson 1982 aus ungeklärten Gründen in den Einkaufsregalen der Supermärkte standen. Das Unternehmen rief sofort 31 Millionen Flaschen zurück, entsorgte den Inhalt für 100 Mio. Dollar und führte neue Sicherheitsstandards ein. Nach der FK hat man von ähnlichen, umfassenden Entsorgungsaktionen (schon gar durch die Unternehmen selbst) nichts gehört, was auch mit der undemokratischen Geheimhaltung gegenüber der Öffentlichkeit zu tun hat (welche Assets in der Bilanz der HRE schlummer(t)en, wissen wir bis heute nicht genau; zum erschreckenden Ereignisablauf bei der ‚Rettungsaktion' in den letzten Septembertagen 2008, dem die Politiker nicht gewachsen schienen, siehe die *SZ* vom 7.7.2009, 18).

Zizek bemerkt kritisch, „die wichtigste Aufgabe der herrschenden Ideologie besteht ... angesichts der aktuellen Krise darin, eine Erzählung zu etablieren, welche die Schuld für den Zusammenbruch nicht dem globalen ...[Finanz]System *als solchem* zuschreibt, sondern lediglich sekundären, zufälligen Abweichungen vom ursprünglichen Plan" (2009,

22-23). Bereits Luhmann wies bei seiner Analyse des modernen Verständnisses von Risiko darauf hin, dass es offen lasse, wie man Schäden auf Handlungen zurechnet, „zum Beispiel internal oder external bei sich selbst oder bei anderen und ob auf konstante oder auf variable Faktoren, auf Strukturen oder auf Ereignisse, auf Systeme oder auf Situationen" (1991, 34).

In diesem Kapitel wird in einem ersten Schritt – und besonders auf Deutschland bezogen – angedeutet, dass die öffentliche und wissenschaftliche Diskussion das Muster ‚guter Ursprungsplan und ausnahmsweise Zufallsabweichung', was man auch als Sekundärtheorem bezeichnen könnte, durchzieht. So besteht die Gefahr, „daß sich am Ende eine Erzählung durchsetzt, die uns nicht aufweckt, sondern die es uns ermöglicht, *weiterzuträumen*. Und wir sollten anfangen, uns nicht nur wegen der wirtschaftlichen Konsequenzen der Krise Sorgen zu machen" (Zizek 2009, 23), sondern auch z.b. hinsichtlich der normativen (Bail-out zu Lasten der Steuerzahler), motivationalen (Unverständnis der Vorgänge und Maßnahmen in der breiten Öffentlichkeit) und finanziellen (krisenbedingte Staatsverschuldung) Grundlagen der Demokratie und der Marktwirtschaft. Oft verfing sich die Debatte in motivationalen Vorwürfen (Gier), die sicher auch zutreffen, aber die theoretische Kernfrage vermied, ob selbstinteressiertes Verhalten über einen Unsichtbare-Hand-Mechanismus (an den Adam Smith nicht naiv glaubte, siehe Peukert 2003) zum allgemeinen Wohlbefinden beiträgt oder nicht? „(A)n army of investors aggressively pounce on even the smallest informational advantages at their disposal, and in doing so, they incorporate their information into market prices and quickly eliminate the profit opportunities that gave rise to their aggression" (Lo und MacKinlay 1999, 3). Miller sieht es weniger positiv. „On Wall Street, appearances are deceiving. Behind a facade constructed of the highest technology that money can buy lurks a market that is little more than an updated version of the bazaars of antiquity ... it is curious that most markets outside the financial arena conduct their business with considerable less drama" (2002, IX).

Zu tieferen Fragen und Einsichten scheinen ausschließlich Personen zu gelangen, die keine Entscheidungspositionen mehr bekleiden. Zu ihnen gehört Alan Greenspan, der einstige Held des Bubblejahrzehnts von 1997-2007, dessen Mea Culpa bei einer Anhörung am 23.1.2008 in dieser Deutlichkeit überrascht. „This crisis, however, has turned out to be much broader than anything I could have imagined ... [T]hose of us who had looked to the self-interest of lending institutions to protect shareholder's equity (myself especially) are in a state of shocked disbelief ... In recent decades, a vast risk management and pricing system has evolved, combining the best insights of mathematicians and finance experts supported by major advances in computer and communications technology. A Nobel Prize [in economics] was awarded for the discovery of the [free market] pricing model that underpins much of the advance in [financial] derivatives markets. This modern risk management paradigm held sway for decades. The whole intellectual edifice, however, [has] collapsed" (Greenspan in Davidson 2009, 4-5; siehe auch Cassidy 2009, 3-7, der u.a. den Einfluss der libertären Philosophin Ayn Rand, nach der er eigentlich für die Auflösung der FED hätte eintreten müssen und seine langjährige privatwirtschaftliche Tätigkeit als Consultant beleuchtet; die Seiten 20-24 erhellen die geistige Atmosphäre kurz vor der FK).

Noch im August 2005 wurde Greenspan von Alan Blinder und Ricardo Reis (beide Princeton University) bescheinigt, „to being the greatest central banker who ever lived" (2005, 3). Greenspans Sicht der Dinge entsprach dem Zeitgeist. „By the 1990s, Bill Clinton, Tony Blair, and many other progressive politicians [including Gerhard Schröder] had adopted the language of the right ... With the collapse of communism and the ascendency of conservative parties on both sides of the Atlantic, a positive attitude to markets became a badge of political respectability. Governments around the world dismantled welfare programs, privatized state-run firms, and deregulated industries that previously had been subjected to government supervision" (Cassidy 2009, 7). Der Autor stellt die interessante Frage, wie wohl die Geschichte verlaufen wäre, hätte R. Reagan die Amtszeit P. Volckers zuungunsten Greenspans verlängert (ebenda, 336).

Wenn Güter-, Arbeits- und Finanzmärkte nach den gleichen Grundprinzipien funktionieren, warum sollte dieser Prozess dann vor den Finanzmärkten halt machen? Die Illusion der Harmonie zwischen dem Verfolgen des Eigeninteresses und dem gleichzeitigen Bewirken erwünschter gesamtwirtschaftlicher Folgen war ohne Frage verführerisch und ließ die aufkommenden Fragezeichen in den Wirtschaftswissenschaften (Herdenverhalten, *noise trader*, Informationsasymmetrien usw.) verblassen. Cassidy bezeichnet den vorherrschenden Mainstream als Utopie-Ökonomie *(Utopian economics)*, die als säkularer Glaube in einer vermeintlich öden, nüchternen und kühl-durchrationalisierten Welt weit mehr als eine wissenschaftliche Doktrin war, die sich allerdings als formal-mathematisch Abgesicherte seit den 1970er Jahren hinsichtlich eindeutiger wirtschaftspolitischer Folgerungen nicht mehr halten ließ (u.a. dank des Sonnenschein-Mantel-Debreu-Theorems, das kaum im Curriculum auftaucht) und zur Abwanderung Vieler in die Spieltheorie beigetragen haben mag (ebenda, 71).

Noch im Juli 2007 war die Arbeitshypothese im Umlauf, dank der neuen Finanzinstrumente könnten die begrenzten Probleme auf dem amerikanischen Hypothekenmarkt unmöglich weiter ausstrahlen (Kiff und Mills 2007). Der Verlauf der Diskussion über die Ursachen der FM folgte überhaupt dem paradoxen Verhaltensmuster der Lernhemmung: „Ist der erste Schock am Beginn einer Krise vorbei, so reagieren die Eliten mit dem Versuch, das Unangenehme zu verleugnen oder zu verdrängen. Gleichzeitig steigt das Bedürfnis nach Sicherheit. Beides stärkt die Tendenz, zum Status quo ante zurückzukehren, also jene Bedingungen wiederherzustellen, die vor der Krise herrschten" (Schulmeister 2010, 23). Das Sicherheitsbedürfnis findet breiten Zuspruch in der Bevölkerung, die sich selbst als Alltags-EMHler und Anleger ertappt fühlen mochte (Stichwort: Zertifikate für Jedermann) und schon der Kleinanleger in sich einen Interessenwiderspruch (Minifinanzkapitalist) fühlen mochte.

Diese Studie unterliegt nicht der Versuchung, die Thematik in aller Breite darzulegen. So werden nicht im Detail die Voraussetzungen und institutionellen Regelwerke einzelner Länder (Amable 2003), die Veränderungen ihrer Finanzmärkte in den letzten Jahrzehnten, entscheidende Daten und Ereignisse im Verlauf der Finanzmarktkrise (Braunberger und Fehr (Hg.) 2008, insbesondere die Seiten 135ff.), die unzähligen Partialursachen und die geld- und finanzpolitischen Maßnahmen der Regierungen im Einzelnen wiedergegeben, da dies in der Literatur bereits umfassend geschah.[3] Sie stehen vorausgesetzt im Hintergrund. Auch soll

---

[3] Zur detaillierten Beschreibung der Ereignisse siehe Kelly (2009), Ritholtz und Task (2009), Kansas (2009), Cohan (2009), Wessel (2010), Baker (2009 und 2010), Jarsulic (2010), Posner (2010, 13-245), Tett (2010), Schiff (2009) und in literarischer Form Schiff und Schiff (2010); eine vergleichbare Aufarbeitung aus deutscher Sicht fehlt bislang, siehe aber die dem Spekulationsparadigma nahestehenden Essays von De Weck (2009) und Schmidt (2010), der Beitrag von Frank (2009) und der rein deskriptive Erfahrungsbericht von Peer Steinbrück (2010).

keine Detailanalyse hinsichtlich der genauen Auswirkungen einzelner Faktoren wie der Blase am US-Häusermarkt, der staatlichen Politik rund um Fannie und Freddie, der Kreditkonzentrationen, der Fristigkeitsmismatches, des exzessiven Leveraging, der Sekuritisierungen, der Credit Default Swaps, des Shortsellings, der Rolle der Hedge Fonds, der Geldmarktfonds, des Schattenbankensystems, oft mangelhaften Eigenkapitals sowie der Illusion der Marktliquidität und der Existenz makroökonomischer Ungleichgewichte erfolgen (Entwicklungen, Zahlen und Probleme zu den einzelnen Aspekten finden sich übersichtlich bei Pozen 2010, dessen regulatorischen Schlussfolgerungen man nicht unbedingt folgen muss).

Wie bereits im Vorwort erwähnt, wird nach einer kurzen Beschreibung der bisherigen defizitären Diskussion der Thematik (nicht nur) in Deutschland gefragt, was die vorherrschende Meinung der EMH heute genau besagt. Hierbei wird sich einerseits eine erstaunliche Offenheit gegenüber effiziente Märkte in Frage stellenden Phänomenen zeigen, was eigentlich keine eindeutige wirtschaftspolitisch-regulatorische Linie nahelegt, aber andererseits dennoch eine hierzu im Widerspruch stehende grundsätzliche deregulatorische, effizienzmarktorientierte Haltung in der Wirtschaftspolitik überwiegt, was zu wissenschaftstheoretischen Vermutungen Anlass gibt.

In einem dritten Schritt wird ein nach wie vor selten vertretenes, alternatives idealtypisches Paradigma der Finanzmärkte präsentiert, das in Einzelaspekten und in Partialmodellen auch vom Mainstream nicht bestritten wird, aber in seiner Gesamtheit keine Billigung findet und daher international die für notwendig erachteten Reformen der Finanzmärkte nicht stattfinden (werden), die im vierten Schritt vorstellt werden. Die Arbeit verzichtet auf die in der Volkswirtschaftslehre heute üblichen zwei Verfahren, nämlich auf die Entwicklung formaler Modelle und ökonometrisches *data mining*. Dies hängt auch wesentlich mit dem für zutreffend erachtete BBP zusammen, das andere Erkenntnismethoden erfordert als die vorherrschende EMH. Der Autor erlaubt sich, den gesunden Menschenverstand, die Peircesche Abduktion und die pragmatische Einsicht in die Verklammerung von Werten, öffentlichen Meinungen, historischen Fakten und *stylized facts* als idealtypisches Verfahren zwecks Erkenntnisgewinnung in Anschlag zu bringen.

Auch in diesem Text werden die in den Spezialistendiskursen meist ausgeklammerten menschlichen Kosten der FK (Armut, Verlust des

Arbeitsplatzes oder des Sparvermögens, Obdachlosigkeit usw.) zumeist im latenten, motivationalen Hintergrundhorizont belassen. Ihre zukünftige Vermeidung ist wesentliches Ziel dieser Untersuchung, nicht blühende Derivatelandschaften. Als Beispiel seien hier nur kurz die Auswirkungen der FK im Kernland der Finanzindustrie erwähnt. So kennen die USA erstmals seit 1945 das Phänomen der Langzeitarbeitslosigkeit und einer realistischen Arbeitslosenquote von rund 20%. 50 Millionen Amerikaner haben zeitweise nicht ausreichend zu essen, im Oktober 2010 droht weiteren Hunderttausenden die Zwangsräumung. Jeder achte Erwachsene, jedes vierte Kind lebt von staatlichen Essensmarken. Zu den Ursachen der FK ist zu rechnen, dass 1% der Bevölkerung 37% des Gesamtvermögens besitzt, die unteren 80% kommen auf 12%. Das Durchschnittseinkommen lag 1978 bei 45879 Dollar, 2007 inflationsbereinigt bei 45113 Dollar. 61% der Amerikaner leben ohne finanzielle Reserven von einem Gehaltsscheck zum nächsten, so dass keine Krankenhausrechnung dazwischen kommen sollte. Die privaten Schulden belaufen sich in 2010 auf 13,5 Billionen Dollar. 1950 verdiente ein Firmenchef das 30fache eines einfachen Arbeiters, heute ist es das 300fache (Schulze 2010).

Eine zunehmende Zahl von neuen Armen, die noch vor kurzem zur Mittelschicht gehörten, leben in Zelten vor den größeren und kleineren Städten als neue Township-Variante oder schlafen in den ihnen verbliebenen Autos, ganze subprimitivierten Straßenzüge sind verlassen und verwahrlosen und wegen der Wirtschaftskrise fehlte 50 Mio. US-Bürgern (1/6 der US-Bevölkerung) das Geld, um sich stets genug Essen zu kaufen, 17. Mio. litten regelrecht Hunger (*SZ* vom 21./22.11.2009, 9). Nicht nur auf Hawaii fällt freitags aus Kostengründen öfters die Schule aus, gleichzeitig löst die Spitze von Goldman Sachs Mitte 2010 seelenruhig Aktienoptionen für ihre Heldentaten ein (der Chef, L. Blankfein: Bruttogewinn 6,1 Mio. Dollar, der Präsident: G. Cohn: 5 Mio. Dollar, der Finanzchef D. Viniar: 4,5 Mio. Gewinn, siehe *SZ* vom 16.8.2010, 15). Dem amerikanischen Traum der Wenigen korrespondiert der Albtraum Vieler. Die Wirtschaftskrise verschlimmerte auch die Armut auf der Welt, da nach Angaben der FAO erstmals mehr als eine Milliarde Menschen, 100 Millionen mehr als 2008, also jeder sechste Erdenbürger, betroffen ist und nicht genug zu essen hat (*SZ* vom 20./21.6.2009, 7).

Die Repräsentanten der Staatswissenschaften traten stets für eine breite, goldene Mitte ein (Peukert 2005). Die Strategie, über exorbitante

Verschuldung die verteilungspolitische Schieflage zu verdecken und den transatlantischen Traum des Wohlstands für Alle weiter zu träumen, hat sich mit der FK erledigt. Grundlegende gesellschaftspolitische Weichenstellungen stehen nicht nur in der westlichen Hemisphäre an, deren Reflexion einen breiten staatswissenschaftlichen Bogen erfordert. Man sollte wohl solange keine Ruhe geben, bis man nicht mehr auf den Zusammenbruch zentraler volkswirtschaftlicher Säulen wetten kann wie John Paulson, der im Jahr 2007 mit rund 3,7 Mrd. Dollar den höchsten Jahresgewinn einfahren konnte, den je ein Einzelner an der Wall Street erzielte.

2 Ein Panoramabild

Der Journalist H. Schumann, ein Vertreter des BBP (Schumann und Grefe 2008, 88ff.), kritisiert im Rückblick mit harten Worten „Ein Schauspiel der Ohnmacht" (*Die Zeit* vom 7.3.2010) in Deutschland. Der Kampf um eine Neuordnung der Finanzbranche wurde erst gar nicht begonnen, es bleibe bei andauernden Neuinszenierungen ohne Folgen, die Kessler (2010) v.a. im Wissenschaftsbereich als kollektive, kognitive Dissonanzverringerung deutet, als Ablehnung eines Ereignisses, das es vor einem neoliberalen Hintergrund nicht geben dürfte. Keiner der Verantwortlichen, so Schumann, wurde zur Rechenschaft gezogen, den nötigen Machtkampf mit der Finanzbranche habe man nicht gewagt. Die Demokratie verkomme zu einem Schauspiel der Ohnmacht, bei dem die Geldkonzerne mit Steuergeldern gerettet und sie die Bedingungen ihrer Rettungsaktionen – wie im Fall der HRE – selber festlegen.

Schumann spricht auch das weitgehende Versagen des Wirtschaftsjournalismus bei der Berichterstattung zur FK an, was die empirische Studie von Arlt und Storz (2010) mit reichhaltigen Beispielen belegt. Praktisch alle überregionalen Tageszeitungen vertraten demnach vor der Krise die EMH, schwenkten dann zwangsläufig kritisch um und ließen es dann an zusammenhängender Analyse fehlen. Als besonders schwach wird über den gesamten Zeitraum die Berichterstattung der *Tagesschau* und der *Tagesthemen* ausgemacht. Es fällt auf, dass die wenigen kritischen Worte stets von Leuten erfolgen, die gerade nicht in den entsprechenden Entscheidungspositionen sitzen, dies trifft z.B. auf Horst Köhlers Monster-Äußerungen zu.

Eine Informationsbroschüre der Commerzbank über die „Finanzmarktkrise: Entstehung und Folgen" (Frankfurt 2008) sieht die wesentlichen Ursachen in den niedrigen US-Zinsen und den Ereignissen am US-Immobilienmarkt, um abschließend festzustellen, dass trotz einzelner Börsenkrisen die langfristige Kapitalanlage in Aktien ein attraktives Investment bleibe. *Der Bundesverband Deutscher Banken* schlägt als Handlungsempfehlungen, nur am eigenen kurzfristigen Interesse orientiert, neben unverbindlichen Vorschlägen wie der Einsetzung aller möglichen Arbeitsgruppen und einer politischen Rückkoppelung mit dem *Financial Stability Forum* u.a. vor, von generellen Erhöhungen der Eigenkapitalquoten doch bitte abzusehen und eine Aussetzung der täglichen Marktbewertungen *(mark-to-market)* vorzunehmen (Bloss et al. 2009, 229-233), was auch erfolgte (SZ vom 4.5.4.2009, 33). Aggressiv argumentiert auch Morgan Stanley (2009) gegen internationale Eigenkapitalerhöhungen (siehe auch S. Johnsons betreffenden Kommentar beim baselinescenario.com vom 24.11.2009).

Die Industrie- und Handelskammer Berlin (IHK 2008) fordert als Konsequenz aus der FK, aus der für sie unverbindlich eine erhöhte internationale Kooperation resultiert, die Vorfahrt für die Wirtschaft. Hierzu gehören das Verschieben der Einführung der Umweltzone, Steuersenkungen, ein Privatisierungsfahrplan usw. Das *Institut der Wirtschaftsprüfer* (IDW 2009) legt besonderen Wert darauf, dass es öffentlichrechtlich organisierter europäischer Ratingagenturen nicht bedarf.

Die deutschen Regierungsparteien lassen keine Ansätze der Selbstkritik erkennen. Eine Aufarbeitung der ad hoc-Politik in den letzten zwei Jahren etwa durch parteiinterne Arbeitsgruppen oder eine Kommission zu den Auswirkungen der (Deregulierungs)Politik in den 1990er Jahren, was besonders bei der SPD und den Grünen zu erwarten wäre, ist nicht erkennbar. Stattdessen findet häufig eine auch nachträgliche, regelrechte Verleugnung des Marktversagens statt. So bemerkt der Bundesminister für Wirtschaft und Technologie, Rainer Brüderle, „Versagen der Finanzaufsicht, Begünstigung des Baubooms in vielen Ländern oder eine zu lockere US-Geldpolitik sind Beispiele für politische Fehler, nicht für Marktversagen" (2009, 2). Der Staat sei beim Versuch, Märkte zu steuern, schnell überfordert und als Retter wenig überzeugend.

Seine ordnungspolitischen Leitlinien erwähnen auch, es bedürfe besserer und intelligenterer, nicht mehr oder detaillierterer Regeln. Insgesamt gewinnt man den Eindruck, dass Staatversagen das Problem Nr. 1 darstellt. Sah der schwarz-gelbe Koalitionsvertrag die Einführung von Entflechtungsmaßnahmen in das Katellgesetz vor, so wurde schnell klargestellt, dass sich dies nicht auf den Finanzsektor beziehe. Auch ein Sondergutachten der Monopolkommission zur Unternehmensentflechtung (2010) hat den Finanzbereich vorsichtshalber von vornherein ausgeklammert. In den USA sieht es nicht viel anders aus. Bis heute hat innerhalb des politischen Establishments trotz aller Anhörungen und

Gesetze keine offene Diskussion über die Rolle der Aufsichtsbehörden stattgefunden. Erinnert sei hier nur an die Entscheidung der SEC im Jahr 2004, für größere Investmentbanken mit Aktiva von über 5 Milliarden Dollar die Vorschrift zu streichen, Verbindlichkeiten nicht über das zwölffache des Eigenkapitals ansteigen zu lassen (mit Aktiva-Haircuts gemäß Risikograd).

Die *Stiftung Marktwirtschaft* (2009) bietet einen weit verbreiteten bunten Strauß an Erklärungen zur FK: Geldpolitik, Subprimehypotheken, Kernkapitalquote, Verbriefungen und asymmetrische Informationen, Regulierungsarbitrage usw. Ein Vorschlag lautet, der Bund solle generell für alle potentiellen Ausfälle am Interbankenmarkt haften und längerfristig ein privatwirtschaftlich organisierter Versicherungsverein auf Gegenseitigkeit gegründet werden.

Ein interessantes Rätsel gibt die defensive Haltung aller tatsächlichen oder selbsternannten Liberalen auf (zur auch kulturellen Hegemonie des wirtschaftlichen Neoliberalismus siehe Harvey 2005 und Gray 2007, Kapitel 3-4). Neben dem richtigen Verweis auf Staatsversagen hätte man erwarten können, dass auch ein Blick auf die Marktstrukturen geworfen wird. Da viele Segmente der Finanzmärkte stark oligopolisiert sind, hätte hier eine Sternstunde des Wirtschaftsliberalismus schlagen können! In der Publikation der Ludwig-Erhard-Stiftung *Im Klartext* sucht man das Thema vergebens, stattdessen wird bspw. das staatsgläubige Denken des Koalitionsvertrages angegriffen (November 2009, 2-3). Vertreter des Eucken Instituts sinnieren über den Ausnahmezustand anhand des düsteren Philosophen Agamben (so M. Wohlgemuth im Wirtschaftsdienst 4/2009, 219-223). Oder sie fordern zwar zu Recht aber abstrakt und daher folgenlos eine kontextuale Volkswirtschaftslehre mit Blick auf politische Institutionen bei gleichzeitiger Wiederholung alter Vorurteile gegenüber der Historischen Schule (J. Zweynert und N. Goldschmidt: Gute alte Zauberformel, SZ vom 9.10.5.2009, 26, siehe auch News Thüringen 1/2009, 1-2).

Zweynert schreckt in „60 Jahre Soziale Marktwirtschaft" nicht vor dem Schluss zurück, Skepsis gegenüber Marktprozessen seien dem Generalverdachts der ‚Ökonomophobie' auszusetzen. Die entsprechenden Personen werden als Romantiker stigmatisiert und festgestellt, dass „das marktfeindliche Denken weiter Teile der deutschen Gebildetenschicht einen Teil des Nährbodens dargestellt hat, auf dem nationalsozialistisches Gedankengut gedeihen konnte" (2010, 16). Ganz richtig wird bemerkt, dass die politischen Institutionen nicht Schritt hielten mit der wirtschaftlichen Dynamik. Dass dies aber auch am von (Ordo?)Liberalen befürworteten Abbau des Ordnungsrahmens gelegen haben mag, bleibt unerwähnt. Ein ganzer Artikel von Straubhaar, Wohlgemuth und Zweynert wird der These gewidmet, „dass genau die Mittel und Wege, die nach (vulgär-)keynesianischer Rezeptur den Weg aus der Krise der 1930er Jahre führen sollten, diesmal den Weg in die derzeitige Krise geführt haben" (2009, 25).

In den von der *Aktionsgemeinschaft Soziale Marktwirtschaft* organisierten Vorträgen und in Artikeln ihrer Akteure (siehe z.b. ASM Bulletin Nr. 1, 2009) findet sich kein Wort zu den Finanzkonglomeraten. Auch wurden offenkundig keine Korrekturen am computergestützten Makro-Planspiel für nötig gehalten. „Für eine verlässliche Orientierung der Wirtschaftspolitik in diesen Fragen wäre es von Vorteil, wenn es jetzt überzeugende und glaubhafte Wortmeldungen von Autoren gäbe, die sich um die Rezeption, Aktualisierung und Weiterführung der ordoliberalen Einsichten Walter Euckens, Alexander Rüstows, Wilhelm Röpkes und Alfred Müller-Armacks bemühen. Leider wurde in der deutschsprachigen Ökonomie der letzten Jahrzehnte die ordoliberale Betonung der staatlichen Rahmensetzung häufig in Frage gestellt, indem man auf die Konstruktivismuskritik Friedrich August von Hayeks übernahm. Oder die ordoliberale Einsicht in die Bedeutung von Markt und Wettbewerb wurde mit den anti-etatistischen Argumentationsketten Hayeks, Milton Friedmans oder der Libertären vermengt, die allein auf die Entfesselung des Wettbewerbs zielen" (Emunds 2008, 3-4).

Nachwuchswissenschaftler des Walter Eucken Instituts wollen sogar die Emission des Geldes (teil)privatisieren (Ekkehard Köhler), womit sie der einfachen Weltsicht einiger amerikanischer Republikaner nahe rücken (Paul 2009). Der Leiter der Wirtschaftsredaktion der NZZ, Gerhard Schwarz, erschöpfte sich in einer Röpke-Vorlesung in Erfurt in recht seichten Bemerkungen, wie der, die Finanzmarktkrise erlaube „keinerlei Folgerungen in Richtung mehr Regulierung und mehr Aufsicht, denn nicht nur im Markt agieren Menschen, sondern auch der Staat wird von Menschen gebildet" (2009, 8). Konrad Hummler, ein an sich interessanter Schweizer Bankier (siehe das Interview in der *SZ* vom 3.4.2009, 32), irritierte die Teilnehmer der Hayek-Gesellschaft in Jena im Juni 2009 mit eher unzusammenhängenden Bemerkungen zur FK, um zum Schluss das Ende der Banken (Ebayisierung) zu prognostizieren

(Hummler 2009). Einzig Stefan Homburg, der lange das Aufkommen einer besonderen Rezession meinte in Frage stellen zu müssen, redet Klartext, er fordert eine konsequente Entflechtung der Finanzkonglomerate und stellt die großzügigen Bail-out-Programme z.b. der HRE in Frage, da die Pfandbriefe bei einer Insolvenz unberührt blieben und daher von einem bevorstehenden Zusammenbruch des deutschen Pfandbriefmarktes nicht die Rede sein könne (Finanzkrise: Nicht verstaatlichen, entflechten, Wirtschaftsdienst, 4/2009, 223-228).

Auf Seiten der politischen Linken sieht die Bilanz nicht unbedingt besser aus. Es zeigte sich, dass die linken Klassiker (z.b. Hilferding 1968/1927) inhaltlich überholt sind und keine großen Anregungen geben können (siehe den Anknüpfungsversuch bei Zeise 2010b). Neben recht wenigen, durch französische (Aglietta 2010, Artus und Virard 2005, Todd 2007, Ramonet 2010) oder angelsächsische (Wade 2008, Gowan 2009a und 2009b) Analysen ergänzte, ganz passablen Beiträgen,[4] die aber alle nicht zeigen können, dass eine die FK erhellende, spezifisch marxistische Analyse möglich ist, wird eine merkwürdige Lähmung der Linken konstatiert (Scharenberg 2009), die durch die FK auch mangels eines klaren Handlungsprogramms keine Schubkraft erlangte.

Für die Partei *Die Linke* trifft der Vorwurf nicht zu, da sie bereits vor der FK konsequent ein umfassendes Reformprogramm forderte und im deutschen Bundestag eine Vielzahl (abgelehnter) Gesetzesvorschläge einbrachte (http://www.die-linke.de) und O. Lafontaine (1999, 199-220) seit Langem eine Eingrenzung der organisierten Spekulation auf der Grundlage des BBP einforderte. Im Gründungsaufruf für das Institut Solidarische Moderne e.V. vom 24.1.2010 steht zumindest die Frage, wie die internationale Wirtschafts- und Finanzordnung umzugestalten ist, auf dem Programm (http://www.solidarische-moderne.de/de/article/2.vorstellung.html). Ein selten breites, umfassendes Reformprogramm wurde von Attac (2008) formuliert, die auch ein Bankentribunal veranstalteten (*SZ* vom 12.4.2010, 21). Ausgehend vom BBP wird eine Begrenzung der Finanzmärkte mit vielfältigen Forderungen (z.b. Verbot von OTC-Deri-

---

[4] Bischoff (2008), Wagenknecht (2009), Wolf (2009), Huffschmid (2002), siehe auch die weltanschaulichen Überlegungen von Eric Hobsbawm im Interview (*Stern*, Heft 20, 2009), oder der Aufruf von Mathias Greffrath (*Berliner Zeitung*) vom 8.4.2009).

vaten) angestrebt und durch erläuternde Analysen unterlegt (Sauer et al. (Hg.) 2009; Beigewum/Attac (Hg.) 2010).

In einem vielbeachteten Interview hat J. Habermas nach Konstatieren der eigentümlichen Windstille in Deutschland die FK in einen größeren Zusammenhang gestellt. „Blamiert hat sich die Agenda, die Anlegerinteressen eine rücksichtslose Dominanz einräumt, die ungerührt wachsende soziale Ungleichheit, das Entstehen eines Prekariats, Kinderarmut, Niedriglöhne und so weiter in Kauf nimmt, die mit ihrem Privatisierungswahn Kernfunktionen des Staates aushöhlt, die die deliberativen Reste der politischen Öffentlichkeit an renditesteigernde Finanzinvestoren verscherbelt, Kultur und Bildung von den Interessen und Launen konjunkturempfindlicher Sponsoren abhängig macht" (Nach dem Bankrott, *Die Zeit* vom 6.11.2008).

In der Welt der Experten herrscht auf der einen Seite maximale Meinungsdivergenz. Eindrucksvoll belegen dies 14 an sich sehr interessante Kurzbeiträge von zum Teil bekannten Redakteuren, Wissenschaftlern, Politikern usw. in der Zeitschrift *Ökologie/Politik* (Februar 2009, 24-29), die auf die Fragen: Wer hat von der FK profitiert, wer hat verloren, was ist am (damaligen) Maßnahmenpaket der Bundesregierung gut, was ist schlecht, welche Erkenntnisse hat die FK gebracht, die unterschiedlichsten Ansichten äußerten. Auch die Diskussion zwischen K. Regling, M. Zürn, P. Bofinger und S. Homburg über Markt- und Staatsversagen, die Notwendigkeit von Rettungspaketen und die erforderlichen Reformmaßnahmen endeten ohne gemeinsamen Nenner („Der Staat soll Banken in die Insolvenz gehen lassen" – „Damit stehen Sie ziemlich allein da", Welt-Online vom 28.12.2008).

Auf der anderen Seite besteht die Tendenz unter den meisten Mainstream-Ökonomen, das Thema einfach auszuklammern. Es hat den Verfasser verblüfft, dass auf der Tagung des Vereins für Socialpolitik 2009 in Magdeburg (2010 verhielt es sich in Kiel nicht anders) nur eine einzige Session, die parallel zu mehreren anderen lief, als Podiumsdiskussion zum Thema stattfand, bei der keine grundsätzlichen Fragen, sondern nur solche wie der, ob es langt, dass bei Sekuritisierung die letzte *(lass loss)* Tranche beim Originator zu verbleiben habe, angesprochen wurden und der Vorsitzende des Vereins die Meinung vertritt, mit der Forcierung in Richtung quantitative Methoden sei man auch zur Vermeidung zukünftiger Krisen auf dem richtigen Weg (WISU, 7/09, 940).

2 Ein Panoramabild

In den eher leicht heterodoxen Ausschüssen des Vereins blieb die FK auch im Jahr 2009 Anathema. Der in Graz tagende dogmenhistorische Ausschuss beschloss, das Thema (Finanzmarktkrisen aus der Sicht früherer großer Geister) auch in Zukunft auszulassen. Gleiches galt neben dem 2009 in Jena tagenden evolutorischen Ausschuss auch für den wirtschaftsethischen Ausschuss (2009 in Bochum), bei dem ein namhafter Wirtschaftsethiker, der sich sonst zu allen möglichen Dingen in der Welt äußert, einen erbetenen Vortrag zur FK lieber nicht halten wollte. Stattdessen werden alte wirtschaftsethische Debatten ohne Gegenwartsbezug wiedergekaut (Arnold 2009, dessen „Apologie des Marktes" selbst einigen Mainstreamökonomen zu viel war, siehe Krause-Junk 2010, 101) und ohne Kenntnis der Finanzmaterie wolkige und unverbindliche ethische Forderungen aufgestellt, die nur noch von Koslowski (2010) unterboten wurden. Dass es auch anders geht, zeigt das Buch *System Error* (2009, insbesondere Kapitel 6) von Ulrich Thielemann, der das BBP vertritt, ein Schrumpfen des Finanzsektors fordert und den (un)moralischen motivationalen Unterbau der FK sarkastisch-treffend umreißt. Mit dieser kritischen Einstellung hatte er keine Chance, in St. Gallen auf den Lehrstuhl P. Ullrichs für Wirtschaftsethik, eines ebenfalls gegenüber freien Märkten kritischen Ökonomen, berufen zu werden, so dass es im deutschsprachigen Raum nicht einen marktkritischen Wirtschaftsethiker mehr gibt.

Es verwundert nicht, dass in öffentlichen Diskursen die Wirtschaftswissenschaftler in Deutschland kaum präsent sind. In der Talkshow von Anne Will drehten sich zwischen Oktober und Dezember 2008 10 von 12 Sendungen um die FK, außer H.-W. Sinn war kein Ökonom beteiligt (nach der Zählung von Kirchgässner 2009, 437-438, Fn. 7). Neben dem Wegtauchen ließ sich unter Ökonomen ferner die Verteidigungshaltung ausmachen. Ein Beispiel bietet Kirchgässner (2009), der fragt, ob es nach der FK auch eine Krise der Wirtschaftswissenschaften gebe. Zunächst listet er Versäumnisse auf: Kaum jemand habe die FK kommen sehen und für möglich gehalten, dass sich aus ihr eine weltweite Wirtschaftskrise entwickelt. „Die Verbriefung von Hypotheken und der Handel mit derartigen ‚strukturierten Produkten' wurden als Innovation der Finanzmarktindustrie positiv bewertet, und es wurde nicht gesehen, dass sich daraus im Falle einer allgemeinen Krise der Finanzmärkte besondere Gefahren ergeben könnten. Die Koppelung der Einkommen der Manager an den Aktienkurs, die ganz im Sinne anreizkompatibler Mechanismen ist, wie sie von der Prinzipal-Agenten-Theorie vorgeschlagen werden, wurde als positiv angesehen, da der Aktienkurs den langfristigen Wert eines Unternehmens spiegle und die Manager so ein Interesse daran hätten, diesen langfristigen Wert zu steigern. Tatsächlich aber hat sich daraus für die Manager ein Anreiz zur kurzfristigen Steigerung des Aktienkurses ergeben, die häufig ohne Rücksicht auf die langfristigen Auswirkungen betrieben wurden" (2009, 439-440).

Treffender kann man es kaum ausdrücken. Doch Kirchgässner geht noch einen Schritt weiter und traut sich – wenngleich anfänglich zögernd – in den paradigmatischen Kern des Mainstream und seiner Annahme der Selbstregulation und spontanen Ordnungsbildung. „Auch wurden vielleicht nicht einmal so sehr die Selbstheilungskräfte der Märkte über- als vielmehr die Konsequenzen, die mit solchen ‚Heilungsprozessen' verbunden sind, unterschätzt. Kaum jemand, weder die verantwortlichen Politiker noch die Wissenschaftler, dürfte jene Folgen erwartet haben, die sich aus dem Zusammenbruch von Lehman Brothers ergaben. Andernfalls hätte man diese Bank wohl gerettet. Auch wurde die kriminelle Energie von Managern, aber auch von anderen Handlungsträgern im Wirtschaftsprozess unterschätzt, obwohl man dies seit dem Enron-Skandal zu Beginn dieses Jahrzehnts eigentlich besser hätte wissen müssen ... Dass Menschen mit dem Versprechen auf zukünftige Wertsteigerungen Hypotheken verkauft wurden, obwohl man wusste, dass sie kaum je in der Lage sein konnten, die daraus entstehenden dauerhaften Lasten zu tragen, ist wohl kaum strafrechtlich relevant, aber zumindest moralisch verwerflich. Das Motiv dafür war Gewinnsucht, d.h. jenes Motiv, welches in der Wirtschaftstheorie den Unternehmen üblicherweise unterstellt wird. Offensichtlich ist das Gewinnmotiv nicht ganz so unschuldig, wie wir in der Volkswirtschaftslehre gewöhnlich unterstellen" (2009, 440).

Kirchgässner gleitet hier wieder etwas vom Kern-Problem ab, kommt aber bald darauf zurück. „Dass ausgerechnet die Finanzmärkte zusammenbrachen (bzw. durch Interventionen des Staates vor dem völligen Zusammenbruch bewahrt werden mussten), ist besonders bemerkenswert. Schließlich werden sie von der ökonomischen Theorie als Beispiel für besonders effiziente Märkte hingestellt, in ihnen würden neue Informationen sofort verarbeitet, und sie seien deshalb praktisch immer im Gleichgewicht (oder zumindest sehr nahe daran). Folgt man der auf Fama ... zurück gehenden ‚Theorie effizienter Märkte', dann hätten in diesen Märkten die wenigsten Gründe für ein Eingreifen des Staates gegeben sein dürfen" (2009, 440). Hier steht der Autor an der entscheidenden Klippe: Gibt es rational-effiziente Finanzmärkte, ja oder nein? Falls nicht, stellt dies die auf Gleichgewichte ausgerichtete Volkswirtschaftslehre in Frage? Er fährt aber fort: „Schließlich wurde kein Einspruch erhoben, als Bankmanager Renditen bis zu 25% forderten und auch anstrebten. In einer Wirtschaft, die langfristig durchschnittliche reale Wachstumsraten zwischen ein und zwei Prozent aufweist, sind solche Renditen nur dann erzielbar, wenn man extrem hohe Risiken eingeht ... Gerade bei Banken ist zu fragen, inwieweit sie solche Risiken eingehen sollen. Diese Frage aber wurde nicht gestellt; vielmehr wurden die mit solchen Strategien verbundenen Risiken nicht nur von Bankmanagern, sondern auch von der Wirtschaftspresse sowie von vielen Ökonomen schlicht ausgeblendet" (2009, 440-441). Auch geht der Autor mit den Publikationen des Kronberger Kreises, des Sachverständigenrates und der OECD kritisch ins Gericht.

Doch dann geht Kirchgässner zur Verteidigung eines aufgeklärten Mainstream mit dem Modell des Homo oeconomicus, der Annahme der Gewinnmaximierung und dem Wertfreiheitspostulat usw. über. Risikomodelle der Finanzmärkte, fährt er fort, schließen selbst bei Unterstellung einer Normalverteilungen *fat tails* nicht aus und Mathematisierung sei nötig, um Hypothesen überprüfen zu können. Bei der Frage Markt- oder Staatsversagen nimmt der Autor eine vermittelnde Sowohl-als auch-Haltung ein. Fragen wie der, ob es einer Zerschlagung der Konglomerate bedarf, lässt er offen. Der lesenswerte und inhaltsreiche Artikel, auch was die Literaturverarbeitung des Autors betrifft, endet mit einem klaren Statement zur Frage, ob die Wirtschaftswissenschaften auch in der Krise seien. „Man wird es ... verneinen, wenn man darunter versteht, dass die Wirtschaftswissenschaften ihren theoretischen Ansatz grundsätzlich überdenken müssen. Die Vorwürfe, die in dieser Hinsicht erhoben werden, erweisen sich bei näherer Betrachtung als weitgehend gegenstandslos. Dies gilt für die Verwendung des ökonomischen Verhaltensmodells genauso wie für die Mathematisierung der Volkswirtschaftslehre und für das Prinzip der Wertfreiheit wissenschaftlicher Erkenntnisse" (2009, 463). Wie aber steht es mit der Annahme effizienter Märkte? Diese von ihm anfänglich gestellte Frage aller Fragen bleibt offen.

Die Schwierigkeit des Einbaus der FK in die üblichen Gleichgewichtsmodelle zeigt der rühmliche Versuch von Blanchard und Illing, die FK in die Neuauflage ihres Lehrbuches zur Makroökonomie einzubeziehen (2009, Kapitel 1 und 22; siehe auch Blanchard 2009 mit einer wenig erhellenden, rein deskriptiven Aufzählung der Ursachen der FK). Neben reiner Daten- und Faktenwidergabe wird im ersten Kapitel an einer einzigen Stelle auf die (bloße) Meinung von Skeptikern hingewiesen, dass die Wertschöpfung der Finanzindustrie auf kurzfristig übersteigerte Monopolgewinne zurückgehen könne (2009, 33). Das neue Kapitel 22 bietet auch nicht in Ansätzen eine ‚theorielastige' makroökonomische Analyse von Finanzkrisen. Ganz allgemein werden Finanzinstitute als Intermediäre beschrieben, Bank-Runs, staatliche Rettungspakete, der TED-Spread und geldpolitische Maßnahmen erwähnt und zum Ursprung der Krise festgestellt: „Die Probleme entstanden, weil die betreffenden Hypothekenbanken sich keine großen Gedanken über die Kreditwürdigkeit ihrer Kunden machten" (2009, 669). Als Theorie wird nur die Wirkung eines Anstiegs der Risikoprämie im Rahmen des (noch sinnvollen?) IS-LM-Modells erläutert (Linksverschiebung von LM) und rein additiv einige Wirkungsvermutungen durchbuchstabiert (Produktionsrückgang führt zu einer Linksverschiebung von IS).

Insgesamt unterliegt dem Text eine lakonisch-fatalistische Sichtweise: „Finanzkrisen sind nichts Neues. Sie treten mit alarmierender, leider unberechenbarer Regelmäßigkeit auf ... In den letzten dreißig Jahren gab es eine außergewöhnlich hohe Zahl von Finanzinnovationen. Sie ermöglichen neue Wege zur breiten Risikostreuung. Leider ist Fortschritt jedoch niemals eine Einbahnstraße Richtung Perfektion; die natürliche Auslese fordert auch Verluste. Manchmal ist das gesamte System davon betroffen" (2009, 656). Man fragt sich, ob eine solcherart ergänztes Einführungsbuch (die Kurzzitate sind nicht sinnentstellend) den Lehrbüchern vorzuziehen ist, die die FK erst gar nicht zur Kenntnis nehmen. Als dem Vertreter des Verlages, in dem es erschien, vom Verfasser der Vorschlag unterbreitet wurde, ein alternatives Lehrbuch zu publizieren oder einen kritischen Reader zur FK zusammenzustellen, meinte dieser, es sei nicht sicher, ob dies gut ins Verlagsprogramm passe und ausreichende Nachfrage finde.

Die deutsche Ökonomenzunft ist natürlich dennoch in der Politikberatung tätig. Als Beispiel mag der Brief des *Wissenschaftlichen Beirats beim Bundesministerium für Wirtschaft und Technologie* vom 23.1.2009

‚Zur Bankenregulierung in der Finanzkrise' dienen (u.a. abgedruckt in *Schlaglichter der Wirtschaftspolitik*. Monatsbericht März 2009, 19-30). Ihm gehören ausschließlich marktoptimistische Professoren an. Dem Auftrag des Beirates entsprechend werden v.a. drei kurzfristige Vorschläge unterbreitet: Eine zeitweise Aussetzung der strikten Bilanzierungsregeln nach Basel II (Verringerung des zwangsweisen Deleveraging), die Zufuhr staatlicher Mittel sollte mit einer zeitweisen Übernahme von Verfügungs- und Kontrollkompetenzen einhergehen (keine falschen Anreize für die Zukunft) und von der Gründung von Bad Banks (u.a. wegen schlechter Unterscheidbarkeit guter und schlechter Assets) solle abgesehen werden. Bei der Ursachendiagnose wird der Subprime-Markt, die Zweckgesellschaften usw. erwähnt.

Die für alle überraschende weltweite Ausbreitung der FK, nachdem in *IWF Working Papers* noch im Juli 2007 Entwarnung gegeben und mit Blick auf den US-Hypothekenmarkt behauptet wurde, Sekuritisierung habe die Finanzmärkte stabiler gemacht (Kiff und Mills 2007), wird auch vom Beirat durch ein Zusammenspiel vieler Faktoren erklärt: Illiquide Wertpapiermärkte wegen mangelnder Preissensibilität potentieller Käufer, das Fair-Value-Prinzip und seine eingebaute Prozyklizität, das erforderliche Deleveraging usw. Hinzu kamen Fehler der Bankenregulierung wie die Bilanzneutralität bei Auslagerungen in Zweckgesellschaften, erhöhtes Leverage durch bankinterne Risikomodelle usw. Etwas über den Tellerrand gehende Anregungen über einen etwas längerfristigen Regulierungsrahmen finden sich nicht. Die Überlegungen ruhen nicht auf einer erkennbaren theoretischen Grundlage, sondern folgen rein empirischen Wirkungsketten (wie erwähnt Prozyklizität des Fair-Value-Prinzips) und einigen Money-and-Banking- (Moral Hazard) und institutionenökonomischen (Prinzipal-Agent-Probleme) Versatzstücken, auf die man auch durch einfaches Nachdenken kommen könnte.

Auch hinsichtlich Funktionalität und Größe des Finanzsektors lässt sich von Seiten des wissenschaftlichen Mainstream eine eher unkritische Haltung beobachten. Als markantes Beispiel kann die Expertise des deutschen *Sachverständigenrates zur Begutachtung der gesamtwirtschaftlichen Lage* (SVR) zum Thema FK angeführt werden, die im Juni 2008 erschien. Der Zusammenhang zwischen Wachstum und Finanzbereich wird in die Fragen des Anteils des Wirtschaftszweiges an der Wertschöpfung (mit 5% in Deutschland im europäischen Vergleich unterdurchschnittlich) und seines Beitrag zur Allokationsfunktion, insbesondere durch die Identifizierung und Finanzierung von Unternehmensgründungen unterteilt. Finanzierungsvorgänge werden mangels Daten nicht auf der Mikroebene untersucht, stattdessen – nach der üblichen Aufzählung der Lehrbuchfunktionen (Risikotransformation usw., siehe 2008, 14) – die Größe des Anteils an der Wertschöpfung positiv bewertet und nicht als eventuell überdimensionierter Kostenbestanteil am BIP interpretiert. „Ein gut entwickeltes, leistungsfähiges Finanzsystem hat einen positiven Einfluss auf das Wachstum einer Volkswirtschaft; approximiert wird der Entwicklungsstand eines Finanzsystems meist über die Größe der Finanzmärkte, die wiederum durch die Summe aus Bankkrediten, der Aktienmarktkapitalisierung und dem Volumen der ausstehenden Anleihen in Relation zum nominalen Bruttoinlandsprodukt gemessen wird" (2008, 14).

Nur im Vorbeigehen sei erwähnt, dass in fehlenden, nicht zugänglichen oder nicht aggregierten Daten ein Hauptproblem der Aufarbeitung der FK liegen dürfte. So stellt die EZB in einem Bericht über die Bankenstrukturen in Europa bezüglich *Special Purpose Vehicles* und *Asset Backed Commercial Paper* (ABCP, sehr kurzfristige Finanzierungstitel) schlicht fest: „As at the moment there are no aggregate data available on both developments at the EU level, their combined impact cannot be fully assessed" (EZB 2008, 9). Im Verlauf der FK wurde es versäumt, die leckgeschlagenen Institute zur Herausgabe der Mikrodaten ihrer Handelsaktivitäten zu zwingen, die dann, eventuell mit einer Zeitverzögerung von einigen Jahren, der Forschung und der Öffentlichkeit zur Verfügung gestanden hätten. So wird man nie genau erfahren, wer bei den diversen Bail-out-Aktionen subventioniert wurde, was elementaren demokratischen Grundsätzen widerspricht.

Die Autoren des SVR gestehen ein, dass die Kausalitätsfrage schwer wiegt und zumeist viele Einflussfaktoren gleichzeitig am Werk sind (2008, 20). Es ließe sich alternativ vermuten, dass nur eine entwickelte Wirtschaft sich ein parasitäres Finanzsystem leisten kann. Auch gehen Ökonomen in der Regel davon aus, dass sich irgendwo eine Nutzen- und eine Kostenkurve schneiden und es somit eine optimale Sektorgröße geben dürfte. Bei einigen Kausalitätsfragen, etwa bei den Ländervergleichsstudien zum Finance-Growth-Nexus (Entdeckung produktiver und innovativer Projekte) gestehen die Autoren ein, dass sich die Kausalitätsfrage nicht abschließend beantworten lässt (2008, 46) und auch eine definitive Aussage über die komparative Wettbewerbsintensität kaum möglich erscheint (2008, 118). So ist man auf elementaren Empirismus angewiesen; ein Beispiel: „Die *totale Faktorproduktivität* ist bei Unternehmen mit einer Landesbank als Hausbank signifikant niedriger als in der Referenzgruppe der Unternehmen mit einer Kreditbank als Hausbank" (2008, 41). Hieraus wird u.a. die geringere Effizienz des öffentlichen Finanzsektors abgeleitet. Dass ein kleiner, lokaler Möbelanbieter gegenüber Ikea zwangsläufig (bspw. wegen fehlender Möglichkeit der Steuerarbitrage) eine geringere Faktorproduktivität aufweist, bleibt unberücksichtigt.

Es verwundert nicht, dass das finanzbranchenfreundliche Gutachten recht platt alle möglichen Faktoren der FK additiv aufzählt und von einem „komplexen und singulären Zusammentreffen mikroökonomischer und makroökonomischer Ursachen" (2008, 125) von der Zinspolitik bis zu den Zweckgesellschaften spricht. Neben eher halbherzigen Reformvorschlägen (Kreditregister, Selbstbehalt einer Tranche bei Zweckgesellschaften usw.) zielen die Autoren in erster Linie auf die ihrer Meinung nach ineffizienten Banken im öffentlichen Besitz, in denen sie *den* zentralen Schwachpunkt des deutschen Bankensystems sehen und daher die Umwandlung von Sparkassen in Aktiengesellschaften und die vollständige Privatisierung aller Landesbanken vorschlagen. Eine erstaunliche Einseitigkeit der offiziellen Weisen!

Der sogenannte neue deutsche Methodenstreit geht an den Fragen der Erneuerung des Faches auch angesichts der FK weitgehend vorbei. Im Prinzip dreht er sich nicht um die Frage, ob das Fach Wirtschaftspolitik in den Hintergrund treten sollte oder nicht, sondern es geht beim ökonomischen Methodenstreit immer in letzter Instanz um die Frage Erklären versus Verstehen (Peukert 1998). Da die Kontrahenten keine wissenschaftstheoretischen Kenntnisse besitzen, argumentieren sie munter aneinander vorbei (Wirtschaftspolitik ja oder nein?). Hinzu kommt, dass die Hauptakteure einer sehr konservativ-liberalen Meinung zuneigen und daher zu den kritischen Punkten: Marktstrukturreform und eventuelle ‚Mitschuld' an der FK durch die Mainstream-Ökonomie wegen ihrer Inhalte und Methode nicht vordringen. Einer der Initiatoren, R. Vaubel, wendet sich in Beiträgen zur FK ausdrücklich gegen eine zentrale Bankenaufsicht auf europäischer oder internationaler Ebene. Er absolviert die Akteure in gewissem Sinne wenn er meint, die Banker hätten die Risiken nicht aktiv gesucht (wegen fehlender Eigenkapitalbeteiligung), sondern sie hätten sich geirrt, d.h. die Risiken ihrer Positionierungen unterschätzt.

„Ganz verfehlt wäre es, – wie von vielen gefordert –, durch staatliche Verbote oder eine Börsenumsatzsteuer die Spekulation zu unterdrücken oder zu erschweren ... Die Spekulation erfüllt eine nützliche Funktion. Die Preise, die die Spekulanten fordern oder bieten, zeigen ihre Erwartungen an. Diese Preissignale sind wichtige Informationen auch für andere, die sich kein eigenes Urteil zutrauen. Insofern stellen die Spekulanten – ohne es zu wollen – für die Allgemeinheit ein öffentliches Gut bereit" (Vaubel 2009, 12). Wie sich im folgenden Kapiteln noch zeigen wird, teilt diese Märchenversion der Spekulation seit Jahrzehnten nicht einmal mehr der weniger ideologische Mainstream. Der Methodenstreit dürfte zu einem großen Teil ein Frustabbau der (Ordo?)Liberalen sein, die nach Wegfall der Systemkonkurrenz als heimelige Ideologien verzichtbar sind. Es verwundert kaum, dass weder auf der entsprechenden Diskussion des Vereins für Socialpolitik 2009 in Magdeburg, noch beim Workshop des Exzellenzclusters Normativeorders an der Frankfurter Universität am 19.2.2010 auch nur ein einziger heterodoxer Ökonom auf dem Podium saß und die abstrakte Debatte zudem überhaupt keinen Bezug zur größten Finanzkrise seit der Weltwirtschaftskrise aufwies. Hier hätte eine Lanze für die Aktualität der Historischen Schule gebrochen werden können (Schefold und Peukert 1992, Wehler 2010).

Überhaupt ist die Ausklammerung der FK bei diversen mit Exzellenzgeldern finanzierten Tagungen überraschend. So wird bei einer interdisziplinären Fachtagung vom 11.-13.3.2010 wiederum an der Frankfurter Universität über wirtschaftsethische Dimensionen und Herausforderungen reflektiert, einmal mehr ohne Bezug zur FK. Ausnahmen bilden in Deutschland die Gemeinsame Herbsttagung des Arbeitskreises Politische Ökonomie und der Keynes-Gesellschaft vom 9.-11.10.2009 in Karlsruhe und der Keynes-Gesellschaft am 15.-16.2.2010 in Chemnitz. Zu erwähnen sind auch Veranstaltungen des *IMK (Institut für Makroökonomie und Konjunkturforschung)* in der Hans Böckler-Stiftung, z.B. die Tagung am 11.6.2009 in Berlin über „Die Finanzmarktkrise und ihre Folgen".

Bei der kleinen Gruppe deutscher Keynesianer fällt aber auf, dass sie ihr Hauptaugenmerk auf die realökonomische Seite Keynes' legen und sich weniger in Fragen der Finanzmarktregulation einmischen. Durch ihre Befürwortung massiver Fiskalprogramme stehen sie einmal nicht im prinzipiellen Widerspruch zur gegenwärtigen Regierungspolitik. Es stellt

2 Ein Panoramabild 59

sich pointiert formuliert die Frage, ob sie sich hierbei nicht zum „nützlichen Idioten" (Lenin) des finanzspekulativen Reparaturbetriebes machen, wobei unbestritten ist, dass hinsichtlich der Verwendungs- (Unterstützung nachfrageschwächerer Schichten) und der Aufbringungsseite (stärkere Steuerprogression) gravierende Unterschiede bestehen. Die deutschen Gewerkschaften, die das IMK stützen, haben in der FK kaum durchschlagende Reformvorschläge vorgetragen, wenngleich sie die die FK betreffenden Demonstrationen mit Attac und anderen Organisationen unterstützten. Die Gewerkschaften konnten auch deshalb nicht in eine exponierte Vordenker-Position geraten, weil unter ihrem Dach sehr verschiedene politische Richtungen vertreten sind, die einen einheitlichen Forderungskatalog unmöglich machen. Sie scheuen auch deshalb vor radikalen Forderungen, z.b. dem Schrumpfen des Finanzsektors zurück, weil dort schließlich auch Mitglieder (Beitragszahler!) beschäftigt sind. In den Publikationen der Gewerkschaften herrscht zumindest eine erstaunliche Vorsichtigkeit. Dem Autor wurde bspw. ein kritischer Artikel über die mittlerweile Interessenabhängigkeit vieler Wissenschaftler für die Zeitschrift *Mitbestimmung* abgelehnt.

Auf ihnen ließ sich der deutsche Durchschnittsbürger nicht sehen. Überhaupt konnte man eine merkwürdige Lethargie und Indifferenz bis hin zum Wahlverhalten bei der Bundestagswahl und der Regierungsmehrheit von Liberalen und CDU/CSU feststellen, die beide nicht gerade durch abgestimmte Programme und Vorschläge zur Finanzmarktreform auffielen. Die Indifferenz und gedankliche Abwesenheit der wählenden Mittelschichten bei der Aufarbeitung der FK dürfte damit zusammenhängen, dass sie sich gerne der Oberschicht zurechnen und eigene relative Positionsverschlechterungen verleugnen und daher z.B. auch im Steuerbereich Reformen zustimmten, die ihren objektiven Interessen widersprechen (Herrmann 2010). Nur eine Rentner-Gang machte Nägel mit Köpfen, indem sie Anlagenberater James A. entführte (*SZ* vom 9.2.2010, 30).

Auch der Koalitionsvertrag blieb angesichts der durch die FK erzwungenen historisch einmaligen Neuverschuldung blass. Zwar sollte die GWB-Novelle eine Entflechtung als Ultima Ratio enthalten (Koalitionsvertrag 2009, 10), aber der Wirtschaftsminister erklärte, wie bereits erwähnt, frühzeitig, dass dies nicht für den Finanzbereich vorgesehen sei. Die stärkere Rolle des Staates in der Weltwirtschaftskrise „ist so eng wie möglich zeitlich zu begrenzen" (ebenda, 12). Hinter dem längeren Teil über Landwirtschaft widmen sich etwas über zwei Seiten den Finanzmärkten (ebenda, 44-46). Man verliert sich in allgemeinen Deklamationen: National und international müsse es einen Ordnungsrahmen geben, der Stabilitätspakt sei einzuhalten, die Drei-Säulen-Struktur des deutschen Bankensystems zu unterstützen (immerhin), höhere Eigenkapitalanforderungen seien sinnvoll, prozyklische Wirkungen abzumildern. Man setzt sich – als einzige konkrete Forderung – für die Entwicklung einer europäischen Ratingagentur ein (auf man die man Ende 2010 nach wie vor vergeblich wartet). Eine inhaltslosere Verlautbarung lässt sich kaum denken. Die Koalition entsprach hiermit dem Prinzip des No-Politics-Please im Wahlkampf.

Die SPD hatte im Wahlkampf in letzter Sekunde mit dem Papier von Steinmeier und Steinbrück (2009) umgesteuert, nachdem Steinbrück sich zuvor noch zum reinen Krisenmanagement bekannte, da es an allen Ecken brenne, „habe ich keine Zeit, mir über die ordnungspolitischen Leitbilder der nächsten Jahre Gedanken zu machen" (*SZ*-Interview vom 5.1./6.1.2009, 7).

Fatalerweise sei das Hohelied der Deregulierung gesungen worden (ebenda, 3). Etwas populistisch beginnt es mit den Managergehältern (Haltefrist von vier Jahren, Sperrfrist für den Eintritt ehemaliger Vorstandsmitglieder in den Aufsichtsrat, Begrenzung der steuerlichen Abzugsfähigkeit, Selbstbehalte der Manager usw.). Ferner fordern sie die volle Bilanzierung von Positionen in Zweckgesellschaften beim Originator, Eigenkapitalvorschriften auch für Hedgefonds und Private Equity, eine Meldepflicht für (im Bedarfsfall untersagbarer) Leerverkäufe, ein Selbstbehalt von 20% bei Verbriefungen, eine weltweite Aufsicht, ein globales Kreditregister, ein Finanz-TÜV und eine Börsenumsatzsteuer. Ein Unterschied zur Tobin-Steuer sei vorhanden, da ihre Steuer nicht Devisentransaktionen beträfe, wobei die genaue Ausgestaltung unklar bleibt. Der SPD-Vorschlag enthielt durchaus klare und dem Finanzsektor kurzfristig schmerzende Vorschläge. Der Wähler mochte sich nur fragen, warum die Spezialdemokraten in ihrer Regierungszeit das genau entgegengesetzte Programm verfolgten.

Natürlich fand im Rahmen von Einrichtungen wie der des *Center for Financial Studies* (siehe z.B. den Überblick in CFS 2/09) eine (Reform)-Diskussion statt. Allerdings beschränkt sich diese auf spezialistische Partialfragen zu Eigenkapitalquoten, einer Vereinheitlichung und Transnationalisierung der Kontrollstrukturen, gelegentlich makroprudentielle

Ansätze *(leaning against the wind)*, den Einbezug des Schattenbankensystems usw. Oft gibt es allerdings auch ein Für und Wider. So plädiert Krahnen bei der Frage der Reform der Ratingagenturen gegen die Offenlegung der beim Rating angewendeten Methoden, denn „these rules invite companies and banks to come up with financial products and portfolios that escape the risk measurement rod of the agency model" (Krahnen 2009, 2). Neben der Tatsache, dass es sich hier um ein Passepartout-Argument gegen Transparenz im Allgemeinen handelt, fragt es sich, auf welcher Grundlage dann die zugleich geforderte stärkere europäische Kontrolle der Ratingagenturen erfolgen soll. Hinsichtlich seines Spezialforschungsgebietes, den Verbriefungen, vertritt er die Minimalposition, das Problem sei weitgehend gelöst, wenn die riskanteste letzte Tranche beim Originator verbleibt (ohne prozentual vorgeschriebenes Minimum!). In Interviews wird wenig inhaltsreich und unpräzise bemerkt: „Die Verbriefungsindustrie ist ja noch ultrajung. Und jetzt in der Krise macht man erst die Erfahrung, um das Modell gut zu machen. Es ist nicht das Instrument an sich, das böse ist, sondern es ist schlecht umgesetzt worden" (Interview im *Manager-Magazin* vom 19.9.2008).

„Die Fehlersuche der Finanzexperten greift zwar [gelegentlich] über den meist üblichen Mikroblick hinaus; sie verharrt jedoch innerhalb der Grenzen des etablierten und befürworteten Finanzsektors" (Hengsbach 2009, 55). Die Suche nach eventuellen strukturellen Defiziten des Finanzregimes erfolgt nicht. In anderen Ländern verhält es sich ähnlich. Gian Trepp berichtet in *WOZ/Die Wochenzeitung* vom 3.12.2009 (www.woz.ch/artikel) von der Jahresversammlung des *Swiss Finance Institute*, dem Schweizer Dachverband der Finanztheorie, auf der alle kritischen Fragen wie die der in der Schweiz breit diskutierten Schrumpfung der Großbanken ausgeklammert wurden (zu den Befürwortern gehören der Uhrenindustrielle Nicolas Hayek, der Rechtspopulist Christopf Blocher und der damals erst designierte Nationalbankpräsident Philipp Hildebrand). „Nach dreissig Jahren Vorherrschaft des Marktfundamentalismus an den Hochschulen ist die Finanztheorie in einer sterilen Monokultur erstarrt. Alles dreht sich nur noch im Kreis. Richtige Fragen – geschweige denn Antworten – fehlen. Es dominiert der mathematische Bluff" (ebenda, S. 1).

Ein Grundproblem des ökonomischen Diskurses besteht darin, dass sich für jeden Vorschlag sofort ein Gegenmodell konstruieren lässt, das unter den gegebenen Annahmen einen an sich vernünftigen Vorschlag in Frage stellt. Als ein Beispiel unter unzähligen sei der Artikel von Jürg Blum (1999) erwähnt, der zunächst die Literatur Revue passieren lässt: Einige Autoren zeigen, dass für gewinnmaximierende Banken durch Eigenkapitalanforderungen weniger, andere – genau umgekehrt –, dass mehr Anreize zu einem höheren Risiko bestehen. Mit impressiver Mathematik und hier nicht wiederzugebenden Verteilungsannahmen argumentiert Blum zunächst, dass höhere Eigenkapitalanforderungen den Gewinn der Bank reduzieren. Da dann zukünftige Gewinne geringer ausfallen, besteht auch ein verminderter Anreiz, den Zusammenbruch der Bank zu verhindern. „In addition to this, the ‚leverage effect' of capital rules raises the value of equity to the bank. For every dollar of equity, more than one dollar can be invested in the profitable but risky asset. In order to raise the amount of equity tomorrow it may be profitable for a bank to increase risk today" (1999, 768).

Wenn man ein Zweiperiodenmodell voraussetzt, bei dem die höheren Kapitalanforderungen erst in Periode zwei einsetzen, erscheint das Resultat ebenso wenig überraschend wie das Modigliani-Miller-Theorem (Leverage ist irrelevant!) nach der Kenntnisnahme seiner Voraussetzungen. Was hängen bleibt ist die Erkenntnis, dass höhere Eigenkapitalanforderungen Wirkungen auslöst, die zu den intendierten Effekten konträr liegen. Wenngleich der Autor die Annahmen des Modells genau spezifiziert, wird die Endaussage dekontextualisiert im (öffentlichen) Reformdiskurs als Einwand vorgetragen (so erlebt vom Verfasser bei einer Diskussion zum Thema). Ein Nebeneffekt des Prinzips „Lasst tausend Modelle blühen" besteht somit darin, dass man gegen jeden Regulierungsvorschlag singuläre Gegenargumente mit mathematischer Präzision auffährt und so allen Regulierungsvorschlägen den Boden unter den Füßen wegziehen kann. Der Endeffekt ist ein Nietzscheanischer Indifferentismus: Unter bestimmten Bedingungen ist alles möglich oder auch nicht. Ein solcher ökonomischer Formalnihilismus spielt den gerne weniger regulierten Finanzmarktakteuren durch den Totaleffekt der Partialmodelle in die Hände.

Allerdings kann es nicht nur am Modellieren liegen. Jürgen Kromphart (2009) weist in einem interessanten Artikel darauf hin, dass sich in der Weltwirtschaftskrise 1929-1932 die akademische deutsche Nationalökonomie nur am Rande und mit wenigen Ausnahmen (u.a. Stucken, Lederer) mit der Finanz- und Bankenkrise beschäftigte. Weder im Lutzschen Buch über das Konjunkturprobleme noch in der Festschrift für Spiethoff findet sich Entsprechendes. Die eigentliche Diskussion erfolgte durch Leute der Praxis (Peukert 1992, Kapitel III). Neben der möglicherweise ungeeigneten theoretischen Basis der damaligen Ökonomen (monetäre Überinvestitionstheorie) mag auch ein prinzipieller Grund in den Rekrutierungsbedingungen des Wissenschaftspersonals liegen, das sich meist in hierarchischen und ganz bestimmten, kompetitiven Strukturen durchschlagen muss. Der Politologe Andreas Wimmel (2009) beschreibt, dass es neben der rational-sachorientierten Ebene noch eine andere Ebene der sozialen Regeln, Normen und persönlichen Beziehungen gibt. Hierzu zählen die Faustregeln: Akzeptiere die Spielregeln des Systems (z.b. den *impact factor*), sei diplomatisch (der nette Kollege vergisst Deine Kritik nie), begrenze und definiere Dein Forschungsfeld eindeutig, werde ein politisches Chamäleon und passe Dich Deiner Umgebung an! Eigensinnige und kritische Menschen haben es im Wissenschaftssystem schwer. Unterstellen wir das Menschenbild der Neuen Institutionenökonomie als Survivorbias im Wissenschaftsbetrieb, so dürfte der ‚adaptive' Opportunist nicht verwundern (Peukert 2006a). Hiermit mag es auch zusammenhängen, dass aus der Wissenschaft nur sehr wenige beherzte Reformvorschläge kommen, da es dem mentalen Habitus widerspricht. Nicht Poppers wagemutige Falsifikationisten oder Schumpetersche unverzichtbare Aristokraten, sondern Kuhnsche Angepasste beherrschen zumeist die Welt des Denkens.

So ließe sich zum Teil erklären, warum sich Ökonomen aus der Reregulationsdebatte heraushalten. Zu jedem Vorschlag gibt es wie erwähnt unzählige Variantenmodelle, die gegen jeden Vorschlag vorgebracht werden können. Jürg Blum fragt nicht, wie den Verführungen höheren Risikos durch vernünftige Regulierung begegnet werden könnte (siehe Kapitel IV), so dass der eventuelle Negativeffekt gar nicht erst auftritt. Das wäre auch unspektakulär. Die Belohnungsstruktur von Partialmodellen liegt gerade darin, durch Annahmevariationen kontraintuitiven oder allgemein für richtig gehaltenen Wirkungszusammenhängen am besten paradox zu widersprechen.

Eine andere Ursache der Zurückhaltung mag im Bestehen eines Wissen-Geld-Machtkomplexes liegen. Krysmanski (2009) spricht von einem (globalen) Geldmachtkomplex, zu dem heute angesichts von Verwissenschaftlichung und Informatisierung neben (1.) Superreichen, (2.) Konzern- und (3.) Finanzeliten, (4.) Politische Eliten und am äußeren Ring

64   I. Feldvermessung und Ortsbestimmung

(5.) Funktions- und Wissenseliten gehören. Die Wissenschaft wird zunehmend in den Geldmachtkomplex einbezogen. Angesichts der „Verwissenschaftlichung" der Finanzmärkte (von Black-Scholes bis Value-at-Risk und Quant-Anlagestrategien, siehe Kapitel II), des hohen Lohngefälles zwischen den Einkommen der Finanzmarkt- und der wissenschaftlichen Eliten (insbesondere nach der W-Besoldungsdegradierung), der (an sich nicht falschen) Relevanz von praktischer Erfahrung in der Finanzwelt bei Berufungen insbesondere auch der Privatuniversitäten, der Drittmittelisierung und der finanziellen Ausblutung der Universitäten wird insbesondere der Universitätsbetrieb in den Geldmachtkomplex hineingezogen.

Für die USA ist dies das große Thema von Simon Johnson, dem ehemaligen Chefvolkswirt des IWF und jetzigem Professor an der *MIT Sloan School of Managment* und Mitbegründer eines der lesenswertesten Blogs zur Finanzkrise (http://baselinescenario.com). Er spricht von einem *Quiet Coup*, den man bisher eigentlich nur in Entwicklungsländern oder autoritär-oligarchisch regierten Ländern vermutete: „(E)lite business interests – financiers in the case of the U.S. – played a central role in creating the crisis, making ever-larger gambles, with the implicit backing of the government, until the inevitable collapse. More alarming, they are now using their influence to prevent precisely the sort of reforms that are needed, and fast, to pull the economy out of its nosedive ... these various policies – lightweight regulation, cheap money ... – had something in common. Even though some are traditionally associated with Democrats and some with Republicans, they *all* benefited the financial sector. Policy changes that might have forestalled the crisis but would have limited the financial sector's profits – such as Brooksley Born's now famous attempts to regulate credit-default swaps at the Commodity Futures Trading Commission, in 1998 – were ignored or swept aside" (2009a, 3).

Angesichts dieser Kaperung *(capturing)* der Politik, die Johnson beim IWF im Alltag erlebte, verwundert es nicht, dass der Anteil der Gewinne der Finanzbranche an den Gewinnen der amerikanischen Gesamtökonomie von 16% in 1973 auf über 40% in 2007 anstieg und ihr immenses politisches Gewicht sich weiter erhöhte. Ein Element des politischen Machtgewinns bestand im Aufbau kulturellen Kapitals und eines Glaubenssystems (ganz im Sinne Bourdieus): Was gut ist für große Finanzinstitutionen und die ‚Freiheit der Kapitalmärkte' ist gut für Amerika. Als ein weiteres Element nennt Johnson die Legitimation durch und den

Einkauf von Vertretern der Finanzmathematik, mit Scholes und Merton als markantesten Beispielen. Wesentlich sind auch die personellen Verflechtungen zwischen Wissenschaft, Politik und Finanzwelt, in den USA v.a. der Austausch von Individuen in der Drehtür zwischen Washington und Wall Street (Weiner 2005). Sie ist Amerikas Traumpalast, den die Menschen über alle Krisen hinweg mehr oder weniger heimlich bewundern (Fraser 2008), weshalb sie die Drehtürpolitik wohl auch hinnehmen. „Robert Rubin, once the co-chairman of Goldman Sachs, served in Washington as Tresaury secretary under Clinton, and later became chairman of Citigroup's executive committee. Henry Paulson, CEO of Goldman Sachs during the long boom, became Treasury secretary under George W. Bush. John Snow, Paulson's predecessor, left to become chairman of Cerberus Capital Management, a large private-equity firm that also counts Dan Quale among its executives. Alan Greenspan, after leaving the Federal Reserve, became a consultant to Pimco, perhaps the biggest player in international bond markets" (Johnson 2009a, 4). Man könnte die Liste problemlos verlängern: Christopher Dodd sammelte 13. Mio. Dollar Wahlkampfspenden aus dem Finanzsektor, er ist Vorsitzender des Bankenausschusses im Senat, Joshua Bolton war früherer Direktor bei Goldman Sachs in London und später 2006-2009 Stabschef im Weißen Haus usw.

Im Detail weist Johnson die für die Branche vorteilhafte Umwandlung der juristisch-institutionellen Landschaft nach. Es sei auch völlig unklar, wessen Interessen denn wirklich durch die „systemischen" Rettungsaktionen der Zentralbanken und des Fiskus bedient wurden. Er tritt für klare Größenbegrenzungen des Sektors und einzelner Banken ein, was in Kapitel IV noch zur Sprache kommen wird. Ist es in Deutschland und anderen europäischen Ländern anders? Trifft auch auf die Bundesrepublik z.B. die Beschreibung zu, der „Treasury is trying to negotiate bailouts bank by bank, and behaving as if the banks hold all the cards – comforting the terms of each deal to minimize government ownership while foreswearing government influence over bank strategy or operations" (2009a, 8). Wie war es damals im September 2008, als Josef Ackermann und seine Fachleute über die Zukunft der HRE entscheidend mit befanden und die Risikoanalyse vornahmen, immerhin ging es um rund 100 Milliarden für den deutschen Steuerzahler inklusive Garantieleistungen. Weist die deutsche Entwicklung auf ähnliche Tendenzen wie in den USA hin?

Ein Jesuitenpater erinnert uns: „Die rot-grüne Koalition hat seit 2001 die solidarischen Sicherungssysteme systematisch deformiert. Das Niveau eines Lebensstandards, der durch Erwerbsarbeit gesichert schien, wurde tendenziell auf das Niveau eines sozio-kulturellen Existenzminimums abgesenkt. Gesellschaftliche Risiken wurden tendenziell individualisiert und solidarische Sicherungen tendenziell privatisiert. Die Verdächtigung der Flächentarifverträge und die Steuerpolitik haben die Schere der Einkommens- und Vermögensverteilung zunehmend geöffnet. Das 4. Finanzmarktförderungsgesetz hat 2002 die Beschränkungen des Börsenhandels gelockert, die Anlagemöglichkeiten in Fonds erweitert, den Derivatehandel zugelassen und die Gewinne der Banken aus dem Verkauf der Industriebeteiligungen für steuerfrei erklärt. 2003 wurden Kreditverbriefungen steuerlich begünstigt. 2004 Hedgefonds in der Form von Dachfonds zugelassen. Und während der Zeit der großen Koalition war die Regierung bemüht, innovative Finanzprodukte und Vertriebswege zu fördern, Kapitalbeteiligungsgesellschaften steuerlich privilegiert zu behandeln und – nach angloamerikanischem Muster – Bilanzkorrekturen in den Finanzunternehmen gemäß dem aktuellen Wert zuzulassen. Der jetzige Staatssekretär Asmussen, der sich beim Schnüren des Rettungspakets ausgezeichnet hat, warb im Oktober 2006 als Ministerialdirektor in einem Aufsatz dafür, dass Produktinnovationen nachdrücklich unterstützt, der Verbriefungsmarkt ausgebaut sowie unnötige Prüf- und Dokumentationspflichten vermieden werden" (Hengsbach 2008, 4).

Dem SPD-Mann steht noch eine profitable Karriere bevor, sein Vorgänger Koch-Weser ging als Berater zur Deutschen Bank. Asmussens Frau ist Leiterin der Berliner Repräsentanz der Deutschen Börse AG. Seine Funktionen als Verwaltungsrat der Bankenaufsichtsbehörde BaFin und als Mitglied der Börsensachverständigenkommission überschneiden sich mit dem Tätigkeitsfeld seiner Frau. Seinen Aufgaben als Finanzstaatssekretär und somit Aufseher des deutschen Finanzmarktes kann er nur beschränkt nachkommen, alle die Deutsche Börse betreffenden Angelegenheiten werden ersatzweise von Staatssekretär Werner Gatzer geleitet, der formal gar nicht zuständig ist (*Der Spiegel*, Nr. 25/2009 vom 15.6.2009, 68).

Leider unterbleibt eine entsprechende politologische Analyse des Geldmachtkomplexes im Geiste C.W. Mills in Deutschland, da die

Sozialwissenschaften sich weitgehend heraushalten. Das institutionell-personell-juristische Geflecht der Krisenaufarbeitung auch unter Gesichtspunkten einer Kosten-Nutzen-Analyse mit Capturing-Verdacht wird nicht untersucht. So überraschen die Verursacher von gestern heute durch vernünftige und radikale Vorschläge in der Opposition, ohne ihren Gesinnungswandel zu erläutern (siehe z.B. Länderrat 2010 von Bündnis 90/Die Grünen).

Nach Peter Boone und Simon Johnson (2009) wird durch das oligarchische Capturing der Politik durch den Finanzsektor ein fataler Zyklus in Gang gesetzt, der *doomsday cycle*. Er enthält folgende Stadien (mit jeweils einer charakteristischen Person in den USA, die für die Phase repräsentativ ist): Exzessive und implizite Subventionen und Garantien rufen erhöhte Risikobereitschaft hervor (Lloyd Blankfein) → Viele Wetten mit Verlust (Dick Fuld, Lehman Brothers) → Regulation mit dem Ziel der Verhinderung exzessiver Risiken (Adair Turner) → Kaperung der Regulatoren durch die Finanzindustrie (Tim Geithner) → Verluste laufen auf: Der Bail-out des Systems erfolgt (Ben Bernanke) → Es geht wieder von vorne los: Exzessive und implizite Subventionen und Garantien rufen erhöhte Risikobereitschaft hervor. In diesem Zyklus spielen natürlich auch Wissenschaftler eine wichtige Rolle zur praktischen und ideologischen Flankierung. Auf der Tagung der *American Economic Association/ASSA* in Atlanta im Januar 2010 konnte man auf der Abendparty von Morgan Stanley einen glücklich-überdrehten und weinseligen Michael Jensen erleben, der von seinen wunderbaren Schulungen mit MS (nach seiner großen – zu früheren Principal-Agent-Beiträgen im schönsten Widerspruch stehenden – Entdeckung der „Integrität" der Mitarbeiter für den Unternehmenserfolg) berichtete und dem man zuvor noch einen nicht schlecht dotierten Preis zukommen ließ. Larry Summers, Wirtschaftsberater von Präsident Obama und von 1999-2001 US-Finanzminister, ist ein prominentes Beispiel für ideologische Flankierung, das in Kapitel III näher diskutiert wird. Hier sei nur erwähnt, dass Summers zwischen 2006 und 2008 beratend für *D.E. Shaw und Company* tätig war. Für seinen Teilzeitjob (ein Tag pro Woche) bekam er 5,2 Mio. Dollar in zwei Jahren (zu seiner exemplarischen Vita siehe Story 2009).

Aber ist die Verquickung zwischen Wissenschaft und Finanzaristokratie in Deutschland nicht doch moderater als im Kernland des Kapitalismus? Nehmen wir als wohl markantestes Beispiel das *House of Finance* der Frankfurt Universität, an dem seit kurzem v.a. die entsprechenden Teile des Fachbereichs Wirtschaftswissenschaften mit mehr als 150 beteiligten Wissenschaftlern versammelt sind. Nur rund 25% der Kosten bringt die in eine Stiftungsuniversität rückverwandelte Universität Frankfurt auf, der größte Teil wird von über 100 Geldgebern getragen. Auf der Website des *House of Finance* kann man erkennen, dass Privatbanken (Barclays, Deutsche und Commerzbank), Unternehmensberatungen (KPMG), Anwaltskanzleien und z.b. die Deutsche Börse neben öffentlichen Institutionen wie Landesbanken das Hauptkontingent ausmachen.

Viele Hörsäle sind daher nicht zufällig ähnlich wie Sportstadien nach Großbanken benannt. Auch im Kuratorium sitzen mehrheitlich Vertreter von Privatbanken (Deutsche Bank, UBS, Commerzbank, Citibank, mit den unvermeidlichen J. Ackermann und R.-E. Breuer). Breuer dürfte diesen Mitgliedern aus dem Herzen sprechen, wenn er die Säulen-Struktur in Deutschland für überholt hält und lobend erwähnt: „Im regulatorischen Bereich haben die deutschen Gesetzgeber und die Deutsche Bundesbank handfeste Nachteile gegenüber dem Ausland beseitigt. Vier Finanzmarktförderungsgesetze haben den Finanzplatz Deutschland im europäischen und internationalen Wettbewerb gestärkt ... Der börsliche Derivatehandel in Deutschland gehört zu den liquidesten und technisch modernsten weltweit. Und mit Zertifikaten wurde ein erfolgreiches Anlageprodukt entwickelt, das sich nunmehr zum regelrechten Exportschlager entwickelt" (Breuer 2008, 53).

Vorsitzender des *House of Finance* ist O. Issing, das ehemalige Mitglied des Vorstandes der EZB. Allerdings ist Issing seit dem 1.1.2007 auch International Advisor von Goldman Sachs. Im Oktober 2008 übernahm er dennoch den Vorsitz der von der Bundesregierung beauftragten Gruppe für eine Reform der internationalen Finanzmärkte, die bisher nur sehr allgemein gehaltene und erstaunlich defensive Regulierungsvorschläge im Sinne von etwas mehr Transparenz unterbreitete. Mit von der Partie war bei dieser Expertise neben dem ehemaligen Generaldirektor der EU-Kommission K. Regling, der früher einige Jahre beim Hedgefonds *Moore Capital Strategy Group* Geld verdiente und der unvermeidliche J. Asmussen.

Hat man hier die Böcke der Deregulierung zu den Gärtnern einer Neuen (besser: neuen) Finanzarchitektur gemacht? Ein weiteres Mitglied der Kommission ist J.P. Krahnen, der bereits erwähnte interessante Wissenschaftler (Hänsel und Krahnen 2007, Krahnen und Wilde 2008) sitzt nicht nur in den Aufsichtsräten der *True Sale Initiative* und der *DZ Bank*, er hat und hatte auch u.a. Beratungsaufträge bei den Unternehmen *Bersch, Lange und Partner, Price Waterhouse Corporate Finance*, der *Compunet AG* und bei der *KMW-Rating GmbH*. Er ist ferner Direktor des Frankfurter *Center for Financial Studies* im *House of Finance*, dessen Präsident wiederum O. Issing ist, das 80 Banken, Versicherungen usw. zu seinen Sponsoren zählt. Mit dabei (u.a. im Kuratorium des *House of Finance*) ist zumeist auch A. Weber, der Bundesbankpräsident, der bekanntlich dazumal in einer konzertierten Aktion der Finanzbranche gegen Peter Bofinger durchgesetzt wurde.

Falls der Italiener Draghi Präsident der EZB würde, hätte Goldman Sachs einen ihrer Ehemaligen mitten im Zentrum der Geldpolitik platziert. Ob Axel Weber sich als bessere Wahl herausstellt, ist zweifelhaft. Johnson fragt (leider gibt es keinen kritischen deutschen Diskurs zur Nachfolge Trichets), ob Weber bei der Entwicklung der FK und z.b. dem Aufbau des gigantischen Leverage der Deutschen Bank geschlafen habe oder wie sein Auftreten im HRE-Debakel genau aussah (Six questions for Axel Weber auf baselinscenario.com vom 19.2.2010). Das Schweigen der Zentralbanker zu den Achillesfersen der Finanzarchitektur über die Jahre hinweg stellt ihnen kein besonders gutes Zeugnis aus. So war selbst für Laien die Fragilität durch Leverage eigentlich unschwer zu erkennen. „When the ratio of borrowed to equity capital reaches 35 to 1 – Bear Stearns' ratio when it collapsed (and UBS's reached 50 to 1) – a mere 3 percent fall in the value of the firm's assets will plunge the firm into insolvency" (Posner 2009a, 221). Ein 3%iger Wertverlust der Assets zerstört die kompletten (Eigen)Kapitalreserven eines Großunternehmens. Eine höhere Risikobereitschaft lässt sich kaum denken, warum haben die Zentralbanker dem wort- und tatenlos zugesehen?

Die Deutsche Bundesbank, in der ohne Frage exzellente Fachleute arbeiten, deren oberste Spitze aber nach Parteienproporz besetzt wird, hat vor der FK alle neuen Finanzinnovationen begrüßt und fast ohne Abstriche befürwortet. Als Beispiel sei ein angesichts der Griechenlandkrise Anfang 2010 wieder aktueller Beitrag aus dem Jahr 2004 über CDS, ihre Funktionen und Informationsgehalt erwähnt. Die erstaunliche Zunahme und Preisführerschaft durch CDS auf den Anleihemärkten wird beschrieben, was auf die schnellere Verarbeitung neuer Marktinformationen zurückgeführt wird. Positiv wird „die Loslösung des Kreditrisikos von der zu Grunde liegenden Kreditbeziehung [erwähnt]. Die separate

Handelbarkeit dieser Ausfallrisiken erweitert das Möglichkeitsspektrum für eine systematische Risiko- und Ertragssteuerung" (2004, 44). Zwar werden auch kurz eventuelle Ansteckungskanäle angedeutet, aber der zusätzliche Informationsbeitrag von CDS und die wahrscheinliche Dämpfung der Auswirkungen der Unternehmenszusammenbrüche in 2001 durch sie hervorgehoben. Ein Rätsel ist den Verfassern allerdings, dass ¾ der Preisänderungen von einem ihrer Vermutung nach systematischen Faktor erklärt werde, der in den üblichen Modellen nicht abgebildet wird. Der Einfluss des Spekulationsmotivs bei CDS findet in dem Beitrag mit keinem Wort Erwähnung. Auch kann man sich fragen, ob es bei Feuerversicherungen deshalb des Underlyings (Besitz eines Hauses z.B.) bedarf, weil ansonsten eine Feuerversicherung zur dramatischen Häufung von Bränden führen würde.

Die Berufung Timothy Geithners als US-Finanzminister ist eigentlich skandalös, wenn man seine Performance als vorheriger Chef der *Federal Reserve Bank of New York* berücksichtigt. Als Beispiel seiner Weltsicht und Ahnungslosigkeit soll eine Rede in Hong Kong am 17.9.2006 dienen (Geithner 2006), die im Nachgang wie eine Parodie wirkt. Er bemerkt „the confluence of a sharp increase in risk perception, and the subsequent actions taken by financial institutions and investors to limit their exposure to future losses ... The resilience we have observed over the past decade or so is not just good luck. It is the consequence of efforts by regulatory, supervisory and private financial institutions to address previous source of systemic instability. Risk management has improved significantly, and the major firms have made substantial progress towards more sophisticated measurement and control of concentration to specific risk factors ... the higher levels of capital in the core now provide a larger buffer against shocks ... we believe, these changes in the financial environment are likely to come with substantial benefits in terms of overall market efficiency" (2006, 1-2). Ein Loblied wird auf die stark geleveragten Privatinstitutionen gesungen, um dann gewisse, eher unklar formulierte Herausforderungen zu benennen und das Fazit zu ziehen, dass eine „deviation of prices from their fundamental values in times of stress is likely to create incentives for times and investors with resources to step in and provide liquidity. In other words, the market may itself have the capacity to self-correct and prevent a disruptive loss of liquidity" (2006, 6).

Es zeigt sich einmal mehr, dass entscheidende politische Akteure in den Zentralbanken einen simplen Glauben an spontane Markteffizienz diesseits und jenseits des großen Teiches teilten. Auch für die Obama-Administration lautet das kritische Fazit, "[it only] made a minimal attempt to relay their understanding of this crisis and there has been no real discussion of the different nature of this financial crisis from previous crises" (Rehman 2010, 4 mit eingehender Detailanalyse). Charlie McCreevy, *European Commissioner for Internal Markets and Services*, bemerkte in einer Rede am 20.2.2007 in London, dass die Finanzmärkte stark expandierten, stärker als in den USA. Die Botschaft lautet:. „We have to garner and encourage market forces – and market solutions. The clearing and settlement code of conduct is a litmus test of whether the industry can deliver our decision not to regulate hedge funds, investment analysts, credit rating agencies and to simplify our company law frameworks" (Speech/07/89). Im folgenden Kapitel wird daher einmal zu untersuchen sein, ob die Wirtschaftstheorie tatsächlich eine solche Politik nahelegt oder nicht.

Geithner war zumindest einer der wertvollsten Politiker für die Wall Street, deren Repräsentanten auch seine Hauptgesprächspartner während der FK waren. In der amerikanischen Presse wurde Geithner als *bailoutking* nachdrücklich vorgeworfen, die von seinem Vorgänger und Goldman Sachs Deszendenten Paulson eingefädelte über 700 Mrd. Dollar Stütze vollständig zugunsten der Finanzindustrie verteilt zu haben (siehe z.B. Jo Becker und Gretchen Morgenson in der *NYT* vom 27.4.2009). Nur im Vorbeigehen sei bemerkt, dass der Nachfolger Geithners bei der New Yorker FED, William Dudley, auch von Goldman Sachs kommt, was nicht überrascht, da im Aufsichtsrat *(board)* der halböffentlichen New Yorker FED Vertreter von Citigroup, JP Morgan Chase, Lehman Brothers und Unternehmen wie *General Electric*, die auch hohe Bestände an Finanzassets in den Bilanzen stehen haben, sitzen. Die regionalen Reservebanken der USA sind quasi-private Einrichtungen, ihre Anteile werden von Finanzinstitutionen gehalten, die die NY FED überwacht – eine erstaunliche Form ganz legaler Kaperung, über die sich die eher konservativ-liberalen Vertreter der Public Choice-Theorie gerne auch einmal Gedanken machen dürfen. „Die leitenden Angestellten einer FED-Regionalbank werden von deren Direktorium gewählt, das sich aus Vertretern der Banken und Unternehmen in den jeweiligen Regionen zusammensetzt" (Stiglitz 2010b, 194).

So wundert es auch nicht, dass Bear Stearns von JP Morgan Chase fast zum Nulltarif übernommen werden konnte und die öffentliche Hand auf 29 Mrd. Dollar lautende risikoreiche Wertpapiere übernahm. Der Niedergang beruhte auf wesentlichen Managementfehlern, die bei Kelly detailreich zur Sprache kommen. „Bear failed because the credit crisis of 2008 killed every firm with a large mortgage business, too little diversification to offset the losses from bad loans, and the inability to be proactive" (Kelly 2009, 221). Bei den entscheidenden Rettungsaktionen flossen rund 50 Mrd. Dollar (von insgesamt 182 Mrd. Dollar) als 100%ige Auszahlung, ohne Discount, der mittlerweile völlig wertlosen CDS von AIG an Goldman Sachs, Deutsche Bank, Société Générale u.a. Hierbei handelte es sich auf jeden Fall um fehlbepreiste, schlechte Wetten, für die der amerikanische Steuerzahler aufzukommen hatte. Derweil verdient der Chef der Deutschen Bank in 2009 wieder 10 Mio. Euro (70% tranchiert auf drei Jahre und mit Rückhalteklausel, siehe *SZ* vom 17.3.2010, 26), wegen wegbrechender (Gewerbe)Steuereinnahmen fällt gleichzeitig in Kindergärten und Schulen der Putz von den Wänden. Sollte Geithner nicht durch finanzielles *capturing* in seinen Entscheidungen beeinflusst sein, so dürften sich seine Entscheidungen weitgehend seiner unerschütterten Weltsicht letztlich doch effizienter Finanzmärkte verdanken, gehörte er mit Alan Greenspan zu denjenigen, die sich stets massiv gegen eine stärkere Regulierungen, z.B. von Derivaten wandten. Hier zeigt sich, welch gravierende entscheidungs- und verteilungspolitische Auswirkungen der Wirtschaftstheorie zukommen. Matthew Richardson und Nouriel Roubini ermahnten im Mai 2009, „we can't subsidize the banks forever" (*WSJ* vom 5.5.2009), sie verweisen auf die Zahl von 2,7-3,6 Billionen an zu erwartenden (Bilanz)Verlusten. Die Leisetreterei und Gefügigkeit von Seiten der Politik und Wissenschaft erreicht somit langsam die Grenze der Belastbarkeit des Steuerstaates.

Die Trennung zwischen finanziellem Capturing und softer Indoktrination über Wissenschaft und Ideologie ist womöglich falsch, da beides Hand in Hand gehen kann: Ein von der Intelligenz der Finanzmarktakteure überzeugter „Wissenschaftler" mag aufgrund dieses Glaubens einige Finanzalchimisten mit lautersten Motiven für die Politik als kompetente Ratgeber hinzuziehen. Im Umfeld Geithners muss man nicht lange suchen: Sein *Chief of Staff*, Mark Patterson, ist ein wohlbekannter ehemaliger Lobbyist für Goldman Sachs, sein zweiter Hauptberater ist Lewis Alexander, ein ehemaliger Chefökonom von Citigroup.

Ben Bernanke, der Nachfolger Greenspans als Chef der FED, gilt zu Recht als großer Experte und Erforscher der Weltwirtschaftskrise und der Fehler der damaligen FED (Bernanke 1983). Friedmans Ansicht (die allerdings bereits 1933 von I. Fisher vorgetragen wurde), eine restriktive Geldpolitik sei ein wesentlicher Verursacher der Weltwirtschaftskrise, hat er sich zu Herzen genommen und sich so den liebevollen Beinamen *Uncle Ben* verdient. Er vertrat frühzeitig nach der FK vehement die Ansicht, dass es bei der Geld- durch Zinspolitik und quantitativen Erleichterungen bleiben sollte. Schon kurz nach dem Crash der Dotcom-Blase lehnte er es ab, aufgeblähte Assetpreise bei der Gestaltung der Geldpolitik einzubeziehen und eine wie auch immer ausgestaltete, gegen den Wind des Aufschwungs antretende, *(lean-against-the-wind)*-Strategie zu verfolgen (Bernanke 2002a). Er mag recht haben, dass man mit einer auf den Geldmarktzins gerichteten Politik diesbezüglich nur begrenzt oder nur mit sehr kruden Mitteln (drastische Zinserhöhungen) Wirkungen erzielen kann. Da er aber die Funktion der Zentralbank als *lender of last resort* (was gewisse Bail-outs einschließt) akzeptiert, hätte er sich prinzipiell in ruhigeren Minuten fragen können, wer und in welcher Form man zu agieren hätte. Zwar erwähnt er ganz allgemein und unbestimmt den Sinn von Stresstests, ausreichend Eigenkapital usw., aber aus seinen früheren Ausführungen geht eindeutig die Bewunderung der „enormous strenghts of our free-market system" (2002a, 8) hervor, die die Funktion der letzten Instanz eher unerheblich erscheinen lassen.

Bernanke glaubt demnach tatsächlich an im Prinzip effiziente Märkte, „the prices of equities and other assets are set in competitive financial markets, which for all their undeniable foibles are generally highly sophisticated and efficient. Thus, to declare that a bubble exists, the Fed must not only be able to accurately estimate the unobservable fundamentals underlying equity valuations, it must have confidence that it can do so better than the financial professionals whose collective information is reflected in asset-market prices" (2002a, 4). Das Zitat belegt, dass Bernanke zwar die kleinsten Details der über ein halbes Jahrhundert zurückliegenden Weltwirtschaftskrise parat hat, sich aber – außer den vorgeschlagenen Kennzahlen – nicht wirklich für die Literatur zu makroprudentieller Regulation der Zentralbanken interessierte (z.B. Borio 2007).

Er liegt voll auf der Linie seines Vorgängers Greenspan, der eine wesentliche Deregulierung der Finanzmärkte wie im Flugzeug- und Telekommunikationsbereich für nötig hielt, damit die amerikanischen Finanzplätze nicht ins Hintertreffen geraten. Als ein weiteres Beispiel mag Bernankes Eintreten für OTC-Derivate gelten, denen er nur Gutes zutraute, Fehlbepreisungen, Manipulationen usw. hielt er für ausgeschlossen. Die „profitability [especially] of [OTC] derivatives products has been a major factor in the significant gain in the finance industry's share of American corporate output during the past decade – a reflection of their value to nonfinancial industry. Indeed, this value added from derivatives itself derives from their ability to enhance the process of wealth creation throughout our economy" (Anhörung am 2.10.2004, siehe www.federalreserve.govboarddocs/testimony).

In einer Art persönlichem Bekenntnis stellt er in einer Fußnote zum vorletzten Zitat fest: „Some may believe that stock prices are set largely by uninformed and unsophisticated traders and thus have little connection for fundamentals. I find that belief hard to reconcile with the general level of American prosperity, in which I believe the efficient allocation of capital by financial markets have played a central role. Moreover, even if bubbles arise from the behavior of uninformed traders, they should have no substantial effect on capital allocation unless those who make capital expenditures believe the market's valuations" (2002a, 9). Wenn Ökonomen immer wieder behaupten, kein Mensch glaube mehr an die simple Effizienz der Kapitalmärkte, so kann man festhalten: Sollte diese (Schutz)Behauptung stimmen, wäre FED-Chef Bernanke ein überholter Exot, dessen Erkenntnisse zur Gestaltung der Politik aus der fernen Vergangenheit stammen. Es wird interessant sein, im nächsten Kapitel zu sehen, was denn nun die Wirtschaftstheorie an Erkenntnissen über die Finanzmärkte gestern und heute tatsächlich anbietet. Kaum verwunderlich ist zumindest, dass seine (Wieder)Ernennung als kolossaler Fehler bezeichnet wurde (S. Johnson am 28.1.2010 im baselinescenario.com).

Auf einer der legendären Jackson Hole-Konferenzen legte Bernanke frühzeitig schlau und bedächtig den Rückwärtsgang ein. Zur makroprudentiellen Regulierung bemerkte er aber warnend: „Some caution is in order, however, as this more comprehensive approach would be technically demanding and possibly very costly both for the regulators and the firms they supervise ... we should not underestimate the technical and information requirements of conducting such exercises effectively. Financial markets move swiftly, firms' holdings and exposures change every day, and financial transactions do not respect national boundaries. Thus, the information requirements for conducting truly comprehensive macroprudential surveillance could be daunting indeed" (2008, 6 und 7). Elan, Nachdruck, Zuversicht und Handlungsbereitschaft spricht nicht aus den Worten des vermeintlich mächtigen Zentralbankers.

In einer Rede am 20.2.2004 in Washington lobt er die Politik der FED, untermalt von gut 20 Jahren der *Great Moderation* (www.federalreserve.gov/boarddocs/speeches, einige bezeichnen sie heute als *Great Mortification*), d.h. Dekaden mit deutlich geringeren Preis- und Outputschwankungen als in früheren Jahrzehnten. Er führt dies u.a. auf zunehmend raffiniertere Finanzmärkte, v.a. aber auch auf die pragmatisch-flexible monetäre Politik zurück. Sieht Bernanke nach Ausbruch der FK die Dinge in einem anderen Licht? Auf der Tagung der *AEA* in Atlanta im Januar 2010 konnte die überraschte Zuhörerschaft feststellen, dass dem nicht so ist und er die Politik der FED bis in die jüngste Zeit als völlig richtig verteidigte (Bernanke 2010). Er kritisiert die Taylor-Regel, nach der die FED mit einer zu niedrigen Zinspolitik den Boom am Häusermarkt mit verursachte: Wird der Output-Gap richtig gemessen, liegt die angemessene Berechnung der Inflation zugrunde, indem man die *erwartete* Inflationsrate ansetzt, dann ließen sich keine Fehler nachweisen. Ökonometrische Ergebnisse werden zum Beweis aufgefahren, dass der Boom nicht mit einer zu großzügigen Geldpolitik korreliert sei.

Hier kann man ihm teilweise zustimmen: Die Art der Strukturierung der Hypotheken beeinflusste deren Preis stärker als die Zinssätze (Bitner 2008). Letztlich streitet er nicht ab, dass beim aus ex post Sicht eindeutig übertriebenen Anstieg der Hauspreise in den USA eine regulatorische Antwort nicht falsch gewesen wäre. Er fügt aber sofort hinzu, unter Ökonomen sei völlig offen gewesen, ob der Preisanstieg dauerhaft sei oder einen Bubble darstellt. Es gelte dazuzulernen und offen zu bleiben für eine ergänzende monetäre Krisenpolitik. „Maintaining flexibility and an open mind will be essential for successful policymaking as we feel our way forward" (2010, 22). Unbestimmter geht es nicht. Die Bail-out-Funktion wird akzeptiert, man hat nichts falsch gemacht, ansonsten bleibt alles beim Alten. Die Finanzmarktakteure haben es dankbar zur Kenntnis genommen.

Viele Mainstream-Ökonomen widersprechen dem nachdrücklich. Allan Meltzer bemerkt, „traditional inflation-warning indicators are distorted because the Fed lends money at about a zero rate and the banks buy Treasury securities, reducing their yield and thus the size of the inflation premium. Further, the Fed is buying massive amounts of mortgages to depress and distort the mortgage rate. This way of subsidizing bank profits and increasing their capital bails out these institutions but avoids going to Congress for money to do so. It follows the Fed's usual practice of protecting big banks instead of the public" (*WSJ* vom 22.10.2009). Allerdings sind die Widerworte aus der Wissenschaft eher selten. Dies mag damit zusammenhängen, dass die FED ein extensives Netzwerk aus Consultants, Besuchern, Alumni und Stabsökonomen betreibt. Von den 1000-1500 monetären Ökonomen in den USA unterhält die FED mit gut der Hälfte auch finanzielle Verbindungen über Beraterverträge usw. Für Nachwuchswissenschafter dieses Bereichs ist es aus Prestigegründen fast unverzichtbar, nicht für die FED tätig zu sein. Die Mehrzahl der Herausgeber wichtiger monetärer Journals stand auf der Gehaltsliste der FED (zu den Details siehe Grim 2009).

Kann man, um nur ein weiteres Beispiel zu nennen, dem Freiburger Professor Raffelhüschen ohne Bedenken abnehmen, dass das durch die FK bedingte Minus bei der Altersvorsorge erstaunlich gering ist (weniger als 3%), wenn man erfährt, dass die Studie vom von der Deutschen Bank finanzierten *Deutschen Institut für Altersvorsorge* (DIA) in Auftrag gegeben wurde? Man könnte viele Beispiele dieser Art anführen, bis hin zu den Metamorphosen des Wirtschaftsweisen Bert Rürup und des Gewerkschaftsführers Walter Riester.

Wenn es ans Eingemachte geht, sind die Wissenschaftler wieder weniger gefragt. Hier schlägt die Stunde der Anwaltskanzleien wie *Linklaters*, die bei der Formulierung des Gesetzentwurfes zur Zwangsverwaltung maroder Banken in Deutschland tätig wurde und bereits gut bekannt durch ihre Lobbyaktivitäten für die *True Sale International* Initiative ist, jener Gründung einiger Großbanken, die die für die Finanzkrise mitverantwortlichen Verbriefungen richtig in Schwung bringen sollte, unter ihren Mitbegründer wieder einmal J. Asmussen. Der Text zur Verstaatlichung der HRE stammt u.a. von der Anwaltskanzlei *Freshfield Bruckhaus Deringer*, die auch kräftig mit am Rad des v.a. Kommunen in Bedrängnis bringenden *Cross-Border-Leasings* drehte und im Unterschied zu den Kommunen gut dabei verdiente. Erwähnt sei noch, dass nach dem Zusammenbruch der HRE der von der Deutschen Bank entsandte Axel Wieandt bis März 2010 an ihrer Spitze stand, der als rechte Hand von Josef Ackermann gilt und nach nur 18 Monaten im Amt eine jährliche Versorgung von 240.000 Euro erhalten soll (*SZ* vom 28.9.2010, 20).

Neben Attac und dem IMK – finanziell und personell im Vergleich minimalistisch ausgestattete – sind als kritische Gegengewichte noch Beiträge von B. Emunds, Fr. Hengsbach, und W.-G. Reichert zu nennen, die sich im Rahmen des Oswald von Bell-Breuning Instituts für Wirtschafts- und Gesellschaftsethik in Frankfurt/M. äußern (www.sankt-georgen.de/nbi). Sie heben die Gemeinwohlaufgabe des Finanzsektors hervor, kritisieren die bescheidene Reparaturarbeit der G 20-Gipfel und sehen in der FK u.a. eine Krise der ideologischen Grundorientierung unserer Gesellschaft. Sie beschreiben die Wirkungen der Erosion des Leitbildes des ehrbaren Kaufmanns, machen konkrete Reformvorschläge und weisen auf falsche Weichenstellungen in der Vergangenheit hin.

Der in Deutschland ausgeprägte ad hoc-Punktualismus in Politik und Volkswirtschaftslehre ist keine Besonderheit. Als Beispiel kann O. Blanchard, der Chefvolkswirt des IWF, dienen. Er stellt fest „that macroeconomics is going through a period of great progress and excitement, and that there has been, over the last two decades, convergence in both vision and methodology" (2008, 26; siehe auch die Verteidigung der Makroökonomie bei Mulligan 2009). Die alten Divergenzen zwischen der Lucas-Sargentschen Neuklassik, den Neukeynesianern und der neuen Wachstumstheorie seien zugunsten von Fortschritt und Konvergenz beigelegt. „The joint beliefs [are] that technological progress goes through waves, that perceptions of the future affect the demand for goods today, and that, because of nominal rigidities, this demand for goods can affect output in the short run, nicely combine to give a picture of fluctuations which, I believe, many macroeconomists would endorse today" (2008, 7).

Hinsichtlich der zumeist verwendeten dynamisch-stochastischen Allgemeinen Gleichgewichtsmodelle sieht Blanchard aber auch ein Problem zu starker Konvergenz. „To caricature, but only slightly: A macroeconomic article today follows strict, haiku-like, rules: It starts from a general equilibrium structure, in which individuals maximize the expected present value of utility, firms maximize their value, and markets clear. Then, it introduces a twist, be it an imperfection or the closing of a particular set of markets, and works out the general equilibrium implications. It then performs a numerical simulation, based on calibration, showing that the model performs well. It ends with a welfare assessment" (2008, 26). Es verwundert nicht, dass bei Zugrundelegung dieses Ansatzes (Gleichgewichtsmodell und Einfaktorvariation) keine wesentlichen Erkenntnisse über die Struktur von Finanzmärkten gewonnen werden können, da die Modelle bestenfalls auf einer Mesoebene liegen.

Es fragt sich, ob und wie von diesem fortschrittlich-einheitlichen Hintergrund aus theoretisch begründete Vorschläge zur makroökonomischen Politik nach der FK formuliert werden können. Unter diesem Gesichtspunkt soll ein Blick auf einen weiteren Text Blanchards (et al. 2010) geworfen werden. Der Text beginnt mit Annahmen, die allgemein für richtig gehalten wurden. Vereinfacht ausgedrückt, „we thought of monetary policy as having one target, inflation, and one instrument, the policy rate. So long as inflation was stable, the output gap was likely to be small and stable and monetary policy did its job. We thought of fiscal policy as playing a secondary role, with political constraints sharply limiting its de facto usefulness. And we thought of financial regulation as mostly outside the macroeconomic policy framework" (2010, 3). Es bleibe offen, inwiefern dieser makroökonomische Konsens des Mainstream theoretisch plausibel abgeleitet werden konnte. Nach Angabe einiger Plausibilitätsargumente für die einzelnen Politikprioritäten fragen die Autoren, was man aus der Krise lernen kann. Ganz pragmatisch setzen sie die rezessive Ist-Situation voraus und stellen fest, dass nach der Taylor-Regel eine weitere 3-5%ige Zinssenkung nötig wäre, dies aber wegen des bereits bestehenden Nullzinses nicht möglich sei. Eine höhere Inflation und höhere Nominalzinsen hätten eine deutlichere Zinssenkung erlaubt.

Hinsichtlich der Finanzintermediation wird bemerkt, dass man die Segmentierung einzelner Marktsegmente und die plötzliche Illiquidität unterschätzte. Immerhin findet sich in diesem Zusammenhang folgender Solitärsatz: „Another old issue the crisis has brought back to the fore is that of bubbles and fads, leading assets to deviate from fundamentals, not for liquidity but for speculative reasons" (2010, 8). Da die Geldpolitik an ihre Grenzen stieß, zeige sich auch ein Bedeutungszuwachs antizyklischer Fiskalpolitik, was wie bei der Geldpolitik auf die Bedeutung eines angemessenen Spielraumes (‚fiscal and monetary space') hinauslaufe, etwa im Sinne einer 4%igen (anstelle einer 2%igen) Zielinflationsrate.

Zusätzlich sei eine engere Vezahnung mit regulatorischen Maßnahmen (konjunkturabhängige Eigenkapitalvorschriften u.a.) sinnvoll. Ob dies von der Zentralbank entschieden werden sollte und wie genau dieses Management aussehen sollte, wird unter Verweis auf *trade-offs* offen gelassen. Neben dem Verweis auf eine stärkere Wirkung der automatischen Stabilisatoren (ev. durch generösere Sozialversicherungsprogramme) lässt sich ihre zentrale Aussage so zusammenfassen: „A key lesson from the crisis is the desirability of fiscal space to run larger fiscal deficits when needed. There is an analogy here between the need for more fiscal space and the need for more nominal interest rate room" (2010, 14). Die Vorschläge basieren auf rein pragmatisch-situativen Überlegungen. Erstaunlich, dass die für viele Jahre definitiv für richtig gehaltenen, von Blanchard erwähnten Politikdevisen durch die Ausnahmesituation plötzlich überholt scheinen. Auch muss man kein libertärer Austrian sein, um zu überlegen, ob drastischere Zinssenkungen und massive Verschuldung im Dauerarsenal nicht mit zu den Vorboten der letzten FK gehörten und gut und gerne der nächsten Krise mit den Weg bereiten. Festzuhalten ist, dass im Text von eventuell dysfunktionalen Finanzmärkten hinsichtlich Struktur und Volumen überhaupt keine Rede ist.

Der beschriebene ad hoc-Punktualismus und die uneingeschränkte Legitimation des Finanzsektors trifft überraschend auch auf den theoretisch auf Banken und Finanzmärkte spezialisierten Bereich der FK zu: Die Bankbetriebslehre. Als Beispiel sei Hartmann-Wendels et al. (2007) herausgegriffen, deren Einführung eine funktionale und freundliche Helferthese der Finanzintermediäre vollständig vorherrscht, die zwischen Kapitalgebern und -nehmern konstruktiv vermitteln. Sie betreiben Losgrößen-, Fristen- und Risikotransformationen und viele gute Dinge mehr (2007, Teil A). Nur ein Beispiel, den Eigenhandel der Banken betreffend, sei angeführt, um ihren ausschließlichen Denkstil zu illustrieren: „Moderne Investment Banken handeln in allen Finanzmärkten und in wesentlichen Märkten für standardisierte Güter, d.h. sie handeln in Eigen- und Fremdkapitaltiteln, Metallkontrakten, kontrakten auf sonstige Waren (wie Schweinebäuche) und im Geldmarkt, wobei die originären Titel sowie die darauf aufbauenden Derivate gehandelt werden (vgl. Teil F). Mit dem Eigenhandel versucht die Bank, ihren Gewinn zu steigern, wodurch im Markt die Liquidität erhöht und der Handel für die anderen Marktteilnehmer erleichtert wird" (2007, 16). Schlichter kann man die

Invisible-Hand-Harmoniethese nicht ausdrücken. Sie unterliegt als voranalytischer, visionärer Lakatosscher Kern (1978) dem ganzen Lehrbuch. Auch folgt man den gängigen Trends, zur Frage Buchwert- oder Marktwert-Ansatz wird beispielsweise festgestellt: „Während Buchwerte durch das Ziel einer vorsichtig bemessenen Gewinnermittlung geprägt sind, sind Marktwerte besser geeignet, die Ausfallgefährdung der Gläubigeransprüche anzuzeigen" und sie erlauben, *Gains trading* (Ver- und Rückkauf unterbewerteter Aktiva) zu vermeiden (2007, 346).

Auch in der Reformdiskussion nach Ausbruch der FK halten sich die universitären Finanzfachleute merklich zurück. Ein Beispiel ist der Beitrag von Rudolph (2009), der zunächst detailliert auf die amerikanische Hypothekenkrise eingeht. Der Autor beschreibt sodann rein deskriptiv die Liquiditätskrise 2008, geht auf die unkontrollierte Aufspaltung der Wertschöpfungsketten durch Sekuritisierung und die Unterschätzung der verbundenen Risiken ein. Es folgen Hinweise auf die mangelnde Umsetzung der Vorschläge des Baseler Ausschusses (in den USA), auch Informationsdefizite der Aufsichtsbehörden werden gestreift, die Mängel der Techniker des Risikomanagements kurz erwähnt, gefolgt vom Hinweis auf die asymmetrische Informationsverteilung beim Verbriefungs-Modell (*originate and distribute*). Etwas näher geht der Autor auf den Vorschlag eines Selbstbehaltes bei CDOs ein, den er ablehnt, da es zur Austrocknung des Marktes führen könne und Effizienzverluste mit sich brächte. Bei CDS sollten Clearinghäuser „für die Börsen ein attraktives Geschäftsfeld ergeben" (2009, 69). Die Instrumente der Risikomessung mögen Schwächen haben. Unter dem kurzen Abschnitt Perspektiven bemerkt Rudolph, die Kreditwirtschaft erbringe unverzichtbare Leistungen und sollten daher nicht auch noch mit anderen Ansprüchen überlastet werden. Die abschließende Quintessenz lautet: „Ein weitergehender Staatseinfluss ist deshalb genauso abzulehnen wie eine Gleichschaltung aller Akteure an den Finanzmärkten" (2009d, 71).

Hiermit soll nicht behauptet werden, dass es keine hochwertigen Beiträge zum Verständnis der FK gibt. Als ein Beispiel mag der Beitrag von Acharya et al. (2009) dienen. Die Autoren zeigen, wie und in welchem Umfang (Depositen)Banken im Rahmen von *Conduits* negativen Effekten durch Versicherung der *Asset Backed Commercial Papers* (ABCP, siehe oben) ausgesetzt sind, da sie den Wertverfall der Papiere zu tragen hatten. Sie erbringen den Nachweis, dass *Conduits* sich nur bei Regulierungsarbitrage rentieren. Aus den Zahlen geht hervor, dass *Conduits* sich erst dann allergrößter Beliebtheit erfreuten, als eine 2003 vom FASB *(Financial Accounting Standard Board)* erlassene Direktive, die die Konsolidierung der SPV mit den Originatoren vorschrieb, Ende 2004 auf Druck der Finanzbranche für ABCP aufgehoben wurde. Dieser Entscheidung stimmten die wesentlichen Aufsichtsorgane der Banken zu, unter ihnen das *Federal Reserve Board*, das *Office of Thrift Supervision*, die *Federal Deposit Insurance* u.a. In Europa wurde die Anpassung der Kapitalanforderungen im Zuge der Einführung der Bilanzierungsregeln IFRS, die eine Konsolidierung im Unterschied zu US GAAP vorschreibt, nicht vorgenommen. Das Problem dieser wissenschaftlichen Beiträge mit höchster Qualität besteht darin, dass sie selten Implikationen für den breiteren Ordnungsrahmen diskutieren.

Auch im Bereich der Volkswirtschaftslehre gibt es ausgesprochen wenige wertvolle Beiträge. Als Beispiel mag hier der Bericht von Danielsson et al. (2001) dienen, der frühzeitig auf Schwächen von Basel II hinwies, die sich dann auch in der FK offenbarten. Sie heben hervor, dass nicht nur Lücken bestanden, sondern neues destabilisierendes Potential aufgebaut wurde. Sie kritisieren die herausragende Rolle von Value-at-Risk (VaR), da auf Finanzmärkten kaum eine Normalverteilung zu unterstellen sei (siehe Kapitel III) und sich Risiko nicht als exogener Prozess, sondern wesentlich endogen aufbaut. Außerdem käme man bei verschiedenen VaR-Varianten zu völlig unterschiedlichen Ergebnissen und von eigentlicher Bedeutung seien eigentlich die Verluste im Bereich der *fat tails*. Für die systemische Ebene seien eigenständige Vorkehrungen zu treffen. Bei Anwendung des Konzepts in einer Krise wirke die Orientierung am VaR krisenverschärfend (Zwangsdeleveraging). Auch fragen sich die Autoren, zu denen auch Charles Goodhart zählt, ob den Urteilen der Rating Agenturen zu trauen sei und sie länderübergreifend einheitliche Kriterien anlegten. Außerdem weisen sie auf die Prozyklizität durch die Ratings hin, wodurch Fluktuationen vertieft werden. Als Ausweg wird auf eine konjunkturabhängige Variation der Eigenkapitalerfordernisse abgezielt, jedoch nicht ohne auf die damit verbundenen Schwierigkeiten (Identifikation der Zyklen und Phasen usw.) hinzuweisen. Insgesamt zeigt sich jedoch auch bei diesem Dokument, dass keine grundsätzlichen Fragen des Ordnungsrahmens oder der zugrundeliegenden Philosophie von Basel II (weitgehende Selbstregulierung des Finanzsektors durch privatwirtschaftliche Ratings und interne Risikomodelle) thematisiert werden.

Wenig Erhellendes ließ sich aus dem Bereich der Wirtschaftsgeschichte (als Beispiel James 2009) trotz des unermüdlich Vortragenden W. Abelshauser vernehmen. Interessant wäre hier z.b. zu erfahren gewesen, wie Derivate im Laufe der Geschichte beurteilt und juristisch behandelt wurden. Die Jurisprudenz verfolgte weitgehend deskriptiv die fortlaufende Rechtsprechung und wies auf marginale Schwächen hin (als ein Beispiel Zanoni 2009). In sehr wenigen Beiträgen wurden auch mutige Vorschläge unterbreitet. Ein Beispiel ist der nunmehrige Bundesverfassungsrichter Ferdinand Kirchhof, der auch als Finanzexperte gilt, der bei einem Vortrag beim Forum Justiz am 17.6.2009 in Erfurt u.a. das Verbot spekulativer im Unterschied zu absichernden Derivaten forderte (*Thüringer Landeszeitung* vom 17.6.2009, 40). Auf die schriftliche Anfrage, ob es nicht schwer sei, diese Unterscheidung praktisch durchzuführen antwortete Kirchhof, die Geschäfte seien „leicht nach ihrem Zweck abgrenzbar" (E-Mail an den Verfasser vom 27.7.2009). Die Nachfrage, ob ihm hierzu wissenschaftliche Literatur bekannt sei, wurde verneint.

Die FK hätte ein erstklassiges Forschungs- und Qualifizierungsfeld für die (Wirtschafts)Soziologie werden können. Trotz gut gemeinter und zum Teil prominenter Versuche einiger kritischer Soziologen (Bourdieu 1998) sind die auf Finanzmärkte bezogenen Beiträge eher enttäuschend.[5] Ihr Problem beruht auf der Allgemeinheit der Aussagen, mit denen sich wenig zur Konsolidierung von Leitbildern, Realitätskonzepten, Erfolgsmaßstäben, die den Wirtschaftsakteuren als Normen und Interpretationsroutinen dienen (Kädler 2005, 36) sagen lässt. Eine Schwierigkeit dürfte darin bestehen, dass die meisten Soziologen praktisch keine Kenntnisse volkswirtschaftlicher Grundtatbestände zu besitzen scheinen und daher auch an sich verdienstvolle Studien teilnehmender Beobachtung keine größeren Erkenntnisgewinne bieten (als Beispiel Honegger et al. (Hg.) 2010). Die Beiträge auf dem 100. Soziologentag in Frankfurt/M. vom 11.-15.10.2010 zum Thema lagen in diesem Trend. Rühmliche Ausnahmen sind McKenzie mit einer wirklich beachtlichen Arbeit über den Einfluss neuerer Finanzmarkttheorien (Black-Scholes usw.) auf die

---

[5] MacKenzie et al. ((Hg.) 1986), Knorr Cetina und Preda ((Hg.) 2005), Kädler (2005), Engelen (2008), Godechot (2008), Preda (2006), Norberg (2003), Carruthers (2010) und z.B. die Beiträge im *economic sociology_the european electronic newsletter* (März 2009).

Alltagspraxis der Wirtschaftsakteure sowie einige Artikel in Windolf ((Hg.) 2005, vor allem seine eigenen Beiträge).

Perry und Nölke (2006) zeigen in ihrer soziologischen Analyse, inwiefern scheinbar neutral-funktionale Bewertungsregeln wie das Fair-Value-Prinzip Interessen entsprechen (Shareholder, Finanzanalysten), was bestimmte Ideologien über Märkte voraussetzt (effiziente Marktbepreisung) und nur sehr begrenzt mit nichtangelsächsischen Kapitalismusmodellen kompatibel ist. Das Netzwerk Steuergerechtigkeit (2010) weist den merkwürdigen Umstand nach, dass sich im *International Accounting Standards Board* die zu regulierenden Privatunternehmen praktisch selbst die Regeln vorgeben. Beat Weber (2009) beleuchtet soziologisch den Zusammenhang zwischen FK und allgemeiner Risikoindividualisierung.

Auf dem deutschsprachigen Buchmarkt erschienen einige lesenswerte Beiträge zur FK. Schön polemisch, aber in den Details zutreffend, wenngleich rein deskriptiv, untersucht Alexander Dill (2009), wer die Geldempfänger der Rettungsaktionen sind, auch dem Versagen der deutschen Volkswirtschaftler ist ein Kapitel gewidmet. Schwungvoll und mit vielen interessanten Details und Zusammenhängen ist das Buch vom ehemaligen Mr. Dax, Dirk Müller (2009) geschrieben. Neben Einzelfragen wie dem semiprivaten Charakter der FED (was auch die völlig ungerechte Kostenverteilung der FK erkläre), einer Neuberechnung der Inflationsrate und der Existenzvermutung des *Plunge Protection Teams* (öffentlich-private Initiative zur Marktbeeinflussung amerikanischer Wertpapiere) geht es ihm auch ums Grundsätzliche: In der Börse sieht er in erster Linie ein realwirtschaftlich dysfunktionales ‚hysterisches Kasino' bzw. Wettbüro (ebenda, 40), das von Wellen des Optimismus und Pessimismus heimgesucht wird.

Die finale Botschaft Müllers lautet: „In einem begrenzten System, wie unsere Erde es nun einmal ist, kann ein unendliches exponentielles Wachstum wie ein Zinseszinssystem schon rein logisch nicht funktionieren" (ebenda, 196). Er gibt als bekanntes Beispiel die Anlage eines Eurocent zu Jesus Zeiten zu 5% an, was heute einem Vermögen von 295 Milliarden Weltkugeln aus purem Gold entspräche. In eine ähnliche Richtung geht das Buch von Eichhorn und Sollte (2009), das – neben neuen Wortkreationen – nicht unbedingt verständlich geschrieben ist. Sie weisen wie Müller auch auf die mit dem Zinseszins zwangsläufige Kapitalkonzentration hin. Volker Wörl (2009) sieht im Glauben an ständiges

Wachstum, die Aussage, der Markt sei der beste Regulator und die Beschäftigung mit Dingen, von denen man nichts versteht, zentrale Webfehler.

Einen qualitativ wertvollen Beitrag legt Ulrich Schäfer (2009) vor, der Ressortleiter der Wirtschaftsredaktion der *Süddeutschen Zeitung*. Neben einer Genese des Krisenverlaufs betreibt er auch eine umfassende Analyse der Krisenursachen: Die sich zunehmend weitende Einkommensschere, die Gesetze der Deregulierung unter rot-grün und die Ratlosigkeit im Angesicht der Krise sind einige seiner fachkundig behandelten Themen. An vielen Beispielen demonstriert er den primär spekulativen Charakter der Finanzmärkte und erstellt ein umfassendes Sündenregister: Banken, Investmentbanken, Geldmarktfonds (Investmentfonds, die in Wertpapiere und Geldmarkttitel mit sehr kurzen Laufzeiten investieren), Hedgefonds, Aufseher, Politiker, Wähler, Kleinanleger, wirklich alle trugen das ihnen Mögliche bei. Schließlich formuliert er 22 Regeln für einen starken demokratischen Staat und sagt die nächste Krise voraus, sollte sich nichts Wesentliches ändern. Beachtlich ist auch das Buch von Welfens (2009), der zahlreiche, umfassende Reformvorschläge (u.a. Entflechtung) unterbreitet und auf die großen Schwächen des öffentlichen Diskurses und die völlig ungenügende Krisenpolitik hinweist.

Otte (2008) kann als der große Krisengewinnler gelten, der sogleich nachlegte (2009b). Da er den Crash (mehr oder weniger) voraussah, erlebte seine Veröffentlichung eine zweistellige Auflage. Sein Buch ist im ersten Teil ein Theoriepottpurie, in dem Keynes, Galbraith und Shiller, d.h. Autoren der Spekulation, einen prominenten Platz einnehmen, wenngleich der BBP-Ansatz nur relativ kurz vorgestellt wird. Viele Leser legen das Buch, das sich zu vielem äußert, womöglich etwas enttäuscht zur Seite. Katastrophal wird das Buch im zweiten Teil, einer Art Anlageratgeber, schließlich betreibt Otte auch noch ein gewinnorientiertes *Institut für Vermögensentwicklung* (IFVE). Vermittels seiner copyrightgeschützten „Königsanalyse" meint Otte schlauer als der Markt zu sein und unterbewertete Einzelaktien identifizieren zu können, man soll z.B. vom ‚Megatrend Energie und Rohstoffe profitieren', als Hidden Champion wird u.a. *Bijou Brigitte* als heißer Tipp neben aktiven Fonds, vermeintlich krisensicheren Nischenwährungen und natürlich massiv Gold empfohlen. Einen solchen Unsinn des Rosinenpickens von Einzelwerten *(stock picking)* sollte er zugunsten eines diversifizierten Weltportfolios (siehe Kapitel IV) lieber lassen.

Hans-Werner Sinns Beitrag (2009) ist der einzige eines deutschen Professors, der auf hohem Niveau, konsistent und verständlich die FK darstellt und diskutiert. Sinn beschönigt weder Staats- noch Marktversagen. Hinter dem Buch steckt viel Arbeit, auch was die Details und Schaubilder betrifft. Die Schwächen von Basel II werden mit dem falschen Glauben an die Selbstheilungskräfte des Marktes in Verbindung gebracht. Regulierungsarbitrage und ein Laschheitswettbewerb zwischen den Staaten wird unmissverständlich kritisiert. Neben höherem Eigenkapital fordert er eine Rückkehr zum Niederstwertprinzip, vollständige Bilanzierung von Zweckgesellschaften, ein Verbot von Leerverkäufen, ein Selbstbehalt bei CDOs von 20% und ein Verbot von CDS! Sinn geht nicht so weit, eine Bereinigung der Marktstruktur durch Entflechtung vorzunehmen, aber seine Vorschläge sind dennoch zum Teil radikal und seine Analyse schonungslos nach allen Seiten. Es handelt sich, um es noch einmal hervorzuheben, um das einzige Buch aus dem Universitätssektor in Deutschland, das sich sachkundig, verständlich und nicht ideologisch und einseitig die Sicht des Finanzsektors einnehmend, dem Thema stellt.

Das Buch von Wolfgang Münchau (2008) ist der einzige deutschsprachige Beitrag, der (mehr noch als Sinn 2009 und Zeise 2009) den Versuch unternimmt, für den interessierten Laien neben dem Verlauf der FK Swaps, CDS, CDOs usw. zu erklären, was auch ganz gut gelingt. Ein wesentliches demokratietheoretisches Problem der FK besteht in der Tat darin, dass die meisten Menschen Wesen und Formen des Kreditmarktes und der Finanzinstrumente überhaupt nicht verstehen – und oft auch gar nicht verstehen wollen. Es ist immer wieder überraschend, welches stupende Wissen Menschen z.B. über Autos, Fußball usw. haben und mit welch geringem Basiswissen sie sich zu Finanzmärkten und Geldanlage zufrieden geben, selbst wenn sie durch falsche Anlageberatung jahrelang umsonst arbeiten. Leider hat auch die Politik offenbar überhaupt kein Interesse, hieran etwas durch Broschüren oder Veranstaltungen zu ändern. Stattdessen hat sich z.B. die Frankfurter Börse ein Börsenspiel ausgedacht, mit dem sie als Unterrichtsmaterial wissenswerte Hintergründe zum Thema Börse vermitteln will und die Jugendlichen zu kleinen Anlagefüchsen ausbildet („streuen, streuen, streuen"). Das sinnigerweise von der Stiftung Lesen (2009) initiierte Projekt beweist: Die Börse macht Spaß und ist so wie sie ist eine sehr, sehr sinnvolle Einrichtung. Die Literaturempfehlungen enthalten Titel wie: *Cool, jetzt wer-*

den wir Unternehmer. So verdienstvoll Münchaus Arbeit auch ist, der Redakteur der FTD fährt dann bei der Frage, was zu tun ist, einen eher zurückhaltenden Kurs (Berücksichtigung von Geld, Kredit und Vermögenswerten in der Geldpolitik, Abschaffung der Mark-to-Market-Bilanzierung und der CDS als Versicherungsmarkt u.a.).

Das analytisch wertvollste Buch stellt Lucas Zeises *Ende der Party* (2009) dar. Der Autor teilt das BBP aus ganzem Herzen und stellt es allgemein und vor allem auf die Subprime-Krise anwendungsbezogen und mit Verweisen auf Kindleberger dar. Zeise betont auch die überzogene Größe des Finanzsektors. Er erklärt, unter welchen (expansiven) Bedingungen der Finanzsektor insgesamt Gewinne auch mit reinen Wetten (Derivaten) einfahren kann. Die Sünden der Deregulierer und ihre fehlende Selbstkritik werden aufgelistet, die Zentralbankpolitik kritisch beleuchtet und die Hilflosigkeit der Politik offengelegt. Bei den Regulierungsvorschlägen geht er so weit, eine Quasi-Verstaatlichung der Banken mit vielen dezentralen, öffentlichen Banken und Sparkassen zu fordern, da die Kernleistungen des Bankensektors im weitesten Sinne öffentliche Güter sind. Das Buch eignet sich vorzüglich als Einstieg in die Problematik; es ist zu hoffen, dass er es in regelmäßigen Abständen aktualisiert, denn bisher gilt: Die *Party* geht weiter!

II.
Die Finanzmärkte aus der Sicht des Mainstream

1
Der orthodoxe Ansatz effizienter Finanzmärkte

Im vorigen Kapitel erwies sich die begrenzte Bereitschaft vieler Akteure in Wirtschaft, Politik und Wissenschaft, etwas fundamentaler über Ursachen und Folgen der FK nachzudenken. Dies hängt sicherlich auch damit zusammen, dass die FK, die ohne staatliche Eingriffe zu einem globalen Zusammenbruch geführt hätte, ein Phänomen ist, das es nach mehrheitlicher Überzeugung eigentlich gar nicht geben dürfte (eine Art *anti-event*). So bestand bei vielen Akteuren eine tiefverwurzelte Überzeugung, dass die Finanzmärkte in einem allgemeinen Sinne effizient sind, was die Deregulierungen der letzten zwei Jahrzehnte rechtfertige. In diesem Kapitel soll untersucht werden, ob die etablierte wirtschaftswissenschaftliche Diskussion und Theoriebildung solche Empfehlungen untermauerte. Es soll die Frage gestellt werden, was der Stand der Forschung ist.

Ein solches Unterfangen ist natürlich mit einigen Problemen verbunden, z.b. mit der fast unübersehbaren Fülle von theoretischen und empirischen Artikeln, die in der Volks- und Betriebswirtschaftslehre und im Bereich der spezialisierten *Finance*-Literatur in den letzten Jahrzehnten produziert wurde, oft – auch als Ausweis ihrer Wissenschaftlichkeit – in sehr mathematischer Verkleidung. Allerdings muss man sich durch diese (Über)Komplexität nicht einschüchtern lassen, da sich ein Gutteil der Literatur selbst neutralisiert: Auf eine empirische Untersuchung mit einem bestimmten Ergebnis folgt eine andere Untersuchung mit entgegengesetztem Resultat.

Vielen Finanzmarktexperten kann zwar nicht vorgeworfen werden kann, dass sie die FK nicht vorhersahen, wohl aber, dass sie im Vorfeld bis ultimo die Möglichkeit einer solchen verneinten und z.B. bei Risikobewertungsmodellen der dem nicht vorgebildeten Alltagsverstand einleuchtende Tatbestand ausgeklammert wurde, dass Häuserpreise auf

Dauer nicht schneller steigen können als die Haushaltseinkommen der Nachfrager. Für Ökonomen, die sich eventuell Shillers in der 2005 erschienenen, zweiten Auflage seines Buches zum irrationalen Überschwang wiedergegebenes Schaubild zur Entwicklung der realen Hauspreise seit 1890 anschauten (wiedergegeben in Cassidy 2009, 237), dürfte die Irrealität der Annahme weiter explodierender Preise ebenfalls hervortreten. Der heterodoxe Ökonom Michael Hudson (2006) beschrieb im Mai 2006 in *Harper's Magazine* exakt die zu erwartenden und dann tatsächlich eingetretenen Phasen des Niedergangs am US-Häusermarkt und die Auswirkungen auf die Märkte und Menschen.

Die hier folgende Analyse soll über solche Anfangsbeobachtungen hinausgehen und keinen abgerundeten Literaturüberblick bieten, wohl aber untersuchen, ob man in den Wirtschaftswissenschaften zu paradigmatisch-grundsätzlich soliden, allgemein akzeptierten oder wenigstens nicht falsifizierten Erkenntnissen gelangte. Die Analyse wird zeigen, dass dies keineswegs der Fall ist und es kaum eine (Hypo)These zu den Finanzmärkten gibt, die einerseits nicht mit guten Gründen bezweifelt und andererseits dennoch auf einige unübersehbare Tatsachen in der realen Welt bezogen werden kann. Es wird sich der paradoxe Tatbestand ergeben, dass genau zu der Zeit, als die Deregulierungsphilosophie und -praxis ihrem Zenit zustrebte, die von Vielen als fest-solide vermuteten theoretisch-empirischen Kernbausteine der EMH zerbröselten. In seiner interessanten ideengeschichtlichen Rekonstruktion der EMH (siehe auch Cassidy 2009, Kapitel 7) gelangt Fox zu der Einschätzung, „(b)y the end of the century they [economists] had knocked away most of its underpinnings. Yet there was no convincing replacement, so the rational market continued to inform public debate, government decision making, and private investment policy well into the first decade of the twenty-first century – right up to the market collapse of 2008" (2009, XV). Im dritten Kapitel wird daher ein alternativer Ansatz vorgestellt und im vierten hieraus die institutionell-juristischen, wirtschaftspolitischen Reformkonsequenzen gezogen.

Den natürlichen Ausgangspunkt stellt die sogenannte Effizienzmarkthypothese (EMH) antizipierender Finanzmärkte dar, die von Spremann und Gantenbein so zusammengefasst wird: „Wenn es eine wirklich neue Information gibt, die für die Kursbildung Bedeutung hat, werden jene Finanzinvestoren, die sie erhalten, sie *sofort* ausnutzen. Sie werden sich äußerst beeilen. Da die Transaktionskosten gering sind und man an den

Börsen sehr große Positionen auf- oder abbauen kann, werden die frisch Informierten sofort [entsprechende] Transaktionen ... eingeben. Die Folge sind unmittelbare Kursbewegungen bis exakt zu jenem Niveau, das der neuen Information entspricht sowie allem, was aus der neuen Information erschlossen werden kann. Folglich entsprechen die Kurse von Wertpapieren ohne (bedeutende) zeitliche Verzögerung stets jenem Niveau, das der irgendwo bei einem frisch Informierten verfügbaren Information entspricht" (2005, 65). Nur die zuerst frisch informierten Glückspilze haben einen sehr kurzfristigen Informationsvorteil und können Gewinne realisieren.

Hier zeigt sich bereits, dass die EMH nicht mit einer Deregulierung und einer Vorstellung ‚freier Märkte' per se einhergeht. Tatsächlich gehören Finanzmärkte, die dem idealtypischen Bild von Märkten (hinsichtlich Reaktionsgeschwindigkeit, Teilbarkeit, Transaktionskosten usw.) am Nächsten kommen, mit zu den reguliertesten Märkten überhaupt. Ein Grund besteht darin, dass neue Informationen allen Interessierten aus Fairness- und Effizienzgründen gleichzeitig zur Verfügung gestellt werden sollen, was z.B. zu erheblichen Transparenzvorschriften führt (ad hoc-Mitteilungen, Quartalsberichte, Verbot des Insiderhandels usw.). Man kann sich fragen, welche frisch Informierten angesichts dieser Vorkehrungen einen Vorsprung erlangen. Wichtige Informationen werden auf den Finanzmärkten in kürzester Frist eingepreist, innerhalb weniger Sekunden bis zu einigen Minuten (siehe 9/11). Eine gewisse Inkonsistenz besteht darin, dass es sich einerseits nicht lohnt, einen vermeintlichen herumliegenden Euroschein aufzuheben, weil es schon jemand anderes getan haben müsste, andererseits weiß man nicht, ob man nicht dieser Jemand selber sein könnte. Dies erinnert an das Paradox in der statischen Gleichgewichtsanalyse, dass niemand den Preis verändern kann und diese sich dennoch unmittelbar den neuen Verhältnissen anpassen.

Nach der EMH erfüllen die erstinformierten oder reaktionsschnellsten *Frontrunner* auf jeden Fall eine nützliche Funktion, sie „tun der Sache einen guten Dienst: Sie sorgen dafür, dass frische Informationen in die Kursbildung einfließen" (ebenda, 65-66) und das Gesamtsystem schnell wider einem Gleichgewicht zustrebt. Dies setzt voraus, dass sie rational und ohne Emotionen handeln und Informationen von (unbedeutenden) Nicht- oder Schein-Informationen unterscheiden und sie richtig gewichten und gegeneinander abwägen können. Hier zeigt sich, dass die EMH einem objektivistischen Weltbild folgt: Eine Information ist eine Information. Wenn in einem Land die Zinsen sinken und der kapitalmarktfreundliche Staatschef stirbt, wie sollen diese Informationen behandelt werden? Neutralisieren sich die beiden Ereignisse für die Aktienbörse, ist der Tod des Staatschefs überhaupt relevant? Hierzu bedarf es einer impliziten politischen Theorie über verschlungene Wirkungskanäle zwischen Politik und Wirtschaft, Real- und Finanzsphäre. Kommt ein neues Medikament auf den Markt: Wer weiß auch nur ansatzweise, welche Rendite mit diesem Medikament in den kommenden Jahren erwirtschaftet werden kann?

Die radikale Konsequenz der EMH lautet zumindest: „Keiner, auch wenn er eigene Informationen besorgt und auswertet, hat einen Informationsvorteil gegenüber den anderen Marktteilnehmern (weil alle relevanten Informationen bereits zu ihren entsprechenden und korrekten Kursbewegungen geführt haben)" (ebenda, 66). Diese Aussage führt zu einer eigentlich merkwürdigen Konsequenz, denn „es kann nicht zu einer überlegenen Anlagestrategie führen, wenn ein Finanzinvestor mit eigenen Informationserkundungen langsam beginnt, die gesammelten Informationen anschließend auswertet und in eine Taktik des Kaufes und Verkaufes umsetzt, sei es durch Selektion oder durch Timing. Denn er ist dazu viel zu langsam" (ebenda, 65). Dies müsste eigentlich die Euthanasie eines großen Teils der Finanzindustrie zur Folge haben: Analysten, die Rat gebende Fachpresse, Chartanalytiker, Marktbeobachtung zur Fundamentalanalyse, die ganze Quant-Rechnerfraktion in und um die Handelsräume *(tradingrooms)* betreibt nach der EMH (wahrscheinlich gut bezahlte, aber dennoch) wertlose Selbstbeschäftigung. Auch alle aktiv gemanagten Fonds wären sinnlos und kosten den Anleger unnötige Verwaltungskosten. „A dark, nihilistic message. Buh then, Wall Street is nothing if not flexible – and so what could have been its epitaph was recast as a rallying cry" (Mandelbrot und Hudson 2004, 57).

Da man den Markt nicht schlagen kann, lohnt es nur, Indexzertifikate, etwa in Form von *Exchange Traded Funds* (ETFs) zu kaufen, d.h. eine konsequente Kaufen-und-Halten-Strategie (*buy-and-hold)* mit maximaler Diversifikation (Weltportfolio) zu fahren (Kommer 2009, siehe Kapitel IV.9). Hieraus folgt, dass die überwältigende Mehrheit aller Privatanleger (ein Blick in die Zeitung genügt, um die Überfülle an Angeboten aktiv gemanagter Fonds zu registrieren) eine renditeschädliche, falsche Anlagepolitik betreiben. Auch die von *Finanztest* angebotenen Rankings von 6000 Fonds sind nach der EMH völlig überflüssig (z.B. *Stiftung*

Warentest 2008). Interessanterweise lohnt sich nach der EMH eine konsequente Trittbrettfahrerstrategie, indem man einfach für wenig Geld die Marktindices kauft und andere Dumme, die gerne die frisch Informierten spielen wollen, Markteffizienz herstellen lässt. Der bewusst Uninformierte kann den Informierten ausnutzen.

Offenkundig wählen aber an den Finanzmärkten aktive, professionelle Akteure diese passive Anlagestrategie meist nicht, obwohl sie öffentlich immer von der Effizienz der Kapitalmärkte sprechen und daher möglichst wenig Fremdregulation einfordern. Der Versuch, eine überlegene Anlagestrategie zu fahren und die EMH widersprechen aber einander. Hieraus folgt: Entweder die EMH stimmt nicht, oder sie stimmt und die Akteure an den Finanzmärkten glauben nicht an sie, oder es handelt sich schlicht um widersprüchliches und irrationales Verhalten.

In einer aufschlussreichen repräsentativen Studie haben Doran et al. (2010) untersucht, ob sich 4000 angeschriebene Professoren mit Forschungsschwerpunkt Finanzen rational in dem Sinne verhalten, dass ihr eigenes, privates Anlageverhalten mit der von ihnen vertretenen Theorie der Kapitalmärkte übereinstimmt. Aus der Studie folgt, dass die Mehrzahl eine schwache oder semi-schwache Effizienzvariante für richtig hält. Üblicherweise wird zwischen drei Formen der Markteffizienz unterschieden: Die schwache Variante besagt, dass nur die in den vergangenen Preisen enthaltenen Informationen eingepreist sind. Die meist angenommene semi-starke Form besagt, dass alle erreichbaren Informationen und nicht nur vergangene (z.B. Aktien)Kurse zur Preisbestimmung herangezogen werden. Nach der starken Form sind auch Insiderinformationen in den Preisen enthalten (was sie eigentlich nicht sein dürfen, da Insiderhandel verboten ist). Die interessantesten Ergebnisse der Studie von Doran et al. lauten: „First, most professors believe the market is weak to semi-strong efficient ... Third, our respondents' perceptions regarding market efficiency are almost entirely *un*related to their trading behavior. Fourth, the investment objectives of professors are instead, largely driven by the same behavioral factor as for amateur investors – one's confidence in his own abilities to beat the market, *independent* of his opinion of market efficiency" (2010, 174).

Selbst Wissenschaftler mit Schwerpunkt Finanzmärkte scheinen durch ihr eigenes Anlegerverhalten der Logik der EMH zu widersprechen, was die Unterscheidung zwischen Professionellen und Informierten auf der einen und Uninformierten auf der anderen Seite in Frage stellt, was durch die zum großen Teil grotesken Fehlurteile von Politikern, Analysten und Ratingagenturen und Finanzmarktakteuren eindrückliche Bestätigung erfuhr. Die kurzfristig angeschlagenen „Professionellen" dürfen dennoch weiterhin auf Reputation bei den „Nicht-Professionellen" bauen. Kristof (2009) berichtet von Experimenten zum „Dr. Fox Effekt", den man mit „Kleider-machen-Leute-Effekt" übersetzen könnte. Dr. Myron Fox, ein als ausgewiesener Experte vorgestellter Wissenschaftler, hielt vor professionellen Erziehern einen Vortrag über mathematische Spieltheorie, angewandt auf die Erziehung von Ärzten. Der vollkommen inhaltsleere, aber intelligent und amüsant vorgetragene Beitrag wurde begeistert und beeindruckt aufgenommen und den hierbei eingestreuten Anlageempfehlungen vertraut, wie sich in der Nachbefragung herausstellte.

Tetlock (2005) füllt ein ganzes Buch mit 82000 Vorhersagen von 284 Experten aus zwei Jahrzehnten. Die Kursprognosen von Ökonomen, Politikwissenschaftlern, Journalisten oder Historikern erwiesen sich um keinen Deut besser als Urteile von Laien und deren Vermutungen. Man könnte dies als Bestätigung der EMH ansehen. Ergebnisse dieser Art legen aber eventuell auch nahe, sich bei Urteilen über die nötigen Reformschritte zur Vermeidung weiterer FK nicht zu sehr auf die Experten zu verlassen. Aus dem ersten Kapitel ging hervor, dass die finanznahen Expertokraten das BBP (Spekulationsparadigma) mehrheitlich nicht teilen.

Aus der EMH folgt des Weiteren, „dass sich die Kurse dann und nur dann bewegen, wenn frische (und relevante) Informationen eintreffen. Nun sind frische Informationen immer überraschend, denn wären sie bereits zuvor erwartet worden, hätte man ja mit ihnen schon gerechnet und sie in das Kalkül einbezogen: 1. Überraschende Informationen sind rein zufällig. 2. Wenn die Kurse praktisch verzögerungsfrei darauf reagieren und alsbald diese Informationen korrekt widerspiegeln, 3. dann verläuft auch die Kursbildung zufällig" (Spremann und Gantenbein 2005, 67). Da die Kurse den gesamten Informationsstand widerspiegeln, lohnt zusätzliche Informationsbeschaffung oder analysebasierte Strategien *(stock picking, timing)* wie erläutert nicht. Weil die Kursentwicklung von neuen, unerwarteten Informationen abhängt, ist eine Prognose wegen ihrer Unvorhersehbarkeit (sonst wären Informationen nicht neu) unmöglich. Man spricht hier auch von einem Random Walk, einer zufälligen Bewegung oder Entwicklung. Korrekterweise sei erwähnt, dass Samuelson und Mandelbrot bereits in Arbeiten aus den 1960er Jahren zeigten, dass die Annahme des Random Walk im strikt formalen Sinne zu stark ist und man zu guter Letzt nur Sub-Martingales vorauszusetzen hat, so dass sich ein zukünftiger Wertpapierkurs aus dem gegenwärtigen, einem Zufallsterm und der erwarteten risikoadäquaten Kursänderung, die nicht negativ sein soll, da sie eine positive Gleichgewichtskapitalrendite als positive Kapitalverzinsung enthält, ergibt. Es handelt sich um eine Unterscheidung bzw. Weiterentwicklung, die für die hier angestellten Überlegungen unerheblich ist, da sie am prinzipiellen Vorgehen nichts ändert.

Grossman und Stiglitz (1980) weisen auf eine Paradoxie des Ansatzes hin: Wenn Märkte wirklich effizient sind, lohnt es für den Einzelnen nicht, mit Kosten behaftete Informationen einzuholen und sich wie ein Trittbrettfahrer zu verhalten. Wenn sich aber niemand informierte, läge auch kein effizientes Gleichgewicht vor. „(B)ecause information is costly, prices cannot perfectly reflect the information which is available, since if it did, those who spent resources to obtain it would receive no compensation. There is a fundamental conflict between the efficiency with which markets spread information and the incentives to acquire information" (1980, 405). Entweder die Akteure verhalten sich irrational oder es herrschen wesentliche Informationsdefizite bei Vielen vor, die Informationsbeschaffung lohnend erscheinen lässt, aber der EMH widerspräche.

Unter Ausklammerung dieser Paradoxie lautet die einfachste Zusammenfassung der EMH, dass „current prices in a financial market will be set so that the optimal forecast of a security's return using all available information equals the security's equilibrium return" (Mishkin und Eakins 2006, 133, i.O. kursiv). Alternativ lässt sich sagen, dass es keine nicht ausgenutzten Gewinnmöglichkeiten gibt. Hierbei ist zu berücksichtigen, dass eine ‚optimale Vorhersage' nicht bedeutet, vollkommen zutreffend sein zu müssen, sondern dass es sich um die bestmögliche angesichts der vorhandenen Informationen handelt (ebenda, 132). Hier treten Relativierungen und eventuelle Ermessensspielräume zutage, die empirische Tests der EMH sicher nicht erleichtern. Auch fragt sich, ob man eine alles oder nichts-Position einnehmen muss und es nicht besser wäre, von relativer Effizienz bestimmter (Teil)Märkte auszugehen, bei physikalischen Systemen (z.B. Autos) ginge es auch immer nur um eine bestimmte prozentuale Effizienz, da Reibungsverluste durch Hitze, Lärm, Licht usw. entstehen, argumentieren Lo und MacKinlay (1999, 7).

Eine weitere Relativierung besteht darin, „that not everyone in a financial market must be well informed about a security or have rational expectations for its price to be driven to the point at which the efficient market condition holds" (ebenda, 134). Der Nachweis von Un- und Halbinformierten widerlegt die EMH nicht. Die naheliegende Frage ist dann natürlich, wie hoch denn der Anteil der Informierten *(smart money)* genau sein muss. Hierzu gibt es keine präzise Aussage, da davon ausgegangen wird, dass die eventuell kleine Schar von Informierten solange handeln wird, bis alle Gewinnmöglichkeiten ausgeschöpft sind und die Preise aller Assets ihren Werten entspricht, was allerdings die nicht unbedingt realistische Annahme unbegrenzter Finanzierbarkeit voraussetzt.

Eine entscheidende Spezifizierung besteht in der Frage, ob die optimale Voraussage auf Basis der erreichbaren Informationen den echten intrinsischen Wert der Assets darstellt, d.h. „the condition that an efficient market is one in which prices reflect the true fundamental (intrinsic) value of the securities. Thus in an efficient market, all prices are always correct and reflect *market fundamentals* (items that have a direct impact on future income streams of the securities)" (ebenda, 135). Die Autoren weisen hier auf den Tatbestand hin, dass man durchaus zugestehen kann, dass natürlich alle erreichbaren Informationen schnell verarbeitet werden, aber können wir sicher sein, dass die erreichbaren Informationen ausreichen, um die Fundamentalwerte korrekt wiederzugeben? In der Literatur wird hier oft nicht differenziert, der kleine Unterschied ist aber entscheidend. Die Autoren weisen zutreffend darauf hin, dass meist die starke Version der Übereinstimmung gemeint ist.

Natürlich treten hinsichtlich Überprüfbarkeit kaum lösbare Probleme auf: Es mag möglich sein, zu ermitteln, welche Informationen vorlagen und zu welchen Kursentwicklungen sie führten. Es dürfte aber unmöglich sein, zu entscheiden, ob die Kurse den Fundamentalwerten entsprechen, da man sie bei unvollständigen Informationen auch als Fachmann aus der Realsphäre oder der Finanzbranche den Restanteil an nichtverfügbaren Informationen per definitionem nicht kennen kann. Ein Problem besteht auch darin, dass oft auf die offizielle Verkündigung einer neuen Information keine Preisreaktion erfolgt, da die Märkte bereits die Information erwartet haben. Durch den Einbezug der empirisch schwer festzustellenden Erwartungen macht man die EMH noch ein wenig unüberprüfbarer: Steigen die Kurse nach guten Informationen, so haben die Märkte rational reagiert; bleiben die Preise konstant, dann wurde die Information bereits erwartet; sinken jedoch die Kurse trotz guter Information, dann haben „die Märkte" noch bessere Informationen erwartet und sind enttäuscht.

Hinsichtlich der Validität der EMH stellen die Autoren des Standardlehrbuches fest: „Early evidence on the efficient market hypothesis was quite favorable to it, but in recent years, deeper analysis of the evidence suggests that the hypothesis may not always be entirely correct" (ebenda, 135). Sie nehmen hier eine etwas unklare Beurteilung vor: ‚not always/ entirely'. Als positives Indiz für die EMH sehen sie das Scheitern der technischen Analyse und einer dauerhaften Überperformance gegenüber dem Index (Durchschnitt) an, was auf den Random Walk zurückgeführt wird. Es gibt keine Personen oder Institutionen, die dauerhaft den Markt schlagen. Das stimmt wohl. Die Frage ist natürlich, ob der Random Walk auch ein Indiz für das Reflektieren der Fundamentalwerte ist, denn alternativ ließen sich Kursbewegungen ohne erkennbare Muster auch z.b. auf ständig wechselnde, unvorhersehbare, psychologisch begründete Wellen des Optimismus und Pessimismus zurückführen, deren Länge und Ausschlag wegen ihrer irrationalen Grundlagen unvorhersehbar ist.

Eine Reihe von Anomalien (der Kleinunternehmenseffekt, der Januareffekt, höhere Renditen bei Valueaktien usw.), über deren (Nicht)Existenz oder Weiterbestehen in der Literatur nach wie vor keine Einigkeit besteht, führt die Autoren zur Ansicht, „that the efficient market hypothesis may not always be generally applicable" (ebenda, 139). Sie fügen noch Beispiele hinzu, die zeigen, dass Überreaktionen, d.h. zunächst zu hohe Preisausschläge, mit langsamer Korrektur vorzukommen scheinen, die die Akteure aber dennoch nicht auf Dauer ausnutzen können. De Bondt und Thaler (1987) resümieren ihre Studie: „Consistent with the predictions of the overreaction hypothesis, portfolios of prior ‚losers' are found to outperform prior ‚winners.' Thirty-six months after portfolio formation, the losing stocks have earned about 25% more than the winners, even though the latter are significantly more risky" (1987, 804).

Mishkin und Eakins erwähnen ferner das Auftreten exzessiver Volatilitäten, d.h. nicht durch Informationen gerechtfertigte Preisschwankungen, was Shiller bereits Anfang der 1980er Jahre in kontrovers diskutierten Untersuchungen zeigte (Shiller 1981). Aus ihnen geht hervor, dass z.B. die Schwankungen der Dividenden nicht die deutlich volatileren Kursausschläge zu rechtfertigen scheinen. Auch führen die Autoren des

Lehrbuches an, dass die Aktiencrashs 1987 und 2000 nicht unbedingt als Beleg der EMH im Sinne der Widerspiegelung der Fundamentalwerte in den Preisen dienen können.

„(F)actors not identifiable with future profitability – fads, nonrational speculative bubbles, investor psychology – should not affect stock prices. In this regard, the stock market selloff on October 19, 1987, offers dramatic evidence that capital markets may not be efficient. On that single day, stock values declined by approximately a half trillion dollars … In relative terms, the selloff was comparable only to the stock market panic of October 1929 which heralded the Great Depression" (LeRoy 1990, 29). Neben vielen anderen Beispielen weckt dieses Ereignis Zweifel an der EMH, denn „the selloff could have been caused only by information made available that day … that justified a downward revision of the order of 22 percent in the present discounted value of expected future dividends. However, no economic information of an even mildly unusual nature was made public that day, let alone information that would drastically increase investors' estimates of the probability of an impending economic cataclysm" (ebenda, 29-30).

Auch für die partielle Erholung in den folgenden Tagen im Jahr 1987 findet sich keine Erklärung durch erfreuliche Informationen. Gleiches gilt für den Zusammenbruch des amerikanischen Aktienmarktes zu Beginn der Weltwirtschaftskrise und für den Anfang des Endes der Dotcomhausse. Neben der bereits von De Bondt und Thaler festgestellten Überreaktion sind nach Roll (1986) auch (Fehl)Reaktionen der Marktakteure in Form der Berücksichtigung irrelevanter Informationen nachweisbar. Sein Beispiel sind die Zukunftspreise für Orangensaft (in Florida), die eigentlich nur durch das Wetter bestimmt werden dürften, der empirische Zusammenhang zwischen Preisbewegungen und Wetterbedingungen erwies sich aber als sehr lose. LeRoy macht auf die bedeutende wirtschaftspolitische Implikation aufmerksam, dass ineffiziente Kapitalmärkte dann nicht sicherstellen, dass die Wertpapierpreise eine effiziente Ressourcenallokation bewirken (ebenda, 38).

Schließlich weisen die Autoren des Lehrbuches auf den immer mehr in den Vordergrund rückenden Forschungszweig der *Behavioral Finance* (Kahneman et al. (Hg.) 1982, Shefrin 2000) hin, der dem rationalen Akteur einen Menschen mit vielen irrationalen Biases gegenüberstellt, z.B. durch die Übergewichtung gegenwärtiger im Vergleich zur Gewichtung vergangener Basisdaten. Überreaktionen, exzessive Volatilitäten und die vielfältigen, weit verbreiteten irrationalen menschlichen Entscheidungsgrundlagen haben den Glauben an die EMH bereits in den 1980er Jahren erschüttert und spekulative Blasen in den Bereich des Möglichen und Wahrscheinlichen gerückt. So verwundert das abschließende Urteil der ansonsten dem Mainstream zuzurechnenden Autoren nicht: „The evidence seems to suggest that the efficient market hypothesis may be a reasonable starting point for evaluating behavior in financial markets. However, there do seem to be important violations of market efficiency that suggest that the efficient market hypothesis may not be the whole story and so may not be generalizable to all behavior in financial markets" (ebenda, 141-142). Am Ende steht also eine sehr ungefähre Aussage des sowohl-als auch, die auf keinen Fall eine Vermutung weitgehend selbstregulierungsfähiger Märkte rechtfertigt. Es sollte nicht unerwähnt bleiben, dass die meisten folgenden Kapitel und vorgestellte Modelle des Lehrbuches jedoch effiziente Märkte voraussetzen!

Unabhängig aller Relativierungen lässt sich abstrakt ein Idealtypus des effizienten Marktes kurz und bündig umschreiben: Die Preise spiegeln die Fundamental- bzw. intrinsischen Werte. Diese hängen von zufälligen neuen Informationen ab, die rationale Akteure (oder ein relevanter Teil von Ihnen) durch An- oder Verkäufe schnell einpreisen. Die Preise folgen einem Zufallsverlauf. Offen blieb bis jetzt, ob die die Fundamentalwerte wiedergebenden Preisbewegungen der Assets in der Theorie eher in kleinen Schritten oder in stark fluktuierenden Bewegungen erfolgen. In vielen Darlegungen wird implizit vorausgesetzt, dass es sich um eher geringfügige Bewegungen *(babysteps,* d.h. die Schwankungen der Wertpapierkurse werden mit zunehmender Stärke unwahrscheinlicher) handelt und dass die Gesamt- einer Gausschen Verteilung folgt, die wiederum nicht voneinander abhängige Ursachen voraussetzt, worauf bereits Poincaré hinwies. Die Kurse steigen oder fallen also mit gleicher Wahrscheinlichkeit und die einzelnen Risiken sind alle stochastisch voneinander unabhängig.

Hinsichtlich dieser Annahmen lohnt ein Blick in die Beiträge der „Erfinder" der EMH. In erster Linie ist hier Eugene Fama zu nennen, der nach der dogmenhistorischen Mär die EMH in seinen frühen Artikeln der 1960er und 1970er Jahre entwickelte (Fox 2009, insbesondere Kapitel 6). Ein Blick in seine Artikel aus dieser Zeit ist sehr aufschlussreich. Es werden hier nicht sein ad hoc-Dreifaktoren-Modell (das theoretisch unergiebig ist und einzig der Funktion des Schutzschirmes nach Lakatos dient) und die von ihm behandelte Anomalien der Value Stocks und die Bedeutung der Dividenden diskutiert.

Zum Verständnis des Folgenden bedarf es zunächst einer kurzen Erwähnung der Gausschen Glockenkurve, die, wie sich zeigen wird, bei vielen Überlegungen des Mainstream vorausgesetzt wird und die sich auch berechtigter Kritik ausgesetzt sah. Deborah Bennett (1998) skizziert den innerwissenschaftlichen Weg von der ‚Notwendigkeit' zur ‚Wahrscheinlichkeit' in der naturwissenschaftlichen Diskussion der frühen Neuzeit (von Bernstein 1997als Erfolgsgeschichte ausgelegt, der sich allerdings gegen Ende des 19. Kapitels skeptisch zur höheren Unbeständigkeit der Finanzmärkte äußert), in dessen Rahmen auch die Gaussverteilung und ihre Bedeutung für einzelne Wissenschaften zu verstehen ist. Bereits 1632 stellte Galileo Vermutungen über das Streuen von Messfehlern an: Sie sind unvermeidbar, kleine Fehler sind wahrscheinlicher als Große, sie gehen symmetrisch in die eine oder andere Richtung, der wahre Wert liegt in der Nähe des Mittelwertes. Neben Laplace führte dies zur Verteilungskurve von Gauss „[who] derived the normal curve as the law that described the probability of errors in astronomical observations in a study on the motion of heavenly bodies ... since observational errors were presumed to behave like simple chance events, we can restate the theorem to say that the sum of a great number of *independent random observations* is approximately normally distributed ... Thus, the normal distribution curve began as the *theory of errors* in disciplines where errors of measurement or fluctuations of nature were believed to behave randomly" (1998, 97 und 99).

Wenn man sich fragt, warum die Gaussverteilung einen solch prominenten Stellenwert auch in den Wirtschaftswissenschaften einnimmt, so geht dies weit über die Tatsache hinaus, dass sie im Gewand von Value at Risk „brought concrete benefits to specific actors in the banking world by helping them rationalize bad bets" (S. Johnson und J. Kwak am 1.10.2009 im New York Times economix.blog).[6] Die Vorstellung einer Normalverteilung ist vielmehr, wie bereits angedeutet, eingebettet in die kulturelle Entwicklung der Neuzeit. Galt zur Aufklärungszeit der Zufall als noch nicht erklärte Notwendigkeit, so erodierte der Determinismus und „was subverted by laws of chance. To believe there were such laws

---

[6] Über die fragwürdige standardisierte Anwendung von VaR etwa bei RiskMetrics siehe Nocera (2009), zu Li's Gausscher Kopulafunktion siehe Salmon (2009).

one needed law-like statistical regularities in large populations. How else could a civilization hooked on universal causality get the idea of some alternative kind of law of nature or social behavior? ... Most of the law-like regularities were first perceived in connection with deviancy: suicide, crime, vagrancy, madness, prostituiton, disease" (Hacking 1990, 3).

Hierzu bedurfte es einer Zahlenlawine, um durch die Definition, Ermittlung und überhaupt erst einmal die Erfindung des Normalen (als Durchschnitt) das Abweichende kontrollieren zu können. So wurde das Konzept der Wahrscheinlichkeit besonders seit der ersten Hälfte des 20. Jahrhunderts zur Erfolgsgeschichte. Es handelte sich um einen vierfachen Erfolg: Metaphysisch, epistemologisch, logisch und sogar ethisch. „Probability cannot dictate values, but it now lies at the basis of all reasonable choice made by officials. No public decision, no risk analysis, no environmental impact ... can be conducted without decision theory couched in terms of probabilities. By covering opinion with a veneer of objectivity, we replace judgement by computation" (1990, 4). Aus Latourscher Perspektive lässt sich dieser Prozeß auch fassen als „an aspiration to escape the bounds of locality and of culture" (Porter 1994, 289), die im besonders unter Ökonomen stark ausgeprägten Bedürfnis nach deduktiver Objektivität als Rekonfiguration von Expertenwissen ‚wegabstrahiert' (1994, 403) werden.

Die auch weltanschauliche Transformation von Unsicherheit in Risiko durch die modernen Sozialversicherungssysteme zeichnet aus Foucaultscher Sicht Ewald (1986) nach, wobei (zunächst nur) der Arbeitsunfall nicht mehr in die Verantwortlichkeit des Einzelnen fällt, sondern seine Regelmäßigkeit in einer größeren Population entscheidend wird und zu veränderten Verantwortungszuschreibungen führt. Dies geschieht durch die Einführung einer probabilistischen Vernunft, die im Widerspruch zum liberalen Programm steht, nach dem Unglücksfälle individuell zu verantworten sind und nicht abgewälzt werden dürfen (Anti-Bail-out-Ansatz). So wurde auch bei der Anwendung der Gausschen Normalverteilung bei der Finanzmarktanalyse der Einzelfall (das Einzelereignis) seiner Entstehungsverantwortung enthoben und die Frage des normativ Zulässigen und Akzeptablen durch die Faktizität des Mittelwertes und der unterstellten Ereignisverteilung ausgeklammert und vermeintlich objektiviert.

Das Aufkommen der modernen Portfoliotheorie durch Markowitz und andere steht wiederum im Zusammenhang mit einer geistigen Strömung nach dem zweiten Weltkrieg, „die den Menschen als ein rational entscheidendes Wesen auffasst; Markowitz' Einstellung reflektiert den Geist der frühen Nachkriegsjahre, als zahlreiche Geisteswissenschaftler den Glauben des 19. Jahrhunderts neu belebten, daß die Probleme der Welt sich bemessen und lösen lassen" (Bernstein 1997, 317). Die Soziologie der ökonomischen Risikomodelle, die diese als soziale Konstruktion der Wirklichkeit ausweisen, die Risiko auf Varianz reduzieren, was den Dingen nicht selbstverständlich und ‚objektiv' von selbst zukommt und essentiell anhaftet, ist noch nicht geschrieben worden.

Allerdings hat Niklas Luhmann (1991) Vorarbeit geleistet. Auf der Metaebene von Risiko und Gefahr weist er auf die Kontingenz der Zurechnung von Entscheidungen hin, wird ein Schaden auf die Entscheidung des Handelnden zurückgeführt oder als extern bedingt angesehen, also auf die Umwelt zugerechnet (1991, 30-32)? Ein Problem der FK als komplexem Phänomen besteht darin, dass die ausgelösten erheblichen Schäden nicht klar auf (Einzel)Entscheidungen zugerechnet werden können, obwohl offenkundig ist, dass es ohne bestimmte Handlungen nicht zu den Schäden gekommen wäre. Von ‚Risiko' wurde nach Luhmanns Forschungen erst gegen Ende des Mittelalters gesprochen, vorher vertraute man angesichts von Zukunftsungewissheit auf Divination, numinose Mächte sowie die Sünde zur Erklärung von Unheil (1991, 16-17). Seit Bacon, Locke und Vico nahm das Vertrauen in die Machbarkeit der Dinge zu, Wissen und Herstellbarkeit korrelierten. Bei der dann neu erfundenen Wahrscheinlichkeitskalkulation sollte garantiert werden, „daß man es auch dann, wenn es schief geht, richtig gemacht haben kann. Sie immunisieren das Entscheiden gegen Mißerfolge" (1991, 21). Der Verzicht auf Risiken würde durch zu hohe Restriktionen einen Verzicht auf Rationalität bedeuten, trotzdem blieb ein Unbehagen.

„Schäden sollen nach Möglichkeit vermieden werden. Da diese Maxime allein die Handlungsmöglichkeiten zu stark limitieren würde, muß man auch Handlungen zulassen und das heißt: ‚riskieren', die einen im Prinzip vermeidbaren Schaden verursachen können, sofern nur die Kalkulation der Schadenswahrscheinlichkeiten und der etwaigen Schadenshöhe dies als vertretbar erscheinen läßt" (1991, 22). Was ist zu tun, wenn diese Schadenshöhe deutlich unterschätzt wird? Luhmann fragt am Beispiel Konsumentenschutz, wenn eine Nullrisikopolitik kein realistisches Ziel darstellt kurz und bündig: „Richtig! Aber was dann?" (1991, 28, Fn. 43). Frank Ackerman stellt eine Parallele zwischen dem Klimawandel und den größten Finanzmarktkrisen fest, dass nämlich bei sehr hohen *worst case risks* trotz begrenzter Informationen (z.b. über die Eintrittswahrscheinlichkeit) der Erwartungswert ins Unendliche gehe, „nothing else matters except risk reduction focused on the credible worst case" (2008, 279).

Haben die Wirtschaftswissenschaften noch ein weiteres frühneuzeitliches Instrumentarium aus dem Bereich der hochgeschätzten Naturwissenschaften in die Ökonomie importiert (Mirowski 1999), ohne dass sich der Gegenstandsbereich modellentsprechend verhält? Man kann zumindest ein Portfolio oder den Wertpapiermarkt mit der Gaussverteilung praktischerweise nur mit zwei Größen (erwarteter Ertrag und Varianz) darstellen, „falls – aber wirklich nur: falls – die Erträge der Wertpapiere der Normalverteilung oder Gaußschen Glockenkurve entsprechen" (Bernstein 1997, 329).

Schaubild 1: Drei Kurven, die die Welt verändern

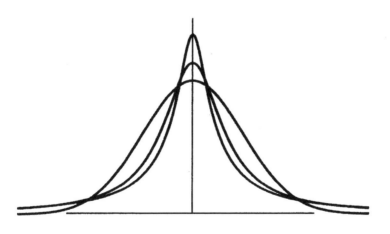

Quelle: Mandelbrot und Hudson 2004, 40.

In diesem Diagramm wird die übliche Glockenkurve mit zwei anderen Kurven dargestellt, die recht unterschiedliche Eigenschaften aufweisen. Die flachste der drei Kurven ist die Gausssche Kurve, deren Enden die Achse sehr bald schneiden. Das extreme Gegenstück ist die Kurve mit den meisten Werten am Nullpunkt (auch Cauchy-Kurve genannt). Die mittlere Kurve mit ebenfalls vielen Ereignissen am Nullpunkt und einer erheblich größeren Anzahl von Extremereignissen *(fat tails)* weit über die Gausskurve hinausgehend ist die Mandelbrotsche Kurve. Abstrakt erscheinende Verteilungsmuster kommen recht entscheidungsrelevante Bedeutungen zu: Wenn man annimmt, dass ein Flug (nach Gauss) eine Absturzwahrscheinlichkeit von 0,0001% besitzt, erscheint Fliegen als ungefährliches, sehr unwahrscheinliches Ereignis. Wenn aber das Extremereignis eine (Mandelbrot)Wahrscheinlichkeit von 5% hätte, dürften die meisten Menschen auf einen Flug verzichten.

In Kapitel 15 seines vielgelesenen Buches über schwärze Schwäne diskutiert Taleb (2008) auf verständliche Art die Gaussche Glockenkurve näher. Nach der Gausschen Normalverteilung nimmt die Wahrscheinlichkeit für Abweichungen immer schneller (exponentiell) ab, je weiter man sich vom Durchschnitt entfernt. 68,2% der Werte bewegen sich innerhalb einer, 95,3% innerhalb von zwei und 99,7% innerhalb von drei Standardabweichungen. Dieses steile Absinken erlaubt es, Außenseiter zu ignorieren, was Taleb auch an Zahlenbeispielen illustriert, aber für empirisch falsch hält und daher die Gaussverteilung als großen intellektuellen Betrug bezeichnet (2008, 279). Auf Finanzmärkten herrscht nach Taleb und nach Meinung vieler, unter ihnen die meisten Vertreter des BBP, tatsächlich eine skalierbare Mandelbrot-Verteilung vor: Hier bleibt die Geschwindigkeit der Ab- oder Zunahme konstant! Wenn man eine Summe verdoppelt, verringert sich die Häufigkeit immer um den gleichen Faktor, unabhängig von der Höhe der ursprünglichen Summe (ebenda, 283).

Als Beispiel sei eine Vermögensverteilung nach Gauss und Mandelbot verglichen; so sei nach Mandelbrot die Besitzverteilung mit einem Vermögen über eine Million Euro 1:63, über 2 Mio. 1:125, über 4 Mio. 1:250, über 8 Mio. 1:500, über 16 Mio. 1:1000, über 32 Mio. 1:2000, über 320 Mio. 1:20000, über 640 Mio. 1:40000. Es verringert sich die Häufigkeit stets um den gleichen Faktor *auf jeder Skala*. Anders bei der Gaussverteilung: Über eine Mio. 1:63, über 2 Mio. 1:127000, über 3 Mio. 1:14000000000, über 4 Mio. 1:886000000000000000 usw. Man sieht, „wie ungeheuer schnell die Chancen abnehmen, wenn man sich vom Durchschnitt entfernt. Ausreißer werden dann immer unwahrscheinlicher. Man [denkt, man] kann sie unbesorgt ignorieren" (ebenda, 303).

Die Zahlen zur Vermögensverteilung nicht nur Deutschlands bestätigen die Mandelbrotverteilung.

D.W. Hubbard (2009) berechnet, dass von 1928-2008 90% aller täglichen Schwankungen des Dow Jones innerhalb von 1,645% der Standardabweichung verliefen. Eine 5%ige Preisveränderung hat bei Normalverteilung eine weniger als 15%ige Wahrscheinlichkeit, einmal in diesem Zeitintervall aufzutreten, tatsächlich passierte es rund 70 Mal! Für eine 7%ige Veränderung wird die Wahrscheinlichkeit um eine Billion oder mehr unterschätzt! „It turns out that financial disasters take on a distribution more like the distribution of volcanic eruptions, forest fires, earthquakes, power outages, asteroid impacts, and pandemic viruses. These phenomena take a *power-like distribution* instead of a normal distribution" (2009, 184).

Extremereignisse *(fat tails)* treten also viel häufiger auf als vermutet und sie müssten anstelle des Verlaufs beim „Normalbetrieb" der Ausgangspunkt regulatorischer Überlegungen sein. Das eigentlich relevante Risiko wäre dann so zu definieren, dass es sich um Ereignisse handelt, die sich in einer relevanten Frist für den Akteur als nicht beherrschbar erweisen (so auch die Definition von Mordecai Kurz, siehe die Diskussion des Prinzips von Konrad Hummler im *Handelsblatt* vom 22.11.2009). Nach der Mandelbrotverteilung wäre der Crash 1987 nicht ein Ereignis in einer Million Jahren, sondern träte ein Mal im Leben eines Menschen auf. Hubbard fasst die tatsächlichen und die durch Gauss nahegelegten Häufigkeiten eintägiger Preisveränderungen des *Dow Jones Industrial Average* (DJIA) und des *Standard and Poors 500* (S&P 500) zusammen, wobei ab etwa 3% Preisveränderung die Realität von der Gaussverteilung drastisch abweicht (siehe seine Berechnungen und Vergleiche unter www.howtofixriskmgt.com).

106　II. Die Finanzmärkte aus der Sicht des Mainstream

Schaubild 2: Preisschwankungen nach der Gaussverteilung und in der Realität

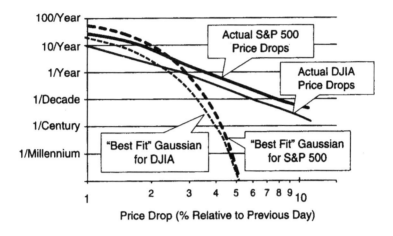

Quelle: D.W. Hubbard 2009, 186.

Doch nun zurück zu Fama. Er war in den 1960er Jahren zunächst *Assistant Professor of Finance* an der Universität Chicago, an der u.a. Merton Miller lehrte. Insofern würde es kaum verwundern, wenn Fama der Begründer der EMH wäre, die in den Lehrbüchern steht. Aber bereits in der ersten Fußnote (1965, 34) wird auch Benoit Mandelbrot besonders erwähnt, mit dem er viele Gespräche führte und der auch sein Doktorvater war (Mandelbrot und Hudson 2004, 11). Es geht ihm um zwei Implikationen des Random Walk: Preisveränderungen erfolgen unabhängig voneinander und die Preisveränderungen folgen einer bestimmten Wahrscheinlichkeitsverteilung. Zunächst weist er darauf hin, dass voneinander unabhängige Preisentwicklungen auch ohne Bezug auf realwirtschaftliche oder politisch relevante Ereignisse erfolgen können, „just the accumulation of many bits of randomly generated noise, where by noise in this case we mean psychological and other factors peculiar to different individuals which determine the types of ‚bets' they are willing to place on different companies" (1965, 36).

Fama ist sich des Problems voll bewusst, dass ein ökonometrischer Beleg für den Random Walk, nicht aber für ‚intrinsic-value-random-walk markets' (ebenda, 36) geliefert werden kann. Er meint, wie immer lakonisch, eine nicht-intrinsische Variante sei für Random Walk-Theoretiker „unappealing" (ebenda, 36). Schließlich gebe es viele Menschen und Institutionen, die die Umstände rational einzupreisen zu scheinen (reine Vermutung), „who believe that individual securities have ‚intrinsic values' which depend on economic and political factors that effect individual companies. The existence of intrinsic values is not inconsistent with the random-walk hypothesis" (ebenda, 36). Es gibt also Menschen, die glauben, es gebe intrinsische Werte, die von ihm in skeptische Anführungszeichen gesetzt werden. Die starke und für effiziente Märkte eigentlich entscheidende These der Übereinstimmung der intrinsischen Werte und der Marktpreise findet sich ebenso wenig im Text wie der Begriff der EMH selbst!

Ganz im Gegenteil betont Fama, dass Abweichungen in einer unsicheren, sich dauernd wandelnden Welt durchaus möglich sind. „We stress, however, that actual market prices need not correspond to intrinsic values. In a world of uncertainty intrinsic values are not known exactly. Thus there can always be disagreement among individuals, and in this way actual prices and intrinsic values can differ. Henceforth uncertainty or disagreement concerning intrinsic values will come under the general heading of ‚noise' in the market" (ebenda, 36). Fama klingt hier deutlich weniger dogmatisch, als es die Lehrbuchvarianten der EMH erwarten ließen. Er gesteht zu, dass aktuelle und intrinsische Werte voneinander abweichen, dass es unterschiedliche heterogene Meinungen über intrinsische Werte gibt (was zu Spekulation führt?) und dass wir in einem allgemeinen Zustand der (Erwartungs)Unsicherheit leben. Er fügt schließlich den in späteren Weiterführungen eine wesentliche Rolle spielenden Begriff und Gedanken von *noise* (Verzerrungen durch Störgeräusche) als relevantes Phänomen ein.

Die EMH-Variante Famas ist, wie sich noch weiter zeigen lässt, unter Berücksichtigung aller Kautelen schwer vom BBP-Paradigma zu unterscheiden. So behauptet er auch nicht, dass sich auf längere Frist die Marktwerte den intrinsischen annähern werden. Vielmehr weist er ausdrücklich darauf hin, dass sich intrinsische Werte wegen neuer Informationen oder Trends (!) permanent ändern. Zu ihnen zählt er „the success of a current research and development project, a change in management, a tariff imposed on the industry's product by a foreign country, an increase in industrial production or any actual or anticipated change in a factor which is likely to affect the company's prospects" (ebenda, 36).

Angesichts dieser breiten Palette an Einflussfaktoren dürfte kaum ein Tag vergehen, an dem sich nicht der intrinsische Wert von Unternehmen verändert. Das Konzept eines *long-run equilibriums* dürfte mit diesen täglichen Änderungen kaum verträglich sein. Fama bemerkt in einer Fußnote, es sei für die Zwecke seines Artikels irrelevant, ob man intrinsische Werte als ökonomische Gleichgewichtspreise verstünde, die aus einem dynamischen allgemeinen Gleichgewichtsmodell resultieren, oder ob „they just represent market conventions for evaluating the worth of a security by relating it to various factors which affect the earnings of a company" (ebenda, 36, Fn. 3). Fama lässt hier einen rein konventionellen Ansatz zu, d.h. die Relativierung eines objektivistischen Ansatzes, nach dem völlig klar ist, welche Informationen relevant sind und welche nicht.

Das frühe Bachelier-Modell des Random Walk stellt er so dar, dass dieser erfolge, sofern neue Informationen verarbeitet werden und/oder eventuelle *noise*-Phänomene keinem konsistenten Muster folgen. Er schließt sie demnach ausdrücklich nicht als preis(mit)bestimmenden Faktor aus (ebenda, 37)! Er hält die Annahme nichtkonsistenter Muster für sehr unwahrscheinlich und extrem. „There is no strong reason to expect that each individual's estimates of intrinsic values will be independent of the estimates made by others (i.e., noise may be generated in a dependent fashion). For example, certain individuals or institutions may be opinion leaders in the market. That is, their actions may induce people to change their opinion concerning the prospects of a given company" (ebenda, 37). Fama nimmt hier Imitation und Herdenverhalten (*bandwagon*) vorweg, ohne zu behaupten, dass die Meinungsführer wahrscheinlich die Bestinformierten sind. Sich aufschaukelnde Nachahmerkaskaden finden sich üblicherweise im Arsenal des BBP und der Skeptiker der EMH. Fama geht an gleicher Stelle sogar konstruktivistisch explizit davon aus, dass die Generierung von Informationen trendabhängig ist, so dass auf gute Nachrichten eher weitere gute Nachrichten erwartet werden.

Trotz dieser möglichen Effekte kann es hinsichtlich einzelner Assets dennoch tendenziell zu Random Walks kommen, da es „offsetting mechanisms" gibt (ebenda, 37). Er geht davon aus, dass es verschiedene Gruppen von Investoren gibt, z.B. solche, die in der Vorhersage neuer Informationen besser sind und solche, die eine statistische Analyse des Preisverhaltens besser beherrschen. (Es ist nicht recht klar, wie man sich ohne den Glauben an Wahrsager/innen die Fähigkeit der *Voraussage* neuer Informationen vorzustellen hat). Auf jeden Fall würde der ‚noise generating process', angefeuert durch die Imitatoren, Bubbles hervorrufen, wenn es nicht viele ‚sophisticated traders' gäbe. Hier kommen die Chartisten, die auf wiederkehrende Muster setzen, ins Spiel, die die wiederkehrenden Prozesse erkennen können und sie durch ihr antizipatives Verhalten unterstützen. Auch wenn sie nur eine vage Ahnung vom realen intrinsischen Wert haben, über den sich selbst raffinierte Händler nicht immer sicher sein können, werden sie sehr (zu?) hoch bewertete Assets verkaufen. Interessant ist an diesen Ausführungen, dass die Bewegung auf den Fundamentalwert nichts Selbstverständliches ist, sondern von der zufälligen Mischung verschiedener Händlertypen abhängt. Fama skizziert eine Menge möglicher Verläufe, die eintreten mögen oder nicht, z.B. lautet eine Vermutung, dass es bei großer Unsicherheit beim Eintreten neuer Informationen zu einer Unterbewertung kommen kann, schlaue Investoren dies bemerken und kaufen. Famas Überlegungen weisen auf nötige empirische Untersuchungen hin, da die eben erwähnten Käufe vielleicht auch unterbleiben. Die Antwort entzieht sich einer deduktiven Ableitung. Hier setzen die im Prinzip daher wenig originellen, gleich vorzustellenden, naheliegenden weiteren Relativierungen an.

Eine allgemeine Ambivalenz der Famaschen Ausführungen (zwischen Chicagoansatz und Mandelbrot) zeigt sich insbesondere an der Stelle, an der man erwartete, dass er einen natürlichen *drift* auf die Fundamentalwerte behauptet. Stattdessen bemerkt er jedoch, dass die unmittelbare Anpassung folgendes bewirkt: „First, actual prices will initially overadjust to the new intrinsic values as often as they will underadjust. Second, the lag in the complete adjustment of actual prices to successive new intrinsic values will itself be an independent random variable, sometimes preceding the new information which is the basis of change (i.e., when the information is anticipated by the market before it actually appears) and sometimes following" (ebenda, 39). Alles was sich mit Gewissheit sagen lässt ist demnach nur, „that the stock market *may* conform to the independence assumption of the random walk model even though the processes generating noise and new information are themselves dependent" (ebenda, 39). Es kann so sein, muss es aber nicht. Er erkennt ohne Frage das Überschießen *(overshooting)* nach oben und unten an, ohne an dieser Stelle hierfür zeitliche oder ausschlagmäßige Minima oder Maxima anzugeben.

Fama stellt ferner heraus, dass Menschen, die konsistent das Erscheinen neuer Informationen besser voraussagen und deren Effekte auf die intrinsischen Werte einschätzen können, besser fahren als Kaufen-und-Halten-Strategen. Er stellt dann aber fest, dass es sehr schwer sei, dauerhaft zutreffende Vermutungen anzustellen, der durchschnittliche Investor sollte Risikostreuung betreiben. Seine spätere empirische Analyse des Erfolgs von aktiven Fonds zeigt, dass es kaum welche gibt, die dauerhaft den Markt schlagen. Generell lässt sich bis zu diesem Abschnitt sagen, dass Fama zwischen aktivem und passivem Anlegen, zwischen effizienten und nicht die Fundamentals wiederspiegelnden Marktpreisen, hin und her schwankt.

Er kommt nun zur zweiten anfänglich gestellten Frage, die Verteilung der Preisänderungen betreffend. Man sollte erwarten, dass Fama als Begründer der EMH der Gausschen Wahrscheinlichkeitsverteilung das Wort redet. Er stellt aber zunächst fest, dass „(a)ll the hypothesis concerning the distribution says, however, is that the price changes conform to *some* probability distribution. In the general theory of random walks the form or shape of the distribution need not be specified" (ebenda, 41). Vor allem in diesem Punkt als gelehriger Schüler Mandelbrots stellt er unter Einbezug einer ganzen Reihe weiterer empirischer Ergebnisse fest, dass es (nicht nur) an den Aktienmärkten neben zu vielen Wertschwankungen um die Mitte zu viele Werte an den äußeren Enden *(fat tails)* mit mehr als +/- 10prozentigen Preisveränderungen gibt, was der Gausschen Normalverteilung eindeutig widerspricht. Er meint überaus überraschend, die übliche Verteilung entspreche Mandelbrots stabiler Pareto-Verteilung mit infiniter Varianz, die er formal beschreibt und feststellt, „if the variances of distributions of price changes behave as if they are infinite, many common statistical tools which are based on the assumption of a finite variance either will not work or may give very misleading answers" (ebenda, 44).

Dieses Verdikt trifft auch fast alle in der Finanzmathematik angewandten Theoriebausteine wie das Black-Scholes-Modell zur Berechnung von Optionspreisen oder Risikobewertungsmodelle wie das von Basel II u.a. empfohlene *Value-at-Risk* (VaR). Sie setzen nämlich eine (Log)Normalverteilung von Assetpreisen voraus, d.h. mit einer Wahrscheinlichkeit von 95% (98%) nimmt die normalverteilte Variable wie erwähnt einen Wert innerhalb des 1,96fachen (dreifachen) der Standardabweichung um ihren Mittelwert an (Hull 2006, 346ff.). Natürlich immer *ceteris paribus*, d.h. keine wesentlichen Umweltveränderungen vorausgesetzt. Genauer gesagt misst VAR den zu erwartenden Verlust, der mit einer bestimmten Wahrscheinlichkeit in einem bestimmten Zeitintervall zu erwarten ist. Wenn die Wahrscheinlichkeit 5% und der Zeithorizont einen Tag betragen, so besagt ein VAR von einer Million Euro, dass der tägliche auf der Basis des Tageswertes der Assets lautende Verlust mit einer Wahrscheinlichkeit von (nur?) 5% über diesem Betrag liegt.

Ein wesentliches Problem der Methode besteht neben Famas grundsätzlichen Zweifeln zudem darin, dass man, je nachdem, welche der Bestimmungen zum VaR man anwendet (historische Simulation, Varianz-Kovarianz oder Monte Carlo-Simulation), sehr weit auseinanderliegende Ergebnisse erhält, was einen großen Gestaltungsspielraum für manipulative *downward biases* bietet (Ju und Pearson 1998). „Depending on the selection of time horizon, data base, and correlation assumptions across instrument/asset classes, the same model may produce widely divergent VAR views for the same portfolio and, therefore, different capital requirements" (Beder 1995). Auch wirken Risikomodelle reflexiv, was in ihnen analytisch selbst nicht eingeholt werden kann, da das Vertrauen in die Berechenbarkeit der Risiken die Risikobereitschaft erhöht.

Henry Kaufman, der über Jahrzehnte sehr erfolgreich bei Vorhersagen zur Finanzmarktentwicklung war, unterstreicht, dass sich die Strukturen der Finanzmärkte ständig ändern (siehe seine Beispiele in 2000, Kapitel 9). Risikoeinschätzung „is not simply a matter of applying formulas in a logical and systematic way; it requires experience, intuition, and good judgment" (2000, 144). Viele Modelle übersehen strukturelle Veränderungen, überschätzen die reale Komplexität der Interdependenzen und wiegen sich dank schöner Modelle in falscher Sicherheit (ebenda, 153). Es komme immer auf einzigartige historische Konstellationen an, bei deren Erfassen es um eine anschauliche Gesamtschau geht, bei der die Beschäftigungssituation, die Gewinnsituation der Unternehmen, Psychologie, die Fiskalsituation und -politik, die Geldpolitik, die Kreditkonstellationen, neue Handelstechniken auf den Finanzmärkten und vieles mehr zu beachten sei. So habe sich z.B. die Beeinflussbarkeit der langfristigen Zinsen durch die Zinspolitik am Geldmarkt nach Auftauchen neuer Akteure wesentlich verändert (ebenda, 154-155). Auch zeige sich, dass die „liberalization of financial markets appeared ... to give credit a more pivotal role than money" (ebenda, 193).

Zusammengefasst: Die in Lehrbüchern oft vorgestellte Konkordanz und Harmonie zwischen den verschiedenen Ansätzen, von der EMH bis zu finanztheoretischen Modellen, lässt sich demnach nicht halten. Es überrascht auch, dass der vermeintliche Begründer der EMH mit der Paretianischen Mandelbrot-Verteilung sich genau auf die Seite derjenigen stellt, die üblicherweise als Kritiker des Mainstream und der EMH gelten, von Mandelbort selber bis hin zu Taleb (2002 und 2008). Der Hauptteil des langen Famaschen Artikels besteht paradoxerweise in einem empirischen Test und Nachweis der Verteilungsannahme Mandelbrots! Sein eindeutiges Ergebnis besagt, dass die Mandelbrotverteilung besser mit den Daten übereinstimmt als die Gaussche Normalverteilung. „The results were quite striking. The empirical distribution for *each* stock contained more relative frequency in its central bell than would be expected under a normality hypothesis. More important, however, in *every* case the extreme tails of the distribution contained more relative frequency than would be expected under the Gaussian hypothesis" (ebenda, 90).

Fama diskutiert auch die Konsequenzen der Mandelbrotverteilung. In einem Gausschen Markt wirken sich einzelne individuelle Preisänderungen kaum auf die Summe aus. Anders verhält es sich wie gesehen nach Mandelbrot: Der Gesamtwert (z.B. der Return einer Aktie oder eines Aktienbündels) kann hier von ein paar wenigen, sehr starken Preisveränderungen bestimmt werden, „the price of a security will often tend to jump up or down by very large amounts during very short time periods" (ebenda, 94). Dies kann mit sehr starken Schwankungen des intrinsischen Wertes zusammenhängen, „a situation quite consistent with a dynamic economy in a world of uncertainty" (ebenda, 94). Dies muss aber nicht der Fall sein, er erwähnt einmal mehr das Überschießen. Durch die Abwesenheit einer finiten Varianz weisen Mandelbrotverteilungen selbst bei einer sehr großen Anzahl extrem erratische Verhaltensweisen auf, die man auch durch die Erhöhung des Samples rechnerisch nicht besser in den Griff bekommen kann.

Fama folgert, dass daher Varianz und Standardabweichungen *keine* sinnvollen Maße sind. In diesem Sinne kritisiert er Markowitz' Bestimmung effizienter Portfolios, der auf einen maximalen Return bei gegebener Varianz abzielt. Insgesamt überrascht Famas Artikel doch sehr, da er keinerlei Anhaltspunkte für eine unproblematische Effizienzhypothese bietet und davon ausgeht, dass erratische Preisschwankungen üblich sind, was Konsequenzen für die Annahme problemloser, spontaner Selbstorganisation und -regulierung von Märkten hat.

2
Skepsis und Relativierungen

Mandelbrot, der Begründer der fraktalen Geometrie, kann als einer der schärfsten und profiliertesten Kritiker der EMH gelten, da er Überschießen, Crashs, unvermeidliche Blasen und Unvorhersehbarkeiten in den Mittelpunkt stellt: „The very heart of finance is fractal" (Mandelbrot und Hudson 2004, 165). Finanzmärkte sind nicht lineare, kontinuierliche, rationale Maschinen mit (Martingale-Bedingungen), nach denen die beste Vorhersage der Preise von morgen der heutige Preis ist. Finanzmärkte sind mal *well-behaved* und linear, dann aber auch plötzlich turbulent, wild, chaotisch und nicht-linear (*mild* oder *wild chances*). Er fordert eine *post-modern finance*, da es rein empirisch zu viele und zu starke Preisschwankungen gebe, die mit der Gausskurve nicht vereinbar sind und auch nicht einem großen und zufälligen Spiel ähneln, bei dem eine Münze geworfen wird und jedes Ergebnis unabhängig vom vorhergehenden ist und die Einzelergebnisse keinen entscheidenden Einfluss auf das Gesamtergebnis haben.

„I believe that most of the theorists have been going down the wrong track. The odds of financial ruin in a free, global-market economy have been grossly underestimated" (ebenda, 4). Das vermeintlich Unwahrscheinliche passiert unentwegt auf den Finanzmärkten. Er listet Ereignisse der jüngeren Vergangenheit auf, die den Annahmen der Normalverteilung völlig widersprechen. Hierzu zählen die Ereignisse im Juli 2002, als „the index recorded three steep falls within seven trading days. (Probability: one in four trillion.) And on October 19, 1987, the worst day of trading in at least a century, the index fell 29.2 percent. The probability of that happening, based on standard reckoning of financial theorists, was less than one in 10^{50} – odds so small they have no meaning" (ebenda, 4). Mandelbrot, der zunächst insbesondere die Baumwollpreise über lange Zeiträume untersuchte (ebenda, Kapitel 8), sieht auf den Finanzmärkten Paretianische Power-Laws gelten. Dies bedeutet, dass die Wahrscheinlichkeit extremer Ereignisse nicht exponentiell abnimmt, wie bei Gauss unterstellt, sondern um den gleichen Faktor schwanken, Turbulenzen daher typisch sind.

Um dies einmal optisch dazustellen: beim Niedergang des Hedgefonds *Long Term Capital Management* (LTCM) ergab sich eine 25fache Standardabweichung, deren Wahrscheinlichkeit nach Gaussverteilung in Zahlen ausgedrückt so aussieht (siehe auch Cooter 2008, 11):

0000000000000000000000000000000000000000000000000000000000
0000000000000000000000000000000000000000000000000000000000
0000000000000000000000000000000000000000000000000000000000
0000000000000000000000000000000000000000000000000000000000
00000000000000000000000000000000000000000001.

Nur nebenbei sei bemerkt, dass der legendäre Gründer von LTCM, John W. Meriwether, an finanzmathematische Modelle glaubte und die Nobelpreisträger M. Scholes und R. Merton anheuerte. Ein Jahr nach der Pleite legte er mit einer Milliarde eingesammelter Dollar und dem gleichen Glauben an die Beherrschbarkeit der Spekulation erneut unter dem Namen seiner Initialen *JWM Partners* los, dieses Mal nur mit dem 15fachen des eigenen Geldes. Im Jahr 2009 musste er nun auch diesen Hedgefonds abwickeln (*SZ* vom 9.7.2009, 18).

Mandelbrots Ergebnis hängt nicht von einzelnen (Finanz)Märkten und ihren Extremepisoden oder bestimmten historischen Phasen ab, sondern es spiegelt den langfristigen Durchschnitt. „From 1916 to 2003, the daily index movements of the Dow Jones Industrial Average do not spread out on graph paper like a simple bell curve. The far edges flare too high: too many big changes. Theory suggests that over the time, there should be fifty-eight days when the Dow moved more than 3.4 percent; in fact, there were 1,001. [Mainstream] Theory predicts six days of index swings beyond 4.5 percent; in fact, there were 366. And index swings of more than 7 percent should come once every 300,000 years; in fact, the twentieth century saw forty-eight such days" (ebenda, 13). Die Empirie widerlegt seiner Ansicht nach eindeutig den vorherrschenden Ansatz, nach dem Preise sich so bilden, als ob sie einem Zufallsprozess mit Gaussverteilung unterliegen, hierauf basiert aber die moderne globale Finanzindustrie und -theorie (siehe seine historische Darlegung und Kritik ihrer Entwicklung in den Kapiteln 3-4 des Buches). „Markowitz and others transformed investing from a game of stock tips and hunches to an engineering of means, variances, and ‚risk aversion' indices" (ebenda, 65).

Man kann sich als gedanklichem Einschub fragen, ob die „theorielose" Zeit vor der alles bestimmenden Mathematisierung (mit Normalverteilung usw.) der Kapitalmarktansätze nicht dem Gegenstandsgebiet angemessener war als danach. „Before the 1970s, business schools had taught finance using little more than the *firm handshake theory* ... Major financial decisions were made not so much on the basis of hard numbers and objective analysis, but rather on subjective assessments of personal character" (Miller 2002, 112, dessen Buch auf den Seiten 88ff. einen sehr informativen Überblick über die quantitative Finanzrevolution und die EMH bietet). Aus Bernsteins (2009) Rekapitulation der Geschichte geht schön hervor, wie durch die neuen Ansätze aus ‚Faustregeln und Volkskunde' THEORIE wurde. „Die gesamte Struktur, die der modernen Finanztheorie zugrunde liegt, beruht auf einer generellen Annahme: Investoren haben keine Schwierigkeiten damit, in dem irreführenden Durcheinander von Fakten, Gerüchten, Unstimmigkeiten, Unklarheiten und absoluter Unsicherheit, durch die die wirkliche Welt um uns herum bestimmt wird, optimale Entscheidungen zu fällen" (2009, 23).

Mandelbrot berichtet, dass Markowitz John Burr Williams Theorie des Investitionswertes aus dem Jahr 1938 gelesen hat und für deskriptiv unzutreffend hielt, da Anleger offenbar auch nach einer Diversifikation von Risiken streben (ebenda, 62) und dies unter analytischen Gesichtspunkten auch nötig wäre. Williams, dem es gar nicht um eine optimale Portfoliozusammenstellung ging, beschränkte sich aber nicht darauf, den Wert eines Assets auf die geschätzte Dividende, korrigiert um den Zinssatz, die Inflation und andere Faktoren zu bestimmen und die Risikodiversifikation zu ignorieren. Ähnlich wie Dodd und Graham unterscheidet er Investoren, die (längerfristig) an der Dividende und Spekulanten, die an der (kurzfristigen) Kursentwicklung interessiert sind. Der Investitionswert ist der abdiskontierte Gegenwartswert der Dividenden (im Falle von Aktien). Er erläutert an Fallbeispielen, wie die zu erwartenden Dividenden aus der Entwicklung der Vergangenheit einschließlich des makroökonomischen und monetären Umfeldes, quantitative und qualitative Elemente umfassend, zu ermitteln sind. Über die – durch Spekulation bestimmten – kurzfristigen Kursschwankungen bemerkt er, „that the speculative fraternity as a class has no greater ability to foresee business conditions than have well-informed traders as individuals" (Williams 1964/1938, 8).

Er geht auch davon aus, dass neue Informationen ähnlich der EMH eingepreist werden. „(T)he publication of any news that changes opinion likewise changes the shape of the demand curve and the height of the curve at the margin, and thus the price of the stock in the market" (ebenda, 15). Im anscheinend selten gelesenen Kapitel über „The behavior of markets" (ebenda, 29ff.) nimmt er unter Bezug auf zeitgenössische Beiträge einige Ergebnisse von Behavioral Finance vorweg, z.B. „the reluctance of traders to take losses ... as soon as they have a paper loss, they will become stubborn and refuse to sell" (ebenda, 30-31). Er lehnt interessanterweise einen Einfluss der Geldmenge auf die Kursentwicklung ab (ebenda, 48) und argumentiert im Prinzip zutreffend, dass Bubbles keiner Geldmengenexpansion bedürfen. „The subsequent rally after the decline requires no fresh ‚purchasing power' to bring it about, for, as already explained, prices can rise or fall in a bull or bear market merely by ‚swapping' of securities between traders, and without the use of cash at all, provided each trader merely switches his holding from one stock to another" (ebenda, 32).

Spekulanten versuchen, Preisänderungen vorherzusehen, unter Verweis auf Keynes bemerkt er, „he must in the last analysis be able to foresee *changes in opinion*. Successful speculation consists in just this" (ebenda, 33). Die Auffassung, dass eine Hinbewegung auf die Fundamentalwerte erfolgt, findet sich bei ihm nicht, denn „(i)t requires no knowledge of intrinsic value as such, but only what people are going to *believe* intrinsic value to be. Now opinion, when changes, need not change for the right; it may change for the wrong, and the probability of a change for the wrong is about as great as of a change for the right" (ebenda, 33).

Es gibt Experten, die Ereignisse besser deuten können als andere, ihre begrenzte Anzahl oder Liquidität kann dazu führen, dass es länger bis zur Einpreisung dauert, auch neigen die ersten Akteure nach neuen Informationen wohl öfters zu anfänglichen Fehlhandlungen, da sie noch keine genauere Analysen anstellen konnten. Auch kann es dazu kommen, dass die Preise den marginalen Auffassungen bei stärkeren Bewegungen nicht entsprechen, da Käufer oder Verkäufer illiquide sind oder Marktorder gerade nicht ausgeführt werden können. Er betont, wie schwierig es sei, eine längerfristige Ertragsprognose für ein Asset abzugeben (ebenda, 187). In einem Kapitel für Skeptiker hebt er nachdrücklich hervor, dass seine Bestimmung des Investitionswertes „shows how traders would act in the stock market if they were perfectly rational and fareseeing" (ebenda, 189). Er behauptet im Unterschied zu Varianten der EMH nicht, die Realität annähernd abzubilden: Sein *Investment Value* und die Marktpreise sind zwei völlig unterschiedliche Dinge, den harmonischen Bias der EMH teilt er auf keinen Fall.

„After all, if the market makes a wrong estimate of the true value today, why should it be expected to do better tomorrow? By tomorrow, today's facts may be more widely understood, of course; but by tomorrow new facts may be interjected into the situation, with the result that a new estimate of true worth will be needed and a further correction of price will be called for. Thus the market may find itself as far away from a logical value tomorrow as today. But even if no new facts appear, the market may still refuse to move in the right direction between today and tomorrow. Since market price depends on popular opinion, and since the public is more emotional than logical, it is foolish to expect a relentless convergence of market price toward investment value" (ebenda, 191).

Tatsächlich hätten die wilden Kursschwankungen seit 1929 bewiesen, dass der Zusammenhang zwischen den Fundamentals und den Kursen ein sehr loser sei. Ohne großes Aufheben davon zu machen, finden sich bei Williams bereits fast alle Erkenntnisse und Bausteine, die heutzutage als große Weiterentwicklungen gefeiert werden: *Noise trader* (Summers sollte sie ‚Idioten' nennen), Blasen, Informierte, Überschießen, irrationales Verhalten usw. Williams hatte einen bedeutenden Vorteil gegenüber der ihn überwinden wollenden EMH und den meisten heutigen Ökonomen: Er teilte das harmonische Vorurteil funktionaler, (auf längere Sicht) auf Fundamentalwerte zustrebender Finanzwerte nicht und stellte zutreffend fest, dass es sich hier um eine empirische Frage handelt, die nicht deduktiv-modelltheoretisch entschieden werden kann.

Mandelbrot fragt sich auch, warum an einer seiner Meinung nach grundsätzlich falschen Theorie wie der EMH festgehalten wird. Die wilde, unangenehme Form von *randomness* sei schon in mehrerlei Hinsicht unpraktisch, doch leider „the world has not been designed for the convenience of mathematicians ... why does the old order continue? Habit and convenience. The math is, at bottom, easy and can be made to look impressive, inscrutable to all but the rocket scientist. They have trained thousands of financial officers, thousands of investment advisers. In fact, as most of these graduates learn from subsequent experience, it does not work as advertised; and they develop myriad ad hoc improvements, adjustments, and accommodations to get their job done. But still, it gives a comforting impression of precision and competence" (ebenda, 41 und 105).

Gewohnheit, Bequemlichkeit und Kompetenzerschleichung sind nach Mandelbrot für das zähe Festhalten an der falschen Theorie verantwortlich. Auch vermutet er eine tiefsitzende anthropologische Tendenz im Homo Sapiens. „There is something in the human condition that abhors uncertainty, unevenness, unpredictability" (ebenda, 250). Es mag hier offen bleiben, ob Finanzmärkte tatsächlich, wie von Mandelbrot vermutet, sehr lange Erinnerungen bzw. Pfadabhängigkeiten generieren, endogene Effekte eine ausschlaggebende Rolle spielen und die Preise gleich stark unter einem Regulationsregime (wie in den USA nach 1933) oder in einem weitgehend deregulierten Marktsystem (ebenda, 21) schwanken. An dieser Stelle sollte nur der Patchwork-Charakter der EMH und der Bausteine ‚moderner' Finanztheorie hervorgehoben werden, bei der auch die Entwicklungen in den Business-Schulen und der angewandten Betriebswirtschaftslehre zu berücksichtigen sind.

Ein Markstein auf diesem Entwicklungsweg stellt der schon mehrfach erwähnte Markowitz (1952) und seine Theorie optimaler Portfolios dar, der im Unterschied zu Fama die vereinfachende Annahme der Normalverteilung von Aktienrenditen traf, so dass diese ausreichend über ihre Mittelwerte und Varianzen bestimmt werden können. Nach seinem Ansatz sind für rationale Investoren nur zwei Kriterien entscheidend: Ertrag und Risiko (gemessen über die Varianz) des Gesamtportfolios, wobei grundsätzlich ein *trade-off* zwischen ihnen bei den einzelnen Assets in Übereinstimmung mit der EMH angenommen wird. Risikodiversifizierung ist möglich, wenn die Korrelationen zwischen den Varianzen der Assets beachtet werden, d.h. schwach korrelierte Portfolios verringern die Varianz des Gesamtportfolios. So konnte die moderne Portfoliotheorie normative Modelle auf der Grundlage statistischer Ansätze entwickeln.

Das *Capital Asset Pricing Model* (CAPM) verfeinert diesen Ansatz. Der Preis eines Assets ist im Gleichgewicht eine Funktion des risikolosen Zinses, dem durchschnittlich erwarteten Ertrag und der Kovarianz dieser erwarteten Erträge mit den Erträgen aller anderen Assets des Portfolios. Jensen (1972, siehe auch Whitley 1986, 177) zählt die mutigen Annahmen des Modells auf, u.a. die Möglichkeit unbegrenzter Finanzierung zum risikolosen Marktzins, identische Einschätzungen der Mittelwerte

2 Skepsis und Relativierungen

und Varianzen aller Assets durch die Akteure, die alle Preisnehmer (vollkommene Märkte) sind. Die Assets sind vollkommen teilbar und liquide. Ein Grund der FK mag darin liegen, dass viele Ökonomen und Betriebswirte, die in der Finanzbranche tätig sind oder diese kontrollieren sollen, mit diesen Modellen groß wurden. Es wundert nicht, dass die ökonometrische Bestätigung der CAPM bestenfalls durchwachsen ausfällt.

Auch die in der Praxis weitverbreitete und in den Grundzügen nicht modifizierte Black-Scholes-Formel (Black und Scholes 1973) zur Bestimmung von Optionspreisen, die schon seit Bronzin (1908) im Wesentlichen bekannt ist (Haug und Taleb 2009, 5), unterstellt die Normalverteilung. Ihr liegt folgende Gleichgewichtsüberlegung zugrunde: „If options are correctly priced in the market, it should not be possible to make sure profits by creating portfolios of long and short positions in options and their underlying stock" (Black und Scholes 1973, 637). Folgende kritische Idealbedingungen werden unterstellt: Der kurzfristige Zinssatz ist bekannt und konstant, es gibt keine Einschränkungen für Leerverkäufe, und der „stock price follows a random walk in continuous time with a variance rate proportional of the square of the stock price. Thus the distribution of possible stock prices at the end of any finite interval is log-normal" (Black und Scholes 1973, 640).

Der Wert einer Option (zum Standardwissen über Optionen siehe z.B. Hull 2006, 29ff., gut verständlich Miller 2002, 127ff.) bestimmt sich nach der Formel anhand folgender Komponenten: Zunächst der Volatilität (Standardabweichung) des Underlying (unterliegender Basiswert); je höher die Volatilität, um so wertvoller die Option (Verzicht bei niedrigem Kurs, Ausübungsmöglichkeit bei hohem Kurs). Der zweite Faktor ist der Ausübungspreis, der dritte der Kurs des unterliegenden Assets *(underlying)*. Je geringer der Ausübungspreis im Verhältnis zum Kurs des Underlyings ausfällt, umso besser ist eine Kauf-Option für den Besitzer. Weiter spielt die Verfallszeit eine Rolle, je länger, umso interessanter. Schließlich ist noch der risikolose Marktzinssatz zu nennen, da der Ausübungspreis erst gegen Ende einer europäischen Option (hier: ohne Dividende) gezahlt wird, sofern sie eingelöst wird.

Historisch-institutionell-genetisch-spezifischem Wissen über das Underlying bedarf es nicht. Es lässt sich ein objektiv-neutraler Preis und nach Meinung der Entdecker praktisch risikolose gehedgte Positionen bestimmen (zur Problematik der genauen Bestimmung einer hedging-Position und der damit oft verbundenen kritischen Exposures siehe Milne

2008). Fischer Black, einer der Entwickler der Formel, der aus der Privatwirtschaft kam und bei Veröffentlichung des Artikels Partner und Direktor bei *Goldman Sachs* war, bemerkt, dass die Formel oft und gelegentlich auch unangemessen verwendet wird, denn „traders now use the formula and its variants extensively. They use it so much that market prices are usually close to formula values even in situations where there should be a large difference: situations, for example, where a cash takeover is likely to end the life of the option or warrant" (Black 1989, 8). Die Formel dignifiziert jenseits ökonomischer Sinnhaftigkeit die Käufer und Verkäufer von Optionen, da ihr Handeln soziologisch betrachtet jetzt als vernünftige, wissenschaftlich abgesicherte Arbitrage erscheinen kann.

Die Black-Scholes-Formel (zu den Details ihrer Anwendung siehe Hull 2006, Kapitel 12-13) hat im Unterschied zu früheren Versuchen den Vorteil, nicht auf die geschätzte Wertentwicklung des Underlying angewiesen zu sein. Black weist aber zutreffend darauf hin, dass die große Unbekannte die Volatilität ist, sie muss geschätzt werden. „The past volatility of the stock is very helpful in estimating its future volatility, but is not an infallible guide" (1975, 37). Später bemerkt er, bei der Schätzung der Volatilität einer Aktie mache es auch Sinn, die Bewegung der Kurse aller anderen Aktien mit zu berücksichtigen (ebenda, 40). Dies belegt, dass die Bestimmung der Volatilität unterschiedliche Vorgehensweisen zulässt und sich bei Veränderungen der Volatilität (aber auch bei Kursbewegungen) der Wert einer Option dramatisch schwanken kann und der Verkäufer ein unbegrenztes Aufwärtsrisiko hat. Black versucht zumindest den Eindruck zu vermitteln, dass Optionen in erster Linie Transaktionskosten senken und sich zu Hedgingzwecken eignen.

„Thus an appropriate mixture of a long position in options and with short-term money market instruments is less speculative from almost any point of view than an investment in the underlying stock" (1975, 38). Auch das Nobelpreiskomittee stellt anlässlich der Verleihung des Preises in Anlehnung an Nobel etwas schönfärberisch fest „that agents who anticipate future revenues or payments can ensure a profit above a certain level or insure themselves against a loss above a certain level" (Press Release Nobelprize.org vom 14.10.1997). Sie vermerken auch als Positivum, dass das Problem der Risikoprämie entfalle, da sie ja bereits in den Aktienkursen enthalten seien. Auf diese Weise findet in der Pressererklärung eine Parallelschaltung zwischen den Voraussetzungen eines Modells unter Idealbedingungen und den Gegebenheiten der realen

Welt statt. Die problemlose Liquiditätsannahme sollte sich zum Beispiel in der FK alles andere als selbstverständlich erweisen. Die schön einfache Regel: „If the option is underpriced, buy it. If the option is overpriced, sell it" (Black 1975, 36) setzt das Wissen der fairen Bewertung voraus. Die Formel unterstellt generell, dass „(i)n order to implement the indicated dynamic hedging strategy, one must be able to buy and sell both the underlying asset and risk-free debt at their efficient-market prices at every moment in time" (Miller 2002, 133). Die Annahme korrekter Bewertbarkeit im Bezugsrahmen der EMH hat, um dies nur am Rande zu vermerken, etwas kurioses: „The same finance scholars who claimed that you couldn't predict future stock price movements by looking at past stock price movements were embracing the idea that future stock volatility could be predicted by looking at past stock volatility" (Fox 2009, 138).

Es fragt sich auch, wie es bei zwei rationalen, mit identischen Präferenzen und Zielfunktionen ausgestatteten, repräsentativen Akteuren überhaupt zum Tausch kommen kann, denn des „writers gains are the buyer's losses, and the writer's lossses are the buyer's gains" (Black 1975, 37). Entweder irrt sich einer der Akteure, die Formel stimmt nicht, sie wird nicht ernst genommen oder es gibt Spekulanten, die meinen, es besser zu wissen als die Gegenseite. Ihr Wissen muss auf anderer Grundlage als die Zahlen der Formel beruhen, da diese öffentlich zugänglich sind, es sei denn, es besteht eine Informationsasymmetrie.

Black geht sehr großzügig mit dem Effizienzbegriff um. „To Black, a market is efficient if the price in the market is between 50 percent and 200 percent of its fundamental value. Some efficient-market theorists propose even larger bands for efficiency. Under Black's definition of efficiency, the price of an asset can instantly plunge 75 percent for no reason whatsoever, going from 200 percent to 50 percent of its real value, while remaining efficiently priced. In this way, Black is able to define away most presumed market bubbles, as few of them are large enough to exceed his noise threshold" (Miller 2002, 94). Verdient ein Ansatz mit einem derart verwässerten Effizienzbegriff, noch ernst genommen zu werden?

Das schiere Volumen der gehandelten Optionen und Derivate (Tett 2010) kann auf keinen Fall primär durch das Hedging-Motiv und die Aktivitäten reiner Arbitrageure erklärt werden, da alleine der derivative OTC-Handel zwischen 1998 und 2004 auf ein Volumen von über 220

Billionen Dollar anwuchs, was dem vierfachen des damaligen globalen Bruttoinlandsproduktes entsprach, zu dem noch der Börsenhandel mit einem Volumen von fast 50 Billionen hinzukam (Hull 2006, 25-26). Diese Zahlen dürften für die Beurteilung v.a. des Hedging-Motivs relevanter sein als der Brutto-Marktwert (der reine Wert des Geschäftes). Zur Frage, welcher Händlertypus (Hedger, Spekulant usw.) die Märkte bestimmt, schweigen sich die (meisten) Lehrbücher aus. Man kann aber die Tatsache, dass die meisten Future-Kontrakte nicht zur Lieferung führen, als gewisses Indiz für einen hohen Spekulationsanteil ansehen (Hull 2006, 47-48).

Nicht zu bezweifeln ist die enorme Hebelwirkung von Optionen und anderen Derivaten: Eine Option kann zu einem z.B. 10-20fach höheren Gewinn im Vergleich zu einem Aktienkauf führen, sie kann aber ebenso mit einem Totalverlust des eingesetzten Geldes enden (mit Beispielrechnungen siehe Hull 2006, 35ff.). Derivate sind eine immense Verführung für die Akteure an den Kapitalmärkten, mit viel Mut sehr risikoreiche Engagements einzugehen, die mit überlegener Intelligenz oder entrepreneurialer Alertness wenig zu tun haben. Die Frage, ob nicht eine begrenzende Politik des ‚Und führe sie nicht in Versuchung' angeraten wäre, wird meist nicht gestellt. Zwar erwähnt z.B. Hull die Barings-Bank-Pleite um Nick Leesons verzweifelte Hazardspiele in Singapur im Jahr 1995 und er stellt fest, „dass Händler, die den Auftrag zur Risikoabsicherung oder zur Verfolgung eines Arbitragestrategie haben, (bewusst oder unbewusst) zu Spekulanten werden" (Hull 2006, 39). Viel mehr sagt er aber nicht dazu.

„Because options generally provide substantial leverage – the small amount of money used to purchase the option controls a much larger amount of the asset that underlies it – options and other derivative securities became extremely popular with hedge funds" (Miller 2002, 128, mit Zahlenbeispielen für die erstaunliche Hebelwirkung bei kleinen Preisveränderungen der underlyings, siehe S. 134-135; zu den verschiedenen Varianten der Hebelung siehe Morris 2008, 147-149).

Der *trade-off* zwischen Spekulationsverführung und sinnvollen Funktionen von Optionen (Derivaten) wird bei Hull nicht abgewogen, sondern kurz darauf ohne Einschränkungen in der Zusammenfassung festgestellt, „Derivate haben sich als sehr erfolgreiche Innovationen auf Kapitalmärkten erwiesen" (Hull 2006, 40). Optionen sind aber z.B. in vielerlei Hinsicht verführerisch, zum Beispiel: „Wall Street firms would

2 Skepsis und Relativierungen 123

compete on their ability to create complex new options that only the option's inventor knew how to value properly" (Miller 2002, 141). Im abschließenden 32. Kapitel stellt er sinnvolle Regeln und Lehren für die Nutzer von Derivaten auf: Man solle nicht glauben, den Markt schlagen zu können, Diversifikation sei zu beachten, man soll den Modellen nicht blind vertrauen, das Liquiditätsrisiko sei nicht zu ignorieren und sicherzustellen, dass aus einem Hedger kein Spekulant und die Finanzabteilung nicht zu einem Profit Center wird. Hull präsentiert in seinem Buch allerdings fast ausschließlich Modelle, die nur unter den entsprechenden stilisierten Voraussetzungen gelten, so dass sich fragt, ob seine Ratschläge (z.B. aus einem Hedger keinen Spekulanten zu machen) nicht quer zur impliziten Logik des Buches stehen. Das potentielle Gefährdungspotential von Derivaten kommt im Text nur sehr geringfügig zur Sprache, der auch nicht durch regulative Einhegungsvorschläge auffällt. Insofern sind Hulls Ratschläge etwas wohlfeil.

Whitley beschreibt, wie sich die von Hull u.a. vorgestellten Modelle institutionell und mit zahlreichen ad hoc-Anpassungen in der Praxis durchsetzten (1986, 177-189). In ideologiekritischer Absicht resümiert er: „The domination of economists seeking to extend equilibrium models of perfect markets to the operation of capital markets lead to the business finance area concentrating on theoretical models of asset valuation and more traditional concerns and practical topics being seen as derivative ... As an example of a ‚partitioned bureaucracy' type of scientific field, financial economics combines the provision of skills and techniques for employees of financial institutions and large corporations with a highly esoteric and abstract set of intellectual goals and approaches at the centre of the reputational system" (1986,188). Mit dieser latenten Herrschaftsfunktion als kulturellem Kapital, man kann ihn auch als normativen Diskurs über die alte Frage des gerechten Preises lesen, dürfte es auch zu tun haben, dass keine fundamentale Methoden- und Inhaltsdiskussion in der Volks- und Betriebswirtschaftslehre stattfindet, die diese latente Funktion zur Sprache bringen dürfte. *Sounds of silence* hört man auch von Seiten der Praktiker, die zwar z.B. über neue Risikomaße nachsinnen, sich aber nicht fragen, ob formale (Gleichgewichts)Modelle und statistische Kennzahlen (Varianz usw.) an sich die geeigneten Ansätze sind. In der universitären Lehre und bei Berufungen an Hochschulen findet man international weiterhin keine auch nur geringfügige Umschichtung zugunsten der Wirtschaftsgeschichte, heterodoxer Theorieansätze oder einer kritischen Finanzmarktforschung im Sinne des BBP. Die Bayessche Statistik und das mathematisch handelbare Risiko und der Glaube, es technokratisch beherrschen zu können, ersetzte, wie kurz dargelegt, die reale Welt der Unsicherheit und führte zu einem Paradigmawechsel in der Finanzliteratur und in der Ausbildung an Business Schools. „(N)o determination was ever made that the scientific paradigm was appropriate for these disciplines; it was simply adopted" (Findlay und Williams 2000/01, 186 in ihrem sehr treffenden kritischen historischen Überblick). Die Übernahme hing sicherlich mit den Erfolgen der angewandten Mathematik in anderen Bereichen (Operations Research und andere Optimierungsmodelle) und dem damaligen Prestige der Naturwissenschaften zusammen, eine Entwicklung, die finanziell seit Ende der 1950er Jahre auch durch die *Carnegie* und *Ford Foundation* massiv unterstützt wurde (Mirowski 2002). An die Stelle der Deskription von Kapitalmarktentwicklungen traten formale Ansätze zur Wertbestimmung von Assets zumeist unter Bedingungen vollständiger Märkte, auch um an die neoklassische Mikroökonomie anschlussfähig sein zu können (siehe auch zum Folgenden Whitley 1986). Die hier entwickelten Bewertungsmodelle wurden von der begeisterten Finanzwelt aufgegriffen und transformierten sie. Die in Kapitalmarkttheorie geschulten hellsten Köpfe (nicht nur) der Business Schools wanderten scharenweise in die sich ebenfalls verändernde Finanzmarktbranche (Zunahme der Finanzintermediäre: Hedgefonds, Investmentfonds, Investmentbanken usw.), deren magnetische Anziehungskraft sich der exorbitanten Gehälter verdankt.

Schützenhilfe gab es von der Allgemeinen Gleichgewichtstheorie in den 1950er und 1960er Jahren, auf die der Waffenstillstand der neoklassischen Synthese folgte. Diese wurde aber bald von der neuklassischen Synthese abgelöst, nach der alle Märkte geräumt und intertemporale Pläne über rationale Erwartungen koordiniert werden. Die neuklassische Synthese diente auch in diversen Varianten als Vorbild noch heute üblicher empirischer dynamisch-stochastischer, allgemeiner Gleichgewichtsmodelle. Sie wurde abgelöst vom Ansatz der realen Konjunkturzyklen, in dem Geld und dem Finanzsektor keine Bedeutung zukommt, die Fiskalpolitik sollte durch eine unabhängige Zentralbank in engen Grenzen gehalten werden. Dem standen die Neukeynesianer gegenüber, die Friktionen und Unvollkommenheiten (z.B. Informationsasymmetrien) betonten, aber keinen alternativen Ansatz präsentierten und die das dynamisch-stochastische Gleichgewichtsmodell übernahmen. So konnte es zur Neuen Neoklassischen Synthese kommen, die nach Leijonhufvud, der diese Entwicklung nachzeichnet (siehe auch Gordon 2009), trotz aufwendiger Verfahren weiterhin die Annahme teilt, „that the economy can be truly represented as a *stable* self-regulating system in which effective ‚market forces' will always tend to bring it into a state of general equilibrium except in so far as ‚frictions' of one sort or another put the break on the equilibrating process" (2009, 2).

Doch noch einmal zurück zu Fama, der an der Diskussion bei der Entwicklung der Black-Scholes-Formel beteiligt war. In seinen späteren Beiträgen behält er viele skeptische Ansatzpunkte bei. So weist er auf die *Joint hypothesis*-Problematik hin. „The definitional statement that in an efficient market prices ‚fully reflect' available information is so general that it has no empirically testable implications. To make the model testable, the process of price formation must be specified in more detail. In essence we must define somewhat more exactly what is meant by the term ‚fully reflect'" (1970, 384, 1991, 1575-1576). Er kommt immer wieder auf diesen Punkt zu sprechen: „(M)arket efficiency per se is not testable" (2010, 3). Er entscheidet sich beim Test der EMH für den erwarteten Ertrag als Messgröße. „But though transactions costs, information that is not freely available to all investors, and disagreement among investors about the implications of given information are not necessarily sources of market inefficiency, they are potential sources" (1970, 388). Fama hebt auch hervor, dass es häufigere tägliche Preisveränderungen gibt, die von ebenfalls starken täglichen Veränderungen am Folgetag abgelöst werden.

„The signs of the successor changes are apparently random, however, which indicates that the phenomenon represents a denial of the random walk but not of the market efficiency hypothesis" (ebenda, 396). Fama führt hier die Trennung zwischen Random walk und EMH ein. Wie lässt sich das Phänomen erklären? „It may be that when important new information comes be immediately evaluated precisely. Thus, sometimes the initial price will overadjust to the information, and other times it will underadjust" (ebenda, 396). Fama bestätigt die Vermutung des temporären Überschießens einmal mehr, aber bereits die Wortwahl *(under-/overadjust)* indiziert eine eventuell etwas weniger kritische Haltung. Fama wiederholt im Anschluss seine bereits im 1965er Artikel entwickelte Ansicht, dass im Regelfall Mandelbrotverteilungen vorliegen. Auch hält er an seiner Ansicht fest, dass aktive Fonds keine Outperformer sind. In späteren Arbeiten hat Fama seine Sicht nicht wesentlich geändert (Fama 1991). Im Unterschied zu Fox' Aussage, „[he] went from Mandelbrot disciple to Mandelbrot ignorer in a few short years in the 1960s" (Fox 2009, 134) scheint Fama eher dauerhafte Schwankungen und Ambivalenzen beizubehalten.

Ohne hier im Detail darauf eingehen zu können, stimmen wie erwähnt die EMH und der Radom Walk nur überein, wenn bestimmte Annahmen (z.B. Risikoneutralität) getroffen werden. LeRoy, Lucas und viele andere zeigten seit den 1970er Jahren, „that the Radom Walk Hypothesis is neither a necessary nor a sufficient condition for rationally determined security prices. In other words, unforecastable prices need not imply a well-functioning financial market with rational investors, and forecastable prices need not imply the opposite" (Lo und MacKinlay 1999, 5, auch mit Literaturverweisen zur Debatte). Aus den Daten als solchen lässt sich somit wieder einmal nichts Unmittelbares schließen.

In einem Interview (1997) weist Fama noch einmal auf den Unterschied zwischen Random Walk und EMH hin. Auf die Frage, ob Returns an den Aktienmärkten vorhergesehen werden können und der Return eine Kompensation für (nicht wegdiversifizierbares) Risiko darstellt, bemerkt er, dass hier auch ein Wandel vor sich gehen könne, der nur auf einer ‚Geschmacksänderung' (die psychische Neigung, Aktien zu halten) beruht. Akteure, die die Benchmark schlagen, hatten eher Glück, als dass sie besonderes Können auszeichnet. Fama bekennt sich zu gewissen unerklärlichen Phänomenen wie der höheren durchschnittlichen Rendite für kleinere Unternehmen. Auf die Frage, welches Zusatzrisiko sie demnach bergen, antwortet Fama, er wisse es nicht. Auf die folgende Frage, wie man Crashs wie den von 1987 erklären könne, antwortet er, dass dieser ein „Fehler" war. Auf die Nachfrage, ob solche Fehler nicht der These effizienter Bepreisung widersprechen, antwortet er: „Well, no. Take the previous crash in 1929. That one wasn't big enough. So you have two crashes. One was too big (1987) and one was too small (1929)" (Fama 1997, 5). Bei der Hälfte der Fälle seien die Crashs zu stark, bei der anderen Hälfte zu schwach. Der Interviewer wundert sich (immerhin werden hier zwei Ereignisse mit über 50 jährigem Abstand miteinander verrechnet) und bittet um Erläuterung.

Die Antwort lautet: „Think of a distribution of errors. Unpredictable economic outcomes generate price changes. The distribution is around a mean – the expected return that people require to hold stocks. Now that distribution, in fact, has fat tails. That means that big pluses and big minuses are much more frequent than they are under a normal distribution. So we observe crashes way too frequently, but as long as they are half the time under-reactions and half the time over-reactions, there is nothing inefficient about it" (1991, 5). Der Interviewer, Peter Tanous, stellt gegen Ende konziliant fest, „I sensed a much more open attitude from Gene [Fama] about market efficiency, the concept he developed. I felt that his was not the extreme version of the efficient market theory that some others adopt, but rather an open-minded attitude" (in Fama 1997, 8).

Die Frage stellt sich aber, ob Fama nicht eine zu offene Haltung einnimmt, die auf eine Nonsenstheorie hinausläuft, wenn er z.B. solche weit auseinanderliegende Ereignisse saldiert. Ist eine derart generöse Theorie überhaupt noch in irgendeiner Weise falsifizierbar? Gibt es Ereignisse in der Welt, die nicht mit ihr vereinbar sind, da die nächste FK ohne identifizierbare Megaursache eine Übertreibung sein könnte, die durch eine Krisenuntertreibung in einem (halben) Jahrhundert kompensiert wird? Trotz aller Formalmodelle und Ökonometrie gewinnt man durch solche Aussagen eher noch verstärkt den Eindruck, dass es sich bei der EMH um einen harten Kern im Sinne von Lakatos handelt, der sich der Überprüfung entzieht. Unterscheidet sich die EMH dann überhaupt noch von alternativen Paradigmen, die z.B. drastisches Overshooting behaupten? Ormerods Ansicht wird bestätigt, dass ein „enthusiast [like Fama] can still continue to maintain the correctness of the theory by simply assuming that over some (theoretically indeterminate) period of time, average agents' expectations prove accurate ... Even the most dramatic failure to predict the future, such as the 2008 financial crisis, can be explained away as a random error ... It will be apparent that the theory is difficult to falsify" (2009, 3).

Burton Malkiel, ein oft zitierter Vertreter der EMH und des Random Walk, vertritt ein fast genauso merkwürdig offenes Konzept. So beschreibt bereits sein zweites Kapitel die Verrücktheiten der Massen, „(u)nsustainable prices may persist for years ... The lessons of market history are clear. Styles and fashions in investors' evaluations of securities can and often do play a critical role in the pricing of securities. The stock market at times conforms well to the [speculative] castle-in-the-air theory" (1999, 36 und 85). Auch relativiert er stark die Möglichkeit, das Wachstum von Firmen halbwegs präzise extrapolieren zu können (ebenda, 30). „The major fundamentals for these calculations are never known with certainty; they are only relatively crude estimates – perhaps one should say guesses – about what might happen in the future ... There is, I believe, a fundamental indeterminateness about the value of common shares even in principle. God Almighty does not know the proper price-earnings multiple for a common stock" (ebenda, 106). Die einzige Effizienzaussage Malkiels lautet, dass der Markt schlussendlich jede Irrationalität über den längeren oder kürzeren Zeitraum korrigiert (man könnte fragen, wie er dies wissen kann), über das irrationale Ausschlagen in der Zwischenzeit äußert er sich nicht. Man kann sich auch hier fragen, wie man ein solch unpräzises Konzept falsifizieren könnte.

Allerdings hat Malkiel bis in jüngste Zeit treu zur EMH gehalten und sie gegen Angriffe mit theoretischen und empirischen Argumenten verteidigt (2003). Gegen die These des Überschießens im Oktober 1987 macht er die Gegenrechnung auf und legt dar, dass kleinere Veränderungen der Zinssätze und der Risikowahrnehmung erstaunliche Auswirkungen haben können. Der rationale Langfristanleger in Aktien orientiert sich an der Formel: $r = D/P + g$, wobei r = Return, D = Dividende, P = Preis, g = angenommene Wachstumsrate. R setzt sich zusammen aus dem risikolosen Zinssatz (hier: 9%) plus der Prämie für Aktien von 2%, g sei 7% und die Dividende betrage 4 \$. Somit folgt: $0,11 = 4/P + 0,07$; für P ergibt sich 100 \$. Der risikolose Zins erhöhe sich auf von 9 auf 10,5%, die Risikoprämie erhöhe sich von 2 auf 2,5%: Der Wert der Aktie fällt dramatisch auf 66,67% (2003, 26). Sein Beispiel weist auf einen interessanten Sachverhalt hin: Selbst große Wertschwankungen müssen nicht notwendigerweise auf Überschießen, *bandwagons, investor sentiment* usw. zurückgeführt werden, ein leichter Zinsanstieg und eine geringfügig erhöhte Risikowahrnehmung reichen schon, was eine formalökonometrisch Falsifizierbarkeit der EMH (aber auch des BBP, siehe Kapitel III) sehr erschwert.

Blieb das Famasche und Malkielsche Konzept effizienter Märkte relativ offen, so machte man sich in der Fachliteratur natürlich bald daran, Modelle mit kleinen Varianten zu entwickeln, die zu unerwarteten Ergebnissen führten, die dem harten Kern der EMH zusetzten. Hatte Fama Spekulation der Chartisten und Fundamentalanalytiker noch eine möglicherweise Effizienz fördernde Wirkung zugemessen, so zeigten – um hier nur wenige Beiträge exemplarisch herauszugreifen – Hart und Kreps (1986), dass Spekulation auch Preise destabilisierende Wirkungen haben kann. Sie widerlegen die oft gehegte Ansicht, die auch in der Deregulierungsdebatte eine große Rolle spielt (Zulassung von Leerverkäufen usw.), dass Spekulanten immer bei niedrigen Preisen kaufen und bei hohen Preisen verkaufen und somit eine Preise stabilisierende Wirkung ausüben.

Diese günstige Auffassung wurde durch M. Friedman kanonisiert, der plausibilistisch feststellte: „People who argue that speculation is generally destabilizing seldom realize that this is largely equivalent to saying that speculators lose money, since speculation can be destabilizing in general only if speculators on the average sell when the currency is low in price and buy when it is high" (1953, 175). Tatsächlich gilt auch für Spekulation als Marktphänomen „Milton Friedman's famous saying, ‚There is no such thing as a free lunch,' [which] ironically applies to his most beloved of institutions – the market [itself]" (Miller 2002, 153).

In Harts und Kreps Modell verhalten sich alle Akteure rational, sie haben den gleichen Zugang zu allen Informationen. Das Besondere ihres Modells besteht darin, dass sie nicht wie in früheren Beiträgen von Baumol und anderen irrationale Erwartungen oder nicht im vollständigen Wettbewerb stehende Spekulanten voraussetzten. Bei ihnen haben alle Akteure rationale Erwartungen und viele Spekulanten agieren auf Wettbewerbsmärkten. Sie setzen nichtspekulative Konsumenten, die nur zwecks Konsums handeln und Spekulanten voraus, die das Gut kaufen und eventuell halten, um Gewinne in der Folgeperiode zu realisieren. Sie betreiben also Lagerhaltungsspekulation. „Exogenous uncertainty in the model comes from the fact that the nonspeculative demand schedule at each date is random, drawn according to some probability distribution" (1986, 928).

Die Spekulanten kennen die Verteilungsfunktion und haben rationale Erwartungen. Die Nachfrage ist in den einzelnen Perioden entweder (selten) hoch oder (meist) niedrig. Vor jeder seltenen hohen Nachfrage erfolgt in der Vorperiode ein Signal, das hohe Nachfrage anzeigt. Das Signal ist aber unvollkommen in dem Sinne, dass es zwar immer vor der hohen Nachfrage auftaucht, öfters aber auch vor der geringen Nachfrage auftritt. Wenn das Signal auftaucht, werden Spekulanten eine gewisse Menge des Gutes in Erwartung hoher Preise in der Folgeperiode kaufen.

Sollte die höhere Nachfrage tatsächlich eintreten, wirken die Käufe der Spekulanten stabilisierend: In der Jetztperiode steigen die Preise, in der Folgeperiode sinken sie. „But suppose the signal this period is inaccurate and moreover that there is no signal next period. Then next period speculators will dump their stored supplies onto the consumption market without providing any further demand. (The fact that the signal is absent means that high prices cannot occur in the next period, and so in this period there is no speculative motive.) This might well depress prices next period to a level lower than they would ever get without the presence of speculators" (1986, 929). Es bedarf eigentlich gar nicht ihres formalen Modells, um klarzumachen, dass unter realistischen Bedingungen (Unsicherheit über Zukunftszustände aufgrund nicht eindeutiger Signale) Spekulation destabilisierend wirken kann (nicht muss). Sie heben hervor, dass eine geringere Preisvolatilität nicht mit Wohlfahrtsverlusten einhergehen muss (aber kann). Hart und Kreps bestätigen, dass auf rein deduktivem Wege nichts Definitives über Finanzmärkte und Spekulation im Allgemeinen ausgesagt werden kann. Es ist schlicht und einfach „hard to say anything about the welfare implications of speculation" (1986, 948).

Es würde zu weit gehen, hier einen Überblick über die reiche Welt der Finanzmarktmodelle geben zu wollen. Welch unterschiedliche Konstruktionen man hier vornehmen kann, sei zum Vergleich am Beispiel von De Long et al. (1990, siehe auch 1989) angedeutet. Der Text ist auch insofern interessant, als Lawrence Summers als Coautor zeichnet, auf den noch zurückzukommen sein wird. Im Unterschied zu Hart und Kreps setzen die Autoren nicht schlecht informierten *noise tradern* (Mitläufer nach Aschinger 2001, 3, Fn. 5) antizyklisch agierende rationale Spekulanten gegenüber. Sie beanspruchen ausdrücklich, ein empirisch realistisches Szenario darzustellen und verweisen neben Bagehot und Kindleberger als Literaturreferenzen auf G. Soros' erfolgreiche Strategie, bei steigenden Preisbewegungen zum Beispiel im Zuge der konglomeraten Fusionswelle in den 1980er Jahren in den USA ein- und rechtzeitig wieder ausgestiegen zu sein. Die *noise trader* folgen einer positiven feedback-Strategie, d.h. sie kaufen bei steigenden und verkaufen bei sinkenden Kursen z.B. über Stopp-Loss-Orders. In diesem Fall kann rationale Spekulation destabilisierend auf die Preise wirken und sich beide Akteursgruppen gegenseitig in Form eines ‚self-feeding bubbles' aufschaukeln.

„When rational speculators receive good news and trade on this news, they recognize that the initial price increase will stimulate buying by positive feedback traders tomorrow. In anticipation of these purchases, informed rational speculators buy more today, and so drive prices up today higher than fundamental news warrants. Tomorrow, positive feedback traders buy in response to today's price increase and so keep prices above fundamentals even as rational speculators are selling out and stabilizing prices. The key point is that, although part of the price rise is rational, part of it results from rational speculators' anticipatory trades and from positive feedback traders' reaction to such trades. Trading by rational speculators destabilizes prices because it triggers positive feedback trading by other investors" (1990, 380; als einen weiteren Beitrag unter vielen zu rationalen Bubbles siehe Leach 1991). Crottys ansonsten vorbildlichem Überblick im Geiste des BBP ist nicht zuzustimmen, wenn er meint, *noise trader*-Ansätze gingen prinzipiell davon aus, dass Professionelle (auch als *sophisticates* bezeichnet) über Arbitrage die irrationalen Ausschläge beheben (2008, 14, Fn. 13). Brunnermeier und Nagel (2004) weisen empirisch detailliert für den Technologiebubble um das Jahr 2000 nach, dass eine ganze Reihe von Hedgefonds auf den Bandwagon auf- und frühzeitig absprangen und somit den Bubble nicht ausstoppten, sondern ihn als rationale Spekulanten anheizten und ausnutzten.

Unklar bleibt nicht nur bei De Long et al., woher die *noise trader* kommen. Sie fallen vom Himmel und widersprechen eigentlich den Grundannahmen der Neoklassik. Ansätze mit *noise tradern* sind meist insofern traditionell, als es bei ihnen kontrastierend rationale Spekulanten mit guter Voraussicht gibt. In weitergehenden Modellen wurde dann auch diese Annahme aufgegeben und unvollkommen informierte Spekulanten (Stein 1987) modelliert oder z.B. realökonomisch nichtvollständige Märkte untersucht (Lamont und Thaler 2003).

Das subversive Element besteht bei De Long et al. wie bei Hart und Kreps aber auf jeden Fall darin, dass Spekulanten nicht notwendig funktional wirken und nicht durch Fundamentals gedeckte Trends nicht nur begrenzt einschränken, sondern sogar verstärkend den Bubble erst richtig anheizen. Die Autoren nehmen an, dass die rationalen Investoren sich kurzfristig am Preistrend orientieren und dennoch langfristig eine Rückkehrbewegung auf das angemessene Fundamentalniveau initiieren, sich also das Überschießen auf die kurze Frist beschränkt. Hierin kann man eine Reminiszenz der EMH sehen, allerdings betonen einige

Autoren, dass sich ihre Aussagen auf Prozesse ganz unterschiedlicher Zeithorizonte beziehen können.

Man könnte auch die These aufstellen, dass es die lange Frist *(longrun)* überhaupt nicht gibt, da sich die Umstände ständig ändern und sie daher einfach die Summe der kurzen Perioden *(short-runs)* ist, ohne dass behauptet werden soll, dass sich die Assetpreise „für immer" von den Fundamentals entkoppeln können. De Long et al. geht es auf keinen Fall darum, ihr Szenario zu entschärfen. So begegnen sie dem Einwand, dass die mehr oder weniger dummen Halb- oder Uninformierten *noise trader* aufgrund von Lerneffekten oder pekuniären Verlusten nach dem Abebben der Spekulationswelle verschwunden sein werden, dass die neuen Marktkonstellationen als völlig andere empfunden werden und daher keine Lerneffekte auftreten müssen und es an Nachschub neuen Geldes und neuer Akteure nicht mangeln dürfte (1990, 383).

Einer der Autoren in De Long et al. ist L. Summers, der eine nicht unbedeutende Rolle unter Clinton und wieder unter Obama spielte und der während seiner Zeit als Präsident der Harvard Universität mit allerlei Äußerungen hervortat, sich aber leider wie seine Nachfolgerin Drew Faust nicht um die hedgende Absicherung der Anlagen des Vermögens der Universität kümmerte, die in der FK rund 30% ihres Wertes (trotz hochbezahlter Finanzmanager) verloren und man drastische Leistungseinschnitte vornehmen musste. Der eben besprochene Artikel bietet zumindest keine Schützenhilfe für die Annahme selbstregulierender Märkte. Summers hat auch sonst noch eine ganze Reihe sehr kritischer Beiträge zum Thema verfasst.

Als Beispiel sei sein mit seiner Frau gemeinsam publizierter Beitrag für eine Finanztransaktionssteuer (Summers und Summers 1989) erwähnt. In diesem Beitrag werden auf das enorm erhöhte Transaktionsvolumen und die Umschlagshäufigkeit an den Finanzmärkten, die Casinoinstinkte, die Keynessche Spekulationshypothese usw. hingewiesen und unter Berufung auf Tobin nachdrücklich für die nach ihm benannte Steuer eingetreten. Sie stellen die entscheidende Frage: „The belief that facilitating trading improves the social functioning of financial markets is premised on the acceptance of the efficient market hypothesis. If prices in unfettered financial markets closely track fundamental values, then they will provide proper economic signals, guide investment appropriately, and facilitate the spreading of risks. If, on the other hand, easy trading encourages speculation that drives prices away from fundamental values, there is cause for concern about the social functioning of financial markets. Excessive speculation that increases volatility would create rather than reduce risk, distort the allocation of investment, and limit the information content of asset prices. In this case, benefits would be derived from tax measures that would help to curb speculation" (1989, 264).

Sie fragen zunächst, ob die Preise die Werte wiedergeben. Sie bestreiten dies unter Verweis auf besondere Crashs (1987) und die in den 1970er und 1980er Jahren entstandene kritische Literatur gegen die EMH (siehe oben). Auch bieten sie eine aufschlussreiche Liste mit den 50 größten Bewegungen im *Standard and Poors* Index zwischen 1945 und 1987 und möglicher, aber wenig überzeugender Ursachen: Den starken Schwankungen ließen sich keine erklärenden (Einzel)Ereignisse zuordnen. Sie gehen dann zur Frage über, ob Spekulation zu exzessiver Volatilität beiträgt. Sie bejahen dies unter Verweis auf statistische Untersuchungen, die u.a. einen positiven Zusammenhang zwischen Umsatz und Volatilität ergaben. Auch die Frage, ob zu viel talentiertes Humankapital in den Finanzmärkten gebunden sei, bejahen sie unter Verweis auf einige Zahlen. Dies sei besonders bedauerlich, da Spekulation ein Nullsummenspiel sei. Eine Steuer von 0,5% des Kaufwertes würde Investoren länger an die Unternehmen binden und kurzfristige Spekulanten abschrecken. Sie machen sich dann genaue Gedanken darüber, welche Assets einbezogen werden sollten und wie die Steuer im Detail unter Verwendung der Erfahrungen in anderen Ländern auszugestalten sei.

Es ist nicht leicht, den Spagat zwischen dem Wirtschaftspolitiker und Berater und dem Ökonomen Summers zu verstehen, der einmal die Tobin-Steuer fordert und dann auch wieder weitgehende Deregulation befürwortet. Im Laufe der Jahre hat er offenkundig seine Meinung geändert. Auffälligerweise meist im Gefolge des Zeitgeistes: Wurden gegen Ende der 1980er Jahre in Reaktion auf den 1987er Crash skeptische Stimmen laut, so verhärtete sich in den 1990er Jahren in der Öffentlichkeit eine marktfundamentalistische Sicht, die auch nach dem Platzen der Dotcomblase nicht aus der Ruhe zu bringen war, auch da schnell wieder ein Boom folgte und z.B. der sognannte Nobelpreis in diesen Jahren mehrmals an den EMH-Mainstream ging (1990: Markowitz, Miller, Sharpe, 1997: Merton, Scholes).

Zum Thema hat er sich in seiner *Ely-Lecture* im Jahr 2000 geäußert. Summers bekennt sich zu seinem Gesinnungswandel und stellt nunmehr fest: „It is tempting but, I have become convinced, wrong to think of all this intermediation activity as deadweight loss efforts to win zero-sum games ... even small increases in the efficiency with which capital is allocated have enormous social benefits" (2000, 2). Inhaltliche Gründe oder Daten gibt er nicht an und verweist selber auf *moral hazard, herding, noise trading* usw. und diskutiert sie anhand der Finanzkrisen in Schwellenländern (Russland, Mexiko usw.). Er identifiziert Schwächen im Finanzsektor der damaligen Krisenländer, schlechte makroökonomische Daten und fixe Wechselkurse als Auslöser. Seine Abschlussbemerkung ist eine optimistische, mit gutem Willen und harter Arbeit seien gute, internationale, komplexe und effiziente Finanzmärkte essentiell für wachstumsorientierte Ökonomien. Es dauerte bekanntlich nicht lange, bis die Dotcomblase platzte, von der Summers nicht die leiseste Vorahnung hatte und deren Folgeentscheidungen (niedrige Zinspolitik usw.) mit den Grundstein für die Weltfinanzkrise seit 2007 legte. Trotz aller Dekonstruktion der EMH, den Erfahrungen mit zahlreichen von ihm diskutierten Finanz-und Wirtschaftskrisen und ohne jegliche inhaltliche Begründung hat Summers offenkundig einen Meinungsschwenk vollzogen, mit dem sich sicherlich auch leichter gutes Geld verdienen lässt.

Die wenig stabile Theoriefundierung des Mainstream wird auch in der ex post-Erklärung der FK offenkundig. In Deutschland ist hier besonders auf Martin Hellwig hinzuweisen, der seit vielen Jahren Fragen der Finanzmarktregulierung auf hohem Niveau diskutiert (siehe insbesondere Hellwig 2010 und sein Mitwirken bei Admati et al. 2010). Er spielt auch im politischen Beratungsprozess eine nicht unbedeutende Rolle. Seine auf Mikro- und Mesoebene gehaltene Analyse der systemischen Risiken des Finanzsektors mit Blick auf den Subprime-Bereich (Hellwig 2008) zeugt von großem Detailwissen, hinter dessen Ausbreitung sich aber auch das Grundproblem seiner Ausführungen offenbart: Ein additiver Eklektizismus, der viele Faktoren aufführt, ohne sie wirklich zu gewichten und in einen explanatorischen Rahmen zu fassen (siehe kritisch-alternativ z.B. Cassidy 2009, Kapitel 18-19). Hellwig führt u.a. folgende Ursachen auf: das Fair Value-Prinzip, unverantwortliches Verhalten, systemische Interdependenzen, Informations- und Anreizprobleme, variable Hypothekenzinsen, der zunehmende Anteil von Subprime-Hypotheken, die nachfrageinduzierten, zu geringen Risikoprämien, generell eine zu geringe Marktdisziplin der Akteure, die generösen Beurteilungen der Ratingagenturen, Fehler der Regulierer, die Zinspolitik der Noten-

2 Skepsis und Relativierungen

banken, exzessive Fristentransformationen, die fehlende Selbstbehalte, Rückfallklauseln der Originatoren bei Zweckgesellschaften, unzureichendes Eigenkapital usw. Der Gewichtung der Faktoren und die Skizzierung eines theoretisch angeleiteten Gesamtbildes geht er aus dem Weg. Seine Analyse beschränkt sich eher auf *engineering*-Aspekte; ein Beispiel: „Originating institutions did *not*, in general, hold the equity tranches of the portfolios that they generated; indeed, as time went on, ever greater portions of equity tranches were sold to outside investors" (2008, 16).

Man kann nicht sagen, dass Hellwig etwas beschönigt, es finden sich sogar sehr radikale – wenngleich sofort wieder eingeschränkte – Bemerkungen, die allerdings in den Konklusionen folgenlos bleiben: „(T)hey were using the most modern statistical and econometric techniques and that these analyses met any professional standard of risk analysis. I am, however, wondering whether, in this respect [MBS], they may not have been too professional, more precisely, too confident in the ability of quantitative empirical models to actually measure default probabilities and correlations. I am sceptical about the power of statistics and econometrics in the sort of nonstationary environment that we have had in these years" (2008, 28). Auch meint er, es gäbe keine Möglichkeit, dass einzelne Banken über ihre mikroprudentiell ausgerichteten Risikomodelle systemische Risiken erkennen können (2008, 52). Allerdings lässt er Entscheidendes offen. Er gewichtet nicht hinsichtlich der Bedeutung von Fehlurteilen oder bewusster Falschbewertungen der Akteure, laxem Verhalten der Regulierungsagenturen, des Einflusses von psychologischen Ansteckungseffekten usw. So spricht er an einer Stelle von einer Ertragspanik und bemerkt dann, „(w)hereas one usually thinks of investment excesses as being the result of irrational exuberance, i.e. excessive optimism, one should appreciate that fears can be just as powerful" (2008, 32).

Der Frage, ob also die von Shiller beschriebenen Ansteckungseffekte auf den Märkten eine hervorgehobene Rolle spielen oder nicht, wird umgangen. Dies ist für Hellwig nicht unbedeutend, da die meisten seiner Überlegungen und verwandten Konzepte (*moral hazard* usw.) den mon(ad)istischen Homo Oeconomicus und dessen Motivationsstruktur (Selbstinteresse, Williamsons Opportunismus usw.) voraussetzen. Auch bei der Diskussion der Ursachen mangelnder Marktdisziplin stellt Hellwig fest, dass neben Anreizproblemen (die z.B. nach Sinn (2009) entscheidend waren) auch Gruppendruck in Rechnung zu stellen sei. Er kann aber keine theoretisch angeleiteten Angaben zu ihrer relativen Bedeutung machen, da man empirisch feststellen müsste, ob und wie stark sich Gruppendruck bemerkbar machte. Hierzu bedürfte es einer hermeneutischen Ausrichtung der Volkswirtschaftslehre, die aber (auch dank Hellwig) auf deduktives Modellieren und ansonsten ökonometrisch auf harte und objektive Daten (und nicht auf subjektive und zum Teil unbewusste *states of mind*) setzt. So kann es nur beim allgemeinen und folgenlosen Hinweis auf alle möglichen Einflussvariablen bleiben.

Hellwig entschärft auch die Frage, ob die EMH durch die FK widerlegt wurde oder nicht. „The notion that the market values of securities may be significantly below the expected present values of future cash flows from the securities seems incompatible with the theory of asset pricing in informationally [sic] efficient markets. However, the contradiction is apparent rather than real. Any notion that asset prices should correspond to expected present values of future cash flows presumes (i) that the parties holding these expectations have sufficient funds to bet on their expectations by taking long positions and (ii) that little attention needs to be paid to risk premia [sic] and liquidity premia" (2008, 41).

Die EMH enthält allerdings u.a. die quasi-empirische implizite Behauptung, dass sich schon genügend Mittel finden, um Markteffizienz herzustellen. Auch wäre die These einer übergreifenden Kapitalknappheit zu belegen. Vielmehr war es so, dass die Akteure angesichts radikaler Unsicherheit in liquide-sichere Geldanlagen flüchteten, was die EMH nicht vorsieht und nicht vorsehen kann, weil angemessene Zukunftsbewertungen der Assets immer für möglich gehalten werden. Nach Hellwigs Argumentation lässt sich immer eine nichterfüllte Randbedingung finden. Die Theorie ist demnach nicht falsifizierbar und man hat den praktischen Vorteil, sich keine grundlegenden Gedanken zur Funktionalität der bestehenden Finanzmärkte machen zu müssen.

So fallen auch seine Reformvorschläge sehr defensiv und arbiträr aus. So solle der Originator bei Sekuritisierung eventuell eine Portion (ohne Angabe eines Minimums) der Equity-Tranche halten (2008, 61). Wahrscheinlich mache es Sinn, die höheren Stufen der Sekuritisierung (MBS CDOs, MBS CDO^2's usw.) zu verbieten, aber diese Formen würden nach der FK sicher von selbst verschwinden (2008, 61). Wichtiger wäre es wahrscheinlich (alles im Konjunktiv), eine Überwachung einzuführen, um echte Verbesserungen der Risikoallokation zu begünstigen und reine

Regulierungsarbitrage zu vermeiden. Bei den Ratingagenturen sei zu verhindern, dass Consulting und Rating von der gleichen Ratingagentur durchgeführt wird. Auch seine sonstigen Vorschläge sind sehr moderat und allgemein gehalten.

„(A)ll participants above a certain size should be required to provide the supervisory authorities with information about their positions so that the supervisory authorities" (2008, 62) ausreichend Informationen über ihre Positionen haben. Er wendet sich *gegen* den Vorschlag seiner primären Referenzquelle, der Schweizer Nationalbank, auch eine krude Leverage Ratio einzuführen. Eine solche Regel sei mechanisch und prozyklisch. Eine prozyklische Wirkung ließe sich verringern, wenn generell die Eigenkapitalforderungen drastisch heraufgesetzt würden. Es bleibt unklar, ob das nun eine ausreichende Maßnahme ist, die die Einführung einer einfachen Leverage Ratio nahelegt oder nicht.

Ganz allgemein wird festgestellt, gut wäre es „by having a system of graduated interventions that allows for an adjustment of a bank's assets and liabilities over time in a non-mechanical fashion" (2008, 65). Doch selbst diesem sehr allgemeinen Höhenflug wird gleich der Mumm genommen, da man alles intellektuelle Kapital in eine Weiterentwicklung des Basel-Prozesses gesteckt habe und daher diesen Weg weitergehen solle. Er bemerkt dann wieder, mechanische Regeln seien einfach und billig zu implementieren. Anhand der Entstehungsgeschichte von Basel II hatte Hellwig ganz plausibel erklärt, dass und wie eine *regulatory capture by sophistication* (2008, 54) stattfand. Diese Gefahr wird für weniger mechanische Lösungen nicht mehr erwähnt. Er endet mit einem leicht emphatischen Aufruf, sich vernünftige Supervision doch auch etwas kosten zu lassen. Abschließend kann man feststellen, dass Hellwigs wirtschaftspolitische Ernte recht allgemein, zurückhaltend und vage angesichts der Fast-Kernschmelze des Finanzsystems und seiner Nahtoderfahrung ausfällt (zur sehr realen Weltuntergangspanik in dieser Zeit siehe Schmidt 2010, 132-134, die eine nette Situationsbeschreibung aus der Mitte des Finanzkapitals bietet).

Er trägt ad hoc einige Vorschläge vor, lässt andere unerwähnt und begründet seine eigenen Reformüberlegungen durch plausibilistische Überlegungen, an deren Stelle man auch genauso gut entgegengesetztes punktualistisches Räsonnement hätte setzen können. Anders kann es auch nicht sein, da eine theoretische Fundierung neben den üblichen finanzmarkttheoretischen Bausteinen (Moral Hazard, asymmetrische Informationen, Principal-Agent usw.) schlicht und einfach fehlt. Seine Ausführungen zeigen aber eine gegenüber den Finanzmärkten durchgängig sehr großzügige Haltung, was wohl darauf zurückzuführen ist, dass er insgeheim von einer wie immer modifizierten EMH mit ausnahmsweisem Beinbruch ausgeht. Auch in Interviews verliert er sich eher in Allgemeinplätzen und Detailfragen (*Mitbestimmung* 3/2010, 44-47). Immerhin gibt er auf die Frage, ob die FK in der Branche zu einem Umdenken führte, die ehrliche Antwort: „Nein, das ist eine meiner größten Sorgen. An den Strukturen, Regeln und Anreizen hat sich nichts geändert" (ebenda, 47).

Als letztes Beispiel soll das in mehrerlei Hinsicht aufschlussreiche Buch von Shleifer dienen, wie erwähnt einem der Autoren des Artikels von De Long et al. (1990; Shleifer 2000, zu seinem Werdegang auch als professioneller Spekulant beim von ihm 1994 mitbegründeten *LSV Asset Management* siehe Fox 2009, Kapitel 14). Im ersten Kapitel gibt er zunächst den Siegeszug der EMH wieder, der dann jedoch u.a. durch Behavioral Finance zum Stillstand kam. Es habe sich gezeigt, dass „systemic and significant deviations from efficiency are expected to persist for long periods of time" (2000, 2). Zu den Basiselementen der EMH gehören: Nichtrationale Investoren neutralisieren sich durch entgegengesetzte, zufällige Entscheidungen, ferner eliminieren Arbitrageure ihren Einfluss, die Assets tendieren zu ihren fundamentalen Werten, höhere Returns sind zwangsläufig mit höheren Risiken verbunden, die frühe empirische Evidenz wird Revue passieren gelassen usw. Er widmet sich dann den theoretischen Herausforderungen der EMH v.a. durch Behavioral Finance, „the study of human fallibility in competitive markets" (ebenda, 23), insbesondere dem Phänomen, dass sich Investoren sehr oft nicht rational verhalten, was Kahneman und Tversky in ihrer *Prospect Theorie* einfangen: Menschen gewichten neue Informationen zu stark, ihre Entscheidungen hängen von den Deutungsrahmen *(frames)* ab, innerhalb derer Entscheidungen präsentiert werden usw.

Menschliche Fehlurteile gleichen sich nicht untereinander aus, sondern sie gehen meist in die gleiche Richtung und verstärken einander. Zu den *noise traders* können auch professionelle Fondsverwalter gezählt werden, die aus Sicherheitsgründen Indextracking betreiben oder der Herde anderer Manager folgen, um im Falle des Scheiterns nicht besonders aufzufallen. „The central argument of behavioral finance states that, in contrast to the efficient markets theory, real-world arbitrage is risky and therefore limited" (ebenda, 13). Oft haben Wertpapiere keine engen

2 Skepsis und Relativierungen

Substitute zur Absicherung der Arbitrageure, mit unvollständigen Substituten wird Arbitrage aber riskant. Eine weitere Risikoquelle, neben den nicht unbegrenzten finanziellen Ressourcen der Arbitrageure zum Gegenhalten, besteht in der Unvorhersehbarkeit der zukünftigen Verkaufspreise, da Fehlbepreisungen noch schlimmer werden können bevor sie endlich verschwinden, was die Durchhaltefähigkeit des Arbitrageurs überschreiten kann.

Auch ist nicht gesagt, dass die Erträge der Arbitrageure auf Dauer größer sein müssen als die der *noise trader*, denn „if the misjudgments of the noise traders cause them to take on more risk, and if risk taking is on average rewarded with higher average returns, then the noise traders may earn even higher average returns despite their portfolio selection errors" (ebenda, 16). Kurz gefasst führt demnach die Theorie nicht zwangsläufig zur Annahme effizienter Märkte. Er zeigt, dass die empirischen Evidenzen die Zweifel unterstützen. Vor allem begrenzte Arbitrage und *Investor sentiments*, von denen der Autor überraschenderweise behauptet, mit ihrer Einberechnung könnten Vorhersagen über Assetpreise getroffen werden (ebenda, 25), führen zu dem Schluss, dass Markteffizienz nur als „extreme special case" (ebenda, 24) anzusehen ist. Das sehr klar geschriebene Buch präsentiert in jedem Kapitel ein eigenes kleines Modell („small models", ebenda, 25) ohne übergreifendes Makromodell.

So wird im zweiten Kapitel das Risiko diskutiert, das sich ergibt, wenn die Fehlbepreisung sich in relevantem Ausmaß in der kurzen Frist unvorhersehbarerweise verstärkt, „the risk that noise traders' beliefs [and correlated sentiments] become even more extreme before they revert to the mean" (ebenda, 28). Der risikoaverse Arbitrageur muss sich bewusst sein, dass sich hier für ihn ein nicht unerhebliches Risiko auftun kann. „If the arbitrageur has to liquidate before the price recovers, he suffers a loss. Fear of this loss should limit his original arbitrage position" (ebenda, 28). Die Annahme kurzer Zeithorizonte der Arbitrageure ist realistisch, da Arbitrageure oft mit fremdem Geld handeln und auf kurze Frist hin beurteilt werden. Aus diesen Überlegungen folgt, „that arbitrage is extremely limited even in an environment that is very close to a textbook model" (ebenda, 52).

Aus dem dritten Kapitel sei nur auf folgenden Aspekt hingewiesen: „(C)ontrary to the basic notion of efficient markets, there will be a *comovement* in the prices of securities that are fundamentally unrelated to each other solely because they are traded by similar investors and therefore influenced by similar sentiment" (ebenda, 65), was natürlich der EMH klar widerspricht und auf Gefahren gleichgerichteter Auf- und Abwärtsbewegungen an Finanzmärkten hinweist. In Kapitel 4 vertieft er die möglicherweise begrenzte Wirkung von Arbitrage. Die Investoren eines Arbitrageurs mögen mangels Verständnis Mittel abziehen, wenn der Arbitrageur kurzfristig Geld aufgrund der sich weiter von den Fundamentals entfernenden Marktpreisen verliert. Wenn sich die besten Möglichkeiten durch Fehlbepreisung bieten, erlebt der Arbitrageur eine verstärkte Handlungsrestriktion, die ihn daran hindert, aggressiv gegen die Fehlbepreisung zu wetten und sie dadurch zu reduzieren. Sie verlieren genau dann Geld, wenn die Fehlbepreisung am größten ist, was verhindert, dass sie Märkte effizienter machen. In Krisen steigt die Korrelation zwischen Assetklassen in der Regel, so dass Diversifikation wenig hilfreich ist und Notverkäufe *(fire sales)* mehrerer Arbitrageure das Problem akzentuieren, das durch höhere Transparenz noch einmal verstärkt werden kann.

Die letzte FK hat beredtes Zeugnis von diesen Prozessen abgelegt und ist in der Literatur eigentlich wohl bekannt. „Now imagine that bad news strikes a market which the first herd has over-weighted. Because of the overweight position, investors in the first herd quickly overstep their risky budgets. As a result, they try to reduce risk by selling this asset and volatile assets in the portfolio. These are assets that were originally chosen because they were not correlated, but they will now become correlated as the herd sells them together. The jump in covariance of previously uncorrelated markets causes the second herd to breach its risky budgets. As this group sells assets common to it, volatility and covariance spreads to the assets held by the third herd. This is a key avenue, not just of volatility but of financial contagion" (Persaud 2003a, 182).

Eigentlich beginnt erst in Teil fünf über *Investor Sentiments* der Behavioral Finance-Teil. Eine Unterscheidung in rationale und irrationale Akteure wird hier nicht mehr vorgenommen. Es geht um langjährige Unter- und Überreaktionen, die u.a. durch die von Kahneman und Tversky eingeführte Repräsentativitäts-Heuristik erklärt werden können. Hierunter versteht Shleifer, dass Menschen z.B. nach mehreren guten Nachrichten erwarten, dass weitere gute Nachrichten eintreffen und nicht eine Zufallsverteilung annehmen. Als zweite Eigenschaft wird ein konservativer Bias eingeführt („individuals are slow to change their beliefs in the face of new evidence", ebenda, 127), nach dem Menschen zeit- und wirkungsverzögert auf neue Informationen reagieren. Paradoxerweise kann Shleifer diese beiden Reaktionsformen nur deshalb als eindeutig irrationale Biases identifizieren, weil er apodiktisch feststellt: „We suppose that the earnings stream follows a random walk" (ebenda, 131). Dies war eine der Annahmen der EMH, die ja gerade nicht gelten soll, weil Menschen irrational handeln. Hier zeigt sich die Grenze der Shleiferschen und anderer Behavioral Finance-Ansätze: Sie emanzipieren sich nicht ausreichend von der EMH als Benchmark-Modell! So setzten auch seine vorherigen Modelle rationale Arbitrageure voraus, die gegen eindeutig als irrational zu identifizierende Akteure antreten. Das Modell, das die Unangemessenheit der EMH zeigen soll, setzt also einige ihrer Grundannahmen voraus. Dieses Paradox ist auch durch alle mathematische Raffinesse nicht aufzulösen.

Kapitel 6 gibt im Wesentlichen die Analyse von De Long et al. (1990) wieder, nach der rationale Akteure irrationale *positive feedback trader* identifizieren und zur Verstärkung eines sich selbst endogen antreibenden (*self-feeding*) Bubble führen. Auch hier nimmt Shleifer an, dass schlussendlich die Arbitrageure die Preise auf Fundamentalniveau bringen (ebenda, 157).

Abschließend behandelt der Autor offene Fragen. Hinsichtlich der anzuwendenden Methode macht er interessante Bemerkungen, die eine Abkehr von der Deduktion zur wirtschaftshistorisch-hermeneutisch-institutionalistischen Herangehensweise bedeuten. „The behavioral explanations presented here have one element in common: They require a model of what investors actually think and do. How do they assess risk? How do they forecast growth? When they invest other people's money, what rules and guidelines do they follow? The emphasis on *investors* is entirely foreign to traditional finance, which has achieved its success by assuming precisely that investors do not matter except for the determination of the equilibrium discount rate, and that security prices can be understood only in terms of their cash flows and the news about these cash flows" (ebenda, 183). Shleifer fordert hier ein hermeneutisch-institutionelles Umschwenken, das inhaltlich mit den Forderungen der Postautisten und des kritischen Institutionalismus übereinstimmt und sich auch in seinen 20 Fragen gegen Ende des Textes niederschlägt (ebenda, 195-197).

Shleifer weist auch kurz auf die wirtschaftspolitische Relevanz seiner Thesen hin. „For example, if individuals are on average poor investors and significantly underperform the market, as they appear to do, then allowing individuals to manage their Social Security savings might be a bad idea" (ebenda, 184). Bei der Einführung der Riester-Rente hat man diese Erkenntnis leider nicht berücksichtigt (siehe Kapitel IV.9). Den Autor scheint aber gegen Ende ein wenig der kritische Mut verlassen zu haben. Er meint, Überbewertungen hätten auch ihr Gutes, „bubbles play an extremely positive social role" (ebenda, 189), da Firmen dann leichter ihre Projekte finanzieren könnten. Hatte der Autor vorher die Ineffizienzen der Märkte offengelegt und das methodische Argument vorgebracht, dass deduktive Verallgemeinerungen nicht zielführend sind, so tut er wenige Seiten später genau dies. Er wendet das Argument der Erleichterung selbst auf die Bubbles in Lateinamerika und Asien in den 1980er und 1990er Jahren an. „And even a believer that the pricing of Internet stocks in recent years is a bubble would recognize that a large number of creative entrepreneurs have moved into this line of activity as a result, which may well be efficient in light of the possible significant external benefits from innovation in this area" (ebenda, 189). Im Vorbeigehen erwähnt er aber dann, dass Marktineffizienzen potentielle, hohe Kosten verursachen können.

Auf ganzen fünf Seiten behandelt er Fragen der Politik und Regulation, die – im Unterschied zu den Klassikern der Ökonomie – kein besonders großes Interesse an praktischen Gestaltungsfragen des Wirtschaftslebens erkennen lassen. Shleifers Bemerkungen wirken hier wie eine Schubumkehr. Seine generalisierenden Bemerkungen passen überhaupt nicht zum Vorhergehenden. Auf die deutsche Situation übertragen: War es wirklich unverzichtbar, dass die Internetrevolution in Deutschland zum Aufbau des Neuen Marktes und dann vor zehn Jahren zu seinem sang- und klaglosen Verschwinden führen musste? Lagen hier nicht positive Feedbackschleifen vor, die man auch ein wenig hätte abbremsen können? Musste der Staat unbedingt so viel Öl wie möglich ins Feuer (Stichwort: Telekom-Werbung bis zum Überdruss) gießen? Der Entwicklungsverlauf des Neuen Marktes erfolgte zumindest nach dem Muster des BBP (Kapitel III): Das Internet diente als Trigger, es folgte die Euphorie, die übertriebene Manie, die Besorgnis und der Zusammenbruch.

Shleifer selbst nimmt zunächst eine Mittelposition ein, zwischen Washington und Chicago, wie er schreibt. „(M)arkets are sometimes inefficient, and some policies may help improve efficiency, but government intervention often makes matters worse and therefore should be viewed with considerable skepticism" (ebenda, 190). Er geht recht kursorisch auf Investorenschutz, die *lender of last resort*-Funktion und Politiken der Marktpreisstabilisierung ein. Er ist – kurz vor dem Platzen der Dotcomblase! – im Großen und Ganzen recht zufrieden mit der (Regulations)Struktur der amerikanischen Finanzmärkte. „The fact remains that the U.S. (and British) capital markets are tremendously broad and liquid, attract tens of millions of investors, and remain the ultimate place where companies seeking equity funds seek to be listed" (ebenda, 192). Regulation in den USA sei nicht perfekt, als Referenzen der Kritik gibt er allerdings Stigler und ausgerechnet Merton Miller an, die Interventionismus mit marktradikalem Nachdruck anprangern. Die eigentliche regulatorische Fachdebatte zu den Finanzmärkten scheint er nicht zur Kenntnis genommen zu haben. Tufanos gediegener Überblick zeigt, „it is probably fair to say that the existing theoretical models are sufficiently stylized and sufficiently fragile so as to not permit sweeping generalizations to be made regarding the social welfare implications of financial innovation" (2002, 35). Leider lässt sich im Anschluss an die Theorie des Second Best auch nicht sagen, dass eine partielle Vervollständigung unvollständiger Märkte wohlfahrtsfördernd ist, man sich dem Ideal also langsam annähert oder nicht (Elul 1995).

Man hätte also bei Shleifer eine ganz andere Reaktion erwarten können: Weil irrationales Verhalten, Zukunftsunsicherheit, *bandwagon*-Effekte, *fire sales* usw. alles andere als ausgeschlossen sind und er somit selbst auf endogene Destabilisierungen nachdrücklich hinweist und sich sagen lässt, dass hierin der eigentliche Inhalt seiner Modelle besteht, hätte er sich auch der Kritik zu lascher Regulation anschließen können, wie sie z.B. geradezu prophetisch hinsichtlich der Derivate frühzeitig von dem amerikanischen GAO (*General Accounting Office,* dem deutschen Rechnungshof vergleichbar) formuliert wurde.

Bereits 1994 stellte die GAO angesichts des gewaltigen weltweiten Volumens der Derivate mit über 12 Billionen *(notional amount)* in einem Bericht an den Kongress fest: „Much OTC derivatives activity in the United States is concentrated among 15 major U.S. dealers that are excessively linked to one another, end-users, and the exchange-traded markets. This combination of global involvement, concentration, and linkages means that the sudden failure or abrupt withdrawal from trading of any of these large dealers could cause liquidity problems in the markets and could also pose risks to the others, including federally insured banks and the financial system as a whole" (1994, 7). Immer wieder betonen die Autoren unter Einbezug breiten empirischen Materials, dass „the abrupt failure or withdrawal from trading of one of these dealers could undermine stability in several markets simultaneously, which could lead to a chain of market withdrawals, possible firm failures, and a systemic crises" (ebenda, 12). Von diesen offenkundigen potentiellen Destabilisierungen durch neue Finanzinstrumente, ihr Volumen, die Gefahren durch wenige Akteure und die zunehmenden Interdependenzen ist bei Shleifer keine Rede.

Auch rein formal lässt sich nicht begründen, dass vollständigere Märkte in der Regel wohlfahrtssteigernd sind. Unter Verweis auf Hart (bereits 1975), die Theorie des Zeitbesten *(second best)* und das Aufkommen von Derivaten zeigt Elul bei Einführung mehrerer Konsumgüter in die entsprechen Modelle, „adding an asset leads to an equilibrium which is worse for *all* agents than which occurs without the asset ... We will in fact show that this sort of behavior is *not* pathological, that for *almost every* economy satisfying certain conditions on the number of assets, agents, commodities, and states, it is possible to find an asset which, when added to the economy, will result in a new equilibrium which is *Pareto-inferior* to the old one" (1995, 44-45). Es ist auch möglich, ein Asset im Modell so zu strukturieren, dass alle Beteiligten besser gestellt sind. Deduktiv lässt sich demnach wiederum nichts Allgemeines aussagen, man ist einmal mehr auf die empirisch-historisch-institutionelle Detail- und Fallanalyse angewiesen. Elul hebt auch wahrscheinliche Spillovers auf andere Märkte bei realistischer Betrachtung hervor, auf die schon Brainard und Tobin (1968) hinweisen, was vor allem im Abschwung zu ökonometrischen Fehlvorhersagen über Korrelationen führen kann.

Den Weg des Mahners schlägt Shleifer nicht ein, obwohl sich dies angeboten hätte: Von ihm beschriebenes massives uniformes irrationales Verhalten kann zu Anpassungsbewegungen über *fire sales, bank runs* und multiple Gleichgewichte in Abhängigkeit von Grad des Vertrauens (Diamond und Dybvig 2000) usw. führen, die das System ins Wanken bringen können. Zur Frage einer Stabilisierungspolitik der Finanzmärkte nennt er neben Wechselkursfixierungen u.a. die Einführung der Transaktionssteuer Tobins. Prinzipiell, „one can wonder whether opening up new markets improves risk sharing opportunities and arbitrage, or only facilitates speculation" (ebenda, 193). Er macht keinen Hehl daraus, nichts von solchen Politiken zu halten. „It is difficult to believe that fixing prices, whether of currencies or equities, or preventing them from falling, is a good way to prevent a panic. Government price stabilization only invites speculation against the government" (ebenda, 193).

Es sei hier nur kurz erwähnt, dass die Erfahrungen mit Kapitalverkehrskontrollen durchaus nicht so eindeutig sind, wie hier vermutet. Wieder einmal fällt die Diskrepanz zwischen Shleifers Diktum, dass generelle theoretische Aussagen kaum sinnvoll sind und seinen recht apodiktischen wirtschaftspolitischen Konsequenzen auf. Er verweist auf Roll, der gezeigt habe, dass der Aktiencrash 1987 in vielen Ländern trotz unterschiedlicher Marktregeln zur Begrenzung von Preisbewegungen nicht sehr unterschiedlich ausfiel, womit er sagen will, dass diese Politiken weitgehend wirkungslos waren. Aus seinen Ausführungen geht ein weitgehend deregulatorischer Impetus marktfreien Unternehmertums hervor, der in deutlichem Widerspruch zur Botschaft seiner *small models* steht und sich in der jüngsten FK katastrophal durch die zu späte Wahrnehmung der Alarmsignale (Chick 2008) auswirkte.

Seine ambivalent-kontradiktorische Haltung geht auch aus den abschließenden Bemerkungen hervor. „If restrictions on trading primarily discourage arbitrageurs, they may make markets more volatile, and make inefficiencies associated with panics more extreme" (ebenda, 194). Hieraus folgt für ihn genau dasselbe, was auch Vertreter der EMH und möglichst vollständiger Märkte (zur Kritik im Bereich Finanzmärkte siehe Nesvetailova 2010) und die praktischen Deregulierer der 1990er Jahre unterstützen würden. „Continuous trading, low cost trading, and the availability of derivative instruments such as futures and options all facilitate hedging by arbitrageurs and therefore make them more aggressive in betting against the noise traders" (ebenda, 194). Neue Derivate und breitere Märkte förderten den Kapitalfluss in ärmere Länder. Selbst Keynes hätte festgestellt, dass erhöhte Handelskosten und verringerte Marktliquidität „[are] raising the cost of capital and discouraging real investment in the first place … Opening up markets makes arbitrage cheaper and more effective" (ebenda, 194). Plötzlich ist für Shleifer wieder alles so schön einfach, doch dann bricht wieder die neue Erkenntnis durch, dass „most of them [the relevant problems and questions] have trivial answers if financial markets are efficient, and extremely complex answers if they are not" (ebenda, 197). Seine anfänglichen Modelle erhalten durch die rationalen Arbitrageure eben einen erheblichen Rest an Effizienzmarktdenken.

Seine Argumente sind aber selbst für diese Modelle nicht recht überzeugend, da die neuen Instrumente, z.b. Derivate, mit erheblichem Hebel auch von den *Noise traders* benutzt werden können, zu denen er immerhin auch professionelle, institutionelle Investoren rechnet. Außerdem hat nicht erst die FK gezeigt, dass die Informierten den durch asymmetrisches Informationsgefälle weniger gut Informierten nur allzu gerne die neue Finanzproduktpalette weiterreichte und die Nachfrage überhaupt erst richtig schürten. Auch aus der hier ausgeklammerten experimentellen Ökonomie (siehe den Überblick bei Miller 2002) geht hervor: „Just as the convergence to the competitive equilibrium in [Vernon] Smith's original double oral auction has been replicated under a variety of conditions worldwide, so has the formation of market bubbles ... [Experiments] have even gathered evidence that the possibility of speculative gain may not be necessary to create a bubble as a result of their trading. While such a result may be viewed as an artifact of the experimental process ... the human desire to trade is very evident outside the laboratory and could ultimately emerge as a central cause of market bubbles. When we examine smart markets ... we will see ... this desire to trade or even gamble ... The interest in bubble experiments did not spill over to the government regulators who oversaw the stock market" (Miller 2002, 85).

Im folgenden Kapitel wird zudem in Frage gestellt, ob man in einer Welt der Unsicherheit *(uncertainty)* überhaupt sinnvollerWeise von einer Gruppe rational-informierter Akteure ausgehen sollte. In Kapitel fünf, in dem Shleifer sein *Investor-sentiment*-Modell vorstellt, das erste Kapitel, das im engeren Sinne mit Behavioral Finance zu tun hat (der Untertitel seines Buches lautet immerhin: *An introduction to behavioral finance*), verflüchtigt sich auch seine Unterscheidung in rationale und irrationale Akteure, da er dort allgemein-menschliche Verhaltensweisen aufzeigt; seine Ambivalenz dokumentierte sich wie gezeigt darin, dass er wie selbstverständlich ein Random Walk-Modell annahm und behauptete, mit diesem Wissen gegen die breite Masse der Irrationalen argumentieren zu können.

Auch wenn man seine Unterscheidung von Informierten und Uninformierten aufgreift, geht aus seinem sechsten Kapitel über positive feedback-Investitionsstrategien hervor, dass die rationalen Arbitrageure zur Anheizung von Bubbles beitragen, indem sie versuchen, die Übertreibungen der irrationalen *noise trader* auszunutzen und durch ihr temporär prozyklisches Verhalten zu noch stärkeren irrationalen Ausschlägen beizutragen. Seine Aussage: „Whether they [regulations] are desirable depends to some extent on whether they primarily discourage noise traders or arbitrageurs" (ebenda, 194) wird hiermit zu einem guten Teil hinfällig.

Doch Shleifer geht (deshalb?) einen Schritt weiter: „Even if they primarily discourage the noise traders, such policies may not be desirable. For example, by limiting participation in financial markets, such policies keep stock prices down even when high stock prices encourage both privately and socially desirable investment. The Internet bubble of the late 1990s might be welfare-enhancing. Even aside from the effect of noise traders on prices, discouraging people from investing when they enjoy doing it and there are no clear *negative* externalities is not an obviously good thing for the state to do" (ebenda, 194).

Zunächst ist die Frage, ob hohe Aktienkurse sich tatsächlich positiv auf die Realinvestitionen auswirken, da der Sekundärmarkt keine Liquidität zuführt und man genauso gut behaupten kann, dass Geld, das in die Finanzmärkte wandert und (nur) kurstreibend wirkt, an Investitionen im Realsektor verloren geht. Sein Kriterium der negativen Externalitäten ist problematisch, da man wie in der gegenwärtigen FK zumeist vorher gar nicht wissen kann, ob positive, negative oder gar keine Externalitäten auftreten werden. Zumindest seine positiven *Feedback*-Investoren und die sie antreibenden Arbitrageure und die Thesen zum *Investor sentiment* sind nicht dazu angetan, die Befürchtungen negativer Externalitäten und systemischer Gefährdungen für gering zu halten. Es zeigt sich hier, dass Shleifer einen unerklärlichen Glauben an komplexe, wenig eingeschränkte und voluminöse Kapitalmärkte als paradigmatisches Dogma trotz seiner Zugehörigkeit zur kritischen Modellfraktion in der Ökonomie unterschwellig teilt und ganz auf der Linie des gegenwärtigen regulatorischen Rollbacks liegt (als Beispiel siehe *The Economist* 2009). Er innert hierbei an die allgemeine heimliche Orthodoxie in der Neoklassik.

Chang, der einen institutionalistisch-politökonomischen Ansatz vertritt, weist nach, dass man vor der Folie des Marktversagens mit der Wohlfahrtsökonomie fast jede Position vertreten kann, sie kann verwandt werden „in order to justify anything from the minimal state to full-blown socialist planning" (2002, 541). Neoliberale Konsequenzen ergaben sich erst durch die unheilvolle Allianz mit dem libertären Arm der Österreichischen Schule, die in der Finanzmarktdebatte eine gewisse Rolle spielt.[7] Auch bei Shleifer taucht gegen Ende plötzlich der kreative Unternehmer auf (2000, 189). Krugman (siehe auch sein wenig überzeugendes Buch 2009) dient Chang als Beispiel für die Diskrepanz zwischen Modellimplikationen und expliziten angepassten Politikempfehlungen. Auch Shleifer kann als Beispiel dieses unausgesprochenen Mainstream gelten, der sich der Frage: ‚Has financial development made the world riskier?' daher nur bedingt stellt (Rajan 2005 mit einer immanent kritischen Sicht; zur präanalytischen Prägung der meisten Ökonomen siehe die tiefenhermeneutische Analyse von Ötsch 2009).

Von Aschinger (2001) liegt eines der wenigen Lehrbücher zu Währungs- und Finanzkrisen vor, das ebenfalls eine merkwürdige Ambivalenz durchzieht. Neben seinen vielen Fallbeispielen finden sich einerseits Aussagen wie: „In normalen Zeiten, wenn die Märkte durch Nichtspekulanten dominiert werden, wird die Spekulation beim Fehlen von Informationsverzerrungen preisstabilisierend" (2001, 2). Andererseits wird bemerkt, „(i)n Märkten mit einem hohen Spekulationsanteil sind u.a. irrationale Bewegungen für die Strategiewahl von Bedeutung ... Das Systemrisiko scheint mit der Einführung derivativer Instrumente gestiegen zu sein" (2001, 8-9). Aschinger präsentiert ein Modell der komparativen Statik der Spekulation in zwei Varianten (2001, 3-7). Im Falle weniger und besser informierter Spekulanten wirkt Spekulation (angesichts der Annahmen wenig überraschend) preisstabilisierend und zwar gesamtwohlfahrtsförderlich sowohl für die Spekulanten als auch die Nichtspekulanten. Bei einem hohen Anteil an Spekulanten, die zukünftige Preisentwicklungen falsch einschätzen, kommt es zu entsprechenden Wohlfahrtsverlusten. Aschinger lässt offen, was in der Regel überwiegt. Er löst das Problem einer eigenen Deutung und Stellungnahme durch eine Typisierung von Finanzkrisen in informationsbedingte und spekulative Krisen. Regulatorisch vertritt er die Transparenzschiene, als Beispiel: „Die Regulierung sollte für verschiedene Derivate vereinheitlicht und international koordiniert werden" (2001, 49).

---

[7] Siehe Calomiris und Mason (2003) für eine weitgehende Entwarnung bei der Sekuritisierung im Kreditkartenbereich und Calomiris (2009b), der neben den internationalen Sparüberschüssen die verfehlte öffentliche Subventionierung des Hauserwerbs als wesentliche Ursachen der Subprimekrise ausmacht.

Der bei einem Vortrag in Jena von Mainstreamökonomen vorgetragene Einwand gegenüber dem Verfasser, durch die Formulierung eines alternativen spekulativen Paradigmas (BBP) doch nur offene Türen einzulaufen und nicht auf der Höhe der allgemeinen Theoriebildung zu sein, war unter dem Strich betrachtet wohl etwas voreilig. Das BBP erübrigt sich selbst unter Einbezug eines raffinierten Modellierers wie Shleifer nicht. Sehr zutreffend ist die Bemerkung von Franklin Allen und Elena Carletti: „Practitioners have become experts in the details of a highly complex system for which there is no widely agreed rationale based on economic theory" (2007, 203). Es ist schon merkwürdig, dass selbst „after three decades of research and literally thousands of journal articles, economists have not yet reached a consensus about whether markets – particularly financial markets – are efficient or not" (Lo und MacKinlay 1999, 6).

Die Befassung mit formalen Modellen erlaubt somit kaum robust Aussagen, die sich für wirtschaftspolitische Ableitungen eignen. Sie haben allerdings einen unerfreulichen Nebeneffekt: Sie schrecken an der Realökonomie interessierte Studenten ab und führen dazu, dass keine Zeit zur Kenntnisnahme des realen Wirtschaftslebens verbleibt. So stellt der Frankfurter BWL-Professor Guido Friebel bei einer Befragung von 2100 Studenten an sieben Hochschulen fest, dass Studierende der Volks- und Betriebswirtschaftslehre viel verdienen, einen sicheren Arbeitsplatz und wenig arbeiten möchten. Jedem zweiten sagte der Name Alan Greenspan, 71% der Name Martin Blessing nichts, nur jeder Dritte konnte größere einzelne Banken einer der drei Säulen zuordnen (Privat- und Genossenschaftsbanken und öffentlich-rechtliche Institute). Die gravierenden Wissenslücken bestehen, da Studierende nicht ausreichend Zeitung lesen und sich kaum über das Wirtschaftsgeschehen informieren, auch weil sie sich bachalorisiert einfach keine frei Zeit neben all der Rechnerei für die reale Welt nehmen (siehe Storbeck 2009).

In üblichen Lehrbüchern wird ferner die kaum gerechtfertigte Botschaft des Mainstream vereinfacht dargeboten, so dass es der Zeitungs- und wirtschaftsgeschichtlichen Lektüre nicht bedarf, da man sowieso weiß, wie und dass die Welt in Ordnung ist. So bei Spremann und Gantenbein, die die Verwendung des Begriffs Spekulation ausdrücklich vermeiden wollen, weil er einen negativen Beigeschmack habe. Sie vertreten die EMH in einer entwaffnenden Einfachheit. „Die Finanzmärkte bieten ... die besten und aktuellsten Wirtschaftsinformationen überhaupt. Die Informationen, die Finanzmärkte generieren, drücken sich vor allem in den Kursen oder Preisen der Wertpapiere aus" (2005, 21). Ohne weitere Qualifizierung stellen sie als Hauptbotschaft fest: „Kapitalmärkte erhöhen die Wohlfahrt" (2005, 221).

Die hier besprochenen Autoren belegen eine gewisse Unbelehrbarkeit. Gustave Le Bon wird aus seiner ‚Psychologie der Massen' mit den Worten zitiert: „Der unumstößliche Beweis kann von einem geübten Zuhörer angenommen worden sein, aber das Unbewusste in ihm wird ihn schnell zu seinen ursprünglichen Anschauungen zurückführen. Sehen wir ihn nach einigen Tagen wieder, wird er aufs Neue mit genau denselben Worten seine Einwände vorbringen" (zitiert in *Forschung und Lehre*, 3/2010, S. 155). Doch soll im folgenden Kapitel die – angesichts des Vorherigen dadaistische – Abschlusserklärung Shleifers leitend sein: „(F)inancial markets are inefficient, *just as an economist would expect*" (ebenda, 197, i.O. kursiv).

In der realen Finanzwelt wurde diese Botschaft trotz FK nicht vernommen. „Von allen Ecken und Enden alimentiert, fühlte sich die Finanzwelt bald wieder gesund – wenngleich sie eigentlich immer noch am Dauertropf hing. Der *Spread* des TED lag 2009 wieder auf Normalmaß, LIBOR bewegte sich auf durchschnittlichem Niveau. Die große Vertrauenskrise zwischen den Banken war ausgestanden. Und all das viele kostenlose Geld konnte zur neuen Blasenbildung genutzt werden. Nur vom Paradigmenwechsel sprach keiner mehr" (Schmidt 2010, 141).

Im Wissenschaftsbetrieb setzt sich die angepasste Haltung fort, die bereits in den 1990er Jahren hervorstach. „Even most of the academic critics of the efficient market hypothesis went along. Andrei Shleifer spent part of the decade telling the Russians to privatize. Bob Shiller tried to create new securities to allow investors to bet in economic events and house prices. Larry Summers … became one of the world's leading defenders of free financial flows as the number two and then the number one at the Treasury Department" (Fox 2009, 270). So gehören sie zum anerkannten Establishment und verdienen gutes Geld, als Inspirationsquellen zu „world-changing financial theories" (Fox 2009, 320) werden sie so aber nicht in die Ahnengalerie der großen Geister der Wirtschaftswissenschaften eingehen.

III.
Ein alternativer Ansatz: Das Bullen-Bären-Paradigma

1
Das Erfordernis einer neuen Sichtweise der Kapitalmärkte

In diesem Kapitel soll ein alternativer Ansatz zum vorherrschenden neoklassischen Mainstream entwickelt werden (zu dessen Dominanz siehe die empirischen Belege bei Lee 2009). Die Analyse des letzten Kapitels hat gezeigt, dass Paul Davidsons zusammenfassende Charakteristik des trotz aller relativierenden Partialmodelle tief verankerten Mehrheitsmodells zutrifft, nach dem die Akteure ausreichende Informationen haben „about the future and therefore, that, in a free market, all participants would always make the correct decisions that represented their own best interests ... All of today's classical efficient market models are based on some variants of this presumption that the future is known ... the only significant economic problem is to ensure that today's economic decisions allocate resources that produce outcomes in the future that are most highly valued when the outcome occurs" (2009b, 34-35).

Die Leugnung der Existenz ‚wilder Märkte' (Bouchaud 2008, 291) und radikaler Zukunftsunsicherheit erfolgt wie gesehen durch die Anwendung raffinierter mathematischer Verfahren, über die Mittelwerte und Varianzen bestimmt werden, oft unter Zugrundelegung der Gaussverteilung, nach der die Wahrscheinlichkeit der Extremwerte exponentiell abnimmt. „The high level of mathematics and abstraction of this model of classical theory enables its theorists to bury its impossible axiomatic foundation: that today's decision makers know the future until the end of time ... statisticians require an analyst to draw a random sample for a population in order to calculate reliable probability information about the population's characteristics ... Since drawing a sample from the future is not possible, efficient market theorists presume that probabilities calculated from already existing past and current market data are equivalent to drawing a sample from markets that will exist in the future. In other words, calculations of probabilistic risks from the past statistics are assumed to be equivalent to calculations that would be obtained if a sample from the future could be obtained" (Davidson 2009b, 37).

In einfachen Worten spricht Davidson das Grundproblem des Mainstream an, nämlich den formalen Zähmungsversuch der Zukunftsunsicherheit, indem die Zukunft zum statistischen Schatten der Vergangenheit wird. Studenten der Wirtschaftswissenschaften und politische Regulierer werden sich dieses Problems oft kaum bewusst, da nur in Alternativen innerhalb der statistischen Modelle diskutiert wird (CoVaR anstelle von VaR, siehe Adrian und Brunnermeier 2009). „For many economists, even identifying the fundamental axioms buried under all the mathematical debris is an impossible task" (Davidson 2009, 42). Die FK, vor und in der die auf diesen Ansätzen beruhenden Computermodelle angewandt wurden, zeigte, wohin die enormen Fehler solchermaßen bewerteter Zukunftsrisiken führen (ebenda, 38). Die Annahmen der Risikomodelle erwiesen sich als „weapons of math destruction" (ebenda, 41), obwohl sie durch den formalen Aufwand und als Ergebnis massiven Rechnereinsatzes die Aura der wissenschaftlichen Korrektheit umhüllte.

Davidson weist auf den wichtigen engen Zusammenhang zwischen der EMH, der Deutung der Finanzmärkte als stochastischem Zufallsgeschehen und dem Anspruch hin, eine objektive, den Naturwissenschaften nahekommende Wissenschaft zu sein. „The presumption that data samples from the past are equivalent to data samples from the future is called *the ergodic axiom*. Those who invoke this ergodic assertion argue that economics can be a ‚hard science' like physics or astronomy *only* if the ergodic axiom is part of the economist's model. In 1968, for example, Paul Samuelson ... wrote that if economists hope to remove economics from the realm of history and move it into the realm of science, they must impose the ‚ergodic hypothesis.' ... Unless the future is known, today's market participants cannot make decisions that the future will prove were efficient" (ebenda, 37, siehe auch 2009a).

Der Anspruch der Wissenschaftlichkeit auch im Sinne der Vorhersehbarkeit zukünftiger Ereignisse und die Anwendung statistisch-formalmathematischer Modelle und Verfahren stehen und fallen mit dem ergodischen Axiom. Es ist der paradigmatische Ankerpunkt und die Scheidelinie bei der Charakterisierung der Finanzmärkte! Davidson weist auch zutreffend darauf hin, dass sich nur aus dem ergodischen Axiom ableiten lässt, dass der zukünftige Pfad der Entwicklung der Assetwerte in ge-

1 Das Erfordernis einer neuen Sichtweise der Kapitalmärkte

wissen Bandbreiten vorbestimmt ist und sich durch wirtschaftspolitische Eingriffe wenig erreichen lässt, die nur als längerfristig wirkungslose externe Schocks aufgenommen würden. Für Davidson ist es natürlich insbesondere Keynes, der argumentierte, dass die real vorliegende radikale Unsicherheit über die ökonomische Zukunft nicht durch den Blick auf die statistischen Muster der Vergangenheit behoben werden kann (ebenda, 43).

2
Berichte aus der Akteursperspektive

Als Einstieg und Hinführung zu einer alternativen Sichtweise der Finanzmärkte jenseits der EMH sei zunächst hermeneutisch kurz auf Berichte von Insidern Bezug genommen. Kritische Erfahrungsberichte erschließen oft unverstellt, was sich an den Märkten tatsächlich abspielt und welche Deutungen die Akteure ihren Handlungen zuschreiben. Auch wenn man durch einige Erfahrungsberichte keinen repräsentativen Überblick gewinnt, so bemerkt man doch, dass sich die Muster wiederholen (mit ähnlicher Phänomenologie siehe das Beispiel des *Neuen Marktes* bei Lindenberg 2002). Sie dienen als Vorlage zu literarischen Stilisierungen (Zeyer 2009) und sind bis in die Wirtschaftspresse vorgedrungen.

Das besondere Klima in den Finanzinstituten hängt natürlich damit zusammen, dass hier sehr schnell sehr viel Geld verdient werden kann. Normale Beschäftigte können sich daher die Atmosphäre nicht recht vorstellen, da ähnliche Profitraten und Einkommen ansonsten in aller Regel nur in illegalen Gewerben (z.b. Prostitution und Waffenhandel) realisiert werden können. Philippon und Reshef (2008) zeigen, dass bis in die frühen 1980er Jahre im Finanzsektor Angestellte keinen relativen Überschusslohn erhielten, der seit den frühen 1990er Jahren dann aber bei über 40% liegt. Laurence Kotlikoff präsentiert die Highlights der Karrieren in den Spitzenetagen und beschreibt „CEOs who are incredibly arrogant, irrationally overconfident, and loaded to the grills with testosterone from ignoring that analysis and betting the farm to show they have larger cojones than their competitors" (2010, Kapitel 2, hier 38).

In den „Confessions of a risk manager" (in *The Economist* vom 7.8.2008, siehe www.economist.com/finance) berichtet ein Risikomanager einer globalen Bank, dass man kollektiv alle nur möglichen Fehler beging. Man glaubte den Ratingagenturen, vertraute dem schönen Schein der aufgeblähten Assetwerte in der Bilanz, befürchtete keine Liquiditätsengpässe, ließ sichdurch die Höherwertigkeit der AAA-

Tranchen blenden usw. Der Glaube an die statistische Vorhersehbarkeit und das Wohlverhalten der Märkte, d.h. der Glaube an das ergodische Axiom, war weit verbreitet. „As risk managers we should have insisted that all structured tranches, not just the non-investment-grade ones, be sold. But we did not believe that prices on AAA assets could fall by more than about 1% in price. A 20% drop on assets with virtually no default risk seemed inconceivable – though this did eventually occur. Liquidity risk was in effect not priced well enough ... There were a number of factors. As is often the case, it happened so gradually that it was barely perceptible" (ebenda, 2). Gerade die Risikomodelle tragen dazu bei, dass man sich nur einen ‚little margin of error' erlaubte.

Bereits Ende der 1990er Jahre hatt der Niedergang des Hedgefonds *Long Term Capital Management*, bei dem der Banker John Meriwether mit den „Erfindern" der wissenschaftlichen Optionsbepreisung, Merton und Scholes, eine gewagte Allianz einging, die potentiell desaströsen Auswirkungen des Glaubens an statistische Regularitäten und Gesetzmäßigkeiten gezeigt. Nicholas Dunbar beschreibt die hier nicht wiederzugebenden Details der hochriskanten Strategien des Fonds mit hohem Leverage und Derivaten in Milliardenhöhe. Der Autor unterscheidet eine entschuldigende *perfect storm*- (zufällig und unvorhersehbar wie ein Hurrikan über dem Atlantik) und eine schon eher zutreffende *human folly*-Theorie (überzogenes Risiko bei gleichzeitigem ungerechtfertigtem Selbstvertrauen). „While LTCM's own partners were reckless or misguided, the real reason LTCM became so big and dangerous was because the people running the investment banks were greedy and ignored the risks. This view puts LTCM in the tradition of many historical boom and bust cycles, such as the South Sea Bubble of 1720" (Dunbar 2000, XIII).

Das bekannteste Buch aus dem Insidergenre dürfte Michael Lewis' Geschichte eines Salomon-Brokers in den 1980er Jahren sein, der Zeit der Junk Bonds und der ersten von Investmentbanken aufgelegten *Mortgage Backes Securities* (MBS). „Wenn du, so wie ich, mittendrin sitzt in dem absurdesten Geldspiel, das es jemals gegeben hat, wenn du im Verhältnis zu deinem Wert für die Gesellschaft ganz unverhältnismäßig viel profitierst ... wenn Hunderte von ebenso unverdienten Leuten, die das Geld gleichfalls nicht verdienen, es schneller zusammenharken, als sie es zählen können" (1991, 337-338), dann liege nach Lewis' Ansicht an den Finanzmärkten einiges im Argen (siehe auch Lewis 2010 als update zur FK). Er beschreibt die Motivation der

Studenten der Wirtschaftswissenschaften an amerikanischen Spitzenuniversitäten, die sich ein langweiliges und weltabgewandtes Studium zumuten, um dann bei den Investmentbanken möglichst schnell reich zu werden. Er erläutert, wie man den Markt durch kluges Ordertiming manipulieren konnte, da es praktisch keine Limits gab und eine der wichtigsten Fähigkeiten zu Erfolg darin bestand, ‚einem Eskimo Eis verkaufen zu können'.

Ausgiebig werden der individuelle und firmenspezifische ostentative Luxuskonsum und die Bonuszahlungen beschrieben. Lewis rekapituliert im Detail seinen ersten Deal mit einem österreichischen Banker in London, dem er AT&T-Aktien als heißen Tipp verkaufte, die sein Arbeitgeber, Salomon, selbst besaß und die man wegen erwarteter Wertverluste (‚Schrottpapiere') unbedingt und ohne Probleme zu Lasten eines Kunden los werden wollte (ebenda, 220ff.). Das Ritual war bei der ‚Opferung' eines Kunden standardisiert. „Der Händler versuchte, die Schuld auf irgendeine unpersönliche, wissenschaftliche Kraft abzuwälzen. Es sind die Zahlen, kannst du das nicht begreifen?" (ebenda, 223). Kunden hätten ein kurzes Gedächtnis, „Nimm sie aus wie Gänse" (ebenda, 224) lautete die interne Anweisung, sie kommen trotzdem immer wieder.

Den Autor störte sehr, nicht ein effizienter, kompetenter Informationsverarbeiter zu sein, der er nach Anisicht der EMH hätte sein sollen. Es „nagte das Gefühl, ein Scharlatan zu sein, an meiner Seele. Meine Kunden wurden dauernd in die Luft gesprengt [ruiniert]. Ich wußte überhaupt nichts ... Dennoch verkaufte ich mich als großen Finanzexperten. Ich erzählte Leuten, was sie mit vielen Millionen Dollars anfangen sollten ... [nur gut,] daß die Leute, mit denen ich zu tun hatte, sogar noch weniger wußten" (ebenda, 231-232). Auch aus seinem Bericht geht hervor, dass es ganz wesentlich darum ging, Eindruck zu erwecken, andere nachzuahmen und sich in Menschen zwecks Manipulation hineinversetzen zu können, um sie zum Kauf zu bewegen. Die erforderlichen Fähigkeiten bestanden eher im Erlernen von Symbolismen und sozialpsychologischen Überzeugungstechniken und weniger im objektiven Deuten von neuen Informationen. „Ich mußte vor allem lernen, wie ein Geldgeschichtenerzähler zu denken und zu klingen" (ebenda, 235).

Sicherheitsorientiertes Herdenverhalten schien Lewis, der sich schnell zu einem eloquenten Gelflüsterer entwickelte, ein dominanter Verhaltenstypus zu sein. „Jeder möchte so reagieren [antizyklisch], aber niemand tut es, aus dem traurigen Grund, weil die meisten Anleger Angst haben, als dumm zu erscheinen, Anleger haben nicht so sehr Angst davor, Geld zu verlieren wie davor, auf einsamem Posten zu stehen ... Seltsamerweise macht es ihnen nichts aus, am Rande eines Abgrunds zu stehen, solange ein paar tausend andere sich auch dort drängeln. Aber wenn viele der – vielleicht völlig unbegründeten – Meinung sind, daß ein Markt in einem schlechten Zustand sei, dann steigen viele Anleger aus" (ebenda, 235-236). Als Metapher für die Finanzmärkte bevorzugt Lewis die Bezeichnung des *Full-service-Casinos* (ebenda, 241), da Anlegern nicht nur Assets verkauft werden, sondern bei fehlender Liquidität gegen Kollateralisierung dieser Wertpapiere auch noch das Geld zum Kauf geliehen wird (ebenda, 241). Aus der Kasinosicht des Wettbüros folgt, dass der Gewinn des Einen den Verlust des Anderen bedeutet. „Wenn es eine einzige Lehre gab, die ich von Salomon Brothers mitnahm, dann die, daß nur selten alle Parteien gewinnen können. Unser Geschäft ist meist ein Nullsummenspiel. Ein Dollar weniger in der Tasche meines Kunden war ein Dollar mehr in unserer, und umgekehrt" (ebenda, 244).

Dem Bild eines Finanzsektors im Dienste der Kundenwünsche widersprechen die vielen Beispiele, bei denen die Nachfrage nach riskanten Finanzprodukten von Salomons Verkaufsmannschaft überhaupt erst erzeugt wurde. „Viele dieser Anleger wußten nicht, daß sie [z.B.] auf dem deutschen Anleihenmarkt Risiko kaufen wollten, bis wir es ihnen mit unserer neuen Option nahelegten ... Es gehörte zu unserem Job, Bedürfnisse zu erfüllen, von deren Existenz die Anleger bis dahin nichts gewußt hatten" (ebenda, 252).

Jonathan Knee, der in den 1990er Jahren u.a. für Goldman Sachs und Morgan Stanley arbeitete, berichtet vom Wandel der Firmenphilosophie in dieser Zeit. Galt es früher, die Reputation des Unternehmens zu wahren, so zeichnet er „a portrait of how the culture that emerged during the boom undermined the integrity of these institutions ... a culture of contingency emerged, a sense not only that each day might be your last, but that your value was linked exclusively to how much revenue was generated for the firm on that day – regardless of its source ... ‚IBG YBG' stood for ‚I'll Be Gone, You'll Be Gone.' When a particular troubling fact came up in due diligence on one of these companies, a whispered ‚IBG YBG' among the banking team members would ensure that a way would be found to do the business, even if investors, or

Morgan Stanley itself, would pay the price down the road. Don't sweat it, was the implication, we'll all be long gone by then" (2006, XVI-XVII).

Knees Buch häuft Beispiel auf Beispiel für exzessive Risikoübernahme, glatten Betrug, Geschäfte zu Lasten der Kunden usw. Als Gründe der Veränderung der Geschäftskultur werden u.a. die lukrativen Superboni (siehe die einschlägige Tabelle bei Cassidy 2009, 289) und die sie ermöglichende Deregulierung genannt, da die Investmentbanken Konkurrenz von Geschäftsbanken einer- und Hedgefonds andererseits bekamen, sie es aber dennoch vermochten, z.b. bei Neuemissionen (IPOs) weiterhin die hohen Provisionen zu kassieren. Wie gehen Investmentbanker mit dem Phänomen radikaler Unsicherheit z.B. beim Verticken von Anleihen oder Aktienneuemissionen oder bei der ‚Beratung' von Kunden um?

Aus praktisch allen vorliegenden Berichten geht hervor: Mit spielerischem Nihilismus, bewusster Ambivalenz und Doppelzüngigkeit bei Bewertungen, kombiniert mit grenzenloser Selbstüberschätzung, egoistischem Verhalten und systematischer, gehässiger Missachtung der Kunden bei Interessenkonflikten (zu den letzten beiden Aspekten siehe z.B. ebenda, 58 und 91). „(W)ith a couple of days' notice, you are expected to be able to slap together a book that should be the basis for a serious strategic discussion of the key issues facing a company with its senior-most management. And the books themselves … rather than containing thoughtful detailed analyses of strategic options, are mostly filled with pages containing concise but ambiguous bullet points (to allow for plausible deniability if the client clearly disagrees with the point you meant to make) and cheesy graphical representations … The banker's work product bore a closer resemblance to a comic book than a legal memorandum. The new technology and infrastructure described had made the production of the books easier than ever – something more than the touch of a button, but something well short of a fully baked idea" (ebenda, 27).

Auch Frank Partnoy bestätigt die Beschreibungen Knees, wenn auch mit deutlich drastischeren Worten. Er arbeitete zwischen 1993 und 1995 für Morgan Stanley in New York im Derivatebereich. Anhand zahlreicher Beispiele illustriert er die These: „We were prepared to kill someone, and we did. The battlefields of the derivatives world are littered with our victims" (1997, 15). Aus dem Jahr 2003 findet sich in seinem neueren Buch folgende Beschreibung des Umfeldes: „(A)ny appearance of control in today's financial markets is only an illusion, not a grounded reality. Markets have come to the brink of collapse several times during the past decade ... Today, the risk of system-wide collapse is greater than ever before ... The truth is that the markets have been, and are, spinning out of control" (2003, 2). Sein Buch dient der genauen Erfassung der Folgen dieser Zustände. Er vertritt zur Beschreibung der Marktprozesse in erster Linie die Kasino- und Spekulationsmetapher. Allerdings gebe es in einigen Finanzmarktsegmenten weniger Regeln und Vorschriften als in Kasinos. „Such limitations didn't apply in the over-the-counter markets, where gamblers and traders could design any trade they wanted. Imagine a counter at the casino sportsbook, where gamblers could find several counterparties willing to place any bet at all. With no supervisor or regulator to say what they could or could not do, gamblers would be limited only by their imaginations ... Accountants, bankers, and lawyers continue to use derivatives to avoid regulation" (ebenda, 19 und 394).

Aus eigener Erfahrung bezweifelt Partnoy den Willen und die Fähigkeit der objektiven und effizienten Informationsverarbeitung. „Corporate executives, security analysts, and investors continue to focus more on meeting quarterly estimates of accounting earnings than on the economic reality of their businesses. Media coverage of the stock market is as intense as ever; and, though investors are bombarded by information, increasingly they cannot filter it, or find anyone who will tell the truth about a particular company ... often the markets respond sluggishly, seemingly unsure of whether corporate news is credible ... [They never stopped] their practice of buying stocks based on a whim, myth, or rumor" (ebenda, 394-395). Am Ende des Buches steht daher eine Vielzahl von Regulierungsvorschlägen.

Tetsuya Ishikawa, der bei Goldman Sachs, Morgan Stanley und ABN Amro Kreditderivate verkaufte, bestätigt das von Partnoy gezeichnete Sittengemälde mit „drugs, prostitutes, strippers, booze and general excessive nightlife that many bankers were engaged in behind the respectable facade" (2009, 7). Der Autor beschreibt auf vielen Seiten die bunte Welt der Absahner und meint, „(a)fter all, if anyone could play a game in which they could win millions but still not lose their shirt, whatever the outcome, then they would" (2009, 337-338).

Eine sehr ergiebige Quelle liegt mit Geraint Andersons's *Cityboy* (2009) vor, der in der Londoner City in einer Investmentbank (von ihm durchgehend als ‚Banque Inutile' bezeichnet), im Bereich europäische Versorgungsdienstleister (zunächst Wasser) in den 1990er Jahren durch

Zufall und ohne jegliche Vorkenntnisse tätig war. „It still amazes me to this day that an off-hand decision by the head of research would dictate the nonsense I babbled for almost twelve years" (ebenda, 31). In der „soul-destroying industry" (ebenda, 241), geht es den „money-obsessed cynics" (ebenda, 97) beim Nullsummenspiel (ebenda, 175) des „short-term gambling" (ebenda, 186) inklusive Insiderhandel, Steuerbetrug und Gerüchtestreuung usw. nur um „money-making ideas" (ebenda, 26) dank „sharp, cocky dickheads" (ebenda, 24), die ihrer Tätigkeit gegenüber zynische Indifferenz aufweisen müssen (ebenda, 33-34). Dass es sich hier nicht um Erfindungen oder Übertreibungen handelt, mögen die aufgeflogenen Insidergeschäfte des Milliardärs Raj Rajaratnam belegen, der mit dem Hedgefonds Galleon dank Informanten ohne große Mühe Millionen verdiente (*SZ* vom 19.10.2009, 17).

„The City catchphrase that ‚a long-term investment is a short-term bet gone wrong' applies to the job market as much as to a share recommendation" (ebenda, 75). Der Autor stieg aus, da ihm der zwangsläufig unethisch-hedonistische Lebensstil (ebenda, 69) einschließlich Alkohol, Prostitution, Fehlernährung und Drogen (ebenda, 201) zunehmend missfiel. „[I] wouldn't have become part of a system that is irreversibly making your world a less pleasant place to live in … greed, luck and having the morals of a hyena were clearly the principal determinates of one's financial success" (ebenda, 11 und 73-74).

Für Anderson sind Marktprozesse unvorhersehbar, da es sich bei der Wirtschaft um ein umweltoffenes System handelt und Herdenverhalten (*greater-fools*-Ansatz, ebenda, 275) weit verbreitet ist. „The ‚market' is an uncontrollable bucking bronco and you are just another rider trying to hold on for dear life and make a quid or two while you're at it … The market is the product of thousands of people's emotions. The two main emotions brokers and investors feel are greed and fear which, when combined with a herd mentality, can result in somewhat extreme and irrational ‚boom and bust' market movements" (ebenda, 7 und 51). Als Ursache der Bedeutung des hohen Einflusses des psychologischen Elements, einer tiefsitzenden und überspielten Unsicherheit der Akteure (ebenda, 109) bei gleichzeitiger Hybris, es besser als alle anderen zu wissen (ebenda, 193) und der mentalen Ansteckungsprozesse hat nach Anderson das objektive Vorherrschen radikaler Unsicherheit zu gelten. „Your sector is so sensitive to unpredictable things like movements in interest rates, politicians' pronouncements and sector rotation that it's a bit of a bugger's muddle anyway" (ebenda, 169). Grundsätzlich orientiert man sich daher besser an der allgemeinen Meinung und Stimmung und versucht sich im Regelfall mit einer positiven Weltsicht und optimistischen Empfehlungen, da man hierdurch mehr Beraterautträge an Land zieht, man besser an Informationen der Unternehmen gelangt usw. (ebenda, 120).

Wenn die Märkte auf Hochtouren laufen, ist eine warnende Kassandra definitiv nicht gefragt (ebenda, 152), was auch die lange Zeit nachlässige Haltung z.b. gegenüber Enron erkläre. Verkaufserfolg hängt weniger von effizienter Informationsanalyse, als vielmehr von endlosen Studien, marketingtauglichen Verkaufsprospekten, überzeugender Indoktrination per Telefon und dem Ausführen von Klienten zu teuren Essen, Sport- oder anderen Erlebnisstätten ab (ebenda, 38; zur dürftigen Grundlage der Memoranda siehe z.B. S. 44-45). „Hence, investment banks across the world are full of people espousing views extremely confidently that they don't necessarily think are true ... I decided fairly soon that my unique selling point would be that I would take my clients to parties, bars, nightclubs and music concerts and get them totally rat-arsed" (ebenda, 47 und 59).

Anderson setzt sich auch mit der Ansicht auseinander, dass von Seiten der Finanzmanager eine objektiv-rationale Verarbeitung der Informationen erfolge. „But, I hear you cry, surely the valuation of a share price is a very transparent and mathematical process that throws out a specific share-price target? Well, I'm afraid to say analysts often think of the number they want to reach and then work backwards to achieve it ... All the analyst then needs to do is manipulate his discount rate or his long-term growth forecasts in his discounted cash-flow model by perhaps half a per cent and you come up with the number you first thought of. To say this whole exercise is about as useful as nipples on a man would be an overstatement" (ebenda, 121-122). Angesichts des Problems, dass es „near-impossible to predict" ist, wie sich Assetwerte entwickeln, „(a)ll you needed to do was spin a vaguely plausible yarn that was difficult to disprove, write it down and the suckers would bite" (ebenda, 33).

In der Literatur wurde oft darauf hingewiesen, dass der unbestimmt-abstrakt-volatile Charakter moderner Finanzmarktverhältnisse ganz bestimmte Auswirkungen auf die Psyche der Akteure hat. „In contrast with the dry, tight, fixed, ‚masculine' aura of gold, modern credit money seems protean, liquid, and ‚feminine.' Unlike the classic neurotic, whose conflicts centered around anxiety and guilt over what where seen as dangerous and forbidden desires, the modern narcissist complains most about a sense of emptiness, of disconnectedness, of a free-floating rage and anxiety attached to nothing in particular" (Henwood 1997, 228). So sind viele Finanzmarktakteure interessante androgyne Erscheinungen, die einerseits einem aggressiven Machocode huldigen, der in den Insiderberichten anschaulich exemplifiziert wird, aber andererseits ebenso eine von Henwood skizzierte feminine Seite haben, die der (sozial)psychologischen Analyse harrt.

An vielen Stellen des Buches erregt sich Anderson über die Gehälter und Boni der Betreffenden, die im Vergleich zu Feuerwehrleuten und Polizisten wohl kaum einen gefährlicheren Job hätten (ebenda, 154-155). Zu den Einkommen vieler Hedgefonds-Manager meint er: „Never in the field of human capitalism has so much been earned by so few for doing so little" (ebenda, 181). Ihre Kurzfristwetten hätten überdies zu einer höheren Gesamtvolatilität der Märkte geführt, „stock markets became much more volatile as short-term hedge funds traded like whirling dervishes as they desperately tried to make a profit on even the flimsiest pieces of news-flow" (ebenda, 185). Hinzu kommt, dass die hohen Gehälter die Entwicklung zu einer sich spaltenden und unzufriedenen Gesamtgesellschaft durch höhere Mietpreise (in London), ostentativen Konsum und akkomodierende Politiken wie der Blairs (und Schröders) fördern, „our conspicuous consumption forments the jealousy and discontent necessary to convert the masses" (ebenda, 210).

Ein interessantes Dokument aus deutscher Sicht stellt das Buch der unter Pseudonym schreibenden Anne T. dar, die kurz vor dem Crash als Händlerin komplexer Derivate ausstieg. Gleich im Prolog stellt sie als Resümee ihrer Berufserfahrung fest: „Investment-Banker sind verlogene, arrogante Selbstdarsteller, die ihre Liebe zum Geld über alles stellen und dafür sogar sich selbst verkaufen. Geld, immer mehr Geld, war Freibrief für alles, was folgte ... Risiken waren uns egal, solange es nicht unsere eigenen waren. Sollte die Oma um die Ecke doch hopsgehen, egal, solange unsere Millionen-Sonderzahlungen flossen. Es waren doch alle mündige Bürger. Man braucht ein hohes Maß an Selbstüberschätzung und vor allem Gier, um es lange im Investment-Banking auszuhalten" (2009, 7-8). Anne T. lässt keinen Zweifel am zynisch-arroganten Stil der Bankster aufkommen, der durch den allseitigen Glauben an die Selbstheilungskräfte der Märkte flankiert wurde und gute Gewinnmöglichkeiten eröffnete: „Der deutsche Zertifikatemarkt war über Jahre die Kuh

gewesen, die wir gemolken hatten. 125 Milliarden Euro an Zertifikaten von deutschen Anlegern standen aus. Schätzungsweise hatten deutsche Banken mit dieser Summe über sieben Milliarden Euro verdient. Ein nicht zu toppender Reingewinn, direkt aus den Depots der Anleger in die tiefen Taschen der Banker" (ebenda, 11-12).
Ihre praktischen Erfahrungen begannen während der Hochzeit der Internetblase. Phantasie war gefragt, im Schnelldurchgang wurden die Unternehmen nach bunten Roadshows an die Börse gebracht, der Autorin erschien all dies als ‚gigantisches Theater' (ebenda, 19), bei dem nicht hinterfragt wurde, ob denn die prognostizierten immensen Wertsteigerungen in kurzer Zeit überhaupt realistisch erschienen. Hochstapelei war angesagt, leichtes Geld wurde verdient. Man hielt die junge Praktikantin bei öffentlichen Auftritten bald für eine erfahrene Investmentbankerin, was aber insofern nichts ausmachte, als ihr Chef die einzelnen Börsengänge schon lange nicht mehr auseinanderhalten konnte und z.b. mit Alkoholkonsum, Besuchen von Swingerclubs und mit Vebleneskem ostentativen Konsum, z.b. durch das Tragen von Anzügen, die so viel kosteten, was einer durchschnittlichen dreiköpfigen Familie in einem Monat zum Leben zur Verfügung steht, beschäftigt war. „Die Geschichten von Investment-Bankern, die auf Partys gingen, auf denen unter den Tischen Frauen sitzen würden, um den Männern einen zu blasen – sie waren nicht erfunden" (ebenda, 20). Die Beschreibungen der EMH über effizientes Einpreisen und die Saga Schumpeters, wie verantwortungsvolle Banker neue Produktionsumwege ermöglichen, erscheint nach dieser Lektüre wie eine kaum zu überbietende Persiflage.
Die wissensmäßigen Voraussetzungen waren bescheiden, erstaunlich nur, „dass man nicht einmal BWL oder Finanzmathematik studiert haben musste, um im Handelsraum einen Job zu bekommen. Juristen, Historiker, Philosophen, agierten hier" (ebenda, 22). Den Prozess der vermeintlich rationalen Informationsermittlung und -verarbeitung erinnert die Autorin eher an einen Kirchgang, bei dem morgendlich die Aktien-Analysten als Gurus mit Pokerface die Broker wissen ließen, wohin die Reise geht. „Die Aktien-Sales-Händler notierten sich alles andächtig, als wäre es für sie das höchste Glück, in einem Bibelkurs der Analysten zu sitzen. Danach rannten sie zu ihren Plätzen, riefen ihre Fondsmanager von Versicherungen, Pensions- oder Publikumsfonds nahezu im Minutentakt an und plapperten gebetsmühlenartig alles nach, was sie gerade gehört hatten – in der Hoffnung, dass einer der Kunden ansprang und

ihnen entsprechende Orders gab, die ihnen wiederum die ersehnten Kommissionen (Maklergebühren) brachten. Nachdenken über die Infos? Keine Zeit" (ebenda, 23). Lagen keine beeindruckenden Informationen vor, die zum Handel motivierten, dachte man sich *non-events* aus, mit denen man telefonisch hausieren ging.

Ausführlich geht die Verfasserin auf Derivate als Nullsummenspiele ein, die in der Mehrzahl zur Spekulation und nicht zur Risikoabsicherung dienten und die es erlaubten, in den Wertpapieren zusätzliche Provisionen (im Unterschied zu transparenteren Anlagen) zu verstecken. Besonders erwähnt werden kapitalgarantierte Anlagezertifikate (die sich auch nach der FK breiter Beliebtheit bei Verkäufern und Kunden zu erfreuen scheinen). Hierbei hatten Kunden „nicht nur in eine unverzinste Anleihe investiert, sie hatten auch von uns völlig übertreuert eine Aktienwette auf die globalen Aktienmärkte gekauft" (ebenda, 79). Die Autorin beschreibt mit dem angemessenen Zynismus die Ausbeutung der ahnungslosen Privatanleger und die Schützenhilfe der Politik einschließlich der EU und ihrer laschen Richtlinien. So konnten die aufputschenden Boni eingefahren werden, schließlich „hatten wir nicht viel zu verlieren, im Worst Case unseren Job. Aber wozu gab es Headhunter. Außerdem würden wir ohnehin über alle Berge sein, bevor es Probleme mit den reingeholten Deals geben würde" (ebenda, 122).

Ein besonders amüsantes Kapitel widmet sich der asymmetrischen Information gegenüber Fondsmanagern, denen renditeschädliche, aber gut verpackte Produkte angedreht wurden, die man mit teuren Abendessen, den Narzissmus der inkompetenten Fondsmanager befriedigenden Bestärkungen u.a. sachfremden Manipulationsmitteln gefügig machte. „Alles in allem lief unser Handel mit Derivaten und anderen strukturierten Produkten hervorragend. In Millionen –, ja sogar Milliardenhöhe wurden wir das los, was kaum noch einer begriff. Ärztekammern griffen zu, Stiftungen, Vorsorgewerke, Kirchen, Kommunen, selbst beim Vatikan wurden wir vorstellig. Alle glaubten, sie seien besonders clever, wenn sie sich unsere Puzzlekonstruktionen an Land zogen" (ebenda, 147). Überdurchschnittliche Renditeversprechen scheinen den rationalen Sinn für Risiken abzutöten. „Die Gier der Anleger ist stärker. Jeder folgt seinem Jagdinstinkt und greift nach dem [vermeintlichen] Mehrgewinn wie nach einem Schnäppchen" (ebenda, 165).

Immer wieder kommt die Autorin auf das Fehlen von Transparenzvorschriften (z.B. welche Zweckgesellschaften halten welche Positionen) und von klaren Regeln z.b. im OTC-Bereich und die zahlen- und qualitätsmäßige Unterlegenheit der Aufsichtsbehörden auch in Deutschland zu sprechen. „Verantwortungsbewusstes Handeln war eine Utopie, wie eine Gesellschaft, die glaubte, auf Regeln zur Verhinderung von Mord und Unterdrückung verzichten zu können ... Die Beratungsarmee der großen Wirtschaftsprüfungsgesellschaften erstellten gegen entsprechende Gebühren nur zu gern Gutachten für uns oder gaben uns Ratschläge ... wie wir haarscharf am illegalen Bereich vorbeischrammten" (ebenda, 173 und 199). Durchblick bei den komplexen Produkten hatten bestenfalls diejenigen, die sie strukturierten, aber nicht die Kontrollinstitutionen inner- oder außerhalb der Finanzinstitute. „Wir katapultierten Milliarden um den Globus, als gäbe es kein Morgen. Aufsichten und Risiko-Management, die ob der Komplexität unserer Deals kapitulierten, besaßen keine Möglichkeiten, uns aufzuhalten" (ebenda, 218).

Eines schönen Tages wurde es Anne T. zu viel, Veblens konstruktiver *instinct of workmanship* obsiegte (ähnlich wie bei Sony Kapoor, siehe das Interview in *Der Tagesspiegel* vom 25.6.2010). „Ich hatte meinen Spieltrieb und meine Gier nach Wissen und Geld ausgelebt ... Wir in unserer Bank erfanden Sachen, die kein Mensch brauchte. Wir produzierten Unfug in Millionen- und Milliardenhöhe – und alle fühlten sich gut dabei ... Auf der ganzen Welt krochen größenwahnsinnige Broker und Händler herum, die wie Irre mit Risiken um sich ballerten" (ebenda, 211 und 212, als weiteres Beispiel für diese starken Behauptungen siehe auch Zuckerman 2009).

Ähnlich fällt der Bericht von Susanne Schmidt (2010) aus, die viele Jahre in der Londoner City und später bei Bloomberg als Journalistin arbeitete und dem Finanzsektor alles andere als ablehnend gegenübersteht. Sie ist die Tochter des früheren Bundeskanzler (siehe dessen ausgeprägt kritische Sicht zum bunten Treiben an den Finanzmärkten in Kapitel 5 seiner Erinnerungen in Schmidt 2008). Ihre Alltagsbeschreibungen passen ins Bild des später zu entwickelnden BBP, nicht zufällig tragen bereits die Überschriften Titel wie ‚Kasinomentalität' und ‚Herdenverhalten' (zur Psychologie der Akteure siehe insbesondere die Seiten 35-46 über Opportunismus, die Macht der Ellbogen, Aggressionen, Kurzfristdenken usw.). „Wenn ich abends nach Hause kam, musste ich erst mal die Messer aus meinem Rücken ziehen, die mir einige freundliche Kollegen tagsüber reingerammt hatten". Das Arbeiten im Bankwesen „ist härter, aggressiver und egoistischer geworden. Das Verständnis, Dienstleister für die Realwirtschaft zu sein, hat sich verflüchtigt" (2010, 39-40 und 196).

Mit Nomi Prins' (2009) und Tetts (2010) detaillierten Berichten des Verlaufs der FK liegen faktenreiche und fundierte Beiträge vor, die aus der (Insider)Perspektive des BBP über die eigenen persönlichen Erfahrungen hinaus das Geschehen einschließlich der Rettungsprogramme aus der Sicht der Investmentbanken rekonstruieren (z.B. hinsichtlich der motivationalen Seite als eine Mischung aus Ignoranz, Arroganz, Aggression und Gier). In Form eines Thrillers trifft Will (2010) Atmosphäre und Einstellungen der Akteure auf den höheren Ebenen des Finanzsektors.

Man wird bei der Lektüre dieser Erfahrungsberichte an Henwoods Aussage erinnert, „(i)t is quite a leap to say that because it is unpredictable, the stock market is efficient, and another broad leap to argue that such efficiency means that the stock market's influence over the allocation of real capital is efficient in the economic sense" (Henwood 1997, 166; als weitere Erfahrungsberichte, die Zweifel an einer EMH liefern, siehe für den Derivatehandel Das 2006).

Abschließend sei kurz auf Henry Kaufmans (2000) Bericht eingegangen, einem 1933 als Kind aus Deutschland Geflohenen, der später bei Salomon Brothers arbeitete und zum legendären Investmentmanger wurde. Er sieht die enorme Aufblähung (siehe 2000, Kapitel 3) und spezifische ‚Amerikanisierung' der Finanzmärkte mit großer Skepsis, was auch zu seinem Ausstieg bei Salomon Brothers führte (ebenda, 107-111). „The trust and intimacy that once typified relations between investment banks and their clients has been supplanted by a transaction-driven ethic that favors profit maximization at every turn" (ebenda, 97). Seit den 1970er Jahren wandelten sich die Regeln und Institutionen radikal. „These institutions are distinguished by their emphasis on short-term investment performance, their heavy use of leverage, and their willingness to move in and out of markets – whether equities, bonds, currencies, or commodities – in a relentless quest to maximize returns. The new breed includes the often-reviled hedge funds, although they are neither the sole nor the leading contestants. In fact, most prominent banks, securities firms, and even a few insurance companies possess departments that emulate the trading and investment approach of the hedge funds … Once arcane and exotic, the hedge fund approach to investment has been mainstreamed" (ebenda, 61).

Die Balance zwischen Konservativismus und Entrepreneurship im Finanzbereich sei verloren gegangen (ebenda, 303), drastische Regulierung angesichts der neuen Akteure jenseits des gegenwärtigen *patchwork* sei dringend erforderlich (ebenda, Kapitel 12), zurzeit bestehe eine Überregulierung kleinerer Unwichtigkeiten zu Lasten notwendiger Regulierungen und es gebe eine sehr schlechte Bezahlung der Regulierer. „Unfortunately, self-regulation by the financial community has not worked in the past, and probably wont't work in the future" (ebenda, 82-83). Der Zugang zu Krediten sei durch Sekuritisierung u.a. zu leicht, die großen Finanzunternehmen glichen eher quasi-öffentlichen Einrichtungen *(too-big-to-fail)*. Durch den Glauben an die Selbstregulierung Wissenschaft und Politik „continue to underestimate the potential for credit crunches, mainly because they continue to believe that new products, markets, or trading techniques have had only limited effects, or have even reduced the danger of credit crunches" (ebenda, 284). Es können hier nicht die vielen Fallanalysen rekapituliert werden, die seine Thesen untermauern. Kaufman fordert seit 1975 ein neues Ziel der Geldpolitik der Zentralbank, nämlich eine Kontrolle der gesamten Kreditschöpfung. „This debt proxy would consist of credit market instruments and deposits held by the private domestic nonfinancial sector (households, businesses, and state and local governments) ... to take into consideration financial asset prices explicitly in the formulation of monetary policy" (ebenda, 194 und 219).

Viele seiner Thesen aus dem Jahr 2000 lesen sich wie neuerdings gezogene Lehren aus der jüngsten FK: „Good times breed the illusion of boundless liquidity ... Marketability is not the same as liquidity ... marking financial assets to market is an imperfect process ... Modeling risk has great limitations, including poor guidance for managing options exposure ... Contagion is a major force in the modern, globalized, securitized system ... International diversification fails to provide much protection to the investor ... Rational analytical techniques cannot predict extremes in financial behavior ... Rating agencies are not timely in their analysis but lag events. The credit risk in the high-octane world of finance has been systematically downplayed for a long beschäftigt war time" (ebenda, 314-320, i.O. kursiv; siehe auch das Interview vom September 2000 unter http://findarticles.com/p/articles/mi_m1093/ is_5_ 43/ai_65653568/).

Grundlegend problematisch sei es, zu glauben, „that risks are knowable, that they can be calculated precisely based on historical data, and that they can be diversified" (ebenda, 298). Seine Botschaft nach fast einem halben Jahrhundert Erfahrungen auf den Kapitalmärkten lautet: „Comprehensive deregulation is impractical, and its true consequences are intolerable even to the governments that espouse the virtues of free-market capitalism" (ebenda, 226). Er geht davon aus, dass Sekuritisierung zu höherer Volatilität führt (ebenda, 56). Kapitel 4 befasst sich extensiv mit Derivaten. Fest stehe, „that financial derivatives facilitate not only hedging but also speculation. More to the point, everyone seems to agree that it is dangerous when users of derivatives are exposed to risks that they either do not understand or cannot quantify accurately" (ebenda, 73).

Er misstraut auch dem Sinn von Optionen, denn „dynamic hedging is an inexact science, one that relies on extraordinarily complex computerized models, which themselves are far from infallible (because they are built on historical data) … no one knows how robust these models will be in the face of unusual market developments" (ebenda, 74-75). Nach der FK weiss man mehr. Derivate haben mittlerweile wesentlichen Einfluss auf die Underlyings, insbesondere im Aktien- und Anleihebereich, hinzu kommt, „they introduce phenomenal *leverage* into the system. It is this insertion of greater leverage that can make for greater volatility in the system" (ebenda, 77). Ein ehrbarer Kaufmann, der das Geschäft versteht.

3
Heterodoxe Ansätze
(Veblen, Keynes, Galbraith, Minsky, Wray, Roubini, Taleb, Stout)

Aus dogmenhistorischer Sicht liegen alternative Sichtweisen der Finanzmärkte seit vielen Jahrzehnten vor, zu ihnen sind die Beiträge des Begründers des kritischen („Alt")Institutionalismus, Thorstein Veblen und des in dieser Tradition stehenden John K. Galbraith und die eher kursorischen, aber dennoch wertvollen Überlegungen von Keynes zu zählen. Vorab lassen sich einige Gemeinsamkeiten ihrer Überlegungen im Unterschied zu neoklassischen Ansätzen feststellen: So vertreten sie *Flow-of-funds-* bzw. *Credit-cum-debt-crisis-*Modelle (siehe die erstklassige Rekonstruktion von Bezemer 2009, vertieft Godley und Lavoie 2007). Ausdrücklich wird eine Welt der Finanz- von einer der Realwerte getrennt, da dem Kreditzyklus eine ausschlaggebende Bedeutung zukommt und z.b. ein Sinken des Wachstums der Schulden(quote) krisenauslösend sein kann.

Der Finanz-, Versicherungs- und Immobilienbereich (FIRE) wird konzeptuell unterschieden vom Realsektor (Staat, Unternehmen und Haushalte). Liquidität fließt vom FIRE-Sektor durch Kredite zu diesen drei Bereichen. Ohne hier in die Einzelheiten gehen zu können, ist eine entscheidende Frage, welcher Anteil der Gesamterlöse einer Ökonomie in den Real- oder den Finanzsektor fließt. Der *trade-off* zwischen den Zuflüssen zur Finanzierung der Realproduktion und den Rückflüssen in den Finanzsektor entgeht neoklassischen Modellen, die keinen eigenen Finanzsektor kennen. „A benchmark scenario of financially sustainable growth is when the economy expands with constant fractions of it[s] credit flows going to the financial and real sectors. Debt burdens do not grow as proportion of the real economy and therefore remain serviceable, and the FIRE sector cannot have a bad loan problem. Conversely, debt growth is the central factor in undermining the financial sustainability of economic growth" (Bezemer 2009, 15).

Schaubild 3: Schematische Übersicht des Flow-of-fund-*Modells*

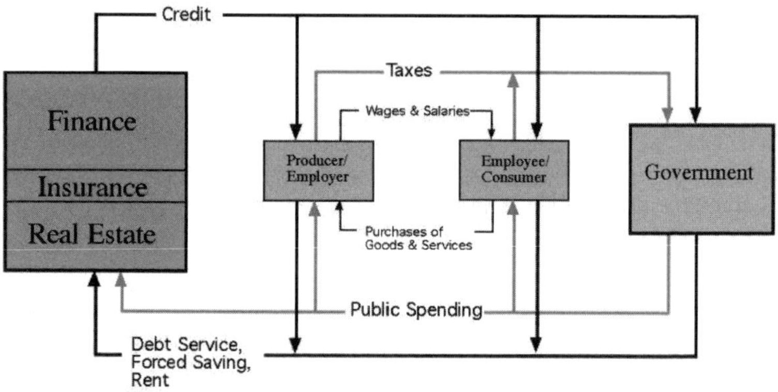

Quelle: Siehe Hudson 2006, hier nach Bezemer 2009, 13.

Ein Liquiditätsabfluss vom Real- (Investitionen, Produktion, Konsum) in den Finanzsektor führt zum dortigen Steigen der Assetpreise und einer zunehmenden Finanzialisierung der Ökonomie. Der höhere Nettowert der Finanzassets animiert zu weiteren Ausleihungen, da das Collateral mehr wert ist. Parallel zu den höheren Erträgen und der Zunahme der Kredite steigen auch der Schuldendienst und die Provisionen im Finanzsektor. Einige Jahre kann sich der Kreditfluss auf die sich wertmäßig hochschraubenden Finanzassets konzentrieren. Allerdings stößt diese selbsttragende Dynamik eines Tages an die Grenze der Fundamentaltatbestände der Realökonomie, da diese die Fähigkeit zur Schuldenbedienung haben muss. Orthodoxen Gleichgewichtsmodellen entgeht diese prekäre Beziehung, da Vermögens-, Schulden- und Geldflüsse nicht in ihren Modellen auftauchen. Bezemer analysiert beispielhaft das auch in der Praxis weit verbreitete *Washington University Macro Model* (WUMM) mit seinen 600 Variablen, 410 Gleichungen und 165 exogenen Variablen, das aber keinen eigenständigen FIRE-Sektor aufweist und monetäre und finanzielle Variablen nicht trennt. Es ist oft schwer zu beurteilen, welcher

Theorieströmung die Gleichgewichtsmodelle angehören, da sie meist wenige Rigiditäten enthalten und konzeptuell ebensoviel der Theorie rationaler Erwartungen als Neukeynesianischen Modellen verdanken.

Bezemer identifiziert in der ökonomischen Theoriegeschichte zwei Schulen: Quesnays Konzept ohne Finanzsektor, das sich beim Mainstream durchsetzte und der nach Meinung Bezemers missverstandene Say mit seiner Unterstreichung der Rolle des Geldes, des Kredits und der Schulden, der in Vergessenheit geriet. Bezemer zeigt, dass praktisch alle heutigen Ökonomen, unabhängig von ihrer sonstigen Schulen(zuge)-hörigkeit, die die FK voraussahnten, in einem *Flow-of-funds*-Modell dachten, wie die im Folgenden etwas näher analysierten Beiträge von Veblen, Keynes und Galbraith.

Veblen unterschied vor mehr als einem Jahrhundert industrielle und pekuniäre Aktivitäten. Letztere „are handled as incidental features of the process of social production and consumption ... it becomes imperative to find some ground on which to impute industrial productivity to those [pecuniary] classes and employments" (1993/1901, 107-108). Er stellt das implizite Postulat ihrer sozialen Nützlichkeit in Frage. „(T)hose who normally receive an income must perforce serve some productive end" (ebenda, 107). Sein primäres Beispiel für *pecuniary employments* ist der Spekulant. „[He] touches industry only remotely and uncertainly" (ebenda, 109).

Die Legitimität der Finanzspekulation wurde zu Veblens Zeiten stark in Frage gestellt (siehe z.B. Brandeis 1914/1913) „because it is not quite plain whether the speculators as a class come out of their transactions with a net gain or with a net loss. A systematic net loss, or a no-profit balance, would ... mean that the class which gets this loss or doubtful gain is of no service to the community; yet we are, out of the past, committed to the view that the speculator is useful – indeed economically indispensible – and shall therefore have his reward" (Veblen 1993, 109). In diesem Kontext nennt er die Spekulation mit Wertpapieren, die Tätigkeit von Anwälten, Brokern, Bankiers und „of real-estate men (land agents) engaged in the purchase and sale of property for speculative gain or for a commission" (ebenda, 110; zu ihrer Bedeutung in der Subprime-Krise siehe im Detail Bitner 2008).

Veblen erweitert die Dichotomie der industriellen und pekuniären Tätigkeiten in einer säkularen Perspektive in seiner Theorie der feinen Leute (1994/1899; zu einer Interpretation von Veblens heute teilweise eigenartig erscheinender Theorie und Begrifflichkeiten siehe Peukert 1998, Kapitel 6). Dem konstruktiven *instinct of workmanship,* der auch bei den ehemaligen Finanzmarktakteuren des vorigen Abschnitts hervorbrach, stehen bei den durchschnittlichen Akteuren an den Finanzmärkten nach Veblens Idealtypus kriegsaffine Gewohnheiten, Aggression, der Glaube an das individuelle Glück, Gewalt, Lüge, Betrug, Ausbeutung, emulative Demonstration und Konsumtion, animistische Verhaltensauffälligkeiten und zuweilen eigenartige Zeremonien gegenüber. Sie sind als Relikte aus unserer barbarischen Vergangenheit anzusehen, die in den im vorigen Abschnitt angeführten Berichten aus der Praxis der Finanzmarktakteure Ausdruck fanden.

Für Veblen ist dieser anthropologisch tiefsitzende, räuberische Animus auch der heute nach wie vor dominierende Charaktertypus. Ihn zeichnet der paradoxe Antrieb „of every one to excel every one else" (ebenda, 32) aus. So mag sich erklären, warum die meisten Akteure auf den Finanzmärkten einerseits von effizienten Märkten schwärmen, aber andererseits nichts unversucht lassen, durch aktives Anlageverhalten diesen effizienten Markt zu schlagen, was im Aggregat genauso wenig gelingen kann wie das von Veblen beschriebene Bestreben der Mitglieder diverser sozialer Schichten, sich einkommensmäßig und konsumtiv von ihrer jeweiligen Bezugsgruppe abzuheben *(keep up with the Jonses).*

Die erfolgreichen Räuber *(predators)* werden vom Durchschnittsmenschen (heimlich) bewundert und beneidet, da die Quelle der Wertschätzung in heutigen Gesellschaften „is to rank high in comparison with the rest of the community in point of pecuniary strength ... [it is] the desire of every one to excel everyone else in the accumulation of wealth" (ebenda, 31-32). Diesem Gedanken Veblens folgend kann vermutet werden, dass das (Investment)Banking der Archetpypus des vorherrschenden pekuniären Lebensideals darstellt, mit „(f)reedom from scruple, from sympathy, honesty and regard for life" (ebenda, 223). Mit diesem heimlichen Leitbild lässt sich wohl auch zu einem guten Teil die quasi neofeudale Unterwürfigkeit der Menschen hinsichtlich der Handlungsunterlassungen der Politik gegenüber dem Finanzsektor und die fast klaglose Übernahme der Rolle des Opferlamms durch die Aufbürdung der Krisenabfederung auf den allgemeinen Steuerzahler erklären.

Nur im Vorbeigehen sei erwähnt, dass Veblen keine voluntaristische Sozialkontrakt-, sondern eine stratifikatorische Überlagerungstheorie vertrat, nach der der Staat durch die unproduktiven Gruppen okkupiert wird.

Er stand generell einem hohen Verschuldungsrad sehr skeptisch gegenüber, denn er führt zu einer „augmentation of the volume of outstanding credit instruments. Whether there are any physically useful goods anywhere held in store back of these funds savings ... is an open question, with the presumption running strongly to the contrary ... the saved up funds foot up to an absentee claimant's undifferentiated claim on a share in the outstanding stock of merchantable goods at large. Any multiplication of such claims, or any mobilization of an added number of them, adds nothing to the stock of goods on hand; it only reduces the share per unit of effectual claims, to answer to the increased number of units" (Veblen 1964/1923, 87).

Der von Veblen beschriebene Habitus des *Predators* taucht weder im Modell des Homo Oeconomicus, noch in den Alternativmodellen der Behavioral Finance (trotz allerlei Irrationalitäten) oder der Neuen Institutionenökonomie (Opportunismus, bei der immerhin ‚*self-interest seeking with guile*' vorkommt) auf. So wundert es nicht, dass man in den (Wirtschafts)Wissenschaften nicht wirklich mit zielgerichtetem, betrügerischem und handfest illegalem Verhalten rechnet. Am Tag der Abfassung dieser Zeilen findet sich in der *SZ*-Beilage der New York Times ein Artikel Paul Krugmans über den Plünderer Goldman Sachs und dessen Praxis des „predatory lending" (*SZ*-Beilage vom 26.4.2010, S. 2) angesichts der bewusst zwecks Ausfall von Shortspekulanten konstruierten und von GS verkauften MBS. Auf der gleichen Zeitungsseite findet sich ein Bericht über das Buch von Harry Markopolos, dem Bostoner Finanzanalysten, der die SEC jahrelang vergeblich vor dem Scharlatan Bernhard Madoff warnte.

Zwischen der Annahme weitestgehend effizienter Märkte und der Sichtweise Veblens, der im Finanzsektor den heutigen Kernbereich einer dysfunktionalen Überlagererschicht sah, die wie im mittelalterlichen Feudalismus die Fürsten mit religiösen Ideologen (heute: der Wissenschaft) die Gesellschaft ausbeuten, besteht, wie leicht zu ahnen ist, ein fundamentaler Unterschied. „Veblen noted that many transactions are undertaken not for efficiency, but for reasons of power – to undermine competitors or secure monopoly position. He emphasized that businesses wanted to make money, not run the best industrial system imaginable. The difference in emphasis is important, because the Coasian view sees the corporation's role as maximizing efficiency, not profit, which is another matter entirely" (Henwood 1997, 251).

Neben Veblens Null- oder Negativsummenannahme und seine Einbettung der Finanzsphäre in einen breiteren kulturellen Kontext sollte noch seine methodische Grundannahme nicht belegbarer, paradigmatischer *habits of thought* und *preconceptions* erwähnt werden, die er u.a. in „The preconceptions of economic science" entwickelte (Veblen 2010/ 1898-1900). Bekannter sind seine Ausführungen im Aufsatz zur Evolutorik aus dem Jahr 1898: „It will not even hold true that our elders overlooked the presence of cause and effect in formulating their theories and reducing their data to a body of knowledge. But the terms which were accepted as the definitive terms of knowledge were in some degree different in the early days form what they are now ... The difference is a difference of spiritual attitude or point of view in the two contrasted generations of scientists. To put the matter in other words, it is the difference on the basis of valuation of the facts for the scientific purpose, or in the interest from which the facts are appreciated" (Veblen 1976, 219).

Er vertritt hier einen radikalen Erkenntnisrelativismus und Konstruktivismus, denn in seiner Sicht gilt, dass die „constraining normality [of a scientific theory] is of a spiritual kind. It is for the scientific purpose an imputation of spiritual coherence to the facts dealt with. The question of interest is how this preconception of normality has fared at the hands of modern science" (ebenda, 221). Theorien sind für Veblen (auch?) Projektionen akzeptierter gesellschaftlicher Verhaltensideale. Dies gilt nicht nur für die von ihm analysierte frühe Gleichgewichtsanalyse, sondern man kann es auch auf die heutige Harmonievorstellung der EMH übertragen. Ihre primäre Rolle läge dann im symbolisch-legitimatorischen und nicht in der Feststellung dessen, was die Finanzdinge wirklich im Innersten zusammenhält. Auch die für die praktische Anwendung gedachten Bausteine wie die Merton-Scholes-Bewertung von Optionen und die Annahmen in Risikomodellen sowie z.B. das CAPM stellten dann nicht praktische Werkzeuge wie Schraubenzieher, sondern Brillen dar, die bestimmte Sichtweisen ermöglichen bzw. erzwingen und die wilden Finanzmärkte in eher harmlose Papiertiger (Gaussverteilung) umdeuten, um den Geist zur Ruhe zu bringen und in Sicherheit zu wiegen (Peirce 1878, siehe http://www.peirce.org/writings/p119.html). Falls eine solche Brille keine Fernsicht erlaubt, kann es trotz allem berechtigten Konstruktivismus in der realen Welt dennoch krachen.

Neben Veblens insbesondere kulturökonomischen Überlegungen bot Keynes, der in den letzten Jahrzehnten neben anderen Postkeynesianern vom Mainstream bis vor kurzem als Theoretiker Ignorierte (Hodgson 2008, siehe aber Davidson 2009b, Taylor 2010, Skidelsky 2010 und Clarke 2010), eine substantielle Bereicherung durch ein zur EMH, als auch zu Behavioral Finance alternativem Verständnis der Finanzmärkte.

Obwohl er keinen wirklich elaborierten Ansatz hierzu entwickelte, profitierte er von einem reichen Erfahrungsschatz als Privatanleger (siehe als Zusammenfassung auch Cassidy 2009, Kapitel 13). In der wirtschaftspolititschen Praxis in den letzten Jahrzehnten in den USA konnte man neben der theoretischen Ablehnung seines Ansatzes einen (von Keynes sicher nicht unterstützten) Hyperkeynesianismus verzeichnen, der dank negativer Sparquoten, Kredit(karten)überziehungen, Hypotheken für Jedermann usw. in den USA ein effektives Nachfragefeuerwerk entfachte, dem irgendwann die Luft ausgehen musste. Auch die Niedrigzinspolitik Greenspans könnte als keynesianisch bezeichnet werden. Keynes war allerdings, wie die meisten Intellektuellen der 1930er Jahre, den Finanzmärkten gegenüber kritisch eingestellt.

Hier sollen nur die wesentlichsten Aspekte aus dem kurzen 12. Kapitel seiner *Allgemeinen Theorie* (1973a/1936) und der viel beachtete QJE-Artikel (1973b/1937) zur Sprache kommen. In seiner Diskussion der langfristigen Erwartungsbildung bemerkt Keynes, „it would be foolish, in forming our expectations, to attach great weight to matters which are very uncertain. It is reasonable, therefore, to be guided to a considerable degree by the facts about which we feel somewhat confident, even though they may be less decisively relevant to the issue than other facts about which our knowledge is vague and scanty. For this reason the facts of the existing situation enter, in a sense disproportionately, into the formation of our long-term expectations" (1973a, 148).

In einer Fußnote macht er deutlich, dass ‚unsicher' und ‚sehr unwahrscheinlich' etwas völlig anderes bedeuten (siehe auch 1973c/1921, Kapitel 6; die wissenschaftstheoretischen Implikationen und Probleme seiner Positionen werden hier ausgeklammert, siehe Bateman 1991). Der konventionelle Ausgangspunkt ökonomischer Akteure ist nach Keynes nicht eine irrationale mentale Voreingenommenheit etwa im Sinne von Behavioral Finance als psychologische Irrationalitäten (die sich bei Bewusstwerden eventuell vermeiden ließen?). Vielmehr ist für ihn der konventionelle Bias eine unvermeidbare, pragmatische Notlösung, die sich dem Umstand verdankt, dass der Mensch hinsichtlich der Zukunft im Dunkeln tappt. Als Maxime gilt daher: „The existing state of affairs will continue indefinitely, except in so far as we have specific reasons to expect a change" (Keynes 1973a, 152). Nichtwissen *(unknowledgeability)* ist somit eine epistemologische Tatsache, die nicht durch irgendwelche komplizierten mathematischen Operationen oder Kalküle verhindert oder gelöst werden kann, weder heute noch in der Zukunft! Der Alltagskonventionalismus der Marktakteure ist nicht Ergebnis ihrer durch die limitierten Kapazitäten menschlicher Gehirne, Informationen zu bearbeiten bedingten begrenzten Rationalität geschuldet (die durch ‚künstliche Intelligenz' verbessert werden könnte?), sondern weil in allen nicht zentralistisch geplanten Gesellschaften mit arbeitsteiligen und evolvierenden Märkten die Zukunft einfach nicht vorhergesehen werden kann (Popper 2004/1957). Für Keynes, „a state of near ignorance was the normal course of affairs" (Cassidy 2009, 169), was der Grundannahme der EMH widerspricht, der er somit bereits vor ihrer eigentlichen Entwicklung widersprach.

Keynes hätte konsequenterweise *Value-at-risk*-Kalkulationen, Monte Carlo-Simulationen oder Capital Asset Pricing-Modellen mit fixen Korrelationen grundsätzlich stark misstraut (siehe den Überblick zu den angewandten Modellen in Mishkin und Eakins 2006). „The outstanding fact is the extreme precariousness of the basis of knowledge on which our estimates of prospective yield have to be made. Our knowledge ... is usually very slight and often negligible. If we speak frankly, we have to admit that our basis of knowledge for estimating the yield ten year hence of a railway, a copper mine, a textile factory ... an Atlantic liner, a building in the city of London, amounts to little and sometimes to nothing" (1973a, 149-150). Dieser realistische Agnostizismus läuft der impliziten Annahme der EMH zuwider, dass die zugänglichen Informationen in der Regel ausreichen, um halbwegs vernünftige Vorhersagen (über zukünftige Wertentwicklungen) treffen zu können. Keynes interpretiert die Annahme arithmetisch gleicher Verteilungswahrscheinlichkeiten, der gemäß die Wertentwicklungen und die Fehler in beide Richtungen (beides Standardannahmen der EMH) gleich stark sind, als Beruhigungspillen bzw. Rationalisierungen (‚calming rationalizations', ebenda, 152).

Unser Unwissen kann nach Keynes *nicht* entscheidend durch mathematische Modelle oder ökonometrische Berechnungen und Prognosen überwunden werden. Es ist systemisch: Solange Innovationen auftreten, Märkte sich an (unvorhergesehene) Veränderungen anpassen und externe

Überraschungen wie Erdbeben, Vulkanausbrüche, politische Umbrüche usw. eine Rolle spielen, die Ökonomie ein offenes System ist, sind Grenzen des Wissens elementar.

Investitionen auf der alleinigen Grundlage kühler Kalkulation sind kaum möglich. Glücklicherweise fühlt sich die menschliche Natur oft herausgefordert, die Chance zu ergreifen. Spontaner Optimismus als Teil der menschlichen Natur ist im Wirtschaftsleben erforderlich und vorhanden (Keynes' *animal spirits*), „a spontaneous urge to action rather than inaction, and not as the outcome of a weighted average of quantitative benefits multiplied by quantitative probabilities" (ebenda, 161). Keynes verstand offenkundig das treibende Motiv des Unternehmergeistes jenseits formaler Kalküle, womit er der Richtung des ‚anderen Theoriekanons' in der Tradition Webers, Sombarts und (der einen Seite) Schumpeters nahekommt. Er gehört mit diesen Darlegungen einem zur Neoklassik alternativen Paradigma an. Hinsichtlich der Motivlage des Entrepreneurship beispielsweise der Dichotomie ‚Geist' (aktiv, kreativ) im Unterschied zu ‚Materie' (mechanisch) in der Unterscheidung von Reinert (2003, siehe auch Marietta und Perlman 2000 mit einem Dutzend dichotomischer Alternativen zur Unterscheidung der Forschungsprogramme und die weiteren Erläuterungen in Kapitel III.8).

Keynes' Überlegungen, zumindest die in Kapitel 12 der *Allgemeinen Theorie* (zu seinen methodologischen Ambiguitäten siehe Peukert 1991), sind Teil eines heterodoxen Ansatzes, worauf im folgenden Abschnitt (III.4) noch etwas näher einzugehen sein wird. Eine treibende Kraft für das plötzliche Auftreten seiner *animal spirits* ist die „political and social atmosphere which is congenial to the average business man", was die Bedeutung der fragilen Balance zwischen Phasen des Optimismus und Pessimismus hervorhebt (ebenda, 162; zur atmosphärischen Kulturanalyse der mentalen Vorbedingungen der Dotcom-Blase siehe Shiller 2000). In seiner Untersuchung der FK stellt Koutsobinas daher neben einem objektivistischen ‚Minsky-Moment' einen nicht wegzudenkenden ‚Keynes-Moment' heraus, denn „euphoric ignorance (rather than forced misguidance) was one of the most important causes of the crisis. Accounts of monetary policy and financial architecture appear to imply that financial practitioners were forced or were ‚misguided' to mispricing. But, in reality, those executives knew the facts and they chose to ignore them, caught up in euphoria for as long as the bull market went on … This is the culture of contentment and privilege that is reminiscent of

Galbraith's and Veblen's political economy ... Behavioral, and more precisely, human psychology considerations were independent, important determinants and their role must be reflected fully in economic analysis" (2010, 94-95). Ein wesentliches psychologisches Element beim Aufkommen von Finanzkrisen besteht im immer wieder anzutreffenden „Dieses Mal ist alles anders"-Syndrom, das Reinhart und Rogoff (2010, 63-70 und 299-306) in seinen vielen Begründungsvarianten vorstellen und für wesentlich erachten, um z.b. in astronomische Höhen schießende Assetwerte für ‚normal' zu halten.

Neben die Einbettung in die Stimmungslage der Umwelt wird auch von der empirischen Marktforschung bestätigt, dass gefühls- und stimmungsbedingte Entscheidungsfindungen nicht im Abnehmen begriffen sind. Handelsprofessor Willy Schneider von der Universität Mannheim stellt in einem Interview fest: „Früher wurde die Rationalität der Kunden hoch eingeschätzt. Doch die Forschung machte immer deutlicher, dass wir vor allem hormon- und triebgesteuert sind. Darum sprechen die Konzerne mittlerweile weit mehr die Sinne an" (*SZ* vom 30.7.2010, 26). Gilt dies nicht für Professionelle und gut Informierte? „Es gibt die Informationsarmut im Informationsüberfluss. Es wird immer schwieriger, die vielen Informationen auf ein Urteil zu verdichten. Was passiert? Irgendwann gibt man auf – und lässt das Bauchgefühl sprechen" (ebenda). Konsumenten und Finanzmarktakteure richten sich dann eher an Marken und Trends aus, d.h. Informationen können ab einem gewissen Übermaß zu Überforderungen und Abwehrreaktionen und nicht zu informationsbasierten Entscheidungsweisen führen.

Für Keynes haben organisierte Investmentmärkte ambivalente Auswirkungen: Sie können Investitionen erleichtern und unterstützen, wie von Mainstreamökonomen betont. Aber sie können auch „greatly [add] to the instability of the system" (Keynes 1973a, 151) und sie behindern, da die Erwartungen z.B. an den Aktienbörsen deutlich von den Erwartungen der Unternehmer abweichen können. So kann der Einfluss des impliziten Wissens vor Ort gerade wegen der zunehmenden heutigen Veröffentlichungspflichten abnehmen und nur noch „harte" objektive Daten, die Analysten durchkämmen, Berücksichtigung finden und nicht mehr tägliche intime Kenntnis der Umstände vor Ort.

Konventionelle Bewertungen ruhen auf dünnem Eis und die Zukunft ist prinzipiell unsicher, so viel ist sicher. So kommt es, dass neuen Informationen unabhängig von ihrem eigentlichen Bedeutungsgehalt und ihrer relative Wertigkeit im Verbund aller Informationen auf der Suche nach festem Halt oft übertriebene Beachtung geschenkt wird (ebenda, 153). Im Prinzip unbedeutende Ereignisse können so einen übertriebenen und nachhaltigen Einfluss auf die längerfristigen Marktentwicklungen ohne Tuchfühlung mit den Fundamentals ausüben (ebenda, 154; zur These des *market memory* siehe Mandelbrot und Hudson 2004, und Lo 2008). Hierzu kommt es auch, weil die unterschiedlichen Informationen hinsichtlich Bedeutung und Auswirkungen angesichts einer dramatisch ungewissen Zukunft mit Ambivalenzen behaftet sind.

So kann es zu Über- und Unterbewertungen kommen. Diese werden verstärkt, indem ökonomische Akteure andere Marktteilnehmer beobachten, um zu sehen, wie diese die Bedeutungen und Relevanz der Informationen verarbeiten und welche Konsequenzen sie daraus ziehen, so dass eine „mass psychology of a large number of ignorant individuals" (Keynes 1973a, 154) in Gang gesetzt wird. Dieses *acting in concert* war Keynes, der auch als Privatinvestor die Marktentwicklungen genau beobachtete, wohl bekannt, einige Dekaden bevor Behavioral Finance prominent wurde. Im Unterschied zu vielen ‚modernen' Mainstream-Modellen trifft er aber keine Unterscheidung zwischen uninformierten Noise-Tradern und professionellen Arbitrageuren, da Ignoranz das zwangsläufige Schicksal **aller** Akteure ist, es trifft die Professionellen wie die Nichtprofessionellen gleichermaßen.

Einen Einfluss auf die Entscheidungen der Akteure kommt auch dem Selbstvertrauen der Handelnden *(state of confidence)* in ihre eigenen Vorhersagen zu. Dieses auch stark psychologisch bedingte Selbstvertrauen ändert sich von Zeit zu Zeit in recht unvorhersehbarer Art und Weise (ebenda, 149). Besonders in turbulenten Zeiten, wenn es gering ist, können „waves of optimistic and pessimistic sentiment" häufig auftreten und wechseln, nicht weil Menschen anthropologisch bedingt an sich irrational sind, sondern weil „no solid basis exists for a reasonable calculation" (ebenda, 154). Die Professionellen und institutionellen Investoren können wahrscheinlich keine besseren Vorhersagen treffen als alle anderen, aber sie versuchen ständig, „changes in the conventional basis of valuation a short time ahead of the general public" (ebenda, 154) voraus zu ahnen. Daher müssen ihre Aktivitäten keineswegs einen stabilisierenden oder die allgemeine Wohlfahrt erhöhenden Effekt, sondern können eher die entgegengesetzte Wirkung haben, indem sie die Volatilität und die Schwingungen der Assetpreise verstärken. Sie sind hierbei oft mehr mit der Dechiffrierung der Atmosphäre der Märkte und Maasenpsychologie beschäftigt als mit der Beurteilung der Fundamentals, was Keynes durch das Beispiel des Schönheitswettbewerbs veranschaulicht (ebenda, 156), „discovering what average opinion believes average opinion to be" (ebenda, 159), was weiter oben von Anderson (2009) bestätigt wurde. Über ein halbes Jahrhundert hinweg scheint sich hieran nichts geändert zu haben.

Keynes stellt hiermit die fundamentale, heute theoretisch selbst aus orthodoxer Sicht nicht mehr haltbare Annahme des Mainstream in Frage, dass liquidere, voluminösere, komplexere und vollständigere Finanzmärkte von Vorteil sind! Er nennt diese Doktrin „the fetish of liquidity" (ebenda, 155). Er ist sich der Tatsache wohl bewusst, dass Liquidität zwei Seiten hat: Sie kann Realinvestitionen erleichtern (sofern andere Sparkanäle fehlen), aber sie kann auch Spekulation anregen und die Illusion unproblematischer und unlimitierter weiterer Liquidität – als eine der notwendigen Annahmen des Black-Scholes-Optionspreismodells – nähren. Die Annahme problemloser Liquidität ist in der Realität oft nicht gegeben und kann zu katastrophalen Folgen und Zusammenbrüchen führen. Die Illusion dauerhafter Liquidität „calms his [the speculator's] nerves and makes him much more willing to run a risk" (ebenda, 160).

Sofern das Besser-Wissen-als-die-Anderen *(outguessing)* ein zentrales Antriebsmotiv der Akteure auf den Finanzmärkten ist, können die professionellen Spieler gegeneinander antreten, „it can be played by professionals amongst themselves" (ebenda, 155), sofern sie heterogene Erwartungen haben, was angesichts radikaler Unsicherheit nicht unwahrscheinlich sein dürfte. Marktprozesse ähneln hierdurch oft einer „Lotterie" (ebenda, 150) oder anderer Wetten, was eine negative Seite der Finanzmärkte beleuchtet, da hierdurch Ressourcen unproduktiv gebunden werden.

Milton Friedman (1953) argumentierte bekanntlich, dass Spekulation stabilisierend wirken muss, da die falsch liegenden Akteure vom Markt verschwinden werden und die marktstabilisierende Grundregel lautet, bei niedrigen Preisen zu kaufen und bei hohen Preisen zu verkaufen. Keynes argumentiert dagegen, „[it] needs more intelligence to defeat the forces of time and our ignorance of the future than to beat the gun" (1973a, 157). Er macht die sicher zutreffende Beobachtung, dass einerseits eine Haltestrategie *(buy-and hold)* für professionelle Investoren zu langweilig und andererseits das Engagement auf den Finanzmärkten in der Regel zu enervierend und aufregend für Menschen ohne ‚gambling instinct' (ebenda, 157) ist. Für Manager z.b. von Pensionsfonds ist es wahrscheinlich „better for reputation to fail conventionally than to succeed unconventionally" (ebenda, 158). Sich gegen den Markt zu lehnen und eine Contrarian-Strategie zu fahren „needs greater resources for safety and must not operate on so large a scale, if at all, with borrowed money" (ebenda, 157). Erinnert sei an den netten Satz von Chuck Prince, Chef der Citigroup von 2003-2007, der bemerkte, dass solange die Musik spielt man aufstehen und mittanzen muss (zum objektiven, konkurentiellen Hintergrund der Bemerkung siehe Cassidy 2009, 11-12).

Die Argumente limitierter Ressourcen und begrenzter Interpretationsfähigkeit der Daten, das Auftreten von Herdenverhalten usw. wurde – wie sich hier zeigt – von Shleifer (2000) und anderen gut 60 Jahre später nur wiederentdeckt, allerdings mit viel unnötigem formalen Aufwand und zwangsläufig kleingehackt in Partialmodelle (mehr als die Variation nur weniger Variablen ist in Formalmodellen nicht möglich, generiert aber schön eineindeutige Aussagen). Keynes zeichnet hingegen ein Gesamtbild, das auch klare wirtschaftspolitische Maßnahmen nahelegt, die nicht aus der Sicht oder zwangsläufig zugunsten der Handlungsfreiheit der Finanzindustrie erfolgen, wie bei Shleifer oder Summers, der im Oktober 2010 frühzeitig das sinkende Boot Obamas verließ. Die einfache Wahrheit des Herdenverhaltens lautet von Keynes bis heute: „[Human herds] are like herds of cattle – they tend to move together but in irregular ways" (D.W. Hubbard 2009, 187).

Gegen die konventionelle Weisheit, dass hohes Volumen und möglichst viele Transaktionen an den Finanzmärkten im Durchschnitt vorteilhaft für die Gesamtwirtschaft ist (Sachverständigenrat 2008a), kontrastiert Keynes *Enterprise* (Erwirtschaftung längerfristiger Erträge im Realsektor) und *Speculation* (kurzfristige Gewinne durch Erahnen der Marktpsychologie). Eloquent formuliert er seine oft zitierte Kritik: „Speculators may do no harm as bubbles on a steady stream of enterprise. But the position is serious when enterprise becomes a bubble on a whirlpool of speculation. When the capital development of a country becomes a byproduct of the activities of a casino, the job is likely to be ill-done" (ebenda, 159). Er vermutet, dass mit den ‚Innovationen' auf den Finanzmärkten die dysfunktionale ‚predominance of speculation' (1973a, 158) zunimmt und – für ihn ein empirisches Faktum – zum Beispiel in New York auch in den 1930er Jahren immens war (ebenda, 158-159).

Für Keynes ist der spekulative ‚short-termism' (ebenda, 160, Fn. 1) und die starke Rolle der Aktienmärkte in den USA eine nationale Schwäche. Liquide Investmentmärkte und ihre auch regulatorische Forcierung führen seiner Meinung nach unvermeidlich zu desaströsen Entwicklungen! Keynes Beschreibung bezieht sich auf die wenig regulierten Märkte in den USA, er diskutiert überraschenderweise bis zu seinem Tod im Jahr 1946 nicht die v.a. in den USA in den 1930er Jahren aufkommenden regulatorischen Debatten, deren kritische Ergebnisse nach 1933 auch in Gesetzesform gegossen wurden (*Glass-Steagall Act* usw.). Keynes analysierte so zwar das Auftreten von sich nicht von selbst auflösenden Rezessionen, aber „[he] didn't explain how booms and busts developed in the first place. His mainstream followers, such as Alvin Hansen and Paul Samuelson, also largely ignored their problem ... The mainstream Keynesian framework treated the financial sector in a cursory manner. It had no place for stock market bubbles, credit crunches, or other Wall Street pathologies" (Cassidy 2009, 207).

Warum waren die Exzesse der Wall Street in London in den 1920-30er Jahren weniger stark ausgeprägt? Keynes erklärt dies, auch ohne ausgeklügeltes Boom-Bust-Modell und völlig im Gegensatz zum orthodoxen Ansatz, mit den höheren Transaktionskosten (Maklergebühren usw.) in London, die sich nicht als Hindernis für die ökonomische Entwicklung des Landes erwiesen, aber die störenden spekulativen Exzesse eindämmten. Konsequent fordert Keynes daher die „introduction of a substantial government transfer tax on all transactions ... with a view to mitigating the predominance of speculation over enterprise" (ebenda, 160). Der Staat solle eine konstruktive, ausgleichende Rolle hinsichtlich der wankelmütigen Spekulationsinvestitionen durch eine öffentliche Investitionsstrategie spielen, die auf die zu erwartenden langfristigen sozialen Erträge abzielt. Er solle auf keinen Fall die sich schnell wandelnden Stimmungen und Launen an den Finanzmärkten unterstützen, sondern als stabilisierender Anker fungieren. Tatsächlich folgten jedoch in vielen Ländern zwischen 1980 und 2008 öffentliche Institutionen den Gefühlen der Anlegermassen und gossen so Öl in die zum Teil heftigen Auf- und Abwärtsentwicklungen.

Zusammengefasst lässt sich als methodologische Erkenntnis festhalten, dass „human decisions affecting the future, whether personal or political or economic, cannot depend on strict mathematical expectation, since the basis for making such calculations does not exist" (ebenda,

163). Wenn er mit dieser Ansicht Recht hat, ist hermeneutische Analyse gefragt, da die Interpretationen von Informationen, die Emergenz von Meinungsepidemien, die Strategien der Akteure, mit unvermeidbarer Unsicherheit und Informationsüberladung *(overload)* (Oberlechner und Hocking 2004) umzugehen und die Selbstinterpretationen und Metaphern der Marktakteure (Oberlechner et al. 2004) essentiell sind, um Marktprozesse verstehen zu können. Dies steht im Unterschied zu formalen Modellen, die keinen Bezug zu den konkreten Akteuren und ihren Einstellungen aufweisen (müssen), die ihnen als unbedeutend und subjektiv-arbiträr erscheinen.

Eine deutliche Kritik des Mainstream ist auch der Ausgangspunkt von Keynes' *Quarterly Journal of Economics*-Artikel. Selbst Marshall „assumed, as Ricardo did, that the amounts of the factors of production in use were given and that the problem was to determine the way in which they would be used ... [Later, Edgeworth and Pigou] were still dealing with a system in which the amount of the factors employed was given and the other relevant facts were known more or less certain" (1973b, 112). Gegenüber der von ihm so bezeichneten klassischen ökonomischen Theorie und gegenwärtigen finanztheoretischen Ansätzen argumentiert er einmal mehr, dass der „calculus of probability ... was supposed to be capable of reducing uncertainty to the same calculable status as that of certainty itself" (ebenda, 113; auf die elementaren methodologischen Implikationen der Unsicherheit auf die Anforderungen einer ihr angemessenen Theorie sei an Davidson 2009b erinnert). George Soros fasst den Sachverhalt kurz und knapp so zusammen: „Uncertainty by definition cannot be quantified" (2009, 75).

Roubini spricht von „unpriceable uncertainty" (2007, 2), da die Risiken unvorhersehbar und vor allem unvorhersehbar hoch sein können *(fat tails)* und viel zu häufig auftreten, um nicht berücksichtigt zu werden. Posner spekuliert, „(w)e are poor at evaluating low-probability events because there was little in that environment [in the long early human history of hunters and gatherers] that could be done about such [rare] events" (2010, 328). Roubini und Soros teilen ohne Abstriche Keynes' Annahme radikaler Unsicherheit. „People buy and sell stocks in anticipation of future stock prices, but those prices are contingent on investors' expectations. The expectations cannot qualify as knowledge. In the absence of knowledge, participants must introduce an element of judgment or bias into their decision making" (Soros 2008, 5). Auch professionellen Investoren bleibt nichts anderes übrig, als rationalerweise „irrational" zu sein.

Keynes verdeutlicht noch einmal, dass er unter Unsicherheit und unsicherem Wissen z.b. den Eintritt eines europäischen Krieges, den Kupferpreis in 20 Jahren usw. versteht und hält agnostisch fest: „About these matters there is no scientific basis on which to form any calculable probability whatsoever. *We simply do not know.* Nevertheless, the necessity for action and for decision compels us as practical men to do our best to overlook this awkward fact and to behave exactly as we should if we had behind us a good Benthamite calculation of a series of prospective advantages and disadvantages" (1973b, 114; i.O. nicht kursiv). Keyncs formuliert hier eine interessante psychologische Hypothese: Um die tatsächliche Unsicherheit *(uncertainty)* zu verschleiern, entwickeln die Akteure an den Finanzmärkten bzw. ihre (wissenschaftlichen) Reflektanten symbolische Systeme, um Furcht und die Angst vor der Zukunftsoffenheit zu unterdrücken. Die meisten neoklassischen Ansätze und speziell die Ökonomie der Finanzmärkte einschließlich der EMH werden somit auf einer metatheoretischen und sozialpsychologischen Ebene plausibel gemacht. Gerade die realwirtschaftliche Unzutreffendheit der Ansätze erklärt paradoxerweise ihre praktische Wirkungsmächtigkeit und Persistenz.

Nach dieser im Allgemeinen unbewussten Bewältigungsstrategie ist die Gegenwart ein angemessener Ratgeber für die Zukunft. Menschen beziehen ferner stark die Urteile des Rests der Welt in ihre Urteilsbildung ein. „We assume that the *existing* state of opinion as expressed in prices and the character of existing output is based on a *correct* summing up of future prospects, so that we can accept it as such unless and until something new and relevant comes into the picture" (ebenda, 114). Dies ist exakt die Annahme der (üblichen semi-starken) EMH: Die rationale Verarbeitung aller zugänglichen Informationen und die schnelle Einpreisung der Fundamentals in die Assetpreise. Keynes' konventionalistischer Ansatz enthält demnach eine sehr interessante und eigenständige Hypothese zur sozialen Konstruktion der Wirklichkeit durch den Mainstream als unbewusste Beruhigungsstrategie zur Zähmung ihrer Unsicherheit über die Unsicherheit. Er verurteilt die klassische ökonomische Theorie im Sinne einer *fallacy of misplaced concreteness* (Whitehead), sie dient als ‚market-place idol' (ebenda, 115). Es scheint sich wenig geändert zu haben.

3 Heterodoxe Ansätze 189

Keynes erfasst auch die atmosphärische Stimmungslage bei temporären Zusammenbrüchen dieser der Selbstversicherung dienenden Beruhigungsstrategien, die von Zeit zu Zeit als plötzlich-abrupte Zusammenbrüche des Vertrauens (am Interbankenmarkt usw.) auftreten (aktuell z.b. in den Jahren 1987, 2000/2001 und 2007ff.). „The practice of calmness and immobility, of certainty and security, suddenly breaks down. New fears and hopes will, without warning, take charge of human conduct. The forces of disillusion may suddenly impose a new conventional basis of valuation. All these pretty, polite techniques, made for a well-paneled board room ... are liable to collapse. At all times the vague panic fears and equally vague and unreasoned hopes are not really lulled, and lie but a little way below the surface" (ebenda, 114-115). Mit dieser Verhaltenstheorie der Finanzplätze erfasst er die abrupten (Stimmungs)Schwankungen auf diesen Märkten, die auch in neueren Untersuchungen von Insidern bestätigt wird (Taleb 2008/2007). Man findet nach der Lektüre von Keynes erstaunlich wenig wirklich Neues in der Literatur.

An dieser Stelle kann nicht den von ihm für notwendig erachteten methodologischen Konsequenzen für die (Wirtschafts)Wissenschaften nachgegangen werden, die tiefgründigste epistemologische Exposition stammt nach wie vor von Shacke (1972), der die Unvereinbarkeit von menschlichen Wahlhandlungen vor unsicheren Zukunftshorizonten und formalen, den Naturwissenschaften nachempfundenen Modellen erhellt. In einem Brief an Roy Harrod führte er aus, „against Robbins, economics is essentially a moral science and not a natural science. That is to say, it employs introspection and judgments of value" (1973d/1938, 297). Auch soll hier nicht der Frage nachgegangen werden, ob es unterschiedliche Grade von objektiver Unsicherheit gibt. Man kann Finanzmarktreformen auch so auffassen, diesen Grad bewusst verringern zu wollen.

Wahrscheinlich hat sich der Grad der Unsicherheit durch die Einführung aller möglicher Derivate, die ursprünglich als Hedging gedacht waren und Unsicherheit hinsichtlich einzelner Assets in Risiko transformieren sollten, eher erhöht als verringert. Interessant wäre die Überlegung, wie man dies über den ganzen Finanzmarkt gesehen jenseits der empirischen Evidenz zunehmender Instabilitäten messen könnte.

Caballero und Krishnamurty (2008) führen die Krisentendenzen in 2007-2008 auf die Zunahme von radikaler Unsicherheit zurück, was zum Zusammenbruch nicht nur des Interbankenmarktes usw. führte. Es kann einen Grad an Unsicherheit geben, die Autoren nennen ihn „rampant uncertainty" (ebenda, 10), der außerhalb des Korridors liegt, innerhalb dessen die Wirtschaftsakteure bereit sind zu handeln.

Keynes Hervorhebung der Introspektion heißt nicht, dass es von seiner methodologischen Sicht und seinem substantiell auf Spekulation abzielenden Ansatz der Finanzmärkte nicht möglich wäre, konstruktive, wissenschaftliche, theoretische und empirische Untersuchungen und Resultate generieren zu können. Erwähnt sei hier John Harveys (2009a und in Kurzform 2009b) postkeynesianisch-institutionalistischer Beitrag zu den Devisenmärkten, der die Tradition Veblens und Keynes' integriert. Von Keynes übernimmt er die weiter oben angeführten Aspekte der Konventionen, der Unsicherheit, des wechselnden Vertrauens in Vorhersagen, des Zeithorizonts (schnelle Erträge) und die *Animal spirits* (2009a, 50). Er zeigt zunächst, dass es keinen einheitlichen neoklassischen Ansatz zum Devisenmarkt gibt und widerspricht der Annahme, dass er passiv-akkomodierend Ausdruck von Handelsströmen oder längerfristigen Direktinvestitionen ist. Vielmehr spielen kurzfristig-renditeorientierte Portfolioinvestitionen die entscheidende Rolle, was sich schon alleine daran ablesen lasse, dass im Jahr 2005 der tägliche Umschlagswert im Währungsbereich bei etwa zwei Billionen Dollar pro Tag lag, dem vierzigfachen des Welthandels. Auch in der langen Frist finde keine Bewegung auf realökonomische Gleichgewichte statt, da sie die Summe der kurzen Fristen sei.

In der kurzen Frist spielen Erwartungsbildungen eine entscheidende Rolle, so dass die gegenwärtigen Preise und Wechselkurse in erster Linie Ausdruck der Erwartungen über zukünftige Preise sind, was zu selbsterfüllenden Prophezeiungen führen kann. „(S)ince portfolio capital flows dominate the foreign exchange market it can be said that *it is today's expectations of future currency price movements that play the most important role in determining the current foreign exchange rate.* Today's prices are created by the weighted (by liquidity and confidence) average of market participants' expectations of tomorrow's price" (ebenda, 42). Die hierdurch bedingte Dynamik und Komplexität der Märkte erlaubt es keiner Theorie, konkrete Vorhersagen der Preisentwicklungen treffen zu können. „In such a world, subjective speculative pressures can create wild swings in prices and ... there is no reason to believe that international flows of goods and services play any more than a secondary role in determining currency prices over any time horizon ... Bandwagon effects, over-reaction, and fluctuating levels of confidence in agents' forecasts combine to create a very different market dynamic than that created by trade flows" (ebenda, 2-3).

Harvey's Alternativansatz enthält folgende Faktoren: (1.) Ein mentales (Erwartungs)Modell (einschließlich Zinssätzen, Inflation, Wachstum und Liquidität), (2.) Kausale Prozessannahmen (zu den in 1. genannten Faktoren, ihre Interaktionen und ihr Einfluss auf die Assetpreise), (3.) Allgemeine Indikatoren (Politik-News, Erdbeben usw.), (4.) Vorhersagen, (5.) Sich veränderndes Vertrauen in die Vorhersagen, (6.) Technische, analytische Instrumente (Chartanalysen etc.), (7.) Nachahmungs- und Herdenverhalten *(bandwagon effect)*, eingebettet in (8.) Mittelfristige Erwartungen (Wellen des Optimismus und Pessimismus).

Schaubild 4: Der Devisenmarkt nach Harvey

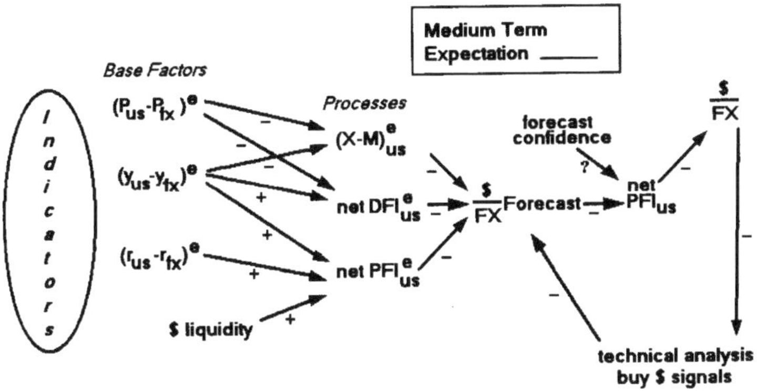

Quelle: Harvey 2009b, 936.

Der Autor unterscheidet zwei mentale Erwartungs-Konfigurationen, die unmittelbaren *short-term* Erwartungen (z.B. die Entwicklung des Aktienmarktes in dieser Woche) sind eingebettet in mittelfristige *medium-term* Erwartungen (z.B. Aufwärtstrend im kommenden Halbjahr), die als Filter oder Brille wirken. Bei den mittelfristigen Erwartungen gibt es im Prinzip drei Einstellungen: Optimistisch (Bullenmarkt), pessimistisch (Bärenmarkt) oder neutral (Seitwärtsbewegung). In der Phase eines Bullenmarktes werden z.B. positive Informationen stärker berücksichtigt und negative Nachrichten unterbewertet oder ausgeblendet. Grundsätzlich gilt: Wenn „expectations are the ultimate driver of currency prices, the market could be moved by *whatever* agents decide is important, from changes in real GDP to sun spots" (2009a, 83). Als Idealtypus siehe in diesem Sinne das auf einem *set of superstitions* basierende *pure gambling model* von Shackle (1992, 191-193). Es scheinen nun drei Zahlen als Foci der Aufmerksamkeit zu sein, denen im Mentalmodell der Akteure Bedeutung zukommt: Den erwarteten Nettoexporten (X-M), den Nettodirektinvestitionen (net DFI) und den Nettoportfolioinvestitionen (net PFI), die entsprechende Nachfrage nach einer Währung auslösen.

In der Alltagstheorie der Akteure hängen diese drei Erwartungswerte selbst wiederum von drei basalen Faktoren ab: Dem erwarteten relativen Zinssatz (r_{us}-r_{fx}), der relativen Preisentwicklung (P_{us}-P_{fx}) und dem makroökonomischen Wachstum (y_{us}-y_{fx}, ferner wird die Liquidität erwähnt). Ein hoher relativer Zins wird wahrscheinlich zu Nettokapitalzuflüssen, eine hohe Inflation zu weniger Güterexporten führen, mit den entsprechenden Wirkungen auf die Angebote und Nachfragen einer Währung. Schließlich gibt es noch eine Anzahl von Indikatoren, die v.a. die Basisfaktoren beeinflussen. Es gibt dauerhaft berücksichtigte Indikatoren wie die Arbeitslosenrate, aber auch vergängliche und wechselnde, was der Bedeutungsschwund monetärer Aggregate (keine Messung und Angaben zu M 3) in den USA zeigt. Zusammengefasst geben demnach die vier Aspekte: Zinssätze, Arbeitslosenrate, Handelsbilanz und Inflation im mentalen Modell der Akteure den Ausschlag. Neben diesen vier Elementarteilchen gibt es einen breiten Variabilitätsspielraum, der von (z.B. Wechselkurs)Regimewechseln, strukturellen Veränderungen (z.B. Deregulation), wissenschaftlichen Theorien und z.B. Vorhersagefehlern abhängt. Hier zeigt sich, dass die Akteure des Finanzmarktes im Anschluß an Keynes auch bei Harvey von Gewohnheiten, Sanktionen, Weltdeutungen usw. beeinflusst werden.

Fünf weitere Faktoren fehlen noch zur Vervollständigung des Modells. Ein Faktor sind Vorhersagemodelle und das Vertrauen in solche Vorhersagen, die erschüttert werden, wenn sich die Preise zu sehr von den Modellerwartungen entfernen (die Assetpreise z.B. deutlich über den erwarteten Werten liegen). Solchermaßen bedingte Unsicherheiten können nun dazu führen, dass das Bedürfnis des Verkaufs (*desire to cash in*, z.B. als Gewinnmitnahmen) stärker wird, was zu einer Abwärtsbewegung führen kann. Die Anwendung technisch-formaler Analysemethoden kann ihrerseits zu Trendverstetigungen führen. Positive Feedback-Loops (siehe das Beispiel in Cohen und Shin 2003) entstehen auch durch regelmäßig auftretende Bandwagon-Effekte, wenn die Akteure auf den fahrenden Zug aufzuspringen versuchen, was zu selbstverstärkenden Preisentwicklungen führen kann. Man mag sich wundern, dass dieses Spiel der Erwartungen und Übersteigerungen mit teils drastischen Korrekturen immer wieder gespielt wird.

Harvey weist darauf hin, dass die konkreten Entwicklungen und Kurskorrekturen in ganz unterschiedlichen Formen auftreten und die Illusion des jeweils Neuen und Besonderen nähren, so dass aus der Vergangenheit kaum gelernt wird. Als Stressfaktoren macht er drei Effekte aus. Erstens: „Currency-price divergence occurs because bandwagon effects pull the spot exchange rate away from the level consistent with the mental model's forecast" (2009a, 92). Die Preise ziehen in diesem Fall so stark an denen der Erwartungen vorbei, dass die Akteure sich gegen den Preistrend stellen und z.b. Aktien verkaufen, die sie für überbewertet halten. Zweitens kann ein *financial-returns divergence point* auftreten, wenn die Beziehung zwischen den Gewinnerwartungen im Realsektor und der Wert der Finanzassets über längere Zeiträume zu sehr auseinander treten, da zwar der Bandwagon-Prozess zu einem Überschießen führen kann, aber eines Tages die Stunde der Profitabilität im Realsektor schlägt. Der dritte Spannungspunkt ist gegeben, wenn der *financial-fragility point* erreicht ist, auf den wir weiter unten im Zusammenhang mit Hyman Minskys Instabilitätshypothese noch näher einzugehen sein wird. Die zentrale Kernaussage Harvey's lautet, „currency markets are dominated by short-term capital flows, which are in turn driven largely by psychology as guided by agents' mental models ... Exchange rates do not automatically adjust to make our lives more pleasant" (2009a, 124).

Auch André Orléan (1999) geht davon aus, dass eine Art selbstreferentielle Rationalität angesichts der Unsicherheitsphänomene auf den Finanzmärkten überwiegt, die nicht in erster Linie als irrational, emotional oder kurzsichtig zu charakterisieren sind. Handeln gründet auch bei ihm in Vorhersagen über das Verhalten anderer, das Wort Spekulation leite sich von Spekulum, dem Spiegel ab. Die Operationen der Akteure verlaufen in einem eigenen, von der realen Welt weitgehend unabhängigen Diskursuniversum. Die stille Vereinbarung zwecks Stabilisierung der Erwartungen der Akteure laute, dass ohne zwingende Gegengründe anzunehmen sei, dass die Assetpreise im Prinzip die Wahrheit sagen, d.h.

den Fundamentals entsprechen. Sofern Liquidität gegeben sei, könnten die Finanzmärkte als selbstreferentielle Systeme funktionieren (zumindest bis Harveys Stressfaktoren nicht auftreten).

Harvey leitet aus der fehlenden Gleichgewichtstendenz, unnötigen Volatilitäten, der Fehlleitung von Kapital in letztlich fiktive Bandwagonprofite usw. und trotz seiner Ablehnung des Fetischs maximaler Liquidität in diesen Märkten eine Tobinsteuer ab. Sie würde zu niedrig ausfallen müssen, um Handel und Wirtschaft nicht zu schädigen, eine diese Tendenzen erfolgreich eindämmende Tobinsteuer müsste hoch sein und die Wirtschaft insgesamt beeinträchtigen. Er plädiert daher für Kapitalkontrollen. Als Beispiel dient das Chile der 1990er Jahre, „the central features were a requirement to keep funds in Chile for a prescribed period, a compensating mandatory deposit with the central bank (noninterest paying), and a penalty for early withdrawal" (2009a, 131). Zur Herbeiführung ausgeglichenerer Handelsbilanzen tritt er, auch Fragen nach dem Griechenland-Fiasko tangierend, wie Keynes dafür ein, dass wenn „a surplus reaches a certain, prearranged level, the surplus country must either spend it (on imports or direct foreign investment into any other member of the clearing union, or as unilateral transfers to deficit members) or it will be confiscated and redistributed to debtor members" (2009a, 133). Es sei dann eher zweitrangig, ob man sich für fixe oder flexible Wechselkurse entscheide.

Zusammenfassend lässt sich sagen, dass Keynes und Veblen für das BBP mit Unsicherheit und Spekulation stehen, mit endogener systemischer Instabilität, radikaler Unsicherheit, Konventionalismus als reaktive Haltung, Informationsüberlastungen und -ambiguitäten, heterogenen Erwartungen und Spekulation bis zu den (erlaubten?) möglichen Limits. Sie nehmen kaleidische plötzliche Veränderungen der *animal spirits* an und sehen im Finanzsektor ein Nullsummen- oder Negativsummenspiel für die Gesamtgesellschaft. „One virtue of Keynes's attention to psychology and sentiment is that it urges us to think about economics in a way that most economists find squishy and unscientific. This narrowness of vision has harmed the dismal science immeasurably" (Henwood 1997, 224). Nichtsdestotrotz betonen sie auch zutreffenderweise die Notwendigkeit eines funktionierenden monetären Sektors für die Transaktionen im Realsektor. Harveys konstruktive Anwendung dieses Ansatzes auf den Devisenmarkt hat angedeutet, dass sich recht komplexe, aber dennoch systematische Partialansätze entwickeln lassen, die auch empirisch um-

3 Heterodoxe Ansätze

gesetzt werden können, etwa zur Erklärung des Verfalls des Dollars zwischen den Jahren 2001 und 2008 (Harvey 2009a, Kapitel 6), die es auch erlauben, konsequente Regulationsvorschläge abzuleiten.

Angesichts der FK gewinnt Keynes einige neue und durchaus überraschende Befürworter. Zu ihnen gehört der früher marktliberale Richard Posner, der das Vergessen Keynes' selbst bis zu den Neukeynesianern hin kritisiert und ihm ein Buchkapitel widmet (2010, Kapitel 8). „[He] combined a fellowship at Cambridge with extensive government service as an adviser and high-level civil servant, and was an active speculator, polemicist, and journalist. He was an *eclectic* economist, a distinguished breed (think of Malthus, Mill, Schumpeter) that has since become extinct" (ebenda, 276). Trotz Opazität und einiger Konfusionen unterstreicht er die Relevanz des Keynesschen Hauptwerkes, das wegen seiner nicht-formalen Anlage schwer für heutige Ökonomen verständlich sei und Keynes aus guten Gründen mit seinen *animal spirits* kein rationales Entscheidungsmodell entwickeln wollte. Nachdrücklich weist Posner darauf hin, dass die FK sowohl die Real Business Cycle Theorie, als auch die EMH, das Ricardianische Äquivalenztheorem und die Theorie rationaler Erwartungen in Zweifel gezogen habe (ebenda, 269ff.). In einem eigenen Kapitel über Unsicherheit geht er auch auf die psychologisch-genetischen Grundlagen von risikofreudigen Menschen ein. Er bemerkt auch interessante Parallelen zwischen I. Fishers Krisenerklärung und Keynes' Ansatz hinsichtlich der Bedeutung von Vertrauen, Phasen des Optimismus und Pessimismus und des Hortens (ebenda, 282, Fn. 21).

Gilt Keynes als vorbildlich, so wird die vorherrschende Makroökonomie von Posner in Kapitel 10 hart kritisiert. Ihre Krise bestünde nicht darin, Vorhersagefehler zu begehen, sondern die Zeichen der Gefahr zielgerichtet ignoriert zu haben. „It is that they disbelieved in asset bubbles and so were oblivious to signs that the rise in housing prices in the early 2000s was a bubble phenomenon – oblivious even though there were plenty of warnings by reputable people" (ebenda, 315). Die Makroökonomie hätte nur eine Chance, wenn sie sich zur Psychologie und politischen Wissenschaft hin öffnet (ebenda, 332). Posner weist auf eine interessante, später noch zu diskutierende Unklarheit in Keynes' Denken hin. Man kann aus seinen Überlegungen herauslesen, dass die Möglichkeit zu einem dauerhaften Boom besteht. Posner zitiert eine Stelle in seinem Hauptwerk, an der Keynes bemerkt, es gelte, Zinsen im Boom zu reduzieren und nicht zu erhöhen, um die Aufwärtsbewegung nicht zu gefährden. Dies sei auch Greenspans Philosophie gewesen. Natürlich muss bei unterausgenutzten Kapazitäten nicht sofort eine Inflation folgen. „But we have just seen in the United States of the 2000s how even if labor costs are steady, low interest rates can produce an asset-price that can precipitate an economic collapse" (2010, 285-286). Zwar hat sich Keynes in früheren Schriften zu den negativen Auswirkungen von Inflation klar geäußert und auch im Hauptwerk findet sich eine Bemerkung, dass es bei vollgenutzten Ressourcen zu Inflation kommen könne. Dennoch: „Perpetual-boom thinking illustrates the left-leaning utopian strain in *The General Theory* that has made Keynes a *bete noire* of conservatives" (ebenda, 286). Man fragt sich zum wiederholten Mal, ob hier nicht eine merkwürdige Allianz zwischen Keynes und den konservativen Marktliberalen vorliegt, die mit niedrigen Zinsen die Wirtschaft auf Hochtouren halten wollen. Auch die Marktradikalen sprechen sich nicht gegen Fiskalpolitik aus, wenn es immer mal wieder zu Crashs auf den Märkten kommt, die dann der Wiederingangsetzung bedürfen. Schließlich haben Keynesianer u.a. in Deutschland immer wieder die gute Zinspolitik der FED der schlechten Hochzinspolitik der EZB in den letzten Jahren gegenübergestellt.

In der FK haben bekennende Keynesianer Reformvorschläge wohl auch deshalb nicht unterbreitet, weil Keynes „sich nicht speziell zur Regulierung des Finanzsektors geäußert [hat] … [Man kann] bei Keynes keine Empfehlungen für bestimmte Gesetze und Regeln für Finanzmärkte finden" (Skidelsky 2010, 253), von seinem eingestreuten Vorschlag zu einer ‚Tobinsteuer' abgesehen. Über diese Lücke hinausgehend kann man sich fragen, ob nicht einige Keynesianer insgeheim gegen stärkere Regulation sind, weil man unterschwellig die These teilt, dass seine Expansion Arbeitsplätze schafft und vielleicht doch als Motor des Realsektors dient. Aus dem Keynes des 12. Kapitels folgt zumindest nicht unbedingt eine Niedrigzinspolitik, eventuell gibt es zwischen Keynes I (Ökonom des Realsektors) und Keynes II (Skeptiker der Finanzmärkte) eine gewisse Spannung, auf die zurückzukommen sein wird. Das Institut für Makroökonomie und Konjunkturforschung (IMK) in der Hans Böckler-Stiftung um Gustav Horn hält sich mit Politikvorschlägen zur Reregulation zurück. Zwar wird auf Keynes' und Minskys Instabilitätsthese verwiesen, diese dann aber sehr stark an die Umverteilung und eine falsche Zentralbankpolitik gebunden, erst in zweiter Linie mit neuen Finanzprodukten in Verbindung gebracht, um dann gleich ein drittes Konjunkturprogramm zu fordern (IMK 2009a). Die Leiterin des Referats Internationale Konjunkturforschung und Finanzmarktkrise im IMK, Heike Joebkes, spricht sich ausdrücklich gegen die Zerschlagung der Großbanken aus, denn sie „üben wichtige Funktionen aus, die kleinere Banken überfordern: Sie begleiten Unternehmen an den Kapitalmarkt und können große, komplexe Projekte finanzieren. Eine Zerschlagung wäre daher falsch und auch gefährlich" (in *Mitbestimmung*, 11/2009, 9). Die Megabanken werden solche Statements mit überraschter Freude zur Kenntnis nehmen.

Das Finanzmarktstabilisierungsgesetz vom Oktober 2008 (siehe auch 2009b) wird vom IMK als im Kern richtig bezeichnet, bei der Rekapitalisierung aber Mitspracherechte beansprucht. Garantieleistungen müssten teurer sein. Die Zinspolitik sei kein geeignetes Mittel des Vorbeugens vor Vermögensmarktblasen, durch eine vernünftige expansive Geldpolitik werde keine Blasenbildung ausgelöst. Steueroasen seien trockenzulegen, die Finanzmarkttransaktionssteuer einzuführen, die antizyklisch auszugestaltende Eigenkapitalunterlegung zu erhöhen (wie genauer bleibt offen), ein Selbstbehalt bei Zweckgesellschaften beim Originator gefordert, beides ohne klare quantitative Vorschläge (z.B. x% Selbstbehalt), ferner müssten Kreditderivate zwingend über Börsen gehandelt werden usw. Trotz der kritischen Grundhaltung (Unsicherheit, Herdenverhalten usw.) und der deutlichen Kritik der EMH bleiben die konkreten Regulierungsvorschläge doch eher verhalten, da z.B. weder Leerverkäufe, noch Zweckgesellschaften oder Derivate im Kern getroffen werden und auch die Banken keine Entflechtungen oder anderes zu befürchten haben und viele Forderungen der Präzisierung entbehren (Eigenkapitalquoten usw.).

Ein Beispiel dieser etwas unglücklichen gedanklichen Allianz zwischen Keynesianern und apologetischen Marktliberalen bietet der gut gemeinte Sammelband von Bateman et al. (Hg.) (2010). Das Geschenkpaket Henry Paulsons, des alten Haudegens von Goldman Sachs, vom Februar 2009 über rund 800 Mrd. Dollar wird als Einläuten eines neuen Zeitalters des Keynesianismus und des angezeigten Makromanagements zur Stabilisierung der Ökonomie gepriesen und nicht als Ausdruck der Selbstbedienung der neuen Finanzoligarchie (Johnson und Kwak 2010) angeprangert. In der Einleitung heißt es euphorisch: „Faced with true crisis and instability, leaders around the world turned to the ideas of the greatest economist of the twentieth century. Once again, Keynes was needed to save modern financial capitalism from itself" (ebenda, 11).

Neben eher dogmengeschichtlichen Reprisen ist der einzige Beitrag zu den heutigen Finanzmärkten ein wenig mitreißender Wiederabdruck aus dem Jahr 1980!

Aus der Perspektive der FK und des BBP stammt Robert Skidelskys lesenswertes Buch zur ‚Rückkehr des Meisters' (2010), der als fachlicher Historiker (und Nichtökonom) den Keynes der Ungewissheit und Unvorhersehbarkeit, der die Ökonomie als Geistes- und nicht als Naturwissenschaft ansah, anschaulich hervortreten lässt (zu seinen unterschiedliche Phasen als Spekulant siehe ebenda, 104-122). Keynes' Kritik der Mainstreamökonomie wird gewürdigt und die enthaltene ethische Komponente mit der Frage nach dem guten Leben und einer guten Politik verbunden, die ihn jenseits einer hydraulischen Geld- und Fiskalpolitik verorte, denn „die Krise ist auch ein moralisches Versagen: das Versagen einer Ordnung, die auf Geld als dem einzigen Wert aufgebaut ist. Im Zentrum des moralischen Versagens steht die Anbetung von Wirtschaftswachstum um seiner selbst willen" (ebenda, 246).

Daneben stehen aber auch bei Skidelsky unwidersprochen Keynes' Ausführungen zur Euthanasie des Rentiers und dauerhaft niedriger Zinsen, die Skidelsky ebenfalls für richtig hält. Watkins weist darauf hin, dass es Keynes hierbei nicht darum ging, dass Finanzinstitute Finanzassets mit billigem Geld handeln, sondern Realinvestitionen tätigen und auch Haushaltsdefizite die Realökonomie und nicht wie geschehen den Rentier unterstützen sollen. „The policies directed toward averting depression – zero interest rates, government purchases of toxic assets, interest payment on reserves, capital infusions, and so on – have largely benefited the rentier interests that the financial sector served. Government policies have left intact the habits of thought associated with those interests; regulatory changes of financial institutions remain wanting" (2010, 471).

Aus den Tatsachen der Ungewissheit und der konventionellen Wellen des Optimismus und Pessimismus folgt für Skidelsky Skepsis gegenüber makroprudentieller Regulation und der Verbesserung der Transparenz, da die Institute bewiesen haben, wie gut sie bei den Kapital- und Liquiditätsanforderungen manipulieren und verschleiern können. Er tritt für eine Wiedereinführung des *Glass Steagall Acts* und die Trennung klassischer Bankgeschäfte vom Investmentbanking ein (Skidelky 2010, 256-258 und 278-279).

In die gleiche Richtung gehen die Überlegungen von Hyman Minsky, der mit anderen Postkeynesianern (Kregel, Davidson, Weintraub) und in Abgrenzung zum hydraulischen Aggregateinterventionismus (Hansen, Klein, Hicks) und dessen Indifferenz gegenüber Strukturen und Institutionen, der prinzipiellen Unsicherheit und der Rolle des Geldes einen *financial Keynes* weiterentwickeln will unter der Maßgabe, dass „Keynes's theory revolves around bankers and businessmen making deals on Wall Street" (1986, 103; wir beschränken uns im Folgenden auf dieses Buch Minskys, das im Sommer 2007 bei ebay als späte Wertschätzung für einige Hundert Dollar ersteigert werden konnte). Er wurde erstaunlicherweise durch die Chicagoer Lange, Viner, Knight und insbesondere Henry Simons beeinflusst, auf den er oft Bezug nimmt (z.B. 1986, 9, Fn. 7; einen exzellenten werkhistorischen Überblick zu Minsky bieten Papadimitriou und Wray 1997). Seit Mitte der 1970er Jahre und seit Reagans Reformen habe es permanente finanzielle Turbulenzen gegeben, da dem kapitalistischen System von der Finanzseite her eine ständige endogene Instabilität innewohnt, die vor 1970 nicht so deutlich hervortrat, da nach der großen Weltwirtschaftskrise Kontrollinstitutionen geschaffen wurden, die in den 1950er und 1960er Jahren als ‚gute Institutionen' Wachstum förderten und endogene Krisenanfälligkeit und Volatilität eindämmte.

Neben einer interessanten wirtschaftshistorischen Rekonstruktion wird von Minsky dogmenhistorisch auch die Neoklassik kompetent kritisiert, die „[not] allows the activities that take place on Wall Street to have any significant impact upon the coordination or lack of coordination of the economy ... The existence of internally disruptive forces was ignored; *the neoclassical synthesis became the economics of capitalism without capitalists, capital assets, and financial markets* ... The [standard] model does not deal with time, money, uncertainty, financing of ownership of capital assets, and investment" (1986, 119-120 und 4).

Ziel der Wirtschaftspolitik müsse es sein, fundamentale institutionelle Veränderungen durchzuführen „to constrain the uncertainty due to business cycles so that the expectations that guide investment can reflect a vision of tranquil process" (ebenda, 6). Minsky setzt einen völlig anderen Schwerpunkt als der aggregatorientierte Bastard-Keynesianismus, dem es nur um die Vermeidung einer Depression nach Finanzkrisen geht. Auf den ersten Seiten des Buches kritisiert Minsky dieses Ansinnen anhand vieler Beispiele. Dem heutigen Leser werden noch einmal historisch die

Augen geöffnet: Die Rettungspakete in Reaktion auf die FK sind seit langem übliche Praxis, die Minsky kritisiert. Expansive Fiskal- und eine Politik des billigen Geldes „in the face of financial disarray and decling income, not only prevents deep depressions but also sets the stage for a serious and accelerating inflation to follow. The institutions and usages that currently rule have not prevented disequilibrating forces from operating. What has happened is that the shape of the business cycle has been changed; inflation has replaced the deep and wide trough of depressions" (ebenda, 15).

Anhand eines interessanten Mix aus theoretischen Überlegungen, historischen Beispielen, Empirie und begründeten normativen Äußerungen weist er nachdrücklich auf die Bail-out-Problematik der *Lender of last resort*-Funktionen der Zentralbanken hin, da sie „directly or indirectly, set floors under the pricing of assets or ceilings on financing terms, thus socializing some of the risks involved in speculative finance. But such socialization of risks in financial markets encourages risk-taking in financing positions in capital assets, which, in turn increases the potential for instability when carried out for an extended period" (ebenda, 43). Die Bail-out-Problematik erweist sich als alte Bekannte.

Die kritische Haltung Minskys gegenüber niedrigen Zinsen und der Geldflutung zur Stabilisierung der Assetpreise setzt andere Akzente als hydraulische Keynesianer, die diese Partien des Minskyschen Vorbildes daher seltener zitieren. Sehr aktuell ist auch seine Vermutung, warum keine Finanzmarktreformen auf Instabilitätskrisen folgen. Sie haben „not led to deep depressions of the type that followed earlier episodes. However, the absence of deep depressions does not mean an absence of adverse consequences" (ebenda, 40), die sich in Form einer Oszillation zwischen einer Schuldendepression und akzellerierender Inflation zeigen.

Wie kommt es nach Minsky zu den finanzdestabilisierenden Aufschaukelprozessen (siehe detailliert Wray und Tymoigne 2008)? „In an economy characterized by privately owned capital assets, uncertainty, and profit-maximizing behavior by business, good times induce balance-sheet adventuring. The process by which speculative finance increases, as a proportion of the total financing of business, leads to higher asset prices and to increased investment. This leads to an improvement in employment, output, and business profits, which in turn proves to businessmen and bankers that experimenting with speculative finance was correct. Such deviation-amplifying reactions are characteristic of unstable systems – and thus of our economy" (ebenda, 42). Minsky verweist nachdrücklich darauf, dass die (nominalen) Preise nicht beliebig oder neutral sind, da aus ihnen Gewinne, Mittel für (Ersatz)Investitionen und Schuldentilgung bestritten werden müssen (wobei er eine *markup*-These der Preisbestimmung vertritt).

Die Fragilität des Systems wird durch den Übergang von der Hedge- zur Spekulations- und dann zur Ponzi-Finanzierung hervorgerufen. Bei Hedge-Finanzierung reicht der erwartete Geldzufluss, um den Zahlungsverpflichtungen nachkommen zu können. Bei der Spekulations-Finanzierung sind die Geldflüsse der eingesetzten Assets ausreichend, um die Zinsen zu begleichen, die Grundlast muss durch eine Überbrückung und Transformation durch neue Schuldenaufnahme geleistet werden, darauf bauend, dass der Einkommensstrom zunimmt, die Assets später zu höheren Preisen verkauft werden können oder dass die zukünftigen Finanzierungskosten sinken werden. Noch riskanter ist die Ponzi-Finanzierung. „A Ponzi-financing unit is similar to a speculative financing unit in that, for some near-term periods, the cash payment commitments exceed the expected cash recipts [sic] on account of owned assets. However, for at least some near-term periods, the cash payment commitments on income account exceed the expected cash payment receipts on income account" (ebenda, 207). Die Gesamtschuld nimmt bei Ponzi-Finanzierung also zu, da die Zinszahlungen nicht vollständig beglichen werden können.

Die Oszillation zwischen einer robusten und einer fragilen Finanzstruktur ergibt sich, indem zunehmend von einer Hedge- zur Spekulations- und dann zur Ponzi-Finanzierung übergegangen wird. Je stabiler die Ökonomie trotz starkem Ponzi-Anteil aussieht, umso näher rückt der Zusammenbruch, da eines Tages die Kreditkonditionen wieder angezogen werden und dann die drei Finanzierungsmodi mit ihren unterschiedlichen Risiken zutage treten. „A hedge-financing unit is vulnerable only to cost escalation or to revenue declines … Speculative units … are not only vulnerable to product-and factor market developments … but also to financial-market developments. As a result, interest rate increases, and changes in market credit standards can affect the viability, as measured by both cash flows and present values, of units engaged in speculative finance. A Ponzi unit is not only vulnerable to developments that would affect a speculative unit, but its balance sheet deteriorates as interest or even dividends are paid by increasing debts. Thus, the cash flows that must be earned for the financial commitments to be fulfilled become greater, and the equity-debt ratio on the balance sheet deteriorates" (ebenda, 208).

Der Drift in Richtung Ponzi kann unterschiedliche Gründe haben: „(T)he terms on which finance is available become less favorable (either because providers become concerned with their own positions or because the central bank adopts tighter policy to head-off perceived inflationary pressures), some expectations are revised, income flows that had been expected are not forthcoming, and so on" (Papadimitriou und Wray 1997, 14). Erturk stellt eine Verbindung zwischen Minskys Ansatz und der vorherrschenden Debatte (*Noise trader*-Modelle usw.) her und fragt nach dem erstrangigen Grund, der zu einem Umkippen des Aufschwungs führt. Er sieht ihn in einem der drei Harveyschen Stressfaktoren. „During the upswing, the actual increase in profits validates higher asset prices, spurring them to increase further. But, unlike asset prices, actual profits cannot increase at an increasing rate in the course of expansion. Thus, the rise in profits increasingly lags behind the upward movement in asset prices. As economic performance begins to fall short of the level of expectations that are capitalized in asset values, the view that asset prices are excessive begins to take hold in financial markets and the bear position rises" (2006, 18).

Wirtschaftspolitisch ist für Minsky entscheidend, diese natürliche Tendenz zu spekulativerer und insgesamt höherer Schuldenfinanzierung durch institutionelle Vorkehrungen und Regeln zu unterbinden bzw. deutlich zu begrenzen (siehe die Zusammenfassung in 1986 auf den Seiten 291-292). Er wirft der bisherigen Politik vor, nicht verstanden zu haben, dass das System endogen instabil ist und durch ‚Finanzinnovationen' immer wieder aufs Neue in Schieflage gerät. „What we need now is a policy strategy based upon an economic theory that recognizes that our economy is capitalist, has a sophisticated financial structure, and as a result is unstable because of processes internal to such an economy" (ebenda, 291). Die damalige Lage in den 1980er Jahren beschreibt er kritisch als *Big Government*. „The institutional structure is largely the product of the Roosevelt era and reflects a bias – born of the Depression – favoring investment and capital intensity and against labor-force participation and deflation. Once Big Government succeeds in eliminating the threat of deep and prolonged depressions, however, this Rooseveltian institutional structure lends an inflationary bias to the economy" (ebenda, 292).

Antizyklische Defizitpolitik findet also nicht Minskys begeisterte Zustimmung, u.a. da das Ziel der Preisstabilität nicht zu vernachlässigen sei! „(A)s Minsky continually emphasized (and long before such came to pass) the problem is that if debt deflations are eliminated, increasingly fragile positions can be taken with no ‚cleansing' (or balance sheet simplification) ever taking place" (Papadimitriou und Wray 1997, 14).

Anstelle einer künstlichen Vermeidung von Assetpreisanpassungen, Niedrigstzinsen und Defizitfiskalismus schlägt Minsky den Staat als *employer of last resort* vor, der dann auf diese Weise eine untere Decke einzieht. „The main instrument of such a policy is the creation of an infinitely elastic demand for labor at a floor or minimum wage that does not depend upon long- and short-run profit expectations of business. Since only government can divorce the offering of employment from the profitability of hiring workers, the infinitely elastic demand for labor must be created by government" (1986, 308). Zur Inflationsvermeidung müssten die Löhne dieses Sektors klar unter den Löhnen im Privatsektor liegen. Minsky war immer sehr inflationssensitiv, daher stand er auch Sozialtransfers kritisch gegenüber, da der Zusatznachfrage bei reinen Transfers kein produziertes Mehrprodukt entspreche. Auch Unternehmenssteuern würden in erster Linie zu Preiserhöhungen führen und zu einem höheren Verschuldungsgrad anregen, weshalb sie zugunsten einer breiten Mehrwertbesteuerung aufzugeben seien. Unberücksichtigt bleiben hier seine Überlegungen zur notwendigen Umverteilung der Einkommen und Vermögen.

Etwas unklar und regelrecht enttäuschend bleiben Minskys Vorschläge zur Finanzreform (was er auch offen zugesteht). „The discount-window market technique of reserve creation is appropriate for a system in which financial crises can occur because of the development of liability structures heavily weighted with speculative finance. Encouraging paper tied to the assets that flow through the production process is a way of favoring hedge finance, although in a capitalist world a thrust to speculative financing will always take place during tranquil times" (ebenda, 327). Die Kontrolle der Banken und Finanzinstitute soll demnach über einen stärkeren Einsatz des Diskontfensters erfolgen, was zu einem guten Teil die üblichen Offenmarktverkäufe in den USA substituieren und die Ausgabe von Zentralbankgeld an spezifische Assets koppeln sollte.

Minsky legte auch besonderen Wert auf Entflechtung, da er bei großen Einheiten und Monopolen wie erwähnt das *too big to fail*-Problem in einem weiteren Zusammenhang sah. „A decentralized banking system with many small and independent banks is conducive to an industrial structure made up of mainly small and medium-size firms" (ebenda, 319). Bei kleineren, lokalen Banken könne dann auch die Trennung zwischen üblichen Bankgeschäften und dem Investmentbanking aufgegeben werden. Auch in späteren Schriften sprach er sich für lokale Banken, ähnlich den Sparkassen *(community banks)* aus und vertrat im Ansatz auch den später noch vorzustellenden Vorschlag des *narrow banking* (nähere Belege bei Papadimitriou und Wray 1997, 32-35). Mit dem Levy Institute entwickelte er später die Etablierung eines landesweiten Systems kommunaler Entwicklungsbanken (CDBs: *Communal development banks;* zur Deutung der FK als Minsky-Moment seien hier nur noch Papadimitriou und Wray 2008, Palley 2007 und Ferandez et al. 2008 genannt).

Auch Randall Wray, der die Kansas City-Variante des Postkeynesianismus vertritt, fordert eine staatliche Beschäftigungspolitik, die einen unteren Lohnpreisanker setzen soll (1998: 6,25 Dollar pro Stunde). „The employer of last resort ... provides for full employment. The government would announce a fixed price for labour, agreeing to ‚buy' all labour at the announced wage or to ‚sell' it at a slight mark-up over the announced wage" (1998, 9). Seine Variante einer Vollbeschäftigung ohne Inflation divergiert allerdings wesentlich von Minskys Ansatz, da Wray aus Sicht der chartalistischen Geldtheorie im Anschluss an A. Smith, Keynes und Knapp Geld als Geschöpf des Staates ansieht und ganz bestimmte wirtschaftspolitische Konsequenzen daraus zieht (neuerdings Wray 2010a; wir gehen hier nicht auf die Diskussion zur endogenen oder exogenen Geldtheorie ein, siehe hierzu auch Wray 1992). Das Geld(system) ist ein öffentliches Gut und Monopol, erfinderisch institutionalisiert um Ressourcen zur Herstellung von Gütern und Dienstleistungen zu mobilisieren, die nach Meinung der Regierung dem öffentlichen Wohl dienen. Eine unabhängigen Zentralbank sei ein Mythos, der heute nur zur Kaschierung der Tatsache, dass die Geldpolitik im Interesse der Finanzbranche erfolgt, diene.

Der faktischen Praxis in den USA nahekommend (und dem momentanen institutionellen Arrangement in Euroland widersprechend) fasst er zusammen: „(T)he government can buy anything that is for sale for dollars merely by issuing dollars. The government does not ‚need' the

‚public's money' in order to spend: rather, the public needs the ‚government's money' in order to pay taxes. Once this is understood, it becomes clear that neither taxes nor government bonds ‚finance' government spending. Instead, taxes are required to give value to money, while bond sales are a part of monetary or interest rate policy (providing an interest-earning alternative to non-interest-earning currency to be held as a store of value)" (1998, IX).

Bei einem Direktzugriff auf die Zentralbank finanziert die Regierung ihre Ausgaben mittels Geldbeschaffung durch Geldschöpfung der Zentralbank. Die Staatsbürger müssen das offizielle Geldmittel akzeptieren, da sie in ihm Steuern zu entrichten haben. Steuern dienen zur Liquiditätsabschöpfung. Anleihen kommt nach Wray eine monetäre Funktion zu, sie dienen dazu, den Zins der Hauptrefinanzierungsgeschäfte und den Zinssatz am Geldmarkt zu steuern und über Null zu halten. Wesentlich ist, die injizierte Geldmenge richtig zu dosieren, die durch die Quantität der Staatskäufe bestimmt wird. Für Wray steht fest, dass Arbeitslosigkeit immer ein Indiz für zu geringe Staatsdefizite ist. Haushaltsdefizite seien sinnvollerweise die Norm, auch um eine positive Nettosparquote in einer geschlossenen Wirtschaft zu ermöglichen (die implizite Annahme einer geschlossenen Wirtschaft kann als gewisse Schwäche des Buches gewertet werden).

Er kritisiert die falsche Sicht der Begrenzung der Fiskalausgaben durch Steuern oder Anleiheplatzierungen, denn „the Treasury does not need tax receipts from bond sales in order to spend since spending only depends on the Treasury's ability to issue fiat money that the public accepts" (ebenda, 119). Auch viele Ökonomen fielen hier auf einen ‚accounting gimmick' herein. Tatsächlich gilt nämlich: „(T)he government keeps two sets of books, the Treasury's book and the central bank's book, and runs a surplus on one and a deficit on the other" (ebenda, 79). Die wirtschaftspolitische Konsequenz lautet: „If a government can create at will the money that the public willingly offers goods and services (especially labour services, for our purposes here) to obtain, then the government's spending is never constrained by narrow ‚financing' decisions" (ebenda, 137). Höhere Staatsverschuldung führt eines Tages aus dem Tal der Tränen, so dass Produktion und Konsum ansteigen. Empirisch zeige sich, dass das Steueraufkommen in solchen Aufschwüngen doppelt bis dreifach so stark ansteigt als das BIP, was die Verschuldungsquote drückt (als Beispiel dient der Clinton-Boom). Sollten sich inflationäre Tendenzen vor dem Erreichen der Vollbeschäftigung zeigen, so könnte man durch höhere Steuern gegensteuern. Tatsächlich habe es noch kein Land mit Hyperinflation gegeben, das über eine eigene Notenbank verfügte und flexible Wechselkurse und keine hohen Schulden in ausländischer Währung vorlagen. Die Gefahr des Staatsbankrotts werde durch die USA widerlegt, die in nunmehr 220 Jahren fast immer Haushaltsdefizite aufwiesen, aber kein Staatsbankrott eintrat (siehe die Diskussion bei Wray 2010b).

Obwohl Wray sich oft positiv auf Minsky bezieht, sind die Differenzen doch offensichtlich. Nach Wray besteht das Grundproblem in falscher fiskalischer Zurückhaltung mangels Einsicht in die richtige Theorie, bei Minsky steht das Problem einer Dauerinflationierung durch *Big Government* im Vordergrund. Minsky fordert eine entflechtende Ordnungspolitik und Begünstigung dezentraler Finanz- und Produktionsstrukturen, bei Wray taucht dieses Motiv so nicht auf. Minsky will die Zentralbank anhalten, bei Geldschöpfung das Collateral genau zu prüfen, Wray würde am liebsten der Regierung ohne Gegengabe das für Vollbeschäftigung und öffentliche Güter notwendige Geld zinslos und ohne Rückzahlungspflicht in die Hand drücken. Minsky stimmt ein hoher Verschuldungsgrad bedenklich, bei Wray ist dies nicht der Fall. In einer E-Mail im AFEE-Diskussionsforum *(Association for Evolutionary Economcis)* vom 22.2.2010 bemerkte Wray: „So here is the proposal: It [government's deficit] should never be reported or mentioned. It provides no useful information. It is nothing but a bogeyman … The actual number – whether relative to GDP or anything else – is of no importance. It should never be discussed in polite company"!

So kann man Minsky als Ausdruck des Keynes II der Unsicherheit und der labilen Finanzmärkte und Wray als eine Ausprägung des Keynes I der Realsphäre verstehen, die in weiten Teilen der Praxis der amerikanischen Krisenpolitik (niedriger Zins, Geldflutung) nahekommt. Bernanke klang sehr nach Wray als er in einer seiner Reden bemerkte: „(T)he U.S. government has a technology, called a printing press, (or today, its electronic equivalent) that allows it to produce as many U.S. dollars as it wishes at essentially no cost … under a paper money system, a determined government can always generate higher spending and hence positive inflation" (2002b, 5).

Die Divergenzen der Sichtweisen werden unter den beiden Lagern im Postkeynesianismus leider nicht offensiv thematisiert. In seinen Beiträgen zur Lehre aus der FK schwenkt Wray (2008) allerdings stark auf Minskys Position ein (z.B. direkte Kreditkontrollen zur Spekulationsvermeidung). Natürlich kann man z.b. hinsichtlich der sogenannten Krise des Euro einiges aus der Kritik der Schule Wrays lernen, die die Unmöglichkeit wirksamer Fiskalpolitik auf der Euroebene und der Nichtzugriffsmöglichkeit der einzelnen Länder auf die Notenbank für gefährlich halten. So erklärt sich, dass selbst Länder in eine Schieflage geraten können, deren kumulierte Verschuldung unter 50% des BIP liegt, da „a euro nation faces „market-imposed" constraints on borrowing because it is not a sovereign country … (A)ll of this debt has to be purchased in private capital markets, where financial conditions have tightened substantially in the wake of the meltdown. This is causing major problems for member governments that must find buyers for their bonds" (Kelton und Wray 2009, 9 und 12).

Die Abhängigkeit von Ratingagenturen und den Ansichten, Übertreibungen und Spekulationen der Finanzmärkte sei durch falsche Institutionalisierung des europäischen Geld- und Fiskalsystems unnötig selbst verschuldet, was teuer komme und auch die Glaubwürdigkeit der Gesamtarchitektonik in Frage steht, da, wie sich 2010 zeigte, die Zentralbank nicht unabhängig ist und der Stabilitätspakt und der EU-Vertrag (Verbot des *bail-out* von Ländern) in wenigen Stunden zu Makulatur wurden.

Als weiterer Hauptbeitrag zur dogmengeschichtlichen Entwicklung des Spekulationsparadigmas wird hier der heterodoxe – dem kritischen Altinstitutionalismus nahe stehende – Ökonom John Kenneth Galbraith herausgegriffen, der weniger die radikal unsichere Zukunft an sich, als vielmehr das genuin spekulative, stark psychologische Element z.B. der Geschehnisse ab 1929, aber auch beim Aktiencrash 1987 betonte (zur Aktualität der Galbraithschen Analyse siehe die Einleitung von Otte 2009a). Zu nennen ist in diesem Kontext auch die mit vielen historischen Beispielen reiche Arbeit von Kindleberger, der auch die Anatomie einer idealtypischen Krise bietet (2000, 13-18) und das Modell Hyman Minskys einbaut, ohne zu vergessen darauf hinzuweisen, dass viele Parallelen zu klassischen Ökonomen (J.St. Mill, Marshall, Wicksell, Fisher) bestehen. Kindlebergers Buch enthält viele aufschlussreiche Beobachtungen, so seien die tiefergehenden Krisen meist durch mindestens zwei Spekulationsobjekte auf zwei Märkten gekennzeichnet (2000, 45; eine Zusammenfassung des Phasenverlaufs nach den genannten Autoren auf einer Seite findet sich bei Aschinger 2001, 11).

Galbraith nennt sieben Finanzkrisen verursachende Faktoren:

1. ‚The vested interest in euphoria' (1988/1954, XII), gemeint ist die sich aufschaukelnde positive Sicht all derer, die vom Optimismus profitieren. In Deutschland trat dies z.b. augenscheinlich beim *Neuen Markt* hervor, bei dem die Deutsche Börse, die Medien, die Politik, die Anleger usw. alle am gleichen Strang der Zweckeuphorie zogen. Minsky und Kindleberger betonen etwas stärker die realökonomische Fundierung dieses ursprünglichen Optimismus, der zu Anfang oder gegen Ende eines Krieges, einer guten oder schlechten Ernte, als Nebenwirkung von Innovationen (Kanäle, Straßen usw.), bei Änderungen der Geldpolitik u.a. auftreten mögen (Kindleberger 2000, 14).

2. ‚The pure speculative instinct' (1988, XIII). „Values are increasing; they will increase more; the person or institution of presumed financial acumen or self-identified genius will ride the market up ... This ... is the pure speculative context. It becomes an increasingly controlling circumstance after any prolonged increase in values" (ebenda, XIII). Entscheidend für den Aufbau einer spekulativen Blase sind nach Galbraith die Stimmungslage und weniger realökonomische Indikatoren. „Far more important than rate of interest and the supply of credit is the mood. Speculation on a large scale requires a pervasive sense of confidence and optimism and conviction that ordinary people were meant to be rich" (ebenda, 169). Antreibend wirken auf jeden Fall überquellende Finanzreserven, die dafür sorgen, dass für das redundante Kapital nach Anlagemöglichkeiten gesucht wird (ebenda, 170).

Für Minsky und Kindleberger ist für die Boomphase die Ausweitung des Kredits durch Banken ganz entscheidend, was eine Erhöhung der wie immer gemessenen Geldmenge bedeutet. In der relativ unabhängigen Kreditschöpfungsmöglichkeit und der Erfindung immer neuer Kreditinstrumente der Banken sieht Minsky den zentralen destabilisierenden Faktor. Durch die steigende Nachfrage und eventuell auch durch die Kreditexpansion ausgelöste Preissteigerungen lösen zusätzliche Nachfrage aus, das Momentum-Stadium wird erreicht, auf breiter Front auf weiter steigende Preise gesetzt, die sich zusehends von den realen, längerfristigen Ertragserwartungen abkoppeln. Im Laufe zunehmender Kreditvergabe ist weniger die Zunahme der Geldmenge entscheidend, als die abnehmende „Qualität" der Schuldner (Kindleberger 2000, 55-56), was die Subprime-Krise beispielhaft bestätigte.

Bordo und Jeanne (2002) haben gezeigt, „dass kein klarer Zusammenhang zwischen dem Kurs der Geldpolitik und ‚asset price movements' empirisch nachgewiesen werden kann" (so auch Schulmeister 2009b, 2, Fn. 1), der Prozess also auch ohne laxe Geldpolitik in Gang kommen, durch sie aber natürlich verstärkt werden kann.

Hier liegt ein Unterscheid zwischen Minsky, Kindleberger und Galbraith auf der einen und Milton Friedman auf der anderen Seite vor, der meinte, nur eine übertriebene Geldmengenexpansion führe zu Instabilität, nicht aber ein an sich unstabiles und stark prozyklisches Kreditsystem, da er an die Rationalität der Akteure im spontanen Mikrobereich ohne negative, nichtintendierte Nebenfolgen auf der Makroebene glaubte. Man könnte hinsichtlich des Aufbaus von Blasen zwischen verschiedenen Arten und Größenordnungen unterscheiden, also solchen, die sich nur in einem Land oder innerhalb eines geographischen Gebietes abspielen, ferner Blasen die sich nur auf ein Asset oder eine Klasse von Assets beziehen (Erdgas/öl, Rohstoffe) und solche, die fast weltweit als Megablase in Erscheinung treten (wie im Jahr 2007, als man es mit einer Blase im Immobiliensektor, bei Aktien und Rohstoffen gleichzeitig zu tun hatte).

Das reine spekulative Moment, das sich in markanteren Boomphasen nachweisen lässt, der Glaube, es sei etwas völlig Neues in der Welt, ist in dieser Sichtweise des Zyklus von ausschlaggebender Bedeutung. So kann man im Vorfeld nicht sagen, worauf sich die Steigerungsprozesse fixieren werden, man kann nur mit sehr hoher Wahrscheinlichkeit vermuten, dass sie immer wieder (irgendwo) und abrupt auftreten werden. „Some artifact or some development, seemingly new and desirable – tulips in Holland, gold in Louisiana, real estate in Florida, the superb economic designs of Ronald Reagan – captures the financial mind … The price of the object of speculation goes up. Securities, land, objets d'art, and other property, when bought today, are worth more tomorrow. The increase and the prospect attract new buyers; the new buyers assure a further increase. Yet more are attracted; yet more buy; the increase continues. The speculation building on itself provides its own momentum" (Galbraith 1990, 4; als deutsche Übersetzung siehe Galbraith 1990/2010).

Somit ist es fast unerheblich, auf welche Ausgangsphänomene sich die Spekulation bezieht: Zwiebeln, Häuserpreise, Kunstwerke, antike Autos, Aktien-, Rohstoff- oder Energiemärkte. Man kann davon ausgehen, dass beim zukünftigen Aufbau von Blasen „some newly rediscovered virtuosity of the free enterprise system will be cited" (1988, 190; siehe die lange

Liste bei Kindleberger 2000, 41-43). Welche Spekulationsobjekte und -faktoren waren in diesem Sinne für die FK ausschlaggebend? In den Jahren vor der FK spielten Derivate bei diesen Prozessen eine herausragende Rolle, d.h. bloße Wetten auf die zukünftige Entwicklung von Märkten. Solche Wetten haben den Vorteil, keiner natürlichen Begrenzung zu unterliegen: So kann man z.b. eine Wetterwette abschließen, ob es morgen regnen wird oder nicht, oder eine Sportwette: Welche Mannschaft wird den ersten, zweiten, dritten, letzten Einwurf haben. Bei Derivaten wird Geld mit Geld (und nicht mit Waren oder Dienstleistungen als Gegenwert) verdient, was nur – und zeitlich begrenzt – für alle Beteiligten gewinnbringend funktionieren kann, solange die Märkte aufwärts tendieren. Zu diesem weltweiten Trend gesellte sich seit etwa dem Jahr 2000 die Politik des ‚Jedem ein eigenes Haus' in den USA, was zum Bau von 1,2 Mio. neuer Häuser pro Jahr führte und auch unter Bush Juniors Philosophie des *compassionate conservatism* weiter forciert wurde.

Einen weiteren Baustein beim Aufbau der Spekulationsblase stellte der Versuch der Banken dar, sich den Baseler Eigenkapitalvorschriften zu entziehen. Hierfür wurden zum guten Teil von den Banken selbst Zweckgesellschaften gegründet und wie erwähnt Kredite, die an Kunden vergeben wurden, weitergereicht, also erst einmal aus den Bilanzen entfernt. Die Zweckgesellschaften geben Wertpapiere heraus, die durch die von der Bank abgekauften Kreditforderungen abgesichert sind. Diese Verbriefungen als *Asset backed securities* (ABS) ermöglichen das scheinbare Unsichtbar machen von Risiken. Tausende von Krediten für Autos, Immobilien usw. können somit wie Güter gehandelt werden.

Ein Nebenaspekt der Verbriefungen besteht darin, dass die Zweckgesellschaften aus steuerlichen und regulatorischen Gründen oft in Steueroasen beheimatet waren und sind, dies gilt auch für die Zweckgesellschaften z.B. der staatlichen Landesbanken wie der BayernLB in Delaware, wo wie in Dublin, den Cayman Islands, Luxemburg oder Jersey auch die deutsche Bafin ihrer Aufsichtsfunktion nicht nachkommen kann. Ein weiteres Element besteht in den seit den 1990er Jahren eingeführten *Credit Default Swaps* (CDS): Hierbei erfolgt eine Kreditversicherung der Bank durch den Verkauf des Kreditrisikos an eine Fondsgesellschaft gegen eine Gebühr, fällt der Kredit aus, muss diese zahlen. Bei J.P. Morgan kam man nun auf die Idee, Verbriefungen und CDS in Form eines Bistro *(Broad index secured trust offering)* zu verbinden, d.h. CDS werden verbrieft. In einem dieser Bistros von J.P. Morgan wurden 300 CDS (Versicherungen auf Ausfälle von General Electric, Wal-Mart usw.) gebündelt, an eine (neu) gegründete Zweckgesellschaft übergeben und dann in kleiner Bündelung an Großinvestoren weiterverkauft.

Das Modell, an dem alle Beteiligten schön verdienen konnten, fand (zu) viele Nachahmer und zu wenig Kritiker (z.b. Rating-Agenturen und die Aufsichtsbehörden), so dass im Jahr 2008 57 Billionen Dollar in Form von Bistro-Versicherungen umhergeisterten. Zu ihnen gesellte sich dann noch die Immobilienblase, die durch die Niedrigstzinspolitik der amerikanischen Notenbank in Reaktion auf das gerade zurückliegende Platzen der Dotcomblase in dieser Form möglich wurde. Ohne die Verursachungskette hier näher beleuchten zu können lässt sich der plurale Charakter der FK hervorheben, der in der bewusst geringen Regulierung, einem kurzfristigen Profitmotiv und der maximalen Ausnutzung von Leverage bestand (bei den hier vernachlässigten Hedgefonds bestand ein Hebel von bis über 30, d.h. einem Euro Eigenkapital standen 30 Euro Fremdkapital gegenüber). Man sieht, dass das Neue der FK im Zusammentreffen mehrerer Problemherde bestand und dieses Mal wesentlich durch eine Spekulation auf Finanztitel und nicht Waren (Tulpenzwiebeln usw.) angefacht wurde (siehe den guten Überblick bei Balzli et al. 2008). Nach Galbraith hätte es aber auch irgendein anderer Hotspot sein können. Wie von ihm herausgestellt, beeinflussten sich die Akteure und Faktoren kumulativ, und sorgten für eine Masseneuphorie.

Eines Tages muss, um auf den allgemeinen Charakter des Phasenverlaufs nach Galbraith zurück zu kommen, die Korrektur erfolgen, oft ohne dass sich sagen ließe, was genau den Umschwung von Optimismus in Pessimismus bewirkte. Sicher ist nur, dass er *abrupt und heftig* erfolgt. „Something, it matters little – although it will always be much debated – triggers the ultimate reversal. Those who had been riding the upward wave decide now is the time to get out. Those who thought the increase would be forever find their illusion destroyed abruptly, and they, also, respond to the newly revealed reality by selling or trying to sell. Thus the collapse. And thus the rule, supported by the experience of centuries: the speculative episode always ends not with a whimper but with a bang. There will be occasion to see the operation of this rule frequently repeated" (1990, 4).

Kindleberger fasst die Umschlagsphase, nachdem vorher Güterpreise und Zinssätze in aller Regel gestiegen sind, in folgende Worte: „At some stage, a few insiders decide to take their profits and sell out. At the top of the market there is hesitation, as new recruits to speculation are balanced by insiders who withdraw. Prices begin to level off ... the awareness on the part of a considerable segment of the speculating community that a rush for liquidity – to get out of other assets and into money – may develop, with disastrous consequences for the prices ... It is time to withdraw. The race out of real or long-term financial assets and into money may turn into a stampede" (2000, 17). Auch in der FK konnte dieses Phänomen der Torschlusspanik beobachtet werden, das häufig als Deleveraging beschrieben wurde. Es ist meist schwer zu sagen, was letztlich zum Umschwung führte, ein Bankrott, ein Selbstmord, die Aufdeckung eines Betruges usw. (Kindleberger 2000, 100).

Entscheidende Voraussetzung für das Wirken temporärer, massenpsychologischer, euphorischer Entfernungen von der Realität ist das besonders kurze Gedächtnis der Akteure auf den Finanzmärkten. Ihnen folgt die Masse, da Geld das Maß des Erfolges im Kapitalismus darstellt und supponiert wird, dass es v.a. bei den Finanzalchimisten trotz aller Gegenevidenzen auch nach Finanzkrisen ein Indiz für Intelligenz sei. „Accordingly, possession must be associated with some special genius" (1990, 13). Hierbei liege aber ein Zuschreibungsfehler vor, da Menschen an die Spitze von bürokratischen Großorganisationen wie Investmentbanken nicht durch ihr Genie gelangt sind, sondern „theirs was mentally the most predictable, and in consequence, bureaucratically the least inimical of the contending talent" (1990, 14). Gerhard Funke, der Vorstandsvorsitzende der HRE, der sie in den Abgrund führte, mag als Musterbeispiel gelten. Sie sind meist von aufstiegsorientierten Opportunisten umgeben, die keine eigenständig gebildeten Meinungen äußern und der fehlende Widerstand von den Alphas auf ihre eigene Überlegenheit zurückgeführt wird. Aus dem Kreis der Opportunisten rekrutiert sich dann oft der nächste Alpha.

3. Neben diesen psychologischen Faktoren kommt für Galbraith auch soziostrukturellen Faktoren Bedeutung zu. „A third controlling circumstance, little mentioned then or recently, was the enactment earlier on tax reductions with primary effect on the very affluent" (1988, XIII). Wichtig für spekulative Aufblähungen sind nämlich überschüssige Spar-

kapitalien, die kaum anderweitige lukrative Anlage finden, was durch eine zunehmende ungleiche Einkommens- und Vermögensverteilung begünstigt wird, die Galbraith für 1929 nachweist (1988, 170-171 und 177) und die auch auf die Entwicklung in den USA und Deutschland in den letzten zwei Jahrzehnten zutrifft (siehe für Deutschland in Kurzform http://www.boeckler.de/320_94199.html). Palley (2009) zeigt für die USA anhand empirischer Daten, dass an die Stelle der realen Nachfrage durch produktivitätsorientierte Löhne die Verschuldung amerikanischer Haushalte trat, denen auf der anderen Seite Steuererleichterungen v.a. für die Bessergestellten gegenüberstanden.

4. Ferner sind mit Galbraith Veränderungen im Bereich Corporate Finance zu nennen, wobei bereits in der großen Weltwirtschaftskrise Investmentbanken wie Goldmann Sachs eine besondere Rolle spielten. „Their shared feature was the greatly celebrated institution of leverage, a small holding of common stock controlling an organization with a great structure of debt" (1988, XIV). Was in den 1980er Jahren die *leveraged buyouts* und *junk bonds*, sind im Jahr 2008 die weiter oben erwähnten Zweckgesellschaften und Derivatwetten. Galbraith betont, dass es bei den Finanzinnovationen **immer nur** um neue Leverage-Produkte ging, die an sich kaum als besonders neu oder für die Realwirtschaft als hilfreich anzusehen seien. „All crises have involved debt that, in one fashion or another, has become dangerously out of scale in relation to the underlying means of payment" (1990, 16). Insofern ist auch der Vergleich der Eigenkapitalrenditen nicht treffend, nach der die Firmen im Dax und MDax und die mittelständischen Firmen im Durchschnitt eine Eigenkapitalrendite von mehr als 25% erwirtschafteten und zu einer Unterstützung des Ackermann-Ziels durch die Kreditanstalt für Wiederaubau führte (*SZ* vom 5.11.2009, 19). Der Vergleich erscheint nicht treffend, da die Rneditien im Realsektor auf tatsächliche Produkt-Innovationsfähigkeit zurückgeführt werden kann.

Nomi Prins, eine frühere Managerin bei Goldman Sachs berichtet: „A friend of mine, who is a former partner at Goldman Sachs, once commented that finance is one of the few disciplines, ‚based on the creation of absolutely nothing.' And that's very true. *Finance is based on the principle of continuously pushing nothing for something throughout the system as long as someone else is around to pay for it* ... some smoking-hot product will emerge to replace subprime CDOs, just as something replaced Enronian derivatives wizardry, WorldCom broadband bonds, Long Term Capital Management magic, dot-com IPOs, and junk bonds" (2009, 3 und 223). Eine entscheidende Rolle kommt bei dieser Creatio ex nihilo wie erwähnt dem möglichst hohen Leverage zu.

Roubini gibt folgendes Beispiel: „(T)oday any wealthy individual can take $ 1 million and go to a prime broker and leverage this amount three times; then the resulting $ 4 million ($1 equity and $3 debt) can be invested in a fund of funds that will in turn leverage these $4 millions three or four times and buy some very junior tranche of a CDO that is itself levered nine or ten times. At the end of this credit chain, the initial $1 million of equity becomes a $100 million investment out of which $99 million is debt (leverage) and only $1 million is equity. So we got an overall leverage ratio of 100 to 1. Then, even a small 1% fall in the price of the final investment (CDO) wipes out the initial capital and creates a chain of margin calls that unravel this debt house of cards. This unraveling of a Minskian Ponzi credit scheme is exactly what is happening right now in financial markets" (2007, 4).

Galbraith formuliert hier eine These, die, von Ausnahmen wie Prins abgesehen, selten diskutiert wird: Im Finanzsektor gibt es praktisch keine (gesamtwohlfahrtsmäßig gesehen) sinnvollen Innovationen, vom Geldautomaten, so Paul Volcker, abgesehen. Man könnte noch passiv gemanagte *Exchange Traded Funds* als ein auch finanzdemokratisches Instrument hinzufügen, das allerdings von der Finanzbranche nicht aktiv angeboten wird (siehe Kapitel IV.9). Eine unbestreitbare Tatsache sei, „that financial operations do not lend themselves to innovation. What is recurrently so described and celebrated is, without exception, a small variation of an established design" (Galbraith 1990, 16). Tatsächlich dürfte es sich bei der Durchsetzung neuer Finanzkombinationen, wie schon aus den Insiderberichten hervorging (III.2), so gestalten, dass (häufig) nicht eine Nachfrage nach ihnen ein Angebot schafft, sondern umgekehrt. Schumpeter hielt dies nebenbei bemerkt auch für den üblichen Weg im Realsektor. Es „vollziehen sich Neuerungen in der Wirtschaft doch in der Regel nicht so, daß erst neue Bedürfnisse spontan bei den Konsumenten auftreten und durch ihren Druck der Produktionsapparat umorientiert wird ..., sondern so, daß neue Bedürfnisse den Konsumenten von der Produktionsseite her anerzogen werden, so daß die Initiative bei der letzteren liegt" (Schumpeter 1964/1911, 100).

Auch Henry Kaufman unterstreicht (2000, 202-203), dass ‚Finanzinnovationen' im Unterschied zu den Verhältnissen im Realsektor nicht patentiert werden können (z.B. spezifische Formen von Zertifikaten). Hieraus folgt, dass höhere Erträge im Allgemeinen **nur** realisiert werden können, wenn ein höheres Risiko eingegangen wird, üblicherweise durch Verschuldung, so dass weniger Assets als Sicherheitspuffer und Stoßdämpfer vorhanden sind (im Spekulationszyklus, der im Jahr 2008 endete, geschah dies wie gesehen durch Regulierungsarbitrage mittels Zweckgesellschaften wie SIVs und Circuits, die maximale Ausnutzung der Minimalanforderungen durch Basel II usw.). „Banken produzieren nichts und sie sind weder produktiv noch innovativ ... Banken machen ... immer das Gleiche: Sie leihen Geld über relativ kurze Fristen und verleihen es über längere Fristen" (Flassbeck 2009, 139), weshalb es eigentlich schon falsch sei, von „Finanzprodukten" zu sprechen. Maximale Risikobereitschaft wird mangels echter Innovationen zum Überlebensimperativ. „(D)eregulated financial institutions face intense competition in their core businesses, and therefore feel greater pressure to move toward the marginal edge" (Kaufman 2000, 228).

Es gibt auch überraschend kritische Stimmen aus dem Zentrum der Finanzforschung. So bemerkte der Präsident der *American Finance Association* des Jahres 1984, James C. van Horne: „There has been a recent wave of enthusiasm for financial innovation ... However, it also allows certain deals to be masqueraded as financial innovations. When the mask is removed, we find little or no substance ... The eagerness of financial-service consumers for almost anything new has allowed investment banks and other financial institutions to propose things lacking in the foundation of making the financial markets more efficient operationally and/or more complete ... Understandably, the promoter wishes to make a profit regardless of whether an idea has substance ... The euphoric atmosphere [as a consequence of these ‚innovations'] results in price rises in excess of what the fundamentals would dictate. Eventually, the bubble bursts and the price debacle which follows brings misery to those left holding the bag" (Van Horne 1985, 626 und 628). Er führt viele Beispiele für fragwürdige Scheininnovationen an, u.a. Zinsswaps. Viele der strukturierten Produkte, die in der FK eine Rolle spielten, werden von ihm gar nicht erwähnt, da ihnen in den 1980er Jahren noch keine Bedeutung zukam oder sie noch nicht ‚erfunden' waren.

Während in der Realwirtschaft in nicht hoch konzentrierten Branchen Gewinne auf wohlfahrtssteigernde neue Produkte, die Pioniergewinne abwerfen, zurückgeführt werden können, gilt dies für den Finanzbereich nicht. Wenn die Deutsche Bank im ersten Quartal 2010 den höchsten Gewinn nach Steuern in der Unternehmensgeschichte mit 1,8 Mrd. Euro auswies, was einer Eigenkapitalrendite von 30% entspricht, so erlaubt diese Zahl einen eindeutigen Rückschluss auf das eingegangene Risiko bei einem gleichzeitigen risikofreien Zinssatz von 1-2%. Nicht zufällig hat sie seit langem eine bilanzielle Kernkapitalquote von unter 2% und war z.B. anscheinend im CDS-Handel mit Länderanleihen wie denen Griechenlands auf der Short-Seite engagiert, mit Griechenland-Anleihen als solchen gab man sich wahrscheinlich deshalb erst gar nicht ab, weil sie zu wenig Rendite abwarfen.

Auf der Mikroebene liegt im an und für sich hohen Leverage der Finanzinstitute als wesentlicher Gewinnquelle eine ganz entscheidende Achillesferse des Finanzsektors, so dass es nur geringer Anstöße bedarf, um das System als Ganzes zu gefährden. Bei heterodoxen Ökonomen hat daher die hohe Fragilität des Finanzsektors selten in Frage gestanden. Da die hier besprochenen Ansätze schwerpunktmässig auf der Makroebene argumentieren, sei hier ein Einschub zur Mikrologik der Instabilitäten eingefügt.

„It has long been recognized that banks are, within a free market setting, prone to failure. It is also well understood that the failure of one bank can have damaging knock-on effects as confidence is shaken, leading to precautionary deposit withdrawals and generalized financial turbulence" (Dale 1992, 5).

Als strukturelle Komponenten hebt Dale hervor: „Banks [and other financial intermediaries], basically, in fulfilling their intermediary function, operate on a relatively low capital base which ... will typically be in a region of 4-8 per cent of total assets. Any diminution in asset value can therefore have a correspondingly large impact on net worth ... A second characteristic of banks is that a large proportion of their assets are not readily marketable and can be disposed of promptly (if at all) only on a significant discount on their book value. Therefore rapid asset contraction of the kind that might be necessary in the face of severe liquidity pressures can typically only be accomplished at heavy cost.

A third feature of banks is their dependence on a precarious deposit/ funding base which can be relied upon to sustain operations only so long as the bank concerned commands the confidence of financial markets. Once confidence is lost funds cannot be attracted by raising the return to depositors, since a risk premium is often interpreted as evidence of a deteriorating financial position. Finally, the financial condition of a bank cannot be determined from its published statements. This is because key risk parameters such as the quality of the loan portfolio are not captured in the accounts and also because such information as may be available can be quickly out-dated by subsequent transactions (for instance, in the foreign exchange, futures and options markets). This lack of transparency means that sound banks can fall victim to market rumour and unsound banks may go undetected until it is too late" (1992, 6).

Es bedarf nur einiger Minuten des Nachdenkens, um die systemischen Unterschiede zwischen Finanz- und Gütermärkten zu erkennen: Geringe Eigenkapitalbasis, plötzliche Entwertung der Assets, der Faktor Vertrauen und die geringe Aussagefähigkeit von Kennzahlen zur Bonitätsbewertung. Alle von Dale 1992 aufgeführten Faktoren spielten in der FK ab 2007 eine herausragende Rolle: Nicht nur durch Zweckgesellschaften wurde einer ausreichenden Eigenkapitalbasis ausgewichen, die Bonitätsbewertungen stellten sich als völlig falsch bzw. nicht mehr angemessen heraus, die plötzliche lawinenartige Entwertung v.a. der CDOs, die weit über den Subprimebereich hinausgingen, begann und das Vertrauen der Banken untereinander sank auf null mit dem entsprechenden Austrocknen des Interbankenmarktes.

Aus der Tatsache der nicht patentierbaren ‚Innovationen' im Finanzbereich folgt für Dale eine Verhaltensannahme, die in der FK nachdrücklich Bestätigung fand. „For their part, banks are forever trying to break free of these bonds, for instance by introducing innovative off-balance-sheet transactions, so that regulators must constantly be on their guard to ensure that they are controlling *all* and not merely *some* of the risk activities that go to make up a bank's overall risk profile" (1992, 7).

Als weiterer Schwachpunkt der Regulierungspolitik sind die oft staatlich erzwungenen Sicherheitsnetze anzusprechen. Neben der quasi-Versicherung durch *too big to fail* (Kaufman 2000, 210) ist hier auch z.B. an die Einlagensicherung zu denken, die für Depositen europaweit auf 100.000 Euro angehoben werden soll. Solche gut gemeinten Vorkehrungen können die hier angesprochenen strukturellen Probleme natürlich nicht lösen, da sie den Moral Hazard herausfordern, was bei den im nächsten Kapitel zu diskutierenden Regulierungsvorschlägen zu berücksichtigen sein wird. „Paradoxically, the presence of this official safety net has the effect of subsidizing risk-taking because banks are no longer subject to the discipline of the marketplace – in particular their cost of borrowing doe not accurately reflect the risks they incur because depositors believe they are protected" (Dale 1992, 7). Je höher die Einlagensicherung, desto mehr Geld wird auch von Privatanlegern dort landen, wo die höchsten Renditen winken, also bei den Finanzinstituten, die die höchsten Risiken eingehen.

Dale ist trotz der einfachen elementaren Zusammenhänge des Sonderbereichs Finanzwirtschaft auch zuzustimmen, wenn er meint, „our understanding of financial markets in general, and the behavioural consequences of such structural change in particular, is quite limited. Perhaps one indication of this is the fact that expert opinion has shifted remarkably over time. The great US financial reforms of the 1930s, embracing the separation of commercial and investment banking and the establishment of federal deposit insurance – reforms which at the time and for many years thereafter were hailed as major stabilizing measures – are now [1992] being blamed for the increased incidence of US bank failures" (1992, 191). Galt in der Weltwirtschaftskrise die Interpretationsfolie der Spekulation, so gewann seit den 1970er Jahren zunehmend die EMH Überhand. Über den großen Crash, der zur Weltwirtschaftskrise führte, besteht in der Ursachenbestimmung bekanntlich nach wie vor unter Volkswirten keine Einigkeit (Parker 2007).

5. Interessanterweise weist Galbraith als fünften Einflussfaktor, auf den hier nur kurz hingewiesen werden soll, auch auf die ungesunde und unausgeglichene Zahlungsbilanz hin, da die USA in den 1920er Jahren (im Unterschied zur heutigen Schuldnerposition) hohe Exportüberschüsse aufwies (1988, 180).

6. Als weiteren Faktor führt er „(t)he poor state of economic intelligence" an, so dass „policy was almost entirely on the side of making things worse" (1988, 182-183). Im Falle Deutschlands lag nicht nur eine gewisse regulative Nachlässigkeit vor, sondern bestimmte *break-free*-Aktivitäten wurden durch Gesetze zur Stärkung des Finanzplatzes Deutschland ausdrücklich angeregt, indem z.B. die Zulassung von Hedgefonds im Jahr 2004 im Investmentmodernisierungsgesetz (InvmG) beschlossen wurde. Das Gesetz zur Kontrolle und Transparenz im Unternehmens-

bereich (KonTraG) hatte bereits früher Aktienoptionen für Vorstandsmitglieder und Aktienrückkäufe vereinfacht. Neben dem vierten Finanzmarktförderungsgesetz aus dem Jahr 2002, in dem u.a. die Geschäftsmöglichkeiten von Investmentfonds erweitert wurden, erfolgte mit dem Kleinunternehmerförderungsgesetz aus dem Jahr 2003 durch die damalige rot-grüne Bundesregierung eine steuerliche Besserstellung von forderungsgesicherten Wertpapieren (Asset Backed Securities). Auch hat man aus früheren Beispielen nicht viel gelernt, da das nach dem Fiasko des ‚Neuen Marktes' vorgeschlagene Kapitalmarktinformationshaftungsgesetz (Aktionäre können bei Falschinformationen klagen, bei Vorsatz unbegrenzte Vorstands-Haftung) nach langem hin und her nicht verabschiedet wurde, das z.b. für Aktionäre der Hypo Real Estate von Bedeutung gewesen wäre. Kläger sehen sich auch vor das Problem gestellt, dass man in Deutschland keine Sammelklagen kennt und sich daher der Einzelkläger eventuell mit hohen finanziellen Prozesskosten konfrontiert sieht. Den heillos unterfinanzierten Verbraucherzahlen fehlt das Geld, um einzuspringen.

Wenn eine solche Politik scheitert, versteht es das politische Establishment, die ‚Schuld' der Ereignisse clever auf den Privatsektor zu schieben. Um nur ein Beispiel zu nennen: Groß war die Empörung von Seiten der Politik darüber, dass Zertifikate von Lehman Brothers von den Banken auch an die sogenannten Kleinen Leute verkauft wurden. Ausgeblendet wird die Tatsache, dass in vielen anderen europäischen Ländern solche Produkte u.a. wegen des Ausfallrisikos erst gar nicht an Privatpersonen verkauft werden durften. Gleiches gilt z.B. für geschlossene Immobilienfonds, die in Deutschland im Unterschied z.B. zur Schweiz auch zur Altersabsicherung verkauft werden dürfen und viele Menschen in hohe Verschuldung und ins Unglück stürzten. Sie gehören zum kaum regulierten Graumarkt, der in Zukunft von der Gewerbeaufsicht kontrolliert werden soll, da es bei der Bafin an einer ausreichenden Zahl an Mitarbeitern fehle! In Spanien waren z.B. auch off-balance-Zweckgesellschaften untersagt, denn „if an aggressively managed bank is prevented by regulatory constraints from adopting its preferred high-risk/high-return policy in one business area, it will be inclined to seek out lesser regulated activities where it is free to pursue whatever risk strategy it chooses" (Dale 1992, 7).

Galbraith weist auch auf den wenig beruhigenden Tatbestand hin, dass nicht nur Wissenschaftler gutes Geld durch die Finanzbranche schonende

Gutachten und sie fördernde Ansichten verdienen (siehe zum „golden age of professors" 1988, 55), sondern dass die Gesamtgesellschaft inklusive Politik, Medien, Zentralbanken usw. immer wieder in einen Trancezustand verfallen, der ihre gemeinsame wirtschaftliche Existenzgrundlage bedroht. „Euphoria leading on to extreme mental aberration (mass insanity) is a recurring phenomenon and one that puts the affected individual, the particular enterprise, and the larger economic community at risk" (Galbraith 1990, 1).

Während solcher Selbstgefährdungen erfolgen Maßnahmen wie die leichtfertige Privatisierung der ehemaligen Pfandbriefanstalt, ihre Übernahme durch die HRE und danach nationale und europäische Feuerwehraktionen, die den Staat an den Rand seiner Möglichkeiten führt. Welche (Sozial)Leistungen werden in den kommenden Sparpaketen mit Verweis auf die hohe Verschuldung noch gekürzt? Auch hierauf wies Dale frühzeitig hin: „Yet while national authorities' *willingness* to provide lender of last resort (and recapitalization) assistance appears to have increased, their *ability* to deal effectively with major banking crises may be diminishing ... [it] may be limited by the sheer volume of global financial transactions measured against central banks' [and the states'] ability to lend" (1992, 15).

7. In Reaktion auf Crashs werden nach Galbraith stets Sündenböcke dingfest gemacht, selten den den Märkten innewohnenden manisch-depressiven Ausschlägen zu Leibe gerückt. So wurde im Jahr 1929 die vorlaufende Rezession der Realwirtschaft, 1989 das Budgetdefizit als Grund genannt. Schulmeister hat auf die in der FK nach 2007 dem hegemonialen Paradigma widersprechende Entwicklung und die Strategien kognitiver Dissonanzverringerung hingewiesen (2009b, 12-14). Hass und Anklage werden in der Regel personalisiert oder auf einzelne Unternehmen gelenkt, die vorher Gefeierten nun hart kritisiert. Allerdings, „it is not deemed fitting to attribute them [error and excess] to a whole community, and certainly not to the whole financial community. Widespread naiveté, even stupidity, is manifest; mention of this, however, runs drastically counter to the earlier-noted presumption that intelligence is intimately associated with money ... What will not be discussed is the speculation itself or the aberrant optimism that lay behind it" (1990, 18).

Für die Ereignisse werden also einzelne Personen, Institutionen oder Sonderumstände verantwortlich gemacht, nicht aber die strukturellen

Eigenschaften der Finanzmärkte. „In accepted free-enterprise attitudes and doctrine, the market is a neutral and accurate reflection of external influences; it is not supposed to be subject to an inherent and internal dynamic of error. This is the classical faith. So there is a need to find some cause for the crash, however farfetched, that is external to the market itself. Or some abuse of the market that has inhibited its normal performance" (1990, 18-19).

Die ungeliebte Wahrheit ist aber, „(t)hat speculation and its aftermath are recurrent and inherent, unfortunate characteristics of markets extending over the centuries" (1990, 75), sofern man ihnen keine Grenzen setzt. So sind auch in der gegenwärtigen Finanzkrise eine ganze Reihe eher externer Verursachungsfaktoren gefunden worden (die Gier Einzelner, Fehler der amerikanischen Notenbank usw.). Kaum dürfte die – sich seit der Tulpenmanie immer wieder bestätigende – Erkenntnis akzeptiert werden, dass „clearly the speculative episode, with increases provoking increases, is within the market itself ... Recurrent descent into insanity is not a wholly attractive feature of capitalism" (1990, 79).

Abschließend interessiert noch Galbraiths Urteil über die Vermeidbarkeit spekulativer Attacken im Rahmen von kapitalistischen Marktwirtschaften. Im Unterschied zu anderen, seinem kritischen Ansatz nahestehenden Autoren (z.B. Kindleberger 2000), bezweifelt Galbraith weitgehend die Möglichkeit der Einhegung der Spekulation durch Regulierung. „(T)here probably is not a great deal that can be done. Regulation outlawing financial incredulity or mass euphoria is not a practical possibility. If applied generally to such human condition, the result would be an impressive, perhaps oppressive, and certainly ineffective body of law" (1990, 80). Im Folgenden wird nicht dieser Fundamentalskepsis Galbraiths gefolgt, man kann aber aus seinen historisch-institutionellen Ausführungen entnehmen, dass bei nachdrücklicher fehlender Regulierung das spekulative Element überhand zu nehmen scheint.

Galbraiths Beiträge lassen auch Rückschlüsse auf den Innovationsgehalt der behavioralen und experimentellen Ökonomie zu, deren psychologische Ergebnisse zuweilen als etwas Neues in den Wirtschaftswissenschaften gepriesen werden. Trotz zum Teil sehr origineller und aufschlussreicher Beiträge (Ariely 2008) zeigt sich doch, dass u.a. im Umfeld des kritischen Altinstitutionalismus der (sozial)psychologische Blick auf ökonomisches Verhalten seit langem als selbstverständlich gilt.

Zwar können die genannten neueren Richtungen den Anspruch objektiver Überprüfbarkeit (z.b. durch tausenderlei Experimente) reklamieren, sie zahlen aber oft den Preis der Kontextentbettung, d.h. sie stehen solitär neben den realen ökonomischen Entwicklungen wie der FK und halten sich aus wirtschaftspolitischen Debatten soweit wie möglich heraus (dies trifft aber z.b. nicht auf Thaler und Sunstein 2008 zu, die allerdings als Juristen ‚nur' Anwender der Ergebnisse der ökonomischen Verhaltensforschung sind).

Das eigentlich schwer zu erklärende Phänomen sind nach Galbraith letztlich nicht die spekulativen Hoch-, sondern die meist nachdrücklichen und langwierigen Stagnationsphasen, die auch die Realwirtschaft erfassen. Eine Ursache besteht meist darin, dass Probleme in der monetären Sphäre „the willingness to lend for investment" (1988, 186) beeinträchtigen, was sich in der partiellen Kreditklemme nach 2008 manifestierte. Kindleberger führt noch einen Aspekt im typischen Krisenverlauf an, ob es nämlich einen Lender of last resort geben soll, der Geld im Übermaß zur Verfügung stellt, um Liquiditätsengpässe zu überbrücken oder nicht. Die von ihm wiedergegebene Diskussion und *trade-offs* (Deflation und Depression versus Moral Hazard, 2000, 17-18) weist auf die immer gleichen basalen Prozessverläufe, wirtschaftspolitischen Diskussionen und Dilemmata hin.

Auf die Frage, welcher der auch in der breiteren Öffentlichkeit bekannteren Geister der Wirtschaftswissenschaften vor, in und nach der FK dem BBP und den bisher vorgestellten Ökonomen am nächsten kommt, dürfte die Wahl auf Nouriel Roubini, einen Betriebswirt fallen (*Stern School of Business* an der *New York University*). Mit dem Journalisten Stephen Mihm (oder eher umgekehrt?) schrieb er ein allgemeinverständliches Buch, aus dem sein Hintergrund und seine Ansichten und Vorschläge zu den Finanzmärkten hervorgehen (Roubini und Mihm 2010), was der englische Titel klarer anzeigt *(Crisis economics: A crash course in the future of finance)*. Roubini verdient einen Sonderstatus, da er als *Dr. Doom* tatsächlich die einzelnen Phasen und Problemfelder der FK treffend vorhersah und ungeschminkt beschrieb. Nicht gerade unbescheiden werden auf den ersten Seiten seine Warnungen rekapituliert (ebenda, 9-12).

(Finanz)Krisen folgen bekannten Drehbüchern und haben absehbare Verläufe. Roubini wendet sich wie Galbraith und Keynes gegen die These, Krisen seien völlig überraschende Ausreisser. Es gebe ‚Gesetze' der Krisen (ebenda, 13), sie seien ‚Gewohnheitstiere' und die FK vorhersehbar, da das internationale Finanzsystem ‚durch und durch Schrott' gewesen sei (ebenda, 18). „Sie sind auch keine seltenen „schwarzen Schwäne", um einen Modebegriff der letzten Jahre zu verwenden, sondern sie sind im Gegenteil weit verbreitet, verhältnismäßig einfach vorherzusehen und relativ leicht zu verstehen. Nennen wir sie daher lieber ‚weiße Schwäne'" (ebenda, 17). Es kann offen bleiben, ob den Propheten hier nicht etwas der Fluch der *overconfidence* ereilt hat.

Ganz entsprechend dem BBP schwimmen die weißen Schwäne vorbei, wenn bestimmte Faktoren überhand nehmen, nämlich „der irrationale Überschwang, die lawinenartige Verschuldung, die Innovationen auf dem Finanzmarkt, die Überbewertung von Anlagen, die Panik, der Ansturm auf Banken und andere Finanzinstitutionen" (ebenda, 27). Im Unterschied zu früheren Blasenprozessen stand bei der FK keine technologische Neuerung am Anfang, sondern, wie weiter oben schon angedeutet, die kunstvollen (Schein)Innovationen (z.B. Verbriefungen) im Finanzsektor selbst. Die echte Stärke des Buches besteht darin, das BBP anhand der FK auch im detaillierten Phasenablauf zu exemplifizieren, so dass die Rolle der Immobilienblase, generöser Ratingagenturen, gehebelter Banken, niedriger Zinsen, laxer Überwachung, Bank runs auf die (Schatten)Banken und deren Illiquidität, gewaltiger Leistungsbilanzdefizite, spekulative und sicherheitsorientierte Nachfrage nach amerikanischen Assets (Derivate und Staatsanleihen) u.a. durch die Chinesen, Politiker, die ins gleiche Horn des Überschwangs bliesen, die Schwierigkeit der Bestimmung, wann ein Boom in eine Blase übergeht, das Übergehen von Risiko in echte Unsicherheit (Einfrieren des Interbankenmarktes: Wer hat welche Leichen im Keller?) usw. vor einer interpretativen Folie aufgerollt werden.

Nach Roubini und Mihm entspricht der übliche Verlauf dem hier bereits skizzierten. „Ein äußerer Anstoß oder Katalysator für einen Boom; eine durch psychologische Motive und nicht durch tatsächliche Wirtschaftsdaten motivierte Spekulationswut; ein Feedbackmechanismus, der die Preise nach oben treibt; billige und leicht verfügbare Kredite; und schließlich der unvermeidbare Absturz des Finanzsystems, begleitet von erheblichen Kollateralschäden in der Realwirtschaft der Fabriken und Arbeitnehmer" (ebenda, 68).

Roubini beansprucht hierfür keinen Originalitätsstatus, er bezieht sich ausdrücklich auf die Querdenker (Kapitel 2 enthält eine knappe Dogmengeschichte), auf den hier bisher vernachlässigten J. St. Mill (ebenda, 66-68), ferner auf Marx, Minsky, Fisher, Kindleberger, Schumpeter, Friedman, Keynes u.a. Aus seiner Aufzählung geht hervor, dass er selber ein Querdenker ist, der z.b. Keynesianisches und Gedankengut der österreichischen Schule verbindet und das Nichtmiteinandersprechen der Schulenvertreter wie der Verfasser dieser Zeilen bedauert (ebenda, 86). So kritisiert er einerseits hart den Mythos effizienter Märkte, der hinter der Gesamtfehlentwicklung der letzten Jahrzehnte stehe. Wie Keynes sieht er die Anbahnung von Fehlentwicklungen ebenso vom Bauch als auch vom Kopf her gesteuert (ebenda, 73) und fordert drastische Reregulierung. Andererseits haben der Aufbau einer Schuldenpyramide (inklusive Staatsverschuldung) und niedrige Zinsen für ihn eine entscheidende Bedeutung. Der Roubinische Fundamentalsatz lautet: Eine Spekulationsblase kann nur größer werden, wenn billige Kredite verfügbar sind (ebenda, 359), aus welchen Gründen auch immer.

Das Übermaß an Kredit werde sowohl durch eine undisziplinierte Geldpolitik, alsauch durch eine mangelnde Überwachung des Finanzsektors (keine oder niedrige Leveragegrenzen) hervorgerufen, eine Aussage, die kaum zu bestreiten ist. Mit den Austrians teilt er die Skepsis gegenüber massivem Gelddrucken und Bail outs. Den Zusammenstoß der Rezepte der verschiedenen Theorieströmungen vermeidet er durch eine Portionierung auf der Zeitachse, in der kurzen Frist seien nach der FK zur Vermeidung weiterer Kollateralschäden eine keynesianische Geld- und Fiskalpolitik unumgänglich, für die mittlere und längere Sicht müsse der Schuldenabbau vorgenommen werden.

Eine Schwäche der Überlegungen besteht darin, keine Angaben über die kritische Grenze der Verschuldung zu machen und sich nicht mit den Argumenten z.B. Wrays auseinanderzusetzen, dass die öffentliche Verschuldung für die USA kein Finanzierungsproblem darstellen kann (siehe die kaum erhellenden, gewundenen Bemerkungen Roubinis zur amerikanischen Staatsverschuldung in Kapitel 10, speziell die Seiten 221 und 241-243; auch die angegebene Literatur im Buch führt hier nicht weiter, z.B. Webber 2009, Wolf 2009). Das einzige, eher indirekte Argument lautet, dass der Schumpetersche Prozess ‚schöpferischer Zerstörung' (hier als kreative Zerstörung übersetzt, ebenda, 242) und nötiger Reinigung und Auslese z.B. durch Steuersenkungen und die amerikanische Variante der Abwrackprämie und andere Kapitalhilfen unterbunden wurde, aber eines Tages Automobilhersteller Fabriken schließen müssen (ebenda, 242-243).

Abgesehen davon, ob die großen Automobilunternehmen der USA angesichts ihrer Bilanzen in 2010 wirklich dem Untergang geweiht sind, was in die Sparte legitimer und effizienter oder nicht legitimer und ineffizienter Subventionierung fällt, wird der eigentlichen Frage der tatsächlichen und wünschenswerten Handlungsspielräume aus dem Weg gegangen. Vielleicht ist Roubini hier als Betriebswirt überfordert und kann die Frage nur in einem Entrenpreneurshipkonnex wegdiskutieren. Man kann sich auch fragen, ob der Verfasser hier populär-konservativ vorgeht, um nicht nur als wissenschaftlicher Kollege, sondern auch als privatwirtschaftlicher, bestbezahlter Berater (er steht dem Beratungsunternehmen *RGE Monitor* vor) gefragt zu sein?

Sehr wertvoll ist aber unbestritten die detaillierte Anwendung des BBP auf die FK. In Kurzfassung: „Während der Wert privaten Wohneigentums deutlich stieg und die Löhne und Gehälter stagnierten, konnten Eigentümer mit ihren Häusern als Sicherheit immer neue Kredite aufnehmen. Wohnhäuser und Eigentumswohnungen verwandelten sich praktisch in Geldautomaten … So unhaltbar der über Schulden finanzierte Konsum war, er hatte reale wirtschaftliche Auswirkungen, denn private Haushalte und Unternehmen kauften Waren und Dienstleistungen und kurbelten auf diese Weise das Wirtschaftswachstum an. Diese Dynamik mündete in einen Teufelskreis. Die Wirtschaft wächst, die Einkommen steigen, und die Unternehmen erzielen größere Gewinne. Die Angst vor dem Risiko schwindet, der Preis des Schuldenmachens sinkt, und es wird immer leichter für Unternehmen und Privatpersonen, Geld aufzunehmen und auszugeben … An diesem Punkt des Zyklus behaupten viele, diesmal sei alles anders und der Boom werde nie enden, obwohl die Anzeichen des spekulativen Wahns … immer unübersehbarer werden. In den Vereinigten Staaten saßen beispielsweise viele Hauseigentümer dem Märchen auf, dass die Immobilienpreise endlos um 20 Prozent pro Jahr weitersteigen würden, und nahmen in diesem Glauben immer neue Kredite auf" (ebenda, 32-33).

Die Euphorie erfasst das Schattenbanksystem doch eines Tages übersteigt das Häuserangebot die Nachfrage. Blasen überleben nur bei steter Zuführung neuen Geldes und Fremdkapitals. Kommt diese ins Stocken, platzt die Spekualtionsblase. „Der Preisverfall veranlasst die verschreckten Gläubiger zu Nachschussforderungen. Die Kreditnehmer müssen mehr Kapital oder Sicherheiten vorweisen, um die fallenden Preise auszugleichen, was wiederum zur Folge hat, dass die Schuldner ihre Anlagen zumindest teilweise in Notverkäufen abstoßen müssen ... Alle rennen zu den Notausgängen und versuchen, ihr Geld in sichere und liquidere Anlagen umzuschichten und jene Anlagen zu vermeiden, die irgendwie mit Spekulation in Zusammenhang stand" (ebenda, 33). Dieser Prozeß setzte in den USA 2007 ein, als viele Hauseigentümer ihre monatlichen Hypothekenraten nicht mehr bezahlen konnten. Doch war das Subprimedesaster nur ein kleiner Teilausschnitt eines Erdbebens, dessen diabolische Ereignisverkettung von Roubini und Mihm in den Kapiteln 3-7 meisterhaft und fair (Ablehnung der Thesen der Auslöserfunktion durch Lehman Brothers und des *savings glut*) als konsistente Geschichte erzählt wird, die es dem Verfasser dieser Zeilen abnimmt, die FK aus der Sicht des BBP selbst noch einmal zu skizzieren.

Zu den wesentliche Faktoren, die in ihrer Kombination die Kernschmelze heraufbeschworen zählen: Verbriefungen (nicht nur von Hypotheken und auch durch Investmentbanken), Tranchierungen, kurzfristige Managerbelohnungen und Moral Hazard, undurchsichtige, kaum kontrollierte Schattenbanken, konziliante Ratingagenturen, Notenbanken als sichere Auffangbecken (Greenspan-Put), gigantisches Leverage und waghalsige Hebelungen, zu niedrige Zentralbankzinsen und Unwirksamkeit der Geldpolitik bei Anheben des Zinssatzes auf die langfristigen Kapitalmarktzinsen, das promarktideologische Klima, Zweckgesellschaften zwecks Regulierungsarbitrage, stark divergierende Laufzeiten (kurzfristige Geldaufnahme und Anlage in nichtliquide, langlaufende Assets) und Intransparenz (wer hält welche Assets, wer ist wessen Gegenpartei?), die im anarchischen Vertrauensverlust Aller gegen Alle endete. Man lernt, dass Finanzkrisen sich selten dramatisch ankündigen und Zwischenerholungsphasen kein Grund zur Entwarnung sind. Im fünften Kapitel zur Pandemie wird erläutert, dass und wie die Schrottpapiere in den europäischen Bankenportfolios landeten, die internationalen Aktienmärkte durch Deleveraging und Risikoscheu und die Rohstoffpreise durch Nachlassen der Wirtschaftsleistung heruntergezogen wurden, was sich bis in die Lieferketten in China und die Überweisungen der Auslandsarbeiter bis nach Südamerika auswirkten.

In Europa war die FK zu einem großen Teil hausgemacht durch eigenständige Kredit- und Schuldenpyramiden, Immobilienblasen, durchschnittlich höhere Fremdkapitafinanzierung der Banken und riskante

Engagements in Osteuropa, ergänzt durch Überhitzungen in einer Reihe von Euro-Ländern (Club Med, PIIGS) durch niedrige Leitzinsen der EZB. So hat jeder sein Schärflein beigetragen und Roubini teilt fair aus. Gab es Inseln der Seligen? Die Autoren verweisen auf Indien, das einen Schutzring dank hoher Regulation und auch sonstiger konservativer Ausrichtung des Finanzsektors hatte.

In der Literatur finden sich demnach doch einige Beispiele für Finanzmarktanalysen, die konsequent auf dem BBP basieren, inklusive Verlaufsbeschreibungen der FK mit deutlich dem BBP entnommenen Erklärungselementen (z.B. Kansas 2009). Diese Analysen gehen nicht von einer ‚unsichtbaren Hand‘, sondern eher von einem ‚unsichtbaren Virus‘ aus (siehe am Beispiel der *subprime contagion* auch Dodd und Mills 2008) und sie bewegen sich nicht nur innerhalb enger Fragestellungen (zum Auseinandertreten von *Finance* und Makroökonomie siehe Wyplosz 2009) oder verbleiben im Unverbindlichen üblicher Analysen der pluralen Ursachen der FK (als Beispiel auf hohem Niveau und mit vielen Daten siehe Blundell-Wignall und Atkinson 2009).

Auch Nassim Taleb, ein Hedgefondsmanager, durch die Kontingenzen des Krieges in seiner libanesischen Heimat sensibilisiert, kann dem BBP zugerechnet werden. In Kapitel II.1 wurde er bereits im Zusammenhang mit der Darstellung und Kritik der Gaussverteilung erwähnt. In seinen u.a. Mandelbrot gewidmeten, interessant und breitenwirksam geschriebenen Büchern (2002, 2008 und das Postscript Essay 2010) sieht er die Finanzmärkte durch schwarze Schwäne, die ‚Kumule‘ der Versicherungswirtschaft, gekennzeichnet. Hierunter versteht er Ereignisse mit geringer Vorhersehbarkeit und starken Auswirkungen, die von Sozialwissenschaftlern, Ökonomen und Politikern gerne geleugnet und Unsicherheiten über Risikobewertungsmodelle zu einer Messgröße verniedlicht werden. Der menschliche Verstand will die Idee der Unvorhersehbarkeit nicht akzeptieren, hier liege eine biologisch verankerte Blindheit vor. Exemplifiziert wird dies von ihm durch die Erfahrung der Europäer, die sicher meinten, es gebe nur weiße Schwäne, bis eines Tages in Australien tatsächlich auch schwarze gesichtet wurden. Talebs schwarze Schwäne haben drei Attribute: Seltenheit, massive Auswirkungen und Vorhersehbarkeit im Rückblick (er nennt dies retrospektive Verzauberung).

Sie erklären „so ziemlich alles in unserer Welt, vom Erfolg von Ideen und Religionen über die Dynamik geschichtlicher Ereignisse bis zu

Elementen unseres persönlichen Lebens ... Fimmel, Epidemien, die Mode, Ideen, die Entstehung von Gattungen und Schulen in der Kunst – all das erfolgt nach der Dynamik der schwarzen Schwäne" (2008, 2). Auch Dinge, die wir erwarteten und die nicht eintreten, können als solche aufgefasst werden. Taleb richtet das Augenmerk auf die allgemeine Kontingenzen (warum setzte sich Jesus gegen andere Religionen durch, oder wie unwahrscheinlich war der Erfolg Hitlers?), d.h. den Sachverhalt, „dass unsere Welt vom Extremen, Unbekannten uns sehr unwahrscheinlichen ... [Dingen und Ereignissen] beherrscht wird" (ebenda, 14).

Aus seiner Sicht folgt, dass das, was wir nicht wissen, fast bedeutsamer ist als das, was wir wissen und wir uns dessen nicht bewusst sind. Da Ausreißer elementar für den Gesamtverlauf der menschlichen Geschichte und der Finanzmärkte seien und sie sich nicht vorhersagen lassen, können wir auch den Lauf der Geschichte nicht vorhersagen. Experten, anderen gelehrten Personen und typischen ganzen Interpretationsclustern und ihren Vorhersagen sei daher zu misstrauen, sie seien praktisch wertlos. Sie leiden alle an Selbstüberschätzung und ‚epistemischer Arroganz' (ebenda, 177) durch die Vernachlässigung der Ausreißer, die uns der Tyrannei des Zufalls ausliefern. In einer Tabelle stellt er der üblichen seine alternative Sichtweise gegenüber. So kontrastiert er: Fähigkeiten vs. Glück, Bestimmung vs. Zufall, Wissen und Gewissheit vs. Glaube und Mutmaßung, Kausalbeziehung und Gesetz vs. Anekdote und Koinzidenz, der geschickte Investor vs. der glückliche Narr (2002, 19-20). Erfolg entspricht dann eher dem Vorgehen des schon begegneten Telefonbuchschwindlers. Er „wählt 10000 Namen aus einem Telefonbuch aus. Er schickt an die Hälfte der Stichprobe einen optimistischen Brief und an die andere Hälfte einen pessimistischen. Im nächsten Monat wählt er die Namen der Personen aus, denen er den Brief mit einer im Nachhinein richtigen Prognose schickte, also 5000 Namen. Im nächsten Monat macht er das Gleiche mit den verbleibenden 2500 Namen, bis sich die Liste auf 500 Personen reduziert hat. Davon werden 200 zu seinen Opfern" (2002, 175).

Klug sei es, sich auf die Existenz schwarzer Schwäne einzustellen (2008, 57). Menschen seien aber normalerweise auf reguläres Wissen eingestellt, wie der Truthahn, der ein Jahr gut gefüttert wird und der in seiner positiven Einschätzung der Menschen am Tag der Schlachtung bitter enttäuscht wird (ebenda, 66). Taleb bezieht diesen Irrtum auf die Glockenkurve von Gauss, die Erschütterungen und Sprünge jenseits des

Durchschnitts in den Hintergrund drängt, „uns aber das Gefühl gibt, wir hätten die Ungewissheit gebändigt" (ebenda, 10). Zur Unterscheidung milder und wilder Zufälligkeit unterscheidet Taleb *Mediokristan* und *Extremistan*. In Extremistan sind „Ungleichheiten so, dass eine einzige Beobachtung sich unverhältnismäßig stark auf das Aggregat, das Ganze, auswirken kann" (ebenda, 54, i.O. kursiv). Dies passiert, wenn man z.b. den Durchschnitt der Vermögen von 50 zufällig ausgewählten Personen ausrechnet und nun als Extremereignis Bill Gates eintreten lässt und sein nominelles Vermögen hinzuzählt. Es ist sehr wahrscheinlich, dass er den Durchschnitt dominiert und die Vermögen der anderen 50 Personen für die Durchschnittssumme völlig irrelevant sind (siehe die Tabelle zu den Unterschieden beider Welten in ebenda, 57).

Als Beispiel für Mediokristan können physische Quantitäten, etwa die Körpergröße gelten. Bildet man die Durchschnittsgröße von 50 Menschen, so kann selbst ein unvorhergesehenes Extremereignis wie die Hinzurechnung des größten Menschen der Welt nicht viel an dieser Durchschnittsgröße ändern. „Das ist die Anwendung des höchsten Gesetzes von Mediokristan: … dass Variationen um den Durchschnitt (auch ‚Fehler' genannt) bei der gaußschen Verteilung kein Grund zu wirklicher Sorge sind. Sie sind klein und waschen sich aus. Sie sind gezähmte Schwankungen um das Mittel" (ebenda, 290). Taleb sieht den Grundfehler des Mainstream darin, die Finanzmärkte als Mediokristan zu deuten, anstatt sie Extremistan zuzuordnen, d.h. Bereichen, wo neben sich stark verändernden Korrelationen „Größenordnungen eine Rolle spielen – beispielsweise mit dem Einkommen, dem Vermögen, Portfolio-Erträgen oder dem Absatz von Büchern –, hat man ein Problem und bekommt eine falsche Verteilung, wenn man die Glockenkurve verwendet … Dann kann eine einzige Zahl ihre gesamten Durchschnittswerte sprengen: Ein einziger Verlust kann die Profite eines ganzen Jahrhunderts auslöschen. Sie können nicht mehr sagen: ‚Das ist eine Ausnahme.' … Sie können alles verlieren, was sie besitzen" (ebenda, 297). Vor der FK mochte diese Aussage übertrieben erscheinen, nach ihrer Erfahrung kann sie als prophetisch gelten.

Junge Ökonomen werden mit Methoden für Mediokristan ausgebildet und werden dann auf Extremistan-Finanzmärkte losgelassen. Man befasst sich „mit Dingen, die zu Extremistan gehören, aber behandelt werden, als würden sie zu Mediokristan gehören, als ‚Näherung'" (ebenda, 331, i.O. kursiv). Diese Kritik richtet sich auch an „platonisierte Volkswirtschaftler" (ebenda, 230). „Falls Sie aus dem Munde eines ‚prominenten' Wirtschaftswissenschaftlers die Wörter *Gleichgewicht* oder *Normalverteilung* hören, sollten sie keinen Streit mit ihm anfangen. Ignorieren Sie ihn einfach oder versuchen Sie, ihm eine Ratte in den Kragen zu stecken" (ebenda, 258).

Talebs Argumentation im Anschluss an Mandelbrot entspricht im Prinzip dem BBP. In einem seiner besten, hier inhaltlich nur anzudeutenden, Artikel zeigt er die epistemologische Unmöglichkeit der Gewissheit über die jeweils zugrundeliegende wirkliche Wahrscheinlichkeitsverteilung. Die mathematische Statistik „*assumes* the outcomes of the process we observe is governed by a probability distribution of a certain sort ... It tells us nothing about why to prefer this type of ‚well behaved' distributions to those who have ‚catastrophic' distributions, or what to do if we suspect the probability distributions might change on us unexpectedly" (Taleb und Pilpel 2004, 3-4). Durch noch so viele Beobachtungen lässt sich induktiv das Schlussproblem nicht beheben, auf 100 milde Phasen kann das unerwartete absolute Katastrophenereignis folgen. Es gibt keinen unabhängigen Weg, die basalen Parameter direkt zu finden, immer muss auf Vergangenes rekurriert werden. „(O)ne might have no justification not only for guessing the generator's parameters, but also in guessing what *general type* of generator one is dealing with" (ebenda, 7).

Allerdings ergeben sich einige Unschärfen in seinem Gedankengang. Seine Rede von schwarzen Schwänen suggeriert eigentlich, dass es sich hier um unveränderliche, quasi-natürliche Vorgänge handelt, auf die man sich zwar antizipativ-unspezifisch einrichten kann, die aber naturwüchsig auftreten und dann doch immer einen hohen Überraschungswert haben. Taleb geht aber auch davon aus, dass wir uns möglichst starken positiven schwarzen Schwänen aussetzen sollten (ebenda, 5) und dass die schwarzen Schwäne generell in einer komplexeren Welt mit zunehmenden rekursiven Rückkoppelungsschleifen zugenommen haben. „In unserer heutigen Umgebung fließen die Informationen zu schnell und beschleunigen solche Epidemien. Ereignisse können auch eintreten, *weil* wir das nicht erwarten" (ebenda, 7, Fn. 3). Hierdurch verlieren die Schwäne ihre Naturwüchsigkeit und hängen scheinbar sehr vom Ordnungsrahmen ab. Der Autor geht an einigen Textstellen noch weiter: Generell erwartete schwarze Schwäne sind dann eigentlich gar keine mehr. „Die fraktale Zufälligkeit ist eine Möglichkeit, diese Überraschungen zu reduzieren, sozusagen dafür zu sorgen, dass manche dieser Schwäne möglich erscheinen, uns ihre Konsequenz bewusst zu machen, sie grau zu machen. *Die fraktale Zufälligkeit liefert uns jedoch keine präzisen Antworten.* Das hat folgende Vorteile: Wenn man weiß, dass es zu einem Börsencrash kommen *kann*, wie 1987, ist so ein Ereignis kein Schwarzer Schwan. Der Crash von 1987 ist kein Ausreißer, wenn man ein Fraktal mit einem Exponenten von drei benutzt" (ebenda, 327-328).

Es fragt sich, warum nicht durch Ordnungspolitik Crashs wie 1987 als Beispiel für schwarze Schwäne vermindert oder verhindert werden können sollten. Aus einer Tabelle von Reinhart und Rogoff (2010, 295) geht zumindest hervor, dass es zwischen 1945 und 2008 bis Mitte der 1970er Jahre, d.h. in der Phase eines stufenflexiblen Wechselkurssystems und starker Kapitalmarktkontrollen, praktisch keine Bankenkrisen in den 66 berücksichtigten Ländern gab, was sich dann markant ändern sollte. Auch fragt sich, ob der Begriff des Schwans trennscharf genug ist und nicht zu undifferenziert fast alle Phänomene hoher Volatilität umfasst. So mögen zwar bestimmte Rohstoffpreise bereits in den 1960er Jahren einer Mandelbrot-Verteilung folgen, ohne aber z.B. zu Crashs einzelner oder ganzer Finanzmarktsegmente geführt zu haben. Auch sind die Risiko-Ertragsschwankungen anscheinend beachtlich. Von 1926-1945 mit Weltwirtschaftskrise und Weltkrieg betrug die Standardabweichung der jährlichen Gesamterträge 37% pro Jahr, die Erträge lagen bei 7%. In der Zeit von 1946-1969 lag die Ertragsquote bei 12% und die Standardabweichung bei einem Drittel des Niveaus von 1926-1945 (Bernstein 1997, 385). Hing dies von der starken Regulierung oder dem friedlichen (Wieder)Aufholprozess ab, der dann durch Deregulierung (und Inflation?) zu hohen Schwankungen der Zinsen, Wechselkurse und Rohstoffpreise führte (Bernstein 1997, 387)? „Derivate haben nur in einem Umfeld von Unbeständigkeit Wert, daß sie überhandnehmen, ist ein Kommentar auf unsere Zeit" (ebenda, 390). Taleb steht im Verdacht, über den Hedgefonds *Universa* den 10%igen Preissturz des Dow Jones im Mai 2010 mit verursacht zu haben, da er mit einem Großauftrag auf fallende Kurse setzte und Barclays als Gegenpart aus Sicherheitsgründen die Aktien verkaufte, gegen die *Universa* wettete (*SZ* vom 14.5.2010, 18), was in der allgemeinen Griechenlandnervosität einen Trend nach unten auslöste. In diesem Fall wäre der schwarze Schwan alles andere als ein naturwüchsiges Ereignis.

Offen ist also, was die Schwäne regulatorisch bedeuten. Auf der Mikroebene rät Taleb zu geringerem Leverage, weniger naiver Diversifikation und weniger Vertrauen auf dynamisches Hedging. Als Spekulant setzt er auf Optionen mit häufigem geringen Verlust und großem Gewinn beim nächsten Zusammenbruch. Auch stellt er suggestiv die Frage, ob man mit einem Flugzeug fliegen möchte, das meistens nicht abstürzt (siehe das Interview in Derivatives.Strategy.com o.J., 2 S.). Das Akzeptieren und Transferieren der Risiken hat sich in der FK (alleine) nicht bewährt, im folgenden Kapitel wird daher gefragt, wie sich eine Verminderung und Vermeidung bewerkstelligen lässt. Die Entscheidung lautet: Soll man schwarze Schwäne aus dynamischen Gründen (in welchem Umfang) zulassen oder sind ihre Nebenwirkungen so stark, dass dies eine sehr starke Einschränkung der Finanzmärkte rechtfertigt, so dass bei einer 99%igen Chance auf 25% Gewinn und einer 1%igen Verlustwahrscheinlichkeit von 70% nicht die ökonomisch rationale Gewinnvariante gewählt wird (Stulz 2008 diskutiert mit interessanten Zahlen und Beispielen das „vernünftige" Verhalten gemäß vorherrschender Risikomodelle und ihrer Blindheit gegenüber Katastrophen).

D.W. Hubbard (2009, 145-165) stimmt Taleb zu, dass die Unterstellung der Gaussverteilung mehr als fragwürdig sei, Taleb aber viele Phänomene zu einseitig auf diese Ursache zurückführe und z.b. nicht das viel zu hohe Leverage etwa beim Zusammenbruch von LTCM diskutiere (2009, 153). Merkwürdig sei zudem, dass zur Infragestellung des Rückgriffs auf historische Daten wiederum auf andere historische Daten zurückgegriffen werde (ebenda, 156). Auch lässt sich nicht eindeutig sagen, dass beim Eintreten eines schwarzen Schwans das Wahrscheinlichkeitsmodell falsch war. Zwar beruhe bei einer 1%igen Wahrscheinlichkeit ein 1987er Ereignis auf ‚schlechter Mathematik' (die Wahrscheinlichkeit beträgt eine Trillion). „But if someone had computed that there was a 90% chance that there were no black swans, does the first sighting of one conclusively show the calculation to be in error? ... if the fund manager had instead said that the events that occurred were simply unlikely (e.g., a 5% chance) then the single event would not suffice to dispute the estimate" (ebenda, 154). D.W. Hubbard bemerkt treffend, dass das Sichberufen auf den gesunden Menschenverstand angesichts der Ergebnisse der experimentellen Ökonomie mit ihrem „catalogue of quirks and flaws in human judgment" (ebenda, 97) mit Verweis auf den von Taleb mangels Erfolg geschlossenen Fonds *Empirica Capital LLC* im Jahr 2004 der Weisheit letzter Schluss wohl nicht sei. Hubbard schlägt vor, Risikomodelle zu entwickeln, bei denen *power laws* unterstellt werden. Es muss hier offen bleiben, wie sich dies in der Praxis auswirken würde.

Als weitere interessante Ausnahme und Vertreterin des BBP kann neben den Beiträgen im *real-world economics review* (Nr. 48 vom Dezember 2008, Nr. 50 vom September 2009 und Nr. 51 vom Dezember 2009, sowie Fullbrook (Hg.) 2009) aus dem Bereich der Rechtswissenschaft die am Georgetown University Law Center tätige Lynn Stout gelten (1999, siehe auch Crotty 2008, zur Mainstream-Sicht vergleiche Benston 1990). Sie stellte frühzeitig die Frage, wie man mit den extrem expandierenden, nicht regulierten OTC-Derivatemärkten umgehen solle. Sie verweist auf den Widerspruch zwischen der zeitgenössischen Mehrheitsmeinung unter Ökonomen, dass Derivate sinnvolle Innovationen seien und der juristischen Tradition in den USA, die zu erheblichen Gesetzen gegen Spekulation führte, definiert als Kauf von Assets mit der Absicht, diese bald wieder zu verkaufen. In ihrem kurzen aber informativen geschichtlichen Rückblick zeigt sie, dass seit Mitte des 19. Jahrhunderts trotz aller Abgrenzungsprobleme z.b. zum Hedging, die Rechtsprechung oft davon ausging, dass Spekulation unproduktiv, Blasen hervorrufend, für Spekulanten selbstschädigend und für die Kapitalmärkte und die allgemeine Wohlfahrt einfach schlecht sei und daher der Einschränkung bedürfen.

Besondere Marksteine waren der *Securities Exchange Act* aus dem Jahr 1934 und der *Commodity Exchange Act* des Jahres 1936, die im Prinzip bis in die 1970er Jahre galten und Spekulation durch die Begrenzung von Leerverkäufen *(uptick rule)*, hohe *margin requirements* bei Optionen und Futures und nur begrenzt zugelassenes Fremdkapital bei Aktienkäufen eindämmen sollte. Derivate waren in vielen Bereichen verboten und dem OTC-Handel begegnete man, indem man ihn für rechtsunverbindlich *(legally unenforcable)* erklärte, sofern er nicht über eine Börse lief oder eine reale Gütertransaktion nachgewiesen werden konnte. Allerdings seien diese Zielsetzungen auch wegen des ökonomischen Mainstreams in der Rechtswissenschaft mehr und mehr in Vergessenheit geraten.

Die Ursache sieht sie in konzeptionellen Schwächen der Modellierung der Marktakteure. Idealtypisierend unterscheidet sie als Motive Risikohedging, Informationsarbitrage und heterogene Erwartungen. Beim eigentlichen Risikohedging stellen sich beide Seiten besser (Risikotransfer), bei der Informationsarbitrage kann dies der Fall sein, denn „pricing benefits can be exaggerated. Information arbitrageurs must invest time and money to acquire superior information about future prices, and these research costs are ultimately borne by their less-informed counterparties. Thus there is no guarantee that the private cost of arbitrageurs' information gathering will always be outweighed by its public benefit in terms of improved allocation of society's scarce resources" (1999, 738). Man könne aber ruhig als allgemeine Regel annehmen, dass Infoarbitrage-Spekulation effizient sei. Ganz anders sei dies aber beim dritten Idealtypus der heterogenen Erwartungen (HE) bei unvollständigen Informationen, wobei der Tausch auf subjektiven Meinungsunterschieden wegen objektiver *uncertainty* beruht und in der Regel weder produktiv sei noch zur verbesserten Preisfindung beitragen müsse.

Bei diesem Spekulant-handelt- mit-Spekulant-Austausch erweist sich ein Geschäft unter sonst gleichen Bedingungen (ceteris paribus) nachträglich für eine Seite als Fehler, da es bei typischen Wetten auf den Finanzmärkten (Optionen z.B.) immer einen Gewinner und einen Verlierer gibt (Nullsummenspiel). Als Gesamtklasse verlieren sie sogar, da ihnen Handelskosten entstehen. „The vast majority of trading in the stock market, for example, appears driven by investors' hopes to beat the market. In other words, most investors who buy are acquiring stocks they perceive as underpriced from others who sell because they think the *same* stocks are overpriced ... a trading market composed primarily, or even entirely, of speculators hoping to outpredict each other" (ebenda, 746). Zwar sei klar, dass rationale Individuen an sich nie auf der Basis unterschiedlicher Meinungen handeln würden, aber rationale Menschen extrahieren unterschiedliche Informationen aus dem breiten Informationsangebot und leiten aus gleichen Daten verschiedene Bedeutungen ab, so dass sie die Ansicht der Gegenseite für falsch halten. Es ist nicht selbstverständlich, alle oder die meisten anderen Akteure für irrational im Unterschied zu einem Selbst zu halten, aber „a significant portion of traders are in the market for reasons other than disagreement with market prices – e.g., because of changing risk or consumption preferences, to raise funds, or for tax or other strategic reasons" (Stout 1997, 242).

Auf Märkten mit Informationsarbitrageuren, die überlegenes Wissen besitzen, sei es angemessen, Spekulation für funktional zu halten. Für Märkte mit vielen HE-Transaktionen gilt dies aber nicht, denn „traders who believe they have superior information can be mistaken in their beliefs. Their information is not *superior* to the information of other traders; it is merely *different*. This possibility challenges the conventional presumption that speculators improve the accuracy of market prices … [because] speculators who trade on subjective disagreement with market prices are just as likely to be wrong as right. Thus there is no reason to believe a priori that a market price influenced by HE traders' bullish and bearish opinions will be any more accurate than the price set in a market composed only of actual producers and consumers" (1999, 754). Eine Marktdominanz der HE-Händler hat gravierende normative Implikationen, da der Preisfindungsprozess nicht gefördert wird, die Wohlfahrt der Händler, die ein nicht kompensiertes Risiko eingehen, reduziert wird und schließlich ökonomisch ineffizienter Ressourcenverschleiß stattfindet.

Stout vermutet, dass nicht nur rein ideologische Gründe hinter der Ausklammerung der HE-Händler und der normativen Implikationen stehen, sondern dies wesentlich mit den methodischen Prämissen des Mainstreams zusammenhänge, „the fact that introducing subjective disagreement can enormously compound the difficulties of mathematically describing rational decisionmaking. In the face of disagreement, elegant and tidy market models can become unruly. Theorists accordingly often prefer to simply assume disagreement away. The standard Capital Asset Pricing Model, for example, expressly assumes that all investors share homogenous expectations" (ebenda, 747). Ein zweiter Grund könnte darin liegen, dass das HE-Modell „heretically suggests that voluntary exchange is not necessarily mutually beneficial, implying that paternalistic interference in the choices of consenting adults can produce welfare gains … it hints that such capitalist icons as the New York Stock Exchange and the Chicago Board of Trade may not, necessarily, be efficient … High-volume stock-markets consequently may reflect a form of market failure" (Stout 1997, 237 und 1995, 668).

Auch gelte es, eine ganze Reihe anderer Nebenwirkungen zu beachten, der „siren song of trading profits may distract shareholders form monitoring shirking managers" (1995, 687). Regeln, die die marginalen Kosten von Spekulanten reduzieren, erhöhen deren Engagements und führen so zu einer gesellschaftlich höheren Belastung durch Handelskosten (2003, 697). Dies gilt besonders für den Bereich der Derivate, in dem Spielernaturen mit geringerem Einsatz als bei einem Investment in das Underlying und mit hohem Leverage viel (in die eine oder andere Richtung) bewegen können. „Thus, HE theory predicts that derivatives markets are likely to bet they are better than the next trader at forecasting the future of industries, interest rates and national economies" (1995, 708). Derivatemärkte ziehen nach Stouts naheliegender Vermutung Spekulanten mit hoher Drehzahl magisch an. In einem weiteren Beitrag diskutiert sie auch die ‚postmodernen' Beiträge des Mainstream, die sich dank *noise traders* u.a. von der EMH entfernen. „To describe the current state of the field of finance in Kuhnian terms, the old paradigm of an efficient market is crumbling. However, the outlines of a new paradigm [the BBP?] are dimly visible in the resulting cloud of intellectual dust" (2003, 639). Natürlich gibt es die aufblühende Behavioral Finance, aber „it has little to offer theorists other than a prediction that securities prices sometimes depart from informed estimates of value in arbitrary and capricious ways" (2003, 661).

Stout fragt auch, ob man hier weit genug geht und man nicht z.b. die Behauptung, die Aktienkurse spiegelten den sozialen Wert wieder, radikaler in Frage stellen müsste. Zwar würden ‚einfache Informationen' wie Fusionen schnell eingepreist. „But information that is ‚public' but difficult to get hold of, or information that is complex or requires a specialists' knowledge, may take weeks or months to change prices. Indeed it may never be fully incorporated at all ... In particular, it may be difficult for the market to digest theoretically ‚available' information about intangible assets such as intellectual property, customer loyalty, or employee human capital" (2000, 11 und 14). Der kurz nach Erscheinen ihres Beitrages erfolgte Zusammenbruch der Dotcomblase kann als kaum zu überbietendes Exempel für Stouts Skepsis angesehen werden.

Als weiteres ausnahmsweises Beispiel für das BBP sind die Berichte der UNCTAD (2009a und 2009b) anzusehen, die die FK als weiteren Fall systemischer Fehlentwicklungen deutet, die letztlich auf eine falsche Ideologie zurückzuführen sind. „Market fundamentalist laissez-faire of the last 20 years has dramatically failed the test. Financial deregulation created the build-up of huge risky positions whose unwinding has pushed the global economy into a debt deflation that can only be countered by government debt inflation ... Blind faith in the efficiency of deregulated financial markets and the absence of a cooperative financial and monetary system created an illusion of risk-free profits and licensed profligacy through speculative finance in many areas" (2009a, III, i.O. fett).

Vor diesem Hintergrund konnten ‚Innovationen' des Finanzsektors erfolgen, die weitestgehend entkoppelt von den produktiven Aktivitäten der Realsphäre seien. Solche Instrumente begünstigen spekulative Aktivitäten, die auf Trends in der Zukunft setzen. Eine Zeitlang trägt sich ein solcher Aufschwung von selbst, begleitet von den Medien, der Politik usw. „Contrary to the mainstream view in the theoretical literature in economics, speculation of this kind is not stabilizing; on the contrary, it destabilizes prices. As the ‚true' price cannot possibly be known in a world characterized by objective uncertainty, the key condition for stabilizing speculation is not fulfilled" (2009a, XI). Allerdings kommt es unweigerlich zum Realitätstest. „(E)xpectations about long-term price trends must sooner or later hit the wall of reality, because funds have not been invested in the productive capacity of the real economy, where they could have generated increases in real income. When the enthusiasm of financial markets meets the reality of the – relatively slow-growing – real economy, an adjustment of exaggerated expectations of actors in financial markets becomes inevitable" (2009a, XI).

Man kann sich fragen, ob die Knight-Keynessche objektive Unsicherheit wirklich ausreicht, um dauernd wiederkehrende Blasen zu erklären, da Akteure ja auch aus der Vergangenheit lernen und ab einem bestimmten Kurs-Gewinn-Verhältnis beispielsweise skeptisch werden könnten und aus rationaler Einsicht dem Preisauftrieb Einhalt gebieten. Es sei wahrscheinlich, dass die weiter unten genannten eher irrationalen Antriebe des Menschen bei Entscheidungsprozessen einen notwendigen zusätzlichen Faktor darstellen. Das Investmentbanking spielt bei diesem Prozess für die Autoren eine entscheidende Rolle, seine zumeist spekulativen Aktivitäten basierten wie bei Stout auf Nullsummenspielen, die nicht produktiv für die Gesellschaft als Ganze sei. Fest steht zumindest, dass ein solcher Aufschaukelprozess in Form selbsterfüllenden Herdenverhaltens und das immer stärkere Auseinandertreten von realem Wachstum und erwarteten Kapitalerträgen schmerzliche Korrekturen erzwingt: „In this situation, the performance of the real economy is largely determined by the amount of outstanding debt: the more economic agents have been directly involved in speculative activities leveraged with borrowed funds, the greater the pain of deleveraging, i.e. the process of adjusting the level of borrowing to diminished revenues" (2009a, XI).

Der basale Mechanismus sei immer gleich, nur die Auslöser seien unterschiedlich. „As in previous crises, the roots of the current turmoil lie in a self-reinforcing mechanism in which high growth and low volatility lead to a decrease in risk aversion. This, in turn, leads to higher liquidity and asset prices, which eventually feedback into higher profits and growth and even higher risk-taking. The final outcome of this process is the build-up of risk and large imbalances that, at some point, must unwind ... the collapse in the market for subprime mortgages in the United States was the spark that ignited the crisis, but it is *not* the fundamental cause" (2009a, 11 und 21). Über ihre grundlegende Position lassen die Verfasser keine Zweifel. „Some financial instruments can generate high private returns but have no social utility whatsoever. They are purely gambling instruments ... More finance and more financial products are not always better" (2009a, 12 und 22).

Die Verfasser gehen die Entwicklung verschiedener Märkte (insbesondere die Devisen- und Rohstoffmärkte) durch, um zu zeigen, wie Spekulation konkret destabilisierend wirkt (siehe auch die empirische Analyse von Flassbeck und La Marca 2007 zu Carrytrades u.a.). Ein Indiz des BBP sei auch zu sehen im „uniform behaviour of so many different markets that are not linked by economic fundamentals [but which] can be attributed to one common factor: the strong speculative forces operating in all these markets" (2009b, III).

Ein interessanter Hinweis betrifft die Arten von Akteuren, neben Spekulanten können auch Indextrader (2009a, 30) entscheidende Auswirkungen auf Preisbewegungen ausüben. Unabhängig von den Angebots- und Nachfragekonstellationen geht es ihnen um die Risikodiversifizierung eines Gesamtportfolios, so dass sie z.B. Exchange Traded Funds (ETFs, siehe Kapitel IV.9) auf Rohstoffe kaufen und durch ihre längerfristige Long-Position zu einem allgemeinen Preisauftrieb beitragen können. Empirische Analysen haben gezeigt, dass Indextrader bereits zwischen 20 und 50% der Anteile auf den Futuremärkten für Güter (z.B. Öl, Gas, Kupfer, Gold, Kaffee usw.), die die Spotpreise nachhaltig beeinflussen, ausmachen (Gilbert 2008, insbesondere die Tabelle auf Seite 11) und sie neben des Preisauftriebs wie uninformierte *noise trader* wirken, da sie durch ihre *buy-and-hold*-Strategie nicht auf wechselnde Preissignale reagieren. „The average size of their positions has become so large that they can significantly influence prices and create speculative bubbles, with extremely detrimental effects on normal trading activities and market efficiency" (2009b, IV).

Michael Masters, Portfolio Manager von Masters Capital Management LLC, berichtet bei seiner mit reichem Datenmaterial unterlegten Anhörung vor dem US-Senat von Nachfrageschocks durch institutionelle Indexspekulanten, die Futures der 25 wesentlichsten Rohstoffe zur Portfolioallokation einsetzten und dementsprechend wie erwähnt nur als Käufer aufträten. In diesen – im Vergleich zu Aktien – engeren Märkten sei durch Indextrader in den letzten Jahren die Ölnachfrage um einen Betrag gestiegen, der dem (zunehmenden) Konsum Chinas entspreche und zu steigenden Preisen (auch bei den Spotmärkten) und hierdurch ausgelösten kleinen Rallys führe, erleichtert durch die Entscheidung der Aufsichtsbehörde CFTC, keine Limits für den Fall vorzusehen, wenn die Käufe durch OTC-Swaps gehedgt werden. Langfristig könne dem Problem dauerhaft nach oben schießender Preise nur durch ein Verbot solcher Indexreplikationsstrategien begegnet werden!

Durch die wahrscheinliche Interaktion verschiedener Händlergruppen kann es zu verstärkten Bubbles kommen. Man nehme an, die *noise trader* treiben die Preise. „This makes it difficult for others to judge whether market prices are changing because of the position changes of the noise traders or as a response to new information about market fundamentals" (2009b, 61). Als zweite Gruppe seien uninformierte Händler eingeführt, die sich an gegenwärtigen und vergangenen Preisen orientieren und die eine Momentum-Strategie verfolgen, d.h. bei steigenden Preisen ein- und bei fallenden Preisen aussteigen. Es kann nun passieren, dass sie die Signale der *noise trader* falsch interpretieren und für ein genuines Preissignal halten. „Given that uninformed traders often use similar trend identification techniques, they run the risk of collectively generating the trends that they then individually identify and follow. On commodity markets, money managers, such as pension funds, behave like momentum traders" (2009b, 61).

Da diese Gruppen oft die gleichen statistischen Auswertungsverfahren verwenden, können ihre Positionierungen antizipiert werden. Hier kommen die professionellen Spekulanten ins Spiel, die solche Arbitragemöglichkeiten ausnutzen. Solche Interaktionen zwischen *noise traders*, Momentum-orientierten Geldfondsmanagern und Spekulanten verlaufen nicht nach dem Random Walk und rufen Bubbles hervor, die die Autoren der Studie bei einigen Ereignissen der letzten Jahre identifizieren. „Such a correlation during the period January 2005 – August 2008 has been documented for agricultural markets such as cotton, maize, soybeans and wheat" (2009b, 61). Im Unterschied zu Naturgas und Öl führten im Bereich der Landwirtschaft Index Traders wegen geringer Preiselastizitäten auf der Angebots- und Nachfrageseite, relativ langsamen physischen Anpassungen und im Vergleich zu Öl und Gas relativ illiquiden Märkten zu größeren Einflüssen auf den Preisbildungsprozess. „Indeed, over the period 2006-2008, the relative shares of index traders in total long positions in cotton, live cattle, feeder cattle, lean hogs and wheat were significantly larger than the positions of commercial traders in those commodities, while they were of equal size for maize, soybeans and soybean oil" (2009b, 62, dort auch mit detailliertem emprischen Material zu den einzelnen Märkten). Beim Öl wiederum schlägt die reine Quantität der Spekulation zu Buche. So werden vom amerikanischen Leichtöl WTI täglich ungefährt 300.000 Fass produziert. Das Volumen der auf WTI laufenden Terminkontrakte hat ein Volumen von 300 Millionen Fass (SZ vom 10.7.2009, 24). Aus alledem folgt, dass die Güterfuturemärkte nicht den Regeln der EMH, sondern eher der Spekulationslogik des BBP entsprechen.

4
Marktfundamentalismus oder Spekulation? Eine Zusammenfassung und weiterführende Überlegungen

Im Anschluss an bereits erwähnte Beiträge der Wissenschaftstheorie (Lakatos 1978) lässt sich davon ausgehen, dass jeder wissenschaftliche Ansatz auf Vorannahmen beruht, die nur schwerlich empirisch bewiesen werden können, da sie im Kern auf präanalytischen Visionen beruhen (Schumpeter 1951, 281). In der vorherrschenden, formal und empirisch zum Teil hochgerüsteten internationalen Debatte zur Reform der Finanzmärkte herrscht – wie in Kapitel II gezeigt – mehr oder weniger implizit ein ‚fundamentalistischer' Ansatz vor (siehe als Beispiel die ihn voraussetzenden Reformvorschläge in Acharya und Richardson (Hg.) 2009).

Er beinhaltet, dass es nur einiger, letztlich eher geringfügiger Veränderungen der Finanzarchitektur unter Beibehaltung der zentralen Annahme der Funktionalität breiterer, tieferer, komplexerer und liquiderer Märkte wie der Entsorgung fauler Kredite, mehr Eigenkapital, etwas mehr Rücksicht auf die (allgemeine) Liquidität usw. bedarf (siehe z.B. die diskutierten Vorschläge des *Financial Stability Forum* FSF 2008a und 2008b, der De Larosière Group 2009, des Issing Committee 2008 und 2009 und der G20 2009). Dieser *habit of thought* (Veblen) verbirgt sich hinter den vielfältigen, behaupteten *prime movers* der teuflischen Hand in der Finanzkrise: Falsche Zinspolitiken der Notenbanken, doppelte (oder dreifache: Kreditkarten) Quellen von Defiziten, unpassende Währungsparitäten, halbherzige Regulation (z.B. Basel II) usw.

Historisch gesehen schwankt man – wie von Stäheli (2007) soziologisch nachgezeichnet (siehe auch Brenner und Brenner 1990, Kapitel 4) – in der Beurteilung der Finanzmärkte seit Mitte des 18. Jahrhunderts immer wieder zwischen einer hart umkämpften positiven und einer negativen Sichtweise. Die negative Sichtweise, die z.B. in Daniel Defoes

Romanen zum Ausdruck kommt, hebt hervor, dass Spekulation reines Spiel und reine Wetten sind und daher etwas Außerökonomisches, Geldvermehrung ohne Arbeit und eine Beleidigung aller Arbeitenden und gegen Verantwortung und Leistung gerichtet, Raub, die Bedrohung rationaler Zusammenhänge, das Außer-Kontrolle geraten durch Spielsucht und Rausch, etwas Parasitäres und Faulenzertum und Herdenverhalten förderndes seien. Die positive Beurteilung hob die Unterhaltsamkeit, das Vergnügen und den Spaß auch für die Voyeure des Spektakels, die Möglichkeit durch spekulativen Erfolg Ungleichheit zu überwinden und Risikoträger zu motivieren hervor. Im *frontierman* vereinten sich in den USA von Anbeginn der Spieler, der Spekulant und der Migrant.

Die eigentliche Ökonomisierung der Spekulation setzte ein, indem selbsterfundene Funktionsmythen und eine Funktionalisierungssemantik seit Mitte des 19. Jahrhunderts entwickelt wurden. Zu ihrer Verteidigung wurde die Preisfindung ins Feld geführt, die den Werten die richtigen Preise zuordnet, deren Richtigkeit sich am Verfahren (freier Marktzutritt) als demokratischem Barometer der kollektiven Intelligenz der Marktteilnehmer bemaß. Spekulanten wurden Wissensproduzenten, Preise müssen nun „produziert" werden, sie ergeben sich nicht von selbst. „*(E)rst die Spekulation schafft [es], den Markt zu dem zu machen, was er eigentlich immer schon sein sollte:* ein rational funktionierendes Gefüge ... die Spekulation [wird] als notwendiges *Supplement der Marktwirtschaft* gefaßt: Zwar mögen Märkte auch ohne Spekulation funktionieren – die Spekulation macht aber erst den Markt zum wirklichen Markt, indem sie Lücken und Mängel des ‚normalen' Marktes ausmerzt. Die Spekulation ist Schmiermittel eines an sich, wenn man den ökonomischen Selbstbeschreibungen glauben soll, bereits perfekten Marktes" (Stäheli 2007, 86 und 89).

Mit Stephan Schulmeister (2009a), der seit den 1980er Jahren an einem zur EMH alternativen Forschungsprogramm arbeitet, können schaubildartig drei Idealtypen, die in Wissenschaft und Politik vorherrschen, unterschieden werden: Die Welt des neoklassischen Nirwana (Welt 0), die vorherrschende fundamentalistische Sicht mehr oder weniger effizienter Märkte (Welt I) und das Bullen-Bären-Paradigma (Welt II), das auch Veblen, Keynes, Galbraith und die zuvor zitierten Insider teilten (zu den an der Börse verfolgten einzelnen Handelsstrategien siehe Reichert 2009).

Schaubild 5: Eigenschaften dreier hypothetischer „Welten" der Finanzmärkte

	World 0	World I	World II
General characteristic	Perfect knowledge and foresight. Rational expectations. No transaction costs (frictionless markets).	As in World 0 with two exceptions: – Transaction costs matter – Expectations of other actors due to news have to be discovered in a gradual adjustment process.	Imperfect knowledge as general condition of social interaction: Actors process different information sets using different models. Actors are human beings: Expectations and transactions are governed by rational, emotional and social factors.
Expectations	Homogeneous.	In general homogeneous, but heterogeneous during the price discovery/adjustment process.	Heterogeneous.
Expectations formation	Quantitative.	Quantitative.	Often only directional (qualitative).
Price adjustment to news	Instantaneous jumps to the new fundamental equilibrium.	Gradual price movement toward the new fundamental equilibrium.	Price movement overshoots the („region" of) the new fundamental equilibrium. Short-term trending of asset prices accumulates to medium-term trends due to optimistic or pessimistic biases in expectations („bullishness/bearishness").
Transaction volume	Low (counterpart of the „underlying" transaction in good markets).	„Basic" liquidity necessary for a price discovery process => Trading volume higher than the „underlying" goods markets transactions moving in tandem with the latter over time.	„Excessive" trading causes transaction volumes to grow significantly faster than the „underlying" transactions in goods markets.
Trading is based on	Fundamentals.	Fundamentals.	Fundamentals, technical models as well as on psychological factors on the individual level (e.g., emotions) as well as on the social level (e.g. market moods, herding).

Quelle: Schulmeister 2009a, 4.

In der dem Ökonomen vertrauten Modellwelt 0 herrschen vollkommenes Wissen, rationale Erwartungen und keine Transaktionskosten vor. Homogene und quantitative Erwartungen führen zu unmittelbaren Preisbewegungen auf die Fundamentals hin, ohne von erhöhtem Transaktionsvolumen begleitet zu sein. Diese idealtypische Welt wird wie in Kapitel II gesehen von keinem Ökonomen als auf den Finanzmärkten tatsächlich vorherrschend behauptet. Die überwältigende Mehrzahl vertritt implizit oder explizit Welt I mit den bereits in Kapitel zwei diskutierten Eigenschaften, die im weitesten Sinne der EMH entsprechen. Transaktionskosten sind vorhanden, Erwartungen anderer Akteure und ihre Reaktionen auf Neuigkeiten sowie deren Inhalt sind in einem graduellen Eruierungsprozess zu ermitteln. Die Akteure handeln rational, unterliegen aber einer gewissen *bounded rationality*. Während dieses Entdeckungsprozesses sind die Erwartungen der Akteure zunächst heterogen, bewegen sich aber im Verlauf des Anpassungsprozesses auf eine gemeinsam geteilte, homogene Struktur mit quantifizierbaren Erwartungen zu.

Der Preisanpassungsprozess besteht in einer graduellen Bewegung auf das neue fundamentale Gleichgewicht. Das Handelsvolumen liegt zwar über dem in Welt 0 und ist höher als das für die unterliegenden Gütermärkte notwendigen, übersteigt dieses aber nicht signifikant und bewegt sich im langfristigen Gleichklang mit diesem und ist Ausdruck der Aktivitäten der *market maker* zur Bereitstellung von Liquidität und zur Marktglättung. Auftretende Spekulation wirkt weitgehend stabilisierend, rein spekulatives Überschießen gibt es kaum, hohe Volatilität ist eher Ausdruck exogener Schocks. Der Handel auf Finanzmärkten führt auf die Fundamentals, die als Zielfunktion dienen. Die Bewegung der Assetpreise folgt neuen Informationen, sie sind dank schneller Einpreisung nicht vorhersehbar. Große Ausreißer der Preisentwicklung sind eher unwahrscheinlich. Dieser allgemeine Nenner dürfte dem Weltbild von 99,5% aller Ökonomen, Politiker und Journalisten entsprechen. Dies gilt wie in Kapitel zwei gesehen auch für Ökonomen, die Partialmodelle mit anderslautenden Implikationen entwickeln.

Zur Verdeutlichung der Unterschiede der drei Welten soll an dieser Stelle ein weiteres Schaubild vorgestellt werden.

4 Marktfundamentalismus oder Spekulation? 245

Schaubild 6: Drei stilisierte Pfade der Assetpreise

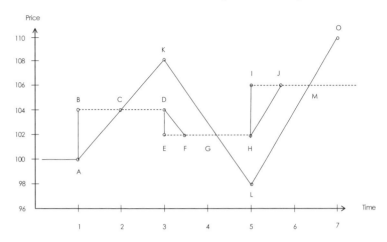

Quelle: Schulmeister 2009a, 3.

In Welt 0 findet eine unmittelbare Anpassung der Preise in Reaktion auf eine (hier unterstellte) positive Information statt (A-B, D-E). In Welt I bedarf es einiger Zeit, aber schließlich pendelt sich der Preis um die Fundamentals ein (A-C, D-F). In Welt II findet Spekulation, Herdenverhalten, Überschießen usw. statt, was zu Preisbewegungen führen kann, die recht unabhängig von den im Übrigen einigermaßen im Dunkeln liegenden Fudamentals sind (A-K, K-L). Nur im Vorbeigehen sei noch einmal darauf hingewiesen, dass das BBP im Unterschied zur heutigen diffus-fundamentalistischen Interpretationslage beim großen Zusammenbruch nach 1929 vorherrschte und bis in die 1970er Jahre nachwirkte (Cowing 1965, zur historischen Vorgeschichte siehe auch Mitchell 2007).

Zur Ergänzung der Schaubilder ist noch darauf hinzuweisen, dass das Transaktionsvolumen in Welt II signifikant schneller als die unterliegenden Transaktionen auf den Gütermärkten wächst und mittlerweile rund das 100fache des nominalen BIP der OECD-Länder ausmacht. Das Volumen der Derivate entspricht, bezogen auf den Handelswert *(notional amount)*, dem 66fachen des Welt-BIP (Schulmeister 2009a, 24). Aus diesen Zahlen folgt, „der größte Teil des Handels entfällt auf Transaktionen zwischen Spekulanten mit unterschiedlichen Preiserwartungen.

Stammten nämlich die Transaktionen primär aus der Absicherung (Hedging) realwirtschaftlicher Aktivitäten wie künftiger Exporterlöse oder Rohstoffausgaben, dann dürfte das Transaktionsvolumen die nominelle Welt-Produktion nicht nennenswert übersteigen" (Schulmeister 2009c, 9).

Die Sichtweise der Welt II wird in seiner ganzen Breite nur von einer absoluten Minderzahl vertreten, von denen in diesem Kapitel bereits einige vorgestellt wurden (siehe auch die flott und informativ geschriebene Weltwirtschaftsgeschichte der Spekulation von Chancellor 1999). Dies mag verwunderlich erscheinen, da doch das eine oder andere Element (heterogene Erwartungen oder exzessives Handelsvolumen usw.) der Welt II sogar von eindeutigen Mainstream-Ökonomen übernommen wird. Entscheidend ist aber, ob man diese Sicht als integrales Paradigma mit den entsprechenden, noch zu entwickelnden, regulatorischen Konsequenzen für richtig hält oder nicht, ob man also relativ freilaufenden Finanzmärkten eine eher effizient-funktionale oder eine irrational-dysfunktionale Rolle zuschreibt. Zwischen Welt I und II in ihrer jeweiligen Gesamtgestalt liegt der Rubikon. Ähnlich dem oft zu Demonstrationseffekten des Konstruktivismus verwandten Bildes, auf dem man eine ältere oder eine junge Frau erkennen kann, je nachdem, welchen perspektivischen Blick man wirft, gewinnt man eine völlig andere Interpretation der Zeichnung. Praktisch alle ‚offiziellen Finanzmarktexperten' teilen die Sicht der Welt I, ohne dass dies allen bewusst zu sein scheint.

In der ihm eigenen erfrischenden Überspitzung fasst Heiner Flassbeck die Welt II-Sicht der ‚manisch-depressiven Kapitalmärkte' (Miller 2002, X) zusammen, die so gar nicht in die Sicht der Smith-Newtonschen Uhrwerkpräzision passen: „Dort kommt bei den „wirklich großen Spielen" um Zinsen, Wechselkurse, Aktien, Hauspreise und Rohstoffe eine Handvoll privilegierter Akteure zusammen, die alle nicht mehr wissen, als jede gut informierte Abteilung eines Ministeriums oder einer Zentralbank wissen kann. Alle sind ferngesteuert von ein paar Informationen, die jeden Tag für alle ersichtlich über die Bildschirme jagen und die von allen Beteiligten in ähnlicher Weise gedeutet werden. Wenn also bestimmte Ereignisse auftreten wie, sagen wir, eine Rohstoffhausse, dann springen fast alle Spieler wie eine Herde Lämmer gleichzeitig auf den Zug und versuchen sich eine goldene Nase zu verdienen. Das geht immer genau so lange gut, bis sie den Preis so über den Wert hinausgetrieben haben, den die reale Welt, also die richtigen Menschen, zu zahlen in der

Lage sind, ... [bis] schließlich das ganze Spielsystem kollabiert" (2009, 136-137; siehe auch Flassbeck 2010 und aus Sicht des BBP die Beiträge in Blätter für deutsche und internationale Politik (Hg.) 2009).

Bereits im Vorgriff sei darauf hingewiesen, dass Welt II mehrere Narrative zur Erklärung der FK umfasst, die über gewisse Vereinseitigungen im heterodoxen Diskurs hinausgehen. In Anlehnung an David Brooks kann man unterscheiden zwischen dem Narrativ (1.) der Gier als Sammelausdruck für Emotionen und Kurzfristdenken, (2.) der sozialpsychologischen Konformität und opportunistischer Anpassung, (3.) der Dummheit, intellektuellen Hybris und Ignoranz angesichts von Opazität und objektiver Unsicherheit und (4.) der strukturell-institutionellen Verursachungen wie dem prozyklischen Kreditschöpfungsprozess (siehe *New York Times* vom 3.4.2009, *op-ed column*).

Im BBP spielen alle vier Aspekte eine entscheidende Rolle, ohne dass eine Hierarchisierung oder differentielle Bedeutungszuschreibung vorgenommen werden kann oder soll. Zum einen mögen die einzelnen Komponenten historisch situativ wechseln, zum anderen ist es mangels empirischem Wissen auch gar nicht möglich, den relativen Einfluss zu ermitteln. Ökonometrische Untersuchungen dürften fruchtlos in einem heillosen ökonometrischen Pro und Contra enden. Intuitiv würde der Verfasser dieser Zeilen aber meinen, dass es aller vier Faktoren bedarf, um die Finanzmarktkrisen der jüngsten Vergangenheit hervorzurufen, indem sie sich gegenseitig verstärken, antreiben und voraussetzen. So war bei der Dotcomblase ein prozyklischer Kreditzyklus, der von der Kreditschöpfungsmöglichkeit der Banken abhing, objektive Voraussetzung der Kurssteigerungen und neuer Börsengänge zu Phantasiepreisen, zu dem sich aber auch ein gewisser manischer subjektiver Durchschnittsgemütszustand gesellen musste, um rationale Barrieren und Ichkontrollen aussetzen zu lassen.

Anders sieht es Posner, der im Wesentlichen die objektive Unsicherheit ins Feld führt und meint, „(a)t no stage need irrationality be posited to explain what happened" (2009a, 87), Leverage erhöhte das Risiko, aber auch die erwarteten Erträge. Seiner Ansicht nach sollte man die FK aus den Handlungen selbstinteressierter, rationaler Akteure in einem Umfeld fehlender oder fehlerhafter Regulierung erklären. Bei der späteren Diskussion der für notwendig erachteten Regulierungsmaßnahmen wird von mehrdimensionalen, positiven Feedbackmechanismen ausgegangen, denen durch Regulierung starke widergelagerte Gegengewichte an die

Seite zu stellen sind, um dem natürlichen *drift* negativer Feedbackmechanismen entgegenzuwirken. Nicht um eine Flussbetterweiterung (Deregulierung), sondern um den Einbau starker Schleusen und Staudämme geht es.

In Welt II werden, um ihre Beschreibung abzurunden, die Annahmen begrenzter Transaktionskosten und in Maßen unvollkommenen Wissens fallengelassen. Unvollkommenes Wissen ist die allgemeine Bedingung sozialer Marktinteraktion. Besässen wir weitgehend vollkommenes oder ausreichendes Wissen, ließe sich kaum erklären, warum ein solches Handelsvolumen auf den Finanzmärkten umgesetzt wird, das für jeden Deal einen Käufer und einen Verkäufer voraussetzt. Gäbe es verlässliche Vorhersagen, müssten die Börsen geschlossen werden, da es nur entweder Käufer oder Verkäufer gäbe. Hier liegt das Paradoxon tendenziell vollkommener Märkte im Sinne permanenter und sofortiger Handelbarkeit im Unterschied zu Märkten mit materiell-stofflicher Immobilität (Gütermärkte): Es bedarf des Schleiers des Nichtwissens, eines *veil of ignorance,* damit auf den Märkten in relevantem Umfang gehandelt wird.

Nachdrücklich hat Hirshleifer darauf hingewiesen, dass Spekulation nicht nur, wie auch u.a. von Keynes und Hicks hervorgehoben, davon abhängt, ob sich am Markt risikofreudigere und weniger risikofreudige Individuen (risikoaverse Hedger) begegnen. Er sieht „*differences of belief* as the key to hedging-speculation behavior. Those, and only those, whose beliefs as to what the emergent information will reveal diverge from representative opinion in the market, will regard themselves as able (on the average) to profit from anticipated price changes" (1975, 539).

In seiner formalen Analyse, nach der trotz unterschiedlicher Risikoneigungen die Akteure bei gleichen Erwartungen nicht hedgend und spekulativ aktiv werden, lohnt es sich nur für solche, die von den repräsentativen Überzeugungen abweichen, zu hedgen oder zu spekulieren. „(W)hat may look like risk-transfer behavior is only the interaction of traders with more and less optimistic *beliefs* about approaching developments that will affect prices. An individual who expects prices to rise will make speculative purchases; one who expects them to fall will sell. On this view, futures markets do not serve mainly to facilitate the transfer of risk. Rather, they provide an instrumentality whereby a consensus of beliefs about supply-demand influences is brought to bear" (Hirshleifer 1977, 975).

Auch für Schulmeisters zielt der Handel nicht erstrangig auf die Anpassung der Preise an die Fundamentals, sondern auch technische Modelle sowie psychologisch-emotionale Faktoren spielen auf der individuellen und Marktathmosphäre und Herdenverhalten auf der sozialen Ebene eine Rolle. Trader richten ihr Verhalten in aller Regel nicht an einem vermuteten Gleichgewichtsniveau aus, sondern sie orientieren sich an der Bewegungsrichtung (Schulmeister 2007, 2).

Im Unterschied zu Welt I wird in Welt II vermutet, dass das Nichtwissen (Unvollkommenheit) im Vergleich zum Wissen überwiegen kann. Genau wissen können wir dies aber nicht, da auch der Metareflektierer (z.B. als Wissenschafter) dem Wissensvorbehalt unterliegen. Mit Keynes' Argument der Zukunftskontingenz und Poppers Hinweis auf nicht vorhersehbare Innovationen lässt sich aber doch vermuten, dass wir einem Zukunft-prinzipiell-nicht-Wissen-können-Problem und weniger einer bloßen Herbert Simonschen Verarbeitungsrestriktion unterliegen. Hinzu kommt der Reflexivitätsvorbehalt: Wenn wir ein angemessenes Modell hätten, würde dies die Verhaltensweisen der Akteure verändern, so dass es sich nicht mehr um den gleichen Marktprozess handelte.

George Soros, der zum Lager des BBP gerechnet werden kann, hält Reflexivität in einem umfassenden Sinn für einen bedeutsamen, oft übersehenen fundamentalen Tatbestand auf den Finanzmärkten. „First, financial markets do not reflect prevailing conditions accurately; they provide a picture that is always biased or distorted in one way or another. Second, the distorted views held by market participants and expressed in market prices can … affect the so-called fundamentals that market prices are supposed to reflect" (Soros 2009, 72). Soros trifft eine interessante Unterscheidung. „(T)he participants thinking plays a dual function. On the one hand, they seek to understand their situation. I called this the cognitive function. On the other hand, they try to change the situation. I called this the participating or manipulative function. The two functions work in opposite directions and, under certain circumstances, they can interfere with each other. I called this interference reflexivity … events in financial markets are best interpreted as a form of history" (2008, VIII und 104).

Zumindest ein prominenter Spekulant teilt also die Sicht der schulmeisterlichen Welt II. „Boom-bust processes arise out of a reflexive interaction between a prevailing trend and a prevailing misconception … Financial markets do not necessarily tend towards equilibrium; left to their own devices they are liable to go to extremes of euphoria and despair" (Soros 2008, 91-92). Selbstverstärkende Mechanismen anstelle von Gleichgewichtstendenzen herrschen vor, Angebots- und Nachfrage seien nicht unabhängig voneinander, das Vorbild der Naturwissenschaften sei aufgrund der weiter oben bereits erwähnten Reflexivität menschlicher Handlungen falsch. Die auf schwacher Wissensgrundlage ruhenden Einschätzungen der Akteure stehen den Fundamentals nicht gegenüber, sondern beeinflussen diese, so dass es kein von ihnen unabhängiges theoretisches Gleichgewicht geben kann (2008, 73), wie ein Thermometer, dass durch seine Messtätigkeit die Temperatur beeinflusst.

Ökonomen wollen Reflexivität nicht zugestehen, da sie einen Statusverlust fürchten. „(R)eflexivity prevents economists from producing theories that would explain and predict the behavior of financial markets in the same way that natural scientists can explain and predict natural phenomena" (ebenda, 8). Soros' Kritik richtet sich grundsätzlich gegen das „currently prevailing paradigm, namely that financial markets tend towards equilibrium, [it] is both false and misleading; our current troubles can be largely attributed to the fact that the international financial system has been developed on the basis of that paradigm" (ebenda, VII). So konnte es zur Fehlkonstruktion von Basel II kommen, dessen vorgesehene Risikomodelle an einem in sich stabilen System orientiert waren und zur Wirtschaftspolitik des ‚Super-Bubble' (Soros) seit den 1980er Jahren führte, hervorgerufen durch ein Zusammenspiel laxer Geldpolitik, exzessiver Kreditexpansion und Laissez-Faire.

Der Einbezug der Reflexivität strahlt auf viele Einzelaspekte ab. Aus dem Tatbestand der Reflexivität ergibt sich z.B. ein Paradox beim Risikomanagement. „The paradox arises because of three aspects of investor behaviour. Following current finance theory, investors view past returns, volatility and correlations as independent from whatever they do. Investors use similar information, similar technologies, and similar preferences and so end up hunting a similar group of markets. And concentrated purchases or sales of markets change their statistical properties – their likely return, volatility and covariance. Understanding this process explains why the proposed solutions to mistakes in risk management *cannot work*" (Persaud 2003a, 193).

Ähnliche Überlegungen bilden auch den Ausgangspunkt von Roman Frydmans und Michael Goldbergs *Imperfect knowledge economics* (2007). Die vollständige Spezifizierung der Kausalmechanismen führe zu unüberwindbaren epistemologischen Problemen, da sie unvereinbar mit einer Welt unvollkommenen Wissens sowohl der Akteure im Markt als auch der Wissenschaftler sei. Diese Unvollkommenheit hänge auch daran, dass die Ökonomie ein offenes System sei. „These outcomes are not only a result of the actions of many individuals, but they also depend on future economic policies, political developments, and institutional changes. Thus, even if individuals are presumed to be purely self-interested, the way that they deploy resources depends as much on the social context as it does on their personal motivations" (2007, 14). Die Autoren stellen die methodisch entscheidende Frage, „(h)ow can economic analysis recognize the centrality of imperfect knowledge while continuing to represent individual and aggregate behavior in mathematical terms? How can it acknowledge the importance of individual creativity and the inevitability of unpredictable changes in social contexts while still generating … predictions" (ebenda)?

Selbst bei geschlossenen Systemen gerät man schnell an absolute Grenzen der Vorhersagbarkeit. Als Einführung in seinen chaostheoretischen Ansatz führt Ormerod das Enten-Beispiel an: In gleicher Entfernung befinden sich zwei sich stets neu füllende, in jeder Hinsicht identische Futtertröge. Die Frage ist nun, in welchen Mustern die Enten die Tröge ansteuern, zum Beispiel 50:50% oder die erste Ente entscheidet und alle weiteren folgen ihr? Das auch mit anderen Tieren durchgeführte und auch bei häufiger Wiederholung stets gleiche Ergebnis überrascht, denn „the proportion of the total ant population visiting any one site continued to fluctuate in an apparently random fashion … Once a large majority of ants had visited one of the sites, the outcomes tended stay reasonably stable and exhibited small variations around that proportion for some considerable time. But the majority was always eroded and the ants switched to visiting the other site. Sometimes these shifts were not only very large – from, say an 80:20 division at one pile to the reverse outcome of 20:80 – but also rapid" (1998, 4-5).

Es ist unmöglich, das Verhalten der Gruppe aus den isolierten Verhaltensweisen der Einzelindividuen abzuleiten. Das Verteilungsbild sieht wie ein stark schwankender Aktienmarkt aus. Wie erklären sich diese stets neuen Muster? Enten (und Menschen) haben drei Möglichkeiten: Sie verhalten sich so wie beim letzten Mal, sie entschließen sich, die andere Variante zu wählen oder sie imitieren das Verhalten des Vorgängers. Aus diesem einfachen Wahlset folgt prinzipielle Unvorhersehbarkeit. „Even with completely accurate knowledge of the equations which describe the behaviour of the individual ants, it is not possible to predict with any degree of accuracy the direction of change of the proportion of ants which visit either of the food sources" (ebenda, 6-7).

Zu berücksichtigen ist im Zusammenhang unvollkommenen Wissens neben dieser einfachen Unbestimmtheit durch gleich vernünftige Wahlalternativen auch die hermeneutische Dimension: Informationen müssen gedeutet und eingeordnet werden. Senkt beispielsweise die Zentralbank die Zinsen, so hängt es von den Deutungsmustern der Akteure ab, welche Wirkungen hiervon ausgehen. Niedrige Zinsen können die Investitionstätigkeit ankurbeln, aber auch als schlechtes Zeichen gewertet werden, dass es um die Wirtschaft besonders schlecht stehen muss, wenn die Zentralbank einen solchen Schritt unternimmt, woraufhin eine Wartehaltung eingenommen und noch weniger investiert wird. Unsicheres Wissen wird mittlerweile auch ein Thema für Zentralbanken. Aikman et al. (2010) führen Unsicherheit auf seltene *high impact events* (wie Finanzkrisen, Tsunamis usw.) zurück. Als Auslöser dieser Extremereignisse können die Ausgangsbedingungen bei deterministischen Systemen, unvorhersehbare Wirkungen von externen Schocks (eine im Wald weggeworfene, brennende Zigarette) und z.B. plötzliche Übergänge zwischen lokal stabilen Zuständen gelten. „In particular, economic outcomes are sensitive to the way people behave under uncertainty, and to their beliefs about the past, present and future" (ebenda, 6). Hieraus leiten sie interessanterweise eine eventuelle Reformulierung des Glass-Steagall-Gesetzes von 1933 ab (siehe Kapitel IV.4), das systemische Unterbrecher (Trennbankensystem) und Stoßdämpfer (Eigenkapitalvorschriften usw.) enthielt.

Ein schönes Beispiel unterschiedlicher Interpretationen und daraus folgender Handlungsstrategien bietet Brian Arthurs Beispiel des Besuchs der *El Farol Bar* (tatsächlich spielte 1992 der irische Musiker Gerry Carty jeden Donnerstag in der entsprechenden Bar in Santa Fe in New Mexico). Das Entscheidungsproblem (siehe die zusammenfassenden Darstellungen bei Beinhocker 2006, 123-125 und Buchanan 2008, 89-94) lautet: Die Bar hat kein Telefon, um zu erfahren, wie viele Leute anwesend sind. Weniger als 60 Leute sind angenehm, bei mehr Besuchern wird es eher anstrengend wegen Drängelei, Atemluft usw. Wenn nun in einer Woche 50 Leute anwesend waren, was folgt daraus für dies nächste Woche? Sehr unterschiedliche Szenarien sind denkbar: (1.) Es werden gleich viele Menschen kommen, (2.) andere haben von der Musik und ausreichend Platz gehört, es werden mehr kommen; (3.) man vermutet, dass andere genau diesen Effekt vermuten und daher weniger kommen werden; (4.) man nimmt an, dass weil bei den letzten Malen, als weniger da waren, danach viel mehr kamen, aus diesem Trend gelernt wurde, so dass beim nächsten Mal zunächst nicht mehr kommen werden, dann aber umso mehr, sobald sich dies herumgesprochen hat. Das Beispiel lässt sich ohne Mühe z.b. auf die Deutung von Preistrends in Finanzmärkten beziehen.

Es ist davon auszugehen, dass die Marktakteure angesichts solcher Ungewissheit ihre Vorhersagemodelle kritisch prüfen und unter Umständen anpassen und modifizieren. „(T)raders continually hypothesize – continually explore – expectational models, buy or sell on the basis of those that perform best, and confirm or discard these according to their performance. Thus, individual beliefs or expectations become endogenous to the market, and constantly compete within an ecology of others' beliefs or expectations. The ecology of beliefs coevolves over time" (Arthur et al. 1997a, 15; siehe auch 1997b). Eine solche Sicht widerspricht der EMH und kommt dem Selbstverständnis der Akteure an den Märkten näher, die ihrem Suchverhalten einen Sinn gibt. Die adaptive Suche nach Heuristiken löst auch die Unterscheidung zwischen vollinformierten Professionellen und dumm-uninformierten *noise traders* auf, da sich beide adaptiv verhalten. „(U)nder heterogeneity, expectations have a recursive character: agents have to form their expectations from their anticipations of other agents' expectations, and this self-reference precludes expectations being formed by deductive means ... Agents, therefore, continually form individual, hypothetical, expectational models or ‚theories of the market,' test these, and trade on the ones that predict best. From time to time, they drop hypotheses that perform badly, and introduce new ones to test. Prices are driven endogenously by these induced expectations. Individuals' expectations, therefore, evolve and ‚compete' in a market formed by others' expectations. In other words, agents' expectations coevolve" (1997a, 18).

Marktakteure gehen demnach primär adaptiv-induktiv vor, „(t)hey may observe market data, they may contemplate the nature of the market, and of their fellow investors. They may derive expecational models by sophisticated subjective reasoning" (ebenda, 21) mit wechselnden Markthypothesen und Musteraussagen darüber, was die Preise bewegt. Die formalen Analysemodelle werden angesichts neuer Erkenntnisse (stillschweigend) angepasst. Mangels Transparenz lässt sich leider nicht viel mehr aussagen, da die Finanzbranche über ihre Aktivitäten gerne den Schleier des Nichtwissens hüllt. Es ist zumindest nicht wahrscheinlich, dass adaptiv-rationale Akteure zu konvergierenden oder gleichen Mustern und Vermutungen gelangen, da der durch die Erwartungen selbst reflexiv und als offenes System sich laufend verändernde Markt es kaum erlaubt, ein längerfristiges erstbestes Modell zu identifizieren und die Akteure nur indirekt miteinander kommunizieren, d.h. nicht untereinander die Modelle austauschen. Mangelnde Transparenz spornt zu erhofften Modellverbesserungen an, da sonst eventuell der Konkurrent mögliche (Spekulations)-Gewinne einfahren kann.

Lo (2008) vertritt eine adaptive Markhypothese (AMH), nach der evolutorisch jeweils eine bestimmte Anzahl verschiedener Spezies bestehen, d.h. unterschiedliche Gruppen und Markakteure mit verschiedenen Marktstrategien (z.B. Pensionsfonds, Hedgefonds usw.). Wenn verschiedene Spezies um knappe Ressourcen auf einem Markt konkurrieren, sind diese sehr effizient bepreist, etwa Staatsanleihen im Vergleich zu Ölgemälden aus der Renaissance. „Market efficiency cannot be evaluated in a vacuum but is highly context-dependent and dynamic, just as insect populations advance and decline as a function of the seasons, the number of predators and prey they face, and their abilities to adopt to an ever-changing environment" (2008, 245). Je mehr Ressourcen vorhanden sind, umso geringer ist der Wettbewerb, was neue Akteure anlockt, was zu einer Verknappung der Ressourcen (Gewinne) und zu einer Veränderung der Spezies und dem Aussterben ganzer Populationen führt. Ähnlich Tierpopulationen haben Akteure Heuristiken bzw. Verhaltensschemata, die einmal mehr, einmal weniger erfolgreich sind, abhängig von den vorherrschenden ‚ökologischen' Gegebenheiten. „(U)nder the AMH, investment strategies undergo cycles of profitability and loss in response to changing business conditions, the number of competitors entering and exiting the industry" (ebenda, 245).

Der Autor verfolgt diesen Ansatz am Beispiel der Populationsdynamik von Hedgefonds mit verschiedenen Stilen und Risikoprofilen in unterschiedlichen Marktkonstellationen, wobei 30% bereits nach einem Jahr mangels Erfolg wieder verschwinden. Nach diesem Ansatz bestehen von Zeit zu Zeit im Unterschied zur EMH Arbitragechancen, die ausgenutzt werden können, dann aber wieder verschwinden. „Rather than the inexorable trend toward higher efficiency predicted by the EMH, the AMH implies considerably more complex market dynamics, with cycles as well as trends, panics, manias, bubbles, crashes, and other phenomena routinely witnessed in natural market ecologies" (ebenda, 247). Die Profitabilität einer Strategie mag verschwinden und in späteren Situationen wieder rentieren. Eine solche dynamische Sicht der Finanzmärkte mit sehr unterschiedlichen ökologischen Konstellationen legt eine historisch-komparativ-empirisch-anschaulich-situationsstrukturelle Herangehensweise nahe. Lo ruft auch die Regulatoren zur „event analysis" auf (ebenda, 251-253). Wie bei Flugzeugabstürzen solle eine haargenaue, quasi hermeneutisch-verstehende Analyse der Bedingungen erfolgen, die zum Absturz einzelner (Finanz)Unternehmen oder ganzer Märkte führten (Auswertung des Flugschreibers, Interviews, Wetterbedingungen, Erfahrung der Piloten usw.).

Handelnde wenden in Welt II verschiedene Modelle an und verarbeiten unterschiedliche, heute im Überfluss *(overload)* vorhandene Informationen im Prozess der Erwartungsbildung und Entscheidungsfindung. Als menschliche Wesen werden sie zudem nicht nur so weit möglich von rationalen Überlegungen beeinflusst, sondern ihre Erwartungen und Handlungen werden von emotionalen (oft werden Gier und Angst als Haupttriebfedern genannt) und sozialen Faktoren *(bandwagon, groupthink)* maßgeblich beeinflusst, Einflussfaktoren, die auch z.B. in Form der Sentimentanalyse an der Deutschen Börse Frankfurt gemessen werden. Es lässt sich nur schwer sagen, welche Anteile den rationalen und nicht-rationalen Elementen zukommen. Die interessanteste Analyse im Bereich der ökonomischen Theoriebildung dürfte nach wie vor Vilfredo Pareto dargelegt haben, der logische und nicht-logische Handlungen unterschied und in seiner Soziologie davon ausging, dass Derivationen (Vernunftkonstruktionen) gebildet werden, um Residuen (Gefühle und andere anthropologisch tiefsitzende Antriebe) zu rationalisieren und vernünftig erscheinen zu lassen (zu Inhalt und Aktualität seines Ansatzes siehe Peukert 2006b). Nach Pareto (und Keynes) können Risikobewertungsmodelle und ökonomische Theorien wie die EMH als Derivationen gedeutet werden.

Die Erwartungen sind in Schulmeisters Welt II nicht nur heterogen, sondern sie werden sehr oft auch rein qualitativ ausfallen und nur eine Richtung der Preisbewegung angeben angesichts unvollständiger oder deutungssensibler Daten. Hier kommt ein Zeitaspekt ins Spiel, da Händler oft in Sekunden entscheiden müssen, wie zu handeln ist. Ein qualitatives Element ist auch entscheidend bei der Frage, was eine relevante von einer nicht relevanten Information unterscheidet und wie die Relevanten untereinander zu gewichten sind, zumal sie sich wirkungsmäßig widersprechen können und der Nettoeffekt zu bestimmen ist. Bei der Analyse der Wechselkurse wurde von Harvey (2009a) weiter oben im Anschluss an Keynes auf *mental models* hingewiesen, die den Informationsverarbeitungs- und -bewertungsprozess steuern und selbst Veränderungen unterliegen.

Bei der Informationssuche tritt ein weiteres Paradoxon auf, das von Arrow beschrieben wurde: Vor der Informationsaufnahme weiß man nicht, ob die Information relevant war, nach ihrer Aufnahme ist es zu spät, da die Zeit und Energie bereits verausgabt wurde und nicht mehr zurückgenommen werden kann. Man muss demnach den Prozess der Informationsaufnahme an einem gewissen Punkt dezisionistisch abbrechen, ohne Gewissheit, ob dies ‚effizient' und richtig war. Hinzu kommt das Luhmannsche Informationsparadoxon: Je mehr Infos vorliegen und je schneller (neue) Informationen auftauchen, umso wertloser werden bereits vorhandene Informationen wegen sinkender Halbwertszeiten. Schließlich kommt hinsichtlich *bounded rationality* der Aspekt hinzu, dass wir bei exponentiell zunehmenden Informationen und begrenztem Speicher relativ immer dümmer werden, ausgedrückt als Verhältnis des vorhandenen Wissens zum verarbeitbaren Wissen. Fremd aufgearbeitetes Fast-Wissen kann zum Second-hand Halbwissen werden, das häufiger zu Fehlentscheidungen Anlass gibt.

Auf- oder abwärts gerichtete Preisbewegungen, die durch Neuigkeiten ausgelöst werden, erfahren häufiger kaskadenartige Verstärkungen durch An- und Verkaufssignale, die sich dem Trend folgenden technischen Handelssystemen und Modellen verdanken. So erfolgte am 6.5.2010 ein 10%iger Fall des Dow Jones um 1000 Punkte in wenigen Minuten, der wahrscheinlich auch durch automatische (Algo) Handelssysteme ausgelöst wurde und bewusst machte, dass über die Hälfte der Trades mittlerweile automatisch erfolgt (siehe David 2010 mit einer genauen Rekonstruktion der Ereignisse des Tages und Überlegungen zu den Ambivalenzen soziotechnischer Informationssysteme). Solche Entwicklungen können bereits durch einfache automatische Stopp-Loss-Orders hervorgerufen werden. Unterschreitet der Kurs kurzfristig den unteren Punkt eines Traders, so wird eine Verkaufsorder abgesetzt. Sinkt dadurch der Kurs weiter, mag ein Preis resultieren, der bei einem andern Akteur eine weitere Verkaufsorder auslöst, und so weiter.

Das Trendverhalten der Assetpreise wird ferner durch eine mittel- bis langfristige Erwartungshaltung verstärkt, die auch bei Harvey (2009b) weiter oben vorkam. Der Bias ist neben unentschlossen entweder auf einen Bären- oder einen Bullenmarkt eingestellt. Der mit der Pranke von oben nach unten schlagende Bär entspricht dem Pessimismus, der mit den Hörnern nach oben ausgreifende Bulle drückt Optimismus (steigende Preise usw.) aus. Informationen werden in Abhängigkeit von der jeweiligen mehrheitlichen optimistischen oder pessimistischen Stimmungslage unterschiedlich verarbeitet: Gute Informationen werden in Phasen des Optimismus stärker beachtet als negative Neuigkeiten und umgekehrt.

Es liegt demnach eine permanente systematische Bedeutungsverzerrung vor. Sie können zu recht langfristigen und mehrjährigen Auf- oder Abwärtsbewegungen trotz des durchschnittlichen Handelszeithorizonts von wenigen Stunden führen und sich von den Geschehnissen und Tendenzen im Realsektor für einige Zeit entkoppeln. Rationaler wäre es eigentlich, umgekehrt vorzugehen, d.h. die Informationen mit entgegengesetztem Vorzeichen stärker zu beachten, wenn man eine normale Tendenz der Regression zum Mittelwert annimmt. Andererseits ist die bezeichnete Verstärkertendenz wohl für aktive Trader unumgänglich, um in die ungewisse Zukunft eine vermeintliche, temporäre Konstanz zu bringen und bei Fehlschlägen die gute Ausrede, das scheinbar niemand es voraussahen konnte, zur Verfügung steht.

„The sequence of these trends then constitutes the pattern in long-term asset price dynamics: Prices develop in irregular cycles around the fundamental equilibrium without any tendency to converge towards this level" (Schulmeister 2009a, 3). In seiner empirischen Analyse zeigt Schulmeister, dass die Assetpreise auf unterliegenden Trends ruhen und dass sich dieses Muster auf verschiedenen Zeitskalen wiederholt. Das dem Random Walk widersprechende Trending, d.h. nichtzufällige Preisdynamiken, eröffnen den möglichen Gewinnhorizont für technische Analysemodelle, die bei allen Unterschieden im Detail (Wahl der Parameter) versuchen, Preistrends auszunutzen und sie hiermit in der Regel verstärken (mit Schulmeister kann hier auf die theoretischen Modelle von Frankel und Froot, De Grauwe und Grimaldi und Hommes hingewiesen werden) oder bei sich abzeichnendem Ende eines solchen Zyklus zu gegebener Zeit auf den Wechsel der Trendrichtung zu setzen *(Contrarians)*.

Schulmeister sieht in der FK den vorläufigen Endpunkt einer mittlerweile 35jährigen Entwicklung von einem Realkapitalismus hin zu einem Finanzkapitalismus, hervorgerufen durch die Aufgabe des Systems fester Wechselkurse, neuer Spekulationschancen auch durch Deregulierung, die Politik der Notenbanken (der Realzins lag seit Ende der 1970er Jahre weitgehend über der Wachstumsrate), die Umstellungen der Pensionssysteme usw. Dem korrespondierte die starke Zunahme kurzfristiger Spekulation mit Finanzderivaten und die Verwandlung von der Realwirtschaft dienenden Banken in Finanzalchimisten (Schulmeister 2009b, 13 und sein Schaubild in 2010, 44). An die Stelle des Positivsummenspiels, bei dem sich das Gewinnstreben auf die Realkapitalbildung konzentrierte, wird nunmehr Geld selbstreferentiell vermehrt, indem über schnelles Geld und kurzfristige Transaktionen versucht wird, Gewinne zu realisieren im Unterschied zu ‚langsamem Geld', das sich durch eine Haltestrategie und die Erwartung längerfristiger Wertzuwächse auszeichnet.

Schnelles Geld wird v.a. in Nullsummenspiele investiert, bei denen keine realen, neuen Werte, sondern nur Bewertungsgewinne erzielt werden, nur eines schönen Tages die Anpassung an den Realsektor erfolgen muss. Kurzfristig werden die Akteure durch den Renditedruck des Marktes in einen *race to the bottom* getrieben. „The most daring, aggressive players in the financial sandbox would ramp up the riskiness of their lending or other investing, and this would increase their returns, at least in the short run. Their timid competitors would be forced to match the daring ones' strategy or drop out of the competition. I am told that some bank officials asked the federal regulatory agencies to rein in their competitors, but to no avail" (Posner 2009a, 323-324).

Es entwickelt sich ein gesamtwirtschaftliches Negativsummenspiel, wenn höhere Volatilitäten zu niedrigeren Realinvestitionen führen und Kapital aufgrund kurzfristig realisierbarer höherer Gewinne in den Finanzsektor abwandert. Schulmeister nimmt einen Umverteilungsmechanismus an, da die Professionellen früher einsteigen als die Amateure (Späteinsteiger), die durch ihren zu späten Ausstieg die Verlierer sind (2009b, 17). Trotzdem verschwinden sie nicht vom Markt, wofür Schulmeister mehrere Gründe anführt: Spaß am Spiel, wer verliert will beim nächsten Mal gewinnen, v.a. Informationen über Gewinne werden publik – die Verlierer schweigen. So wird den Märkten in Aufschwungphasen stets frisches Blut durch neue Amateure zugeführt (2009c, 9-10). Es mag hier offen bleiben, ob wir tatsächlichen einen klar markierten Regimewechsel weg vom Realkapitalismus vorliegen haben, auch hinsichtlich der Frage, ob im Finanzbereich generell höhere Eigenkapitalrenditen realisiert werden. Ebenfalls bleibe unerörtert, ob die Amateure in der Regel die Verlierer und die Professionellen die Gewinner sind und ob die Banken und Hedge Fonds im Aggregat Gewinne machen oder nicht, weiter oben wurde Lo zitiert, nach dem auch ein Drittel der Hedgefonds das erste Jahr nicht übersteht. Eigentlich erstaunlich seltene Gegenreden aus der Realwirtschaft deuten zumindest an, dass dysfunktionale Wirkungen erwachsen.

So beklagt sich ThyssenKrupp Chef Ekkehard Schulz in einem Interview über die Preisexplosion bei Rohstoffen: „(E)s sind die Banken, die auch bei den anderen großen Spekulationsblasen beteiligt waren. Sie sind derzeit in unseren Märkten unterwegs, heuern Rohstoffspezialisten an, kaufen Handelshäuser und mieten Lagerflächen in großen Häfen, um Erze zu Spekulationszwecken zwischenzulagern. Sie wittern neue Milliardengewinne ... (i)ndem sie die Preise von der Realwirtschaft und die Rohstoffe von dem realen Verbrauch entkoppeln. Mit Nickel ist das doch bereits passiert. Da wird von Spekulanten und Banken inzwischen 30-mal mehr an den Märkten umgeschlagen, als tatsächlich in der Stahlverarbeitung oder anderen Bereichen gebraucht wird ... hier geht es um reine Wetten auf bestimmte Preisentwicklungen, um Gewinne aus Käufen und Verkäufen ohne realwirtschaftlichen Hintergrund. Dieser Handel mit Derivaten, wie er von Fonds und Banken betrieben wird, muss dringend reguliert werden ... Wenn wir nicht bereit sind, den Rohstoffspekulanten entschlossen entgegenzutreten, werden sie zu einer ernsthaften Bedrohung für die gesamte Stahlbrache und die Weltwirtschaft" (*Der Spiegel*, Nr. 22/2010 vom 30.5.2010, 78-79).

Dass das Problem spekulativer Preistreiberei v.a. durch Derivate keine Erfindung von Interessenvertretern ist, mag die vor kurzem angesprochene Episode der Talfahrt des *Dow Jones* am 6.5.2010 zeigen, der sich bald wieder erholte, 1987 ging die Geschichte bekanntlich weniger glimpflich aus. Es ist völlig unklar, wer hier die *Mystery Trader* waren, die die späteren Algo-Automatismen in Gang setzten. Gary Gensler, der Chef der US-Terminbörsenaufsicht, erwähnte in einer Anhörung den an sich eher konservativen Investmentfonds *Waddell & Reed*, der bestimmte

Future-Terminkontrakte (E-Mini-Kontrakte) an der *Chicago Mercantile Exchange* in kurzen Zeitabständen *en masse* verkaufte, was zum höchsten Intertagesverlust aller Zeiten führte (*SZ* vom 4.10.2010, 21). Nach Gensler war der Investmentfonds für 9% des gesamten Handelsvolumens verantwortlich, was weder verboten noch unüblich sei (dpa vom 17.5.2010).

Wenn diese Ursachenanalyse stimmt, so können wesentliche Kursbewegungen selbst des *Dow Jones* durch kleinere Akteure hervorgerufen bzw. angestoßen werden können. Was wäre, wenn einige große und aggressivere Fonds hier zu Werke gehen? Wenn es nicht unüblich ist, dass ein kleiner Investmentfonds fast 10% des Handelsvolumens auf sich vereint, stellt sich auch die Frage, ob es immer angemessen ist, in der Kategorie „der Märkte" zu sprechen, die durch anonym-objektive Abstimmungsprozesse (Mankiw und Taylor 2008, Teil II, so aber auch z.B. Bofinger 2007, Kapitel 2) die Preisbildung und den Mengenumsatz bestimmen. Hierzu wäre eine institutionell-historisch-empirische Analysemethode gefragt, da nur Partial- oder Totalmodelle oder das *data mining* der Ökonometrie meist keine sichere Antwort erlauben (zur Begründung siehe Peukert 2010a).

Allerdings stünde einer solchen Analyse fehlendes Wissen der Details entgegen, da leider nicht einmal die entsprechenden Aufsichtsbehörden mangels Transparenz den Überblick haben. US Senator Ted Kaufman fragt in einer Anhörung, warum die SEC so lange brauche, um die unüblichen Marktaktivitäten am 6.5.2010 zu erhellen. Seine Antwort lautet, „(b)ecause there is no transparency. The Commission does not yet collect by rule the data it needs efficiently to reconstruct unusual market activity" (2010, 2). Kaufman stellt zudem die sich auch für die Bundesrepublik stellende Frage, ob die SEC quantitativ und qualitativ ausreichende analytische Kapazitäten für diese Aufgabe hat, abgesehen von der Aufgabensplittung zwischen SEC und CFTC für die verschiedenen Handelsplattformen.

Aber der Vorgang hat noch einen anderen Aspekt, der für die regulatorische Frage: Leerverkäufe ja oder nein, bedeutsam sein dürfte. „Particularly the problem of high frequency programs which sell stock short without first locating the underlying shares or borrowing them in hope that their price will drop and they can buy those shares back – before the required delivery date – at a lower price for a profit … I'll bet my bottom dollar that many of those sell orders were short sales that did not first locate the stock" (2010, 4). Hiermit sollte beispielhaft angedeutet werden, dass sich die Vertreter des BBP ihre wenig schmeichelhafte Einschätzung der Kapitalmärkte: Volatilität, Nervosität, Instabilität und Ungerechtigkeit (hohe Gewinne ohne produktive Leistungen) nicht aus den Fingern saugen, sondern durch tagtäglich festzustellende Ereignisse (sofern bekannt) bestätigt werden.

5
Wirtschaftshistorische Evidenzen, Leverage und Verschuldung, Größe und Konzentration des Finanzsektors und die Quellen seiner (Extra)Gewinne

Im Folgenden soll zunächst ein kurzer, mosaikartiger, empirisch-wirtschaftshistorischer Blick auf die Realität hinsichtlich der zeitlichen Verteilung von Finanz- und Wirtschaftskrisen und deren Folgen geworfen werden, da, wie gesehen, theoretisch nicht entschieden werden kann, welche der beiden Welten (I oder II) das realistischere Paradigma ist, da logische Stringenz oder konsistente Dichte nichts über empirische Validität aussagt und kleine Veränderungen in den Modellen zu entgegengesetzten Resultaten führen können (McCloskey 1996, Kapitel 1-4). Wie im vorigen Kapitel bereits ausgeführt, kann die EMH von Welt I nur schwer diskutiert werden, da sie heutzutage in vielen kleineren Variationen auftritt und die Einführung von *noise trader* oder ambivalenten Signalen aus effizienter und stabilisierender Spekulation plötzlich destabilisierende Spekulation mit eventuellen Wohlfahrtsverlusten werden lässt. Um sie testen zu können, bedarf es wie erwähnt zusätzlicher *joint hypotheses* (Verhaltensannahmen usw.), unterschiedliche Versionen liegen vor *(weak, semi-strong, strong)* und es existieren auseinandergehende Auffassungen über Random walks, baby steps und Gauss-Verteilungen als notwendige und oder hinreichende Bedingungen für die EMH.

Ferner werden unterschiedliche Phasen der (In)Effizienz mit temporärem Überschießen unterschieden (Malkiel 1999/1973) und die Frage bleibt unbeantwortet, wie man einigermaßen sicher den Gegenwartswert der zukünftigen Dividendenströme einer weitgehend unbekannten Zukunft kennen kann und Fama (1965) die These der *power laws* seines Doktorvaters akzeptierte (Mandelbrot und Hudson 2004). So wunderte es nicht, dass Mishkin und Eakins (2006, Kapitel 6) letztlich offen liessen, ob die EMH gilt oder nicht. Rein ökonometrisch lässt sich auch nicht beweisen, ob eher die EMH oder das BBP signifikant der Realität entspricht, da man sich z.b. auf ein vermehrtes Staatsversagen (Zinssätze usw.) berufen könnte, um die Destabilisierung durch die Finanzmärkte zu begründen. Die abduktiv-schließende Entscheidung kann niemandem durch statistische Signifikanz(maße) abgenommen, aber durch wirtschaftshistorische Belege, die die Destillierung stilisierter Fakten ermöglichen, fundiert werden.

Die mehr als 100 finanz-ökonomischen Krisen zwischen 1982 und 1997, also nach dem Zusammenbruch des Systems von Bretton Woods, lassen kaum Zweifel daran, dass Krisen zunahmen (Bordo et al. 2000). „The crisis problem was one of the dominant features of the 1990s. Financial histories of the decade, when they are ultimately written, will undoubtedly be organized around the EMS crisis of 1992-3, the Tequila crisis of 1994-5, the Asian crisis of 1997-8, the Brazilian crisis of 1998-9, and the Russian-LTCM affair" (2000, 1).

Bordo et al. bemerken dass die „tight regulation of domestic and international capital markets, which characterized the world following World War II, suppressed banking crises almost completely in the 1950s and 1960s" (ebenda, 8). Ihr abschließendes, auf einer breiten Auswertung der historischen Literatur ruhendes Urteil lautet: „What, then, was different about the last quarter of the 20th century? The obvious answer is the greater frequency of crises. After 1973 crisis frequency was double that of Bretton Woods and the classical gold standard and matched only by the crisis-ridden 1920s and 1930s. History thus confirms that there is something different and disturbing about our age" (ebenda, 28).

Die mit Krisen verbunden Kosten fallen in der Regel sehr hoch aus, die ILO (International Labor Organization) schätzt zum Beispiel, dass weltweit mehr als 200 Millionen Arbeitnehmer auf unserem Globus in extreme Armut durch die FK gestürzt wurden (Gallagher 2009). Die US-Subprime-Krise als Vorspiel zur FK weist erstaunliche Parallelen mit den fünf anderen, von Reinhart und Rogoff (2008a) untersuchten großen Krisen der jüngsten Vergangenheit (Spanien 1977, Norwegen 1987, Finnland 1991, Schweden 1991 und Japan 1992) auf: Ein extremer Anstieg der Häuserpreise, Anstieg und Fall der Aktienkurse, massive Kapitalzuflüsse bis kurz vor Krisenausbruch und eine stark zunehmende öffentliche Verschuldung.

„While each financial crisis no doubt is distinct, they also share striking similarities, in the run-up of asset-prices, in debt accumulation, in growth patterns, and in current account deficits. The majority of historical crises are preceded by financial liberalization, as documented ... New unregulated, or lightly regulated, financial entities have come to play a much larger role in the financial system, undoubtedly enhancing stability against some kinds of shocks, but possibly increasing vulnerabilities against others" (2008a, 10). Auch in ihrer längeren Studie heben sie hervor, „(p)periods of high international capital mobility have repeatedly produced international banking crises, not only famously as they did in the 1990s, but historically" (Reinhart und Rogoff 2008c, 7, i.O. fett).

In einer späteren Analyse fassen die Autoren die üblichen Wirkungen großer Krisen in Schwellen- und OECD-Ländern der 1980er und 1990er Jahre zusammen: „*First,* asset market collapses are deep and prolonged. Real housing prices declines average 35 percent stretched out over six years, while equity price collapses average 55 percent over a downturn of about three and a half years. *Second,* the aftermath of banking crises is associated with profound declines in output and employment. The unemployment rate rises an average of 7 percentage points over the down phase of the cycle, which lasts on average over four years. Output falls (from peak to trough) an average of over 9 percent ... *Third,* the real value of government debt tends to explode, rising an average of 86 percent in the major post-World War II episodes" (Reinhart und Rogoff 2008b, 2). Die explodierende Staatsverschuldung ist somit eine übliche Folgeerscheinung von Finanzkrisen, was in der Debatte um die Sparvorschläge nach der FK nicht nur in Deutschland schon fast in Vergessenheit zu geraten scheint. „(T)he big drivers of debt increases are the inevitable collapse in tax revenues that governments suffer in the wake of deep and prolonged output contractions, as well as often ambitious countercyclical fiscal policies aimed at mitigating the downturn" (ebenda, 2).

Die Autoren kommen zu dem Ergebnis: „Technology has changed, the height of humans has changed, and fashions have changed. Yet the ability of governments and investors to delude themselves, giving rise to periodic bouts of euphoria that usually end in tears, seems to have remained a constant. As Kindleberger wisely titled the first chapter of his classic book ‚Financial Crisis: A Hardy Perennial'" (2008c, 53).

In der Langfassung des Buches stellen sie fest, dass „auch wenn es zahlreichen heute entwickelten Ökonomien gelungen ist, sich aus ihrer

Historie der gehäuften Zahlungsausfälle oder der Hochinflation ... zu befreien, haben sie es nicht geschafft, sich dauerhaft von Bankenkrisen zu befreien" (2010, 231, i.O. kursiv). Auch weisen sie nach, dass wiederholte Zahlungsausfälle souveräner Staaten aus allen Regionen der Welt, Asien, Afrika *und* Europa die Norm sind (ebenda, 132). Die „auffällige Korrelation zwischen der größeren Kapitalmobilität und der Auftretenshäufigkeit von Bankenkrisen" stehe „im Einklag mit der modernen Krisentheorie" (ebenda, 236). Hier können sie wohl nur das BBP gemeint haben. „Perioden ausgeprägter internationaler Kapitalmobilität haben wiederholt internationale Bankenkrisen ausgelöst, nicht nur die bekannten Krisen der 1990er-Jahre, sondern auch Krisen im Verlauf der gesamten Geschichte" (ebenda, 236, i.O. kursiv). Für die Zeit nach 1970 notieren sie, dass bei 18 der 26 untersuchten größeren Bankenkrisen der Finanzsektor in den vorherigen fünf Jahren (meist weniger) liberalisiert wurde. Mit raffinierten statistischen Methoden zeigen sie und andere Studien, „dass eine Finanzliberalisierung einen unabhängigen negativen Effekt auf die Stabilität des Bankensektors hat und dass dieses Ergebnis über zahlreiche Spezifikatoren robust ist" (ebenda, 238).

Finanzinnovationen seien als Variante des Liberalisierungsprozesses zu sehen, sie zitieren Caprio und Klingebiel mit der Aussage, „dass eine ungenügende Regulierung und eine mangelnde Finanzaufsicht zur Zeit der Liberalisierung möglicherweise eine Schlüsselrolle bei der Erklärung gespielt haben, warum Deregulierung und Bankenkrisen so eng miteinander verflochten sind" (ebenda, 238). Ihre Untersuchung zeigt auch, dass es „im Hinblick auf das Ausmaß des Rückgangs der realen Immobilienpreise von ihrem Höchst- auf ihren Tiefstand im Zusammenhang mit Bankenkrisen zwischen entwickelten und aufstrebenden Ökonomien kaum Unterschiede gibt" (ebenda, 243, i.O. kursiv).

An dieser Stelle ist ein besonderes Phänomen anzusprechen, das für das BBP und die herausragenden Spillovers des heutigen Finanzsektors auf die realökonomische Sphäre mit entscheidend ist: Das u.a. von Galbraith als Krisenauslöser identifizierte Leverage auf der mikro-, der meso- und der makroökonomischen Ebene, was für die Mikroebene bereits weiter oben mit Bezug auf Dale (1992, hier Kapitel III.3) ausgeführt wurde. Auf dieser untersten Ebene besteht die Möglichkeit des Leveraging in der Kreditschöpfungsmöglichkeit durch die Banken. Geringfügig eingegrenzt durch die Anforderungen der Mindestreserve, des Bargeldbedarfs und der vorgeschriebenen Eigenkapitalunterlegung kann hier ein Verschuldungsturmbau errichtet werden, der auch durch eine EZB nur schwer und begrenzt zu kontrollieren ist und nach Dirk Soltes Vorhersage aus dem Jahr 2007 in den Folgejahren zu einem katastrophalen Zusammenbruch des Finanzsystems und der Schuldenpyramide führen müsse.

Ohne hier auf die Details eingehen zu können, zeigt er u.a., dass Basel (II) eine systematische Ausdehnung der Geldmenge ermöglichte, auf die dann bestimmte Akteure (Hedgefonds, Investmentgesellschaften usw.) gerne zugriffen. Als Beispiel sei die Eigenkapitalhinterlegung bei Schuldverschreibungen von hoch gerateten Staaten (bis vor kurzem z.B. Island oder Griechenland) erwähnt, „deren Risikogewicht gemäß Basel/Basel II mit 0 festgelegt ist d.h. es ist keine Eigenkapitalhinterlegung notwendig. Basel II wirkt hier als eine Möglichkeit zur Ausweitung der Geldmenge. Hinsichtlich der Schuldverschreibungen anderer Institutionen – auch für ‚normale' Kredite – kann u.a. über den Mechanismus der REPOs (Repurchase Agreements), sowie ABS *(Asset Backed Securities)* mit Hilfe hoch gerateter Schuldverschreibungen des Finanzsektors das Risikogewicht gezielt auf 20% zurückgeführt werden, indem die Risiken anderer Emissionen bei Fonds (bzw. ‚Special Purpose Vehicles' oder Versicherungen) platziert werden. Daraus resultiert ein *Gesamtkreditschöpfungspotential des Finanzsektors in Höhe des 62,5-fachen des nachweisbaren Eigenkapitals* (8% Eigenkapitalhinterlegung des risikogewichteten Kreditvolumens) *zuzüglich der Kredite an hoch geratete öffentliche Hände*" (Solte 2007, 77).

Die durch Geldsystem und Regelwerk ermöglichten Verschuldungskaskaden finden ihr zwangsläufiges Pendant auf der Makroebene. Die Gesamtschuldenquote, d.h. der Wert der privaten und öffentlichen Schulden im Verhältnis zum Bruttoinlandsprodukt stieg in den USA von 150% auf 300% und in 2010 knapp unter 400%. „In Deutschland weisen alle inländischen Sektoren für 2007 Verbindlichkeiten in Höhe von über 800% der verfügbaren Einkommen aus, während der entsprechende Wert für 1997 noch ca. 660% betrug" (Dauderstädt 2009, 2). Wenn man im hohen Leverage der Finanzunternehmen einen zentralen Auslöser der FK sieht, so sollte dem makroökonomischen Parallelphänomen, dem schnellen Wachstum der Vermögen (und zwangsweise korrespondierend der Schulden) deutlich über das Ansteigen des BIP hinaus Beachtung geschenkt werden. Die Gläubiger sind in Deutschland Privathaushalte mit Nettogeldvermögen von über 3 Billionen Euro, wobei die reichsten 10% über 60% des Vermögens verfügen.

Die Schuldner sind nicht-finanzielle Unternehmen (4,4 Billionen), der Staat (1,7 Billionen) und das Ausland mit 400 Mrd. Euro (alles Bruttowerte). Zwischengeschaltet ist der Finanzsektor, der selbst durch einen hohen Hebel eine erkleckliche Eigenkapitalrendite erwirtschaften möchte. Zeise erklärt, dass der Verschuldungsgrad hoch ist, „wenn die Konsumenten einerseits hoch mit Ratenkrediten und Hypotheken verschuldet sind, andererseits aber viele Lebensversicherungen, Aktien, Fonds, und sonstigen Krimskrams besitzen. Er ist dann hoch, wenn die Rentenversicherung nicht umlagefinanziert sondern kapitalgedeckt ist. Er ist dann hoch, wenn die Eigenkapitalquote der Unternehmen niedrig ist und sie mit viel Fremdkapital die Rendite auf ihr Eigenkapital erhöhen. Er ist dann hoch, wenn es viele schuldenfinanzierte Unternehmensübernahmen gibt. Und er ist schließlich dann hoch, wenn der Staat hohe Schulden hat" (2010a, 1). Im ersten Halbjahr 2010 verdoppelte sich die Schuldenlast des Bundes in Deutschland von 15 auf 33 Mrd. Euro – die Sonderbelastungen durch die Rettungsaktionen der Banken nicht eingerechnet, die in Extrahaushalte ausgegliedert wurden.

Dauderstädt rechnet vor, dass bei einem Schuldenberg von 400% des BIP und einem Zinssatz von 5% Zinszahlungen in Höhe von 20% des BIP fließen müssen, somit rund ein Fünftel der Einkommen von den Schuldnern zu den Gläubigern fließen, was oft unbemerkt geschieht, etwa durch Einbezug in die Warenpreise. So wundert es kaum, dass im letzten Jahrzehnt die Einkommen der abhängig Beschäftigten praktisch nicht gestiegen sind (trotz bis 2007 positiver Wachstumsraten) und die Einkommen aus Unternehmertätigkeit und Vermögen um jährlich im Durchschnitt über 5% stiegen.

Dieser Prozess führt ceteris paribus zwangsläufig zu einem zunehmenden Ungleichgewicht und zu Umverteilung. Er wird verstärkt durch zunehmende Staatsverschuldung, sofern diese aus Anleihen auf dem Kapitalmarkt finanziert werden. Zudem wächst das BIP typischerweise linear und nicht exponentiell, was sich in abnehmenden Wachstumsraten für alle entwickelten Länder niederschlägt (siehe zu den genauen Zahlen Reuter 2000, 386-389, Afhelt 2000, mit Bezug auf Keynes' Sättigungsthese Zinn 2009). Bei linearem Wachstum und positivem Zinssatz (einer Exponentialfunktion wegen des Zinseszinses) tritt eine immer weitergehende ‚Übernahme' des Sozialprodukts durch Vermögen und Schulden ein. Die Rolle des intermediären Finanzsektors steigt entsprechend, sein Anteil in den USA stieg mittlerweile auf 31%, der Anteil an den Gewinnen des gesamten Unternehmenssektors beträgt 40% (1980: 10%). Nach Angaben des Statistischen Bundesamtes haben im Jahr 2008 die Gewinne der Kreditinstitute in Deutschland immerhin 18,5% aller Kapitalgesellschaften ausgemacht. Gelegentlich wird es den Gläubigern als Nutznießern der Verschuldung angesichts des Schuldenberges mulmig und sie versuchen individuell einen Schuldenabbau vorzunehmen. Auf breiter Front führt dies zu einem Deleveraging und allgemeiner Vertrauensabbau, eine Finanzkrise bahnt sich an.

Den Zuwachs von Unternehmens- und Vermögenseinkommen um 25% zwischen 2000 und 2009 erklärt Lorenz Jarass durch eine Vermögenskonzentration begünstigende Steuerpolitik: „Ihre tatsächlich bezahlte Steuerbelastung betrug 2009 mit rund 20% nur knapp die Hälfte der Belastung von Lohneinkommen, die auf fast 50% gestiegen ist. Ein Grund dafür sind die Sozialbeiträge … Dagegen haben sich Unternehmen und Vermögensbesitzer zusehends aus der Staatsfinanzierung zurückgezogen, weil sie sich die unterschiedlichen Steuersysteme in der EU zunutze machen können" (Jarass 2010a, 7). Auf die 200 Mrd. Euro an jährlichen Erbschaften werden in Deutschland 4 Mrd. Erbschaftssteuer gezahlt, d.h. knapp 2%. Die Steuereinnahmen stammten hauptsächlich aus der Lohnsteuer (26%), der Umsatzsteuer (34%) und speziellen Verbrauchssteuern (16%); die Körperschaftssteuer trug in 2009 2%, die Gewerbesteuer 7% bei (zu den langfristigen Trends siehe Jarass und Obermair 2004).

Dauderstädt weist ganz zutreffend darauf hin, dass durch kreditfinanzierte Ausgaben auch das Wachstum angeregt werden kann und kein unmittelbares Problem besteht, wenn hier der Realsektor und entsprechende nachfragewirksame Einkommensströme entstehen und die Rückzahlung des Kredits aus einem realen Mehrprodukt erfolgt. Die riskante Seite der Schulden besteht allerdings darin, dass Zinsen auch durch neue Kreditaufnahme zurückgezahlt werden können, alte also durch neue Schulden ersetzt werden. Ein solches Verhalten ist auch unschwer im öffentlichen Bereich zu erkennen. Hohes Wachstum, überproportional steigende Preise in einigen Sektoren und Umverteilung können flankierend zum selbsttragenden Vermögenswerteanstieg durch eine höhere

Geldmenge oder Kreditgeldschöpfung eine Zeit lang gut gehen, bis die real niedrigeren Ertragsströme zu einer Korrektur drängen. Natürlich wäre nun eine Anpassung der aufgebähten Assetpreise an die Realitäten angesagt, das aber liefe auf eine Depression oder Rezession hinaus. Diese Lösung wurde aber weder nach der Dotcomblase (Zinssenkungen) noch nach 2007 gewählt, als viele Staaten als Nachfrager im Realsektor auftraten und vor allem einem Sinken der Assetpreise durch unlimitierten Kredit und Geldflutung des Finanzsektors und Übernahme aller entscheidenden Risiken durch die ihre Bilanzen verdoppelnden Zentralbanken zuvorkam. Beim Schuldenreduzieren sitzen aber die Vermögensbesitzer am längeren Hebel (Glötzl 2002), nur indem sie entsparen, können andere mehr sparen. Generell gilt, dass heute die Guthaben und Kapitaleinkommen schneller wachsen als das BIP. Will man verhindern, dass der sich auftürmende Schuldenberg relativ zum BIP weiter steigt, so bedarf es wirtschaftspolitischer Maßnahmen, etwa über neue Besteuerungsgrundsätze oder Bemessungsgrundlagen.

Durch eine Politik zur Aufrechterhaltung der Assetpreise erklären sich auch zum guten Teil die anhaltenden Gewinne zumindest der großen Finanzinstitute. Generell gilt: „Ein höherer Verschuldungsgrad der Volkswirtschaft führt dazu, dass ein höherer Anteil der Profite in Richtung Banken, oder generell in Richtung Finanzsektor fließt. Das ist nicht anders als bei einem Einzelunternehmen ... Je höher sein Anteil am eingesetzten Gesamtkapital, desto höher ceteris paribus der Anteil, der vom ‚Gewinn vor Zinsen' an die Bank abgedrückt wird" (Zeise 2010a, 2).

Eine zweite Quelle, die nach dem BBP für den Aufbau von Blasen und als Quelle der Gewinne des Finanzsektors entscheidend ist, liegt in der Geldschöpfung und den Spekulationsgewinnen. Bei steigenden Wertpapiermärkten werden zunächst alle Akteure reicher und nicht die Einen zu Lasten der Anderen, sofern ein Spekulant das Papier später zu einem höheren Preis veräußern kann. Eine solche fiktive Zunahme des Reichtums kann einige Zeit über eine Art Vermögensillusion stattfinden, die bekanntlich auf andere Art auch beim amerikanischen Häuserboom eine Rolle spielte. Zwar ist es so, dass durch Käufe aus den Gewinnen der Spekulanten in der Realsphäre (von mehr Brötchen bis zum Porsche) auch diese angeregt wird, jedoch profitiert von den gestiegenen Aktien-, Rohstoff- und Anleihepreisen in erster Linie der Finanzsektor selbst, worauf Zeise (2010a, 2-3) treffend hinweist. So verklammern sich die Effekte von Kreditausweitung, Verschuldung, Blasenbildung und Spekulationsgewinnen (siehe die am Kindleberger-Minsky-Modell orientierte Analyse der Finanzkrisen in den osteuropäischen Ländern bei Gabrisch 2009).

Sahra Wagenknecht bietet ein anschauliches Beispiel für diesen Prozess: „Nehmen wir an, der Millionär Heinz möchte sein Geldvermögen, das er einer Erbschaft, einem Bankraub oder einem Lottogewinn verdanken mag, rentierlich mehren. Heinz legt also die 1 Million Euro in dem Investmentfonds Schnellreich an. Der Investmentfonds Schnellreich freut sich über die Million, besorgt sich zusätzlich bei einer Bank 100.000 Euro Kredit, um die erzielbare Rendite zu hebeln, und kauft für die 1,1 Millionen Euro irgendwelche Wertpapiere, nehmen wir an: Aktien von Daimler. Jetzt tritt der zweite Millionär auf den Plan, den wir Hans nennen wollen. Auch er verfügt über eine Million Euro, die er gern vermehren möchte. In diesem Fall ist es der Investmentfonds Gier, dem er sein Vermögen anvertraut. Der Investmentfonds Gier nimmt die eine Million Euro, außerdem, weil er etwas risikofreudiger ist als sein Konkurrent, einen Kredit von 200.000 Euro, und er kauft dem Investmentfonds Schnellreich die Daimler-Aktien, in die dieser Heinz' Millionen investiert hatte, für 1,2 Millionen Euro ab. Der Investmentfonds Schnellreich hat jetzt also seinem Namen Ehre und einen Spekulationsgewinn von 100.000 Euro gemacht, von dem er 50.000 Euro an Heinz als Verzinsung für seine Millionenanlage ausschüttet und von dem Rest die Zinsen auf den Bankkredit und die Gehälter seiner Manager zahlt" (Wagenknecht 2009/2008, 131).

Entscheidend für den alchimistischen Vermögenseffekt ist nun die stete Fortführung dieses Schneeballsystems. „Heinz freut sich über eine Rendite von 5 Prozent und legt die 50.000 Euro gleich wieder beim Investmentfonds Schnellreich an. Der verwaltet mittlerweile also schon 1,05 Millionen Euro, und weil alles so gut geklappt hat, nimmt er jetzt 300.000 Euro Kredit auf und kauft für 1,35 Millionen Euro wieder Daimler-Aktien. Just eben jene, die er dem Investmentfonds Gier für 1,2 Millionen verkauft hatte. Der Investmentfonds Gier hat jetzt also einen Spekulationsgewinn von 150.000 Euro gemacht, wovon er seinem Anleger Hans ebenfalls 50.000 Euro als Verzinsung für seine Einlage ausschüttet, mit den restlichen 100.000 die Zinsen auf den Bankkredit begleicht und seine Manager bei Laune hält ... Das Spiel kann endlos weiter gespielt werden. Einzige Bedingung ist, dass den beiden Fonds entweder zusätzliche Anlagegelder zufließen oder sie eben immer höhere

Kredite aufnehmen, mit denen sie die Käufe des ewig gleichen Pakets von Daimler-Aktien zu immer höheren Preisen finanzieren können" (2009, 131-132).

Zur Fortsetzung des Prozesses bedarf es nicht zwangsläufig der Alimentierung der Notenbank durch zusätzliches Zentralbankgeld. Setzt aber der Kreditexpansionsprozess einmal aus, fällt die Kreditpyramide in sich zusammen und führt zur kumulativen Schrumpfung (mit Zahlenbeispiel ebenda, 135-136). Wagenknecht hebt hervor, wie sinnlos der ganze Vorgang ist, der in dieser Form selten in den Lehrbüchern steht, aber einen Großteil dessen einfängt, was sich an den Finanzmärkten abspielt und wie die mysteriösen Wertexplosionen zu erklären sind. „Hier wird nichts produziert, keine neue Technologie erfunden, keine einzige intelligente Idee ausgebrütet" (ebenda, 133). Die objektive Bremse dieses Prozesses liegt in der Tatsache begründet, dass „Assets auf Dauer nicht stärker wachsen können als die laufende Wertschöpfung" (Dietz 2006, 3, der sehr anschaulich die Entstehung und Probleme der Geldvermögenspyramide beschreibt).

Zeise erinnert, die „Regierungen der meisten kapitalistischen Staaten und ihre Notenbanken haben den anregenden Effekt der Spekulation mit Vermögenswerten zielbewusst gefördert" (2010a, 2). Dies trifft, wie man trotz Stabilitätspakt nun weiss, auch für den Euroraum zu. Zwar hätte man über drastische Zins- und Mindestreserveanforderungen die Kreditvergabe der Banken restringieren können, aber man wollte es eigentlich nicht. Auch die Kräfte des Marktes wirken hier nicht wie in den Lehrbüchern vorgesehen, da der Zins bei höherer Kreditnachfrage nicht steigen muss, weil das Kreditangebot mit steigender Nachfrage „mühelos mitwächst" (Zeise 2010a, 2)! Solange die Banken Sicherheiten hinterlegen, bedient sie die Zentralbank, sofern keine offenkundige Inflation auftritt. Es zeigt sich hier, dass zwischen Finanzindustrie und Staat keine differenten Logiken am Werk sind, sondern es sich um ein Gesamtsystem handelt, bei dem es wenig Sinn macht, Markt- und Staatsversagen gegenüberzustellen, sie sind vielmehr kumulativ verkettet.

„Der Staat" hat auch über die Eigenkapitalvorschriften massiven Einfluss auf Verschuldung und Leverage genommen, indem wie erwähnt, durch die Baseler Vorschriften eine sehr großzügige Haltung eingenommen wurde. Die Zustimmung zu Basel II von staatlicher Seite könnte auch damit zusammenhängen, dass für Kredite an solvente Staaten Null Eigenkapital hinterlegt werden muss, was niedrigere Schuldzinsen bedeutet. „Most ordinary enterprises have a debt to equity ratio of perhaps 2 or 3 if they are operating in a service industry or in manufacturing industry. Many banks, and I would have to say especially the European banks, had an enormously high debt to equity ratio. In a number of cases it approached, or was over, 50 times. I could give you some names that are perfectly well known. UBS, Deutsche Bank, Barclay's – all had leverage ratios that were about 50 … which is under 2 percent [as capital ratio]" (Goodhart 2009, 2). Als zusätzlichen Anreiz zu hohem Leverage nennt Goodhart zutreffend die niedrigen Zinsen vor allem in den USA, die zur Fremdkapitalaufnahme animierten.

Auch der schon häufiger erwähnte Claudio Borio von der BIZ vertritt unter Bezug auf Kindleberger und Minsky die Ansicht, dass endogen bedingte Preisaufschaukelprozesse und übermäßige Kreditexpansion regelmäßige Phänomene seien, die es zu kontrollieren gelte (Borio 2003 und Borio und Drehmann 2009). Die Koexistenz eines ungewöhnlich schnellen Anwachsens von Krediten im Privatsektor und ein Ansteigen der Assetpreise seien Warnsignale, denen mit einer makroprudentiellen Regulation durch die Entwicklung eines ‚credit-cum-equity-indicators' zu begegnen sei, der im folgenden Kapitel noch zu diskutieren sein wird.

Steve Keen, einer der bedeutendsten heterodoxen Ökonomen der Gegenwart, sieht hier ebenfalls eine Verklammerung von öffentlichem und privatem Fehlverhalten, auf die unter dem Abschnitt „Staatsversagen" noch näher einzugehen sein wird. Bereits 1987 habe Greenspan den Aktiencrash überspielt und „da Regierung und Zentralbank jedoch weitere 20 Jahre überzogenen Konsums auf Pump draufsattelten, ist das Verhältnis zwischen Schulden und Einkommen weiter auseinandergelaufen und der wirtschaftliche Rückschlag entsprechend groß" (2010b, 2). Das Grundproblem bestehe in einer spekulativen Manie durch steigende Vermögenspreise. Hierzu trug auch die Mainstreamökonomie bei, da sie vom rationalen Verhalten der Kreditnehmer ausging und nicht auf die absoluten Verschuldungsbeträge achtete und auch nicht berücksichtigte, dass das Wachstum der letzten Jahre ein Scheinwachstum war, das auf dem zunehmenden Verhältnis von Schulden und BIP beruhte und die Gelder zur Ankurbelung der Wirtschaft in die Spekulation auf den Aktienmärkten ging.

„Die beste Lösung wäre, die bestehenden Schulden in der einen oder anderen Weise zu beseitigen. Eine Möglichkeit bestünde darin, sie einfach abzuschreiben. Das würde zum Konkurs der meisten Banken führen, die dann verstaatlicht und später schließlich reprivatisiert werden könnten ... Ohne staatliche Rettungsaktionen hätten die meisten großen amerikanischen Banken nicht überlebt, selbst Goldman Sachs wäre untergegangen" (Keen 2010, 3). Die internationale Logik der Krisenbewältigung sehe aber ganz anders aus: „Neue Schulden führen zu mehr Wachstum und das sei gut, so die Logik. Langfristig betrachtet ist es jedoch falsch Verbindlichkeiten schneller als die Realwirtschaft wachsen zu lassen – und das müssen wir akzeptieren" (2010, 3). Nur nebenbei sei erwähnt, dass Keen die Kreditschöpfungsmöglichkeit der Banken als zentralen Krisenherd ansieht.

Neben den bisherigen Erklärungen der Gewinne im Finanzsektor (höhere Gesamtverschuldung und spekulative Assetpreisinflationierung) lässt sich als dritten Faktor Marktmacht mit ihren verschiedenen Facetten anführen, deren ökonomische Rationalität (*economies of scale and scope* usw.) in Frage steht. An dieser Stelle soll nur kurz auf ein Motiv der Konzentration hingewiesen werden, dass in der Hybris der Spitzenakteure und CEOs zu sehen ist. In der Literatur wird häufig als Motiv zur Größe die Hybris des Spitzenmanagements genannt (Roll 1986) und empirisch ermittelt (Brown und Sarma 2006). Jim Collins (2009) hat fünf charakteristische Stadien des Größenwahns ausgemacht und an vielen Beispielen exemplifiziert, die Geschäftspraktiken der Megabanken im Zuge der FK böten zusätzliche Beispiele. Die fünf Stadien Collins' lauten: *Hubris born of success* (Erfolg führt zu Arroganz), *undisciplined pursuit of more* (leicht verdientes Geld lässt die Disziplin erodieren), *denial of risk and peril* (große und gewagte Ziele müssen es wieder richten), *grasping for salvation* (dramatische und hektische Aktionen sollen die Rettung bringen), *capitualtion to irrelevance or death* (sofern dies die Gesellschaft nicht durch Auffanghilfen verhindert).

De Nicoló et al. (2003) haben unter Einschluss der Schwellenländer regional sehr unterschiedliche Konzentrationsmuster ermittelt, aber unter dem Strich gilt, „(t)here is a substantial upward trend in conglomeration globally" (2003, 5). Besonders interessant sind ihre deutlich vor der FK ermittelten Resultate hinsichtlich der *too big to fail (TBTF)*-Problematik, d.h. der Tatsache, dass sogenannte systemrelevante Megabanken nicht fallengelassen werden und Rettungsschirme ausgebreitet werden, deren Kosten in aller Regel die Allgemeinheit trägt. „Large firms undertaking a wide scope of activities did *not* exhibit levels of risk lower than smaller and specialized firms in 1995. On the contrary, they exhibited level of risk-taking *higher* than smaller and specialized financial firms in 2000. The result suggests that the factors creating incentives for firms to take on more risk, including moral hazard-induced incentives, appear to have outweighed the risk reductions potentially achievable through scale or scope economies, as well as through geographic or product diversification. Systemic risk potential in banking, as measured by an indicator of joint risk-taking of systematically important banks in each country, did *not* decrease with banking system concentration across countries. On the contrary, we find that highly concentrated banking systems exhibited levels of systemic risk potential higher than less concentrated systems during the 1993-2000 period, and this relationship has strengthened during the 1997-2000 period" (2003, 5). Im Jahr 2000 waren 62% (1995: 42%) der größten US-Finanzunternehmen Konglomerate, in Westeuropa 74% (1995: 62%). Die sehr datenreiche Untersuchung schließt mit dem Hinweis, es bedürfe „more detailed analyses of bank managerial incentives to take on risk and to exploit the indirect subsidies provided by modern safety nets under different regulatory regimes" (2003, 38).

Eine vorbildliche Analyse zur TBTF-Garantie stammt von Stern und Feldman (2004), deren Buch belegt, dass die Problematik bereits lange vor der FK bestens bekannt war, sie allerdings nur die Geschäftsbanken berücksichtigen und nicht Investmentbanken und Versicherungen. An mehreren Stellen benennen sie die 25-30 internationalen TBTF-Banken (zu denen noch die spezialisierten Investmentbanken hinzuzuzählen wären), die dann tatsächlich in der FK vom Staat gerettet wurden, im Unterschied zu den bis 2010 ungefähr 300 kleineren Banken in den USA, die ihre Tore schließen mussten und die ohne diese Hilfen *alle* (inklusive Goldman Sachs und Deutsche Bank) von der Bildfläche verschwunden wären. Zu ihnen zählen Stern und Feldman u.a. Citigroup, Bank of America, Deutsche und Dresdner Bank, UBS, Wachovia, BNP Paribas, RBS, State Street und Countrywide.

Sie entwickeln – ohne dies mangels transparenter Zahlen genau quantitativ beziffern zu können – die Folgen der impliziten Staatsgarantien im Detail, d.h. den Geldtransfer vom Steuerzahler zu den Gläubigern oder Wertpapierbesitzern der großen Finanzunternehmen, deren höhere Risikoneigung und ihre Marktvorteile, da Kunden, Gläubiger und Aktionäre auf die implizite Garantie setzen. „(T)he *TBTF problem has grown in severity*. Reasons for this increase include growth in the size of the largest banks, greater concentration of banking system assets in large banks, the greater complexity of bank operations, and finally, several trends in policy, including a spate of recent bailouts ... To the extent that creditors of TBTF banks expect government protection, they reduce their vigilance in monitoring and responding to these banks' activities. When creditors exert less of this type of market discipline, the banks may take excessive risks. TBTF banks will make loans and other bets that seem quite foolish in retrospect. These costs sound abstract but are, in fact, measured in the hundreds of billions of dollars of lost income and output for countries" (2004, 2). Leider handelt es sich hier auch um eine sehr zutreffende Voraussage.

Strukturell liegt eine Divergenz zwischen privaten und sozialen Kosten vor, selbst wenn Unternehmen ihr eigenes Risiko einpreisen (könnten). „Banks surely have an incentive to measure and manage such large exposures, and bank-led initiatives, as we describe, have made progress toward these goals. However, as we have noted in other areas, banks would not take into account the costs that their failure may have on other institutions and society" (ebenda, 134). Hypothetisch ließe sich fragen, ob nicht z.B. der Derivatehandel um 9/10 geringer ausfallen würde, wenn diese Kosten eingepreist wären. Man könnte unter Ausklammerung der Verteilungsaspekte eine Rechnung aufstellen und die Nettogewinne aus diesem und anderen primär spekulativen Bereichen den Kosten der FK gegenüberstellen.

Hier soll zwar kein weiterer, präziser Überblick über die Konzentration im Finanzsektor gegeben werden (siehe z.B. BIS 2009), wohl aber noch etwas näher auf den allgemeinen Konzentrationstrend eingegangen werden. Unbestritten ist in der Literatur eine zunehmende allgemeine Konzentrationswelle in den 1990er Jahren. „M&A activity was especially pronounced in the financial sector. Over 10,000 financial firms were acquired in the major industrial countries from 1990 to 2001, including 246 deals in which the acquired firm had a market value greater than $ 1billion" (Amel et al. 2002; die Autoren gehören der FED, dem kanadischen Finanzministerium und der italienischen Zentralbank an). Die Hoffnung auf Effizienzverbesserungen und den Zugang zu neuen Kunden habe sich oft nicht erfüllt und werde überschätzt. Ihre empirischen Ergebnisse legen nahe, dass „the extent of exploitable scale and scope economies might be smaller than commonly thought and efficiency gains resulting from better management might be elusive in large, complex institutions" (ebenda, 4).

Für viele Finanzprodukte, etwa im Depositengeschäft oder bei Krediten an kleinere Unternehmen, sei der Markt eher regional, um hier nur einige wenige ihrer Überlegungen zu erwähnen. Auch gehe durch Produktstandardisierung die Möglichkeit des Einbezuges von lokalen *(soft)* Informationen zurück und durch Komplexität könne eine Erhöhung auch schlechter erkennbarerer Risiken erfolgen. Generell stellen sie durch die Auswertung der vorliegenden, sich wie immer zu einem Teil widersprechenden, Literatur fest, „the financial sector is beneficial up to a certain (relatively small) size in order to reap economies of scale" (ebenda, 42). Ein Bereich sei herausgegriffen: „Most research on the existence of scale economies in retail commercial banking finds a relatively flat U-shaped average cost curve, with a minimum somewhere around $10 billion of assets ... Most of these studies suggest efficiency gains from the exploitation of scale economies disappear once a certain size is reached and that there might be diseconomies of scale above some threshold ... This result is fairly robust and holds for the U.S., Europe and Canada" (ebenda, 19). Auf die Frage, wie es denn kommt, dass Konsolidierungen dennoch auftreten, geben die Autoren die Antwort, dass größere Finanzintermediäre weniger Eigenkapital vorhalten, da sie auf TBTF setzen (ebenda, 20). Außerdem führt eine Marktkonzentration „to an increase in prices for retail financial services, leading in turn to an increase in profits" (ebenda, 23), was aber oft durch zunehmende Ineffizienz wieder kompensiert würde.

Im Bereich der ökonomischen Theorie stehen sich hier der Struktur-Verhalten-Ergebnis- (Bain, Scherer) und der Effizienzstruktur-Ansatz (Demsetz, Peltzman) gegenüber. Ersterer betont die entstehende Marktmacht, der Zweite die anscheinend höhere Effizienz nach Konsolidierungen. Elena Carletti et al. kommen nach Sichtung der kontroversen empirischen Literatur zu dem Ergebnis: „The conclusion for retail deposits is then quite similar to the one for small business and consumer loans. The efficient structure hypothesis only receives occasional support. Since there is evidence that consolidation can lead to increased market power, vigorous antitrust reviews in banking seems highly advisable to avoid that consumers and small businesses pay too high loan rates, receive too low deposit rates or receive unsatisfactory service" (2002, 11; am Beispiel Australiens diskutiert Davis 2007 weitere Nachteile der Konzentration im Bankensektor).

Auch die umfassende und häufig zitierte Studie der *Group of Ten* aus dem Jahr 2001 stellt eine zunehmende Konzentration fest. „In about half of the [13] countries included in this study, concentration levels were extremely high throughout the decade, as a small group of banks controlled a substantial share of deposits. These highly concentrated countries include North American (Canada), European (Belgium, France, Netherlands, Sweden and possibly Switzerland) and Pacific Rim (Australia) countries. Also, in several countries, both highly and not highly concentrated, concentration increased substantially over the decade. The largest banks in Belgium, Canada, Italy and the United States generally showed a pattern of controlling a rapidly increasing share of banking deposits" (2001, 54). In Japan und dem Vereinigten Königreich sei eine leichte Abnahme zu verzeichnen. Hinsichtlich Lebensversicherungen war die Konzentration in Australien, Kanada, Frankreich und Japan hoch, in Deutschland und den USA gering.

Auch relativ gesehen stieg der Konzentrationsgrad. „Relative to GDP, the consolidated assets of the largest banks steadily increased. Assets of the top 50 banks in the world exceeded 70% of the combined GDP in 1998, while the same ratio was just above 35% in 1980. The top 20 banks' ratio increased from almost 20% in 1980 to nearly 40% in 1998. These dramatic changes clearly illustrate the growth of the leading banks in the world relative to the economies of the countries included in this study" (2001, 55). Betrachtet man die Konzentration beim Auflegen von Schuldpapieren und Anleihen und der Neuemission von Aktien so hat sich die bereits hohe Konzentration der weltweiten Top 10 von 63,2% (1990) auf 68,2% in 1999 erhöht (ebenda, 56).

Folgende Konzentrationen der Top 10 wurden für das Jahr 1999 ermittelt: Internationale Aktien: 75,8%, Internationale Europäische Aktien: 81,2%, Internationale US-Aktien: 96,6%, Internationale IPOs: 76,1%, US-IPOs: 87,3%, internationale Anleihen: 63,3%, öffentliche Euro und globale Anleihen: 67,1% (ebenda, 57). Überraschenderweise lag die Konzentration bei OTC-Derivaten, die oft mit für die FK verantwortlich gemacht wurde, mit insgesamt knapp 55% der Top 10 klar unter den Konzentrationsgraden bei Anleihen, Aktien und IPOs Ende der 1990er Jahre (ebenda, 57). Sie betrug für Währungs-OTCs 60,7% (Top 5: 42%) und für Zins-OTCs 56,2% (Top 5: 36,7%). Der Bericht weist darauf hin, dass diese Konzentrationsangaben wahrscheinlich viel zu niedrig sind, da die außerbilanziellen Aktivitäten nicht erfasst wurden.

Der OCC-Bericht *(Comptroller of the Currency)* aus dem Jahr 2008 vermittelt einen, Derivate betreffend, völlig anderen Eindruck. „Derivatives activity in the U.S. banking system is dominated by a small group of large financial institutions. Five large commercial banks represent 96% of the total industry notional amount and 81% of industry net current credit exposure" (OCC 2008, 1). Aus dem Bericht geht hervor, dass der notionale Gesamtbetrag der Derivate, die von Geschäftsbanken in 2008 gehalten wurden, knapp sagenhafte 200 Billionen Dollar betrug, mit 82% auf Zinsprodukte konzentriert, 98% aller Kreditderivate entfielen auf CDS. „From year-end 2003 to 2008, credit derivative contracts grew at a 100% compounded annual growth rate" (ebenda, 6). Diese Entwicklung wird von der Kontrollbehörde *nicht* für prekär gehalten, sie entspreche dem Bedürfnis der Investoren nach höheren Erträgen. Auch die Konzentration auf wenige Akteure wird nicht in Frage gestellt, „because the highly specialized business of structuring, trading, and managing derivatives transactions requires sophisticated tools and expertise, derivatives activity is concentrated in those institutions that have the resources needed to be able to operate this business in a safe and sound manner" (ebenda, 1).

Die *Group of Ten* geht in Kapitel zwei der Frage der Ursachen der Konzentration nach. Auch sie stellen für große Zusammenschlüsse fest, „studies that examine ex post changes in cost efficiency resulting from mergers and acquisitions generally fail to find any evidence that efficiency gains are realised" (2001, 68). Die Autoren relativieren die Aussage allerdings auf mehrfache Weise. Auch sehen sie keine wirkliche Zunahme von Marktmacht durch Konsolidierungen für gegeben und als großes Problem an (ebenda, 131). Zwar identifizieren sie kurzfristige Interbankenverschuldung und das Derivatevolumen als potentielle Destabilisierer, sagen aber über die zentrale Frage der Wirkungen von Konsolidierungen, „the net effect of consolidation on the ability of market discipline to limit a potentially systemic event is impossible to judge" (ebenda, 146). Die monetäre Steuerungsfunktion der Zentralbanken werde nicht unterlaufen und Kollusion trete nicht nachweislich auf (ebenda, 243-244 und 271-274). Die Publikation kann insgesamt als Beispiel für die Flut entwarnender Berichte angesehen werden, obwohl der Bankensektor gemessen am BIP für viele Länder immer wichtiger wurde, zum Beispiel für „Belgium, Netherlands, Switzerland and the United Kingdom. In all four, banking assets were more than three times annual GDP during the late 1990s. In the United States, where the banking industry was relatively small, banking assets did not exceed did not exceed 100% of GDP at any time in the 1990s" (ebenda, 54).

Lynn (2010) erklärt das *jobless growth* in den letzten 10 Jahren in den USA mit den Finanzsektor übergreifenden Monopolisierungstendenzen in vielen Sektoren der amerikanischen Ökonomie als Ergebnis von vier großen M & A-Wellen seit Mitte der 1980er Jahre. Seine umfangreichen Beispiele umfassen Wal-Mart, Colgate-Palmolive, Proctor und Gamble und Pfizer im Gesundheitssektor, bei Getränken fallen Anheuser-Busch und MillerCoors auf, Monsanto im Ernährungssektor, Macy's bei Kaufhäusern usw. In einigen Bereichen kann man sicher in Deutschland Parallelen finden, die Verlängerung der Laufzeiten für Atomkraftwerke erinnerte an die Energieriesen Eon, RWE, Vattenfall und EnBW und deren Einfluss.

Eine nicht leicht auf Konzentrationsmaße zu bringende Bankenlandschaft herrscht in Deutschland vor. Die aggregierte Bilanzsumme der verschiedenen Bankengruppen in Deutschland sah im Jahr 2007 folgendermaßen aus: Kreditgenossenschaften: 10,9%; Genossenschaftliche Zentralbanken: 4,6%; Großbanken: 24,3%; Zweigstellen ausländischer Banken: 2,8%; Landesbanken: 27,4%; Sparkassen: 18,1% und die restlichen Regionalbanken: 11,9% (Sachverständigenrat 2008a, 88). Im Folgenden soll nicht näher auf diese besondere Struktur eingegangen werden (zu den gravierenden Schwächen der korrespondierenden Bankenaufsicht siehe Welfens 2009, 85-91). Fest steht, dass es sinnvoll wäre, fast alle Landesbanken bis auf eine oder zwei mangels eines sinnvollen Geschäftsmodells und als teure Spielwiesen für Landespolitiker zu schließen.

Im Vorgriff sei bemerkt, dass Sparkassen und Genossenschaftsbanken, die in einer Rechtsform geführt werden, die sie nicht zur Gewinnmaximierung zwingt (Klimenta 2009, der sich auch für eine Größenbegrenzung ausspricht), eine wesentliche Rolle bei der Verwaltung der Sichtguthaben nach dem 100%-Vorschlag zukommen könnte (siehe Kapitel IV.3), sofern Skepsis gegenüber einer zentralen, vollstaatlichen Instanz besteht. Leider spricht sich der deutsche Vertreter in der EZB, Chefvolkswirt Jürgen Stark, öffentlich für eine Privatisierung der Sparkassen aus (*SZ* vom 10.9.2010, 17). Nicht erfreulich ist in dieser Perspektive zudem der (zunehmende?) Zwittercharakter dieser Institutionen, da z.b. die Genossenschaftsbanken über *Union Investment* (bei den Sparkassen sieht es nicht anders aus) Anlageprodukte (etwa in Form aktiv gemanagter Fonds oder ‚Garantiezertifikate') vertreiben, die eher den Exploitationsstrategien der Privatbanken entspricht. Der Grundidee dieser Institute läge es näher, wenn sie die Beratung (gegen Bezahlung) und kostengünstige Verwaltung von z.B. *Exchange Traded Funds* (ETFs) anbieten würden (siehe auch Kapitel IV.9).

Hinsichtlich des Einflusses der Mega- und Investmentbanken lohnt es, noch etwas näher hinzuschauen, auch um ihr exzeptionelles Gewinnniveau verstehen zu können. Neben ihrem mehr oder minder indirekten Drohpotential als systemrelevante Einrichtungen tritt das Phänomen der Macht durch Größe und Diversifikation. Macht wird in der (Lehrbuch-)Ökonomie praktisch ausgeklammert, zur Frage Macht oder ökonomisches Gesetz hat sich der Mainstream auf die Seite Böhm-Bawerks geschlagen. Norbert Häring, Redakteur beim Handelsblatt, hat sich des Phänomens gegenüber der idealisierten Welt der Ökonomie in einem Buch angenommen (Häring 2010). Nicht zufällig nimmt die Finanzbranche einen überproportionalen Anteil ein, da sie mit ihrer Chance, über fremdes Geld zu verfügen, an der Spitze der Machthierarchie steht. Macht definiert er generell als die Fähigkeit der Drohung oder Nutzung mit negativen Sanktionen (Kreditverweigerung, Entlassungsdrohung usw.), wobei man der anderen Seite einen Schaden zufügen kann, der größer ist, als der, den man als Reaktion zu erwarten hat.

Macht kann nach Häring bedeuten: 1. Das Weitergeben bzw. Zurückhalten von Information, um das Verhalten einer anderen Person zu beeinflussen; 2. Insider-Macht und Wissen dank Informationsasymmetrien, d.h. ein eigentlich unlauterer Wissensvorsprung *(insider enrichment)*; 3. Kontrolle darüber, womit sich das politische System befasst, um zu beeinflussen, was dabei herauskommt; 4. Auf höherer Ebene die Macht, die Vorlieben und Ziele anderer Menschen zu beeinflussen, und deren Auffassungen darüber, was ethisches Tun beinhaltet (2010, Kapitel 1). Anhand unzähliger Beispiele zeigt Häring, dass Machtausübung keine Ausnahmeerscheinung, sondern in vielfältiger Form die alltägliche Basis des Handelns der Finanzmarktakteure darstellt. Nach Häring läuft Macht auf zwei Achsen: Zum einen unmittelbare ökonomische Informationsvorteile betreffend, zum anderen hinsichtlich der Vorteile, die aus politisch-kulturellen Einflussmöglichkeiten resultieren. Als ein Beispiel für die erste Achse analysiert Häring Insidermacht, bei der Großbanken einen Informationsvorsprung dank der Einsicht in die Bücher ihrer

Kunden besitzen, die für erträgliche Eigengeschäfte *(frontrunning)* genutzt werden kann.

Dieser Machtachse gilt auch das Buch des ehemaligen Insiders Philip Augar (2005). Nach einer kurzen Geschichte des Investmentbanking und den wechselvollen Schicksalen der einzelnen Institute und der sich verändernden juristisch-institutionellen Gegebenheiten stellt er die entscheidende Frage, ob wenige Firmen den Markt dominieren, sie exzessive Gewinne realisieren, die Preise zu hoch sind und die Finanzinstitute abgestimmt handeln (ebenda, 26)? Nicht nur er stellt Fragen dieser Art, nachdem J.K. Galbraith in den 1960er Jahren die Ersetzung des Marktes durch einige Großunternehmen der Realsphäre (Exxon, General Electric u.a., heute: Microsoft, Google, Facebook?) behauptet hatte. „There are markets that are large in terms of daily turnover but are dominated by a few instruments. The foreign-exchange market is one of the largest markets in terms of daily turnover with an estimated US $1.5 trillion in foreign exchange spot and forwards traded every day. Yet it is dominated by just three major instruments. Dollars, yen and euros are on one side of over 80% of foreign-exchange transactions. Further, there are a limited number of counterparties. Just 12 banks account for 75% of all foreign-exchange trading. These large international banks have been encouraged by regulators to use market-sensitive risk-management systems. In short, FX is a large market dominated by few instruments and few players, using similar information sets and decision rules. It should be rife with liquidity black holes despite its enormous size" (McCoy 2003, 143).

Die drei führenden Investmentfirmen vor der FK waren Morgan Stanley, Goldman Sachs und Merrill Lynch, gefolgt von den zwei kleineren Bear Stearns und Lehman Brothers (die Untergangsgeschichte schreiben McDonald und Robinson 2009). Alle gehörten zu den 50-100 weltweit größten Unternehmen. Neben diesen fünf Unabhängigen gehörten zur Gruppe der 10 entscheidenden Akteure zwei Konglomerate aus den USA (Citigroup und J.P. Morgan Chase) und drei europäische Geschäftsbanken (UBS, Credit Suisse und die Deutsche Bank). Daneben gibt es weitere große europäische Banken in diesem Bereich wie die Société Générale, ABN AMRO und Barclays, sowie Versicherungen wie die Allianz oder die niederländische ING). Mehr als die Hälfte des Umsatzes erfolgt in den USA, genauer in New York, sieben der 10 global aufgestellten Institute haben dort auch ihren Hauptsitz.

Entscheidend für ihren Erfolg ist das Anbieten einer breiten Produktpalette. Die drei *must-haves* sind: „Advice for corporates and governments on debt and equity share issues, mergers and acquisitions, and financial restructuring. Equity and equity derivatives research, sales and trading for institutional investors, bond and bond derivatives research, sales and trading for institutional investors" (Augar 2005, 33). Erstaunlicherweise hat sich die Gruppe der führenden sechs Institute trotz aller institutionellen Veränderungen, seit Mitte der 1970er Jahre mit der Ausnahme von Bear Stearns praktisch trotz vieler Einbruchsversuche nicht verändert. Der Anteil z.b. an IPOs durch die großen Drei stieg sogar in den USA von 30% (1991) auf über 50% (2001).

Dem quasi-kartellierten Oligopol, zu dessen Stabilisierung ihre Reputation als *brand names* neben *economies of scope* beitrugen, gelang es, die Preise in wichtigen Segmenten hoch zu halten, obwohl bei Anleihe- und Aktienplatzierungen die Margen sanken. Die Investmentbanken haben unterschiedliche Schwerpunkte, so sind etwa für weltweit zu platzierende Anleihen Liquiditätsgesichtspunkte entscheidend und nicht Beratung, was die großen Konglomerate favorisiert. Susanne Schmidt fragt nach langjähriger Erfahrung: „Wie passt ein überhöhter Preis mit dem scharfen Wettbewerb zusammen? Antwort: Das große Investmentbanking wird weltweit von einem Oligopol betrieben, etwa einem guten Dutzend Banken. So scharf der Wettbewerb innerhalb des Oligopols auch sein mag, die Verkaufspreise werden im Wesentlichen eingehalten, Preiswettbewerb findet kaum statt, eine Krähe hackt der anderen kein Auge aus" (2010, 97; zum Wettbewerb unter den Banken siehe die Seiten 93-100).

In Augars Worten „corporate advisory work and underwriting are the key investment banking products in terms of margin and prestige. These remain dominated by the top three investment banks ... The leading firms may not control every part of the business, but they dominate ... [these] businesses, minimizing competitors' access to these high margin, high profile areas" (2005, 48). Augar belegt die hohen Durchschnittsgewinne der großen 10 und stellt ihnen ihre ‚Leistungsbilanz' gegenüber: Höchst fragwürdige Börsengänge (man erinnere sich des Neuen Marktes) und Fusionen (M&A, von denen mehr als 60% scheitern), das Erfinden, Vermakeln und Handeln mit Derivaten und schließlich Beratungstätigkeiten, hinsichtlich derer er höchst merkwürdige Ratschläge an Fondsmanager auflistet, die sich oft nur durch den Interessenswiderspruch mit dem Eigenhandel der Investmentbanken erklären lassen. Diese mehr als bescheidene Bilanz entspreche den Erwartungen der ökonomischen Theorie, da mangels Alternativen die Preise hoch und die Qualität schlecht sei (ebenda, 65).

Hohe Gewinne sind im Gegensatz zu transparenten, einfachen und verständlichen Produkten im Bereich der komplizierteren Derivate zu erreichen, weshalb auch ständig neue Produkte auf den Markt gebracht werden (von Zins- über Währungs- zu Kreditswaps). Die Investmentbanken erleichtern nicht in erster Linie die Kapitalmarktaktivitäten, sondern sie erfinden sie überhaupt erst. Um die Margen auch angesichts von Imitatoren zu halten, müssen die Angebote ständig erweitert und verkompliziert werden. „Exotic over-the-counter derivatives have stayed profitable, because, being unreported and complex, it is difficult for clients to benchmark the market price" (ebenda, 97). Neben dem Verkauf der Buffetschen Massenvernichtungswaffen lässt sich auch gut Geld mit Börsengängen verdienen, wobei bis zu 7% des Marktwertes als Provision erzielt wird, ein Übriges macht der Beratungssektor aus. Hohe Gewinne lassen sich durch die Bezahlung anhand eines bestimmten Basispunktewertes erzielen, da zwar der Prozentsatz niedrig, aber das Volumen mit oft mehreren Milliarden Euro hoch ist. Dies sei nur durch strategische Preissetzung und implizite Kollusion zu erklären. „The participants in the IPO and advisory markets have the shared objective of keeping prices high for as long as possible. The established players do so well that there is no incentive to disrupt the show by cutting prices and they compete with each other by other means" (ebenda, 94).

Die Frage stellt sich somit, wie es kommt, dass ohne offenkundige Kollusion und Insiderhandel Marktzutrittsbarrieren bestehen. Ähnlich wie Häring erklärt Augar dies mit einer Kombination aus Macht(grösse), Wissen(svorsprüngen) und Integration der Geschäftsfelder *(economies of scope)*. „Wall Street's edge is knowledge and integration. The large investment banks know more than any other institution or organization about the world's economy. They know more than their clients, more than their smaller competitors, more than the central banks, more than Congress, more than Parliament, more than the Chancellor of the Exchequer and more than the Secretary of the United States Treasury" (ebenda, 107). Hiermit dürfte es auch in Deutschland zusammenhängen, dass man den Eindruck gewinnt, dass z.B. die Deutsche Bank eine Art Nebenregierung bildet. Nicht nur bei der HRE und anderen Rettungsaktionen in Deutschland, auch in den USA greift man in solchen Fällen meist auf Investmentbanker zurück, weil diese überhaupt verstehen und wissen, was gerade am Anbrennen ist, da sie die Suppe selber aufgesetzt haben.

Entscheidend für den kaum von anderen Wettbewerbern zu kompensierenden Wettbewerbsvorteil ist der integrale Wissensvorsprung. „Every line of market related business that is tradable, conceivable and legitimate – equities, bonds, derivatives, foreign exchange, commodities and mortgages – flows through their dealing rooms. They are giant stock exchanges with global reach and multi-product inventories. Through their asset management and retail investor arms they can sense the mood of savers before it translates into marketplace action. Through their broker-dealer businesses they have their fingers on the pulse of market movements as they happen, tracking price formation and customer flows. Through their corporate advisory departments they can learn of strategic changes in the way the business world is thinking. Through diverse group businesses such as customer credit and insurance they are able to anticipate significant changes in the real economy" (ebenda, 108).

In gewissem Sinne sind sie in der Rolle eines Kartenspielers, der als Einziger einen Blick in die Karten der anderen Mitspieler werfen kann, ohne dass diese es merken. „Integrated, diversified investment banks are in an unbeatable position compared to other market users. Their superior market knowledge and power stack the odds in their favour. From their privileged vantage point ... they are uniquely placed and legally entitled to use this information for profit – and they do" (ebenda, 108). Je höher der Marktanteil, umso mehr Informationen können verarbeitet werden und einen umso größeren Einfluss gewinnt man auf diesen Märkten! Weiter oben wurden Beispiele genannt, bei denen selbst kleineren Akteuren erhebliche Marktanteile und Beeinflussungspotential zukamen. Zu wissen, wohin der Wind weht, ist ein unwiederbringlicher Vorteil, der sich oft am Rande, aber selten nachweisbar jenseits des Zulässigen abspielt. Eine weniger bekannte, von Augar nicht erwähnte Form der Informationsübervorteilung sind sogenannte *Flash trades*, bei denen privilegierte Marktteilnehmer, üblicherweise die großen Investmentbanken, das Recht haben, 30 Millisekunden vor der Veröffentlichung Kauf- und Verkaufsaufträge anderer Akteure einzusehen, wofür sie eine Gebühr zahlen.

„Traders know from their experience and from what their analytics are telling them that a big deal in one stock will soon have knock-on consequences in others and can position their books accordingly ... What happens on the trading floor is only the tip of the iceberg. The real power of the Edge takes place in quiet meeting rooms, over video conferences or in front of computer screens in product managers' offices" (ebenda, 111). Dieses auf Größe und Breite basierende Modell ist natürlich nur schwer imitierbar, insofern bestehen erhebliche Marktzutrittsschranken. Es birgt auf jeden Fall unzählige Interessenkonflikte, da sich der von den Investmentbanken betriebene Eigenhandel zu den Interessen der Kunden meist antagonistisch verhält. Falschberatungen sind, wie im Kapitel über Insiderberichte (III.2) gezeigt, an der Tagesordnung, z.B. um die Assets aus eigenen spekulativen Fehlkäufen günstig wieder loszuwerden. Dies bedarf eines ausreichenden Maßes an Intransparenz. Insofern besteht hinsichtlich des Interesses an Transparenz von Seiten der Politik und der Öffentlichkeit und den Anbietern der Produkte ein natürlicher Interessenwiderspruch.

Durch die zielgerichtete Beeinflussbarkeit der Märkte werden nach Augars fester Überzeugung (er nennt Beispielfälle) Bubbles hervorgerufen, zweifelhafte IPOs durchgeführt und bewusst ihr Erstpreis zu niedrig angesetzt, um künstliche Nachfrage zu provozieren. Ferner kommt es dank ingeniöser Vorschläge der Investmentbanken zu scheiternden Übernahmen, investieren Kunden in unterperformende Fonds, nebst einigen anderen Varianten ineffizienter Kapitalallokation. Nach seiner Schätzung landeten so rund 180 Mrd. Dollar in den letzten zwei Jahrzehnten durch Millionen von Transaktionen an den Finanzmärkten in den Taschen der Investmentbanker. Letztlich zahlen die „(o)rdinary people, pooling their resources into mutual funds, pension funds and other investment vehicles ... The investment bankers see more, hear more, and know more and this helps them take advantage of those they trade with ... Stocks, bonds, derivatives, mortgages, commodities, currencies, energy: anything and everything that is traded gets clipped on the way through, enabling insiders to beat outsiders every second of every year" (ebenda, 167).

Die starke und sichtbare Hand der Investmentbanken widerspricht den Grundlagen einer freien Marktwirtschaft, weshalb sich Augar auch für ein Trennbankensystem gegen Ende seines ideen- und faktenreichen Buches einsetzt, bei dem man sich höchstens kritisch fragen kann, ob er nicht angesichts der FK nicht doch etwas zu viel Vertrauen in die Lernfähigkeit und Ingenuität der Investmentbanker und ihrer Risikomodelle setzt, da er meint, sie hätten aus den Krisen der Jahre 1987 und 2001 die entsprechenden Lehren gezogen (ebenda, Kapitel 8; siehe auch die Kritik in Hager 2009). Augar vernachlässigt u.a., wie stark selbst die intelligentesten Hochschulabsolventen und andere Marktakteure in der Finanzindustrie neben rationalen Motiven in ihrem Verhalten auch stark emotionalen und sozialen Einflüssen unterliegen.

6
Menschliches, Allzumenschliches: Die Grenzen des Homo rationalis

In Schulmeisters Welt II spielen rationale, aber auch emotionale und soziale Faktoren eine entscheidende Rolle. Diese Erkenntnis ist nicht neu und insofern keineswegs revolutionär. Wie dargelegt, haben bereits Keynes, Veblen und Galbraith den emotional-sozialen Faktoren eine entscheidende Rolle beigemessen. Behavioral Finance (neben der experimentellen Ökonomie) konzentriert sich seit nunmehr gut 30 Jahren – oft auch als Alternativparadigma zur EMH verstanden – intensiv auf diese nicht rationalen Verhaltensfaktoren. Zunächst ist fatalistisch noch einmal zu bemerken, dass sich kaum empirisch bestimmen lässt, welcher Einfluss den drei Komponenten im Einzelnen, in welchen Marktphasen und in welcher Mischung zukommt, da schlichtweg die Beobachtungsgrundlage auch dank der finanzalchimistischen Geheimniskrämerei (bewusste Intransparenz) fehlt und sich die emotionalen, sozialen und rationalen Faktoren praktisch auch nur schwer trennen lassen. Selbst ein analytisches Kontinuum lässt sich kaum bestimmen, da unklar ist, was auf der Gegenseite zum Homo oeconomicus stehen sollte, etwa der Manipulierte, der Panische oder der Betrüger? An dieser Stelle können daher nur Evidenzen aus der Literatur angeführt werden, die die Bedeutung nicht-rationaler Faktoren unterstreichen.

Hier sollen nicht die allgemeinen Grundlagen und Erkenntnisse von Behavioral Finance rekapituliert werden, eine Forschungsrichtung, die sich hinsichtlich der schlussendlichen Sichtweise der Kapitalmärkte (Zufallsbewegungen der Preise) und der optimalen Anlagestrategie jenseits des psychologischen Unterbaus dann doch zuweilen oft recht wenig von der EMH unterscheidet, wie das Beispiel Shleifers zeigte (2000). So vertreten Weber et al. (2007) eine Weltportfolio und *buy-and-hold*-Strategie. Kommer (2009) schwört auf die EMH und vertritt trotzdem wie Weber et al. die Weltportfoliostrategie und den Halteansatz.

Anhand eines Textes soll zunächst gezeigt werden, dass es im üblichen Sinne nicht als emotional zu bezeichnendes Verhalten in Form von ‚falscher' Konformität und Informationskaskaden gibt (Bikhchandani et al. 1998; als Literaturüberblick siehe auch Bikhchandani und Sharma 2001, dort mit Skepsis hinsichtlich der Messbarkeit von Spekulation auch mangels verfügbarer Daten).

Sozialpsychologisch ist nachdrücklich auf den Mensch als Imitator hingewiesen worden (Buchanan 2008, Kapitel 5), Kleinkinder lernen binnen kurzem, die Gesichtsausdrücke ihrer Eltern nachzuahmen. Bereits die alten Römer heuerten Klageweiber an, um die Trauergäste mit ihrem Weinen anzustecken. Gerne wird Mark Twain mit den Worten zitiert, „(d)er gewöhnliche Mensch hat keine eigene Meinung. Er ist auch nicht daran interessiert, sich durch Lernen und Nachdenken eine eigene zu bilden, sondern findet lieber die seines Nachbarn heraus" (2008, 108). Viele Versuche legen nahe, „dass das Nachahmungsverhalten zumindest teilweise ziemlich archaisch ist. Es scheint ein automatisch ablaufender, instinktiver Prozess unseres genetischen Programms zu sein" (ebenda, 114).

Das Einleitungsbeispiel von Bikhchandani et al. (1998) ist neben den berühmten ersten Besuchern eines Restaurants, die neue Gäste anlocken, bis das eine Restautant voll und das andere leer ist, der Aufkauf von 50000 Kopien eines Unternehmensstrategiebuches von den Verfassern Michael Treacy und Fred Wiersema im Jahr 1995, das ein mittelprächtig beurteiltes Buch zu einem stark nachgefragten Bestseller werden ließ, nachdem es dank Manipulation auf der Bestsellerliste ganz vorne rangierte. Sie verweisen auf den menschlichen Charakterzug der Imitation und des sich Orientierens am Verhalten anderer, was als evolutionärer Überlebensmechanismus und Lernprozess gedeutet werden kann. Herdenverhalten kann selbst bei unterschiedlichen Informationen und gleichen Präferenzen und Auszahlungen auftreten. Wichtig ist, wie Menschen entscheiden, welche Alternative für sie die Bessere ist. Eine Möglichkeit besteht in der selbstständigen Analyse, die aber oft kostspielig und zeitaufwändig ist. Man kann sich aber auch an den Entscheidungen der Anderen orientieren. Man kann in diesem Fall die Handlungen der Anderen beobachten, nicht aber die Signale, die zu ihren Handlungen motivieren.

Dies kann dann dazu führen, dass das idiosynkratische und möglicherweise fehlerhafte zufällige Verhalten der Ersten das aller Folgenden hochgradig pfadabhängig beeinflusst. Nehmen wir an, Individuum A hat Signal S beobachtet und handelt entsprechend. Individuum B beobachtet

Signal Z und das Verhalten von A, was es auf Signal S zurückführt. Unentschlossen wirft nun B eine Münze zwecks Entscheidungshilfe, die Münze falle auf Signalvariante S. Individuum C sieht das Verhalten von A und B und folgert, obwohl es selbst Signal Z sieht, das A und B wohl S sahen. C verlässt sich auf diese Vermutung und wählt auch S, was wiederum andere beeinflusst und eine Informationskaskade in Gang setzt. Empirische Untersuchungen zeigen, dass ein solcher Handlungsablauf häufiger vorkommt (als Beispiel am Devisenmarkt siehe Beine et al. 2003).

Die Individuen blenden also zunehmend die eigenen Informationen aus, die keinen Eingang in den Entscheidungs- bzw. Preisfindungsprozess erhalten, somit eine Art negative Informationsexternalität entsteht. Eine solche Kaskade zeichnet eine hohe Fragilität und Unbeständigkeit aus, wenn Nachfolgende immer bei zwei gleichgerichteten Entscheidungen auf das vorliegende Signal schließen: Sollten, aus welchen Gründen auch immer, zwei Akteure ein Signal Z-Verhalten an den Tag legen, folgen ihnen alle Weiteren. Plötzliche Veränderungen sind somit ziemlich unvorhersehbar. Sie können auch durch *Fashion Leaders* beeinflusst werden, wobei man an den Hedgefonds LTCM denken mag, dessen Anlagestrategie viele Nachahmer fand, was den Niedergang beschleunigte. Hier kann offen bleiben, ob transparentere Informationen Kaskadenbildung erhöhen oder verringern (was die Autoren zu vermuten scheinen).

In einem anderen Aufsatz wird zur Erklärung der Fragilität darauf hingewiesen, dass mit zunehmenden Imitatoren zwar die Robustheit im Sinne einer großen Zahl wächst, aber „the ‚depth' of an informational cascade need not rise with the number of adopters: once a cascade has started, further adoptions are uninformative. Thus conformity is brittle. The arrival of a little information ... can shatter an information cascade" (Bikhchandani et al. 1992, 1004). Kaskadengleichgewichte sind meist prekär, als Beispiele werden auch plötzliche Umschwünge an den Finanzmärkten genannt.

Aus der Sozialpsychologie ließen sich viele weitere Hinweise auf Verhaltensübernahmen anführen, begründet durch Sanktionen gegenüber Devianten, positiven Auszahlungsexternalitäten, einer Präferenz für Konformität oder einfach durch Kommunikation. Als Verabschiedung des rationalen, informationsverarbeitenden Akteurs sei auf Gunter Duecks *Abschied vom Homo oeconomicus* hingewiesen, der in zahlreichen Beispielen aus der Tierwelt (Beute-Jägerzyklen) und der menschlichen Wirtschaft und Gesellschaft (Schweinezyklus, Bierspiel, Life Cycle der ökonomischen Anschauungen usw.) auf häufig instabile, flatterhafte, imitatorische und kurzsichtige Verhaltensweisen hinweist: „Lustimpulse und Herdenverhalten prägen die Ökonomie ... Wir sind eher eine große Masse von leicht erregbaren Individuen, die wie Lemminge hin und her rasen, je nachdem, wohin der Trend zeigt. Wir finden vor allem das rational, was die anderen auch tun" (2008, 13 und 12).

Man kann diese Einsicht auch selbstreferentiell auf das Verhalten des Durchschnittsökonomen anwenden (Peukert 2006a). Axel Leijonhufvud erinnert sich: „Fifty-some years ago, when I began to study economics, students were taught that the private sector had no tendency to gravitate to full employment, that it was prone to undesirable fluctuations amplified by multiplier and accelerator effects, and that it was riddled with market failures of various sorts. But it was also believed that a benevolent, competent, democratic government could stabilise the macroeconomy and reduce the welfare consequence of most market failures to relative insignificance" (2009, 1). 50 Jahre später hörten die Studenten eine andere Botschaft, „students were taught that representative governments produce pointless fluctuations in prices and output but, if they can be constrained from doing so – by an independent central bank for example – free markets are sure to produce full employment and, of course, many other blessings beside. So, within the memory of living men, economists have moved like a migrating herd from one worldview to its diametric opposite (leaving a few stragglers [like himself] stranded in odd places along the way)" (ebenda).

Den typischen Durchschnittsmenschen zeichnet, um wieder auf Dueck zurückzukommen, die Maxime aus: „Nimm alles mit, was du bekommen kannst. Wer weiß, was es morgen noch gibt" (ebenda, 17). Sie sei anthropologisch tief verwurzelt und es könne ihr keine geringere Rationalität zugebilligt werden als einer Langfristorientierung. So dachten zumindest stellvertretend auch Anne T. und der Cityboy bis zu ihrem Ausstieg (in Kapitel III.2). Beim Auftreten von Stresssituationen leiden wir „unwissentlich unter einem Tunnelblick nur für das, was jetzt gerade unbedingt getan werden muss. Kein Gedanke mehr an ein Morgen! In dieser Stimmung nehmen wir die Welt nur noch schwarz-weiß wahr und sehen keine Grautöne mehr geschweige denn Farben" (ebenda, 25). Die Folge kann dann der plötzliche Liquiditätsentzug sein, ob bei Lehman Brothers oder am Interbankenmarkt.

Neben den Tunnelblick tritt in Stresssituationen hektische Nervosität. „Ein bisschen Dummheit, Ungeduld oder Raserei (wie beim Autofahren) … und ein belastetes System bricht zusammen. Ein überholender LKW in kritischer Verkehrslage kostet Tausende Menschen eine Stunde ihres Lebens" (ebenda, 29) oder mehr. Als Pendler kann der Verfasser dieser Zeilen nur bestätigen, dass die Stunden auf der Autobahn mindestens so lehrreich sind wie das Studium der Anthropologie Heideggers und tiefe Einblicke in die Conditio Humana erlauben: Auf voraussehbare Engpässe wird mit Volldampf aufgefahren, um sodann abrupt abzubremsen. An den Finanzmärkten geht es ähnlich hektisch zu. Dueck bringt auch das Beispiel des Duschhebels, der sich nur schwer genau einstellen lässt und besonders den Eiligen zwischen zu kalt und zu heiß hin und her wechseln lässt (siehe auch das Crash-Exempel beim Landen eines Jumbo im Flugsimulator, ebenda, 27). Ein weiteres Element tritt hinzu: „Unter Hochdruck pervertiert das Denken. Das Ganze wird verdrängt, das Egoistische dominiert" (ebenda, 30). So werden dann ohne Rücksicht auf Verluste Kreditlinien nicht verlängert.

Die erwähnten Stressreaktionen hängen nicht vom absoluten Einkommensniveau ab. Man könnte vorab meinen, dass in den höchsten Einkommensbereichen (CEOs, Trader, die ihre ersten Millionen eingefahren haben u.a.) eine etwas gelassenere Haltung Einzug hält. Dem ist aber keineswegs so, da Status und Anerkennung die entscheidende Bedeutung zukommt. Auch hier kommen archaische Antriebe ins Spiel. Richard Layard erwähnt die Ergebnisse des Affenforschers Michael McGuire: „Je höher der Affe in der Hierarchie stand, desto besser fühlte er sich auch körperlich. Wenn ein Affe seine Rivalen besiegt, dann erobert er sich nicht nur mehr Sex und Bananen. Er hat auch einen unmittelbaren körperlichen Gewinn: Obenauf zu sein sorgt für gute Laune. Dies ist ein mächtiger Motivator. Der Affe mit dem größten Bedürfnis nach Status bekommt als Konsequenz die meisten Weibchen und zeugt die meisten Nachkommen. Auf diese Weise pflanzt sich das Statusdenken durch die gesamte Affenpopulation fort" (2005, 167).

Die weiter oben erwähnten Bücher der Insider vermitteln den Eindruck gleicher Verhaltensantriebe in dieser nachäffenden Abstammungslinie, die dort, wo in der Finanzindustrie richtig Geld gemacht wird, anscheinend besonders unkontrolliert oder ungeschminkt zutage treten. „Ganz ähnlich wie die Affen genießen auch wir Menschen den gesellschaftlichen Rang. Wir sehnen uns nach Status, nicht nur wegen der materiellen Vorteile, die er uns beschert, sondern auch um seiner selbst willen. Wir stehen ungern schlechter da als andere und lieben es, unsere Mitmenschen zu übertreffen" (ebenda, 167). Medizinisch betrachtet sinkt das Stresshormon Kortisol, je höher Affen und Menschen in Hierarchien aufsteigen. Studien haben auch gezeigt, dass Menschen sich lieber in einer Welt befinden, in der sie 100.000 Euro besitzen und andere nur 50.000 anstatt in einer Gesellschaft, in der sie über 200.000 verfügen, andere aber über 300.000.

Das Problem des Statusdenkens besteht an sich aber darin, dass – wie schon Veblen stets hervorhob – die Gesamtmenge an Status immer die gleiche bleibt, so dass für die Gesellschaft als Ganzes dieser Kampf ein kostspieliges Nullsummenspiel darstellt und er umso erbitterter ausgetragen wird, je mehr Akteure sich in den Arenen der Statuskämpfe beteiligen, was angesichts der Gewinnexplosionen für die Finanzbranche auf jeden Fall seit den 1980er Jahren zuzutreffen scheint. Der Kampf um das relative Einkommen dürfte daher in der Finanzindustrie eher zugenommen und zu risikoreicherem Verhalten motiviert haben, zumal nur sehr begrenzte Haftung und auf dem Arbeitsmarkt eine sehr risikolose Übernachfrage über viele Jahre in der Finanzbranche bestand (Davies 1997). Hinzu kommt, dass nicht gestiegene Einkommen an sich, sondern in erster Linie die (stets mögliche?) Steigerung zufriedener macht (Layard 2005, 245), schließlich wetteiferten auch die Manager vor den Gehaltsexplosionen munter miteinander und mit Bedacht auf Zuwächse.

Ökonomisch-motivational gesehen ist es daher ziemlich unerheblich, auf welchem Einkommensniveau sich die menschliche Statuskonkurrenz abspielt. Geringere Boni mögen entlastend wirken, da weniger Risiko beim gleichen Spiel gefahren werden könnte, was wohl der die Risiken bei Fehlschlag tragenden Gesellschaft besser bekommen würde, deren meiste Mitglieder auch geringere Kränkungen durch Einkommensvergleiche hinzunehmen hätten. Für Layard folgt für den gesamtgesellschaftlichen Glückshaushalt aus diesen Zusammenhängen, dass eine satte Besteuerung dem nutzlosen Statusgehabe in der Tretmühle Grenzen setzen sollte und schon M. Gandhi zu bedenken gab, dass es Wichtigeres im Leben gebe, als beständig dessen Geschwindigkeit zu erhöhen (zit. in ebenda, 243). Man kann des Weiteren folgern, dass in Organisationen, die den Wettbewerb unter den Mitarbeitern anstacheln, diese motiviert, zwecks Erfolgs an den Rand des maximalen Risikos zu gehen.

Natürlich verdient hinsichtlich der psychologischen Grundlagen menschlichen Finanzmarktverhaltens die sich der ursprünglichen Forschungen der kognitiven Psychologen Daniel Kahneman (dessen Vater aus den Todeslagern der Nazis gerettet wurde, später erfogte die Übersiedlung nach Israel) und Amos Tversky (1937 in Haifa geboren) verdankende Richtung der Behavioral Finance Beachtung (Bruce (Hg.) 2010, Cassidy 2009, Kapitel 15). Es sollen hier nicht die Ansätze der Prospect Theory, die Verlustaversion, die Tendenz zum Status quo, allerlei Framings, der Endowment-Effekt, mentale Buchführung usw. und ihre Vorläufer (z.b. Solomon Aschs Experimente in den 1950er Jahren) vorgestellt werden, sondern nur wenige Ergebnisse Arielys (2008, siehe mit dem Fokus auf Finanzmärkte D.W. Hubbard 2009, 97ff., mit Gewicht auf den katastrophalen Folgen weitverbreiteter Selbstüberschätzung). Ein Ergebnis dieser Forschungen lautet, dass wir oft nicht recht wissen, was wir wollen und erst in einem Kontext eine Entscheidung getroffen wird. So kann die Wahl auf eine Kaffemaschine fallen, wenn gleichzeitig eine deutlich teurere, aber kaum unterschiedliche Maschine zum Vergleich (z.B. als Marketingtrick) im Angebot ist. Ein weiteres interessantes Phänomen ist *self-herding*: Wenn man schon einmal eine Handlung vollzogen hat, dann muss es wohl eine gute Entscheidung gewesen sein, die der Wiederholung lohnt (da man letzte Woche zu Starbucks ging, tut man es daher diese Woche wieder).

Eine ganze Reihe von Experimenten gilt der Frage, inwieweit Konsumenten (zu den Nachfragern gehören im Finanzbereich neben Privatanleger auch Fonds usw.) eigenständige Urteile fällen oder sich von vorgegebenen (Preis)Ankern beeinflussen lassen. „(O)ur experiments demonstrate, what consumers are willing to pay can easily be manipulated, and this means that consumers don't in fact have a good handle on their own preferences and the prices they are willing to pay for different goods and experiences … What this means is that demand is not, in fact, a completely separate force from supply" (Ariely 2008, 45-46). Dies mag ein Hinweis sein, warum auf zu einem guten Teil intransparenten (Finanz)Märkten den Kunden Produkte verkauft werden können, die nicht zu ihrem Vorteil sind. Die Erklärung lautet,dass sie sich an „random initial anchors" (ebenda, 47) orientieren. Gerade die Megabanken können hier auch eine Funktion der Preisverankerung ausüben. Ariely weist auch darauf hin, dass Preiserhöhungen nicht unbedingt zu einer Verringerung der Nachfrage führen, da – noch immer im Kohärenzanker gedacht – sie von der Erinnerung *(memory)* abhängen; ist diese schlecht ausgebildet, pendelt sich der Konsum wieder auf dem alten Niveau ein (Beispiel: Autobenzin).

Auch lässt sich der Mensch von den Verpackungen beeindrucken. Ariely bot Kaffe aus einfachen und aufgehübschten Automaten an. „When the coffee ambience looked upscale ... the coffee tasted upscale as well" (ebenda, 160). Hiermit mag es zu tun haben, dass Privatanleger sich nach wie vor *en masse* unnütze Produkte der „Finanzdienstleister" einreden lassen, weil der Einfluss der Megaakteure auch dank Glanz und Brandname nicht angemessen zu erodieren scheint und sich die Menschen durch bunte Anlageprospekte um ihre Rendite bringen lassen. Dies trifft auch auf die Produkte selbst zu, Beispiele aus dem kulinarischen Bereich lassen sich leicht auf den Finanzbereich übertragen, nicht zuletzt, weil z.B. viele Derivate als Namensverwandte angepriesen werden (sofern sie nicht wirklich toxische Kombinationsgemeinheiten enthalten). „We can add small things that sound exotic and fashionable to our cooking ... These ingredients might not make the dish any better in a blind test; but by changing our expectations, they can effectively influence the taste when we have this pre-knowledge" (ebenda, 165). Bekannt sind die Versuche mit der Messung der Gehirnströme bei Präsentation von Markennamen, die stark beworben werden (zur Coke/Pepsi-Geschichte siehe ebenda, 166-167).

Ein beachtenswerter Versuch bestand darin, herauszufinden, ob Menschen sich in ‚heißen Situationen' anders verhalten als in ‚kalten Situationen' *(hot and cold states)*. Durch eine hier nicht genau zu beschreibende Situationskonstellation gelang es Ariely, dass sich die Teilnehmer in einer sexuell erregten Gestimmtheit befanden. Auf die Frage, ob man Sex mit nicht dauerhaften Partnern mit oder ohne Kondom haben wolle, antworteten 25% weniger im Vergleich zur gleichen Frage in einer kalten Situation (Fragebogen), dass sie Kondome benutzen würden, obwohl es sich um die gleichen Personen und exakt die gleichen Fragen handelte. Auch Interesse an ungewöhnlichen Sexualpraktiken (z.B. Sodomie) wurde im *hot state* deutlich häufiger genannt. „Across the board, they revealed in their un-aroused state that they themselves did not know what they were like once aroused. Prevention, protection, conservatism, and morality disappeared completely from the radar screen" (ebenda, 97). Könnte sich das gleiche Verhaltensmuster etwa auch im Bereich der Masterminds an den Finanzmärkten abspielen, die in heißen Marktsituationen womöglich (bei Einigen vorhandene) gute Vorsätze über Bord werfen? Zumindest dürfte man den Nichtaussteigern mit Skepsis begegnen, die in kalten Situationen (Interviews) über ihre Werte, Ziele und Strategien philosophieren.

Ariely hält das plötzliche Hervorbrechen der Impulse des gerne in der Literatur von Behavioral Finance angeführten Reptiliengehirns für eine sehr verbreitete Erscheinung, die in vielerlei Form zum Ausdruck kommt, „(a) teenager grabs a gun and shoots his friends. A priest rapes a boy …" (ebenda, 98). In Freudscher Terminologie beherberge jeder Mensch eine dunkle Seite des Es, die das Überich in bestimmten Situationen zum Schweigen bringt, „we all systematically underpredict the degree to which arousal completely negates our superego, and the way emotions take control of our behavior" (ebenda, 99). Wenn es um Millionen Einsatz oder einen erheblichen Teil des (oft hart erarbeiteten) Geldes bei Kleinanlegern geht, dürfte diese emotionale Seite zum Zuge kommen und über die jüngeren Teile unseres Gehirns obsiegen.

Resümierend stellt er fest, dass man nicht zu sehr auf die logisch-rationalen Fähigkeiten bei menschlichen Entscheidungen setzen sollte und Menschen schnell, durch die Marktkräfte gelenkt, individual- und gesamtwohlfahrtsschädliche Handlungen vollziehen. „Our irrational behaviors are neither random nor senseless – they are systematic … We all make the same types of mistakes over and over, because of the basic wiring of our brains. So wouldn't it make sense to modify standard economics and move away from naïve psychology" (ebenda, 239)? Dem ironisch-skeptisch-humanistischen Ansatz Arielys sollte allerdings nicht bedingungslos applaudiert werden. Wolfe (2008) beobachtet, dass scheinbar keines der zahlreichen Experimente jemals fehlgeschlagen zu sein scheint, was kaum zu glauben ist. Versetzen die Experimente die Forscher etwa in *hot states*, die sie zum Schummeln verführen? Was folgt daraus, dass die Interessen den Passionen folgen, sind *Multiple selfs* wünschenswert? Verharmlosen die Autoren nicht die wirklichen Probleme (u.a. der Finanzmärkte) wenn sie stets (nur) kleine Urteilsirrtümer ermitteln?

Wird die eindimensionale Rationalität des Homo oeconomicus ersetzt durch einen ebenso einseitigen Ansatz weitgehender Dummköpfe? Wird nicht durch die Anordnung der Experimente eine Variante des methodischen Individualismus vertreten, aus der sich kaum strukturelle Reformvorschläge ermitteln lassen? Posner stellt fest, dass zwar Shiller als ein

Hauptvertreter einen Bubble richtig ahnte, „(b)but few if any other behavioral economists noticed the bubbles, and he and Akerlof offer no concrete proposals for how we might recover from the current depression and prevent a future one" (2010, 328-329).

Das schnell nach Beginn der FK von Shiller mit Akerlof fertiggestellte Buch *Animal Spirits* (Akerlof und Shiller 2009) kritisiert den marktstabilitätsapologetischen Mainstream von Adam Smith bis zur EMH und praktisch allen Varianten der gängigen Makroökonomie. Unter ausdrücklichem Bezug auf Minsky, Kindleberger und Galbraith (2009, 251, Fn. 6) fordern sie einen flächendeckenden Einbezug sozialpsychologischer Elemente, ohne die die starken Preisschwankungen an den Finanzmärkten bis hin zu Wirtschaftskrisen nicht zu erklären seien, die in erster Linie auf Veränderungen der ‚Denkmuster' zurückgehen. Denkmuster bestehen aus Ideen, Gefühlen, Stimmungen und Eindrücken, bei denen man offen lassen kann, ob Keynes Begriff der *Animal Spirits* sie begrifflich besonders treffend kondensiert (aus guten Gründen kritisch z.b. Cassidy 2009, 175). „Tatsächlich wurde die Krise durch nicht greifbare Veränderungen in den Köpfen der Menschen ausgelöst, durch die Flüchtigkeit des Vertrauens, durch Sehnsüchte, Neidgefühle, Verstimmungen und Illusionen – und insbesondere durch neue Geschichten über die Natur der Wirtschaft. Letztlich waren es derartige Veränderungen des gesellschaftlichen Klimas, die Menschen dazu veranlassen, für Häuser inmitten von Weizenfeldern ein ganzes Vermögen auszugeben; sie waren der Grund dafür, dass andere diese Käufe finanzierten; dafür, dass der Dow-Jones-Index bis auf mehr als 14000 Punkte hochkletterte" (ebenda, 22).

Analytisch unterscheiden sie fünf Komponenten für eine Theorie der *Animal Spirits*: Vertrauen, Fairness, Korruption, Geldillusion und Geschichten *(stories)*. Mehr oder weniger vorhandenes Vertrauen (Stichwort: Interbankenmarkt, sie sprechen auch von einem Vertrauensmultiplikator), Normen der Fairness etwa bei der Lohnfestsetzung, der Grad der Verbreitung unmoralischen Verhaltens, die Fokussierung auf Nominalwerte und politökonomische, erzählende Geschichten als vereinheitlichende Ereignisinterpretationen, die wie Viren streuen, sind entscheidend für Wirtschafts- und Krisenverläufe. Es soll hier nicht diskutiert werden, ob ihre im zweiten Teil präsentierten Anwendungen voll überzeugen oder nicht. Die Frage stellt sich natürlich, warum z.B. die Geldillusion mit aufgeführt wird und nicht zum Beispiel kaleidisch wechselnde eigenständige Phasen und Stimmungen des Optimismus und Pessimismus. Insofern ist neben der Aufzählung der fünf Faktoren etwas wenig Theorie in ihrem Buch, dem man auch eine gewisse Übertreibung oder Einseitigkeit hinsichtlich des subjektiven Faktors bescheinigen kann (siehe das ‚letztlich' im Zitat weiter oben). Dennoch finden sich wertvolle Überlegungen im Buch Akerlofs und Shillers als Teil eines BBP. In seiner theoriegeschichtlichen Rekonstruktion gelangt Fox (2009, Kapitel 16) zu der abschließenden Einschätzung, die auch auf Akerlof und Shiller, v.a. an ihren Reformvorschlägen abzulesen, zutrifft: „While behaviorists and other critics have poked a lot of holes in the edifice of rational market finance, they haven't been willing to abandon that edifice" (ebenda, 301).

Recht interessant sind in diesem Zusammenhang auch die Forschungsergebnisse der *Neurofinance* (Elger und Schwarz 2009). Erwähnung verdient der ‚Trugschluss des Spielers', zufällige Ereignisse wie Münzwürfe, die z.b. mehrfach Kopf oder Zahl hintereinander ergaben, werden oft falsch gedeutet, indem in das Zufallsereignis irgendeine Logik hineingelesen wird (nach viermal kommt wohl noch mal rot, siehe 2009, 30-31). Akteure an den Finanzmärkten dürften auch zu hohe Selbstgewissheit besitzen und Trends zu erkennen meinen, wo vielleicht gar keine existieren.

Die Autoren beschreiben ferner unter der Überschrift „Die Börse ist besser als Sex" Experimente des Stanford-Hirnforschers Brian Knutson, der Teilnehmern sexuelle Motive und erschreckende Bilder geköpfter Menschen zeigte. „Die stärksten Emotionen bewirkte er aber, als er den Testpersonen Bargeld anbot. Auf keinen anderen Reiz reagierte der Nucleus accumbens so stark wie auf Geld" (ebenda, 73). Dies belegt, wie stark emotional pekuniäre Ereignisse konnotiert sind, was zu gewagten Derivatespielen anregen mag. Ähnlich Ariely beschreibt er Experimente, die zeigen, dass alles, wofür ein Preis ausgemacht wird, nach ökonomischen Regeln des Eigeninteresses und nicht (mehr) sozialen Reglen oder Normen entsprechend, die verdrängt werden.

Grundsätzlich sei davon auszugehen, dass die Menschen über dieselbe neuronale Maschinerie verfügen wie früher im Dschungel oder in der Steppe bei der Nahrungssuche und dass man an der Börse mit Risiken umgehen müsse, auf die das Gehirn einfach nicht eingerichtet sei. Der Gießener Kognitionsforscher und Psychologe Markus Knauff machte Tests mit 20 langjährigen Börsenmaklern aus Frankfurt, die in großen Unternehmen arbeiteten und die „kaum in der Lage sind, allein logisch zu denken und ihre früheren Erfahrungen zurückzustellen. Das Problem besteht ganz offensichtlich darin, sich von vermeintlich richtigen Denkmustern zu lösen ... Am Ende schnitten die Börsenmakler schlechter ab als eine Vergleichsgruppe von Versuchspersonen, die keinerlei Börsenerfahrung hatte" (ebenda, 86), was belegt, wie stark ‚Professionelle' von (dysfunktionalen) emotionalen Prägungen und Habituationen beeinflusst werden und die komplexe Börsensituation ihr Gehirn eigentlich überfordert.

In einem kaum zu glaubenden, aber öfters wiederholten britischen Experiment sollten 300 Fondsmanager schätzen, ob die Zahl der Ärzte in London höher als die vier letzten Zahlen ihrer eigenen Telefonnummer war. Diejenigen mit einer Nummer über 7000 schätzen durchschnittlich 8000, die mit über 3000 schätzten 4000. Mit Ariely kann man hierin ein Beispiel für *arbitrary coherence* sehen, „although initial prices ... [or telephone numbers] are ‚arbitrary,' once those prices are established in our minds they will shape not only present prices but also future prices (this makes them ‚coherent')" (Ariely 2008, 26).

Andere Versuche belegen den starken Einfluss der Situation und des Ortes auf Entscheidungen, bis hin zur Gehgeschwindigkeit in Abhängigkeit von vorherigen Fragen zu Sport (schnelleres) oder Alter (langsameres Tempo). Auch zeigt sich, dass das menschliche Gehirn nicht auf Multitasking angelegt und sehr schnell überfordert ist, was Finanzmarktakteure vor ihren vielen Bildschirmen und mit all den laufenden Informationen gelegentlich bedenken sollten (Elger 2009, 63-64 und 68-69).

In vielen Experimenten drückt sich auch die wie Knauff festgestellte Abneigung gegen Veränderungen aus, wobei Konsistenz als Eigenwert empfunden wird, ergänzt durch den Familiaritätsbias, bei dem man sich für Lösungen entscheidet, die vertraut sind. Hinzu tritt die Überbewertung des Bekannten *(ambiguity aversion),* so dass man Dinge höher bewertet, die man kennt bzw. zu kennen meint, als Deutscher z.B. Aktien des DAX (erinnert sei hier auch an Oberlechner und Osler 2008 zur *overconfidence*). Häufig lässt sich auch eine Verlust-Aversion nachweisen, nach der man einen Verlust stärker wertet als einen gleichhohen Gewinn, Nullsummenspiele wie oft bei Derivaten demnach zu einem Nettowohlfahrtsverlust führen.

„Generell streben die Menschen bei ihren Entscheidungen nach Sicherheit ... Wenn wir Entscheidungen unter Unsicherheit treffen müssen, verwechseln wir oft Risiko und Ungewissheit" (Elger und Schwarz

2009, 107). Dies stimmt mit Keynes' Vermutung des Sicherheitsbedürfnisses und des Sich-Klammerns an bestimmte Risikomodelle (Value at Risk) überein, was auch mit dem Bedürfnis unseres Gehirns zusammenhängen dürfte, Vorhersagen zu machen (ebenda, 204). Die EMH bietet im Grundmodell beides: Sie transformiert Unsicherheit in Risiko und trifft Aussagen über die zu erwartende, in der Regel nicht extreme Volatilität nach der Devise: Fürchtet euch nicht!

Auch auf die Frage, ob es möglicherweise Prädispositionen zu nichtrational-kurzsichtigem Gewinnverhalten gibt, gehen die Autoren unter der Bezeichnung „hyperbolic time discounting" ein. Es besagt, dass der Mensch eine kleinere, aber sofortige einer größeren aber späteren Belohnung vorzieht, was die halsbrecherischen Kurzfristwetten zu Lasten von Reputation und längerfristigem Überleben von Finanzinstituten, d.h. die Unvernünftigkeit schneller Belohnungen *(short termism)*, mit erklären mag. 100 angebotene Geldeinheiten jetzt werden 200 in zwei Jahren praktisch in allen Experimenten vorgezogen, auch wenn viele Teilnehmer in Diskussionen die langfristige Variante zu bevorzugen vorgeben (Elger 2009, 148-149). Bei 100 in drei Jahren und 200 in sechs Jahren werden die 200 vorgezogen, d.h. der Effekt ist dann groß und nachweisbar, wenn die Belohnung in sehr naher Zukunft liegt. „Offensichtlich wird durch den kurzfristig zu realisierenden Gewinn die Lebhaftigkeit der Vorstellungen darüber, was man mit diesem Gewinn alles anstellen könnte, so stark aktiviert, dass die Attraktivität einer kleinen Summe überproportional verstärkt wird oder die Einschätzung des Risikos minimiert" (Elger und Schwarz 2009, 126). Wenn die Musik an den Finanzmärkten spielt, scheint es einen unvermeidlichen Drang zu geben, in die Vollen zu gehen, nach dem Prinzip: Wir leben jetzt, nach uns die Sintflut!

Die Autoren gehen auch auf die zu Zeiten der FK viel kritisierte Gier ein. Habgier sei eine bekannte Sucht, nicht zufällig spiele bei vielen Finanzmarktakteuren Kokain eine Rolle, desen Einnahme wie alle Süchte zu Fehlverhalten führe und auf eine Überfunktion des Belohnungssystems zurückgehe. Adolf Merckle und sein tragisches Ende sowie Bernard Madoff werden als Beispiele angeführt, wobei allerdings nicht übersehen werden sollte, dass sich Gier in allen Bevölkerungsschichten findet (wer kaufte die Lehman Zertifikate?). Unehrlichkeit wird gefördert durch Anonymität (z.B. in Großunternehmen) und je weniger man die belogene Person persönlich kennt. Sekuritisierung, die Transformation von Investmentbanken aus Partnerschaften in Aktiengesellschaften und der Abbau des *relationship banking* dürften somit die Tendenz zum Betrug erhöhen (Elger 2009,152-153).

Hinzu kommt die Polarisierung zweier Normensysteme, deren Inhalte sich gegenseitig ausschließen. „Das eine ist das System der sozialen Normen, zu denen Hilfsbereitschaft, Fairness und Rücksicht gehört, das andere ist das System der Marktnormen, in dem es um Lohn und Leistung, Vor- und Nachteile, um Preise und den Willen, etwas zu haben, geht" (ebenda, 155). Aus den Beschreibungen der Insider ging hervor (Kapitel III.2), dass die Arbeitsatmosphäre in den Investmentbanken grenzenlos auf das System der Martknormen ausgerichtet ist. Gewinnträchtige Trades werden durchgezogen, ob Staaten zusammenbrechen oder Menschen hungern, diese Fragen liegen ausserhalb des Horizonts. Abschließend bemerkt Elger, dass kein Zweifel bestehen könne, dass einige Basisemotionen menschliche Entscheidungen fundamental beeinflussen, dazu gehören Optimismus (Keynes' Animal Spirits), Ärger und Furcht.

Ariely berichtet von einem Experiment, bei dem eine einfache Computeraufgabe so oft wie möglich in einer bestimmten Zeitspanne zu lösen war. Die Teilnehmer, denen Geld geboten wurde, bemühten sich mehr als diejenigen, die weniger Geld bekamen. Aber am besten schnitt die Gruppe ab, die gar kein Geld erhielt, „our participants worked harder under the nonmonetary social norms than for the almighty buck" (Ariely 2008, 71). Möglicherweise sind die Leistungen der Spitzen-CEOs in der Finanzbranche deshalb so schlecht, weil hier ein motivationaler Verdrängungseffekt *(crowding out)* am Werk ist. Mit Plato könnte man meinen, dass die wichtigsten Ämter ganz interesselos und nicht pekuniär mit rein intrinsisch Motivierten besetzt werden sollten, denen statt Geld soziale Achtung (Japan) entgegen zu bringen wäre (siehe auch die Überlegungen zu Boni in Kapitel IV.10).

Je mehr sich Institutionen rein über Marktprozesse definieren, umso stärker treten also die sozialen Normen zurück. Mit institutioneller Größe und Komplexität hat auch das Phänomen der Verantwortungsdiffusion zu tun: Je mehr Personen an Entscheidungen beteiligt sind (dies gilt auch für unübersichtliche Strukturen der Regulatoren und Kontrollbehörden), umso mehr teilt sich Verantwortung, bis sich schließlich niemand mehr für irgend etwas verantwortlich fühlt. ‚Pluralistische Ignoranz' gegenüber Risiko entsteht, wenn über viele Jahre nichts passierte (keine CDS wurden fällig), alle mitmachten und es dann wohl auch nicht weiter gefährlich zu sein schien (zu diesen Mustern sowie Herdentrieb und Gruppendenken siehe Dieter Frey und Andreas Lenz 2010 und Peterson 2007).

Zum Anlageverhalten von Privatinvestoren finden sich in der Literatur zahlreiche interessante Hinweise. Mullainathan und Shleifer belegen empirisch anhand der Werbung in den Zeitschriften *Business Week* und *Money* die große Bedeutung von (manipulativen) Überzeugungen bei Anlageentscheidungen. Sie unterscheiden zwei Bezugssysteme: Wachstum und Gewinn (Gier) versus Sicherheit (Angst). „Over the course of the internet bubble, advertisers tapped into the growth system of beliefs when stock prices were rising, and into the protection system when prices were falling ... Our analysis shows that, at a minimum, financial institutions encourage speculation rather than contrarian behavior through their persuasion strategies. If such persuasion works (something we do not show), its effect is to destabilize prices" (2005, 24). Seit dem Jahr 2008 werden in Deutschland überwiegend Garantie-Produkte angeboten.

Choi et al. (2008) untersuchten auf repräsentativer Grundlage die Fähigkeit von Durchschnittsmenschen, unter ihnen immerhin MBA Studenten von Wharton und des Harvard Campus, einfach strukturierte Fondsprospekte zu interpretieren und die gewinnoptimale Kombination herauszufinden. Die meisten Beteiligten waren ziemlich überfordert. „(M)any people do not realize that mutual fund fees are important for making an index fund investment decision ... even investors who realize fees are important do not minimize index fund fees ... even when fee information is transparent and salient reduces allocations to high-cost funds ... investors are strongly swayed by historical return information" (2008, 5-6, i.O. fett).

Bei Elger und Schwarz findet sich ein Kapitel zur Frage der Finanzkompetenz der Deutschen. Sie unterscheiden den Souveränen (Informierten), den Ambitionierten, (Risikobereitschaft), den Pragmatiker (Mittel zum Zweck), den Delegierenden (Expertenvertrauen), den Sicherheitsorientierten (Konservativanleger), den Bescheidenen (Sparmentalität), den Resignierten (Überforderung) und den Sorglosen (Desinteresse). In einer Umfrage gehörten 20% zu den Resignierten, 16% zu den Sorglosen und 10 zu den Bescheidenen. Fast die Hälfte der Deutschen begegnet demnach offen dem Finanzbereich mit Unkenntnis, Abwehr und Misstrauen. Interesse und Spaß an Geldthemen bekundeten 18% (Ambitionierte und Souveräne, ebenda, 88-92). Der tatsächliche Anteil der Desinteressierten und Überforderten dürfte noch darüber liegen, da man sich sicher nicht so gerne als ignorant und überfordert outet. Für die Finanzbranche ist gewollte und gefühlte Inkompetenz natürlich ideal, da die Käufer der Produkte sich so leichter verkaufen lassen.

Ein besonders heikles Kapitel in der Diskussion um die Ursachen der FK stellt betrügerisches Verhalten dar, für das es neben Anschauungsmaterial aus der Realität auch einige Experimente gab (Ariely 2008, 200-202). Betrügerisches Verhalten ist u.a. erstaunlich situationsabhängig: Bei der Chance zu kleineren Betrügereien sinkt die Wahrscheinlichkeit immens, wenn vorher die zehn Gebote vorzulesen waren (ebenda, 208). Geschummelt wird besonders dann, wenn es nicht direkt um Geld geht: Herumstehende volle Cola-Büchsen verschwinden, Geld nicht (so schnell). Besonders verbreitet ist „cheating that is one step removed from cash. Companies cheat with their accounting practices; executives cheat by using backdated stock options; lobbyists cheat by underwriting parties for politicians; drug companies cheat by sending doctors and their wives off on posh vacations. To be sure, these people don't cheat with cold cash (except occasionally). And that's my point: cheating is a lot easier when it's a step removed from money" (ebenda, 218-219). Man kann hier z.B. großzügige Ratings hinzu fügen. Die irrationale Tendenz des nicht geldformartigen Betrugs erklärt Ariely, „(b)ecause we are so adept at rationalizing our petty dishonesty, it's often hard to get a clear picture of how nonmonetary objects influence our cheating" (ebenda, 219). Die wunderschön unklare und komplexe Welt der ABS, CDO und das Sekuritisierungsprocedere mögen in diesem Sinne Skrupel reduzierend hilfreich gewesen sein.

Die detailreichste Studie zu systematischem Betrug im Finanzsektor stammt von William Black (2003 und 2005a), der als Hochschullehrer und Mitglied mehrerer Kontrollbehörden die Ereignisse der *Savings and Loan-Associations*-Krise in den 1980er Jahren als systematischen unternehmensinternen Kontroll-Betrug überzeugend entschlüsselt. An der Spitze des Betrugs standen CEOs, unter Beihilfe von Rechtsanwaltskanzleien, Aufsichtsräten *(yes-men)* und manipulierten Politikern. Sie begingen systematischen Betrug gegenüber anderen Marktteilnehmern, dem nicht durch private Marktdisziplin beizukommen war. Es bedürfe unbedingt einer in den Wirtschafts- und Rechtswissenschaften völlig ausgeblendeten kriminologischen Zweiges und einer ökonomischen

Theorie des Betruges, eines kriminologischen Paradigmas. Betrug tritt oft konzentriert in Wellen auf und kann immensen ökonomischen Schaden anrichten, er ist auf die Vertrauensseligkeit der Umwelt angewiesen. Daher steht der Autor an der *University of Texas* einem *Anti-Fraud Institute* vor (zur sehr rudimentären Diskussion organisierter Kriminalität in der FK aus juristischer Sicht in Deutschland, z.B. hinsichtlich Vermögensgefährdungen und des Tatbestandes der Untreue siehe Schünemann (Hg.) 2010). Bernie Madoff könnte eine schlechte, weil übertrieben erscheinende, Erfindung Blacks sein. James Galbraith Junior (2009b) wendet das Betrugs- und bewusste Täuschungsmotiv auf die Subprimekrise an. Das netteste Beispiel stellen die im Oktober 2010 festgestellten größten Aktienkursmanipulationen durch Insiderhandel in Deutschland dar, unter deren mehr als 30 Beteiligten neben Finanzjournalisten, Vermögensverwaltern, Herausgebern von Börsenbriefen, einem Faustkämpfer aus der Rotlichtszene u.a. auch Vertreter der Schutzgemeinschaft der Kapitalanleger (SdK, C. Öfele und M. Straub) mit von der Partie waren (*SZ* vom 2./3.10.2010, 34).

Die vielen Betrugsfälle der letzten Jahre hingen nach Black auch eng mit Vorurteilen in der Wissenschaft zusammen, die für ein Betrug unterstützendes Klima sorgten. Von der ökonomischen Theorie des Rechts aus herrschte die Ansicht Easterbrooks und Fischels (1991) vor, Marktmechanismen würden Missbrauchsverhalten durch Selbstinteresse der Gläubiger und Besitzer eindämmen. „Economic theory about fraud is underdeveloped, core neo-classical theories imply that major frauds are trivial, economists are not taught about fraud and fraud mechanisms, and neo-classical economists minimize the incidence and importance of fraud for reasons of self- interest ... and ideology" (Black 2005b, 1).

Als Methode der fraudulenten Ausbeutung nennt Black forciertes, extrem schnelles Wachstum der Unternehmen, die Verleihung von Geld oder Assets an offenkundig Unzuverlässige, extremes Leverage und völlig unzureichende Verlustreserven. In eine ähnliche Richtung gehen die Überlegungen von Wolfgang Hetzer vom Brüsseler *European Anti-Fraud Office*: „Die „Finanzkrise" ist keine Krise, sondern das unvermeidliche und vorhersehbare Ergebnis einer systemischen Fehlentwicklung, an deren Beginn persönliches Versagen, professionelle Inkompetenz, politische Nachlässigkeit und kriminelle Energie stehen ... [Sie] ist ein Beleg für die soziale Sprengkraft anthropolgsicher Konstanten wie Egoismus, Gier und Verantwortungslosigkeit" (2009a, 2-3 und 2009b).

Gefordert sei eine kulturell-gesellschaftliche, normative Einbettung wie zu Zeiten des ehrbaren Kaufmanns.

Abschließend sei bemerkt, dass einige Vertreter der Behavioral Economics weder die Konsequenz ziehen, dass man gegen Irrationalitäten nichts unternehmen, noch dass man sie als Investor dank ihrer Vorhersagbarkeit nicht gewinnbringend ausnutzen kann, allerdings mit sehr begrenztem Anwendungserfolg. Ariely plädiert am Schluss seines geistreichen Buches für institutionelle Reformen, die uns zu mehr Selbstkontrolle anhalten (sollen), ohne autoritär Verhaltensvorschriften zu machen, aber auch ohne dem Zerrbild des autonomen Konsumenten und rationalen Entscheiders zu erliegen. Auch für die Finanzmarktreformen sollte man die Erkenntnis im Auge behalten, dass „people are susceptible to irrelevant influences from their immediate environment ..., irrelevant emotions, shortsightedness, and other forms of irrationality" (ebenda, 240).

Leider sind auch diejenigen, die hieraus von politischer Seite die angemessenen Konsequenzen nicht nur beim Verbraucherschutz ziehen sollten, gegen die aufgeführten Schwächen nicht gefeit.

7
Das große Staatsversagen

An dieser Stelle soll nicht die wirtschaftswissenschaftliche Literatur zu Markt- und Staatsversagen rekapituliert werden. Sie lässt sich mit Stiglitz kurz folgendermaßen zusammenfassen: „There are no theoretical grounds for the belief that unfettered markets will, in general, lead to societal well-being. The notion that markets, by themselves, lead to efficient outcomes has, in short, no theoretical justification: No one believes that the conditions under which that statement is true are satisfied ... [and] there is no general theorem asserting the inevitability of ‚governmental failure' outweighing market failures, and no persuasive ‚counterfactual' analysis contrasting what a world without regulation might look like as compared to the current regime" (2010a, 16-17). Der Keynesianer Skidelsky wiederum identifiziert eine generelle Einseitigkeit des Keynesschen Ansatzes. „[It] abstracted from the problem of official incompetence and corruption by assuming that governments were run by omniscient benevolent experts" (2008, 1). Deduktiv lässt sich keine eindeutige, generelle (Muster)Aussage zur Vorrangigkeit des Markt- oder Staatsversagens treffen, es bedarf einmal mehr des induktiven empirischen Blicks.

Jakob Vestergaard (2009, Teil 2-3) hat im Anschluss an Foucaults Thesen zur Biopolitik in einer orginellen Studie nachgewiesen, dass man bei der Finanzmarktregulierung in den letzten 20 Jahren einer Selbstkontrollpolitik der Akteure folgte, die als neue Regulierungstechnologie bezeichnet werden kann und die weder vordergründig als Deregulierung noch als Kontrolle durch die (National)Staaten aufzufassen sei. So werden semi-autonome Einrichtungen wie das *Financial Stability Forum* zu ‚Disziplinarinstitutionen' die u.a. eine ständige Transparenz der Marktakteure einfordern (die, wie die FK zeigte, doch nicht ausreichte oder der die Flankierung durch weitere Maßnahmen fehlte). Es geht um eine „infinite examination in the market place, international governmental organizations (IGOs) and their private, regional and national partners place economies in a field of surveillance, situate them in a network of registration, and engage them in a whole mass of assessments that capture and fix them. Examination in the market place is preceded, in other words, by a system of intense registration and documentary accumulation … IGOs make data on compliance with standards and with FSI norms and benchmarks in individual countries available to financial markets. Financial markets then reward or punish economies according to their degree of compliance with standards and financial soundness benchmarks" (2009, 126-127).

Transparenz schafft so ‚Wahrheit' (im dunkel-skeptischen Foucaultschen Sinne). Auch bedarf sie des institutionellen Arrangements, deren Selbstregulationsmodi der Autor anhand einer Vielzahl von Kontrollinstitutionen verfolgt. Er weist nach, dass es sich um einen ganz bestimmten Regulationsmodus handelt, in dem Märkte und nur zum Teil dem Staat zurechenbare, hybride Einrichtungen interagierten. Insofern kann man bei der Struktur der bis vor kurzem geltenden internationalen Finanzarchitektur von einem Post-Washington-Konsensus reden, der auf das anglo-amerikanischen Modell zielte und sich für freie Kapitalmobilität usw. aussprach, hierbei aber Transparenz schaffende und eine gewisse Kontrolle ausübende Institutionen (wie BIZ und das FSB usw.) für erforderlich gehalten wurden.

Aus dem bisher Ausgeführten geht hervor, dass dem Versagen des Staates bzw. öffentlicher regulativer Institutionen grundlegende Bedeutung zukommt. In gewissem Sinne kann man auch jedes Markt- auf Staatsversagen zurückführen: Da der Markt nicht genug oder falsch reguliert wurde, konnte es zu Marktversagen kommen. Andererseits liegt Staatsversagen oft nur dann vor, wenn auf den nicht oder falsch regulierten Märkten die entsprechenden Freiräume auch oft längerfristig selbstschädigend ausgenutzt werden. Unzweifelhaft kann der Staat aber durch Fehlregulation systemdestabilisierendes Verhalten regelrecht provozieren (z.B. hinsichtlich der Lukrativität der Zweckgesellschaften). Vielleicht handelt es sich aber auch um eine falsche Dichotomisierung und Staat und Markt bilden zusammen einen zu Katastrophen führenden Wechselkreis, bei dem Wachstum um jeden Preis als oberster Leitwert gilt, für dessen Verfolgung von beiden Seiten alles andere untergeordnet wird.

Auch bei der Finanzierung lassen sich Gemeinsamkeiten ausmachen: Viele Geschäftsmodelle der Finanzinstitute funktionierten nur bei steigenden Preisen (der Assets) oder einer Refinanzierung auf stets höherer Stufenleiter. Die tatsächliche staatliche Refinanzierung lässt sich als Ponzi-Schema deuten: Durch permanente Refinanzierung werden absolut (und meist relativ) immer höhere Schulden aufgetürmt und nur die Zinsen aus den steigenden Steuereinnahmen bezahlt. Auch ist darauf hinzuweisen, dass in Wirtschaft und Gesellschaft spätestens seit den 1980er Jahren die gleiche politische Leitideologie effizienter Märkte, spontaner Ordnungsbildung und Selbstregulation vorherrschte und der politische Regulator umfassende rechtliche Schritte unternahm, um seinen direkten Einfluss möglichst zu minimieren. Die Rolle der Zentralbanken bestand de facto darin, diesen Prozess unkritisch zu alimentieren. Gegenwärtig findet weder eine Neupositionierung der EZB wegen der Aufgabe ihrer vermeintlichen Unabhängigkeit statt noch lässt sich z.B. eine eigenständige Sicht zu den „Maßnahmen der Regierungen des Euro-Währungsgebietes zur Stützung des Finanzsektors" erkennen (EZB Monatsberichte, April 2010, 77-94).

Dabei hat es an Anlässen für kritische Bemerkungen nicht gemangelt. Cecchetti et al. (2010) präsentieren ungeschminkt den momentanen Verschuldungsstand und die Aussichten der OECD-Länder, deren Verschuldungsgrad sich in den letzten drei Jahren rasant um durchschnittlich 20-30% verschlechterte. Zwischen 2007 und 2011 entwickelte sich die öffentliche Gesamtverschuldung für ausgewählte Länder folgendermaßen: in Deutschland von 65 auf 85%, in Irland von 28 auf 93%, in Italien von 112 auf 130% usw., zum Vergleich sei Lateinamerika (Argentinien, Brasilien, Chile und Mexiko) genannt, dass sich von 41 auf 35% verbesserte (ebenda, 3).

Es ist nicht leicht, die Philosophie der Notenbanken im Kern zu verstehen. Cooter bemerkt, „economic theory tells us markets are efficient and should be left to their own devices. Why then do we need central bankers to set interest rates?" (2008, 25). Es fragt sich, wie die Bereitschaft der FED und der EZB zu radikalst möglichen Zinssenkungen nahe der Nullinie, der künstlichen Stützung der Kurse der Staatsanleihen durch Ankäufe und der Unterstützung der fiskalischen Stimulation mit der Ideologie freier Märkte und ihren selbstoptimierenden Eigenschaften zu vereinbaren ist. Da man im Grunde an die EMH glaubte, achtete man nicht auf die exzessive Kreditschöpfung der Banken, da ökonomische Expansion als Zeichen des Sichzubewegens auf ein neues Gleichgewicht zu deuten war, dem die Zentralbank nicht in die Parade fahren sollte.

Geht jedoch etwas wie in der FK schief, traut man den freien Märkten nicht und betreibt hydraulischen Keynesianismus. Das offizielle Ziel der Preisstabilität steht nicht mehr an erster Stelle, wenn ein Unfall in Form einer Finanz- und Wirtschaftskrise eintritt, gesamtwirtschaftliches Nachfragemanagement ist plötzlich gefragt. Dies führt, wie der Minskys Instabilitätsthese vertretende Cooter nachweist, zu „conflicting objectives, incoherent theories, and confused policies, [this] represents the current state of the art of central banking" (2008, 89). Für den Autor folgt daraus, sich an den Asset- und nicht an den Konsumgüterpreisen in der Geldpolitik zu orientieren, d.h. „moving its focus from the management of inherently stable goods markets to inherently unstable capital markets" (2008, 163), was allerdings den Thesen effizienter Märkte widerspräche,was sicher ein Grund ist, warum eine solche Neujustierung bisher nicht praktiziert wurde.

Doch zurück zur Frage, wie Staatsversagen im Allgemeinen zu erklären ist. „In some cases it is a matter of *incompetence*, in others of *corruption*, in still others it is a result of *ideological commitments* that preclude taking appropriate actions. In some cases it may be hard to distinguish the relative role played by each" (Stiglitz 2010a, 36, i.O. nicht kursiv). Die in Deutschland geführte Debatte ist leider etwas durch die Tendenz geprägt, entweder das Staatsversagen (auch von kritischer Seite) nur in Teilaspekten zuzugestehen und zu verleugnen oder aber umgekehrt das Marktversagen unter Verweis auf das primäre Staatsversagen herunterzuspielen. Konstruktiver wäre es, zu fragen, „[firstly,] are these problems [of state failures] *inevitable?* Secondly, when they occur, are there corrective processes? Thirdly, are there some regulatory measures (and some regulatory processes) that are less likely to be subverted" (ebenda, 36).

In der ökonomischen Literatur werden zwei polare Sichtweisen vertreten: Der *public interest* und der *private interest approach* (Barth et al. 2008), der mit Public Choice einhergeht. Beide Ansätze müssen sich nicht widersprechen, da der des Allgemeininteresses als Ziel, der des privaten Interesses als Beschreibung der gegenwärtigen Realsituation angesehen werden könnte. „(T)his [latter] view holds that governments regulate banks to facilitate the financing of government expenditures, to funnel credit to politically attractive ends, and more generally to maximize the welfare and influence of politicians and bureaucrats, even when loftier, public-interest objectives, are the ostensible goal ... the fact that for broader society most regulatory benefits tend to be necessarily dispersed, whereas the effects on the industry being regulated typically are more concentrated, leads many economists to presume that industries' stake in regulatory outcomes is much greater" (ebenda, 35). Die Zustimmung zu Basel II von Seiten der Politik kann man, wie schon bemerkt, u.a. durch die Regel erklären, dass Anleihen an (ehemals) solvente Staaten mit Null Eigenkapital zu unterlegen sind. Die Nonchalence gegenüber der HRE, die viele Kredite an stattliche Einrichtungen ausschenkte und der unbedingte Imperativ des Erhalts der Landesbanken als Spielwiese für Provinzpolitiker, können ebenfalls angeführt werden. Sie wurde schön konservativ-vertrauenswürdig in Deutsche Pfandbriefbank umbenannt, was nicht verhinderte, dass sie Ende 2010 weitere 40 Mrd. Euro an Garantiegeldern brauchte. Ihre Band Bank, in die stolze 200 Mrd. Euro ausgelagert werden, trägt den wohlklingenden Namen *FMS Wertmanagement*.

Auch die Rettungsaktionen der (Groß)Banken in Deutschland kann mit der Politik der bürokratischen Inertia, mit Feigheit und Faulheit oder Bequemlichkeit erklärt werden, da eine konsequente Abwicklung, Bereinigung und Neustrukturierung Mut und Energie abgefordert und Neues bedeutet hätte. Der vorherrschende Staatssozialismus mit negativem Vorzeichen (Umlegung der Kosten und Verluste auf die Allgemeinheit) ist kurzfristig der einfachere Weg, auch mangels Organisationsfähigkeit des Steuerzahlers. Die steigende Staatsverschuldung ist die große Senke für alle toxischen Abfälle. Sie kann ohne wirklich größere Probleme bis gegen 100% heraufgefahren werden. Wenn durch die FK das Wasser bis zum Hals steht, kann man im Steuerstaat eine Art Abflussbassin sehen, in das man das Wasser bis zu 100% abfließen lassen kann, dann ist es voll. Es ist der Weg des geringsten Widerstandes, der bei vollem Bassin dann neue Lösungen erfordert. Obama versucht es mit Steuererleichterungen im Vorwahlkampf 2010 mit dem alten Rezept der Ankurbelung durch weitere Neuverschuldung.

Nach Levine (2010) geht die FK wesentlich auf regulatorisches Fehlverhalten zurück, das weder durch Informationsdefizite, noch durch das Nichtvorhandensein potentieller Regulationsmacht (letztliche Souveränität der politischen Instanzen) zu erklären ist. An dieser Stelle sollen nicht die bekannten Verfehlungen auf deutscher Seite aufgelistet werden. Für die meisten Länd gilt: Incentives für kurzfristige Gewinne werden bei Akzeptanz längerfristiger Risiken, aber mit entsprechenden positiven

Auswirkungen auf Wachstum, Beschäftigung und z.b. Steuereinnahmen zugelassen. Als konkretes Beispiel aus den USA führt Levine die Aufwertung und praktische Errichtung eines Monopols der drei großen Ratingagenturen durch die Schaffung einer *Nationally Recognized Rating Organization* (NRSRO) von Seiten der SEC im Jahr 1975 an, die ihre oligopolistische Machtstellung überhaupt begründete. Ferner: „The explosive growth of CDS was abetted by the Fed's 1996 decision permitting banks to use CDSs to reduce capital reserves ... Regulators treated securities guaranteed by a seller of CDSs as having the risk level of a seller – or more accurately, the counterparty – of the CDS ... For example, a bank with a typical portfolio of $ 10 billion of commercial loans could reduce its capital reserves against these assets from about $ 800 million to under $ 200 million by purchasing CDSs for a small fee" (ebenda, 13-14). Der Autor belegt, dass sich durch diese Praxis Probleme ankündigten, die bestens und allgemein bekannt waren. Er nennt ferner die bewusste Verhinderung größerer Transparenz im Bereich der OTC-Derivate, was von der CFTC unter Brooksley Born dringend eingefordert und von der FED (Greenspan), dem Finanzministerium (Rubin und Summers) und der SEC (Levitt) verhindert wurde, da man die Wachstumsimpulse nicht behindern wollte.

Im Jahr 2004 befreite die SEC die Investmentbanken von der sogenannten *net capital rule*, die seit 1975 Mindesteigenkapitalanforderungen festlegte; nunmehr sollten die Akteure selbst anhand eigener Risikomodelle entscheiden. Für die Aufsicht der Banken hatte die zuständige SEC exakt sieben Personen zur Kontrolle der 4 Billionen Assets der Investmentbanken. Im Jahr 2005 fand nicht eine Inspektion der kurz darauf kollabierenden Banken statt. Ein besonderes Kapitel im großen Buch des Staatsversagens sind die Regeln für Fannie Mae und Freddie Mac, die ab 2001 Hypotheken ohne Eigenanteil verkauften und zwischen 2005 und 2007 für rund eine Billion Subprime-Hypotheken vergaben und kauften, nachdem bereits in den 1990er Jahren insgesamt drei Billionen vom Kongress im Rahmen von *affordable housing missions* bewilligt wurden.

„The evidence indicates that financial sector policies during the period from 1996 through 2006 precipitated the crisis. Either by becoming willfully blind to excessive risk taking or by maintaining policies that encouraged destabilizing behaviors, policymakers and regulatory agencies contributed to the financial system's collapse" (Levine 2010, 28).

Nach dem Kollaps wurde auch die FED als Feuerwehr aktiv und kündigte im ersten Quartal 2009 an, längerfristige Regierungsanleihen im Wert von 300 Mrd. Dollar und Hypotheken von Fannie und Freddie von 750 Mrd. Dollar aufzukaufen, um die Hypothekenpreise (künstlich) niedrig zu halten.

Posner bemerkt zutreffend, dass in den USA „the government's senior economic officials – Ben Bernanke, Timothy Geidner, and Lawrence Summers – were implicated in the failures and therefore do not want to draw attention to them. We are in the presence of the politics of denial" (2009a, 2). Bernanke unterstützte stets die lockere Geldpolitik Greenspans, er bestritt Probleme am Häusermarkt bis kurz vor dessen Zusammenbruch. Sie sahen den Kollaps der Finanzmärkte nicht voraus und verantworteten den Zusammenbruch Lehmans. Auch hörte man von ihnen kein Wort über ansteigende Risikopositionen bei den Finanzinstituten vor der Krise. Posner fragt, warum hier keine Auswechselung des Teams vorgenommen wurde und sich die Marktkräfte etwas ausleben durften. „Instead, governmental authorities, facing elections every two years, tried to avoid in each instance the necessary short-term pain by providing surface patches on an otherwise unsustainable path of growth-at-all-costs, thereby laying the groundwork for the next bigger crisis" (Schoess 2009, 3).

Man muss Schoess, Chief Economist der *Options Clearing Corporation*, in seinem Glauben an die wahrscheinliche Krisenlosigkeit nichtregulierter Märkte keineswegs folgen, um nicht doch seinen Hinweis auf die parallele Logik privater und öffentlicher Akteure anzuerkennen. „The preoccupation of corporations with quarterly results is at times trumped only by government's hysteria over monthly growth and unemployment rates. Such short-sighted and politically charged reactions to perceived or real issues contribute to an economic future that was necessarily more and more unsustainable and unstable" (ebenda, 3).

In dieses Muster passen auch die zeitweise recht niedrigen Zinssätze in den USA, die John Taylor zum Vorwurf der zu lockeren Geldpolitik führte, da man sich weder bei der Fed noch bei der EZB an die Taylor-Regel hielt (Taylor 2008 und 2009). Es soll hier nicht in die Diskussion der Zinsfrage als Auslöser der Krise eingetreten werden. Natürlich können niedrige Zinsen zu mehr Hauskäufen und Leverage anregen. Die Extremposition, die behauptet, die amerikanische Zinspolitik hätte keinen Einfluss gehabt, ist übertrieben. Gleiches gilt sicher auch für das Gegenargument, dass nur die Zinspolitik und die Rettungspakete entscheidend waren (Ferguson und Johnson 2010 contra Taylor). Cassidy bemerkt zutreffend, „it was the twinning of the two policies that was to prove so disastrous. In a modern economy with a large financial sector, the combination of cheap money and lay oversight, if maintained for years on end, is sure to lead to trouble ... The combination of a Fed that can print money, deposit insurance, and a Congress that can authorize bailouts provides an extensive safety net for big financial firms. In such an environment, pursuing a policy of easy money plus deregulation doesn't amount to free market economics; it is a form of crony capitalism" (2009, 233-234).

Stiglitz weist allerdings immer wieder darauf hin, dass niedrige Zinsen bei verantwortlichem Verhalten der Marktakteure auch durchaus ein Segen sein können (2009a). In Deutschland galt in den Jahren vor der FK der von René Zeyer ausgesprochene Sachverhalt: Die „Zinsen kompensierten bestenfalls die Teuerung ... Sie lagen auf jeden Fall immer darunter, nachdem der Fiskus seinen Anteil an den Zinsen und dem Kapital abgeholt hatte. Wer sein Geld einigermaßen vor diesem Wertzerfall schützen wollte, wurde von seiner beratenden Bank höflich, aber bestimmt in den Finanzmarkt mit all seinen attraktiven Anlagemöglichkeiten gelenkt" (manager-magazin.de vom 9.2.2009, 2). Bedauerlich und unnötig ist die oft ablehnende Haltung von Seiten der Keynesianer hinsichtlich der problematischen Bedeutung sehr niedriger Zinssätze und einer großzügigen Geldversorgung (Horn, Bofinger), da eine sehr lockere Zentralbankpolitik ohne Frage übertriebener Kreditexpansion und eventuell folgender Assetpreisblasen den Weg mit bereitet (Allen 2005).

Niedrige Zinsen passen recht gut in das Gesamtszenario der *Public Private Partnerships* als bevorzugtem Politikstil. Beide Seiten setzen auf Wachstum, dem möglichst wenig in den Weg gelegt werden sollte. Der sogenannte Greenspan- (oder EZB-)Put (Absicherungen gegen Kursstürze) zeigt auch die schon erwähnte Verklammerung mit dem marktliberalen Dogma: Man führt der Wirtschaft billiges Geld zu, da diese schon wisse, in welchem Umfang und was man damit anfangen sollte, geht mal etwas schief, sind dies akzidentelle Unfälle und die Aufgabe der Zentralbank besteht dann darin, die Pferde möglichst schnell wieder zum Laufen zu bringen.

Eine der besten Kritiken der Regulationspolitik vor der FK dürfte von Arnold Kling (2009) stammen, der von 1980-1986 Ökonom im Stab des

7 Das große Staatsversagen 315

Board of Governors der FED und von 1986-1994 Senior Economist bei Freddie Mac war. Er betont die falsche Philosophie der Regulatoren. „Regulators, too, placed too much confidence in financial engineering. Regulators, too, thought that the dispersal of risk into the ‚shadow banking system' helped make the core financial system safer. Regulators, too, thought that securitization was a superior form of mortgage finance" (ebenda, 5). Der Autor zeigt im Detail, warum Sekuritisierung, Marktwertbilanzierung und risikobasierte Eigenkapitalanforderungen als Konsequenzen aus der Krise der amerikanischen Sparkassen in den 1980er Jahren eingeführt wurden. „The common assumption was that profit-driven financial institutions knew what they were doing" (ebenda, 19). In den Jahren 2003 und 2004 hätte man ohne Probleme den staatlich beeinflussten Häusermarkt beruhigen können, doch hätte man die allgemeine Hochstimmung und die Häuserlobby ohne allergrößte Widerstände bremsen können?

Präzise zeichnet der Autor die Veränderungen im Bereich der Beseitigung von Eintrittsbarrieren (Zulassen von Universalbanken usw. bis hin zum *Gramm-Leach-Bliley-Act* im Jahr 1999) nach. Hierbei habe man die andere Seite der Medaille übersehen, dass nämlich durch mehr Wettbewerb und niedrigere Margen durch einen Zwang zu höherem Risiko die Sicherheit negativ beeinflusst werden kann, so dass Ineffizienz im engeren Sinne auch positive Funktionen haben könne, indem es weniger Risiken eingehenden Finanzinstituten eine Überlebenschance bietet. Bei CDS habe man nicht bedacht, dass in normalen Zeiten der Ausfall von Anleihen und Hypotheken sehr unwahrscheinlich ist, und mechanisch die Prämien eingefahren werden, wenn aber etwas passiert, Verluste kumulieren und sehr hoch ausfallen. Letztlich könne man feststellen, „that regulators were subject to the same cognitive shortcomings as private sector participants" (ebenda, 44), man solle daher besser prinzipiell einfache Regeln (z.B. simple Verschuldungsgrenzen) einführen (siehe hierzu Kapitel IV.2).

James Galbraith Junior greift zur Beschreibung der amerikanischen Politik auf an Veblen erinnernde Motive zurück und beschreibt das Aufkommen eines *predator state* in den USA (2008, Kapitel 10; deutsche Übersetzung 2010). „The nonindustrial orders comprise the leisure class: warriors, government, athletes, and priests. Captains of industry are an outgrowth of the warrior caste, which explains the organization of much of business along military lines. The leisure classes do not work. Rather, they hold offices. They perform rituals. They enact deeds of honor and valor. For them, income is not compensation for toil and is not valued mainly for the sustenance it makes possible. Income is, rather, a testament by the community to the prestige it accords the predatory classes, to the esteem in which they are held" (2008, 127).

Die Räuber *(predators)* sind eine bestimmte Koalition, in den USA u.a. die Kohle-, die Militärgüter- und -dienstleistungen anbietende und die Finanzbranche, die den Staat zu kontrollieren trachten. Sie haben kein Interesse, seinen Einfluss zu verkleinern, sondern ihn auszunutzen. Hierbei bedient man sich oft der Institutionen, die ehemals zugunsten der Mittelschichten (und Menschen mit geringen Einkommen) eingerichtet wurden und lenkt die dort vorhandenen Ressourcen um, was Galbraith an vielen Beispielen aus der jüngsten Vergangenheit illustriert. „Everywhere you look, regulatory functions have been turned over to lobbyists. Everywhere you look, public decisions yield gains to specific private persons. Everywhere you look, the public decision is made by the agent of a private party for the purpose of delivering private gain. This is not an accident: it is a system" (2008, 147).

Sind die Zustände in Deutschland anders? Susanne Schmidt widmet dem Thema ein Kapitel und ist sich sicher, „dass in der westlichen Welt die Lobby des Finanzwesens der schlagkräftigste aller Lobby-Verbände ist, noch effizienter als die Lobby auf dem Energiesektor, dem Autosektor, dem Rüstungssektor oder im Pharmabereich ... Der Grund liegt nicht nur in dem vielen Geld, mit dem Heerscharen von Lobbyisten bezahlt werden, sondern in den exzellenten Verbindungen auf aller höchster politischer Ebene. Die Topbanken beraten nicht nur in den USA, sondern überall auf der Welt die Regierungschefs und ihre Minister" (2010, 145). So lässt sich auch die deutsche Bundeskanzlerin von Josef Ackermann beraten.

Die wohl deutlichste und dauerhafteste (siehe auch den Blog baseline scenario.com) Kritik der amerikanischen Regulierungspolitik dürfte von Simon Johnson (Johnson und Kwak 2010) stammen. Sie vertreten in ihrem reichhaltigen und interessanten Buch die These der neuen Oligarchie durch die softe Macht der Ideologie oder des Zugangs zu (Lobbying) oder der Besetzung von politischen Ämtern. Unter Bush und Obama, der die Konfrontation mit der Finanzindustrie scheue, werde die Politik durch Personen und Interessen der Wall Street bestimmt, einer Finanzaristokratie, vor der schon Thomas Jefferson warnte. Sie ist heute

Teil eines Konglomerats von Interessengruppen, „die maßgeblichen Einfluss auf die amerikanische Wirtschafts- und Sozialpolitik nehmen, [zu ihnen] gehören die Finanz-, die Pharma-, die Mineralöl- und die Bergbauindustrie. Ihr politischer Einfluss macht eine rationale Politikgestaltung praktisch unmöglich" (Stiglitz 2010b, 367). Als eines der vielen Beispiele der Kaperung der Politik durch die Finanzindustrie sei hier nur Henry Paulson erwähnt, dem letzten Finanzminister unter Bush, der von 1999-2006 Vorstandsvorsitzender von Goldman Sachs war und für seine Branche das 750 Mrd. Dollar schwere Rettungspaket durchsetzte.

Die Autoren zeigen an vielen Beispielen, dass Steuergelder für die Rettung des Finanzsektors in einer Weise eingesetzt werden, die nur diesem dienen. Bei AIG sprang der Steuerzahler für die Summe von 180 Mrd. Dollar ein, die Gegenparteien erhielten volle 100% des Gegenwertes, was für Goldman Sachs, Bank of America, Citigroup und die Deutsche Bank Milliarden wert war. „A similar asset guarantee was provided to Bank of America in January, apparently in exchange for its agreeing … to complete the acquisition in Merrill Lynch in December. This time, the government guaranteed a $ 118 billion pool of assets in exchange for $ 4 billion in preferred stock. But in a bizarre twist, even though the deal was announced … it never actually closed (because of technical difficulties in identifying the specific assets to be guaranteed). As a result, the government never got the $ 4 billion in preferred stock, and when Bank of America's outlook improved it was allowed to walk away from the deal for a fee of $ 425 million" (ebenda, 168-169). Das Buch ist voll mit weiteren Beispielen, von Seite zu Seite summieren sich die Geschenkmilliarden auf.

Was früher als typisch für Zustände in Entwicklungsländern angesehen und durch strenge Auflagen und Austeritätsprogramme des IWF bestraft wurde, zeichne nun auch die USA aus, nämlich „high levels of debt, cozy relationships between the government and powerful individuals in the private sector, and dependence on volatile inflows of capital from the rest of the world" (ebenda, 40). Ihr geschichtlicher Überblick zeigt, dass zwischen 1945 und 1973 eine beachtliche, reale, durchschnittliche 4%ige Wachstumsrate vorlag in einem ‚langweiligen' und sicheren Finanzumfeld, in dem Unternehmen „raised short-term money by taking out bank loans, they raised long-term money by issuing bonds, and they raised capital by issuing stock" (ebenda, 62). Ermöglicht wurden die Veränderungen durch das Aufsteigen der Wall Street als neuem amerikanischem Traum, wobei die gelegentlichen Insiderberichte, Filme und Romane den Heldenstatus ihrer liebenswert bösartigen Akteure in der Gesellschaft nur erhöhten. Drei Arten von Kapital ermöglichten das Capturing des öffentlichen Sektors: Traditionelles Kapital (Wahlkampfgelder), Humankapital (Wall Street-Veteranen, die in Washington als Experten in der Politik tätig wurden) und schließlich kulturelles Kapital, die Idee, dass ein raffinierter Finanzsektor gut für ganz Amerika sei (ebenda, 90 und 105).

Trotz aller Einschränkungen und Gegenevidenzen (die in Kapitel II zur Sprache kamen) spielte hierbei auch eine einfache Version der EMH eine Rolle: „If a free market will always produce fundamentally correct asset prices, then the financial sector can be left to its own devices … if a financial transaction was taking place, it was a good thing. This belief reflects a general economic principle; given perfectly rational actors with perfect information and no externalities, all transactions should be beneficial for both parties" (ebenda, 69).

Vor allem in den 1990er Jahren sollte sich dies durch das Entstehen von Megabanken in einer deregulierten Umwelt ändern. „Something changed during the last quarter-century. One factor was a wave of mergers that created fewer and fewer, but larger and larger, financial institutions. JP Morgan Chase was the product of the mergers of Chemical Bank, Manufacturers Hanover, Chase Manhattan, J.P. Morgan, Bank One, and First Chicago – all since 1991 – even before the bargain-basement acquisitions of Bear Stearns and Washington Mutual in 2008" (ebenda, 59). Die Megabank hatte in 2009 Assets im Wert von über zwei Billionen. Ähnliche Entwicklungen und Zahlen liegen für die Citigroup u.a. vor. Mit strukturierten Produkten (ABS, CDS, MBS, Derivate aller Art und Sekuritisierung) verdienen sie ihr Geld auf oligopolisierten Märkten. Sehr zupass kommt die Tatsache, dass die nunmehr komplizierten Produkte Experten benötigen, die nur in der Finanzbranche zu finden sind und Regulierer überfordert. Die nunmehr noch sechs Megabanken haben eine implizite Staatsgarantie mit dem üblichen Moral Hazard, da neben dem aktiven Capturing ihre systemrelevante Funktion alleine durch ihre Größe gegeben ist und Wirkung zeigt.

„Krugman, Stiglitz, and others argued that the government should take over banks, clean them up so they would function normally, and sell them back into private hands when possible" (ebenda, 176). Prinzipiell sei eine Größenbegrenzung vorzunehmen, z.B. die Bilanzsumme auf 4% des BIP (2010: = 570 Mrd. Dollar) und für Investmentbanken auf 2% zu begrenzen (ebenda, 214-215; an anderer Stelle wird ein Limit von 100 Mrd. Dollar favorisiert, siehe Kapitel IV.4). Von diesen Regeln wären wie erwähnt die sechs Megabanken Bank of America, JP Morgan Chase, Citigroup, Wells Fargo, Goldman Sachs und Morgan Stanley betroffen. Die Obama-Administration hat bisher die Konfrontation vermieden. Die Veränderung der Spiellizenz für die Megabanken kann nach Johnson und Kwak letztlich nur durch einen Gesinnungswandel der Öffentlichkeit herbeigeführt werden, „(i)n the long term, the most effective constraint on the financial sector is public opinion ... This is at heart a question of politics, not of economics or of regulatory technicalities" (ebenda, 221).

Die Autoren sprechen hier etwas Fundamentales an: Die Regulierung und Ausgestaltung des Finanzsektors ist letztlich keine technokratisch zu befindende, sondern eine normative gestalterische Frage, über die die demokratische Öffentlichkeit zu deliberieren hätte. Tatsächlich aber wird die Finanzmarktreform als Expertendialog geführt, weitgehend unter Ausschluss der Öffentlichkeit. Es handelt sich größtenteils um die gleichen Experten, die noch vor kurzer Zeit vehement die Deregulierungsvorschläge als Stand der Forschung und des exklusiven Fachwissens vertraten und verkauften; ein Beispiel: „The key to strengthening the banking system is to be found in deregulation of the banking industry rather than in the creation of new government agencies or regulations" (White 1983, 227). Nils Minkmar stellte in *FAZNet* fest („Die Krise hat erst begonnen", 7.2.2009), die Menschen ‚schauen zu, geduldig und nett wie wir postmodernen Menschen heute sind'. Die Metaphern der FK begünstigen dies: Von Tsunamis ist die Rede und von toxischen Papieren, Bilder naturwissenschaftlichen Ursprungs, die nicht veränderliches und intentional Herbeigeführtes suggerieren. Ein großer Dialog müsse begonnen werden, bis heute fand er nicht statt.

Aus diesem Grund spendiert George Soros 50 Mio. Dollar zur Gründung eines *Institute for New Economic Thinking* zur Förderung von Forschungsvorhaben, Symposien usw., da das alte Paradigma falsch war, aber ein Neues und der öffentliche Diskurs darüber fehle (M. Hersh: Converting the preachers, in *Newsweek* vom 27.10.2009). In einem solchen Dialog müssten die vorgesehenen Alternativen „be in accordance with clearly stated and explicit rules that can be communicated to the general public and can gain public support" (Hillinger 2009, 66, der nicht primär den Steuerzahler belastende Alternativlösungen der Subprime-Krise vorstellt).

Roger de Weck hebt den systemimmanenten Hintergrund der erlernten Hilflosigkeit und Apathie der meisten Menschen hervor, dass nämlich „gerade der Kapitalismus viele aktive Bürger zu passiven Konsumenten verkümmern lässt ... Die von Ultraliberalen angestrebte Vormacht der Ökonomie über die Demokratie forciert den vielbeklagten Verlust an Bürgersinn. Noch toxischer als manches ‚strukturierte Produkt' ist der strukturelle Primat der Wirtschaft über die Politik" (2009, 39).

Abschließend kann man bei der Gewichtung zwischen Markt- und Staatsversagen dem konservativ-liberalen Richard Posner zustimmen. „Some conservatives believe that the depression is the result of unwise governmental policies. I believe it is a market failure ... the absence of these or other preventive measures was the result not of too much government but of too little: not of intrusive, heavy-handed regulation of housing and finance but of deregulation, hostility to taxation and to government in general, and a general laissez-faire attitude" (2009a, XII und 113). Posner beschreibt als Argumente gegen diese Haltung sehr informativ die rapide Expansion des Finanzsektors, die Bedeutung von Emotionen, Herdenverhalten, objektiver Unsicherheit, die neuen Finanzinstrumente, das Fehlen einer obersten Aufsichtsbehörde usw. Ähnlich Veblen gibt er auf die Frage, warum die Warnsignale übersehen wurden, die Antwort, „theoretical preconceptions" hätten dies verhindert, die meisten Politiker und Ökonomen seien „heavily invested in the ideology of free markets" gewesen (2009a, 134). Auch fehle es in der Ausbildung z.B. an wirtschaftsgeschichtlichem Wissen (ebenda, 260-261).

Peer Steinbrück stellt im Rückblick auf seine Zeit als Finanzminister fest: „Die entscheidende Frage ist nicht beantwortet: Wer hat den Primat – die Politik oder die Finanzindustrie?" (*Spiegel*-Interview vom 13.9.2010, 40). In einer demokratisch verfassten Gesellschaft darf ihn nicht die Finanzindustrie haben. Eine Aufgabe der Sozialwissenschaften wäre es, die Arbeit des öffentlichen Sektors und seiner Regulationstätigkeiten durch konstruktive Vorschläge zu verbessern, die nicht von vornherein auf seine Schwächung hinauslaufen. Es bedürfte einer Universität und anderer Einrichtungen, die sich der Ausbildung von Staatsdienern widmen und bereits im Curriculum nicht dem nach wie vor vorherrschenden marktliberalen Paradigma folgen, sondern ein allgemeines Wohlfahrtsethos vertreten, ganz im Sinne der „alten Staatswissenschaften" (Peukert 2005), die neben der Säule der Märkte die leitende Hand des demokratischen Staates für unverzichtbar erachteten.

Die zur Vermeidung gravierenden zukünftigen Staatsversagens nötigen institutionellen Verbesserungen im Staatsapparat sind zurzeit nicht vorrangiger Gegenstand der sozialwissenschaftlichen Diskussion, sie können auch im folgenden Kapitel mit den Reformvorschlägen zum Finanzsektor leider nicht angegangen werden. Auch in der Lehre geht alles seinen bisherigen Gang. Alternative Lehrbücher zur Mikro- und Makroökonomie werden nicht einbezogen, obwohl es sie gibt. Hugh Strettons (2000) vorbildliche Einführung beginnt mit dem Grundtatbestand verschiedener Grade von Unsicherheit, der Problematik der Identifizierung von Ursachen und Wirkungen, den Schwierigkeiten, vernünftig zu wählen usw. Er behandelt den ganzen Kanon der üblichen Einführungsmikro- und -makrotheorie, bettet sie aber in den Kontext von alternativen Wirtschaftstheorien, Werten, demokratischen Grundsätzen und Handlungsstrategien auch des öffentlichen Sektors ein. Hier könnten Versuche zur zukünftigen Vermeidung oder Verringerung des Staatsversagens ansetzen (siehe die weiteren Überlegungen zur Verbesserung der Staatsqualität in Kapitel IV.2).

8
Die Notwendigkeit einer postautistischen Wirtschaftswissenschaft

An dieser Stelle ist der heiklen Frage nachzugehen, was aus den Erkenntnissen der FK und des BBP für die Wirtschaftswissenschaften an Reformbedarf folgt, wobei der Verführung wiederstanden wird, in grundsätzliche epistemologisch-ontologische Bereiche vorzudringen (siehe z.b. Pühretmayer 2005 zum kritischen Realismus und Kähr 1996 zur Polykontextualiätstheorie). Was folgt methodologisch aus der weiter oben dargelegten Sichtweise der Welt II und des BBP? August-Wilhelm Scheer, Wirtschaftsinformatiker an der Universität Saarbrücken und Gründer der Softwarefirma IDS Scheer stellt fest: „Wer eben über kein wirtschaftsgeschichtliches Wissen verfügt und nur seine Formelsammlungen im Studium gelernt hat, der kann die gegenwärtige Wirtschaftskrise nicht einordnen und bewerten" (2009, 2).

Diese Unfähigkeit, durch das Umwidmen von Lehrstühlen zur Wirtschaftsgeschichte zugunsten der Wirtschaftstheorie verstärkt, bezieht er ausdrücklich auf den ‚panischen Aktionismus' der meisten Wirtschaftspolitiker, die konzeptionslos plötzlich eine aktive Geld- und Fiskalpolitik betreiben, aber auch auf das (Risiko)Management von (Finanz)Unternehmen, die mehrheitlich durch die Schule reduzierter mathematischer Modelle gingen. Hierunter leide auch die Kompetenzentwicklung von Entrepreneurship. „Die Komplexität realer Großunternehmen mit ihren rechtlichen, organisatorischen, logistischen, technischen, psychologischen, soziologischen und unternehmensgeschichtlichen Zusammenhängen blieb auf der Strecke" (ebenda). Er fordert „mehr Wirtschaftsgeschichte und weniger Mathe, mehr Geschichte, Psychologie, Soziologie und weniger abstrakte Modelle, mehr Ethik und weniger Ego" (ebenda). Es bedarf anscheinend keiner lebenslangen Kasernierung im Elfenbeinturm und einer marktkritischen Gesinnung, um aus guten Gründen für eine interdisziplinär-breite Wissensgrundlage zu plädieren.

Neben dem Modellplatonismus sollen auch die negativen Folgen reiner Datenhuberei nicht in Vergessenheit geraten. Trotz einiger bereits zitierter interessanter Aussagen können Reinhart und Rogoff (2010) als Beispiel dienen, deren Buch einen immensen Datensatz mit alleine 250 Auslandsschuldenkrisen verarbeitet. Ihre riesige Datenbank überspannt 8 Jahrhunderte, 66 Länder und deren Staatsschulden, Inflationsraten, Währungskrisen, Inflationen, Zinssätze, Rohstoffpreise und vieles mehr. Der Datenanhang umfasst mehr als 100 Seiten. Doch irgendwie enttäuscht das langatmige Buch der beiden renomierten Betriebswirtschaftsprofessoren. Finanzkrisen sind ihrer Ansicht nach unberechenbar und schädlich, sie entstehen durch Vertrauensentzug. Exzessive Schulden sind schlecht, wer zu hoch verschuldet ist, für den sind Probleme vorprogrammiert (2010, 41). Eine internationale Kontrollbehörde und ein supranationaler Rahmen zur Durchsetzung grenzüberschreitender Schuldkontrakte (ebenda, 106) wären sinnvoll, Reputation spielt auch eine Rolle usw. Alles wohl wahr, aber langt das und braucht man zu diesen Erkenntnissen ein gigantisches *datamining*?

Was dem Buch völlig fehlt sind theoretische Begründungen, Vermutungen und Zusammenhänge. Ab wann wird es für ein verschuldetes Land kritisch, gibt es einen Unterschied in der Bedeutung der Inlands- im Vergleich zur Auslandsverschuldung? Ist es wichtig, ob eine eigene Notenpresse vorhanden ist und flexible oder fixe Wechselkurse vorherrschen? Die private Gesamtverschuldung der Amerikaner betrug 1993 80% des BIP, in 2006 130%. Waren 80% schon zu viel, liegt die Grenze bei 100%? Liegt diese Grenze z.B. bei EU-Ländern niedriger, da sie keine Souveränität über die Notenpresse haben? Wird durch das Anwerfen der Notenpresse das Verschuldungsproblem nur vertagt, so sehen es die Autoren ohne Erklärung, oder wie in den USA seit 220 Jahren kunstvoll abgefedert (siehe auch die treffende, ähnlich lautende Kritik von Nersisyan und Wray 2010, deren Gegenposition man nicht automatisch teilen muss)?

Da diese Fragen nicht beantwortet werden, kann man sich nur über die sehr unterschiedlichen kritischen Schuldenschwellen wundern (ebenda, 73) und Unterschiede zwischen der Verschuldungsgeschichte verschiedener Länder wie Griechenland und Österreich unerklärt zur Kenntnis nehmen (ebenda, 167). Warum legen die Autoren die Schwelle zur Hyperinflation auf 40%? Aus den riesigen Listen und Tabellen (z.B. zu Auslandsverschuldungskrisen und Umschuldungen, 2010, 168-170) ergießen sich die Zahlen, doch welche Bedeutung haben sie und welche Zusammenhänge bestehen zwischen den Variablen? Etwas spannender wird es in Teil V auf den letzten 100 Seiten zur aktuellen Finanzkrise, in dem es um Benchmarks für die vergleichende Einschätzung der FK geht. Aus der Sicht des BBP ist natürlich die bereits erwähnte Tabelle zu den zwischen 1948 und 1972 *nicht* vorhandenen Bankenkrisen interessant. „Diese Ruhe lässt sich vielleicht zum Teil durch das weltweit bommende Wirtschaftswachstum, aber womöglich noch besser durch die (unterschiedlich ausgeprägte) Repression der einheimischen Finanzmärkte sowie strikte jahrelange Kapitalkontrollen nach dem Zweiten Weltkrieg erklären" (ebenda, 296). Diese Frage zu verfolgen, wäre verdienstvoll. Aber die Autoren haben keine theoriegeleiteten Fragestellungen und Erklärungen, um dem nachzugehen. Vielleicht auch wegen des Umstandes, dass sie im Grunde ihres Herzen recht marktliberal eingestellt sind (siehe die Bemerkungen, öffentliche Schulden seien häufiger das Problem als private und ihr Bild der Banken, die in normalen Zeiten artig auseichende liquide Mittel vorhalten, ebenda, 33 und 221), biegen sie die Frage mit folgendem Satz ab: „Damit wollen wir aber nicht andeuten, dass derartige Repressionen und Kontrollen der richtige Umgang mit dem Risiko einer Finanzkrise sind" (ebenda, 296). Stattdessen leiten sie platt empiristisch Zusammenhänge aus unmittelbar Beobachtbarem wie dem BIP-Wachstum ab und verallgemeinern: „Meistens beginnt eine Finanzkrise erst, nachdem ein realer Schock die Konjunktur beeinträchtigt. Sie ist daher eher ein Verstärkungsmechanismus als ein Auslöser" (ebenda, 311).

Auch ihre Aussage, dass Finanzkrisen üblicherweise ein massiver Anstieg der Immobilienkrise vorausgeht (ebenda, 309-310), mag für einige Länder wie die USA zutreffen, es geht aber nicht markant aus der Kurve des allgemeinen durchschnittlichen Verlaufs bei Bankenkrisen in entwickelten Ökonomien hervor (Tabelle auf S. 310, noch deutlicher der Länderüberblick auf Seite 342). Die öffentliche Verschuldung ist ihnen ‚ein fast universeller Vorläufer' der FK (ebenda, 313), ab wann es kritisch wird, bleibt offen. Auch wäre die Frage interessant, wie oft eine erhöhte Staasverschuldung wieder im Konjunkturaufschwung ohne Krise entschärft wurde und inwiefern sie eine notwendige und/oder hinreichende Bedingung darstellt. Die Autoren legen größtes Gewicht auf dauerhafte fiskalische Nachhaltigkeit, sie können das aber nicht begründen und vernachlässigen die sich wandelnde Struktur der Finanzmärkte bei ihrer

Datenauswertung, die sie nur gelegentlich unter dem Stichwort *Financial Engineering* streifen (ebenda, 334).

Die Nachwirkungen von Finanzkrisen sind zählebig und seien noch einmal erwähnt: Immobilienpreise sinken gute sechs Jahre lang, die Aktienkurse brechen über 50% ein, das reale BIP in zwei Jahren um durchschnittlich fast 10%. Die Staatsverschuldung steigt in den drei Folgejahren um mehr als 86%, nach 1945 dauert es nach Krisen in der Regel 4,4 Jahre, bis die Wirtschaftsleistung wieder auf Vorkriegsstand ist usw. Schaut man sich aber die Länderwerte an, so überrascht weniger der Durchschnitt, als vielmehr die Streubreite, die den Leser fragen lässt, ob nicht der Einbezug der institutionellen Besonderheiten der Länder mindestens genau so wichtig wie der statistische Datenrasenmäher ist: So hatte Spanien (Bankenkrise in 1977) ein Jahr vor der Krise ein Fiskaldefizit von −3,9%, 1977: −3,1%, drei Jahre nach der Krise +0,8%, Schweden 1991: +3,8%, Krisenjahr 1991: −11,6%, 1996: −15,4%, Fiskalüberschüsse wiesen vor der jeweiligen Finanzkrise Chile, Finnland, Indonesien, Malaysia, Mexiko u.a., kurz: die Mehrzahl der angeführten Länder auf (ebenda, 325-326).

Die Beobachtung des durch aktiven Interventionismus bedingten *trade-off* zwischen höherer Arbeitslosigkeit und längerer Dauer (vor 1945) versus höhere Staatsverschuldung (nach 1945) wäre der analytischen Diskussion wert gewesen, er wird aber nur kurz angetippt (ebenda, 331-333) und später vor verfrühtem Eigenlob nach der FK gewarnt (ebenda, 394). Auch hier streuen die Standardkennzahlen um einen breiten Fächer: Japan und Korea erholten sich bei ihren Krisen nach 1945 nach zwei Jahren, Kolumbien und Argentinien brauchten acht Jahre. Ihre Kombination von Banken- und Währungskrisen, Inlands- und Auslandsschulden sowie Inflationskrisen im diese Faktoren vereinenden BCDI-Index ist wenig originell und aussagekräftig.

Am Ende ihrer langen Reise fragen die Autoren im 17. Kapitel, was man gelernt hat und was zu tun sei. Eine internationale Aufsichtsbehörde mit statistischem Sammel- und Auswertungstrieb wird gefordert, bei Bankenkrisen stehen für Frühwarnsysteme „die realen Immobilienpreise fast an der Spitze der zuverlässigen Indikatoren, noch vor der Leistungsbilanz und den Aktienkursen, und zwar weil sie weniger Fehlalarme auslösen" (ebenda, 382). Überraschenderweise weichen sie hier neben dem Problem, dass schwarze Schwäne immer in anderer Verkleidung um die Ecke kommen können, deutlich von den sonstigen makroprudentiellen Vorschlägen, den ‚credit-cum-equity-indicators' ab, die in ihrem langen Buch überhaupt nicht erwähnt werden (Borio 2003 und Borio und Drehmann 2009). Diesen Finanzökonomen gelten die Koexistenz eines ungewöhnlich schnellen Anwachsens von Krediten im Privatsektor und ein Ansteigen der Aktienpreise als zentrale Warnsignale. Kommt hier doch eine gewisse ideologische Voreingenommenheit zum Tragen (siehe das Lob höher entwickelter Kapitalmärkte bei der Diskussion von Währungszusammenbrüchen und die prinzipielle latente Skepsis gegenüber Fiskalimpulsen, ebenda, 386 und 394)? So verläuft das Buch hinsichtlich der Lehren schlussendlich unverbindlich im Sande, indem plötzlich auf den ansonsten keine Rolle spielenden irrationalen Überschwang rekurriert und bemerkt wird, „so kann auch ein Finanzsystem unter dem Druck der Gier, der Politik und der Gewinnerzielung zusammenbrechen, unabhängig von der scheinbaren Güte der Regulierungen" (ebenda, 396). So endet Datenhuberei in Fatalismus, was eine sehr bescheidene Konklusion aus der Analyse von Finanzkrisen aus acht Jahrhunderten wäre. Bei der ersten großen Depression fielen die Reaktionen (Fisher, Keynes) konstruktiver aus. So gesehen stimmt der Titel ihres Buches: Dieses Mal ist alles anders. Mit diesem kritischen Überblick sollte gezeigt werden, dass nicht in wirtschaftshistorische und institutionelle Zusammenhänge eingebettete Datenserien wenig erhellend wirken und ohne explizite theoretische Überlegungen, z.B., ob deregulierte Finanzmärkte nun wilde oder zahme Märkte sind, zu rein ideologischen oder nichtssagenden Politikempfehlungen führen.

Die oben genannten Forderungen Scheers stimmen mit den Zielsetzungen der von Studenten im Juni 2000 ausgehenden Postautistischen Bewegung überein. Ihre Kritik lautete: „1. The exclusion of theory that is not neoclassical from the curriculum; 2. The mismatch between economics teaching and economic reality; 3. The use of mathematics as an end in itself rather than as a tool; 4. Teaching methods that exclude or prohibit critical thinking; 5. The need for a plurality of approaches adapted to the complexity of objects analyzed" (in Fullbrook (Hg.) 2003, 15). Gefordert werden stattdessen: „A broader conception of human behavior, recognition of culture, consideration of history, a new theory of knowledge, empirical grounding, expanded methods, interdisciplinary dialog" (ebenda, 39-40; als praktische Umsetzung siehe z.B. Fullbrook (Hg.) 2002, als weder von professoraler noch studentischer Seite wirklich wahrgenommene Publikation der deutschen Postautisten siehe Dürmeier et al. (Hg.) 2006). Selbst im Lager des Mainstream kommt gelegentlich Skepsis auf. Paul Samuelson (2009) bekundete seinen Respekt vor dem Studium der Wirtschaftsgeschichte, die das Rohmaterial zur Entwicklung und Überprüfung von Modellen und Hypothesen seien sollte. Gregory Mankiw (2006) beklagte bereits vor der FK, dass die neueren Theorierichtungen, die er kurz Revue passieren lässt, immer weniger wirtschaftspolitisch anregende Implikationen enthielten (in dem Beitrag wird Greenspan noch als wohl bedeutendster Zentralbanker aller Zeiten gewürdigt). Fullbrook zeigt allerdings anhand von Mankiws Lehrbuches, dass er nicht ganz unschuldig an dieser Situation ist. Bei seinen vier Prinzipien der Entscheidungsfindung „(n)o names, no dates and no processes of disvovery are mentioned. Instead he seeks, by appeal of folksy stories, to persuade the student to accept them on faith … Mankiw continues to present his ‚Ten principles of economics' in the style of a sales pitch. In the space of a page and a half he invokes the ‚invisible hand' eleven times and speaks of its ‚magic'" (Fullbrook 2009, 18 und 21).

Nach wie vor gilt Mirowskis, auf seine Heimatuniversität Notre Dame höchst zutreffende, Situationsbeschreibung, dass „(o)nce this policy [of formalizing and the exclusion of history and philosophy in the economic curriculum] was put in place, then journal rankings were used to deny hiring and promotion at the commanding heights of economics to those with methodological leanings. Consequently, the greybeards summarily expelled both philosophy and history from the graduate economics curriculum, and then they chased it out of the undergraduate curriculum as well … Then, by the 1990s there was no longer any call for offering courses in philosophy or history of doctrine any longer, since there were no economists with sufficient training (not to mention interest) left in order to staff the courses" (2010, 31).

In einer ganzen Reihe von Beiträgen werden der formale Ansatz und die Ideologie stabiler Märkte für die FK mit verantwortlich gemacht. Anatole Kaletsky (2009) verabschiedet den Homo oeconomicus und weist auf den bezeichneten doppelten Bias in den Theorien rationaler Erwartungen, der EMH und diverser Risikomodelle hin. Smith, Ricardo, Keynes und Schumpeter hätten wohl heute kaum Chancen auf eine Professur, da sie weder modelltheoretisch noch ökonometrisch arbeiteten. Er fordert „an intellectual revolution … instead of using oversimplified assumptions to create mathematical models that purport to give precise numerical conclusions, economists must re-open their subject to a range of speculative approaches, drawing insights from history, psychology and sociology, and applying the methods of historians, political theorists and even journalists, not just mathematicians and statisticians" (2009, 5; so auch Tett 2007 und Coy 2009).

Beachtung erlangten die gute Frage der englischen Queen, warum denn die Profession die Krise nicht in Ansätzen erahnte und der Artikel Paul Krugmans in der *New York Times* vom 2.9.2009, der als Onlinedeklaration in einem Monat über 2000 Unterschriften erhielt und in der „the profession's blindness to the very possibility of catastrophic failures in a market economy [was blamed] ... the economics profession went astray because economists, as a group, mistook beauty, clad in impressive-looking mathematics, for truth ... economists fell back in love with the old, idealized vision of an economy in which rational individuals interact in perfect markets, this time gussied up with fancy equations" (zu den näheren Umständen siehe www.geoffrey-hodgson.info vom 23.10.2009). Wir können offen lassen, ob Krugman selbst den angedeuteten Einseitigkeiten entgeht und sein wöchentlich in der *New York Times* vorgetragenes, aktuelles wirtschaftspolitisches Motto: Je mehr Staatsverschuldung, umso besser, angemessen ist, für das er von Kotlikoff als ‚old-timer Keynesian' bezeichnet wird (2010, 133).

James Galbraith Juniors Kritik geht in die gleiche Richtung, er stellt völlig zutreffend zum institutionellen Status Quo fest: „The scholars who betray their skepticism by taking an interest in them are discouraged from academic life – or if they remain, they are sent out into the vast diaspora of lesser state universities and liberal arts colleges. There, they can be safely ignored" (2009, 87). In Deutschland ist die Situation insofern eine andere, als es keine *liberal arts colleges* gibt und die *lesser state universities* vergleichbaren Einrichtungen in aller Regel auf Linientreue achten. „Yet prominent economics professors say their academic discipline isn't shifting nearly as much as some people think. Free market theory, mathematical models and hostility to government regulation still reign in most economics departments at colleges and universities around the country ... the belief that people make rational economic decisions and the market automatically adjusts to them still prevails" (Cohen 2009, 1). Die Autorin zitiert Dani Rodrick mit den Worten, aus den hundert möglichen Modellen habe man ein ganz bestimmtes ausgewählt, „(w)e have a narrative of the moment, which fits the zeitgeist" (ebenda, 3), aber nicht die FK. Curriculare Veränderungen sind nach der FK kaum zu erkennen, von netten Veranstaltungen zur Wirtschaftsethik, die meist von Marktüberzeugten abgehalten werden abgesehen.

Der schon erwähnte Jakob Vestergaard (2009, Teil 1) hat in einer an Foucaults Gouvernementalitätsstudien ausgerichteten Arbeit am Beispiel der Asienkrise die disziplinierende und lenkende Wirkung von vermeintlich wertneutralen ökonomischen Analysen durch Quantifizierung und widerspruchsfreie Modelle aufgezeigt. Anhand einer Textanalyse der Krisenerklärungen von B. Eichengreen, P. Krugman, J. Stiglitz und R. Wade zeigt er die Verklammerung von Kausalität und Moralität und die verklausulierte Art des Erzählens von Geschichten, bei denen wahlweise der Klientelkapitalismus, Moral Hazard-Probleme, die falschen Politikrezepte des IWF usw. als erstursächlich angesehen wurden. Es gelingt dem Autor, die enge Verflechtung von Kausalität, Moral, Epistemologie und Politik exemplarisch nachzuweisen. Hierunter versteht er: „Causality: accounts of cause and effect. Morality: attribution of innocence and blame; assignment of responsibility. Epistemology: conceptions of key actors and objects. Policy: allocation of tasks and challenges; governmental technologies; values and ideals" (2009, 71).

Ökonomen wird in der rudimentären kritischen Debatte vorgeworfen, ihre Gleichungen, zunächst bei Walras, Edgeworth und Pareto, stammten von den physikalischen Vorbildern des 19. Jahrhunderts (Nadeau 2008, Mirowski 1999). Skidelsky sieht Mainstream-Ökonomen als ‚intellektuelle Butler', „serving the interests of those in power, not vigilant observers of shifting reality" (2008, 1). Auch aus dem Bereich der finanzwissenschaftlichen Praxis erfolgen kritische Beobachtungen: „Compared to physics, it seems fair to say that the quantitative success of the economic science is disappointing. Rockets fly to the moon, energy is extracted from minute changes of atomic mass without major havoc, global positioning satellites help millions of people to find their way home. What is the flagship achievement of economics, apart from its recurrent inability to predict and avert crises, including the current worldwide credit crunch" (Bouchaud 2008, 1).

Schuld daran sei eine harmonisch-ideologische Sicht gut funktionierender Märkte, die Realität sehe, dem BBP verwandt, anders aus. „In reality, markets are not efficient, humans tend to be over-focused in the short-term and blind in the long-term, and errors get amplified through social pressure and herding, ultimately leading to collective irrationality, panic and crashes. Free markets are wild markets" (ebenda, 2). Diesen Grundfragen der Wirtschaftswissenschaften kam und kommt sehr reale Bedeutung zu, denn, dem BBP entsprechend, „(i)t is foolish to believe that the market can impose its own self-discipline, as was promoted by the US Securities and Exchange Commission in 2004 when it allowed banks to pile up new debt" (ebenda).

Auch aus dem Inneren der Wissenschaft erfolgen gelegentlich skeptische Töne. So stellte Ariel Rubinstein in seinem Präsidentschaftsvortrag der *Econometric Society* im Jahr 2004 in Madrid anhand von Beispielen die eigene bisherige Praxis in Frage. „What on earth am I doing? ... I have the impression that as economic theorists, we hope that regularities will miraculously emerge from the formulas we write leisurely at our desk ... Would it not be better to go in the opposite direction by observing the real world, whether through empirical or experimental data, to find unexpected regularities? ... I believe that as an economic theorist, I have very little to say about the real world and that there are very few models in economic theory that can be used to provide serious advice. However, economic theory has real effects ... The word ‚model' sounds more scientific than ‚fable' or ‚fairy tale' although I do not see much difference between them" (2006, 865, 873 und 881).

Willem Buiter sieht den Kern des Mainstream „in what economists call a ‚complete market paradigm'. In a world where there are markets for contingent claims trading that span all possible states of nature (all possible contingencies and outcomes), and in which intertemporal budget constraints are always satisfied by assumption, default, bankruptcy, and insolvency are impossible. As a result illiquidity – both funding illiquidity and market illiquidity – are also impossible, unless the guilt-ridden economic theorist imposes some unnatural (given the structure of the models he is working with), arbitrary friction(s), that made something called ‚money' more liquid than everything else, but for no good reason ... Both the New Classical and New Keynesian complete markets macroeconomic theories not only did not allow questions about insolvency and illiquidity to be *unanswered*. They did not allow such questions to be asked" (2009a, 1; siehe auch 2009b). Am Ausgangspunkt theoretischer Überlegungen solle daher unter Umkehrung der bisherigen Selbstverständlichkeit problemlosen Tauschs die Autarkie stehen. Man fragt dann, wieso es trotz Unsicherheit, Informationsasymmetrien usw. zu Tauschvorgängen kommt, dreht demnach die Beweislast um.

Jerry Muller (2009) identifiziert eine ‚epistemologische Depression', hervorgerufen durch Opazität und Pseudo-Objektivität. Opazität bedeutet, dass man weder die neuen Finanzprodukte noch die mit ihnen verbundenen Interdependenzen richtig versteht. Pseudo-Objektivität meint die vermeintliche Objektivität und Präzision dank Modellen und Zahlen, wodurch konkret-qualitatives durch abstrakt-quantitatives Wissen ersetzt wird. Es gehe in der Aufarbeitung der FK daher um mehr als um den angemessenen Einsatz von Geld- und Fiskalpolitik, nämlich um vorherrschende kulturelle Muster. „These are belief in the virtues of diversification and complexity, which are both supposed to reduce risk, and in the virtue of accountability, which is understood as rewarding performance based on ostensible measures of objectivity" (ebenda, 3). Für ihn folgt daraus eine verringerte Komplexität mit kleineren und weniger diversifizierten Unternehmen (Vorbild: *Glass Steagall Act,* siehe Kapitel IV.2).

Wie sollten die Wirtschaftswissenschaften ihrem Forschungsgegenstand der Ökonomie im Allgemeinen und hier der Finanzmärkte im Besonderen gerecht werden? Auf methodologisch-allgemeiner Ebene lassen sich bestimmte Dichotomien unterscheiden, die sich zu Paradigmen verdichten. Malcolm Rutherford (1996) unterscheidet fünf Dichotomien: Formalismus versus Anti-Formalismus, methodischer Individualismus versus Holismus, Rationalität (homo oeconomicus) versus normative Regelbefolgung, spontane Evolution (Hayek, siehe für seinen Bezug zur FK Cassidy 2009, Kapitel 3) versus bewusstes Design von Institutionen und (Markt)effizienz versus Reform. Die These lautet, dass man nicht beiden Seiten der Dichotomien gleichzeitig gerecht werden kann, aber auch die linke Seite eine Berechtigung hat. Zwar können die wesentlichen Risiken auf den Finanzmärkten nicht über vergangenheitsorientierte Gaussverteilungen ermittelt werden, aber was verbietet Modellierungsversuche mit Power Laws?

Auch können selbst einfache Angebots- und Nachfragediagramme einen gewissen Informationswert haben, sofern man die potentielle Vielgestaltigkeit der Kurvenverläufe nicht aus den Augen verliert (Keen 2001). Heilbroner drückte die diesbezügliche Ambivalenz in einem Beitrag aus, indem er einerseits den ahistorischen, apolitischen und asozialen Mainstream als Glaubenssystem und Ideologie ansah, andererseits aber auch in Maßen als analytische Disziplin, es gebe einen „systematic character of economics [that] does indeed establish a field for analysis that belongs to itself alone. No other mode of social inquiry has found a law-like inner structure that begins to resemble that of economics. There are no sociological or political equivalents of the ‚laws' of supply and demand, or of the regularities of social cause and effect summarized in production functions, or the definitional power of the national income accounts" (2004, 629). Auch heterodoxe Ökonomen bedienen sich der Zahlungsbilanzgleichung, um falsche Sparappelle und schlichte Unmöglichkeiten zu kritisieren (alle sollen Sparen und Vermögen bilden und sich gleichzeitig niemand verschulden).

Der Mainstream setzt zumeist auf die linke Seite der Dichotomien. Es fragt sich, welche methodischen Folgerungen aus der komplementären Sicht der rechten Seite der Dichotomien zu ziehen sind, d.h. aus den Annahmen, dass sich die Ökonomie nicht (nur) durch abstrakt-formale Gesetzmäßigkeiten beschreiben lässt und ein zu hoher *trade-off* zwischen Relevanz und Exaktheit (der Ableitungsergebnisse) besteht; dass es holistische Systemlogiken mit emergenten Eigenschaften gibt, die sich nicht durch Verallgemeinerungen aus individuellem Verhalten ermitteln lassen; dass nicht (nur) ein klar definierbares Eigeninteresse, sondern Gewohnheiten, Normen, Routinen und kulturelle Regeln und Sozialisation menschliches Handeln bestimmen; dass Märkte nicht mit invisible-hand-Eigenschaften ausgestattet sind, sondern konstitutives Nichtwissen u.a. zu wilden Märkten führt; schließlich die wirtschaftspolitische Erkenntnis, dass es eines starken regulativen Designs bedarf, um Märkte wohlfahrtstauglich wirken zu lassen (es muss an dieser Stelle auf Rutherfords vorzügliche Rekonstruktion der Positionen mit dogmengeschichtlichem Bezug verwiesen werden).

Wenn Handeln sehr stark durch Gewohnheiten, Normen, Gefühle, Routinen und kulturelle Regeln und Sozialisation bestimmt werden, folgen hieraus heterogene Agentenmodelle oder eher hermeneutische teilnehmende Beobachtung und Tiefeninterviews, das ist die Frage (siehe die Interviews und Deutungen in Honegger et al. (Hg.) 2010, bei denen leider nicht die wirklich spannenden ökonomischen Fragen gestellt wurden)?

Im beachteten Artikel der *Dahlem Group on Economic Modelling* von Colander et al. (2009a, siehe auch Lux und Westerhoff 2009 und Colander et al. 2009b), einem der wenigen relevanten Beiträge mit deutscher Beteiligung (Hans Föllmer/Berlin, Thomas Lux/Kiel und Armin

Haas/Potsdam), wird mit Blick auf die FK von einem systemischen Fehler der ökonomischen Profession ausgegangen, dessen eigentliche Ursache in falschen methodischen Wurzeln liege, was bereits mit dem Ausgangspunkt des Mainstreams: Der Allokation knapper Ressourcen beginne. „It reduces economics to the study of optimal decisions in well-specified choice problems. Such research generally loses track of the inherent dynamics of economic systems and the instability that accompanies its complex dynamics" (2009a, 3).

Die Autoren weisen an mehreren Beispielen nach, dass wirtschaftspolitische Empfehlungen unmittelbar aus dem Kern der abstrakten, stilisierten Modelle folgen. Am Beispiel von Modellen mit repräsentativen Agenten (Robinson Crusoe-Annahme) führen sie aus: „Financial market models are obtained by letting Robinson manage his financial affairs as a sideline to his well-considered utility maximization over his (finite or infinite) expected lifespan taking into account with correct probabilities all potential future happenings. This approach is mingled with insights from Walrasian general equilibrium theory, in particular the finding of the Arrow-Debreu two-period model that all uncertainty can be eliminated if only there are enough contingent claims (i.e., appropriate derivative instruments). This theoretical result (a theorem in an extremely stylized model) underlies the belief shared by many economists that the introduction of new classes of derivatives can only be welfare increasing" (ebenda, 4; eine starke Kurzdarstellung der Struktur und Schwächen des Arrow-Debreu-Modells bietet Smolin 2009).

Bei der makroökonomischen Umsetzung beziehe man sich oft auf dynamische Programmierungsverfahren, die aber ernsthafte Schwächen aufweisen, da sie nicht nur repräsentative Agenten, sondern auch noch rationale Erwartungen voraussetzen und der *fallacy of composition*, d.h. der Annahme der Strukturähnlichkeit der Mikro- und Makroebene unterliegen. Als Alternative schlagen sie die formale Netzwerktheorie bzw. die *self-organizing criticality theory* und Modelle mit heterogenen Agenten und unvollständigem Wissen vor. In eine ähnliche Richtung gehen die Überlegungen des *Reality Club* (Brown et al. 2009, die in Anlehnung an die *complexity sciences* ein ökonomisches Manhattan-Projekt zur Vermeidung zukünftiger Krisen und unverantwortlicher Spekulation vorschlagen. Sie fordern einen formal angelegten *self-organizational critical systems approach*, der Pfadabhängigkeiten, plötzliche Phasentransitionen, Zustände weit jenseits von Gleichgewichten usw. einzubeziehen hätte. Mit mehr formaler Theoriebildung soll auch hier der Fortschritt in der Makroökonomie und in der Finanzmarkttheorie erreicht werden. Nur Nebenbei sei vermerkt, dass Colander (2000) ansonsten meint, der Mainstream als Neoklassik bestehe heute nur noch aus dem formal-mathematischen Methodenideal.

Der Mitbegründer von Wikipedia, Larry Sanger, wendet ein: „Any scientific project to take on economics and boldly transform it into a hard science will run into that problem of a complexity that is not amenable to rigorous scientific model-building" (ebenda, 17). Auch Tony Lawson (2003) kritisiert den Vorschlag alternativen Modellierens, man solle eine per se-Skepsis gegenüber deduktiver Modellierung an den Tag legen, da die Realität eine offene, strukturierte Totalität darstelle. Heterodoxe Positionen seien erstrangig ontologisch begründet, was die formale Methode als erstbeste in Lawsons Sicht besonders im Bereich der Finanzmärkte in Frage stelle (ähnlich Caldentey und Vernengo 2010). „Pace Colander et al. (2008 [hier 2009a]) it seems overly heroic to suppose that in order to capture the sorts of developments that occurred, all that is required of modern academic economics is a different type of mathematics, or internal ‚theoretical' adjustments like the treating of a model's still isolated atoms as heterogeneous or as forming independent expectations; or focusing on the possibility of multiplicity and evolution of equilibria; or hoping that cointegrated vector autoregressions (VAR) models will uncover robust structures within a set of data, and so forth" (2009a, 774, siehe auch 2006 und 2009b und die Nicht-Antwort der Dahlemgruppe im *real-world economics review*, Nr. 50, 2009, 118-121).

Lawson meint, das wesentliche Signal des Dahlem-Artikels müsse als Aufforderung für ein zwar anderes, aber doch auch wieder mathematisches Modellieren verstanden werden. Mit Dow sei aber festzustellen, dass dies dem Gegenstandsbereich widerspräche, der ein offenes und nicht ein geschlossenes System sei, nur für letzteres empfehle sich die Suche nach Gesetzmäßigkeiten, empirischen Regularitäten und formalen Modellen. „A closed system is one where all the relevant variables can be identified, where the boundaries of the system are knowable, so that variables can be classified as endogenous or exogenous, and where the relationships between variables are knowable and unchanging (so that all changes in the system can be accounted for). The constituent parts of the system are of a common, fixed nature, with independent existence (as in atoms, or rational individuals). It is a system in reality which displays regularities between variables at the empirical level, and which can be represented theoretically by en epistemic system of covering laws" (Dow 2007, 27; siehe auch 2008). Die EMH kann als Beispiel für eine Theorie der Kapitalmärkte als geschlossenes System angesehen werden. Das BBP entspricht dem Finanzmarkt als offenes System. „An open system is one where not all relevant variables can be identified, and where the external boundaries of the system are therefore not knowable. The system is subject to outside influences which cannot be accounted for in advance (where ‚accounted for' includes knowledge that an outside influence, or relationship, is random). Further, within the system, there is scope for change in the relationships between variables which cannot be identified in advance, and indeed for change in the nature of the constituent variables themselves ... (T)he system in reality cannot be understood in terms of constituent parts of a fixed nature" (Dow 2007, 28). Diese Offenheit macht es auch so schwierig, die Finanzmärkte als offene Systeme anhand des BBP zu beschreiben. Politische Ereignisse, unerwartete Erdbeben, ansteckendes plötzliches Herdenverhalten, institutionelljuridische Veränderungen im Regulationsrahmen, das Auftauchen neuer Akteure und Strategien, Entwicklungen in der ökonomischen Realsphäre usw. sowie das ständige Auftreten von Neuerungen in Marktwirtschaften machen es zu einem hyper-offenen System im hier definierten Sinn. Shackle unterscheidet dementsprechend *self-subsistent* von *non-self-subsistent sciences* (1972, Kapitel 3).

Im Anlagenkommentar von Wegelin und Co. Privatbankiers wird sehr treffend die Frage gestellt, was methodisch aus der Gefahr von Schwarzen-Schwan-Risiken folgt, deren Eintreten von vielen Einflussgrößen abhängt, bei denen die Wahrscheinlichkeit unbekannt ist und oft nicht einmal das Ereignis selbst vorausgeahnt werden kann *(unknown unknowns)*, die aber fatal-fraktale Auswirkungen haben können. „Deduktives Denken, Logik allein genügt vermutlich nicht ... Man muss Geschichten erzählen und weiterspinnen. Die vielen Mythen und Sagen, die heiligen Bücher ..." (Wegelin 2009, 3). Paul Feyerabends anarchische Wissenschaftstheorie wird von den Privatbankiers zitiert und auf seinen Wissenschaftspluralismus verwiesen, der auch Geschichten und anschauliche Theorie (Spiethoff 1948) zuließ. „Das mag gefährlich esoterisch tönen, ist es aber nicht. Denn wenn das Versagen der streng rationalen Methoden derart eklatant ist, wie es die Finanzkrise bewiesen hat, dann ist jegliche Überheblichkeit gegenüber vielleicht weniger wissenschaftlich aussehenden Methoden fehl am Platz" (ebenda, 4). Der weiter unten beschriebene Ansatz des Verstehens könnte hier die Lücke füllen.

Hiermit wird – weit über die Skepsis der Dahlem-Gruppe hinausgehend – diametral das moderne Ideal der ökonomischen Wissenschaften selbst in Frage gestellt. Mit McCloskey lässt es sich in Form von 10 Geboten zusammenfassen, denen eine quasi-religiöse Konnotation zukommt (so sieht es auch Nelson 2001). „1. Prediction and control is the point of science. 2. Only the observable implications (or predictions) of a theory matter to its truth. 3. Objectivity entails objective, reproducible experiments; mere questionnaires interrogating human subjects are useless, because humans might lie. 4. If and only if an experimental implication of a theory proves false is the theory proved false. 5. Objectivity is to be treasured; subjective ‚observation' (introspection) is not scientific knowledge, because the objective and the subjective cannot be linked. 6. Kelvin's Dictum: ‚When you cannot express it in numbers, your knowledge is of a meager and unsatisfactory kind.' ... 7. Introspection, metaphysical belief, aesthetics, and the like may well figure in the discovery of an hypothesis but cannot figure in its justification; justifications are timeless, and the surrounding community of science irrelevant to their truth. 8. It is the business of methodology to demarcate scientific reasoning from nonscientific, positive from normative. 9. A scientific explanation of an event brings the event under a covering law. 10. Scientists – for instance, economic scientists – ought not to have anything to say as scientists about the oughts of value, whether of morality or art" (McCloskey 1985, 7-8).

Warum hat sich diese Sicht angemessenen Denkens und Forschens durchgesetzt? Hier soll nur kurz einer spekulativen, psychologisch-kulturalistischen These das Wort gegeben werden. „For the coping mechanism involving the distortion of differences and the rendering of them as hierarchical is none other than the *fantasy of supremacy*. And the coping mechanism involving a denial of mortality by way of pretence of control over the future is in effect the *fantasy of prediction*" (Bigo 2008, 542).

Für McCloskey, deren Rhetorikansatz allerdings letztlich einiges im Unklaren belässt, folgt eine klare Demarkationslinie, die es zu überschreiten gilt. Sie umreißt den Mainstream mit folgenden Charakteristika: ‚scientific, fact, truth, objective, positive, rigorous, precise, things, cognition, hard, yang, male'. Jenseits der Linie sollten über das moderne Wissenschaftsverständnis hinausgehende Alternativtheorien stehen, sie zeichnet aus: ,humanistic, value, opinion, subjective, normative, intuitive, vague, words, feeling, soft, yin, female' (1985, 42). Dies klingt recht schwammig. Sie zeigt an anderer Stelle, dass man bei einer bestimmten Wahl der Annahmen bei strikter Formalanalyse praktische jedes beliebige Ergebnis erzielen kann und sehr kleine Veränderungen der Annahmen große Veränderungen in den Konklusionen bewirken können (1996), was in den Ausführungen in Kapitel II zur EMH Bestätigung fand.

Die heterodoxen Alternativansätze zeichnet zumeist eine Skepsis gegenüber rein deduktiv-mathematischem Vorgehen aus (siehe auch die Kritik von Hodgson 2008 und Mirowski 2010). Eine solche Skepsis teilt auch der Mathematiker Claus Peter Ortlieb (Universität Hamburg), der hier eine fehlgeleitete Kopie naturwissenschaftlicher Methoden vermutet, die der ökonomischen Wirklichkeit nicht gerecht wird. Mit Mathematik schindet man Eindruck, ihre „Verwendung gilt an sich schon als Qualitätsmerkmal. Mit ihr wird eine Exaktheit und Wissenschaftlichkeit vorgespielt, die überhaupt nicht vorhanden ist" (2010, 53). Tatsächlich haben sich in der Geschichte der Volkswirtschaftslehre unterschiedliche Ansätze abgewechselt. Marietta und Perlman (2000) bezeichnen sie als intellektuelle Rahmen oder patristische Autoritäten, die auf voranalytischer Akzeptanz beruhen, so bestechend rein logisch sie auch daherkommen mögen. „Legacies are basic to a culture or significant line of thought (test of influence). 2. Legacies establish a framework for future thought rather than merely a single idea (framework test). 3. Legacies form the basis of a value system or normative statement of better or worse (normative test)" (2000, 154).

Die Autoren unterscheiden ebenfalls einen – allerdings breiteren – Set von Dichotomien als Rutherford, den man als Werkzeugkasten zur Rekonstruktion der Paradigmen verwenden kann. Oft kommt es auch zu Verschiebungen und hybrid-eklektischen Überlagerungen (siehe oben Shleifer) und oft sind die intellektuellen Rahmen nicht bewusst, obwohl sie das Denken der Ökonomen leiten. Als Dichotomien werden z.B. unterschieden: Knappheit versus Unsicherheit als ökonomisches Basisproblem, *social or government order versus individualism, individual versus limited property rights, abstraction versus observation, rationality (full knowledge) versus non-rationality (unknowledge), rationalism (world as order) versus anti-rationalism (world as heap), methodological individualism versus institutionalism, higher order versus force as determinant, continual progress versus pessimism (Cassandra)* usw. (ebenda,

156ff.). Besonders interessant ist ihre Unterscheidung zwischen *science as reason* (Marshall, Pigou, Keynes, empirische Generalisierungen, Geschichte usw. sind zugelassen) und *science as logic* (Walras, Debreu, Lucas u.a., nur logisch-formal-deduktives Räsonieren wird akzeptiert). Die Verfasser ordnen den jeweiligen Positionen Ökonomen und später Schulrichtungen zu. Interessanterweise stimmen die hier in Auswahl wiedergegebenen ersten Dichotomieausprägungen mit der EMH und dem Mainstream, die zweiten mit dem heterodoxen BBP überein. Beide Ansätze sollten komplementär versuchen, die Welt zu erklären, so dass der Rezipient beide Geschichten auf sich wirken lassen und dann mehr oder weniger intuitiv entscheiden kann, wessen Füße generell und bei spezifischen Einzelfragen weiter tragen.

Vor aller hohen und neutralen Theorie(bildung) stehen nach Marietta und Perlman in gewissem Sinne voluntaristische Vorentscheidungen, die sich in den (sicher nicht erschöpfenden) Dichotomien ausdrücken lassen. Ein unmittelbarer Realitätstest ist auch deshalb schwierig, weil innerhalb theoretischer Ansätze Selbstreferentialität bei der EMH besteht, was am Beispiel der Unterstellung einer Gaussverteilung in der Kritik Talebs und der von Fama angesprochenen Notwendigkeit von voraussetzungsreichen *joint hypotheses* beim Effizienztest weiter oben zum Ausdruck kam. „The view that ‚context,' ‚society,' or ‚culture' is at the fringe of science/ knowledge and that the question is at best how these domains ‚affect' scientifically rational procedure is strangely self-restrictive in that it ignores how ‚context' is always part of science – not as an external determinant of something that is pure scientific method or pure thought, but as part of the internal organization and performance of knowledge-developing and knowledge-grounding procedures" (Knorr Cetina 1991, 107). Die Autorin zeigt, dass es solche zirkuläre Selbstreferentialität auch in den Naturwissenschaften gibt, ihr Beispiel ist die Gel Elektrophoresis mit der DNA- und RNA-Fragmente separiert werden können. Framing und Kontextualität entsteht also auch im nichtökonomischen wissenschaftlichen Produktionsprozess.

Der breite Fächer der Dichotomien bei Marietta und Perlman wird, wie erwähnt, von Erik Reinert zu zwei Metatheorien verdichtet, dem ‚Standard-' und dem ‚Anderen Kanon' *(the other canon)*, um die es seiner Meinung nach auch in den diversen Methodenstreits ging. (Historische Schule versus Marginalismus, Amerikanischer Altinstitutionalismus versus Neoklassik). Reinert analysiert mit diesen Basalparadigmen sowohl theoriegeschichtlich z.B. den ambivalenten Beitrag Schumpeters (Reinert 2003), aber in wirtschaftspolitischer Gestaltungsabsicht auch die Fehler bisheriger „Entwicklungspolitik", die wesentlich am Standard-Kanon ausgerichtet war. Es fällt nicht schwer, die Parallelen zwischen dem Standard-Kanon und der EMH und dem ‚Anderen Kanon' und dem BBP zu erkennen.

Als idealtypische Ausprägungen des Standard- vs. Anderen Kanons kontrastiert Reinert (2003, 275-278 und 2008, 305-308, hier nur zusammengefasst): ‚Equilibrium under perfect information and foresight vs. learning and decision-making under uncertainty (Keynes, Shackle); high level of abstraction vs. level of abstraction chosen according to problem to be resolved; man's wit and will absent vs. moving force: *Geist-* und *Willenskapital* (Man's wit and will, entrepreneurship); not able to handle novelty as an endogenous phenomenon vs. novelty as a central moving force; metaphors from the realm of physics vs. metaphors (carefully) from the realm of biology; matter vs. *Geist* precedes matter; mode of understanding: mechanistic (‚begreifen') vs. qualitative (‚verstehen'), a type of understanding irreducible only to numbers and symbols; not cumulative – history absent vs. cumulative causation – history matters (Myrdal, German Historical School); the market as a mechanism for setting prices vs. the market also as an arena for rivalry and as a mechanism selecting between different products and solutions; the economy largely independent from society vs. the economy as firmly embedded in society; equilibrating forces at the core of the system and of the theory vs. cumulative forces are more important than equilibrating ones; economics as *Harmonielehre:* the economy as a self-regulating system vs. economics as an inherently unstable and conflict-rich discipline; no distinction made between real economy and financial economy vs. conflicts between real economy and financial economy are normal and must be regulated.' Auch Shackels (1972) eindringliche Methodendiskussion enthält eine Vielzahl von Dichotomien *(tools vs. systems, analytic vs. constructive, reason vs. knowledge),* die sich an der Unterscheidung determinierter Systeme und menschlichen Handelns unter Unsicherheit orientieren.

Eine interessante Frage lautet, inwiefern die Dichotomien zwangsläufig zusammengehören, schließlich gibt es auch den Österreichischen Ansatz (von Mises bis Kirzner und Folgende), der viel mit dem anderen Kanon teilt, sich aber wirtschaftspolitisch marktradikal positioniert.

Marietta und Perlman haben gezeigt, dass es sehr unterschiedliche Kombinationen und Schulbildungen gab. Sicher lässt sich aber sagen, dass es eine gewisse Wahlverwandschaft zwischen vielen Dichotomieausprägungen gibt: Wer die Wirtschaft für ein unstabiles System hält, wird eher zu bestimmten Regulierungsmaßnahmen greifen wollen, wer auf den Finanzmärkten verschiedene Deutungsmodelle der Marktsituationen von Seiten der Akteure für wichtig hält, wird eher einen Verstehensansatz anstelle des Erklärens bevorzugen. Nicht bestritten werden soll, dass es natürlich auch formale Modelle zu heterogenen Erwartungen gibt, wie in Kapitel II gesehen. Allerdings können sie nur als allgemeine Heuristiken, als abstrakte Musteraussagen dienen, nicht als Ersatz für historisch-institutionelle Fallanalysen und sie eignen sich auch nicht zur Vorhersage oder Prognose bestimmter Ereignisse!

Ein weiteres Beispiel für die These der Wahlverwandschaft zwischen den verschiedenen Dichotomieausprägungen bieten Jeffrey Sachs' Überlegungen. Er fordert in seinem Programm für eine gerechtere Welt (2006) im vierten Kapitel eine ‚klinische Ökonomie': Die Ökonomie ist wie der menschliche Körper ein kompliziertes System und Komplexität erfordert eine Differenzialdiagnose. Seine Checkliste (ebenda, 108-109) für eine erfolgreiche Entwicklungsökonomie liest sich wie eine erweiterte Neuauflage der Kategorien der anschaulichen Theorie der Historischen Schule (Spiethoff 1932). Sie enthält die räumliche Verteilung der primären Infrastruktur, Risikofaktoren wie Demographie und Klimabedingungen, das wirtschaftspolitische Umfeld (Infra- und Gewerbestruktur, den fiskalischen Rahmen, Einnahmen- und Ausgabenstruktur und Steuerfallen), die physikalische Geographie, die staatlichen Verwaltungssysteme, die ethnisch-religiöse Situation, kulturelle Schranken, die Geopolitik usw. Selbstkritisch bemerkt er, in jüngeren Jahren dem – in Reinerts Begriffen – wenig hilfreichen Standard-Kanon gefolgt zu sein. Als Beispiel für die Untersuchung von Volkswirtschaften anhand seiner Liste ließe sich Gustav Schmollers *Grundriß der Allgemeinen Volkswirtschaftslehre* (1978/1900) anführen, dessen erster Teil mit psychologischen und sittlichen Grundlagen, Land, Leute und Technik und der gesellschaftlichen Verfassung der Volkswirtschaft beginnt (zum Gesamtansatz Schmollers siehe z.b. Peukert 1998, Kapitel 3).

Sachs (2009) mischt sich vor dem Hintergrund der anschaulichen Theorie auch in die wirtschaftspolitische Debatte nach der FK ein. Er kritisiert sowohl die Neokeynesianer als auch die Marktliberalen einschließlich der amerikanischen republikanischen und demokratischen Parteien und wirft ihnen vor, zu sehr an mechanischen Strategien und Zielen (Preisstabilität, Arbeitslosigkeit und Wachstum) orientiert zu sein. „Zero-interest rate policies will create a new carry-trade bubble of some sort, as Wall Street funds another Dubai-style real estate spending spree or some as yet unrecognized and destabilizing commodity play" (2009, 3). Es bedürfe stattdessen einer neuen Strategie ökonomischer Gouvernementalität, die auf qualitative Ziele, starke Regierungen und internationale Kooperation setzt und sich drei Herausforderungen zuwenden sollte: Dem Klima und der Energie, den Nahrungsgrundlagen (einschließlich Biodiversität) und der Armutsbekämpfung.

„Rather than championing low taxes as the key to growth, we need to champion an efficient and fair public sector that is large enough to meet the[se] needs" (ebenda, 5). Anstatt eine neue Verschuldungswelle aufzubauen und den Konsum anzuheizen, sollte man sich über das neue Sparverhalten der Amerikaner freuen, denn „we should be mobilizing the renewed propensity to save in order to invest in sustainable energy, food production, environmental conservation, skill formation, research and development, and other priority needs ... we should aim for an investment-led rather than consumption-led recovery, by focusing on the complex complementarities of public and private investments" (ebenda, 5). Nicht sehr viel anders dürften die Vorschläge ausfallen, die Schmoller heute vortragen würde.

Merkwürdigerweise wird die neue Aktualität eines historisch-institutionellen Ansatzes selbst unter Ökonomen, die der Historischen Schule nahestehen, anscheinend nicht gesehen. So bedarf es eines Vortrages von H.-U. Wehler (2010) über die Deutschen und der Kapitalismus, um hierauf hinzuweisen. Er sieht diese Tradition durchaus kritisch: Der Einsicht in Marktkorrekturen stand eine etwas zu positive Beurteilung von Staatsinterventionen gegenüber. Die Neue Institutionenökonomie verblasse aber deutlich hinter dem von Schmoller u.a. Zusammengedachten. Die Fürsprecher enthemmter Märkte müssten nach der FK „eigentlich den Realitätssinn der Historischen Schule ... anerkennen, [so] wartet auch auf die deutsche Wirtschaftswissenschaft die gewaltige Herausforderung, nach der Diskreditierung der neoklassischen Marktdogmatik eine zeitgemäße Theorie zu erarbeiten, in der die Verflechtung elastischer Spielräume für den Wirtschaftsprozess mit der Anerkennung staatlicher Ordnungsfunktionen möglichst vorurteilsfrei endlich wieder verbunden wird" (ebenda, 10). Die oft als retardierter Sonderweg der Kapitalismusanalyse verurteilte historische Sozial- und Wirtschaftswissenschaft scheint sich angesichts des Theorieversagens des Mainstream aufzudrängen. „Schmoller und Weber etwa erweisen sich im Vergleich mit Hayek und Friedman als Wissenschaftler mit einem ungleich weiteren Horizont und schärferen Realitätssinn" (ebenda, 11).

Als Beispiel einer modernen Anwendung des historisch-institutionellen Ansatzes kann Robert Shillers (2000) Analyse des Aktienmarktes gelten, mit der er den Zusammenbruch der Dotcomblase erahnte und strukturelle, kulturelle psychologische Faktoren und Rationalisierungen der Akteure einbezog und praktische Vorschläge zur Eingrenzung spekulativer Volatilität vortrug. Zu den Strukturfaktoren zählen das Internet, der Babyboom und natürliche Ansteckungsprozesse, der Einfluss der neuen Medien wird erörtert und die EMH als Beruhigungspille gedeutet. Das Buch ist ein erstklassiges Beispiel der Leistungsstärke des Paradigmas. Jedoch fällt auf, dass Shiller bei aller Heterodoxität im Ansatz bei den wirtschaftspolitischen Folgerungen erstaunlich traditionell ist: Neue (Makro)Märkte gelte es zu etablieren, „most of the thrust of our national policies to deal with speculative bubbles should take the form of facilitating more free trade, as well as greater opportunities for people to take positions in more and freer markets" (2000, 233).

In seinem Buch zur Subprime-Krise (2008) werden der behaviorale Ansteckungsprozess und die irrationale Blasenbildung beleuchtet, mit vielen Elementen, die auch im BBP auftauchen. Aber er macht deutlich, dass seine Überlegungen nicht kontrapunktisch zur vorherrschenden Finanztheorie stehen, sondern Behavioral Finance „eröffnet ihren Modellen reichhaltigere und erfolgreichere Anwendungsmöglichkeiten" (2008, 127). Wirtschaftspolitisch setzt er wiederum auf mehr Informationen, Transparenz, Standardisierungen und: Mehr Markt durch Immobilienderivate. „Solche Derivate haben das Potenzial, Spekulationsblasen am immobilienmarkt zu dämpfen" (ebenda, 153). Derivate seien generell segensreich, warum nicht auch im Immobiliensektor. Demgegenüber kommt der auf formale Modelle (zu Informationsasymmetrien usw.) setzende Stiglitz zu dem Ergebnis einer notwendigen radikalen Einschränkung und Regulierung der Märkte. Das Verstehens- oder Erklärensparadigma lenkt demnach nicht selbstverständlich auf einen vorgezeichneten wirtschaftspolitischen Weg.

III. Das Bullen-Bären-Paradigma

Wenn man mit Keynes, Kindleberger, Harvey, Schulmeister u.a. davon ausgeht, dass „(k)nowledge, novelty, surprise, are correlative terms" (Shackle 1972, 424) und Erwartungen, Unsicherheit usw. wilde Märkte hervorbringen, sofern ihre selbstverstärkenden Feedbacks nicht regulatorisch gedämpft werden, so gilt es, wie bisher gesehen, dem Erklärensparadigma, das sich in McCloskeys 10 Geboten ausdrückte, einen alternativen Verstehensansatz gegenüberzustellen (zur Theoriegeschichte des Dualismus siehe Riedel 1978 und Habermas 1970, 71-310). Der Mainstream bis hin zu Behavioral Finance vertritt auf der epistemologisch-methodischen Ebene den Erklärensansatz, der hier kontrastiv noch einmal kurz zusammengefasst sei. Es sollen Kausalgesetze ermittelt oder gleichbleibende Kräfte und Mechanismen intersubjektiv überprüfbar, d.h. ohne Rekurs auf das Verständnis des Fremdpsychischen gemacht werden. Akteure verfügen über gegebene, vollständige und widerspruchsfreie Präferenzen, und sie maximieren ihren Nutzen. Durch die eindeutige und erschöpfende Definition der Ausgangskonstellation ist die theoretisch unterstellte Handlungssituation eindeutig determiniert.

Das ideale Erkenntnismittel ist die Mathematik, das latente Vorbild lange Zeit und insbesondere in der Entwicklungsphase der Konzeption die klassische Mechanik. Äußerlich und quantitativ ermittelbare Regularitäten können in einem Raum-Zeit-Koordinatensystem dargestellt werden, deren interdependente Kräfte auf ein Gleichgewicht oder aus genau spezifizierbaren Gründen auf ein Nicht-Gleichgewicht zustreben, das sich auf jeden Fall durch ein formales Kalkül bestimmen lässt. Die Ordnung wirtschaftlicher Vorgänge erfolgt nach Größengesichtspunkten. „This relegation of form, structure and detail in favour of addable scalar quantity is his characteristic method of simplification" (Shackle 1972, 39).

Ein alternatives Forschungsprogramm lag – wenn auch mit vielen Brüchen – bei der Historischen Schule und dem amerikanischen kritischen Institutionalismus vor. Aber auch die österreichische Schule von Mises und Hayek bis Kirzner und Lachmann, die die inhärente und unausweichliche Tatsache der Unsicherheit hervorhob, kann jenseits ihrer wirtschaftspolitischen Ideologie hinzugerechnet werden (Peukert 1998). Das zweite Paradigma setzt der Ebene der Kausalität und logischen Deduktion die epistemologisch differente Sinnebene gegenüber. Sie bietet als „Theorie menschlichen Handelns" eine ähnlich allgemeine Heuristik wie der Erklärensansatz. Ihr Vorbild ist nicht die klassische

Mechanik, sondern eher die verständigungsorientierte Sprache. An die Stelle von Determiniertheit tritt Einsichtigkeit in Wahlhandlungen.

Auf der mikroökonomischen Ebene des Handelns (entgegen der makroökonomischen Ebene der Institutionen) geht es nicht um eine externe Welt physischer, chemischer und physiologischer Vorgänge, sondern um eine Welt des Fühlens, Denkens, Wertens und zielgerichteten Handelns. Die plötzlichen, manisch-depressiven Phasenwechsel an den Finanzmärkten sind nicht als Abbildverarbeitung neutraler Informationen zu rekonstruieren. Shackle (1972, 76-79) bezeichnet die abrupten Wechsel als kaleidisch, da wie in einem Kaleidoskop sich durch eine geringfüge Drehung ein völlig neues, anderes, in sich stimmiges und abgeschlossenes Bild ergibt. Hier stimmt die österreichische subjektiv-dynamische Marktlehre völlig mit marktkritischen, heterodoxen Ansätzen überein (siehe die einmal nicht marktlibertär ausgeschlachtete Zusammenfassung von Ikeda 1994; leider hat man aus dieser Theorierichtung die Herausforderung der FK nicht angenommen). „Handeln ist bewußtes Verhalten. Wir können auch sagen: Handeln ist Wollen, das sich in Tat und Wirken umsetzt und damit verwirklicht, ist ziel- und zweckbewußtes Sichbenehmen, ist sinnhafte Antwort des Subjekts – der menschlichen Persönlichkeit – auf die Gegebenheiten der Welt und des Lebens" (Mises 1980/1940, 11).

Nach dem Erklärensansatz reagieren Entitäten gemäß regulären Mustern, nach dem Verstehensansatz wählt der Mensch. „These acts of choosing are determined by thoughts and ideas about which, at least for the time being, the natural sciences do not know how to give us any information" (Mises 1957, 11). Handeln setzt ein Unbefriedigtsein, Zukunftsorientiertheit und ein nicht auf einer Messskala abbildbares Werten voraus. „Judgments of value are voluntaristic" (ebenda, 19). Zusammenfassend lässt sich festhalten, dass Wahrnehmen, Denken und Handeln in einer Welt komplexer Phänomene erfolgt, mit prinzipiell unsicheren Zukunftszuständen, deren Überkomplexität durch „maps" und „constructs of mind" (Mises) bewältigt werden muss (These des konstitutiven Wissensmangels). Erfahrungstatsachen werden zu ‚Theorien' verarbeitet (konstruktivistische These), die oft auch von vorherigen Erfahrungen abhängen (These der Pfadabhängigkeit) und teleologisch auf Zielerreichungen gerichtet sind (These der These des pragmatischen Charakters des Wissens und Handelns), was die Emergenz von Neuem einschließt (These der potentiellen Umwelt- und Situationsoffenheit).

Die voluntaristische Komponente ökonomischer Handlungen wird auch darin deutlich, dass sie (markt)konstitutive und nicht-kostenlose Informationen erst erwerben müssen; da sie den Wert der Informationen bei Nichtrezeption nicht kennen und es nach Erwerb für eine Ablehnung zu spät ist, beruht das tatsächliche Informationsverhalten auf recht spekulativer, nicht rational quantifizierbarer Grundlage (These der Nichtbestimmbarkeit des optimalen Suchaufwands, was auch für ‚Wissenschaftler' gilt, siehe Streit und Wegner 1989). An die Stelle automatisch-mechanisch wirkender ‚Kausalgesetze' oder Gesetzmäßigkeiten treten teleologisch-kreative Zielverfolgungen, die keinen regelmäßigen Mechanismen unterliegen, sondern durch wechselnde Wertungen und Pläne bestimmt werden, deren Kenntnis für das Erfassen ökonomischer Prozesse konstitutiv ist. Diese Annahme ist dem Verstehensparadigma immanent. Erklärensansätze des Mainstream entfalten die Gegenthese ökonomisch-marktlicher Eigenlogiken.

Akteure verfügen, wie erwähnt, prinzipiell nicht über vollkommene Informationen, sondern erfassen die Umwelt durch interpretative Konzepte, die interindividuell deutlich variieren können und durch den evolutionären Charakter des Wirtschaftsprozesses ständiger ‚Überholung' bedürfen. Ihr Handeln ist auch deshalb nicht determiniert und unvorhersehbar, weil Präferenzen ständig erfahrungsabhängigen Wandlungen unterliegen und die Akteure nicht vorher festlegbare Ja/Nein-Stellungnahmen vornehmen (können). An die Stelle von dauerhaften Regularitäten treten Pläne und Institutionen, die revidierbaren Regeln folgen. Handlungssituationen sind meist nicht objektiv, erschöpfend und numerisch beschreibbar, sondern komplex, was die Beschreibung der Wahlsituation als eindeutiges Maximierungsproblem in Frage stellt. Situationen werden durch gedeutete, interpretierte und durch Handlungsziele beeinflusste Konzepte (‚explanations of the principle') erfasst. Reine Daten oder Informationen gibt es nicht, ‚the things are, what the acting people think they are' (Hayek, seine eigene Theorie beansprucht demgegenüber eine Ausnahme mit objektiver Gültigkeit zu sein). „Expectation is of course an application of general principles to particular facts; but those ‚facts' are so much the creation of the individual observer depending on a unique personal history and experience, they are so much a matter of interpretation, of the character of their setting or background, that any objectivity ascribed to them must be largely illusory" (Shackle 1972, 428; die letzten Abschnitte sind in Anlehnung an Peukert 1998, 18-21).

Im Bereich der Finanzmärkte böten sich natürlich hermeneutische Verfahren teilnehmender Beobachtung an, die diverse Strategien der Akteure, heterogenen Erwartungen, kontextabhängige, implizite Wissensvorräte usw. gewinnbringend untersuchen könnten. Die Klandestinität und Geheimniskrämerei erlaube dies zurzeit leider nicht, weshalb weiter oben nur auf Erfahrungsberichte von Insidern zurückgegriffen werden konnte. Dem gerne passionierten Teilnehmer sind hier leider zugangsbedingte Grenzen gesetzt. Allerdings muss es nicht gleich der Tradingroom sein, auch hermeneutische Interviews mit Privatanlegern, Riesterrentnern, Medienvertretern, Sentimentanalysten u.a. dürfte reichhaltiges Material bieten, ebenso Interviews mit Politikern über ihr Verständnis der Märkte, ihre Einflussmöglichkeiten usw. Auch ließe sich z.B. wertvolles durch Gespräche mit Devisenhändlern hinsichtlich ihrer framenden Heuristiken ermitteln, sofern sie diese offenzulegen bereit sind (zu den Grundsätzen einer kritisch orientierten Hermeneutik siehe Guba und Lincoln 2005).

Der Analyse der Bedeutungszuschreibungen der Akteure durch responsiv-phänomenologische Feldarbeit mit Ambiguitätstoleranz und Sensitivität und induktiv-historisch-empirischen Fall- und Verlaufsanalysen bieten sich reichhaltige Möglichkeiten (zu den unterschiedlichen Vorgehensweisen erklärender und verstehender Ansätze siehe Merriam 1998, insbesondere Kapitel 1: Was ist qualitative Forschung?). Die konsequenteste Verbindung zwischen Handlungstheorie, Historischer Schule und amerikanischem Altinstitutionalismus findet sich neuerlich bei Yefimov (2009), der diese Theorietradition in den Zusammenhang der FK stellt. Denker aus der Schmoller-Commons-Tradition hätten seiner Ansicht nach die FK vorhersagen können. Der Autor erinnert an die große Bedeutung, die Commons der teilnehmenden Beobachtung beimaß. Da Regeln, Institutionen und Glaubensaspekte *(beliefs)* auch der Ökonomie zugrunde liegen, sei der auf ‚Erklären' getrimmte Mainstream abzulehnen. An die Stelle der *craftsmen* (Wissenschaft eine Tätigkeit wie alle anderen) und *merchants* (Drittmitteleinwerber) bedürfe es der *altruistic investigators*.

Dies bedeutet nicht, auf eine alternative Makroökonomie zu verzichten oder sie in einer Art verstehenden Wirtschaftssoziologie aufgehen zu lassen. Zur theoretischen Schulung des Denkens in evolutionären, dynamischen und komplexen Bezügen sollte auch eine radikale Neuerung der erklärenden Wirtschaftstheorie erfolgen, deren Grenzen aber auch anzuerkennen sind. Gerade weil man sich hier am Neuen ausrichtet, mit Unvorhersehbarkeit und ex ante nur schwer antizipierbaren Nichtgleichgewichten, kann es sich **nur** um *Musteraussagen* handeln, mit denen nicht behauptet wird, Vorhersagen über bestimmte Marktverläufe weder in der kurzen, noch in der langen Frist treffen zu können, wohl aber werden *power laws* und *fat tails* als empirische Regelmässigkeiten vorauszusetzen sein. Zur Frage, „wie es wirklich war" bedarf es der Empirie (hierzu gehören neben wirtschaftsgeschichtlichen Zusammenhängen, Daten und Fakten, eine an den Realitäten ausgerichtete, nicht unbedingt hyperausgefeilte Ökonometrie) und des Verständnisses der Motive, Frames und Interpretationen der Akteure.

Es gibt kaum Vorbilder für eine solche alternative Makroökonomie, die auch strukturell-objektive Komponenten als Idealtypen enthält. Ein Beispiel bietet der voluminöse, gut geschriebene, evolutorische Beitrag von Beinhocker (2006). Mit einfachen Beispielen erläutert er objektive Prozessdynamiken. In metabolischer Sicht ergeben sich anhand des *Sugarscape*-Modells von Epstein und Axtell Preisvolatilitäten, ungleiche Verteilung als emergente Eigenschaft, starke Fluktuationen der Handelsvolumina und die Infragestellung des Gesetzes des einen Preises. Jenseits aller Politik und menschlicher Intentionen akkumulieren die Akteure Vorteile, die zufällig näher in zuckerreichen Gegenden aufwachsen. Sie sind ein Beispiel für „a complex system [. It] is characterised by the presence of a high number of interacting heterogenous agents, the absence of any global controller, the presence of adaptation by learning and evolution, and the dominance of out-of-equilibrium dynamics" (Fontana 2008, 4 mit einem guten Überblick).

Sehr eindrücklich und einfach lassen sich nach Beinhocker dynamische Ungleichgewichte mit negativen **und** positiven *feedbacks* und Wirkungen von Zeitverzögerungen an den Anfang der (alternativen Gleichgewichts)Analyse stellen (ebenda, Kapitel 5). Bereits aus der einfachen *Cobweb*-Darstellung mit einperiodiger Reaktionsverzögerung geht hervor, dass es ganz auf die empirischen Elastizitäten ankommt, ob ein Preis-Mengenfindungsprozess zur Ruhe kommt, explodiert oder bis in alle Ewigkeit oszilliert.

Mit einfachsten nichtlinearen dynamischen Systemen, d.h. mit einer Zu- und Abnahme der Veränderungsrate, ergeben sich Verläufe, die sehr zufällig aussehen, tatsächlich aber völlig determiniert sind. Sehr kleine Änderungen der Anfangsbedingungen bringen sensitiv völlig andere

Entwicklungen (Pfadabhängigkeit) hervor. Sein Beispiel ist ein Bankkonto, das sich nach der Formel $B_{t+1} = rB_t - rB_t^2$ entwickelt, wobei r eine Konstante ist (zu den wirklich erstaunlichen Entwicklungen des Bankkontos zwischen Fixpunktattaktoren und Chaos bei unterschiedlichen Zahlenwerten siehe ebenda, 104-106). „(N)onlinear systems are very common in nature. They show up in phenomena ranging from turbulence over an aircraft wing, to weather, lasers, and the firing of synapses in your brain" (ebenda, 107). „r" wirkt in diesen Modellen wie ein Gaspedal, so wie auf den Finanzmärkten das Leverage und häufig Derivate. Sehr eindrücklich sind auch seine Beispiele der Feedbackschleifen mit unterschiedlichen Anpassungsgeschwindigkeiten.

So ließe sich auch John Stearmans ‚Bierspiel' an den Anfang einer realistischen Produktions- und Markttheorie stellen, bei dem Verbraucher Bier an unterschiedlichen Kiosken kaufen. Diese bestellen Bier beim Großhandel, dieser bestellt es bei einer Brauerei. Es besteht ein Lieferverzug von vier Wochen, die Kundennachfrage wird vom Spielleiter gesteuert, durch die Intransparenz der Nachfragesignale in Verbindung mit der Zeitverzögerung kommt es zu starken Fluktuationen, Überangeboten und Engpässen (ebenda, 168ff.). Dueck (2008, 33ff.) nennt die Fluktuationen in seiner Beschreibung des Spiels „Teufelszyklen" (2008, 38), die unschwer auf Finanzmärkte übertragbar sind (als Pendant zum Bier kann man hier die Liquidität anführen), die Beinhocker im 7. Kapitel aus evolutorischer Sicht behandelt.

Er zeigt dort im Anschluss an Doyne Farmer, dass unter den realistischen und weiter oben vorgestellten Annahmen von Wertinvestoren, technischen Händlern, an Liquidität orientierten Akteuren und Market Makern und bei ununterbrochenem doppelten Tausch (Kauf und Verkauf möglich), also im Unterschied zu Walras' simultanem Gleichgewicht, „(a)fter five thousand periods had passed, the oscillations were virtually gone, and the market looked as if it were rapidly approaching perfect efficiency. But then, volatility suddenly exploded, and prices began to move chaotically. What had happened was this: as the technical traders became richer, their trades became larger, and the large trades started introducing their own movements into the price. These movements created opportunities for other technical traders to try to arbitrage the patterns created by their fellow technical traders – when the technical traders had finished lunching on the seasonal traders, they began feeding off each other! Farmer continued to run his model for many tens of thousands of iterations, and the crazy pattern just kept going and going" (Beinhocker 2006, 397).

Der Autor präsentiert sehr einleuchtende Beispiele für Emergenz aus Netzwerkstrukturen mit Komplexität, aus denen Katastrophen durch hohe Verbundenheit *(connectedness)* zwischen den Elementen hervorgeht, was kaskadenhafte Ansteckungen erhöhen und verstärken kann. Evolution mit den Mechanismen der Variation, Replikation und Innovation wird anhand von Karl Sims ‚Blockkreaturen' nachgezeichnet. Hierbei werden einfachste Legomuster eingeführt und zufallsvariiert, die schwimmen können müssen, was zu einer natürlichen Auswahl sinnvoller Muster führt, deren Variation rein zufallsgeneriert ist.

Mit dem (Lehr)Buch Beinhockers sollte gezeigt werden, dass ein zu einem kritischen Verstehensansatz komplementärer idealtypischer Erklärensansatz durchaus wertvoll sein kann. Hierbei sollte aber der methodische Status nicht missverstanden werden: Eigentlich sind diese Modelle verdichtete Geschichten, Bilder und Frames zur Strukturierung von Sichtweisen über Realität. Aus den Blockkreaturen lassen sich auf jeden Fall keine konkreten Hinweise z.B. auf neue Finanzinnovationen treffen, außer ihrer zu erwartenden Vielgestaltigkeit. Mark Buchanan benennt entscheidende Unterschiede im Vergleich zu den Naturwissenschaften. „Wo stünde die Physik heute, wenn jedes Wasserstoffatom seine individuelle Geschichte hätte, die sich unweigerlich auf seine Eigenschaften auswirkte?" (Buchanan 2008, 52).

IV.
Ist ein Leben ohne Finanzkrisen möglich? Reformvorschläge für stabile Finanzmärkte

1
Halbherzige Reformdiskussionen und Regulierungsmaßnahmen

In diesem Kapitel soll zunächst kurz der Reformdiskurs innerhalb des politisch-wissenschaftlich-finanzindustriellen Komplexes nachgezeichnet werden, um im Folgenden eigene Reformvorschläge zu präsentieren.[8] Die bisherigen Reformansätze (Stand: 15. September 2010) der Finanzmärkte verdienen keine eingehende Betrachtung, da sie rein punktualistisch und oft zeremoniell-symbolisch ausfielen, etwa in Form der Superbonussteuer in Großbritannien oder der nationalen Einführung des Verbots von ungedeckten Leerverkäufen bei Staatsanleihen und einiger börsennotierter Unternehmen in Deutschland (dies mag allerdings der Spekulation gegen die deutschen Versicherer Allianz und Munich Re etwas entgegenwirken).

Gelegentlich blitzen dank FK unerwartete Einsichten auf. So bemerkte ausgerechnet der ehemalige Vorstandschef von Goldman Sachs und von 1995-1999 als US-Finanzminister tätige Robert Rubin: „Financial history suggests, in my view, that markets have an inherent and inevitable tendency – probably rooted in human nature – to go to excess, both on the upside and the downside" (29.12.2009, http://www.newsweek.com/id/225623). Die Frage ist nur, was praktisch daraus folgt.

So konnte sich die EU bisher zu wenig mehr aufraffen als einem minimalen 5%igen Selbstbehalt bei Zweckgesellschaften und einer temporären Außerkraftsetzung der *mark-to-market*-Regel nach IAS 39, was den Finanzinstituten sehr zupass kam (EU-Verordnungen Nr. 1004/2008 vom 15.10.2008, zu Details und Kritik siehe Schildbach 2008). Die G 20, die 90% des Welt-BIP und seiner wesentlichen Finanzströme repräsentieren,

---

[8] Als Einführung in die Reformdebatte siehe ideen- und faktenreich Wolf (2008), zur Debatte einzelner Reformvorschläge Welfens (2009), traditioneller z.B. DIW ((Hg.). 2009), LSE ((Hg.) 2010).

haben auf mehreren Treffen und zuletzt in Toronto und Südkorea ihre bisherige Nichtbereitschaft zu Reformen und irgendeiner Form einer Bankensteuer durch unverbindliche Allgemeinplätze bekundet.[9] „Es ist wenig sinnvoll, den Großbanken mit Problemen staatliche Rettungshilfen zu geben, damit sie alsbald die alten Geschäftsmodelle mit minimalen Änderungen fortführen" (Welfens 2009, VII). Die Verursacher können es kaum fassen, zahlen sich neue Superboni aus und gewinnen wieder zynisch-arrogant Oberwasser, so dass Lloyd Blankfein mit der gotteslästernden Aussage überraschte, dass Banken das Werk Gottes verrichten (8.11.2009, siehe http://www.spiegel.de/wirtschaft/unternehmen/0,1518,660075,00.html).

Auf dem G 20-Gipfel in London wurde eine Deckelung verworfen, es darf weiter grenzenlos verdient werden, wenn auch zeitlich gestreckt. Nicht viel anderes sieht das deutsche „Gesetz zur Angemessenheit von Vorstandvergütungen" vom 4.8.2009 vor (BGBL 2009, Teil 1, Nr. 50, 2509-2511), nach dem Boni an die mehrjährige Geschäftsentwicklung zu koppeln sind (*SZ* vom 7.9.2009, 23). Der Aufsichtsrat soll die Bezüge herabsetzen, wenn sich die Unternehmenslage verschlechtert. Vorstände haften mit mindestens eineinhalb Jahresgehältern, persönlich für (nicht eben leicht nachweisbare) fahrlässig angerichtete Schäden. Auch die Bafin stellte neue Regeln auf, so dürfen künftig kurzfristige Renditen bei den variablen Bestandteilen keine Rolle mehr spielen und der Bonus darf sich nicht nur am eigenen Erfolg bemessen. Solche Regeln lassen sich eine neue Mischung des fixen zum erfolgsabhängigen Gehalt umgehen.

Der Verfasser kann nicht warten, bis eines Tages substantiellere Reformen erfolgen. Bisher ist es weitgehend bei unklaren Verlautbarungen geblieben. Natürlich sollen künftig Hedgefonds registriert und überwacht und Frühwarnübungen durch den IWF und das Financial Stability Board stattfinden. Für Großbanken soll es ein Insolvenzrecht geben, die EZB gründet einen Rat für Systemrisiken, die EU ruft gleich mehrere Überwachungsbehörden für den Banken-, Versicherungs- und Wertpapierbereich ins Leben. Ratingagenturen müssen sich in der EU registrieren lassen (aber nur solche, die Kredite und strukturierte Produkte bewerten), einen Verhaltenscodex befolgen und sie dürfen nicht gleichzeitig beraten und bewerten (*SZ* vom 24.4.2009, 26). Banken können von

---

[9] *SZ* vom 28.6.2010, 1 und 7.6.2010, 17; siehe auch z.B. die *Börsen-Zeitung* vom 29.6.2000, S. 8: „Wässriges aus Washington" und „G 20 beschließt kaum mehr als vages Sparversprechen".

1 Halbherzige Reformdiskussionen und Regulierungsmaßnahmen

Aufsichtsbehörden gezwungen werden, ihr Vergütungssystem zu ändern. An die Wurzeln der Probleme gehen diese Vorschläge nicht, sofern man sie überhaupt (schon) wegen ihres bisher meist bei Absichtserklärungen stehen gebliebenen Charakters bisher einschätzen kann: Viele neue Ausschüsse, wenig klare Ansagen, so viel steht fest.

In Deutschland vertrat die Bundesregierung Anfang 2010 im täglichen Wechsel mal eine Bankenabgabe, dann eine Finanzmarkttransaktionssteuer und wieder Retour. Die Reform der Finanzaufsicht ist auf unbestimmte Zeit verschoben worden, gleiches gilt für das im Koalitionsvertrag angekündigte Gesetz für Entflechtung marktbeherrschender Konzerne (*SZ* vom 7.6.2010, 21). Die finanzindustrielle Kaperung scheint auch in Deutschland nach wie vor zu gelingen. Hierunter ist nicht primär der pekuniäre Einkauf der Politik zu verstehen, sondern „the capture of ideas and mindsets. If those who are supposed to regulate the financial markets approach the problem from financial markets' perspectives, they will not provide an adequate check and balance" (Stiglitz 2009c, II, 3). Bestritten werden soll hiermit nicht die rein finanzielle Seite, erinnert sei an die Entscheidung der konservativen Mehrheit des amerikanischen Obersten Gerichtshofs vom Januar 2010 zu unbegrenzter Wahlwerbung der Parteien durch Interessengruppen.

Als besonderes Merkmal findet die Debatte international als Spezialistendiskurs statt, an einen wirkungsinternalisierenden *Stakeholder-*Ansatz wird keine Zeit verschwendet. „Those who are affected by the failure of regulation – workers who lose their jobs, retirees who see their pensions diminished, taxpayers who have to bear the costs of bail-outs – should have a large voice in any regulatory structure" (ebenda, III, 5). Sehr treffend ist in diesem Zusammenhang auch die Situationsskizze von Hengsbach (2009a), der neben einer Demokratisierung der Entscheidungsstrukturen und mehr Wirtschaftsdemokratie für eine Zerschlagung der Megabanken eintritt. So fällt es den Finanzakteuren leicht, ein strategisches Spiel (Angsterzeugung) mit der halbgebildeten Politik zu spielen, um möglichst viel aus den Rettungspaketen herauszuholen, die den Brand bisher durch zusätzliches Feuer löschen (zu den amerikanischen Paketen in den USA siehe kritisch Cassidy 2009, Kapitel 23 mit der treffenden Überschrift: *Socialism in our time*).

Soweit der Verfasser dies beurteilen kann, wird auch von juristischer Seite nur begrenzt entgegengehalten. So belegt Werner Heun (2010) zunächst die Kenntnis der ökonomischen Literatur durch zahlreiche Literaturverweise unter Einschluss heterodoxer Beiträge (Kindleberger, Minsky, Shiller u.a.), um dann bei der konkreten Frage der Regulierung zunächst festzustellen, dass das Verfassungsrecht außer Selbstverständlichkeiten wenig beizutragen habe. Ganz allgemein wird eine Regulierung von CDS angemahnt, aber grundsätzlich vor Übereifer bei Derivaten gewarnt, da sie eine „in vielerlei Hinsicht stabilisierende Rolle" (ebenda, 61) ausüben. Als Beleg werden (neo)klassische Finanzlehrbücher und Beiträge aus dem Jahr 1998 angeführt, die auf der Grundlage der EMH basieren, die Heun vorher unter Referenz auf Mandelbrot und Kindleberger selbst als unrealistisch kritisierte und die Gaussche Normalverteilung als Standardfall verwarf. Im Prinzipiellen sind Juristen aber oft auch sensibler als Ökonomen hinsichtlich des Geldes als besonderem Phänomen und der Tatsache, „dass der Umgang mit dem Kunstprodukt ‚Geld' Innovationen nur in Grenzen verträgt, weil das unerlässliche Grundvertrauen in dieses Kunstprodukt ‚Geld' Verständnis voraussetzt ... Geld ist keine Ware, die man dem Meistbietenden verkauft, sondern ein vom Staat geschaffenes Rechtsinstitut, das auf dem Konsens und dem Vertrauen zwischen den Bürgern und dem Staat beruht" (Claussen 2009, 1003).

Die konsequente Umsetzung einer marktliberalen Position hätte erfordert, der reinigenden Krisenwirkung des Marktes nichts in den Weg zu stellen. In Deutschland wurde diese Position fast nur von Stefan Homburg vertreten, in den USA bis Anfang 2008 fand sich eine ganze Reihe von Ökonomen, die Rettungsaktionen ablehnten, da sie die Akteure in Zukunft zu noch riskanterem Verhalten herausfordern und die Aufblähung der Geldmenge zu noch größeren und gefährlicheren Spekulationsblasen führen dürften (Roubini und Mihm 2010, 15). Dem Fallenlassen von Lehman Brothers mag ein solches Abstinenzmotiv entsprochen haben, man sah jedoch, dass die Wirkung eines schwarzen Lochs drohte und ersetzte die unsichtbare Hand des Marktes durch die starke Hand eines bisher in Friedenszeiten ungekannten aktiven Staatsinterventionismus, der aber, wie im vorigen Kapitel gesehen, von Keynes, Friedman, Minsky und Fisher Schulen übergreifend im Prinzip für richtig gehalten wurde und wirtschaftshistorisch betrachtet in den letzten Jahrzehnten üblich war.

„Seit dem Zweiten Weltkrieg bestand die häufigste politische Antwort auf eine systemische Bankenkrise (sowohl in entwickelten als auch in aufstrebenden Ökonomien) in der Schnürung eines Rettungspakets für den Bankensektor (mit unterschiedlichem Erfolg), sei es durch den Ankauf von faulen Aktiva, gelenkten Fusionen zwischen sogenannten ‚Bad Banks' und relativ soliden Finanzinstituten, eine direkte Übernahme durch den Staat oder eine Kombination aus diesen Maßnahmen. Oftmals hatten solche Schritte umfangreiche fiskalische Konsequenzen" (Reinhart und Rogoff 2010, 250). Nachdrücklich belegen sie, wie bereits mehrfach erwähnt, den nachhaltigen Anstieg ‚dramatischen Ausmaßes' (ebenda, 255) der Staatsverschuldung um durchschnittlich 86%, nicht nur bedingt durch die Kernkosten der Rettungspakete, sondern durch Steuermindereinnahmen mit zahlreichen Inzidenzwirkungen, die meist nicht in die (Folge)Kostenrechnungen der FK einbezogen werden. Es sei auch daran erinnert, dass die deutsche Neuverschuldung des Bundes in 2010 vor der Krise einmal auf nicht unrealistische 6 Mrd. Euro geplant war. Der Jubel, dass es nun nicht 86 Mrd. Euro, sondern weniger wird, verdankt sich einem um sich greifenden Zweckoptimismus: Die Krise ist vorüber, alles halb so schlimm, so kann es weitergehen, radikalere Reformen sind nicht (mehr) nötig. Die teure Bankenrettung, milliardenschwere Konjunkturpakete und hohe Kosten für z.B. die Kurzarbeit haben das deutsche Gesamtdefizit (Bund, Länder, Kommunen und Sozialversicherungen) bis zum September 2009 auf 96,9 Mrd. im Vergleich zu 17,2 Mrd. Euro im Vorjahr steigen lassen (*SZ* vom 30.12.2009, 20).

„Each time we have a new bust, our major central banks rush to relax monetary policy, thus lowering interest rates from savers while giving banks greater profits. Theses transfers from savers to financial institutions are an effective tax on savings" (Boone und Johnson 2010b, 248). Boone und Johnson sehen in laxen Geld- und Regulationspolitiken eine in Formaldemokratien eingebaute Schwäche, da Politiker sehr wahrscheinlich diesen auf kurze Sicht einfachsten Weg beschreiten, um die Wähler nicht den sonst zu erwartenden Härten auszusetzen, was aber langfristig die (Verschuldungs)Probleme immer größer werden lässt. Diese Expansionslogik gilt nach den Autoren nicht nur für die Phase der Rettungspakete, sondern bereits im Aufschwung, da rasches Kreditwachstum und hohes Leverage zunächst für gute Laune in der Wirtschaft und bei den Wählern sorgen. Turner (2010) weist zutreffend darauf hin, dass es bei der Beurteilung der Einzelfälle natürlich auch wesentlich auf die Struktur der Verschuldung ankommt, z.B. ob sie zu rein konsumtiven oder investiven Zwecken dient, was hier aber vernachlässigt werden soll.

So führt Martin Feldstein (2009) als Ursache der Krise neben der Unterpreisung von Risiken insbesondere exzessives Leverage an, dem dann mit noch niedrigeren Zinsen und historisch einmaligen Liquiditätsspritzen der Finanzinstitute durch die Notenbanken begegnet wurde, so dass diese nicht recht wussten, wohin mit dem Geld und u.a. gleich eine neue Explosion der Aktienkurse auslösten, die keineswegs eine Erholung der Realwirtschaft signalisieren (Westbrook 2010). Da die Zinsen für Zentralbankgeld frühzeitig nahe Null lagen, bemerkte man schnell, dass die Geldpolitik an ihre Grenzen stieß. Wenn man keine Strukturreformen im Sinn hat, bleibt nur die Fiskalpolitik, die eine vermutete Outputlücke von rund einer halben Billion Dollar allein in den USA schließen sollte. Selbst konservativ-marktliberale Ökonomen wie Feldstein, die gut und gerne als prototypische Antikeynesianer angesehen werden dürfen (und wollen), sahen dies als einzigen Weg zur Vermeidung einer tiefen Rezession und Systemgefährdung. So entstand weltweit eine große Koalition von Status-Quo-Fiskalkeynesianern, die nur noch über die Ausgabeprioritäten diskutierten und Feldstein auch die Militärausgaben im Rettungspaket deutlich anheben wollte und Obama nicht. Bereits die Stimulanzpakete Reagans (1981) und G.W. Bushs (2001 und 2008) widersprachen der besonders von marktliberaler Seite vertretenen Auffassung der theoretisch heillos veralteten keynesianischen Sicht zur Fiskalpolitik.

Beiträge wie Feldsteins zeigen, dass Mainstreamökonomen in der Not zum letzten Mittel eines Re-Leveraging des öffentlichen Sektors (Staatsverschuldung) greifen. Wurde als Ursache der FK auch das Problem der Fristigkeit identifiziert, mit zu vielen Langfristkrediten, die kurzfristig gegenfinanziert wurden, so verstärken Zinsen nahe Null weiterhin den Anreiz für Banken, langfristige Kreditgeschäfte kurzfristig zu finanzieren. Roubini fasst die Gesamtlage nach dem Hochfahren der öffentlichen Verschuldung so zusammen: „Finally, policymakers are running out of tools. Additional monetary quantitative easing will make little difference, there is little room for further fiscal stimulus in most advanced economies, and the ability to bail out financial institutions that are too big to fail – but also too big to be saved – will be sharply constrained" (16.7.2010, siehe http://www.project-syndicate.org/commentary/roubini/roubini27/English).

Am Anfang des Überblicks zum Reformdiskurs soll hier die Reflexion des deutschen Sachverständigenrates zur Begutachtung der gesamtwirtschaftlichen Entwicklung stehen. Nachdem sich dieser lange Zeit einigermaßen zurückhaltend in der Debatte um Regulierungsvorschläge verhielt (2008a und 2008b), legt er im Jahresgutachten 2009/10 einige Vorschläge vor. Ohne dies genauer zu begründen, es fehlt weiterhin eine genauere Ursachenanalyse der FK, stellt man grundsätzlich fest: „203. Insgesamt ist zu bezweifeln, dass eine reine Mengenregulierung [Zerschlagung großer Finanzinstitutionen, Trennbankensystem usw.] die Systemrelevanz von Finanzinstituten reduzieren kann, ohne Grundfunktionen des Finanzsystems fundamental zu schwächen. Deshalb muss an einer möglichst zielgenauen *Preisregulierung* gearbeitet werden" (2009, 139). Ihre Vorschläge sind wenig radikal und präzise (wie stark soll die Leverage Ratio zum Beispiel schwanken?). Sie setzen weiterhin auf komplizierte und technokratieverdächtige Maße und schlagen eine Abgabe der systemrelevanten Institute in Abhängigkeit ihrer Systemrelevanz für eine private Versicherung in einem europäischen Stabilisierungsfonds vor, ferner eine neue transnationale Aufsichtsbehörde, die schnell und umfassend auch im Falle der Liquidation eingreifen kann, die Einschränkung außerbörslicher Kreditderivate, eventuelle Restrukturierungen mit Zwangsrekapitalisierung (wenn unbedingt nötig) und die Übertragung der nationalen Aufsicht auf die Deutsche Bundesbank.

Auch könnten in Abhängigkeit der Systemrelevanz (im globalen Maßstab siehe den Überblick bei Evanoff et al. (Hg.) 2009) zusätzliche Eigenkapitalanforderungen erhoben werden. Zwar sind sich die Autoren des Problems der unerwünschten Verkomplizierung bewusst, dennoch wollen sie in expertokratischer Manier diesbezügliche Maße entwickeln, unter Einbezug der Größe, des Grades der Vernetzung und der Komplexität, der Portfoliokorrelation und der Marktdominanz eines Instituts. In Covarianz- und Scoring-Modellen werden erfolgsversprechende Ansätze gesehen. Die bisherigen Reformen auf supranationaler Ebene werden als verpasste Chancen angesehen und vermerkt, leider „scheute sich die Larosière-Gruppe vor der konsequenten Forderung einer einheitlichen Aufsichtsbehörde für Europa und empfahl stattdessen eine nur wenig ambitionierte Reform" (Sachverständigenrat 2009, 161).

In der Tat glänzt die EU mit einsichtsvollen Erkenntnissen über die Notwendigkeit eines binnenmarktweiten Rahmens für Krisenmanagement (siehe z.B. Kommission 2009), über eine gewisser Koordination nationaler Behörden ist man nicht hinausgekommen, trotz neuer Ausschüsse wie dem für Systemrisiken wird es keine *übergeordnete*, von den Eingriffen der Politiker der Mitgliedsstaaten unabhängige, europäische Kontrollbehörde als Frühwarnsystem geben, da die Finanzminister einen der Ihren als Chef des Risiko-Rats installieren wollen und sich vorbehalten, bei den EU-Agenturen für Bankenaufsicht (London), Wertpapierhandel (Paris) und Versicherungen (Frankfurt) ein wesentliches Wörtchen insofern mitzureden, als die Finanzminister einstimmig eine „Notfallsituation" feststellen müssen, bevor die Durchgriffsrechte wie verbindliche Eigenkapitalanweisungen der Agenturen gelten. Da die nationalen Regierungen sich oft als Verteidiger ihrer (meist multi)nationalen Finanzchampions missverstehen, liegt die Achillesferse der halbherzigen Konstruktion.

Sehr bescheiden fielen auch die Vorschläge der amerikanischen Regierung unter Obama aus. Ein fast 90seitiger Beitrag des Finanzministeriums aus dem Juni 2009 verliert sich in eher unbestimmten Vorschlägen. Die Ursachenanalyse bleibt additiv und an der Oberfläche. „Rising asset prices, particularly in housing, hid weak credit underwriting standards and masked the growing leverage throughout the system. At some of our most sophisticated financial firms, risk management systems did not keep pace with the complexity of new financial products" (Department of the Treasury 2009, 2). Die wenig informative und theorielose Ursachenaneinanderreihung der FK durchzieht fast alle Berichte der letzten Jahre. Als weiteres Beispiel kann hier der *Global Financial Stability Report* des IWF (IMF 2008) genannt werden, der im April 2008 eine faktenreiche, fast 200 Seiten umfassende Studie vorlegte. Auch sie führt kenntnisreich die Probleme falscher Ratings, gewagter CDOs, eine immer schwächer werdende Kreditdisziplin und viele weitere Faktoren auf, doch eine systematisch angeleitete Gewichtung der Einflussfaktoren fehlt auch hier.

Der jährliche ökonomische Bericht des US-Präsidenten aus dem Jahr 2009 erklärt die Krise eng anhand der Entwicklung der einzelnen Phasen am amerikanischen Häusermarkt (Angebotsüberschuss an Häusern usw.). Als auslösender Faktor wird besonders der aus den Schwellenländern stammende globale Sparüberschuss ausgemacht, der zu einer Verengung der Spreads führte und den Häuserboom wesentlich auslöste. Warum alle Akteure mehr Risiken aufnahmen als ökonomisch sinnvoll erscheint, bleibt offen. Auf die katastrophale Mischung aus impliziten Staatsgarantien für die GSE (mittlerweile voll- früher halbverstaatlichte Hypothekenorgane) bei gleichzeitiger Einführung regulatorischer Grenzen für ihre Geschäftstätigkeit und damit einhergehender Erhöhung des Anteils privater Emittenten von ABS, bei denen es sich üblicherweise um nicht regulierte Institute ohne Einlagengeschäft handelte, wird neben anderen

1 Halbherzige Reformdiskussionen und Regulierungsmaßnahmen

Fehlkonstruktionen nicht näher eingegangen (in Kurzform siehe EZB 2009a, 18-22, die – wenn es um die USA geht – einen erfreulich klaren und kritischen Blick aufweist).

Kritische Überlegungen zum Finanzsektor oder gar Reformvorschläge lassen sich nicht ausmachen. Leerverkäufe werden gepriesen, in sehr seltenen Fällen könnten sie dysfunktional wirken (ERP 2009, 81-82), die *mark-to-market*-Bewertung sei vollkommen richtig, da durch sie die Qualität der Informationen auf den Märkten ermöglicht wird (ebenda, 93), was natürlich eine implizite EMH voraussetzt. Die Rettungsaktionen der öffentlichen Hand werden gelobt, was hinsichtlich OTC-Derivaten und Zweckgesellschaften passieren soll, bleibt im Dunkeln. Mutigen Reformen für ein stabiles Finanzsystem wird entgegengehalten, „regulators must be careful to balance these goals against potential detrimental effects on capital formation and the desire to promote beneficial innovation" (ebenda, 91). Der Bericht lässt keinen Zweifel daran, dass keine durchgreifenden Reformen vorgesehen sind. Er hätte auch von den Finanzmarktakteuren selbst verfasst worden sein können, da er keine tiefergehende Ursachenanalyse betreibt, Samaritergeld verspricht und keine Gegenleistungen vorsieht.

Ausgesprochen nichtssagend fiel auch der Bericht des amerikanischen Finanzministeriums unter Henry Paulson (2008) aus. Zu den Vorschlägen gehört die vieldiskutierte neue *Consumer Financial Protection Agency*. Ihre Funktion besteht in „(s)tronger regualtions to improve the transparency, fairness, and appropriateness of consumer and investor products and services" (ebenda, 3). Das ganze Papier durchziehen hehre Vorsätze, die aber zumeist ungewöhnlich unpräzise hinsichtlich der genaueren Ausgestaltung sind. Eine neue Kontrollbehörde zur Überprüfung aller systemrelevanten Akteure soll geschaffen werden, die aber der FED zugeordnet wird, die bekanntlich keine *bella figura* in der FK machte und die als bestenfalls halböffentliche Einrichtung für die Interessen der Finanzbranche bisher immer ein offenes Ohr hatte (siehe die lange Liste mit Fehlern Bernankes vor und in der FK bei Appelbaum und Cho 2009). OTC-Derivate gehören nicht verboten, schwammig wird vorgeschlagen, „to bring the markets for all OTC derivatives and asset-backed securities into a coherent and coordinated regulatory framework that requires transparency and improves market discipline" (ebenda, 6).

Neben wenigen weiteren Vorschlägen zu Neugründungen von Organisationen (z.B. der *Mortgage Origination Commission*) und der Zusammenlegung bestimmter Kontrollinstitutionen (z.B. der SEC und der CFTC) enthält der Bericht wenig Erhellendes. Statt dessen stimmt der Bericht ein Loblied auf die innovative und unternehmensfreudige Finanzindustrie an und betont die erfreuliche und aufrecht zu erhaltende Führungsposition der USA in diesem Bereich, „improvements in information technology and information flows have led to innovative, risk-diversifying, and often sophisticated financial products and trading stategies" (2008, 4). Dispute zwischen Regulatoren hätten oft genug die Einführung innovativer Finanzprodukte verhindert. Natürlich hätten Marktakteure gelegentlich die neuen Produkte nicht ganz verstanden und ein übertriebenes Leveraging betrieben, aber es wird erklärt, „Treasury believes it must ensure that the U.S. regulatory structure does not inhibit the continued growth and stability of the U.S. financial services industry and the economy as a whole" (ebenda, 3). Bei den ungenauen Vorschlägen ist zu bedenken, dass sie in der öffentlichen Diskussion in den USA unter dem Druck der Finanzmarktlobby noch weiter zerredet werden dürften, wozu das letzte Zitat einlädt. Paulson gibt sich hier als Mensch zu erkennen, dessen Weltbild von seinem früheren Arbeitgeber Goldman Sachs stammt, auch wenn er in heißen Zeiten temporär das Amt des amerikanischen Finanzministers bekleidete, um Gutes zu tun.

Eine ähnliche Unverbindlichkeit kennzeichnet die Analysen und Vorschläge der G 20-Konsultationen in Pittsburgh und London, die von Heiner Flassbeck zutreffend als ‚Gipfel der Belanglosigkeit' bezeichnet wurden (SZ vom 6.4.2009, 2). Im Abschlussdokument loben die Staatschefs sich zunächst für ihre ausgiebigen geld- und fiskalpolitischen Maßnahmen. Die Verlautbarung verliert sich sodann in den üblichen unverbindlichen Statements: „(R)egulation must prevent excessive leverage and require buffers of resources to be built up in good times ... extend regulation and oversight to all systematically important financial institutions, instruments and markets" (G 20 2009, 4). Selbst Hedgefonds sollen einbezogen werden, aber nur systemrelevante. Protektionismus wird abgelehnt, schließlich finden ein ILO-kompatibler Arbeitsmarkt und der Klimawandel wie es sich gehört gegen Ende Erwähnung. Im Vergleich zur unverbindlichen Deklaration vom November 2008 (G 20 2008) war man keinen Deut weiter gekommen.

Die Issing-Kommission diente von deutscher Seite zur Vorbereitung der G 20-Gipfel. Neben Issing als Vorsitzendem gehörten ihr Jörg Asmussen, Jan Pieter Krahnen, Klaus Regling, Jens Weidmann und

1 Halbherzige Reformdiskussionen und Regulierungsmaßnahmen

William White an. Nur der Letztgenannte kann als unabhängig bezeichnet werden, da er weder zum Bonner Klüngel gehörte, noch ein Vertreter der politischen Administration war, noch auf der Verdienstliste privater Finanzinstitute stand und auch nicht als aktiver Deregulierer oder als ihr Befürworter auftrat. Das Gutachten enthält die üblichen Stichworte zu den Ursachen: Leverage, Niedrigzinspolitik, Überliquidität, falsche Bonianreize usw. Die Kausalitätsanalyse fällt besonders schwach aus. Es wird nicht wirklich begründet, warum hohe Liquidität und steigende Assetpreise unbedingt zu erhöhter Risikoneigung führten (Issing Committee 2008, 7). Auf die Frage, warum die Investoren nicht rational höhere Risikoprämien forderten, wird tautologisch auf „the increasing appetite for risk" (ebenda, 9) und fehlende Informationen hingewiesen. Die Frage war jedoch gerade, warum sich denn die Investoren nicht besser informieren wollten. Es zeigt sich das ganze Dilemma derer, die an im Prinzip rationale Akteure und effiziente Marktprozesse glauben.

Die Reformvorschläge fallen durch extreme Zahmheit und Unverbindlichkeit auf: Ratingperformances usw. sollten öffentlich gemacht werden, der Halter der riskantesten letzten Tranche *(last loss piece)* sollte bekannt sein, es wird sogar (wohl im Anschluss an Krahnen) davor gewarnt, hier einen bestimmten prozentualen Selbstbehalt beim Originator zu fordern. Generell scheint das letztliche Problem in der mangelnden Transparenz für die Marktakteure zu liegen. Eine Leverage-Ratio sei sinnvoll und bemerkt „(a)ll systemically important financial institutions should be subjected to appropriate supervision and regulation" (ebenda, 4). Es wird zudem ausgeführt, „we are doubtful that there will ever be powerful early warning systems in financial markets" (ebenda, 11), so dass man es wohl von vornherein auch lassen kann. Ein solches Maßnahmenpäckchen (nicht Paket) der Issing-Kommission hätte auch aus der Feder der Finanzindustrie stammen können.

Ihre Empfehlungen aus dem März 2009 weichen nicht von dieser Linie ab. Die fehlende Transparenz wird angemahnt und die Erstellung einer umfassenden Risikokarte *(risk map)* vorgeschlagen, in der auch Hedgefonds ab 100 Mio. Dollar einzubeziehen sind. Hieraus sollen mikro- und makroökonomische Indikatoren abgeleitet werden, an denen sich Politiker und Zentralbanken antizyklisch ausrichten könnten. Wie dies genauer geschehen könnte, bleibt offen.

Im Oktober 2008 wurde auf Europäischer Ebene vom konservativen Präsidenten der EU-Kommission, José Barroso, die De Larosière-Gruppe ins Leben gerufen, zu der neben – wieder einmal – Otmar Issing (nach seinem Ausscheiden Berater bei Goldman Sachs) u.a. auch der bekennende Neoliberale Leszek Balcerowicz angehörte, der dem *American Enterprise Institute* verbunden ist und seit Gründung beim Brüsseler Think Tank *Bruegel* arbeitet, zu dessen Sponsoren auf privater Seite u.a. die Deutsche Bank, Goldman Sachs, Unicredit und Fortis gehören. Neben öffentlichen Ämtern beriet De Larosière selbst auch die BNP Paribas und er ist Co-Chair von *Eurofi*, einer Lobbyorganisation und Think Tank aus Paris zur Integration der Finanzmärkte, zu dessen Mitgliedern Axa, Deutsche Bank, Goldman Sachs, JP Morgan Chase u.a. gehören.

Die Ursachenanalyse dieser erlesenen Experten fällt wie üblich aus, allerdings werden Derivatemärkte immerhin als relevante Trigger erwähnt, dafür lautet der erste Satz der Studie: „Ample liquidity and low interest rates have been the major underlying factor behind the present crisis, but financial innovation amplified and accelerated the consequences of excess liquidity and rapid credit expansion" (De Larosière Group 2009, 7). Im Unterschied zu den meisten anderen Texten wird hier eine Wirkungsgewichtung eingeführt und Liquidität und Zinsen die Rolle der Prime Mover zuerkannt. Der Text gibt gewisse Rätsel auf. Einerseits sei das Fehlen präziser Informationen zur Identifikation eines Bubbles kein Argument, nicht zu versuchen, einen echten Bubble zu verhindern, andererseits wird bemerkt, die monetären Autoritäten könnten einen Bubble nicht durch Beeinflussungsversuche der Assetpreise verhindern.

Sie könnten aber ihre Besorgnis kommunizieren. Dann aber sollten sie doch auch bei ihren monetären (Zins)Entscheidungen nicht auf die Konsumentenpreise schauen und in Reaktion auf exzessives Geld- oder Kreditwachstum handeln (ebenda, 14). Gegen den Wind könnten andere öffentliche Institutionen (wohl auf nationalstaatlicher Ebene) gegenzyklische Reservevorschriften für die Banken aufstellen. Ein klares Bild ergibt sich hieraus nicht, es scheint in der Gruppe zu Kompromissen von Satz zu Satz gekommen zu sein. Die Hyperprozyklizität durch Basel II wird kritisiert, auf die Zyklen bezogene Ansätze aber ohne nähere Spezifizierung (allerdings mit Verweis auf Spanien) erwähnt. Bei den Ratingagenturen wird es (etwas) konkreter: Der Übergang zum Der-Investorzahlt-Prinzip und die Trennung von Raten (bitte richtig betonen: vom Verfasser eingedeutschter Ausdruck für die Erstellung von Ratings) und Beraten sowie eine Registrierungspflicht vorgeschlagen (ebenda, 19-20). OTC-Derivate sollten über zentrale Clearingstellen abgewickelt werden.

Die Überlegungen zum Parallelbankensystem verlieren sich wieder im Unbestimmten: ‚Angemessene Regulation' und ‚erhöhte Transparenz' auch gegenüber systemrelevanten Hedgefonds wird nur in allgemeinen Formulierungen eingefordert (ebenda, 22-24).

Ausgesprochen zutreffend wird bemerkt, „(a)n efficient Single Market should have a harmonised set of core rules" (ebenda, 27), Regulierungsarbitrage beklagt, dann aber nur ganz allgemein ein „minimum core standard" (ebenda, 29) gefordert. Eng sind die Grenzen gegenüber den dank Gemeinschaftsrecht zunehmend transnational agierenden Finanzinstituten (siehe Annex III). „The idea of a pooled EU fund, composed of the national deposit guarantee funds, has been discussed by the Group, but has not been supported" (ebenda, 35). Ein bei der EZB angesiedeltes europäisches Frühwarnsystem und mehr internationale Kooperation wird vorgeschlagen. Ausdrücklich wird auf die bedenkliche Entwicklung der großen Finanzkonglomerate und der Probleme des *too big to manage* und *too big to fail* hingewiesen, dann aber ohne weitere Begründung festgestellt: „However, although this may be desirable in instances of excessive market dominance under anti-trust law, it is unlikely that large financial institutions will be broken up into component parts" (ebenda, 62). Es folgen Verweise auf eine internationale Risikokarte und ein Kreditregister. Das war alles, was die EU offiziell zu bieten hatte.

Man sollte wohl darauf hinweisen, dass dieses sehr defensive Dokument der EU keine Überraschung ist, wenn man sich den Hintergrund der acht Autoren noch einmal in Erinnerung ruft. Rainer Masera ist u.a. Präsident von *San Paolo IMI*, dem der Fiat-Dynastie nahestehenden Finanzkonzern, er wird oft als sogenannter Bankenfürst von Turin bezeichnet. Callum Mc Carthy arbeitete seit den 1980er Jahren bei den Investmentbanken *Kleinwort Benson* und *Barclays*. Onno Ruding war nicht nur zeitweise konservativer niederländischer Finanzminister, sondern seine längste aktive Zeit verbrachte er bei der *Amro Bank* und über ein Jahrzehnt bis zu seiner Pensionierung 2003 bei *Citicorp/ Citibank* (zu Details auch zu Lars Nyberg siehe Haar et al. 2009). So wird das Europa der Bürger vertreten.

Ein Vorschlag auf internationaler Ebene betraf die Umbenennung und Funktionsaufwertung des vorher weitgehend wirkungslosen *Financial Stability Board* in *Financial Stability Forum*. Zu den Mitgliedsinstitutionen gehören die EZB, die Zentralbanken u.a. Australiens, Kanadas, der USA, Italien, Japans usw., die BIZ, die OECD, aus den USA die FED, das Finanzministerium und die SEC, aus Deutschland nehmen das Finanzministerium, die Bundesbank und die Bafin teil. Hinsichtlich der Ursachen findet sich auch bei dieser, wie man meinen sollte, hochkarätig besetzten Institution ein bunter, rein additiv-deskriptiver Strauß an Variablen (regulierungsarbitragierende Zweckgesellschaften, laxe Kreditstandards usw., siehe FSF 2008a, 5-11), der keine Ableitung einer integrierten Strategie erlaubt, so dass man sich wiederum in marginalen, inkrementellen Veränderungen hier und da erschöpfen kann, da das System als solches als funktional angesehen wird und nur an den Rändern Reformbedarf zu bestehen scheint. Die Liste der Reformvorschläge ist ebenso lang (ebenda, Annex A) wie unbestimmt.

So wird die baldige Umsetzung von Basel II empfohlen und hinzugefügt: „Supervisors will assess the impact of Basel II implementation on banks' capital levels and will decide whether additional capital buffers are needed", oder „(s)upervisors will assess the cyclicality of the Basel II framework and take additional measures as appropriate" (ebenda, 53). Es findet sich nicht ein einziger wirklich präziser inhaltlicher Vorschlag, dies gilt auch für den späteren Follow-Up-Bericht aus dem Oktober 2008 (FSF 2008b) und die Überlegungen zur Reduzierung der Prozyklizität (FSF 2009). Die Liste unpräziser Willenserklärungen und Ursachenanalysen ließe sich fast beliebig erweitern, als Beispiele seien hier nur Walter Lukken (2008), dem Acting Chairman der *Commodity Future Trading Commission* und John Gieve (2008), Deputy Governor der *Bank of England*, genannt.

Auch die nach der FK sehr agile EZB, die im Jahr 2008 das Zentralbankgeld immerhin um flotte 37% erhöhte (FED: 100%), so dass im November 2009 Euro-Scheine im Wert von 773 Mrd. im Vergleich zu 225 Mrd. Euro Anfang 2002 zirkulierten, macht hier keine Ausnahme. Als ein Beispiel kann die Antwort auf die Fragen der EU-Kommission zu Hedgefonds vom 25.2.2009 herausgegriffen werden. Eine international koordinierte Antwort sei sinnvoll, um regulatorische Arbitrage zu verhindern. Über viele Zusammenhänge wisse man allerdings kaum Bescheid, „it is noteworthy that aggregate data on banks exposures to hedge funds and other actively managed leveraged private pools of capital are not available. Moreover, there is no periodic information on aggregate leverage or broadly grouped investment exposures of hedge funds" (EZB 2009b, 5). Inhaltlich bleibt offen, wie man denn dann mehr Transparenz im Einzelnen herstellen könnte oder sollte. Auf die explizite Frage, ob

1 Halbherzige Reformdiskussionen und Regulierungsmaßnahmen

Leerverkäufe eingeschränkt werden sollten, fährt die EZB eine minimalistische Linie. „The Eurosystem is of the view that restricting short-selling may be advisable at times of systemic crises, as long as such restrictions are introduced in a coordinated manner and removed as soon as normal market conditions are re-established. Such rules should apply for all market participants alike" (2009b, 7). Ungedeckte Leerverkäufe *(naked short-selling)* könnten zu Preismanipulationen dienen, eine koordinierte Regulation sollte aber nur international erfolgen. Wie diese ersten Schritte aussehen sollten, bleibt offen. Leerverkäufe, die über ein gewisses Volumen hinausgehen, sollen meldepflichtig werden. Über den Grenzwert wird keine Aussage getroffen.

Die BIZ (Bank für Internationalen Zahlungsausgleich) bzw. BIS (Bank for International Settlements) wurde in vorherigen Kapiteln bereits mehrfach positiv zur Frage der makroprudentiellen Regulation erwähnt. Man sollte allerdings keine allzu großen Erwartungen hegen. Zwar finden sich einige kritische Worte zum Zustand der Finanzwelt im 80. Jahresbericht (BIS 2010), so fiel die Ansprache des Generaldirektors Jaime Caruana doch recht lauwarm aus. Sie zeigt überdeutlich, dass man sich vom Paradigma effizienter Märkte nicht verabschiedet hat und das Hauptgewicht auf Staatsversagen legt. Ein Beispiel: „Ebenso sind die direkten Eingriffe der Zentralbanken zur Gewährleistung der Funktionsfähigkeit der Märkte mit erheblichen Risiken verbunden. Wenn sie zu lange andauern, würden sie die Anreize des privaten Sektors, Geschäfte an den Märkten zu tätigen, verzerren und so die Liquidität und Tiefe dieser Märkte beeinträchtigen. Die Rolle des Marktes bei der Bewertung von Risiken würde untergraben" (Caruana 2010, 5).

Im April 2008 gründeten Gerald Corrigan (Managing Director bei Goldman Sachs) und Douglas Flint (Finanzdirektor bei HSBC) die *Counterparty Risk Management Policy Group*, die man als Gedankenwerkstätte oder als Interessenvertretung ansehen kann. Im August 2008 legte sie ihre Ursachenanalyse und Reformvorschläge vor. Mehrere Ursachen, deren absolute und relative Wirkungsstärke schwer abzuschätzen seien, werden betont: Kreditkonzentrationen, Fristentransformationsprobleme, exzessives Leverage, die Illusion der Marktliquidität und makroökonomische Ungleichgewichte. Die Reformvorschläge sind auch hier relativ schwammig, eine Vereinheitlichung der Rechnungslegungsstandards wird angeraten, Stressszenarien sollen verstärkt, Derivate dokumentiert werden usw. Nicht überraschend ist die große Skepsis gegenüber Versuchen, Bubbles durch proaktive makroprudentielle Beeinflussung einzudämmen, da sie schwer ex ante zu erkennen seien und die Maßnahmen unverhältnismäßig starke Auswirkungen auf die Gesamtwirtschaft ausübten. Eine direktere Supervision von Hedgefonds und Private Equity-Firmen wird abgelehnt (CRMPG 2008, 134-135). Die Studie enthält allerdings drei interessante grundsätzliche Aspekte.

Erstens wird explizit ein psychologischer Behavioral Finance-Ansatz vertreten, wenn bemerkt wird, „the root cause of financial market excesses on both the upside and the downside of the cycle is human behavior: unbridled optimism on the upside and fear on the downside, all in all a setting in which it is literally impossible to anticipate when optimism gives rise to fear or fear gives rise to optimism" (ebenda, 7). Es ist einerseits erstaunlich, dass Insider bestätigen, dass irrationales Verhalten ihrer Institutionen eine erhebliche Rolle spielt. Andererseits kann man hierin auch ein Argument für vergebliche Regulation sehen, denn wenn Menschen immer zu Übertreibungen neigen, sollte man sich keine zu großen Hoffnungen auf die Eindämmung von Exzessen machen. Zweitens wird anerkannt, dass sich Finanzakteure Zyklen kaum entziehen können. „In the private sector, this failure [of asset price bubbles] reflects the competitive reality that there is a natural aversion against being the last institution in or the first institution out when selective sectors of the economy and financial markets are booming" (ebenda, 133).

Drittens wird bemerkt, „risk monitoring and risk management cannot be left to quantitative risk metrics, which by their nature are backward looking. Rather, and particularly in times of stress, risk management must rely on heavily on judgment, communication and coordination ... That is to say, they are in essence a disciplined framework for the analysis of historical data and as such, they implicitly assume that the future will look like the past ... In other words, estimating acceptable thresholds of risk appetite is more an art than a science" (ebenda, 9, 70 und 11). Hieraus kann man natürlich auch im Interesse privater Akteure ableiten, dass regulatorische Vorschriften nur begrenzt wirken und eventuell mehr schaden als nützen (Präzisionsillusion führt zu höherer Risikobereitschaft).

Eine aus Wissenschaftlern (Brunnermeier/Princeton, Goodhart/LSE, Shin/Priceton) und Finanzmarktakteuren (Crocket/JP Morgan Chase, Persaud/*Intelligence Capital Limited*) bestehende Arbeitsgruppe bietet zunächst einen analytischeren Hintergrund anhand des Externalitäts-Konzepts. Ein besonderes Augenmerk richten sie auf die Fristentransformation und sie unterscheiden verschiedene Formen systemischer Risiken durch individuelle große Institute und Herdenverhalten. Ein Vorschlag lautet, dem Land die Aufsicht zu übertragen, das im Falle eines nötigen Bail-outs eines Finanzinstituts die Hauptlast tragen würde (was natürlich deren Identifizierbarkeit voraussetzt). Für die antizyklische Regulierung schlagen sie vor, bei Risikomassen (coVaR) Daten aus Krisenzeiten zu verwenden und nicht aus Normalverläufen. Man fragt sich, wie eine Risikopolitik aussähe, die die Daten der FK zugrunde legte.

Den Mismatch der Fristentransformation halten sie für systembedingt, da kurzfristige Finanzierung in der Regel billiger ist. Sie schlagen daher einen *mark-to-funding*-Ansatz vor, bei dem die Fristigkeit Berücksichtigung findet und zu längerfristiger Finanzierung angeregt werden soll. Sie halten verzögerte Bonizahlungen, *claw-back*-Provisionen (Nichtauszahlung bei Misserfolgen in der Zukunft) und risikoangepasste Boni für richtig, warnen aber vor überzogenen Hoffnungen auf ihre Wirksamkeit und verweisen auf die Bedeutung besserer interner Kontrollmechanismen (Corporate Governance). Insgesamt gehen die Vorschläge etwas über den üblichen Rahmen hinaus und weisen eine mikroorientierte angelsächsische Orientierung auf, bei der allerdings konkrete Vorschläge (etwa wie *mark-to-funding* konkret zahlenmäßig aussehen soll) fehlen. Grundsätzliche Fragen eines zu großen und komplexen Finanzsektors geraten nicht in den Blick, was angesichts der Beteiligung privater Kapitalmarktakteure auch nicht sonderlich verwundert.

Ein recht interessantes Dokument ist der Text der *Group of Thirty* (G 30), der Mitte 2008 verfasst wurde. Zu den Mitgliedern zählen neben dem Chairman Paul Volcker und den Fizepräsidenten Padoa-Schioppa und Fraga Neto (Banco do Brasil) Vertreter anderer öffentlicher Banken und Repräsentanten der Finanzindustrie (unter ihnen Gerald Corrigan/ Goldman Sachs und Andrew Crockett/JP Morgan Chase). Einerseits enthält der Text die üblichen Vorschläge: Mehr Transparenz, weniger Prozyklizität usw., Ratingagenturen seien durch die Investoren zu bezahlen usw. (G 30, 50). Der Inhalt weist aber auch die Handschrift Volckers aus, wenn etwa bemerkt wird, „the United States is moving rapidly to a financial system in which a small number of exceptionally large bank holding companies are at the core of this system ... These core institutions are gaining even larger dominant positions in terms of credit and capital market activities, large-scale corporate banking, nationwide deposit taking, and many other segments of the corporate and retail financial business" (ebenda, 26). Eine latente Kritik am „too big and too interconnected" (ebenda) ist unüberhörbar.

Zwar ist nicht unmittelbar eine Zerschlagung der Konglomerate vorgesehen, im Ansatz wird aber ein Trennbankensystem favorisiert: „In general, government-insured deposit-taking institutions should not be owned and controlled by unregulated non-financial organizations, and strict limits should be imposed on dealings among such banking institutions and partial non-bank owners" (ebenda, 28). Zusätzlich soll es einen maximalen Grad der Depositenkonzentration geben. Hinsichtlich des *originate-and-distribute*-Modells werden auch dessen Schwächen aufgeführt, die das *relationship banking* mit mehr lokalem Wissen und persönlichen Kundendienstleistungen nicht aufwiesen, das aber zugunsten unpersönlicher Kapitalmarktverhältnisse zunehmend aufgegeben wurde (ebenda, 27). Skeptisch wird angesichts der Komplexität der Produkte und der Größe der Unternehmen suggestiv gefragt: „Is it really possible, with all the complexities, risks, and potential conflicts, that even the most dedicated board of directors and top management can be understood and maintain control over such a diverse and complex mix of activities" (ebenda, 27). Zwar finden sich keine konkreten Zahlenvorschläge zur Begrenzung, auch hinsichtlich OTC-Derivaten wird eine gnädige Haltung eingenommen. Dennoch handelt es sich dank des Einflusses von Volcker um den kritischsten Text innerhalb des Mainstream.

Besonders gespannt konnte man auf die Finanzmarktreformen in den USA sein, die nach längerem Tauziehen zwischen Kongress, Senat und den Interessengruppen auf schließlich rund 2400 Seiten Gesetzeswerk festgehalten wurden. Von den zwei prinzipiellen Wegen, Regeln zur Verhinderung von Insolvenzen aufzustellen oder Größenbegrenzungen vorzusehen, die das Ausscheiden von Finanzinstituten ohne Systemgefährdung möglich macht, entschied man sich – auch entgegen dem hier vorgeschlagenen Weg – für die erste Variante. Ein zunächst in Betracht gezogener Zusatz, der eine Größenbegrenzung vorsah, wurde abgelehnt.

Trotz abschreckender Länge blieben entscheidende Fragen offen: Mehr Eigenkapital soll als Puffer vorgehalten werden – aber es bleibt wieder einmal offen, wie viel denn nun. Vermutlich sollen nach Überlegungen im Baseler Ausschuss 10-12% Tier One-(Kern)Kapital gehalten werden, also nur so viel, wie Lehman Brother vor dem Fall (offiziell: 11,6%) aufwies. Beim Handel mit komplexen Derivaten soll eine höhere

Sicherheitshinterlegung erfolgen – unklar ist wiederum, wie viel. Die Details werden in harten Auseinandersetzungen in den kommenden Monaten und Jahren festgelegt. Die Kursgewinne großer Finanzinstitute nach Bekanntwerden des Gesetzestextes deuten an, wen die betroffene Branche aus diesen Kleinkriegen als Sieger hervorgehen sieht. In der Senatsvariante war noch angedacht, dass die Großbanken keine Derivate handeln dürfen, in der Endversion fanden sich nur geringe Einschränkungen, wenngleich einige Varianten auf Börsen und Plattformen *(clearinghouses)* zu handeln sind. Die Vorkehrung, dass das Finanzministerium und die FED die Übernahme und Liquidation von Finanzinstituten bei deren Schieflage erlaubt, bezieht sich nur auf rein national agierende Unternehmen. Für die entscheidenden global agierenden Unternehmen gilt sie nicht, einen *cross-border resolution mechanism* gibt es dank der Unstimmigkeiten bei den G 20 auch nicht.

Der Vorschlag des Senators Blanche Lincoln wurde nicht aufgenommen, alle mit Einlagenschutz versicherten Banken Derivategeschäfte zu untersagen. Übrig geblieben ist das Verbot des ‚riskantesten Derivatehandels'. Weiter zugelassen sind Zins- und Währungs- und auf Gold und Silber lautende Derivate. Auch CDS sind weiter möglich, sofern sie öffentlich gehandelt werden. Die Einführung der Volcker-Regel, die den Eigenhandel verbietet, sieht nur auf den ersten Blick klar und eindeutig aus. Schon hört man u.a. von der Citigroup, sie plane einen Teil der Händler ins Kundengeschäft zu versetzen, denn „the distinction is sometimes vague. For instance, banks often buy shares of companies for ‚inventory' in their role as middlemen helping clients in their own share purchases. If the bank buys more than needed to help others, it can generate profits. Analysts who have studied the bill say it isn't clear that this would violate the rules. Likewise, the legislation will impose a cap of 3 percent on the amount of its capital that a bank can invest in risky hedge funds, private equity and real estate funds. Typically, though, such investments already fall below the 3 percent threshold. And banks will still be able to manage such funds and collect fees and a percentage of trading profits. Richard Bove, an analyst at Rochdale Securities, thinks gray areas like that will leave banks such as Goldman Sachs relatively unscathed from the new rules" (Conden und Wagner 2010).

Die betroffenen Institute können zusätzlich Hedge Funds gründen und riskante Geschäfte über diese abwickeln. Alternativ können sie auch Industriebetriebe aufkaufen, da das Gesetz Unternehmen ausnimmt, die mindestens 15% ihrer Erlöse nicht im Finanzbereich erwirtschaften. Den einzigen bissigen Aspekt des Gesetzes stellt das *Kanjorski Amendment* dar, das vom Kongressabgeordneten Paul Kanjorski, Vorsitzender des *House Subcommittee on Capital Markets*, durchgebracht wurde. Es sieht vor, dass 10 staatliche Regulatoren (unter ihnen die Vorsitzenden der FED, der einzurichtenden Konsumentenschutzbehörde und diverser Finanzaufsichtsinstitutionen) die ausdrückliche Genehmigung bei vorliegender 2/3-Mehrheit erhalten, Finanzkonglomeraten Restriktionen bis zum Aufbrechen aufzuerlegen, sofern sie ein systemisches Risiko bergen. Im Vergleich zum obligatorischen Schrumpfen des Brown-Kaufman-Vorschlags ist dies zwar eine deutliche Verwässerung, aber doch auch ein echtes Damoklesschwert, das die Finanzindustrie nicht verhindern konnte (Parramore 2010). Eine neue Konsumentenschutzorganisation ist keine schlechte Idee, jedoch wurde schon bekannt, dass die am besten geeignete Kandidatin schon aus dem Rennen ist.

Ezra Klein (2010) benennt einige Aspekte der FK, die im Gesetz nicht thematisiert wurden oder fragwürdig erschienen: 1. Die globalen Sparüberschüsse, 2. der überschuldete Amerikaner (private Haushalte in 1990: 60%, 2006: 100% des US-BIP), 3. der Schattenbankensektor, 4. der hohe Anteil des Finanzsektors an der Gesamtökonomie, 5. die Präferenz für Supervision anstelle klarer Strukturvorgaben (das Gesetz enthält für Regulatoren 533 Regeln und sieht 60 Studien und 94 Reports vor). Man kann viele weitere Schwächen identifizieren und sich z.B. fragen, ob CDOs überhaupt und sinnvollerweise von einer Institution des Privatsektors angeboten werden sollten. Auch kann man keine Vorkehrungen für ein sicheres und geschütztes nationales Girosystem erkennen. Man darf somit gespannt darauf warten, wo sich die nächsten Blasen bilden werden.

Die EU geht in ihren zähen Überlegungen nicht über die Vorschläge in den USA hinaus. Mitte September 2010 zeichnen sich erste Konturen ab, wie man riskanten Finanzgeschäften zu Leibe zu rücken gedenkt. Die allgemeine Linie, die sich bei den Verlautbarungen von EU-Kommissar Michel Barnier offenbart, lässt sich auf die Formel: Weniger Risiko durch mehr Transparenz bringen. So soll der Handel mit Derivaten über eine zentrale Stelle abgewickelt werden, der die Händler ihre Geschäfte anzugeben haben. Der Handel soll standardisiert und normiert und ein Transaktionsregister eingerichtet werden. Auch Leerverkäufe sind anzumelden. Die Einräumung der Kompetenz für die neue EU-Aufsichts-

1 Halbherzige Reformdiskussionen und Regulierungsmaßnahmen

agentur, Leerverkäufe europaweit bei Gefahr in Verzug anzuordnen, ist z.B. nicht vorgesehen (*SZ* vom 16.9.2010, 19). Die Allgemeinheit dieser Vorschläge und die übliche Weichspülung bis zur endgültigen Fixierung dürften diese defensive Haltung noch matter enden lassen.

2
Prinzipielle Vorüberlegungen

Vor gut 100 Jahren schrieb der liberale Jurist und spätere Mitglied des amerikanischen Obersten Gerichts *(Supreme Court)*, Louis Brandeis, seine harsche Kritik der amerikanischen Bankenlandschaft. Trotz großer Unterschiede der Struktur des Sektors und seiner Regulation im Vergleich zu heute überraschen die mit Beispielen und Zahlen vorgetragenen Missstände ob ihrer Aktualität: Investmentbanken wie J.P. Morgan kontrollierten Wirtschaft und Gesellschaft als neue Oligarchie, wenige Unternehmen realisierten exorbitante Gewinne, auch vielfältige Interessenkonflikte werden angesprochen. Fragen, die sich auch heute aufdrängen, werden gestellt, z.b. hinsichtlich der Notwendigkeit der Platzierung von Staatsanleihen durch Banken. Warum sollte der Staatsbürger „pay toll to the banker on all bonds sold. Why should they? It is not because the banker is always needed. It is because the banker controls the only avenue through which the investor in bonds and stocks can ordinarily be reached. The banker has become the universal tax gatherer" (1914/1913, 110).

Brandeis stellt die Schumpeter-Saga der Banker, die verantwortungsvoll über das Einschlagen neuer Produktionsumwege durch Kreditvergabe befinden, radikal in Frage. Schaue man genau hin, so zeige sich, dass die bahnbrechenden Innovationen im Realsektor praktisch *nie* durch die Unterstützung von Investmentbanken in der entscheidenden Phase der Durchsetzung neuer Schumpeterscher Kombinationen zustande kamen. „This is true of our early railroads, of our early street railways, and of the automobile; of the telegraph, the telephone and the wireless; of gas and oil; of harvesting machinery, and of our steel industry; of the textile, paper and shoe industries; and of nearly every other important branch of manufacture" (1914, 135). Es folgen kurze Branchenberichte als Beleg. Interessant wäre eine entsprechende Untersuchung für die Jetztzeit.

Unzweifelhaft haben die Investmentbanken viele Unternehmen in der Dotcomphase an die Börse gebracht, allerdings auch Unternehmen aufgejazzt, die dann mehrheitlich bald wieder untergingen, von denen sie aber vorher nach Prozenten bezahlt wurden. Ob der Nettoeffekt der diesbezüglichen Aktivitäten der Investmentbanken im Positiven liegt, erscheint zweifelhaft. Als Lösung schlägt Brandeis demokratische Banken vor, hierzu zählt er die Raiffeisenbanken, auch Schulze-Delitzsch wird erwähnt (ebenda, 214-219). Nach 100 Jahren scheinen wir wieder an dem Punkt angekommen zu sein, an dem die Debatte anfing, die aber eigentlich noch viel weiter zurück reicht und deren strukturelle Koordinaten sich seit Bagehot nicht verändert haben (siehe z.B. seine Ausführungen zum Anreiz maximalen Leverages und der Minimierung der Bargeldreserven in Bagehot 1999/1873, 37). Deutlicher wird das BBP in MacKays und de la Vegas jüngst wieder stärker beachteten, 1841 erstveröffentlichen Werk (siehe die Neuauflage 2010), die u.a. vielfältige Beispiele von Herdenverhalten anführen.

Eine Finanzmarktreform praktisch zu realisieren ist eine herkulische Aufgabe, da sie dem gegenwärtigen gesellschaftlichen hegemonialen Spiel entgegenläuft. „Solange man willfährige ‚Wissenschaftler' hat, die den lieben langen Tag nichts anderes tun, als die ‚unbestreitbare Effizienz der Kapitalmärkte' zu loben, solange man Politiker hat, die vor Hochachtung vor den ‚Werteschaffern' in den Banken in die Knie gehen, solange man eine Öffentlichkeit hat, die sich gerne einreden lässt, man bräuchte eigentlich nicht mehr zu arbeiten und könne mit einem schnellen Geschäft an den Finanzmärkten quasi ohne Risiko reich werden, solange man eine öffentliche Diskussion in den Medien hinbekommt, die den Leuten weismacht, ihre vom Staat garantierte Rente sei nicht mehr sicher und könne nur mit dem großen Spiel an den Finanzmärkten sicher gemacht werden, solange wird es immer wieder große Krisen geben" (Flassbeck 2009, 138) und es vernünftige Reformvorschläge schwer haben. Roberts (2009) betont u.a. anhand der Beispiele der Notenbankpolitik und der amerikanischen (bis vor kurzem: halb)öffentlichen Hypothekenorgane (GSEs) eindrücklich, dass das heutige politische Personal eher zum Problem als zur Lösung gehört.

Es ist im Jahr 2010 bestenfalls offen und unklar, ob dieses gesamtgesellschaftliche Metaspiel weiter dominiert oder nicht, zumindest fehlt ein sich aus Lerneffekten speisendes alternatives Leitbild. Aus dem massiven Staatsversagen (siehe zum Staatsversagen in den USA Ritholtz und Task 2009, deren 14. Kapitel mit *Suicide by democracy* überschrieben ist) wird im Folgenden u.a. der Schluss gezogen, auf ordnungspolitisch-strukturelle Reformen zugunsten prozessual-regulatorischen Vorgehens zu setzen. Hier scheint eine gewisse Schwäche der Vorschläge von Roubini und Mihm (2010) zu liegen, die eine Reihe diskretionärer Entscheidungen durch – wenn auch unabhängig gedachte – Regulierungsbehörden treffen lassen wollen, z.b. dynamische Eigenkapitalanpassungen (siehe aber Saurina 2009 zu den positiven Erfahrungen in Spanien) oder variable Mindestreserven für Finanzaktiva zur Vermeidung prozyklischer Effekte (Roubini und Mihm 2010, 277 und 316).

Neben der Gefahr, bei erneutem Aufschwung langsam wieder die Vorsicht schleifen zu lassen, gilt die Erkenntnis: Je komplizierter und regelspezifischer Regulierung ausfällt, umso einfacher kann sie durch opportunistisch-ignorantes Verhalten und den asymmetrischen Einfluss wohl organisierter Interessengruppen (als Grunderkenntnis der Neuen Politischen Ökonomie) auf der Politbühne und durch die vorgesehenen Kontrollorgane ins Gegenteil verkehrt werden. „There is an always-present danger of a regulator getting too close to the industry it is supposed to be regulating in the public interest. Even if conscious regulatory capture is avoided, the regulator is at risk of internalizing the objectives, fears and worldview of the regulated industry to such an extent, that it interferes with the regulator's ability to make an impartial judgement about what actions are most likely to serve its official mandate" (Buiter 2007, 10).

Die öffentliche Aufsicht stellt daher oft keine Gegenmacht *(countervailing power)* im öffentlichen Interesse her, sondern sie heult mit den (Leit)Wölfen der Finanzindustrie und versucht, deren Habitus zu imitieren *(copycat)*. So scheint es, als ginge es Zentralbanken und der Politik oft nur um „the stability, well-being and profitability of the financial sector as an objective in its own right, regardless of whether this contributed to their legal triple mandate of maximum employment, stable prices and moderate long-term interest rates" (Buiter 2007, 10). Zephyr Teachout beschreibt das Problem der Umarmung der Regulatoren in mehreren Facetten und spricht sich daher für eine per se Größenregelung aus. Er meint u.a. „the incentive to flood the regulators with friendship, information, and pressure, *encourages a culture in which regulators emotionally experience the world as if their clients are the banks, instead of the public.* They are more aware when a bank is hurt because these are the people they spend time around – the good, honorable human instincts to empathy with those close to one then become instincts to try to help those around you" (2010, 6).

Regulierungsbehörden sollten auf keinen Fall funktional zersplittert und finanziell unabhängig sein, das *Office of the Comptroller of the Currency* (OCC) und das *Office of Thrift Supervision* (OTS) in den USA sind es z.b. nicht (siehe auch die schonungslose Kritik des amerikanischen Rechnungshofes, GAO 2009b). Supervision setzt Information voraus. Warum man sich bisher nicht auf ein Finanzinformationssystem einigen konnte, dem gegenüber Fonds mit Krediten mit mehr als einer Milliarde Dollar über ihre Positionen nicht wöchentlich informieren müssen, könnte mit dem *copycat*-Habitus zusammenhängen. Die nicht erzwungene Offenlegung der Daten von Transaktionen, die zur FK führten, macht die Detailforschung nach ihren Ursachen fast unmöglich. An Ansätzen zu einer Theorie öffentlichen Handelns im Interesse der Allgemeinheit fehlt es völlig, stattdessen sinnieren diejenigen (z.b. Professoren an öffentlichen Hochschulen), denen eigentlich diese Aufgabe zukäme meist darüber, warum sowieso jeder Versuch der Verbesserung zwecklos ist (Public Choice-Ansätze) und so die alten ‚Eliten' ihre Positionen in aller Ruhe ausbauen können. In den öffentlichen Einrichtungen konzentrieren sich im Vergleich unterbezahlte, oft schlechte Regulierer, die, wenn sie gut sein sollten, weggekauft werden. Die Verweilenden bildeten im Verlauf der FK mit den privatwirtschaftlichen Akteuren ein Schweigekartell der Versager. Von der Einsetzung einer Wahrheitskommission hörte man nichts, auf engere Themen zentrierte Untersuchungsausschüsse verliefen im Sande.

Die Frage des Scheiterns der Philosophie, nach der die Wirtschaft ein Produkt menschlicher individueller Wahl- und Tauschhandlungen und spontaner Ordnungsbildung (Hayek), aber nicht (auch) politisch geplanten Designs ist, wird dank der emotionalen Enkulturation nach Teachout nicht offensiv gestellt und für ein neues Selbstbewusstsein des öffentlichen Sektors genutzt. In einem Privatunternehmen kommt diese Form der schlechten Nachrede nicht lange vor. Leider fehlt es völlig an staatswissenschaftlich geschulten Fachleuten, die sich solcher Aufgaben annähmen und keinen Märchentheorien über die Marktwirtschaft anhängen, sondern auch kriminologisch geschult sind und mit emulativ-predatorisch-zeremoniell-betrügerischem Ausbeutungsverhalten auch beim Führungspersonal (Veblen 1994/1899) rechnen (siehe Kapitel III.7). Finanzmarktfachleute sehen im Unterschied hierzu die Welt aus der Sicht der privatwirtschaftlichen Finanzmarktakteure. Seit der Finanzkrise wurde nicht ein einziger Lehrstuhl eingerichtet, der sich der Erforschung des BBP oder einer kritischen Finanzmarktforschung widmet. Neuer Raum für heterodoxes Denken ist auch nach der FK nicht zu erkennen.

Das Curriculum änderte sich nicht, außer dem eventuell vorgesehenen zusätzlichen Besuch einer Veranstaltung über Wirtschaftsethik, die dann wie schon angesprochen *wahrscheinlich* marktapologetische Züge aufweist. Der Autor des in Deutschland wohl am weitesten verbreiteten Lehrbuchs zur Einführung in die Volkswirtschaftslehre, der zentristische Neukeynesianer G. Mankiw, bemerkte am 23.5.2009 in der *New York Times* in apologetischer Offenheit: „Despite the enormity of recent events, the principles of economics are largely unchanged. Students will need to learn about the gains from trade, supply and demand, the efficiency properties of market outcomes [!], and so on. These topics will remain the bread-and-butter of introductory courses" (Mankiw 2009).

Neben dem Wissenschaftsbetrieb steht die klar zu benennende Unwilligkeit und Unfähigkeit der politischen Akteure, die den Problemen oft motivational und/oder kognitiv nicht gewachsen sind. „If anyone in the Oval Office, in Congress, at the Federal Reserve, in the Treasury Department, or in the offices of any regulatory agency had done any serious preventive work, had exposed the murky Wall Street practices before they blew up in our collective faces, had contained reckless trading and borrowing activities, or had rendered financial firms smaller and more transparent – if any of these people had *cared* – the crash could have been avoided, or at least would have been less severe. Millions of jobs and trillions of dollars would have been spared. Billions of dollars of bonuses wouldn't have rewarded the mostly legal but ridiculously risky practices that had such devastating effects" (Prins 2009, 2).

Posner ergänzt, „there is first the need to assure that the regulators are employing their existing powers to the full … Unfortunately, it's hard to find people who understand the issues presented by the economic crisis yet are not compromised by having committed themselves to one diagnosis or another or been complicit in the failures suspected of having caused the crisis" (Posner 2010, 336). Er weist zutreffend darauf hin, dass nicht nur *armchair economists* versagten, sondern auch Consultants, Manager der Geldmarktfonds usw., also die Praktiker, aber „(o)ne does not expect economists employed by real estate companies or by banks to be talking about housing and credit bubbles" (2009a, 259; Kapitel 8 über die schlafende Ökonomenzunft ist lesenswert). Susanne Schmidt resümiert, „Politiker haben leider selten eine Ahnung von der Volkswirtschaft, geschweige denn von der Finanzbranche ... Ihre Unkenntnis führt dazu, dass sich Politiker von Fachleuten beraten lassen müssen. Und wer wohl könnte sie besser in Finanzfragen beraten als die Akteure und Jongleure selbst? Ein massiver Interessenkonflikt, der, so scheint es, immer im Interesse des Bankwesens gelöst wird" (Schmidt 2010, 69).

„Why ... were so few people in the British Parliament asking what was really driving the revenues of the City of London – barely two miles down the road. After all, of more people had asked hard questions at an earlier stage about what was happening in the credit derivatives world, and why credit was booming, there is every reason to think that the worst excesses might never have happened ... bankers were usually reluctant to discuss *precisely* how their teams were creating their derivatives. They were also secretive about their profits, the risk models they were using to test the derivatives, and their internal systems for pricing them. Such information was considered to be ‚proprietary', and thus kept secret not just from journalists but from other bankers too ... when it comes to influencing a cognitive map, what matters is not merely what is publicly discussed, but also what is *not* mentioned in public – either because it is deemed impolite, taboo, boring or simply because it is taken completely for granted ... Both inside and outside the banking world, a social silence developed about credit derivatives" (Tett 2010, XI-XIII).

Nicht verwunderlich ist angesichts dieser Sachlage der parteiübergreifende Hilferuf von EU-Abgeordneten im Juni 2010 gegen die Übermacht der Finanzlobby und ihrer Deutungshoheit und die fehlende Gegenexpertise. Es wird darauf hingewiesen, dass das Europaparlament im Unterschied zu deutschen Landtagen und dem Bundestag über keinen eigenen wissenschaftlichen Dienst verfügt. Die Finanzbranche dominiert die Expertengruppen der EU-Kommission und bombardiert die Abgeordneten mit Terminwünschen, ein verbindliches Lobbyregister existiert nicht (Hönighaus 2010 und der *Call for a finance watch;* siehe auch z.B. den Aufruf des Schweizer *Observatoire de la Finance* unter www.obsfin.ch). Auf die Anfrage des Verfassers, ob denn die Chance bestünde, ein wenig EU-Geld für eine kritische Finanzmarktforschung etwa in Form der Finanzierung von Dissertationsvorhaben zu erhalten, bekam der Verfasser vom Büro Sven Giegold die Kurzantwort, man danke für das Interesse.

2 Prinzipielle Vorüberlegungen

In diesem Teil sollen unter Beachtung dieser Erfahrungen und Überlegungen Vorschläge zur Finanzmarktreform unter Voraussetzung des BBP unterbreitet werden, gemäß dem Grundsatz, nicht „einen langen Katalog von vielen Einzelreformen anzugehen, wo es in Wahrheit entscheidend auf nur fünf bis sechs Kernreformen – die aber unverzichtbar sind – ankommt" (Welfens 2009, XI). Eine der Schwächen der jüngeren Diskussion zur Finanzmarktreform besteht wie angedeutet darin, Einzelprobleme (Eigenkapital, zu geringer Einschuss bei Derivaten usw.) in Spezialistenmanier zu identifizieren und nicht den systemischen Gesamtzusammenhang und eventuelle strukturelle Gemeinsamkeiten und Multiplikatoreffekte zu sehen und zu meinen, dass dort, wo das Problem in Erscheinung tritt, auch seine unmittelbaren Ursachen und Lösungen zu verorten sind, so dass es zu einem Reparaturbetrieb und Stopfversuchen vieler Löcher kommt, ohne die eigentliche Gesamtarchitektonik zu hinterfragen.

Natürlich ist es prinzipiell unmöglich, jenseits geschlossener Modelle eine logisch völlig zwingende Ableitung aus den theoretischen Voraussetzungen vorzunehmen. Goodhart (2006) wies darauf hin, dass es im Unterschied zu einem in einer Zahl kondensierbaren Inflationsziel viel schwieriger ist, Finanzmarktstabilität klar und eindeutig zu bestimmen. Der folgende Versuch nimmt aber für sich in Anspruch, einen hohen Plausibilitätsgrad zu besitzen. Die Gewissheit mag verwundern, da das BBP Unsicherheit, überraschende schwarze (oder weiße?) Schwäne, begrenztes Wissen usw. beinhaltet. So erschöpft sich auch Nassim Taleb weitgehend in der Kritik vorherrschender Risikomodelle, von der Reflexion und Aufarbeitung im offiziellen politischen Raum ganz zu schweigen. Fest fest aber, dass „(t)he economic cost of a crash in a major financial market can be trillions of dollars and the human cost is immeasurable. With that much on the line, it would seem that something well beyond a standard bureaucratic response is appropriate" (Miller 2002, 9; mit Zahlen Haldane 2010). So stellt auch der deutsche Sachverständigenrat zur Begutachtung der gesamtwirtschaftlichen Entwicklung im Anschluss an Cerra und Saxena (2008) fest, „dass der Verlust in Industrieländern zehn Jahre nach einer Bankenkrise immer noch 6 vH beträgt. Bankenkrisen verursachen also nicht nur unmittelbar nach der Krise starke Einbußen bei den Wachstumsraten, sondern sind auch hochgradig persistent" (2008a, 134). Trotz aller Unsicherheiten bedarf es daher der nachdrücklichen Suche nach festen Leitplanken.

Die Vertreter der Behavioral Finance, aber auch die meisten (Post)-Keynesianer sind bisher nicht durch umfassende Reformvorschläge (von Varianten der Tobin-Steuer und neuen Wechselkurssystemen abgesehen) aufgefallen. Keynes beschränkte sich auf den Vorschlag der Einführung einer Transaktionssteuer. Einige der folgenden Vorschläge schließen an seine Überlegungen an und wurden auch zum Teil in der Postkeynesianischen Literatur aufgegriffen (hinsichtlich Minsky und seinem institutionalistisch-dezentralistischen Ansatz siehe Papadimitriou und Wray 1997; siehe auch die sehr interessanten Tagungsbeiträge unter http://www.levyinstitute.org/pubs/pro_apr_10.pdf, die sich zu einem guten Teil um Lehren aus der FK unter Minskyschem Blickwinkel drehen). Es sei nur nebenbei darauf hingewiesen, dass auch eine strikt hydraulisch-realökonomische Keynesianische Politik die hier vorgeschlagenen Strukturreformen der Kapitalmärkte als Voraussetzung ansehen könnte, da z.B. durch sie (siehe weiter unten) das frische Geld nicht bei den Banken zwecks eventueller Spekulation versickern kann, sondern direkt dem Staat zwecks Realinvestitionen zufließt, den Banken den gegenüber der Geld- und Zinspolitik weitgehenden Autonomiespielraum durch den Kreditschöpfungsprozess nimmt und die Fiskalpolitik weitgehend unabhängig von den Meinungen und Handlungen der Akteure auf den Kapitalmärkten stattfinden kann.

James Tobin unterschied jedoch bereits vor längerem verschiedene Effizienzkonzepte auf den Kapitalmärkten, bezogen auf die Informationsarbitrage, die Ermittlung der Fundamentalwerte, die Versicherungsmöglichkeiten und schließlich die letztlich entscheidende funktionale Effizienz. Sie enthält „the facilitation of transactions by providing mechanisms and networks of payments; the mobilization of saving for investments in physical and human capital, domestic and foreign, private and public, and the allocation of saving to their more socially productive uses" (1984, 3). Dies ist der eigentliche Maßstab, der an eine Finanzmarktreform anzulegen ist.

Bereits bei der Ermittlung der Fundamentalwerte durch die Finanzmärkte setzt Tobin berechtigte Fragezeichen. Er überschlägt die erheblichen Kosten, die das Finanzsystem der Gesellschaft bereitet. Ein *update* für das Jahr 2010 wäre sicher interessant, da Kostenfaktoren einzurechnen sind, die nicht unmittelbar aus der Volkswirtschaftlichen Gesamtrechnung hervorgehen. Welfens vermutet für die letzten Jahrzehnte eine „[finanz]sektorale negative Wertschöpfung" (2009, V). Auch angesichts des von ihm so bezeichneten Kasinoaspekts sieht Tobin viele Negativsummenspiele für die Allgemeinheit obwalten. „What is clear is that very little of the work done by the securities industry, as gauged by the volume of market activity, has to do with the financing of real investments in any very direct way. Likewise, those markets have very little to do, in aggregate, with the translation of the saving of households into corporate business investment" (1984, 11). Empirisch ungeklärt ist jedenfalls nach wie vor die Frage, ob die Finanzglobalisierung zum Wirtschaftswachstum beigetragen hat oder nicht (Schularick 2010). Man könne sich nach Tobins Meinung, der sonst nicht durch besonders radikale Forderungen auffiel, auch ein öffentliches Monopol bei der Bereitstellung des öffentlichen Gutes eines angemessenen Geldangebots und sicheren Zahlungsmechanismus vorstellen.

Dem ließe sich mit Mathias Binswanger (1999) entgegenhalten, dass die Ausweitung des Finanzsektors als Reaktion auf Verwertungskrisen (niedrige Gewinne, partielle Saturation) des Realsektors zu interpretieren ist (für die positiven Auswirkungen von Blasen argumentiert nachdrücklich Gross 2007). Er vertritt eine Art Staubsaugermodell: Der Finanzsektor absorbiert Kapital und hält temporär durch dort steigende Preise eine Gewinnillusion wach, was eine Erhöhung der dynamischen Effizienz bedeute, da eine Überinvestition in Realkapital und eine allgemeine Investitionsfrustration verhindert wird. Aber „only bubbles which in the long run move more or less in line with real activities are sustainable ... If bubbles are too volatile and frequently bust, the destabilizing effect on the economy will probably outweigh potential benefits. And, second, the potential of a new big crash of the whole ‚bubble economy' may be considered as a new kind of systemic risk" (1999, 323). Seit der Abfassung des Buches hat mindestens zwei Mal (Dotcomblase und FK) dieser überschüssig-destruktive Verlauf überwogen, so dass sich die Regulationsfrage nachdrücklicher denn je stellt und die Kosten der dynamischen Aufheizung durch Bubbles nicht zu unterschätzen sind.

Angesichts dieser hohen Kosten, hinter denen viele reale Schicksale von Menschen stehen, dürfte sich auch die Ansicht des Finanzmarktes als positiv zu beurteilendes, karnevalistisches Happening und subversiver Vorschein des Ganz Anderen verbieten. Chancellor weist vor dem Hintergrund einer auf dem BBP basierenden Wirtschaftsgeschichte der Spekulation auf den dyonisisch-anarchischen Charakter von Spekulationsphasen hin, denn „[the] essence of speculation remains a Utopian yearning for freedom and equality which counterbalances the drab rationalistic materialism of the modern economic system with its inevitable inequalities of wealth ... the speculative mania has always been, and remains to this day, the Carnival of Capitalism" (1999, 29).

Hier wird hinsichtlich der Reformdebatte ganz nüchtern-ökonomisch davon ausgegangen, dass dem Finanzsystem eine eingebaute Instabilität innewohnt und dass eine hohe Assetvolatilität und systemisches Risikopotential schlecht für die Entwicklung in der realökonomischen Sphäre ist. Hinzu kommt, wie im vorherigen Kapitel dargelegt, dass ökonomische Akteure oft ein sehr unbekümmertes, mit wenig Skrupel belastetes, opportunistisches und kurzfristorientiertes Herdenverhalten an den Tag legen. Ferner kann man davon ausgehen, dass der (nicht immer nur) legale Rahmen spekulativer Tätigkeiten maximal und bis an den Rand des Möglichen extensiv genutzt wird, was auch an der Dynamik des Wettbewerbs im Finanzbereich liegt, der keine realökonomischen Produktinnovationen kennt. Insgesamt ist die viel beschworene unsichtbare Hand des Marktes wohl deshalb unsichtbar, weil es sie nicht gibt (Stiglitz 2009b mit einer Diskussion der Bedeutung des Inhalts der Metapher für die amerikanische Politik). Stattdessen könnte man auf die Idee kommen, es gebe eine „teuflische Hand", die viele an sich autonome Entscheidungen und Prozesse schicksalhaft-kumulativ verstärkt und verdichtet und wie eine Lawine in den Abgrund führt. Auch hat sich gezeigt, dass die Größe von (Finanz)Unternehmen ab einem bestimmten Grad schlecht sein kann, da sie den Leistungswettbewerb unterhöhlt und Moral Hazard provoziert.

In der Mainstream-Ökonomie werden die potentiellen Schwächen der Finanzmärkte anhand der Abweichungen von vollkommenen Wettbewerbsmärkten analysiert, die durch positive oder negative Externalitäten, öffentliche Güter, unvollkommene Informationen, unvollständige Märkte und ein Fehlen von Wettbewerb (Monopolisierungstendenzen) gegeben sein können (Schinasi 2005, 47ff.). So kann man den 100%-Plan (siehe Kapitel IV.3) mit dem Charakter des Geldsystems als öffentlichem Gut begründen, Einschränkungen der Derivate mit negativen Externalitäten, Zweifel an Zweckgesellschaften mit unvollständiger Information und die Größenbegrenzung (die 100 Mrd.-Eurogrenze) mit unvollständigem Wettbewerb. Genügt dann nicht der Mainstreamansatz des Marktversagens, um die nötigen Reformen begründet veranschlagen zu können?

2 Prinzipielle Vorüberlegungen

Der große Unterschied zwischen orthodoxen und heterodoxen Ansätzen besteht v.a. in der Vermutung der Virulenz der auftretenden Formen von Marktversagen. Auch spielen bei Schinasi u.a. wesentliche Aspekte heutiger Finanzmärkte (*noise trader*, Herdenverhalten, irrationale Antriebe usw.) keine größere Rolle, so dass es nicht verwundert, dass bei ihm die Annäherung an das Vorbild echten Wettbewerbs durch kleinere Reformen anscheinend für erreichbar gehalten wird, wohingegen das heterodoxe BBP von der definitiven Notwendigkeit dicker Staudammmauern ausgeht, die das Gewicht und die Masse der Aktivitäten der Finanzindustrie stark kanalisieren muss, um permanente, unkontrollierte Überflutungen zu verhindern oder einzudämmen.

So ist ein funktionierendes, stabiles Geldsystem essentiell. Eine dienstbare und notwendige – öffentlichen Gütern parallele – und eine spekulative Ausrichtung der Finanzintermediäre (trotz aller Unterscheidungsprobleme) kann unterschieden werden. Die (jüngste) Wirtschaftsgeschichte hat gezeigt, dass halbherzige Regulation schlimmer als gar keine Regulation sein kann. Aber die Risiken wiegen schwer und der Glaube an vernünftige Privatakteure im Finanzbereich hat sich jenseits aller Regulierungsarbitrage leider als völlige Chimäre erwiesen, da Fehlregulierung zwar zu bestimmtem Fehlverhalten anreizt, aber hazardeuses Agieren bis zur Existenzbedrohung von Finanzunternehmen doch immerhin des bewussten Entschlusses bedarf. Niemand wurde politisch zur Gründung einer Zweckgesellschaft ohne Eigenkapital gezwungen, es sei denn, durch die ‚Zwänge des Marktes'. Auf jeden Fall bedrohen die gegenwärtigen Volatilitäten und Krisen Lebensstandards und Arbeitsplätze und über die Aushöhlung des Steuerstaates letztlich auch die Demokratie in finanzieller und ideeller Hinsicht. Sie haben „das Potential, das Vertrauen der Menschen in soziale Marktwirtschaft und Demokratie zu schwächen. Dabei spielt auch eine Rolle, dass in Teilen der Bankenwelt und der Politik Ratlosigkeit und Unkenntnis erkennbar sind" (Welfens 2009, 2).

Sollte entgegen dem konventionellen Wissen ein weniger entwickelter, diversifizierter, komplexerer und weniger extensiver (als Anteil am BIP) Finanzsektor förderlicher für Wirtschaft und Gesellschaft sein (die Frage stellt Rajan 2005)? Tobins bereits erwähnte Bemerkung (1984), dass die letztlich entscheidende sozial-funktionale Effizienz (Finanzierung von Realinvestitionen, Plazierung der Anteile neuer Unternehmen usw.) keineswegs identisch ist mit Informationsarbitrage und der fundamentalen Bewertung der Assetpreise. Ein UNCTAD Report (2009b, 59ff.) hat jüngst gezeigt, wie die Interaktion zwischen Informierten (professionell-institutionelle Spekulanten), Uninformierten (z.b. Pensionsfonds) und Noise (z.b. Index) Tradern den spekulativen Bubble des Jahres 2009, insbesondere im Bereich der Aktien- und Rohstoffmärkte hervorrief, was die Funktionen der Informationsarbitrage und Fundamentalbewertung erneut in Frage stellt.

Häufige Extremereignisse *(fat tails)* und die Existenz der *power laws* sind typische Phänomene auf Finanzmärkten, aber die Geschichte (1930-1970) hat gezeigt, dass vernünftige Regulierung schwarze in nicht-systemische weiße (oder braune) Schwäne verwandeln kann, ohne Wachstum und Beschäftigung offenkundig negativ zu beeinflussen. Insider wie Kaufman (2000) und Soros (2008) heben wie gesehen nachdrücklich hervor, dass die zunehmende Komplexität des Finanzsystems und seiner Produkte und die Zunahme der hohen gegenseitigen Abhängigkeiten vormals stärker voneinander getrennter Bereiche (Aktien-, Anleihe-, Währungs- und diverse Derivatemärkte) und der Akteure und Institutionen auch als Gegenparteien *(interconnectedness),* plus das Fehlen von Puffern u.a. wegen hoher Leverage Ratios eine wesentliche Quelle systemischer Krisen sind.

Sie fordern daher gewisse Spielräume, Puffer und Abgrenzungen *(ring fencing)* einzurichten, zusammengefasst: Eine generelle Reduktion von Komplexität *(simplify!)* vorzusehen. Sie ist auch erforderlich, weil die Akteure durch zu viele Marktoptionen, die eigentlich ihre Handlungsalternativen erweitern und insofern zu begrüßen wären, oft eher verwirren und zu Fehlurteilen führen, eine Vermutung, die durch viele Experimente bestätigt wurde. „The problem with adding more futures markets to this experiment, and especially with providing one for delivery of the asset in each of the 15 periods, is that the complexity of the experiment can overwhelm and confuse the subjects" (Miller 2002, 103).

Als integrierendes Präludium soll hier in diesem Sinne an Überlegungen des Hedgefondsmanagers Richard Bookstaber (2008) angeknüpft werden. Er stellt fest, dass in vielen Lebensbereichen Risiken zurückgehen, moderne (Finanz)Marktkrisen aber zunehmen (ebenda, 20) und das Gesamtrisiko der meist durch Nullsummenspiele dominierten Finanzmärkte gewachsen sei. Innovationen machen Investments anscheinend paradoxerweise riskanter. In starker Divergenz zum Mainstream stellt er fest: „Das strukturelle Risiko der Finanzmärkte ist ein direktes Ergebnis unserer Anstrengungen, den Zustand der Finanzmärkte zu verbessern; seine Ursprünge liegen in dem, was wir im Allgemeinen unter Fortschritt verbuchen. Die Schritte, die wir unternommen haben, um die Märkte unseren Investmentwünschen besser anzupassen – die Möglichkeit, schnell zu handeln, die Integration der Finanzmärkte zu einem globalen Ganzen, Marktinformationen überall und jederzeit, die ganze Batterie von Optionen und anderen Derivaten –, haben den Rhythmus der Aktivität und die Komplexität der Finanzinstrumente derart vorangetrieben, dass Krisen unvermeidlich sind" (ebenda, 24).

‚Komplexität' und ‚starre Koppelungen' kennzeichnen strukturell die heutige Finanzarchitektur, deren Entwicklung in den letzten Jahren von Bookstaber kenntnisreich nachverfolgt wird. Auch in anderen Bereichen führen die beiden Eigenschaften zu Katastrophen, was er an den Beispielen der beiden Space-Shuttle-Desaster, Tschernobyl, Harrisburg, ValuJet Flug 592 usw. erläutert, bei denen Komplexität, starre Koppelungen und (mehrschichtige) Sicherungssysteme im Zusammenspiel zur Katastrophe führten. Komplexität ist problematisch, da man nicht auf alle Ursachenketten gefasst sein kann und die Schnelligkeit der Ereignisse kaum Zeit für Korrekturen lässt, vor allem wenn starre und feste Koppelung vorliegt, d.h. wenn „die Komponenten eines Prozesses kritisch voneinander abhängen; sie sind so eng verbunden, dass kaum Spielraum für Fehler und kaum Zeit für Rekalibrierungen oder Anpassungen bleibt. Der Start eines Space-Shuttles ist ein starr gekoppelter Prozess, weil alle Schritte – die Zündung, das Abheben, die Entfernung der Stützstrebe – in präzisen Abständen aufeinander folgen müssen und nicht unterbrochen werden können, ohne dass die ganze Operation ausfällt" (ebenda, 237).

Je komplexer und fester gekoppelt Systeme sind, desto häufiger treten ‚normale Unfälle' auf, die durch diese Strukturen geradezu hervorgerufen werden. Finanzmarktkrisen verdanken sich ebenfalls den zwei von Bookstaber analytisch identifizierten Systemeigenschaften. „Das Wechselspiel von Komplexität und fester Koppelung, das aus der Kombination von Liquidität und deren Abkömmling Derivate und Leverage erwächst, ist ein Patentrezept für Katastrophen. Wenn man nicht alle Eventualitäten voraussehen kann (was in komplexen Systemen der Fall ist) und wenn keine Zeit bleibt, den Prozess zu überarbeiten, bevor sich das durch die starre Koppelung bedingte Problem fortgepflanzt hat, dann wird eine Krise unvermeidbar, sobald etwas schiefgeht. Es muss etwas Schlimmes passieren [erläutert am Beispiel von LTCM], und wenn das passiert, wird es schnell immer schlimmer, bevor die Kaskade gestoppt werden kann" (ebenda, 238). Wenn die Wahrscheinlichkeit normaler Unfälle mit Komplexität und starrer Koppelung steigt, so folgt im Umkehrschluss: *„Man kann die Anzahl der Unfälle nur senken, indem man die Komplexität vermindert oder indem man den Prozess lockert"* (ebenda, 239, i.O. nicht kursiv).

Insofern kann man auch schnell in Regulierungsfallen laufen, da Sicherungsvorschriften noch mehr Komplexität hervorrufen. Als Beispiel dienen die in der FK tatsächlich in diese Richtung wirkenden Eigenkapitalvorschriften, die im Abschwung zum Verkauf von Vermögenswerten führten und Öl ins Feuer gossen; werden Vermögenswerte in anderen Assets oder Regionen veräußert, globalisiert sich die zunächst lokale Krise und führt zu neuen Fehlfunktionen und zu nicht enden wollenden Abwärtsspiralen. Durch die Versuche, Risikomanagement zu betreiben, sei es über CDS oder Regulierungsvorschriften, habe sich eine Gesamtstruktur herausgebildet, die noch riskanter als ohne Risikovorkehrungen ist (ebenda, 242) und zunehmend Zustände und Komponenten enthält, deren Stadien und Wechselwirkungen immer weniger vorhersehbar sind und nichtlineare Wechselwirkungen enthalten. Beim Auftreten von Problemen kann man nicht wie in Produktionsprozessen der Realsphäre das Produktionsband anhalten (von kurzen Börsenauszeiten abgesehen, deren Wirkungen auch nicht eindeutig zu sein scheinen). Wenngleich ein Abschalten teuer ist, verhindert es das Fortpflanzen von Fehlern. Auch handelt es sich in den Netzwerken der Finanzmärkte nicht um lineare Auswirkungen wie z.B. bei der Briefpost, wo zwar ein Brief auf dem falschen Weg sein mag, dies aber nicht zu Kaskadenwirkungen und dazu führt, dass auch viele andere Briefe an eine falsche Adresse geraten, der Fehler sich also bei Briefen nicht fortsetzt.

Hier kommt ein qualitatives Element ins Spiel, das oft in seiner systemischen Bedeutung verkannt wird. „Weder die Masse noch die pure Vielfalt der Finanzinstrumente ist die Quelle der Komplexität, sondern die Struktur mancher Instrumente. Der Ertrag von Optionen und anderen Derivaten steht nicht in linearer Beziehung zu den Preisen der Basispapiere. Die Beobachtung der täglichen Preisbewegungen der zugrunde liegenden Wertpapiere bietet nicht den leisesten Hinweis darauf, was bei drastischen Marktbewegungen passieren könnte. Bei Swaps und anderen Instrumenten, die Positionen mit hohem Leverage begünstigen, rührt die

Komplexität daher, dass die Leverage den betreffenden Markt in unerwarteter Weise mit entfernten Ereignissen in Verbindung bringt, die in keiner ökonomischen Beziehung zum Markt stehen. Ein Markt kann in eine unkontrollierte Spirale abgleiten, nur weil eine Gruppe von Investoren, die sich übernommen haben, dort zufällig Positionen besitzt, die sie liquidieren muss. Solche Wechselbeziehungen kann man nicht voraussehen und sie verschieben sich je nach dem Glück und den Marktinteressen von Investoren und Spekulanten" (ebenda, 255-256) Ohne wesentliche Eindämmung des Derivatehandels wird jede Finanzreform Stückwerk bleiben.

Hohes Leverage, universal agierende, ähnliche Akteure und stark nichtlinear reagierende Wertentwicklungen bei Derivaten sorgen für kaum vorhersehbare Gefahrenkonstellationen, die man oft durch mehrfache Sicherungssysteme zu entschärfen sucht. „Wenn zu einer kritischen Komponente mit einer Fehlerquote von einem Prozent zwei redundante Komponenten hinzugefügt werden, sinkt die Fehlerquote auf 1:1.000.000, wenn die Fehlerquoten der drei Komponenten voneinander unabhängig sind. Das wird aber niemals der Fall sein, weil dafür ähnliche Entwürfe und ähnliche Technologien verwendet werden, weil gleiche Bauteile verwendet werden und weil sie wahrscheinlich an das gleiche Energie- oder Instrumentensystem gebunden sind. Und was noch schlimmer ist, es kann sein, dass sie einander gegenseitig beeinflussen" (ebenda, 264).

Bookstaber bringt Tschernobyl als Beispiel für vermeintlich sichere, mehrstufige Sicherheitssysteme, in der FK kam den Tranchierungen der Zweckgesellschaften eine ähnliche Afunktionalität zu. Regulatorisch folgt hieraus eine an sich einfache Lehre, nämlich „zunächst die Komplexität zu vermindern, anstatt zu versuchen, sie nachträglich in den Griff zu bekommen" (ebenda, 267)! Die offizielle Regulierungsphilosophie lief bekanntlich in die genau entgegengesetzte Richtung, unterstützt von den mathematisch orientierten Wirtschaftswissenschaften, denen der Praktiker ein schlechtes Zeugnis ausstellt (ebenda, 334ff.). Unter anderem hätten sie völlig die Bedeutung der Informationsflüsse zu Lasten der Liquidität überschätzt. Die Nachfrage nach Liquidität bewege die Preise, wobei für die Liquiditätsnachfrager Zeit wichtiger als der Preis und für die Liquiditätslieferanten der Preis wichtiger als die Zeit sei (ebenda, 342ff.), was zu ganz spezifischen Angebot-Nachfrage-Dynamiken führt.

Neben einer Vereinfachung der Systemstruktur und dem Einbau von Unterbrechern stellt Bookstaber weiter die Frage, wie man (verbleibenden) Risiken begegnen sollte, die man nicht kennen kann. Er schlägt hier als Vorbild die Kakerlake vor, die viele Millionen Jahre überlebte. Ihre einzige Risikomaßnahme besteht darin, „sich von leichten Luftzügen zu entfernen, die das Nahen eines Räubers signalisieren" könnten (ebenda, 373). Sie agiert grob und missachtet viele Informationen, im Unterschied zu ausgestorbenen Spezies mit raffinierteren Methoden, die aber von einer bestimmten konstanten Umwelt abhingen. „Aufgrund der Komplexität und der fundamentalen Unvorhersehbarkeit der Natur kann eine gröbere und weniger komplexe Methode die beste langfristige Strategie für den Umgang mit Risiken sein" (ebenda, 383). Dies gilt verstärkt für soziale Systeme, in denen durch Risikovermeidungsverhalten die Komplexität erhöht werden kann. Es mag daher unangemessen sein, den folgenden Reformvorschlägen Einfach- und Grobheit vorzuwerfen.

„Die grobe Reaktion ist zwar für eine konkrete Umgebung suboptimal, aber für ein breites Spektrum unvorhersehbarer Umgebungen ist sie mehr als zufriedenstellend" (ebenda, 378). Basel II ist der Versuch, nicht (mehr) grob zu agieren (z.B. mit differenzierten Eigenkapitalunterlegungen), man konnte aber bei Basel II nur Risiken bedenken, die man im Vorfeld gekannt hat (über die vielen Einzelregelungen siehe Cluse und Göttens 2007). Die größeren Risiken sind aber diejenigen, die wir nicht vorhersehen können. „Einfachere Finanzinstrumente und weniger Leverage sind ein schmerzhaft einfaches Rezept, die Konstruktion unserer Märkte zu korrigieren … die positiven Effekte der Innovation haben ihren Preis. Innovation erhöht die Komplexität. Viele innovative Instrumente sind Derivate mit bedingten und nichtlinearen Erträgen. Wenn am Markt Verwerfungen auftreten, kann man kaum wissen, wie die Preise solcher Instrumente darauf reagieren" (ebenda, 414 und 406).

Unflexibel-einfaches, nicht auf Umweltänderungen direkt reagierendes (Regulations)Verhalten kann somit als optimale Superstrategie verstanden werden, um mit Unsicherheit umzugehen. In einem Aufsatz mit Joseph Langsam (Bookstaber und Langsam 1985) wird die unspezifische Unsicherheit, auf die unflexibel zu reagieren ist, von Bookstaber als *extended uncertainty* bezeichnet, d.h. unmodellierte oder nicht modellierbare Unsicherheit, was auch als Kritik an Laborexperimenten zu verstehen ist, bei denen der Ereignisraum immer klar spezifiziert ist (siehe auch methodologisch vertiefend Shackle 1972, Kapitel 36). Bei erweiterter Unsicherheit weiß man nicht, ob und was passieren kann, wie sich also die Umwelt ändert. Als Eigenschaften solcher Ereignisse nennen die

2 Prinzipielle Vorüberlegungen

Autoren: Die Wahrscheinlichkeit ist nicht Null, das Auftreten der Ereignisse verursacht extreme Verluste, es kann nicht im Rahmen des bisherigen Modells vorhergesehen werden und es gibt keine Möglichkeit der Anpassung, bevor die Folgen eintreten. Dies entspricht der Charakteristik der Extremereignisse *(fat tails)*. Je genauer die Regeln der Risikovermeidung ausfallen, um so mehr hängen sie von der Passgenauigkeit des Umweltmodells ab. Je höher der Grad der erweiterten Unsicherheit, umso sinnvoller ist es, vereinfachten Regeln wie der der Kakerlaken zu folgen, die möglichst generalisiert auf Risiken reagieren.

Bookstaber steht mit diesen Erkenntnissen nicht allein. Der viel zitierte und dekorierte Didier Sornette, Professor für Entrepreneurial Risk an der ETH Zürich, drückt es
ähnlich aus. Beim Glauben an die Wegdiversifizierbarkeit von Risiken wurde „ausser acht gelassen, dass in vernetzten Systemen, also bei relativ engen Beziehungen zwischen Unternehmen, mit vielfältigen Interdependenzen und Wechselwirkungen zu rechnen ist. Neuere Forschungen über selbstorganisierende Netzwerke zeigen eindeutig, dass die Verringerung von Vielfalt, mangelnde Redundanz, das Aufheben von trennenden Grenzen und engere Verknüpfungen genau die Rezepte sind, mit denen man Systeme ins Verderben laufen lassen kann" (*NZZ-Online* vom 21.1.2009). Nier et al. (2008) versuchen, Ergebnisse der Netzwerkanalyse auf die FK anzuwenden. Eines ihrer Resultate lautet, dass ein konzentriertes Bankensystem eher anfällig für systemische Schocks ist.

Matutinovic (2010) entwickelt eine alternative, realistische Markttheorie vermittels des Netzwerkansatzes mit Firmen als Knoten und den Verbindungen zwischen ihnen als Austauschverhältnisse. Unter Komplexität versteht er selbstorganisierende Systeme mit vielen Elementen und unterschiedlichen Eigenschaften, mit verschiedenen Strukturen auf mehreren Ebenen und Skalen, mit Eigenschaften abrupten Wechsels und Anpassungen an die Umwelt, wobei die Systemgeschichte Einfluss auf die Reaktionsformen hat und das System sich meist weit außerhalb eines Gleichgewichtszustandes befindet. „Some of the characteristic properties of complex systems are circular causality, feedback loops, non-linear cause-effect response, emergence, and unpredictability" (2010, 33).

Greift die Politik Überlegungen und Konzepte dieser Art bei den Überlegungen zu einem neuen Rahmen für die Finanzmärkte auf? Sie glänzt vielmehr durch das Verfolgen nationaler Standortpolitiken und wird so zum willfährigen Erfüllungsgehilfen der Finanzbranche, was den

,Laschheitswettbewerb' antreibt (Sinn 2009, Kapitel 7). Als Beispiel: „Die britischen Politiker setzen daher [hoher Grad der Finanzialisierung] alles daran, den Bedeutungsvorsprung der City als europäischer Finanzplatz Nummer eins zu halten, und tun sich schwer mit einer als zu scharf empfundenen Finanzregulierung" (Schmidt 2010, 24). Eine unabdingbare Voraussetzung erfolgreicher Reformpolitik bestünde darin, wesentliche Regulierungen gemäß einem Korrespondenzprinzip auf der angemessenen Ebene zu implementieren. Angesichts internationaler Finanzmärkte ist dies die internationale Ebene (am eindrücklichsten machen dies aus kritischer Perspektive Alexander et al. 2006 deutlich, siehe auch Acharya et al. 2009). Am besten wären die Vereinten Nationen als Oberinstanz geeignet. Ohne eine angemessene Transnationalität der Maßnahmen dürfte sich auch in Zukunft ein *race to the bottom* kaum vermeiden lassen, für den sich unzählige Beispiele finden lassen, sei es im Bereich der Zins- und Geldangebotspolitik, der Stützungsaktionen (ehemaliger) nationaler Champions, anderer Subventionen, softer Regulation gegenüber der heimischen Finanzwirtschaft und diverse Bail-outs. Boone und Johnson (2010b, 269) schlagen eine eigenständige Organisation ähnlich der Welthandelsorganisation (WTO) vor, die einen international verbindlich auszuhandelnden Vertrag mit Größenlimits usw. zu kontrollieren hätte.

Wie die Treffen der G 20 Gruppe in den letzten drei Jahren zeigten, ist diese angemessene Ebene heute Wunschdenken. Die zweitbeste Ebene ist aus europäischer Sicht die Europäische Union (DBR 2007, Pauly 2008, Wolf 2008), die sich bisher diesbezüglich nur mit wenig Fassbarem schmücken kann und nicht über eine zersplitterte Finanzmarktaufsicht hinauskommt. Man ist selbst weit entfernt von einer integrierten transnationalen Bankenaufsicht mit eigenständigen Handlungskompetenzen, die den Finanzkonglomeraten auf Augenhöhe begegnen könnte. Der einfache Grundsatz, dass die Struktur der Finanzaufsicht dem Grad der Marktintegration zu folgen hat, wird zugunsten nationaler Egoismen und zu Lasten der EU-Bürger missachtet. „Die Europäische Union ist, [u.a.] da Großbritannien traditionell eine US-parallele Haltung eingenommen hat, wenn es um Regulierungsfragen ging, nicht wirklich handlungsfähig" (Welfens 2009, 107). Man steht nun vor dem Scherbenhaufen des naiven Glaubens, man müsse nur den Kapitalverkehr liberalisieren und alles Weitere ergebe sich ohne tiefere Finanz- und Fiskalintegration spontan über eine Marktvergesellschaftung von selbst (auf diese Frage wird hier nicht weiter eingegangen, siehe Peukert 2010a). Die Liberalisierung will und kann man nicht mehr zurückschrauben, zu Weiterem kann man sich nicht durchringen.

Noch gravierender als die nationale Perspektive ist der Widerspruch zwischen den öffentlichen Aufgaben und der privatwirtschaftlichen Orientierung des Finanzsystems, was zu einem prinzipiellen Bail-out führt, einem Problem, dem man sich bei Reformvorschlägen offensiv zu stellen hat (siehe unten). „Auf der einen Seite sind die Banken für das Funktionieren unserer Volkswirtschaften absolut notwendig, erfüllen also eine *öffentliche* Aufgabe. Auf der anderen Seite sind sie *privatwirtschaftlich organisiert*, alle Gewinne stehen den Aktionären zu. Da sich die Banken ihrer öffentlichen Aufgabe bewusst sind, gehen sie zu Recht davon aus, dass Regierungen alles in ihrer Macht Stehende tun werden, um ein Zusammenbrechen des Bankensystems zu verhindern" (Schmidt 2010, 73).

Nebenbei bemerkt kann man sich fragen, ob die Autorin die nötigen Schlüsse aus dieser Erkenntnis zieht. In ihren wirtschaftspolitischen Empfehlungen (ebenda, 155ff.) identifiziert sie den Moral Hazard als Kernübel und fordert höheres Eigenkapital, Stresstests, das Verbot außerbilanzieller Tätigkeiten, neue Ratingagenturen, Living-Will-Erklärungen der Finanzunternehmen, gesamteuropäisch koordiniertes Vorgehen, eine Verkleinerung des Finanzsektors usw. Wenn es ans Eingemachte geht, zieht sie aber zurück: die Tobin-Steuer wird (mit dem unzutreffenden Argument) abgelehnt, sie würde voll auf alle Kunden abgewälzt (ebenda, 174-175), eine Zerschlagung der Megainstitute sei eigentlich richtig, durch das Entfallen des Zugriffs auf das Massensparaufkommen würde dieses Segment aber dann noch volatiler. Ohne Angabe von Gründen wird zu dem an sich interessanten Vorschlag, Investmentbanken nur noch als Partnerschaften zuzulassen, festgestellt, „dieser Weg ist verbaut" (ebenda, 164). *Talking Turkey* sieht anders aus (Kotlikoff 2010, 5-6).

Die sehr begrenzte Qualität der üblichen politischen Handlungsträger spricht zumindest gegen Vorschläge, die allzu große diskretionäre Spielräume zulassen. Als Beispiel für solche Spielräume sei Phelps genannt. Er tritt ein für die „ introduction of a band around the index of housing prices, a band around the main index of stock market prices, and so forth. When the index rises or falls outside the band, the government will increase margin requirements, short-selling requirements, and various other costs so as to dampen – but not outlaw – speculation on a further move of the asset price index" (Phelps 2009, 9).

Im Folgenden werden einige Reformvorschläge präsentiert, die sich auch angesichts der Skepsis gegenüber dem Geschehen auf der politischen Bühne eher durch Prinzipien sui generis auszeichnen, an denen, einmal installiert, nicht so viel verschlimmbessert oder verwässert werden kann, ohne dass es weiter auffällt (einen reflektierten Problemaufriss des durch die FK offenkundigen Reformbedarfs aus Mainstreamsicht bietet Buiter 2007, der übrigens nicht nur Professor an der LSE, sondern seit 2005 auch Berater von Goldman Sachs ist; siehe auch z.b. aus liberaler amerikanischer Sicht Roosevelt Institute (Hg.) 2010).

Es bedarf aber auch einer gewandelten Einstellung gegenüber den Aufsichtsbehörden und dem Erfordernis von Regulierung überhaupt. „Bis vor kurzem mussten sich die Mitarbeiter der Finanzbehörden noch erzählen lassen, wie dumm sie doch seien, weil sie nicht in die Privatwirtschaft wechselten. Dass sie Pappnasen seien, die mit den Finanzgenies der Wall Street nicht mithalten könnten. Schlimmer noch: Man sagte ihnen, dass sie für die schöne neue Welt der Finanzinnovationen hinderlich und lästig seien" (Roubini und Mihm 2010, 293).

Die Vorschläge (z.b. das 100%-Geld) mögen auf den ersten Blick zum Teil altbacken und rückwärtsgerichtet erscheinen, sie sind allerdings durch das BBP und den Kreditansatz (finanzielle Instabilität) dem Monetarismus (Friedman) und z.b. der Irrelevanzthese der Verschuldung (Modgliani/Miller) und den auf sie implizit aufbauenden neu- und neoklassischen Synthesen überlegen (siehe die Kontrastierung bei Schularick und Taylor 2009). In einer 12 Länder von 1870-2008 umfassenden wirtschaftshistorischen Untersuchung gehen Schularick und Taylor dem Zusammenhang von Geld, Kredit und makroökonomischen Indikatoren nach. Sie ermitteln zwei völlig unterschiedliche Epochen von 1870-1939 und von 1945 bis heute als länderübergreifende Trends in Europa und in den USA. In der ersten Phase waren Geld, Kredit und BIP zwar volatil, es bestand aber eine feste, stabile Beziehung zwischen ihnen. Ganz im Gegensatz hierzu fand nach dem 2. Weltkrieg eine Entkoppelung zwischen den Aggregaten statt, u.a. bedingt durch hohes Leverage, zunehmend nichtmonetäre Verbindlichkeiten der Banken und deren Übergang zu unsicheren Assets (weniger Staatsanleihen). Kredit- und Geldaggregate waren nicht länger zwei Seiten einer Medaille.

Diese Veränderungen wurden begleitet von Wandlungen des institutionell-regulatorischen Rahmens (von der Gold- zur Papierwährung, aktive makroökonomische Politik, Einlagensicherung usw.). Man hatte

2 Prinzipielle Vorüberlegungen

die Lektion aus der Großen Depression gelernt und bei Finanzkrisen nach 1945 zumeist mit einer aggressiven monetären Expansionspolitik reagiert, *ohne* ihre Auswirkungen auf Wachstum und Beschäftigung jedoch mindern zu können, was die Autoren auf die steigende Bedeutung des Finanzsektors zurückführen. „(I)t is interesting to observe that despite the much more aggressive policy response in the postwar period, the cumulative real effects have been broadly the same in both periods, about minus 4.5 percent, with real investment dropping by a cumulative 20 percent compared to trend" (ebenda, 16; siehe auch ihr detailliertes empirisches Datenmaterial).

Die Autoren zeigen auch, dass die alleinige Fokussierung auf Outputlücken und Inflation (siehe die Taylor-Regel) zwar bis 1939 angemessen war, aber angesichts der Entkoppelung die Nichtbeachtung der Kreditaggregate ein schwerer Fehler ist, der bei den anstehenden Finanzmarktreformen zu vermeiden sei. Wie Eichengreen und Mitchener (2003) sehen sie Finanzkrisen in erster Linie als fehlgeschlagene Kreditbooms. Die aggregierte Kreditvergabe ist nach ihrer Regressionsanalyse die entscheidende Variable zur Vorhersage von Finanzkrisen, da sie ihr wesentlicher Verursacher ist. „From our regressions, past growth of credit emerges as the single best predictor of future financial instability, a result which is robust to the inclusion of various other nominal and real variables ... In light of the structural changes of the financial system that we documented above, this comes as no surprise" (ebenda, 27). Ohne wirksame Abmilderung des Auf und Ab des Kreditprozesses wird daher keine wirksame Verhinderung von Finanzkrisen möglich sein!

Cassidy (2009, Kapitel 17 über die Greenspan-Ära, siehe auch Greenspan 2007) rekapituliert die Entwicklung des Kreditbooms in den USA zwischen 2002 und 2006, mit 4,4, Billionen Dollar waren zu einem Drittel die Privathaushalte beteiligt (einschließlich Hypotheken), mit 2 Billionen der öffentliche Sektor, den Rest zur Gesamtverschuldung von 13,5 Billionen Dollar geht auf das Konto des Unternehmenssektors (vornehmlich des Finanzsektors), der 2007 mit 16 Billionen in der Kreide stand, was einem BIP-Anteil von fast 120% (alle Sektoren: fast 350%) und einer Zunahme von 4 Billionen in nur vier Jahren entsprach. Merrill Lynch, um nur ein Finanzinstitut herauszugreifen, hatte 2002 Verbindlichkeiten von 422 Mrd., vier Jahre später waren es rund 800 Mrd. Dollar.

Da das Weltbild der Mehrheitsökonomen nach 1945 jedoch nach wie vor von der Vorstellung einer unsichtbaren Hand gelenkt wurde, es demnach keiner starken leitenden Hand bedarf, die spontane Ordnung durch die Selbstdisziplin der Marktkräfte zu einem wohlfahrtsförderliche Gleichgewicht führt, wurde makroprudentiell dem Kreditvolumen auch von Seiten der Zentralbanken kein besonderes Augenmerk geschenkt. Wie defensiv diese Philosophie heutzutage auch immer formuliert wird, der archimedische Punkt besteht in der im Kern positiven Antwort auf die Frage, ob ‚freie Märkte' stabil sind oder nicht.

Demgegenüber ergab das vorherige Kapitel die Sichtweise einer teuflischen Hand, bei der die spontanen Marktprozesse inklusive lascher Regulation zu spontanen Superdesastern führen können und man sich – mit Taleb gesprochen – auf den Finanzmärkten nicht in der Welt Mediokristans, sondern in Extremistan befindet. Die hier vorgeschlagenen Reformen sich so gedacht, dass sie nicht auf eine Überregulierung oder ein Finanz-Ludditentum hinauslaufen dürften. Aus Kapitel III folgt, dass Finanzmärkte in Marktwirtschaften eine natürliche Tendenz haben, eher zu viel als zu wenig Dynamik zu entfalten und sich die Erfahrungsregel herausstellte: Je deregulierter und falsch regulierter, um so volatiler sind die Märkte! Es fällt mittlerweile fast schwer, sich die Krisen wegen ihrer Häufung zu merken: 1987: Börsencrash, 1990: Junk Bonds, 1994/95: Tequila-Krise, 1997/89: Asienkrise, 1989/99: Brasilien, 1998: Russland, 1998: LTCM, 2000: TMT-Aktien, 2000/01: Dotcom, 2001: Argentinien ...

Der Grundsatz soll gelten, dass die Finanzmärkte eine dienende Funktion für die Realökonomie haben sollen und daher auch der Anteil der Finanzbranche als Ganzer in einer Volkswirtschaft zu groß sein kann und gegebenenfalls einer Verringerung *(downsizing)* bedarf. Die FK legt das Verfolgen einer Maximin-Strategie nahe, bei der die Wahrscheinlichkeit des am schlechtesten möglichen Ergebnisses *(fat tails, worst cases)* als vorrangiges Ziel minimiert werden soll *(fail-safe strategy)*. Wenn im Realsektor die Gewerbeaufsicht funktioniert, warum sollte es nicht möglich sein, auch eine funktionierende Finanzaufsicht zu etablieren?

Aus den behavioralen Untersuchungen ergab sich, dass man hierbei nicht ausschließlich auf den Appell und die Förderung des Eigeninteresses (z.B. durch verstärkte Eigenkapitalbildung, die wegen höherem Verlustrisiko zu vorsichtigerem Verhalten führen soll) setzen kann, da Menschen auch stark von irrational-impulsiven Antrieben beeinflusst werden, die sie gegen ihr eigenes Langfristinteresse und gegen Bedingungen der Systemstabilität verstoßen lässt und Phasen des Optimismus hervorrufen, in denen sich ein unheilvoller Hybris-Handschlag *(visible handshake)* aller Akteure aufbaut. Auch kann nicht begrenzte Konkurrenz zur Bereitschaft der Aufnahme maximalen Risikos als Überlebensimperativ führen. All diese Antriebe zusammengenommen scheinen die Handlungen der Finanzmarktakteure eher auf ein teilweise sprunghaftes Patchworkverhalten und Durchwurstelei hinauszulaufen (siehe Engelen et al. 2008 zur flexiblen, opportunistischen, pfadabhängigen, induktiven und adaptiven *bricolage*).

Die Vorschläge trägt die Auffassung, dass es **nicht** lohnt, im gegebenen Rahmen potentielle Verluste zuzulassen, die die Gewinne von Dekaden oder gar einem ganzen Jahrhundert auslöschen und man sich in den letzten zwei Jahrzehnten des Eindrucks nicht erwehren kann, dass das, was man schnell gewann, genauso schnell wieder zerrann. Reformvorschläge ruhen *immer* auf Werturteilen, da sich stets Alternativen denken lassen, die sich einer rein neutralen Effizienzbeurteilung entziehen. Auch sollte nicht vergessen werden, dass sich Wissenschaft und Reflexion nicht einfach in wahre einer- und ideologiebehaftete Fragen und Antworten andererseits aufteilen lässt, sondern bereits die Begriffe und Fragestellungen selbst, anhand derer die relevanten Informationen organisiert werden, einen maßgeblichen Einfluss auf die Wege und Ergebnisse der Forschung haben, was auch der Erzheilige der Werturteilsfreiheit, Max Weber, nicht bestritt.

Zwei ausdrückliche Werturteile seien daher hier genannt: (1.) Verursacher von (Fehl)Entwicklungen sollen auch die Kosten tragen und (2.) stehen die Interessen des Steuerzahlers und Durchschnittsbürgers bei den folgenden Vorschlägen im Vordergrund, da er im Unterschied zum Einfluss diverser Interessengruppen in der aktuellen Diskussion schlecht vertreten wird. Der Verfasser dieser Studie wird aus Steuermitteln für die Arbeit an einer öffentlichen Universität bezahlt und er bekennt hier noch einmal offen, hieraus eine Verpflichtung abzuleiten.

Die folgenden Vorschläge (siehe als Kurzfassung Peukert 2010b) sind sicher nicht perfekt, aus den Erfahrungen ihrer Umsetzung zu lernen ist nicht verboten. Aller reflexiven Selbstskepsis zum Trotz bedarf es des Mutes der Einsicht: Solange es keine systemrelevanten Veränderungen gibt, „homegrown financial terrorists will once again find the hole in our financial security system and drive a truck through it" (Kotlikoff 2010, 125). „Dennoch verhallten die dringenden Rufe nach Reformen im Laufe des Jahres 2010, und die Neuordnung der Finanzaufsicht steht noch aus.

So schnell, wie der Soldat im Schützengraben seinen Schwur vergisst, ein besseres Leben zu führen, sobald das Feuer eingestellt wird, so schnell arrangiert sich offenbar die Politik mit dem Status quo" (Roubini und Mihm 2010, 247). Ohne eine Anpassungsdeflation und ihren Folgen, z.B. einer 25%igen Arbeitslosigkeit, scheint schnell wieder Reformmüdigkeit eingetreten zu sein und wie nach dem Ende des Dotcomphypes den Folgen einer geplatzten Blase mit dem Aufbau einer neuen Blase noch größeren Ausmaßes begegnet. Dem sollen die folgenden Vorschläge entgegenwirken.

3
Die Geldordnung: Das 100%-Geld

Zur Vermeidung von exorbitantem Leverage, in den letzten Jahren sprunghaft angestiegener Überschuldung (auch ablesbar an den Gesamtverschuldungsquoten), Kreditinflationen und -pyramiden, Bank Runs und allgemeinen Vertrauenskrisen, des Verlusts der Kontrolle der Zentralbanken bzw. Währungsbehörde über die Geldmenge und angesichts prozyklischer monetärer Expansions- und Kontraktionsprozesse (die Geldschöpfung folgt der Kreditnachfrage), besteht der erste Reformvorschlag in der Erhöhung der Reserveanforderungen auf 100% und der Aufgabe des vorherrschenden sogenannten fraktionalen Reservesystems, dessen historisch-pfadabhängige heutige Struktur in den Lehrbüchern der Ökonomie und in den Köpfen der meisten Ökonomen als naturgesetzlich unhinterfragt angenommen wird (zu Zentralbankensystemen als Ergebnisse historischer Interessenkämpfe siehe Rothbard 1983 und Häring 2010, 56-61). Bei der Einführung ließe sich eventuell zunächst eine graduelle Zubewegung auf 50% ansteuern, um dann erfahrungsbasiert falls nötig auf die 100% zuzusteuern.

Die Forderung wird argumentativ nach wie vor am plausibelsten von Irving Fisher in Reaktion auf die Weltwirtschaftskrise der 1930er Jahre dargelegt (2007/1935, siehe auch 1933 und die Anwendung seines *debt deflation*-Ansatzes auf die FK bei De Grauwe 2009). Damals schon sah er in der außer Kontrolle geratenen privatwirtschaftlichen Giraldgeldschöpfung eine Ursache monetärer Instabilitäten.[10]

---

[10] Zur schillernden Biographie Fishers siehe Fox (2009, besonders Kapitel 1); den historischen Bezug zur FK bietet der Essay von Häring (2009), zum Sinn des Konzepts siehe Häring (2010, 49-56). Zu verweisen ist auch auf die Initiative für eine „Monetative" (www.monetative.de/). Die Fragen der Anschlussfähigkeit und des Sinns von komplementären Regionalwährungen (www.regiogeld.de) soll hier ebenso ausgeklammert werden wie die Ansätze zu einer ökosozialen Finanzwirtschaft (www.ethical-banking.org).

Die heutigen institutionellen Arrangements der Geldentstehung und Vernichtung durch Bankkredite und damit einhergehende privatwirtschaftliche ‚Geldmanipulation' gelten somit als eine wesentliche Ursache der Instabilitäten. „Immerhin neun Billionen Euro Einlagen verwalten die Banken im Euro-Raum. Dem stehen Bankguthaben bei der Europäischen Zentralbank von rund 260 Milliarden Euro gegenüber. Mit dem Bargeld, das die Banken bei der Zentralbank abheben können, können sie also nicht einmal ein Dreißigstel der Einlagen auszahlen. Das ist auch von der Zentralbank so abgesegnet, denn die Banken müssen im Euro-Raum nur absurd niedrige zwei Prozent der Kundeneinlagen in Reserve halten. Die restlichen 98 Prozent können sie verleihen. Und wenn das Geld wieder auf einem Bankkonto landet, können sie erneut 98 Prozent davon wieder verleihen, so lange, bis der Wert der zusätzlich geschaffenen Bankguthaben auf maximal das 50-fache der ursprünglichen Kundeneinlage angewachsen ist" (Häring 2009, 1).

Steve Keen wies anhand von Zahlenbeispielen darauf hin, dass zunehmende Verschuldung einer unangenehmen Logik folgt: „(O)nce debt becomes a significant fraction of GDP, and its growth rate substantially exceeds that of GDP, the economy will suffer a recession *even if the debt to GDP ratio merely stabilizes*. A debt-dependent economy has no choice but to record rising levels of debt to GDP every year to avoid a recession" (2010a, 55). Meist wird diese Problematik sehr spät erkannt, da aufgrund des exponentiellen Verlaufs (Zinseszins) erst nach einiger Zeit die Zins-Schulden-Kurve, dann aber rasant, nach oben weist. Keen (2006) führt das anschauliche Beispiel eines Seerosenteichs an, in dem die Seerosen sich bei täglicher Verdopplung erst unmerklich vermehren und einen Tag vor der völligen Bedeckung erst die Hälfte des Teiches ausmachen.

Auch Häring legt plausibel dar, dass die Ausgabenspielräume von Haushalten und Unternehmen nur erweitert werden, wenn gegenüber der Vorperiode die Rate zunehmender Verschuldung bzw. des Kreditvolumens steigt. Nimmt ein Wirtschaftssubjekt in der ersten Periode bei einem regelmäßigen Einkommen von 1000 Euro 100 Euro Kredit auf, so kann er 1100 Euro ausgeben. Nimmt er in der Folgeperiode wieder 100 Euro Kredit, so stagnieren seine Ausgaben bei 1100 Euro. „Nur wenn er das Tempo des Verschuldungsaufbaus steigert, also zum Beispiel 120 Euro aufnimmt, steigt sein Ausgabenrahmen. Die Steigerung des Tempos der Kreditexpansion kann wegen der positiven Rückkoppelungseffekte

3 Die Geldordnung: Das 100%-Geld

eine ganze Weile lang funktionieren, aber eben nicht dauerhaft, weil die Verschuldung der Haushalte und Unternehmen dabei exponentiell ansteigt. Irgendwann muss die Zunahme der Verschuldung abnehmen, und dann tritt der gegenteilige Rückkoppelungseffekt ein" (2010, 51).

Der Vorschlag des 100%-Geldes geht u.a. auf Henry Simons (1934) zurück, er wird heute in der Variante des Vollgeldes von Joseph Huber vertreten (Huber und Robertson 2008, Huber 2010) und fand u.a. von Ludwig von Mises und Milton Friedman Unterstützung. Über Eucken (1968/1952, Kapitel 16) erreichte er auch den deutschen Ordoliberalismus. Eucken sprach sich nach der Betonung des Primats der Währungspolitik vor allen anderen konstituierenden Prinzipien allerdings für eine wohl kaum praktikable Waren-Reserve-Währung aus, da die Probleme der Schwankungen der Umlaufsgeschwindigkeit und die Abhängigkeit von den zufälligen geldpolitischen Entscheidungen der Zentralbanken nicht gelöst seien. Er verdeutlicht das Junktim zwischen dem 100%-Plan und der Zuführungsregeln frischen Geldes. Es wurden recht verschiedene Varianten vertreten, Simons unterstützte eine regelgeleitete Politik einer fixen Geldmengenzufuhr, Fisher eine variable und pragmatische Feinsteuerung. Der Ansatz steht in der Tradition der Currency-Schule, die bis auf das Peelsche Bankgesetz Mitte des 19. Jahrhunderts zurückgeht.

Aber auch der Postkeynesianer Hyman Minsky zählt, wie bereits erwähnt und trotz der weitverbreiteten sonstigen Skepsis vieler Keynesianer dieser Denkrichtung gegenüber (Kotlikoff 2010, 132-133), zu Simons Schülern. Die *Minsky-Simons connection* verweist auf eine interessante und ausnahmsweise Parallelführung zwischen dem klassischen Liberalismus der Chicagoer Schule und dem ‚Interventionismus' der Keynesianer, auch wenn Minsky den 100%-Vorschlag zugunsten einer diskretionären Diskontpolitik der Notenbank bevorzugte (zur Wirkungsgeschichte der 100%-Idee in den USA siehe Phillips 1995, insbesondere die Seiten 169-172). Wie bei Kindleberger und Galbraith spielen auch bei Fisher der Herdentrieb und psychologische Prozesse eine bedeutende Rolle (2007/1935, 69 und 88). Beide Schulen teilen in dieser Frage einen „kapitalismuskritischen" Ansatz, da sie die Extragewinne der Banken durch multiple Geldschöpfung für fragwürdig bis illegitim und ökonomisch für dysfunktional halten.

I Fisher neigte zunächst zu Gesells Vorschlag des Freigeldes durch permanenten Wertverlust bei Halten des Geldes (hier wird weder Gesells konkreter Vorschlag, siehe 1991/1916, 93-118, diskutiert, noch seine

Idee der Bodenverstaatlichung), bekam aber dann Zweifel und entwickelte den 100%-Vorschlag, der zum Teil ähnliche Auswirkungen wie die von Gesell erhofften haben sollte. Der Verfasser bekennt, Gesells Beitrag nicht allzu hoch zu veranschlagen. Gesell meint, Krisen und Arbeitslosigkeit würden verschwinden (ebenda, 175-179), wenn man durch Wertverlust die Maximalumlaufgeschwindigkeit des Gelds erzwingen würde, die zu einer maximal möglichen Produktion führen würde. Er versteht seinen Vorschlag als golden Schlüssel zur Lösung der brennendsten Probleme. Nur nebenbei sei bemerkt, dass ein solches Beschleunigungsmotiv (ebenda, 93) nicht unbedingt verträglich mit Bestrebungen der Entschleunigung und der Berücksichtigung der ökologischen Grenzen des Wachstums ist (siehe Kapitel IV.10).

Er behauptet, der Geldhalter verfüge über ein Privileg, denn das Geld „läßt sich unbegrenzt ohne Qualitäts- und Quantitätsverluste und ohne nennenswerte Lagerkosten vom Markte zurückhalten, während gleichzeitig die auf das Geld als Tauschvermittler angewiesenen Warenproduzenten durch Verluste an der Qualität und Quantität ihrer Waren, sowie durch Lagerkosten geschoben, eine zwangsweise, unaufschiebbare Nachfrage nach Geld (Tauschmittel) halten" (1991, 356). Diese Asymmetrie, aus der bei ihm alles weitere folgt, kann man mit guten Gründen bezweifeln. Wer Geld zu Hause lagert, kann vergessen, wo es sich befindet, es kann gestohlen werden oder der nagenden Kritik der Mäuse ausgesetzt sein. Bei Geld auf der Bank kann diese untergehen, Inflation den Geldwert senken, ihn eine Währungsreform vernichten usw. Natürlich wird unter einem Freigeldsystem alles besser und die Währungsbehörde sorgt für stabile Preise durch Liquiditätszufuhr oder -entzug. Wahrscheinlich unterliegt er hier einer gewissen (Fein)Steuerungsillusion. Er stellt es sich so vor, dass „nur ein Mann nötig [ist], der das Geld von der Reichsdruckerei den Staatskassen übergibt, und der das für währungstechnische Zwecke von den Steuerämtern eingezogene Geld verbrennt. Das ist der ganze Apparat. Eine Presse und ein Ofen" (ebenda, 110). Erschwerend kommt hinzu, dass man in einer offenen Wirtschaft lebt. Er tritt für fixe Wechselkurse ein, der Staat müsse die festen Paritäten durch seine Geldpolitik sichern, was zu einem Sinken oder Steigen des Preisniveaus im Inland führen kann (ebenda, 110-118). Wie dies mit dem Versprechen stabiler Preise (trotz beiderseitiger Verpflichtung der Länder zur Stabilisierung) vereinbar sein soll, bleibt sein Geheimnis.

Als Funktion des Geldes lässt Gesell nur die Tauschmittelfunktion gelten, als weitere Motive kann er sich nur Spekulation, Furcht, Laune und Panik vorstellen (ebenda, 109). „Das Geld verdankt sein Dasein überhaupt nur den Schwierigkeiten des Tauschhandels. Für deren Ueberwindung wurde es geschaffen" (ebenda, 358). Wie steht es aber mit einem Fristentransformations-, einem Vorsichts- (nach Keynes) und einem Sicherheitsmotiv (Geldzurücklegen zwecks Absicherung gegen Arbeitslosigkeit, Alter usw.)? Diese Motive lässt Gesell nicht gelten. In welcher Welt er denkt, zeigt sich in der Bemerkung, der Arbeiter könne sowieso nicht sparen, da der Zins seinen Arbeitsertrag so schmälere, das daran nicht zu denken sei (ebenda, 383). Auf jeden Fall sollen Sparwillige gezwungen werden, durch den institutionalisierten Wertverfall des Geldes in Realgütern zu sparen und hierdurch die Produktion anzukurbeln. Diese Ansicht ist insofern bemerkenswert, als Gesell vorher die große Ungerechtigkeit darin sah, dass Realgüterbesitzer große Scherereien mit Lagerung usw. haben. Wer sparen will, muss demnach hohe Transaktionskosten in Kauf nehmen, was den an sich natürlichen Vorteil des Geldes zunichtemacht. Anstatt einer Beschleunigung der Geldzirkulation könnte man sich auch das Gegenteil vorstellen: Eine Flucht aus dem Geld, mit Parallelwährungen, Naturaltausch usw. unter maximaler Umgehung des eigentlichen Schmiermittels der Wirtschaft.

Es ist keineswegs sicher, dass bei Unterstellung einer Flucht in die Sachgüter die Produktion angekurbelt wird. Falls die Flucht durch soziale Konventionen auf Tulpenzwiebeln oder Gemälde gelenkt wird, bleibt der Effekt zu bezweifeln. Kaufen sie Sachgüter, bestehen hohe Risiken hinsichtlich der Preisschwankungen. Man kauft Häuser, Schiffe, Fabriken (ebenda, 383), also z.B. ein Mietshaus, neben dem plötzlich eine wertmindernde Hauptstraße gebaut wird. Oder man beteiligt sich an Containerschiffen, woran sich 2010 viele Rentner nicht so gerne erinnern. Wie will Gesell vermeiden, dass diese Anlagen nicht spekulative Blasen auslösen, anstatt der Realwirtschaft zu dienen (sein trauriger Spekulant überzeugt nicht, da mit dem Freigeld nicht automatisch eine *buy-and-hold*-Strategie verbunden sein muss, ebenda, 155-159)? Selbst wenn: Viele Menschen und Fonds investieren wie erläutert dauerhaft zwecks Risikodiversifizierung in Rohstofffonds, allerdings nicht mit Gesells Hoffnung auf sinkende, sondern mit steigenden Preisen. Wahrscheinlich würde sich Gold als Wertspeicher eignen und Gesell macht klar, dass er nichts dagegen zu unternehmen gedenke. Sein Argument, man würde es wohl sein lassen, da man dann auf Gewicht und Qualität mangels staatlicher Aufsicht achten müsse, überzeugt nicht. Man könnte sich vorstellen, dass es zur Ausbildung eines Parallelwährungssystem kommt, er diskutiert es selbst am Beispiel des Wechsels (ebenda, 359-361). Er meint, dieser könne sich nicht zu einem vollwertigen Substitut entwickeln, da er in gewisser Hinsicht unpraktisch sei. Hier muss man fragen: Unpraktischer, als ein 5%iger Wertverlust per annum.

Da der Geldbesitzer durch die Macht des Zurückhaltens eine besondere Vergütung, den Zins, verlangen kann und der Geldzins die (Mindest)Rendite im Realsektor vorgibt, sind die Geldbesitzer eine Bremse der Produktion. Man könnte dem den Angebots-Nachfrage-Mechanismus entgegen halten, dessen Wirkung er sonst hervorhebt. „Eine Konkurrenz unter Geldverleihern, die auf den Zins Einfluß haben könnte, gibt es also nicht. Sie ist unmöglich" (ebenda, 362, i.O. kursiv). Gesell kann nicht begründen, warum die Grundaussage von Loanable Funds falsch sein sollte. Auch seine Widerlegung der Quantitätstheorie ist schwach (im Aufschwung steigt die Umlaufgeschwindigkeit, im Abschwung sinkt sie, ebenda, 336-341). Die Frage, warum bei den Geldbesitzern, die 6% Zins verlangen, sich nicht einer finden sollte, der statt gar keiner Zinsen für 5% verleiht und eine Zinssenkung einleitet, kann Gesell nicht beantworten. Die Behauptung eines natürlichen Urzinses (abhängig von alternativer Urproduktion oder der Mühsamkeit von Alternativgeld) kann die Frage kaum entkräften.

Im Prinzip ist auch etwas unklar, was er unter Zurückhalten versteht. An einigen Stellen klingt es so, als meine er, dass Geld unter der Matratze gehortet wird und dann tatsächlich dem Kreislauf entzogen ist. Wenn man es aber zur Bank (Sparkasse) bringt, findet für den Anleger keine Wertminderung statt (ebenda, 160), die Sparkasse versuche dann, so schnell wie möglich das Geld wieder loszuwerden und weiter zu verleihen. Dann stellt sich die Frage, warum sie das Geld vorher überhaupt annehmen sollte, wenn sie unsicher ist, ob sie es wie die heiße Kartoffel weiterreichen kann. Er sagt aber auch, die Sparer erhalten eine und fordern einen Zins von der Bank und dort bleibt das Geld liegen, weil die Realinvestoren den Zins nicht erwirtschaften können. Er kann hier nur ein Problem behaupten, weil er dogmatisch konstatiert, dass die Sparsumme keinen Einfluss auf den Zins hat. Ansonsten könnte man sagen, dass das Problem des hortenden Zurückhaltens heute nicht mehr

3 Die Geldordnung: Das 100%-Geld

besteht, da selbst liquiditätsbedachte, zurückhaltende oder abwartende Akteure das Geld zur Bank tragen und diese damit „arbeitet".

Eigentlich ist das Grundproblem in modernen Finanzkrisen doch ein geradezu umgekehrtes: Nicht die Zurückhaltung ist das Problem, sondern das Bestreben aller, alles Geld mit möglichst maximalem Hebel anzulegen, die Pensionsfonds und Investmentgesellschaften werden mit Anlagegeldern überhäuft und wissen nicht, wo anlegen. Gesell wollte natürlich, dass Investitionen in Sachkapital getätigt werden, aber hier zeigt sich, dass die Probleme von heute nichts mit seinem Hortungsmotiv zu tun haben. Es stimmt doch einfach nicht, dass das Kapitalangebot als Naturgesetz immer von der Kapitalnachfrage überholt wird (ebenda, 356). Man kann Gründe angeben, warum die Kapitalnachfrage gering ist und z.b. auf fehlende Binnennachfrage wegen ungleicher Einkommensverteilung hinweisen, aber das ist nicht Gesells Problem.

Schließlich erkennt er selbst einen Ausgleichsmechanismus an: Wenn das Geld zurückgehalten wird, steigen die Güterpreise, was die Geldbesitzer dann aus dem Geld treibt (ebenda, 361). Er behauptet, dass dieser Ausgleichsmechanismus nicht so stark sei, um den Zins gegen Null zu treiben. Theoretisch oder empirisch (Elastizitäten) zeigen kann er es nicht. Eigentlich müsste Gesell mit den Zuständen des Jahres 2010 recht zufrieden sein: Der Zentralbankzins liegt praktisch bei Null, die Hähne der Geldzufuhr sind weit aufgedreht und auch die Sparer („Entscheidend für die Beurteilung dieser Reform wird das Verhalten der Sparer sein", ebenda, 325) kommen unter Einrechnung der Inflation auf keinen grünen Zweig. Aber Gesell würde einwenden, dass es gerade jetzt an billigen Krediten an den Realsektor mangelt. Das stimmt, aber man sieht, dass dies nicht an zurückhaltenden Sparern liegt, sondern an einem Finanzsektor, der mit der Wirtschaftswelt Gesells kaum noch etwas gemein hat. Daher sei an dieser Stelle auf Irving Fishers Überlegungen eingegangen, der viele der Gesellschen Anliegen teilt, diese aber als reformorientierter Ökonom nach Meinung des Verfassers besser umsetzen kann.

Es „hängen unsere Umlaufmittel heute von der Gnade der Kredittransaktionen der Banken ab. Und deshalb sind unsere unzähligen ‚Geschäftsbanken' in Wahrheit unzählige private ‚Gelddruckereien'. Die Verwirrung wird durch die Tatsache ausgelöst, dass die Banken kein Geld ausleihen, sondern nur versprechen, Geld auf Verlangen zu liefern, ein Geld, das sie nicht haben. Die Banken auf ihren mageren Barreserven eine auf dem Kopf stehende Pyramide von ‚Krediten' aufbauen, also ‚Scheckbuchgeld' [Giralgeld] schöpfen, dessen Volumen auf diese Weise aufgebläht oder verkleinert werden kann" (Fisher 2007, 13; über die heutige begrenzte Aussagekraft monetärer Aggregate siehe z.B. Estrella und Mishkin 1997 und De Grauwe und Polan 2005).

Der entscheidende Punkt des Vorschlags besteht in einer ordnungspolitischen Kritik der multiplen Geldschöpfung (und seines zwangsläufigen Pendants: Der multiplen Geldvernichtung) mit dem Ziel einer Trennung der Tätigkeiten der Geldschaffung und der sonstigen üblichen Bankgeschäfte. Bekanntlich wird im heutigen Geldsystem Giralgeld über den Prozess der Kreditvergabe geschaffen. Auf Sichtguthaben muss dem Vorschlag gemäß eine Barreserve von 100% gehalten werden, d.h. Sichtguthaben unterliegen einer vollständigen Deckung, die Mindestreservepflicht wird auf 100% gesetzt (im Folgenden werden die eher technischen Probleme des Systemwechsels und -übergangs ausgeklammert, z.B. das Abkaufen von Staatsanleihen oder anderen Wertpapieren der Banken als Zuführung notwendigen Zentralbankgeldes durch die Zentralbank oder durch die unabhängige Währungskommission zur Umwandlung des Giralgeldes in Zentralbankgeld).

Nach dem Übergang gilt: Banken „sind dazu verpflichtet, dauerhaft eine Barreserve von 100% für die Sichtguthaben ihrer Kunden zu halten. Oder anders gesagt: Die Sichtguthaben wären wirkliche Guthaben, die aus Bargeld bestehen, das die Bank im Auftrag der Kontoinhaber verwaltet. So würde das neu geschöpfte Geld durch das Erfordernis der 100%-Reserve strikt festgelegt" (ebenda, 15). Häring bezeichnet das heutige System als ‚2-Prozent-Geld', da auf Einlagen im Euroraum ein Mindestreservesatz von zwei Prozent gilt, was praktisch für die Banken ist, denn je niedriger der Mindestreservesatz, um so höher ist der Geldschöpfungsmultiplikator und der Gewinn der Banken. „Wenn [aber] die Banken das 50-Fache ihrer Liquiditätsreserven als Kredit ausgeben können, dann ist das Risiko eines Bankruns immer sehr hoch" (Häring 2010, 53).

Die Folgen der 100%-Regel sind wahrlich konservativ-revolutionär: Bekommt jemand „Geld von einer Bank ausgeliehen, so bekommt er nur das, was die Bank selbst bei einem Dritten geborgt hat. In dieser Geldordnung können Banken nur noch Kredit vermitteln, nicht mehr Kredit ‚schöpfen' und Geld produzieren, indem sie Kredit schöpfen" (Gocht 1975, 68). Bei der Expansion und Kontraktion des Geldvolumens erfolgt ein bloßer Gestaltwandel. „Die Einzahlung von Bargeld zur Begründung

3 Die Geldordnung: Das 100%-Geld

eines Giroguthabens wäre dann in der Tat nur die Umwandlung von Geld einer technischen Gestalt in die andere, wie auch das Abheben von Bargeld aus einem Buchgeldkonto keine Geldvernichtung mehr bedeutete, sondern wiederum nur den Gestaltwandel ein und derselben Geldmenge" (ebenda 1975, 79).

Aber damit nicht genug. Im heutigen System wird mit der Einräumung eines Kredits Geld geschaffen. „Nach dem Vorschlag des 100% Money wäre das mit der Kreditzusage eingerichtete Giroguthaben von der Bank voll mit Notenbankgeld zu belegen. Sie könnte nur Geld ausleihen, das sie sich andernorts beschafft hat ... Das hat die kreditgebende Bank zu besorgen, sowohl dann, wenn die unbare Zahlung zugunsten eines ihrer eigenen Depositenkunden erfolgt, als auch in dem Falle, daß der Zahlungsempfänger sein Girokonto bei einer anderen Bank hat; diese letztere wird den Deckungsbeitrag in Gestalt von Notenbankgeld decken müssen. Oder richtiger gesagt: sie können zwar weiterhin ihr eigenes Geld, Giralgeld, machen, aber nur um den Preis, daß sie gleichzeitig und in gleichem Umfang Notenbankgeld stilllegen; sie können dem umlaufenden Geldvolumen zwar teilweise eine andere Gestalt geben, sie können es aber nicht vermehren oder vermindern" (ebenda, 80).

Nach Fisher bedeutete dies eine Rückkehr zum konservativen Sicherheits-Einlagensystem der alten Goldschmiede, „bevor diese damit begannen, auf unanständige Art und Weise zu verleihen, was ihnen zur sicheren Aufbewahrung überantwortet wurde. Dieser Vertrauensbruch war es, der sich zum modernen Sichtguthabenbankensystem weiterentwickelte, nachdem er als übliche Praxis akzeptiert worden war" (Fisher 2007, 20). Zu Recht weisen die 100%-Money-Proponenten auf den historisch völlig kontingenten, nicht durchdacht und geplanten Charakter bei der Herausbildung des heutigen Systems mit seiner Vermischung aus monetären und kreditären Funktionen hin. So „trägt unsere Geldordnung in ihrer grundsätzlichen Anlage und in Einzelheiten noch immer die Merkmale des Zeitalters ihrer Entstehung: private Einrichtungen, Geschäftsbanken, machen Geld; Geld entsteht aus Anlaß und im Wege des Bankkredits und verschwindet mit dessen Tilgung; die heutigen Notenbanken sind unschwer als Töchter und Enkel der früheren privaten (oder auch staatlichen) Zettelbanken wiederzuerkennen" (Gocht 1975, 22).

Da die Sicherstellung des Zahlungsverkehrs und die Stabilität des Geldsystems ein öffentliches Gut sind, sollten sie nicht mit nach privatwirtschaftlicher Gewinnorientierung handelnden Privatfinanzinstituten vermengt werden, die über den Geldschöpfungsprozess massiven Einfluss nehmen. „(T)he banking system is in fact a public utility closer to the provision of telephones or water or electricity than the stock-exchange" (Dilnot 2009, 107, Fn. 6; Gowan 2009a, 111, der die deutsche Sparkassen und Genossenschaftsbanken als Vorbild hinstellt). „Faktisch, aber nicht wörtlich, druckt jede Geschäftsbank Geld, und regulieren und kontrollieren oder beeinflussen diese Banken als Gesamtheit gesehen den Wert des gesamten Geldes" (Gocht 1975, 21). Der 100%-Plan bedeutet eine dem öffentlichen Gutscharakter entsprechende ‚Vollverstaatlichung des Gelds'. Den Privatbanken verbleibt ihre eigentliche Funktion der Vergabe von Krediten, aber sie unterliegen hierbei der 100%-Bremse bei ihrer Kreditvergabe.

Eingezahltes (hier zur Vereinfachung: Bar)Geld auf permanent zur Verfügung stehenden Girokonten darf nicht weiter verliehen, sondern muss vollständig ‚eingelagert' werden. Die Umlaufmittel des bargeldlosen Zahlungsverkehrs sind somit ‚echtes Geld'. Da es nicht weiter verliehen werden darf, findet keine Verzinsung statt, sondern es muss für den Lagerungsservice eine Gebühr entrichtet werden. Eventuell wäre hier zur Verhinderung von Vermeidungsverhalten eine öffentliche Subventionierung überlegenswert.

Strikt zu trennen vom Geld auf Girokonten sind Spareinlagen, die entsprechend der Anlagedauer als typisches Bankgeschäft, das sich dem Modell der Hypothekenbanken annähert, jenseits der Verwahrungsfunktion entliehen werden dürfen. Man wird zu überlegen haben, wie eine gewisse Laufzeitenkongruenz zwischen Einlage- und Ausleihhorizont bewerkstelligt werden kann. Sollten Sparer Geld kurzfristig anlegen, so wären die Banken trotzdem motiviert, längerfristig auszuleihen, da die Zinsdifferenz größer ist. „Sie können darauf setzen, dass in normalen Zeiten das allermeiste Spargeld nicht abgehoben, sondern wieder neu angelegt wird. Wenn diese *Fristentransformation* in großem und schwankendem Umfang geschieht, setzt es die Wirtschaft einer ähnlichen Krisengefahr aus wie die Giralgeldschöpfung. Wenn aus irgendeinem Grund die Sparer in großem Umfang ihr Geld abziehen, sobald es fällig wird, und nicht neu anlegen, geht den Banken das Geld aus, die Rückzahlungen zu leisten, da sie ja das meiste langfristig angelegt haben. Wenn die Sparer dies befürchten, setzt ein Bank-Run ein" (Häring 2010, 54). Eine Entspannung „ließe sich zum Beispiel über Auflagen erreichen, die kurzfristige Kreditaufnahme zu verringern. Das heißt, Banken sollten die

3 Die Geldordnung: Das 100%-Geld

Laufzeiten ihrer Verbindlichkeiten deutlich verlängern. Eine Bank, die ihre Kredite einmal im Jahr verlängern muss, bekommt nicht so schnell Liquiditätsprobleme wie ein Institut mit täglicher Prolongation" (Roubini und Mihm 2010, 279).

Konkret: Legt z.b. ein Sparer Geld auf zwei Jahre an, indem er einen Geldbetrag der Bank für diesen Zeitraum (ohne vorherige Widerrufbarkeit) überlässt, so könnte die Bank diesen Betrag nach einem harten Prinzip der Fristenharmonisierung für zwei Jahre ausleihen. Dies wäre die strikteste Regelung zum Verhältnis kurzfristig geliehener Gelder zu den totalen Verbindlichkeiten (Liquidity Ratio). Dies dürfte aber die Verfügbarkeit langfristiger Kredite deutlich einschränken, wenngleich man hier auch etwas auf die Ausgleichswirkung der Marktkräfte hoffen darf: Bei Bedarf an langfristigen Krediten werden die Zinsen schon steigen, um Langfristanleger zu locken. Keynes (1973a/1936) wies aber bekanntlich darauf hin, dass die Motive der Geldanleger und ihr dadurch bedingtes Sparangebot und die Kreditnachfrage der Investoren nicht zwangsläufig zu einem (Gleichgewichts-)Zinssatz führen müssen, der gesamtwirtschaftlich erwünscht ist.

Häring schlägt eine Liquiditätsversicherung vor, die es Sparern ermöglicht, bei unvorhergesehenen Liquiditätsengpässen einen Überbrückungskredit in Anspruch zu nehmen (2010, 55). Man kann auch in normalen Zeiten ein vorheriges Abziehen der Gelder ermöglichen, indem der für kürzere Laufzeiten vorgesehene Zins gezahlt wird und ein Abschlag erfolgt. In der kritischen Situation eines eventuellen Bank-Runs auf ein Institut oder das gesamte Bankensystem sollte von öffentlicher Seite her die Möglichkeit bestehen, das vorzeitige Abziehen zu untersagen. Ansonsten sollte in einer verantwortungsvollen Fristentransformation eine genuine Aufgabe der Geschäftsbanken bestehen, die vorsichtig handeln sollten, da ihnen im Einzelfall bei Misserfolg die Insolvenz droht, da Bail-outs nicht vorgesehen sind und Einzelinstitute nicht groß genug sein werden, um die Karte der Systemgefährdung auszuspielen.

Die Expansion des Kreditvolumens und der Ausleihungen ist beim 100%-Plan strikt vom Wachstum der Ersparnisse des Publikums abhängig. Die Kreditabteilung einer Bank ist in einem solchen System „vor allem eine Maklerin zwischen Sparern und Kreditnehmern" (ebenda, 65). Verleihbares Geld steht den Banken insgesamt zur Verfügung durch ihr eigenes Geld (Kapital), angelegtes Sparkundengeld, Geld, das zur Tilgung von Krediten zurückgezahlt wurde und Geld, dass von der Notenbank als alleiniger Emittent in den Kreislauf eingeschleust wird (siehe unten). Gocht schlägt über Roubini und Mihm hinausgehend als ersten Versuch vor, „die [mit Spareinlagen operierenden] Banken von der Annahme täglich fälliger Einlagen und Termineinlagen mit einer Befristung von – sagen wir – weniger als drei Monaten auszuschließen" (1975, 98).

Sie bedienen aber nicht beliebige Kreditnachfragen. „Um jegliche Verquickung zwischen diesen beiden Gattungen [Geschäfts- und Investmentbanken] zu vermeiden, dürften Investmentbanken bei versicherten Geschäftsbanken keine Übernachtkredite mehr aufnehmen, die in der jüngsten Krise so viel Schaden angerichtet haben. Somit wären diese Banktypen nicht nur institutionell voneinander getrennt, sondern auch was ihre Beziehungen angeht" (Roubini und Mihm 2010, 309; zur längerfristigen Kreditaufnahme der Investmentbanken siehe weiter unten). Man könnte diese Forderung ausweiten: Geschäftsbanken sollen generell keine Kredite an Investmentbanken vergeben.

In einem solchen System würden Schwankungen der Geldmenge verhindert, da Kreditgewährungen die Geldmenge nicht variieren können. Nicht auszuschließen sind natürlich Veränderungen der Umlaufgeschwindigkeit und eine geringere Kreditnachfrage (die schnell zu einem korrigierenden Sinken des Zinssatzes führen würde?), auch stellt sich praktisch das Problem der Unterdrückung von Geldsurrogaten. Die klare Trennungslinie zwischen Bankdepositen und Sparanlagen bedarf auch kluger Überlegungen und einer entsprechenden Institutionalisierung.

Dem Argument, durch die Kreditbremse entfiele die Flexibilität multipler Geldschöpfung hält Gocht entgegen, „das Nettowachstum wäre auf lange Sicht aber stärker und auch gleichmäßiger als derzeit, weil es nicht mehr durch so viele oder so schwere Depressionen [oder Zwangsreflationierungen] unterbrochen würde [und] Ersparnisse, die sich natürlich und parallel zum Wohlstand entwickeln, würden nicht mehr vernichtet" (ebenda, 65 und 90). Die unmittelbare Quantitätskontrolle des Geldes hat neben der Vermeidung von Überschuldung und folgendem schädlichen Deleveraging (ebenda, 81ff.) auch den Effekt, Moral Hazard und Bail-outs zu vermeiden. Es bedarf keiner Unterstützungen zur Vermeidung von Bank Runs, da die Sichtguthaben voll gedeckt sind und insofern bei Aufbewahrung in einer Bank kein Verlustrisiko besteht. Auch ist das sehr problematische Instrument der Einlagensicherung hinfällig, da ökonomisch Handelnde ihr Geld dort als Sichtguthaben halten werden, wo es die höchste Verzinsung gibt, was den Widerspruch

3 Die Geldordnung: Das 100%-Geld

zwischen Risikoanlage und Sicherheit verschärft. Durch die in Deutschland ab 2011 vorgesehene und auch auf EU-Ebene geplante Erhöhung der Einlagensicherung auf 100.000 Euro wird diese Problematik deutlich verschärft. Ein weiterer Vorteil des 100%-Plans besteht in einer Verringerung der Wirkungsdauer geldpolitischer Maßnahmen durch Entfallen des quantitativen und zeitlichen Spielraums durch die Geldschöpfung des Privatsektors.

Fisher bringt ein anschauliches Beispiel, das ein Grundproblem der FED und der EZB seit dem Jahr 2000 illustriert. Das jetzige „System ist wie ein Lenkrad, das ein zu großes Spiel hat. Die erste Bewegung des Lenkrads hat keinen Einfluss auf das Auto. So dreht man weiter, bis das Auto die Richtung plötzlich zu stark ändert, und wenn man dann die Richtung wieder korrigieren will, schlingert das Auto in die entgegengesetzte Richtung" (2007, 73). Die begrenzte (und zeitverzögerte) Wirkung sowie die zu einem guten Teil unerwünschte Richtung geldpolitischer Maßnahmen zeigt sich in und nach der FK in der zu einem großen Teil in spekulative Bereiche gehenden Verwendung der einzigartigen Liquiditätszufuhr durch die FED und die EZB (ablesbar an der Aktien- und Rohstoffhaussen zwischen 2008 und 2009/10), der begrenzten Wirkungen auf den Interbankenmarkt, der in einem „‚trust no one' equilibrium" verharrte (Kotlikoff 2010, 30) und das Verhältnis kurzfristiger Geldmarkt- und langfristiger Kapitalmarktzinsen. Neben riskanten Investments beließen die Banken auch oft das Geld auf ihren EZB-Konten. Eventuell wäre an negative Zinsen beim Parken des Geldes auf Zentralbankkonten zu denken.

William Greider (2009) kritisiert in einem sehr interessanten Artikel den Wirkungsverlust der FED und die prozyklischen Effekte ihrer Politik wider Willen. Die Diagnose lautet, dass der FED die Kontrolle über das Kreditsystem nach der Deregulierung entglitten ist, da die Kreditfunktion von den traditionellen Banken auf wenig regulierte Finanzmärkte mit völlig neuen Akteuren des Schattenbankensystems in Form von Hedge Funds, Private Equity-Unternehmen, Geldmarktfonds usw. überging, die mit den Banken interagieren. Taub (2009 und 2010) zeigt numerisch die Bedeutung des Sektors und seinen gravierenden Beitrag zur FK. Am Höhepunkt verwalteten die Hedge Funds rund 2 Billionen Dollar, 75% werden von 200 Firmen gemanagt. In bestimmten Bereichen der Kreditderivate machen sie 80% aus. Auch der Repomarkt unterläuft die Kontrollfunktion der Zentralbanken. In 2009 totalisierten die US-Geldmarktfonds 3,3 Bio. Dollar. Alleine *Fidelity Investments* verwaltet Assets im Gesamtwert von fast einer halben Mrd. Dollar.

Die FED reagierte z.b. mit überzogenen Auf- und Ab-Bewegungen in der Zinspolitik, mit dem Ergebnis entgegengesetzter oder bestenfalls neutraler Resultate: Zinserhöhungen führten zu Kapitalzuflüssen, die Flutung des Finanzbereichs nach der FK versickerte und regte nicht den investiven Realsektor an. „On repeated occasions, the Fed set out to tighten the availability of credit but was, in effect, overruled by the credit markets, which instead expanded their lending and borrowing. The central bank would raise short-term interest rates to slow things down, only to see long-term borrowing rates fall in financial markets and negate the Fed's impact" (2009, 3). Heraus kommt eine nichtintendierte prozyklische Wirkung der antiquierten Maßnahmen der FED.

Als Reaktion auf die Dotcomkrise, „[the Fed] maintained a nominal federal funds rate of one percent from June 2003 through 2004 by generating a continuous stream of liquidity, that pushed the real rate of interest into negative territory over the period. As investor's so-called ‚search for yield' intensified in the low interest rate environment, the unprecedented increase in the availability of funding spurred escalating amounts of leveraged speculation in the form of carry trades, where the effect of borrowing short-term at low rates is to drive down rates on the higher-yielding, long-term assets in which the funds are invested. Excess liquidity was also reflected in narrowed risk premiums and eased credit standards ... [this was mentioned by Greenspan in 2005] but without acknowledgment of their link to excess liquidity" (D'Arista und Griffith-Jones 2009, 5 mit einer Vielzahl von weiteren Beispielen aus der jüngeren Vergangenheit). Man sieht, dass auch ausgehend vom BBP eine Kritik der laxen amerikanischen Geldpolitik erfolgen kann und frühzeitig in die Diskussion eingebracht wurde.

Greider schlägt mit den vorher Zitierten vor, die Akteure des Schattenbankenbereichs durch zwangsweise Einrichtung eines Verbindlichkeitskontos bei der Zentralbank einzufangen. Um diese Verbindlichkeiten gegenüber den Verlusten der Einnahmen generierenden Assets in ihren Büchern auszugleichen, müssten die Banken im weiteren Sinne das durch die FED injizierte Geld zur Kreditvergabe benutzen. Unabhängig von den Details dieses Vorschlags geht es auch ihm um die Wiederherstellung der Kontrolle über den Geld- und Kreditsektor, der mit dem hier vorgetragenen 100%-Vorschlag wohl effektiver zu erreichen ist.

Zu erwarten ist mit der hier vorgeschlagenen Reform ein grundsätzlicher Verzicht auf Greenspan- und EZB-Puts (v.a. niedrige Zinsen als Rettungsaktionen, aber auch Ankauf von Ramsch-Anleihen und -Pfandbriefen). Eine zu laxe Geldpolitik sollte nicht durch eine unheilige Allianz zwischen konservativen privatwirtschaftlichen Interessen an der Aufrechterhaltung der (aufgeblähten) Werte der Vermögenstitelbesitzer und eines falsch verstandenen hydraulischen Keynesianismus perpetuiert werden, den Posner (2010, 286) des ‚perpetual-boom thinking' beschuldigt (als Beispiele für diese Richtung siehe IMK 2010, Dullien et al. 2010, Memorandum Gruppe 2010 und Nersisyan und Wray 2010, deren Ausführungen aber bedenkenswerte saldenmechanische Zusammenhänge enthalten). Erstaunlich wenige heterodoxe Ökonomen meldeten sich hinsichtlich fiskalischer Impulse skeptisch zu Wort (mit dem Verweis auf Outsourcing als Wirkungsbremse von Fiskalpolitik siehe aber McGowan 2009). Als weiteres Argument könnte die begrenzte Wirkung durch hohe Importquoten angeführt werden, so dass im Durchschnitt 50% der Impulse im EU-Raum an das Ausland gehen und die Länder in einem Gefangenendilemma stecken, das nach der FK wohl angstgetrieben (siehe Rettungspakete) nicht so ausgeprägt zu sein schien.

Es sei noch einmal darauf hingewiesen, dass die radikale Strukturreformen der Finanzmärkte Fordernden oft auch der laxen Geldpolitik der letzten Jahre sehr kritisch gegenüber stehen und sie als Ersatzhandlung für eine fehlende Rekalibrierung der Einkommens- und Vermögensverteilung zwecks Kompensation sonst ausfallender aggregierter Nachfrage deuten (Fitoussi und Stiglitz 2009, 3; mit anderer Begründung Johnson 2009b) und die zunehmende Rolle lascher Geldpolitik als Megabailoutmaschine kritisieren. Simon Johnson führt in diesem Zusammenhang den Begriff der ‚oligarchischen Inflation' ein: Die Flutung des Systems mit frischem Geld dient der Aufrechterhaltung der Assetpreise und den Interessen ihrer Halter, aller marktkonservativen Scheinkritik an der FED aus dieser Richtung zum Trotz (siehe baselinescenario.com vom 6.4.2009).

Am ökonomischen Grundsachverhalt, dass in Niedrigzinsphasen die Eigenkapitalrendite prächtig durch eine Erhöhung der Fremdkapitalquote gehebelt werden kann, ist ebenso wenig zu zweifeln (so auch kritisch Welfens 2009, 34) wie der Zusammenhang zwischen exzessiver Liquidität und schuldenfinanzierter Spekulation. Aber die Zentralbanken befinden sich hier in einem echten Dilemma, da sie das neue Geld nicht direkt an Industrie und Privathaushalte verteilen können, sondern hierzu der Banken bedürfen, die dann mit dem Geld eigene Ziele verfolgen. Die fehlende quantitative Steuerung wird durch Geldflutung in der Hoffnung kompensiert, dass ein Teil davon schon an den richtigen Stellen landen wird. Da die Banken auf viel Barem sitzen, dem kein realwirtschaftliches Mehrprodukt entspricht, liegen Deflation und Inflation nahe beieinander.

Die Funktion des Zahlungsverkehrs könnte nach Fisher, um auf den Reformvorschlag zurückzukommen, auch zentral von einem Postamt, als Beispiel dient ihm das damalige deutsche Postschecksystem, übernommen werden (so auch Gocht 1975, 82, der ein einziges staatlich-öffentliches Scheckamt vorschlägt und auf die unnötigen Zusatzkosten verschiedener Gironetze hinweist; ähnliche Vorschläge leben neuerdings häufiger wieder auf, siehe nef 2008). „Das zu ihm hereinkommende Bargeld wird von dem Scheckamt nicht ausgeliehen; es ist ja keine Bank. Es bleibt eingesperrt und verliert damit seine Geldfunktion wie die im heutigen Geldsystem zur Notenbank zurückfließenden Banknoten" (1975, 82).

Ein im Vergleich zum 100%-Plan separates und theoretisch unabhängiges Thema stellt die Frage der Art und Weise der nötigen Geldzufuhr (-abnahme) in einer wachsenden (schrumpfenden) Wirtschaft dar. Fisher hatte hinsichtlich der quantitativen Dimensionierung eine Indexierung anhand der Lebenshaltungskosten im Blick, er sprach sich aber insgesamt für eine pragmatisch-diskretionäre Geldpolitik aus, die auch Waren- und Rohstoffpreise, Verschuldung, Konkurse, die Beschäftigung u.a. berücksichtigen sollte (2007, 76). Der Idee eines tilgungsfreien Inumlaufbringens stand er als Gedankenspiel offen gegenüber, er sah bei dieser Form auch die Möglichkeit von Steuersenkungen, die nun nicht mehr zur Bezahlung der Staatsanleihen benötigt werden.

Stärker betont Pahlke (1970) diesen Aspekt, der vorschlägt, dass die Zentralbank Geldschöpfung betreiben sollte, indem das frische Geld ohne Gegenleistung als Geschenk an den Staat geht und über Ausgaben und Investitionen des Staates in Umlauf gebracht wird, als gute Alternative unter mehreren denkbaren (das Geld könnte auch als Geschenk an die Banken oder anteilig an den Staatsbürger gezahlt werden). In seiner Version sollte die Notenbank über die variablen Zuflüsse an den Staat aktive Konjunkturpolitik unter Vermeidung der üblichen Schwerfälligkeit der Gesetzgebungsmaschinerie betreiben.

„Mit dem Recht, dem Staat im Zuge des Wachstums der Wirtschaft regelmäßig Zuschüsse zu gewähren, gewinnt die Notenbank einen nicht

3 Die Geldordnung: Das 100%-Geld

unerheblich verstärkten Einfluß auf die Finanzwirtschaft des Staates. Es liegt nahe, diese Einflußmöglichkeiten auch im Sinne der kurzfristigen, konjunkturorientierten Notenbankpolitik zu nutzen und die Zuschüsse den konjunkturellen Erfordernissen entsprechend festzulegen bzw. zu variieren, also in der Depression zu erhöhen und in der Hochkonjunktur bei inflationistischen Tendenzen einzuschränken" (Pahlke 1970, 103). Pahlke geht so weit, bereits festgelegte Haushaltspläne und während des Budgetvollzug nach konjunktureller Lage in Abhängigkeit von der Geldzufuhr zu variieren. Diesem Vorschlag aus den 1970er Jahren sollte man wohl skeptisch gegenüberstehen.

Sehr interessant ist allerdings ein weiterer, dass nämlich „dem Staat die Verschuldung grundsätzlich untersagt und damit das Ausweichen auf andere, kreditäre Einnahmequellen unmöglich gemacht würde. Die Staatsausgaben wären dann ausschließlich durch Steuern und Zuschüsse der Notenbank zu finanzieren (abgesehen von den relativ unbedeutenden Einnahmearten wie Gebühren, Beiträgen, Erwerbseinkünften)" (1970, 105, Fn. 13). In gewissem Maße ist dieser Teil des Vorschlags durch die im Grundgesetz festgesetzte Schuldenbremse (deren kurioser Reduktionslogik hier nicht das Wort geredet werden soll) in der Tendenz vorweggenommen. Pahlke bemerkt zu Recht, dass diese Kombination eine Art ironische Synthese unterschiedlicher ökonomischer Schulen bedeutet.

„Eine derartige Regelung würde eine Form der Haushaltspolitik beinhalten, die sowohl den Forderungen der modernen keynesianischen Wirtschaftswissenschaft als auch weitgehend klassisch-liberalen Grundsätzen gerecht würde" (ebenda). Einerseits würde man der vermeintlichen Unabhängigkeit der Europäischen Zentralbank (die in den USA in dieser Form nie beansprucht wurde), die sich ebenso wie zentrale Bausteine des EU-Vertrages[11] im Zuge der sogenannten Euro- und Staatshaushaltskrise 2010 in wenigen Tagen bis Wochen in Luft auflöste, ein sichtbares Ende bereiten. Andererseits hätte man durch bewusste, klar gesetzte, feste Mengenregeln der Verführung einen Riegel vorgeschoben, nach Bedarf Geld drucken zu lassen, da es bekanntlich keine natürliche Bremse durch die Produktionskosten des Geldes gibt.

---

[11] Zum Beispiel das Bail-out-Verbot (siehe AEUV, Art. 125); Art. 123 des Lissabon-Vertrages untersagt ferner den Erwerb von Schuldtiteln der Länder durch die EZB, siehe auch Art. 115 Grundgesetz über die Kreditaufnahme des Bundes, die nur zur Finanzierung von Investitionen in Deutschland zulässig ist.

Auch der bereits zitierte Rolf Gocht, ein ordoliberal ausgerichtetes ehemaliges Mitglied des Direktoriums der deutschen Bundesbank, machte sich Gedanken zur Umsetzung des 100%-Planes unter Public Choice-Aspekten. Er ist sich der Bedenken eines staatlich vollständig kontrollierten Geldes voll bewusst, meint aber, dass wir das Problem des Staatsversagens auch im heutigen System vorliegen haben und zusätzlich noch eine heikle Vermischung eines staatlich-privaten Geldsystems besteht. „Wer – zu Recht – von tiefer Skepsis gegen den staatlich-politischen Einfluß auf das Geldwesen erfüllt ist, wird voller Argwohn die Tatsache registrieren, daß hier ein ausschließlich staatliches Geld vorgeschlagen wird. Er sollte freilich unsere heutige Geldordnung kritisch im Auge behalten, in der staatliches und privates Geld, Notenbank- und Geschäftsbankengeld, nebeneinander existieren und, wobei die Manipulationsinstanz des staatlichen Geldes, die Notenbank, sich mit mehr oder weniger Erfolg bemüht, im Interesse der Stabilität des Wirtschaftsprozesses ihre Kontrolle über das private Geld auszuüben" (1975, 69).

Auch nach seiner Vorstellung sollte neues Geld zunächst kostenlos, als einfache Gutschrift zugunsten des Staates ohne Gegenleistung, durch schlichte Buchung auf sein Konto fließen. „Die Währungsbehörde wäre mit dem Auftrag zu versehen, ... neues Geld über den Staatshaushalt in Umlauf zu bringen" (1975, 73). Es soll aber weniger als sensibles Konjunkturinstrument eingesetzt, sondern an der Regel, dass sich das Geldvolumen (als idealtypisches Warengeld gedacht) in Abhängigkeit vom realen Wirtschaftswachstum zu entwickeln habe, orientiert werden. Die Ausrichtung am realen Sozialprodukt bedarf der Schätzung, was heute als Aufgabe einer reformierten *Eurostat* zufiele. Die Schätzung „wäre als unpolitische Expertise sicherzustellen und dürfte nicht Angelegenheit von Kabinetts- oder Parlamentsbeschlüssen sein" (ebenda, 73). Er will die Weisungsbefugnis der Regierung gegenüber dem Währungsorgan in gewissem Unterschied zu Pahlke ausschließen. Im Grunde haben beide recht: Warum soll die Geldzufuhr nicht zur konjunkturellen und sonstigen Steuerung eingesetzt werden, Randall Wray und andere Postkeynesianer würden fragen: Warum soll mit einer solchen Alimentierung nicht Vollbeschäftigung hergestellt werden? Das Problem besteht allerdings darin, dass die Länder, die aus eigener Leistungsfähigkeit keine adäquate Beschäftigungssituation hinbekommen, umso mehr Geld von der Zentralbank bekämen.

3 Die Geldordnung: Das 100%-Geld

Nach Gochts Vorschlag würden die Länder belohnt, die über ein gutes Wirtschaftssystem verfügen, da die Geldzufuhr in Abhängigkeit vom Potentialwachstum erfolgen soll, d.h. orientiert am Produktionspotential, also dem bei Vollauslastung der Produktionsfaktoren maximal realisierbaren BIP. Hinsichtlich eventueller Manipulationsgefahren wäre natürlich eine ex-post-Regel besser: Die Geldzufuhr bemisst sich am Realwachstum des Vorjahres. Bei expansiven Tendenzen steht dem nichts im Wege, Probleme treten aber bei rezessiven Entwicklungen auf, da man dem Abschwung mit einer verschärfenden Verknappung der Geldzufuhr begegnen würde. Für Gocht folgt aus dieser Überlegung die Regel, „wonach das Geldvolumen Jahr für Jahr, Monat für Monat um einen Prozentsatz geändert wird, der dem realen Wachstums*potential* der Volkswirtschaft für die nächste überschaubare Zukunft gleich ist" (ebenda, 88). Andererseits: Wenn es aus bestimmten politischen Gründen oder bei (durch die hier vorgeschlagenen Maßnahmen hoffentlich seltenen bis inexistenten) neuen Wirtschafts- und/oder Finanzkrisen angezeigt erscheint, z.B. eine über diese Regel hinausgehende Geldzufuhr an den Staat zu betreiben: Warum nicht?

Zu berücksichtigen ist natürlich, dass grundsätzlich einer Potentialwachstumsorientierung eine expansiv-antizyklische Tendenz innewohnt, da in einer deutlichen Rezession die Differenz zwischen Real- und Potentialwachstum groß ist. Dennoch: Warum sollte gerade die Frage der Geldzufuhr der politischen Diskussion entzogen werden? Auch träte, wie im Falle Griechenlands, das in der längeren Frist entstehende Problem auf, dass das Potentialwachstum nach Austeritätsmaßnahmen bald erst einmal sinkt und dementsprechend auch der Neuzufluss des ausgeschenkten Geldes an den Staat, was einen prozyklischen Effekt hätte.

Unübersehbar ist die Schwierigkeit, dass im Rahmen der EU-Politik der übliche Kuhhandel und Opportunismus (Überspielen von Problemen durch Ankurbeln der Notenpresse) zu Fehlentscheidungen führen würden, die quasi-klandestin weit ab von der kritischen Wahrnehmung der Bürger gefällt werden, die mit ihren Tagesproblemen beschäftigt sein dürften. Die Entscheidungen der EZB in 2009 und 2010 haben deutlich gemacht, dass es sich nicht um technokratisches Administrieren (Inflationsmanagement nach eindeutigen Kriterien), sondern um politische Alternativentscheidungen handelt, denen zunehmend die Legitimation fehlt (zur Entpolitisierung der im Kern normativ-evaluativen Fragen des Geldsystems siehe De Goede 2005).

418   IV. Ist ein Leben ohne Finanzkrisen möglich?

Hier könnte ein Vorschlag einsetzen, nach dem der erlernten Hilflosigkeit und Indifferenz des privatisierenden Konsumbürgers mit einer Volksabstimmung zu begegnen ist: Jedes Jahr (oder alle zwei Jahre) wird EU-weit darüber abgestimmt, ob die Geldzufuhr um einen bestimmten Prozentsatz über oder unter den jeweiligen Potentialwachstumsraten der einzelnen Länder liegen sollte. Man könnte hierfür aus edukativen Gründen auch über einen Wahlzwang nachdenken (Beispiel: Maltas Potentialwachstum liegt bei 2%, Deutschlands bei 1%; abgestimmt wird über einen einheitlichen Aufschlag, falls hierbei +1% herauskommt, bekommt Deutschland 2% und Malta 3% mehr).

Vorgegeben werden könnte eine Skala von 1-10%. Alternativ ließe sich ein politisches Initiativrecht vorstellen: Wenn die EU-Kommission oder die EZB es für richtig und nötig hält, hier mehr oder weniger frisches Geld zuzuführen als es die Regel des Potentialwachstums vorsieht, so muss hierüber Euro-weit abgestimmt werden. Der Vorschlag hat vier Beweggründe: 1. Es kann ökonomisch geboten sein, von der Regel abzuweichen; 2. Der Ansatz, die Geldpolitik kundigen Fachleuten als Geldingenieuren zu überlassen, hat sich nicht bewährt, da die öffentlichen Geldmanager in der FK und während der sogenannten Eurokrise versagt haben; 3. Ökonomische Sachverhalte sind aus der Schattenwelt der vermeintlichen Expertokraten, die oft stark divergierende Meinungen vertreten oder sich den Interessen der Finanzindustrie verbunden fühlen, in die kritische Diskussion der Öffentlichkeit zu überführen; 4. Der übliche EU-Kuhhandel ist ausgeschlossen, ein Bruch der Regel kann nicht unter den Tisch gekehrt werden und dürfte daher weniger attraktiv erscheinen.

An dieser Stelle sollte betont werden, dass zunächst der 100%-Plan und der neue prinzipielle Zuteilungsmodus des Geschenks an den Staat entscheidend ist. Die konkrete Art und Weise der Zuteilung hat jeweilige Vor- und Nachteile, die es abzuwägen gilt. So ließe sich gegen die Idee des Referendums einwenden, dass dem Meinungsmanipulation entgegensteht, da nicht in allen Ländern und Spartenbereichen z.B. in den Ländern Europas von einer pluralen und offenen Möglichkeit der Meinungsbildung ausgegangen werden kann. Eine Alternativvariante könnte lauten, dass bei Abweichungen vom Potentialwachstum das EU-Parlament zustimmen muss. Eine Zuteilung nach Potentialwachstum könnte zudem als zu rigide und unflexibel angesehen werden und eine am Inflationsziel oder der Geldmenge orientierte, diskretionäre Zentralbank-

3 Die Geldordnung: Das 100%-Geld

politik angemessen erscheinen. Wer der Intelligenz oder Unabhängigkeit der Zentralbank misstraut (wie soll die Monetative besetzt werden?), könnte auf die Idee kommen, eine jährliche fixe Summe an frischem Geld (z.B. + 3% pro Jahr gemäß Milton Friedmans goldener Regel) an die Staaten auszuteilen. Dies könnte auch damit begründet werden, dass bei der Orientierung am Potentialwachstum die Länder absolut und relativ unterschiedliche Geldbeträge pro Jahr erhalten und daher ein Kampf um die statistische Deutungshoheit des Konzepts „Potentialwachstum" entbrennen wird, der angesichts der Behandlung solcher Fragen in der Vergangenheit der EU nichts Gutes ahnen lässt. Bei der konkreten Umsetzung werden viele Aspekte zu berücksichtigen sein, ohne dass man sich bereits jetzt eindeutig auf eine erstbeste Variante festlegen muss.

Offen bleiben soll hier auch die empirische Frage, ob es nicht doch einer Verschuldungsmöglichkeit über Anleihen in einem gewissen Rahmen bedarf. Gocht führt die Rechnung für das Jahr 1973: Bei einem Geldvolumen von 185 Mrd. DM und einem geschätzten Wachstumspotential von 3,5% kommen 6,5 Mrd. DM frisches Geld zum Nulltarif bei einem Bundeshaushalt von 120 Mrd. DM heraus (1975, 86, Fn. 26). Dies entspräche 5% des Haushalts. Bei einem heute wahrscheinlicheren 2%igen Wachstum käme man rein rechnerisch auf exakt 3% nach Maastrichtkriterien, allerdings nicht als Schuldlast. Huber rechnet verdienstvollerweise für die Jetztzeit nach (2009). Die durchschnittliche Produktion einer Euro-Banknote beträgt 7-8 Cent pro Geldschein. Die zu erwartende Seigniorage für den Staat besteht beim hier vorgeschlagenen Verteilungsmodus aus kostenlosem, frischem Geld und nicht aus dem Zinsgewinn, d.h. aus dem Betrag neu geschöpften Geldes minus der vernachlässigbaren Produktionskosten. Sie ergibt sich als ungefähre Annäherung durch Zugrundelegung des Geldmengenaggregats M 1 (umlaufendes Bargeld und Sichtguthaben).

Deren Zuwachs betrug in Deutschland im Jahr 2006: 43 Mrd. €, 2007: 45 Mrd. € und 2008: 36 Mrd. €. Da in diesen Jahren die Geldmengenausweitung tendenziell überschießend war, korrigiert Huber die Rechnung. Legt man 1% (2%) Wachstum bei einem BIP von 2,4 Billionen € in 2008 zugrunde, so entspricht dies ungefähr 25 (50) Mrd. € und 2,5 (4,9) % der öffentlichen Gesamtausgaben von 1,1 Billionen €. Dies entspräche 305 und 610 € pro Kopf und Jahr. Der zu erwartende Betrag liegt somit zwischen 2 und 6% an den Gesamtausgaben, bei realistischen

1,5% Wachstum bei 3,8%, was gut im Mittel der üblichen Neuverschuldung in der Vergangenheit liegt. Der ausnahmsweise *Free Lunch* durch Seigniorage liegt heute nach Hubers Berechnungen im gegenwärtigen System als Extragewinn im Bankensektor und beträgt circa 25-30 Mrd. € jährlich.

Gocht weist u.a. auf einen großen Vorteil der Staatszuführung hin: Die Finanzinstitute können sich nicht weiter auf die Zentralbank als letzte Refinanzierungsquelle verlassen, da sie nicht mehr über die Refinanzierungsfazilitäten an frisches Zentralbankgeld kommen! Dies verlangt eine qualitativ völlig neue Art der Liquiditätsvorsorge, da der bisher stets in Aktion getretene Ausputzer, die Zentralbank, als *lender of last resort* ausfällt. Auch verschiebt sich der Fokus der Zentralbank, die nicht mehr tagein und tagaus mit den Geschäftsbanken interagiert und die Welt neben dem offiziellen Ziel der Preisstabilität aus Bankensicht betrachtet. Ersetzt wird diese Schnittstelle durch die Beziehung der Zentralbank zum (Steuer)Staat der einzelnen EU-Länder, was eine nicht zu unterschätzende Gewichtsverlagerung bedeutet. Huber erinnert daran, dass im gegenwärtigen System Großbanken (unlautere?)Wettbewerbsvorteile haben: Da sie über viele Kunden verfügen, benötigen sie z.b. eine geringere Bargeldreserve, da sie weniger Ein- und Auszahlungen über die Institutsgrenze hinweg tätigen müsse.

Die Zuführung von Geld an die nationalen Staatsbudgets in Abhängigkeit von deren Potentialwachstum hat einen weiteren Vorteil, der mit dem nicht ganz optimalen Währungsraum der Eurozone und dem Zwang einer von Vielen für problematisch gehaltenen, einheitlichen Zinspolitik zu tun hat: Die Zuweisungen erfolgen nach einer der hier vorgeschlagenen Varianten in Abhängigkeit vom Wirtschaftspotential der einzelnen Länder und nicht abhängig flächendeckend mit der Gießkanne (oder dem viel zitierten Helikopter). Auch würde dem unseligen Ponzischema, das mit zur Krise v.a. einiger Südländer führte, ein Ende bereitet: Griechenland z.B. warf Anleihen auf den Markt mit angenommenen 5%, die von z.B. griechischen Banken aufgekauft wurden. Diese Banken reichen die Anleihen bei der EZB ein und bekommen hierfür frisches Zentralbankgeld, teilweise zu einem (nationalen) Realzins von praktisch Null aufgrund der höheren Inflationsrate in Griechenland. Was machen die Banken mit dem frischen Geld? Sie kaufen neue griechische Staatsanleihen. Ein solches Dreiecksverhältnis kann einige Zeit gut gehen, es dürfte aber als struktureller Schwachpunkt der Eurokonstruktion nicht

3 Die Geldordnung: Das 100%-Geld

dauerhaft tragfähig sein. Das billige Geld der EZB, das weitere Länder in die Eurozone streben lässt, wurde in den später sich als fragil und aufgebläht herausstellenden Immobilienmärkten oder in Junk-Produkten von Goldman Sachs und anderen angelegt und trugt so zu neuen Bubbles und Instabilitäten bei (siehe näheres bei P. Boone und S. Johnson: http://economix.blogs.nytimes.com/2010/04/29/can-europe-save-itself/).

Die Ereignisse, die zum vorerst dreijährigen Euro-Rettungsschirm führten, verweisen auf zentrale Schwächen der derzeitigen Gesamtkonstruktion, über die auch der impressionante Name „Europäische Finanzmarktstabilisierungsfazilität" (EFSF) nicht hinwegtäuschen kann. Nach Meinung der EZB war das internationale Finanzsystem gefährdeter als nach der Lehman-Pleite (*SZ* vom 18.6.2010, 17). Zum einen hat die EZB ohne eigene Kontrolle griechische Staatspapiere angenommen und sich auf die Bewertung amerikanischer, privatwirtschaftlich-gewinnorientierter Ratingagenturen verlassen, die vom griechischen Staat selber bezahlt wurden (ein Vergleich wären im Wettbewerb miteinander stehende Verkehrspolizisten, die von den Autofahrern bezahlt würden). Plötzlich senkt eine Ratingagentur die Bonität, das eben genannte Ponzischema wird unterbrochen. Hat sie von den Fehlangaben nichts gewusst? Der Verfasser dieser Zeilen hat zumindest über Jahre hinweg die Erfahrung gemacht, dass wenn immer man Griechen traf, dieses Thema angesprochen wurde.

Für die sich auftürmenden Staatsdefizite v.a. Italiens, Frankreichs, Spaniens und Portugals schien sich niemand weiter zuständig zu fühlen. Der italienische Staat schuldet alleine französischen Finanzinstituten gut eine halbe Billion Dollar, was rund 20% des französischen BIP entspricht. Auch bei den EFSF-Anleihen sind die Ratingagenturen wieder mit von der Partie, sie prüfen, welche Bewertung die Anleihen haben sollen (man entschied sich für ein AAA), ganz zu schweigen von den Banken, die sich um einträgliche Beratungsmandate bewerben, um die EFSF-Anleihen am Markt zu platzieren. Organisiert wird die mit einem Gesamtvolumen von 500 Mrd. Euro aus dem Euroraum ausgestattete Zweckgesellschaft von Klaus Regling, der auch die Werbe-Roadshows abzieht und der nicht nur an der Ausarbeitung des (gescheiterten: 25 von 27 Staaten liegen 2010 über der jährlichen Defizitquote) Stabilitätspaktes im deutschen Finanzministerium beteiligt war und beim IWF wirkte, sondern auch bei einem Hedgefonds arbeitete und zuletzt als selbstständiger Berater tätig war (Reiermann 2010).

422   IV. Ist ein Leben ohne Finanzkrisen möglich?

Das relativ kleine Irland schuldet 870 Mrd. Dollar, davon 184 Mrd. in Deutschland, Spanien (mit einer Jugendarbeitslosigkeit von 40% in 2010) kommt auf über 1 Billion Dollar, davon 238 Mrd. in Deutschland.

Schaubild 7: Das Verschuldungsnetzwerk der Eurostaaten

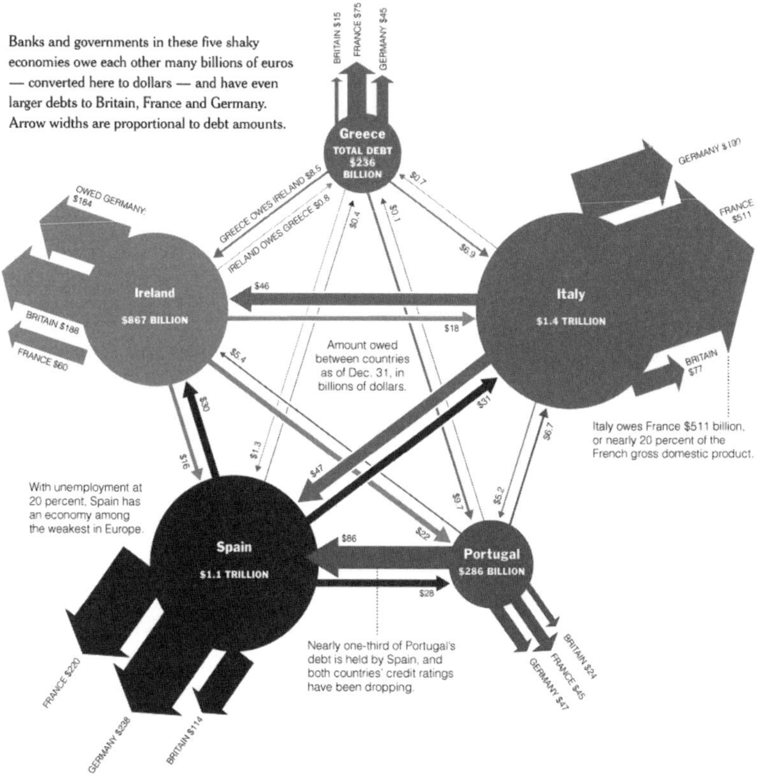

Quelle: New York Times 2010).

Man kann sich fragen, wer bei diesen Verquickungen die größeren Bedenken haben sollte: Der Schuldner oder der Gläubiger? Die Schuldner- und Gläubigerströme zeigen zumindest, dass das Hilfspaket auch von deutscher Seiter weniger den betreffenden Ländern, als vielmehr der

3 Die Geldordnung: Das 100%-Geld

eigenen Finanzindustrie gilt. Man kann zudem neben der expliziten Verschuldung Deutschlands von noch unter 80% auch eine Rechnung impliziter Verschuldung mit dem Barwert aller sozialstaatlichen Verpflichtungen gegenüberstellen. So kommt Konrad Hummler auf eine Summe von schätzungsweise 300-400%: „Auch Deutschland ist pleite" (2010, 2). Zwar wird an vielen Ecken und Enden in den öffentlichen Haushalten gekürzt, aber 70% der jährlichen deutschen Steuereinnahmen in den Rettungspaketen in die Waagschale geworfen.

Jahnke hat sich einmal die öffentlich zugänglichen Volumen, Fälligkeiten, Nominalzinsen und entsprechende Renditen Griechenlands angeschaut, um den von ihm so bezeichneten „Fresstrog der Spekulanten" bei 29 griechischen Staatsanleihen zu analysieren. „Unterstellt die Spekulanten haben zwischen dem Nominalzins und der derzeitigen Rendite angelegt, also bei 6,42%. Gemessen am Ausleihezins der EZB für die Banken von 1% ist das ein Extra-Fressen von 5,42% und bringt den Spekulanten auf insgesamt 238 Mrd an griechischen Bonds (Stand Ende 2009) jedes Jahr 15,3 Mrd Euro oder insgesamt über die durchschnittliche Laufzeit von 9 Jahren rund 140 Mrd Euro an Extra-Gewinnen. Bezogen auf die 43,2 Mrd Euro, die deutsche Banken an Griechenlandbonds halten, sind das jedes Jahr 2,3 Mrd Euro oder über die gesamte Laufzeit 21,4 Mrd Euro" (http://www.jjahnke.net/rundbr70.html#1994 vom 4.5.2010). Es ließe sich eine nette Rechnung erstellen, wie viel Gewinn der Rettungsschirm den Spekulanten hinsichtlich der Billionenschulden Spaniens, Italiens u.a. bringt.

Das Problem völlig aus dem Ruder gelaufener Anteile der Finanzbranche und einzelner Unternehmen am BIP der EU-Länder ist hiermit noch gar nicht angesprochen. So hatte die *Royal Bank of Scotland* in 2007 eine Bilanzsumme des 1,5fachen des britischen BIPs. In Irland kamen drei Banken auf einen 200%fachen Anteil des irischen BIPs, bevor sie schließen mussten. Im September 2010 ist Irland der größte Kreditnehmer der EZB mit 75% des irischen BIP und die Zinsen für Staatsanleihen steigen, wodurch die Schulden im Gefolge des allgemeinen wirtschaftlichen Einbruchs noch untragbarer werden. Den Rekord stellt Island auf, dessen drei größte Banken auf das 11-13fache des isländischen BIPs kamen. Ein risikofreudiger CEO kann auf diese Weise ganze Volkswirtschaften in Mitleidenschaft ziehen, was von Simon Johnson als „Chuck Prince-Problem" bezeichnet wurde (http://baselinescenario.com/2010/06/23/chuck-prince-is-going-to-run-this-bank/).

Dabei wird in der öffentlichen Diskussion wohlweislich der Aspekt der privaten Verschuldung (Unternehmen und Haushalte) ausgespart. Hagen Krämer (2010) weist darauf hin, dass von 1992-1998 der öffentliche Sektor in den Südländern mit über 5%-BIP einen negativen Finanzierungssaldo hatte und der Privatsektor mit ungefähr der gleichen Prozentzahl im Plus lag. Im Euro-Zeitraum von 1999-2007 schrumpfte das Minus des öffentlichen Sektors auf knapp über 2%, das des privaten Sektors stieg auf fast 5%. Die zunehmenden Leistungsbilanzdefizite schlugen sich also bis vor der FK erstrangig im Privatsektor wieder. „Damit war der Finanzierungssaldo des privaten Sektors doppelt so groß wie der des öffentlichen Sektors. *Dieser Fall spielt im Stabilitätspakt jedoch keine Rolle*" (2010, 380, kursiv hinzugefügt). Im Falle Griechenlands betrug der negative Saldo des privaten Sektors gegenüber dem Ausland fast 15% des BIP (nach offizieller Statistik!), was sicher auch den niedrigen Zinsen dank Euroraum zusammenhing. Das Thema eines geordneten Deleveraging des privaten Sektors (nicht nur) der Südländer wird ausgeklammert bzw. durch die Austeritätsprogramme eher indirekt angegangen.

Lohn- und Leistungskürzungen ohne Umschuldung *(haircut)* erschweren allerdings diesen Prozess. Im Unterschied zur heutigen Spitze der Bundesbank hält Ex-Bundesbankchef Karl Otto Pöhl einen teilweisen Forderungsverzicht für sachlich unverzichtbar, für marktwirtschaftlich fair und für den einzigen Weg, ohne den die Zentralbanken nicht ohne größeren Reputationsverlust davonkommen. Die verharmlosenden Aussagen Jean-Claude Trichets, die EZB folge wie immer ihrem Auftrag, bestätigen Pöhls Befürchtungen (*Spiegel*-Interview, Nr. 20/2010 vom 17.5.2010, Pöhl: 85-86, Trichet: 77-79).

Bemerkenswert ist des Weiteren, dass sich die Eurozone durch die Urteile ausländischer Ratingagenturen, deren analytische Grenzen bereits in der FK eindrucksvoll hervortraten, indem sie erst Alarm schlugen, als es bereits lichterloh brannte und sie dann Öl ins Feuer gossen, leicht aus dem Gleichgewicht bringen ließ. Man kann sich fragen, ob hier nicht auch dem globalen Machtspiel eine Rolle zukam. Die (mittlerweile nicht nur) drei großen amerikanischen Ratingagenturen verdanken ihre privilegierte Stellung der besonderen Anerkennung durch die amerikanische Politik als *Nationally Recognized Statistical Ratings Organizations* (NRSROs). Gerade in letzter Zeit steht der amerikanische Dollar als Weltreservewährung etwas auf der Kippe.

3 Die Geldordnung: Das 100%-Geld

So sank der Anteil des US-Dollar an den Weltwährungsreserven zwischen 2001 und 2008 zwar „nur" von 70 auf 63%. Aber „(i)m dritten Quartal des Jahres 2009 wurden noch 37 Prozent der neuen Reserven in US-Dollar angelegt, was eine erhebliche Differenz zum vorangegangenen Jahrzehnt darstellt, als dies noch durchschnittlich 67 Prozent waren ... Fonds wie die China Investment Corporation meiden inzwischen amerikanische Staatsanleihen, die einst ein Pfeiler der Zentralbankreserven waren. Sie fragen stattdessen verstärkt höher verzinsliche Anlagen nach, von Hedge-Fonds bis zu Schürf- und Förderrechten" (Roubini und Mihm 2010, 342-343).

Was liegt hier näher als die eigenen globalen Wirtschaftinteressen durch eine Destabilisierung des Euro und der Eurozone durchzusetzen (ich verdanke diese Überlegung N. Häring)? Der aufgespannte gigantische Rettungsschirm II (nur kurz nach den nationalen Rettungsschirmen im Gefolge der FK) torpediert die *bail-out*-Klausel und lässt über die IWF-Beteiligung die amerikanische Seite mit am Tisch der Finanzminister Platz nehmen. Allerdings wird der Gouverneursrat des IWF überproportional zur wirtschaftlichen Bedeutung von Europäern besetzt, was erklären mag, warum der IWF im September 2010 die Obergrenze für seine flexible Kreditlinie' abschaffte und sogar ein neues Finanzierungsprogramm ankündigte, das noch weniger Bedingungen stellt *(Precautionary credit line)*, genau zu der Zeit, in der die europäische Schuldenproblematik offen zu Tage trat.

Die Notwendigkeit des Rettungsschirms offenbart einmal mehr die unsouveräne Abhängigkeit der Wirtschaftspolitik in Europa von den internationalen Finanzmärkten. Ständig schwebt das Damoklesschwert über einigen Ländern: Werden sie neue Anleihen zu halbwegs akzeptablen Zinsen platzieren können oder nicht? Die Rettungsaktionen gelten offiziell den Staaten und ihren Bürgern, tatsächlich profitieren auf jeden Fall die Anleger in Staatsanleihen. Ein ehrlicher Staatsbankrott mit Umschuldung wäre für sie von übel, da den höheren Zinsen der Staatsanleihen auch einmal das entsprechende Risiko korrespondierte (die Frage: Warum nicht Staatsbankrott stellt mit historischen Beispielen Petersdorff 2010 und Wittmann 2010).

Zwischen Rettungspaketen und Staatsbankrott hätte es allerdings viele Zwischenlösungen gegeben, die dank TINA-Syndrom *(There Is No Alternative)* kaum diskutiert wurden (siehe die sehr treffende Kritik und die konstruktiven und alternativen Lösungsvorschläge im „Manifesto of the appalled economists" vom September 2010 unter http://www. assoeconomiepolitique.org/spip.php?article205&lang=fr). Bereits in der ursprünglichen FK galten die Bail-outs der großen Institute als unvermeidlich, über eine starke, öffentliche *good bank,* etwa die Kreditanstalt für Wideraufbau, die in die Bresche hätte springen können, wurde nicht offensiv nachgedacht; leider hat man bis heute nicht einmal den 30köpfigen Verwaltungsrat reformiert. Immerhin belaufen sich die Hilfen für Hilfskredite auf maximal 440 Mrd. plus 60 Mrd. Euro aus dem EU-Etat, nach den 80 Mrd. (plus 30 Mrd. des IWF) Euro für Griechenland. Deutschland ist mit bis zu 123 Mrd. Euro plus im Notfall 20%, d.h. insgesamt mit 147 Mrd. Euro dabei. Diese Gelder stehen bei einvernehmlicher Feststellung der Zahlungsunfähigkeit bereit. Sinn (2010, 4) ergänzt, dass man auch gleich, fast unbemerkt, ein Novum einführte: Die EU-Kommission erhält die Möglichkeit, im eigenen Namen Kredite aufzunehmen (Obergrenze: EU-Eigenmittel, derzeit 60 Mrd. Euro). Der Rat kann auf Vorschlag der Kommission über Umfang und Verwendung entscheiden. Einführung und Procedere widersprechen basalen demokratischen Gepflogenheiten.

So schlug der DGB (2010) die Gründung einer Europäischen Bank für öffentliche Anleihen vor, die Staatsanleihen kauft, diese bei der EZB hinterlegt, dafür frisches billiges Geld erhält und dieses niedrig verzinst an die Problemländer weiterleitet. Suntum (2010) schlägt einen anderen Mittelweg vor: Die Euroländer würden in einem ersten Schritt den Banken die riskanten, hochverzinslichen Anleihen Griechenlands und anderer Problemländer abkaufen und in staatliche Banken wie der KfW auslagern. Im Gegenzug erhalten sie sichere, aber niedrig verzinste (KfW)Schuldverschreibungen. Die Staaten wären die Gläubiger z.B. Griechenlands, die Banken trügen einen Teil der Kosten (niedrigere Zinsen) und der Maastrichter Vertrag wäre – zumindest dem Buchstaben nach – nicht verletzt worden. Die These der Unvermeidbarkeit der gewählten Rettungspaketaktion mit 750 Mrd. Euro-Garantien durch die EU stellt sich wieder einmal als alles andere als unvermeidlich dar. Sinn (2010) mahnt, dass hier der EU-Bürger durch eine ‚interessengeleitete Semantik' der EU-Politiker erneut irritiert wurde.

Um sich auf Artikel 122 des EU-Vertrages berufen zu können (gravierende Schwierigkeiten durch außergewöhnliche Ereignisse, die sich der Kontrolle entziehen), wurde plötzlich der Euro in Gefahr geredet und auf einmal wurde auch den in der Aufarbeitung der FK zumeist geschonten

"Spekulanten" (außer Kontrolle: Wir sind nicht schuld), ein verursachendes Komplott zugeschrieben, in deren Interesse paradoxerweise die ganze Rettungsaktion tatsächlich lief (mangels Transparenz können wir nicht wissen, ob die These eines Komplotts stimmt oder nicht, was hier aber unwesentlich ist). Simon Johnson und Peter Boone (http://www.project-syndicate.org/commentary /johnson12 vom 15.9.2010) schlagen *Brady Bonds* vor, die zur Umschuldung der lateinamerikanischen Schulden in den 1970er Jahren eingesetzt wurden, indem Forderungen in Niedrigkuponanleihen mit langer Laufzeit umgewandelt wurden, die über US-Staatsanleihen abgesichert waren, so dass die Banken die Schulden zum Nennwert bilanzieren konnten.

An Alternativen mangelt es also nicht, nur müssten hier die Finanzinstitute mit bezahlen. Stattdessen werden immer höhere Schulden angehäuft, die den Spagat zwischen Budgetkonsolidierung und Fiskalstimulus immer schwerer machen. Nach EZB-Berechnungen dürfte es selbst unter günstigen Annahmen 20 Jahre dauern, bis die durchschnittliche Verschuldung der Länder der Eurozone auf das vom Stabilitätspakt vorgesehene Niveau falle (SZ vom 12.3.2010, 1).

Für die Idee eines geeinten Europa und demokratisch aufgeklärter Bürger lässt sich kaum ein unwürdigeres Verwirrspiel denken als das hier aufgeführte, da der Bürger nicht beurteilen kann, ob und von wem hier ein Geschäft mit der Angst betrieben wurde. Das deutsche Verbot bestimmter Leerverkäufe und CDOs und die es begleitende Rhetorik dürfte weitgehend eine exkulpierende Ersatzhandlung zum Überdecken leeren Geredes und fehlender politischer *default*-verhindernder Entscheidungen sein. Bereits bei den Rettungspaketen gaben es viele auf, zu verstehen, wie sich die frühere Staatsablehnung bis hin zur Staatsfeindlichkeit mit dem nunmehrigen Setzen auf den Staat als Auspurzer vereinbaren ließ. Die einfachste und wohl zutreffende Erklärung lautet: Schall und Rauch sind alle Theorie. Wenn die Interessenlage es gebietet, nimmt man, was da ist. Eine solche pragmatische Zugriffsthese, die auch weitverbreiteten populistischen Ansichten unpolitischer Menschen über „die Politik" entspricht, ist nicht unbedingt demokratieförderlich.

Als Garantie wird bei den Euro-Rettungspaketen wieder einmal eine Zweckgesellschaft gegründet, die im Zweifelsfall bürgt. Gleichzeitig manipuliert die EZB flankierend den Marktpreis der Staatsanleihen durch massive Ankäufe auf dem Markt von bis zu drei Milliarden Euro pro Tag, die Finanzinstitute können sich einmal mehr entsorgen, die *European*

428   IV. Ist ein Leben ohne Finanzkrisen möglich?

Central Bank mutiert tendenziell zur *European Bad Bank,* das Ausfallrisiko trägt wie immer der Steuerzahler. Die neuen Staatsanleihen werden wiederum am Markt platziert. Zur Finanzierung können die Finanzinstitute sich das nötige Geld hierzu real wieder fast kostenlos von der EZB holen. Diese verspricht, die massive Geldschwemme durch Schuldverschreibungen, die am Markt platziert werden, zu sterilisieren, was wiederum ein schönes Geschäft für die sie aufkaufenden Finanzinstitute ist, die nebenbei bemerkt auch an der Platzierung der Staatsanleihen schnelles Geld verdienen können.

Nur nebenbei sei bemerkt, dass der schleichende, unterschwellige, von der Öffentlichkeit kaum bemerkte Funktionswandel der Zentralbanken am deutlichsten bei der amerikanischen FED in Erscheinung tritt (kritisch Gros und Micosso 2008). Ihre Politik der quantitativen (besser: qualitativen) Lockerung führte nicht nur zu einer Aufblähung ihrer Bilanz von 900 Mrd. Dollar (2007) auf 2,5 Billionen Dollar (2009), sondern auch zu einer qualitativen Veränderung: Bestanden die Verbindlichkeiten früher fast ausschließlich aus solchen der amerikanischen Regierung, so füllte sich nun der Tresor mit Vermögenswerten aus der Konkursmasse der FK: Neben Schuldtiteln von Fannie Mae und Freddy Mac fanden sich Neuerwerbungen mit Eigenheimhypotheken, Autokrediten und mit durch Kreditkartenforderungen besicherte Wertpapiere. „Die zwielichtigsten Papiere waren jedoch die CDOs und andere explosive Anlagen, wie sie die Notenbank im Zuge der Rettung von Bear Stearns und AIG übernommen hatte ... Anders als im Fall der meisten anderen Aktiva ‚besitzt' die amerikanische Notenbank diese Papiere über drei Gesellschaften mit beschränkter Haftung namens Maiden Lane I, II und III. Diese werden von BlackRock Financial Management privatwirtschaftlich geführt ... In der Summe waren diese konventionellen und unkonventionellen Maßnahmen ein massiver und beispielloser Eingriff der Notenbank in das Finanzsystem" (Roubini und Mihm 2010, 209). Die Autoren diskutieren auch denkbare Maßnahmen, die die Notenbank nicht unternahm, wie den Direktankauf von Aktien, als Vorbild dient Hongkong 1998, wo die Regierung einen ordentlichen Gewinn einfuhr.

Die Gewinn- und Verlustrechnung bei den Eurolösungen sieht anders aus. Im Falle Griechenlands halten z.B. die vier größten inländischen Geschäftsbanken griechische Staatsanleihen im Wert von 40 Mrd. Euro, dem ein Eigenkapital von 25 Mrd. Euro gegenüber steht. Das größte Engagement fällt auf die *EFG Eurobank* mit 12 Mrd. Euro, was 189%

3 Die Geldordnung: Das 100%-Geld

ihres Eigenkapitals entspricht. Sie gehört dem griechischen Reeder und Multimillionär Spiros Latsis, der den Verwaltungssitz Ende 2009 aus Steuerspargründen von Genf nach Luxemburg verlegte (R. Hermann und S. Ruhkamp am 26.4.2010 im *Faz.Net*). Dies sind die unmittelbaren Profiteure des Rettungsprogramms und der Ausklammerung einer geordneten Umschuldung mit Moratorium, wobei die deutsche Finanzindustrie in Griechenland mit 43 Mrd. Euro beteiligt ist (Commerzbank, HRE, Allianz, Munich Re).

Man wird abzuwarten haben, ob, wann und wie eine europäische Insolvenzordnung für Staaten geschaffen wird oder ob nicht der EU-Rettungsfonds zu einer von der Kommission gerne gesehene, da ihren Einfluss mehrende, Dauereinrichtung eventuell durch die Überführung in einen Europäischen Währungsfonds wird, wodurch die Euroländer zum Kreditgeber in letzter Instanz werden (Donges 2010). Es steht in der EU die entscheidende Frage an, ob man sich in Richtung Transferunion bewegen will oder nicht, was die Frage einer politisch gewollten und herbeigeführten Zinskonvergenz durch Solidarhaftung einschließt. Clemens Fuest, Wolfgang Franz, Martin Hellwig und Hans-Werner Sinn sprechen sich in einer „Erklärung zur Nachfolgeregelung für die Rettungspakete" gegen die Verlängerung der Rettungspakete aus, da die Zinsaufschläge, die selbst in der ‚Eurokrise' unter denen der Vor-Euro-Zeit liegen, die realen Verhältnisse und Risiken widerspiegeln und nicht schöne Regeln, Worte und Rettungsgelder, sondern am besten genau diese Aufschläge zur Schuldendisziplin motivieren. „Zugleich mit der Gewährung der Hilfen müssen die Altgläubiger durch einen sogenannten Haircut auf einen Teil ihrer Ansprüche verzichten. Der maximale Verzicht sollte klar beziffert werden, um eine panikartige Zuspitzung des Krisengeschehens auszuschließen. Wir halten einen Haircut von 5% pro Jahr seit der Emission eines Staatspapiers für angemessen. Das begrenzt den Zinsaufschlag, den Gläubiger im Vorhinein fordern, auf maximal etwa 5 Prozentpunkte. Man könnte zusätzlich eine pauschale Laufzeitverlängerung für Papiere mit einer Restlaufzeit unter drei Jahren vorsehen" (*FAZ* vom 18.6.2010, 10; siehe auch Sinn 2010).

Nebenbei sei darauf hingewiesen, dass die wirtschaftspolitischen Überlegungen nach wie vor vor einem völlig ungewissen Zukunftshorizont erfolgen. Joshua Brown (2010) unterscheidet treffend verschiedene Situationsdeutungen mit unterschiedlichen Hauptproblemen: *Austerians* (Defizitreduktion), *New Jack Keynesians* (Krugman: Rezessionsbekämpfung durch Fiskalpolitik), *V-Shapers* (Optimismus: Es geht wieder aufwärts), *Double dippers* (Scheinaufschwung: Die nächste Rezession kommt bestimmt), *1 Percenters* (Hoenig: Zinsen – leicht – erhöhen), *Inflationistas* (Meltzer: Inflation ante portas), *New Normalers* (es wird nichts mehr sein, wie es einmal war) und *Nihilists* (alles wankt, außer Gold). Man könnte natürlich noch Simon Johnson (oligarchischinstabiles Interregnum) und die Postkeynesianer vom Schlage Wrays hinzufügen, da letzterer sich von Krugman unterscheidet, der das Fiskalfeuerwerk langfristig für recht problematisch und ungesund hält, Wray aber weniger.

Worauf es in diesem Zusammenhang ankommt ist viererlei: 1. Der totale Glaubwürdigkeitsverlust der EU hinsichtlich ihres Vertrages und der EZB hinsichtlich ihrer offiziellen Zielfunktion und Unabhängigkeit; 2. Die exorbitanten Kosten des Dreiecksverhältnisses für den Steuerzahler, 3. Die praktische Subordination der Politik unter die Interessen der Finanzindustrie und 4. läuft der demokratisch gewählte Souverän den Ereignissen hinterher und reagiert in erster Linie. Da das Geld- und Zahlungssystem schon wieder zu schwanken scheint, muss den fehlkalkulierenden Unternehmen wieder unter die Arme gegriffen werden, anstatt sie für ihre Risikoportefeuilles in Form einer Umschuldung selber bluten zu lassen. Innerhalb dieses Misch-Geldsystems erscheint es immer im kurzfristigen Allgemeinwohl geboten, die Finanzindustrie zu subventionieren. So kam es in den letzten zwei Jahren zu einem unglaublichen schnellen Anstieg der Staatsverschuldung im Euroraum mit mittlerweile durchschnittlich 75%.

Der 100%-Vorschlag und der Verteilungsmodus des frischen Geldes würden die meisten Kalamitäten, in denen der Euroraum steckt, gar nicht erst entstehen lassen, die Länder könnten sich nicht heimlich über beide Ohren verschulden, die Abhängigkeit von der Finanzindustrie wäre gemildert, da die Abnahme der Anleihen nicht von den Kapitalmärkten abhängt, die Geldmengenregel des Potentialwachstums würde eine laxe Geldpolitik erschweren usw.

Eine solche Reform empfiehlt sich auch, da man schnell das Reservepulver verschossen hat, so auch nach der FK, so dass kaum noch etwas für die nächste Krise zur Verfügung steht und bereits von einigen Ökonomen die Meinung vertreten wird, dass für die Behebung dieser Krise zu wenig Pulver vorhanden ist (Weiss 2009; Konrad und Zschäpitz 2010). Auf jeden Fall schließt die neue Schuldenkrise nahtlos an die FK an, auch – wie bereits besprochen – was die Politikmuster betrifft. Jörg Eigendorf bemerkt: „Was sich in den vergangenen Tagen ereignete, ist nichts anderes als die Kapitulation der Politik vor den Finanzmärkten. Fallen die Kurse für Staatsanleihen dramatisch, knicken die Regierungen ein. Alle Prinzipien werden dann über Bord geworfen … Niemand wagt es, die Banken und Hedgefonds an der Last zu beteiligen. Stattdessen müssen erneut die Steuerzahler mit Milliarden ins Risiko gehen" (2010, 1).

In 2011wird Deutschland die 80%-Marke an Staatsverschuldung überschreiten (Großbritannien: 87%, USA: 100% – inklusive privater Verschuldung: 370%, Italien: 118%, Griechenland: 140%, Japan: 205%).

Die Neuverschuldung von Irland, Großbritannien, Griechenland, Spanien und Portugal werden in 2011 zwischen 8% und 12% des BIP liegen, weit entfernt vom heiligen Schwur auf die 3% des Stabilitätspakts, so dass die jährlichen Zinsbelastungen dieser Länder bis und über 20% der jährlichen Wirtschaftsleistung absorbieren werden. „Damit stellt sich die ernste Frage, ob der Kapitalmarkt in Zukunft überhaupt noch genügend risikobereite Anleger haben wird, die fähig sind, nicht nur Ländern wie USA oder Deutschland sondern auch den Schwachländern der Eurozone und anderswo ohne unerträgliche Zinsforderungen unter die Arme zu greifen" (Jahnke 2010, 5, siehe: http://www.jjahnke.net/rundbr70.html#2000). Die gesamte Staatsverschuldung von EU, Japan und den USA stieg zwischen 2007 und 2009 um 30% auf 35 Billionen Dollar, dem Zehnfachen des jährlichen deutschen BIPs (http://www.jjahnke.net/wochenbrief07-29342342.html).

In den kommenden drei Jahren muss Italien 70% seines BIP für Zinszahlungen und Tilgung, Griechenland 65%, Spanien und die USA rund 50% aufbringen, in absoluten Beträgen sind dies für die USA 7 Billionen Dollar, als nächstes folgt Italien mit über 1 Billion Dollar (Fry 2010). Pento (2010) rechnet vor, dass in der großen Depression das amerikanische BIP um 1/3 schrumpfte und die Verschuldung der Haushalte von 100% auf 20% des BIP sank und nicht über 50% bis 1985 anstieg. Die Rezession in 2008ff. führte zu einer Schrumpfung von unter 4%, allerdings sank die private Verschuldung jetzt kaum unter 100% und die Staatsverschuldung stieg drastisch an (von 65% auf gut 90%). Plötzlich bemerkt man also nach der FK neue Zeitbomben in Form der Staatsverschuldungen, die ebenfalls in Billionenwerten gemessen werden. In der säkularen, historischen Sicht Fergusons (2010) haben sich alle komplexen Systeme der Weltgeschichte schließlich an bestimmten Überdehnungen zugrunde gerichtet, sollten die Möglichkeiten der Überschuldung die Achillesverse des modernen Geldwesens sein? Durch die hier vorgeschlagene Geldreform hätten die Banken einerseits nicht den Finanzierungsspielraum zum Ankauf von Staatsanleihen. Da es im Idealfall keiner Staatsanleihen mehr bedarf bzw. diese untersagt sind, entfällt das Problem der Überschuldung an sich schon. Auch wäre der EZB ein Riegel vorgeschoben, die Finanzinstitute mit Salven von ‚Freigeld' zu bedenken. Buiter weist treffend darauf hin, dass die FED und die EZB „[are] too close to the financial markets and leading financial institutions, and too responsive to their special pleadings, to make the right decisions for the economy as a whole" (2007, 10).

Die Abhängigkeit von den Finanzmärkten ist institutionell und nicht sachlogisch bedingt. Durch die Konstruktion des Euroraumes haben die einzelnen Länder keinen direkten Zugriff auf Zentralbankgeld, sehr im Unterschied zu den USA. Nicht einzusehen ist, warum die EZB nicht direkt frisches Geld durchreicht, sondern dies den (auch verteuernden) Weg über die „Märkte" gehen muss. Natürlich wäre dies ein Bruch des EU-Vertrages (Artikel 104), aber ist die komplizierte Einrichtung der Zweckgesellschaft nicht auch ein Gesetzesbruch?

Ganz unvorbereitet war man auf die Bredouille im Euroraum nicht. Das der deutschen Bundesbank nachkonstruierte enge Konzept einer Zentralbank, das in einer völlig anderen historischen Konstellation genügte, wurde vom IWF (IMF 1998) frühzeitig kritisiert (aus Postkeynesianischer Sicht siehe Bell und Nell (Hg.) 2003): Im Zeitalter paneuropäischer Märkte müsse eine Zentralbank auf sich schnell verbreitende systemische Risiken nicht nur vermittels einer zentralisierten Finanzaufsicht reagieren können, sondern offensiv auch die Rolle eines *lender of last resort* einnehmen. „The ECB has been given the mandate to focus almost exclusively on monetary policy, and has been given only a limited, peripheral role in banking supervision and no responsibility for providing liquidity support to individual financial institutions … It is unclear how a bank crisis would be handled under the current institutional framework" (IMF 1998, 106). Man dachte scheinbar, dass es angesichts kaum fehlbarer Märkte dessen nicht bedürfe. Stattdessen brach man im Verlauf der FK ein Prinzip nach dem anderen (Ankauf von Staatsanleihen, Akzeptanz minderwertiger Wertpapiere bei Refinanzierungsgeschäften usw.) und tat so, als sei konzeptuell nichts geschehen.

3 Die Geldordnung: Das 100%-Geld   433

Hiermit werden auch Fragen angeschnitten, die in der Finanzsoziologie seit ihren Anfängen im Zentrum standen (Peukert 2009): Wie ist eine vernünftige Balance zwischen öffentlichen und privaten Aufgaben und Funktionen zu bewerkstelligen und wie kann sich der Staat aus seiner tendenziell prekären Lage als steuerlicher Bittsteller befreien, der entweder seinen öffentlichen Aufgaben mangels Masse nicht nachkommen kann oder aber ihnen nachkommt und sich mit nachhaltigem Verweigerungsverhalten in einer globalisierten Welt konfrontiert sieht (Produktionsverlagerungen, Steuerflucht usw.). Die Alimentierung des Staates durch die Geldgaben der Zentralbank könnten hier deutlich lindern wirken. Auch sieht die Finanzsoziologie im Steuerstaat die letzte sichere Bastion einer Gesellschaft in wirtschaftlicher Hinsicht. In der FK hat sich gezeigt, dass der letzte Rettungsanker bzw. ‚letztinstanzliche Risikoträger' (Stiglitz 2010b, 196) im Sinne einer übergreifenden Gewährträgerhaftung in Staatsgarantien bestand, deren Quelle das Monopol zur zwangsweisen Erhebung von Steuern als Pfand oder *collateral* ist. In die ideologiekritische Sparte der Finanzsoziologie fällt die Frage, ob die FK nicht in vielen Ländern zur Umsetzung der ‚Schock-Doktrin' (Naomi Klein) genutzt wird, indem in Krisenzeiten ein unpopulärer Um- und Abbau des (Sozial)Staates vorgenommen wird (siehe zum Beispiel das Streichen des Heizkostenzuschusses für Empfänger von Hart IV beim deutschen Sparpaket).

Gocht geht auf finanzsoziologische Fragen an mehreren Stellen ein und stellt den 100%-Plan in den Zusammenhang der angesprochenen Machtverteilungsfrage. „Der Fortfall der Notenbank als letzter Refinanzierungsquelle der Geschäftsbanken und die Unterbindung von deren Geldschöpfungskapazität machen zusammen erst das Geldvolumen, wie beabsichtigt, zu einer im Voraus bestimmbaren Größe" (1975, 83). Die EZB als letzter Rettungsanker fiele aus, ohne wenn und aber. Mit dem 100%-Plan würde tatsächlich eine ‚exogene Geldordnung' hergestellt, mit „einem Geld also, über dessen Entstehung und Existenz in konkreten Beträgen und in seiner Gesamtheit außerhalb ‚der Wirtschaft' " entschieden würde (ebenda, 98).

So gelingt es, „trotz der letztlich stärkeren Waffen der Notenbank unserem Geld innerhalb gewisser Grenzen die Eigenschaft der Endogenität anzuheften, woraus seine immanente Instabilität folgt" (ebenda, 99). Huber stellt fest, dass von der Geldmenge M 1 heute 85% aus Sichtguthaben bestehen. „Damit ist das Geldregal dem Staat faktisch entglitten und auf die Banken übergegangen" (2004, 5). Seine Aussage, die Banken können „dem Publikum Mittel in faktisch beliebiger Höhe bereitstellen" (2004, 10) erscheint etwas überzogen. Sehr treffend ist hingegen seine Beobachtung: „Das offizielle Finanzmilieu pflegt diese geldpolitische Machtverschiebung von den Zentralbanken zu den Banken als Unthema zu behandeln" (ebenda, 8).

Gocht betont wie Wray nachdrücklich, dass eine Notenbank in jedem Fall eine „Geldschöpfung ex nihilo" (1975, 85) betreibt und dass Geld sich einer künstlichen Institutionalisierung ganz im Sinne von Knapps *Staatliche Theorie des Geldes* (1905) verdankt, Gutschriften an den Staat ohne Gegenleistung und Rückzahlung also nichts Schockierendes anhaftet. Die heutige Praxis der Hinterlegung von Wertpapieren bietet *keine* Vorzüge. „,Deckungs'-Wert haben die Handelswechsel ebenso wenig wie die langfristigen Wertpapiere; beide lassen sich gegebenenfalls in beliebigem Umfang produzieren, und ein im Übermaß emittiertes Geldvolumen ist nicht deswegen unbedenklich, weil es auf Grund sogenannter ‚Deckungswerte' emittiert worden ist" (ebenda, 85).

Es gibt aber einen großen Unterschied hinsichtlich der Verteilung. „Der Unterschied in der Technik der Geldschöpfung ändert am Geld selbst nichts; wohl aber läßt er jeweils andere Begünstigte oder Nutznießer der Geldschöpfung mit geringerem Kostenaufwand – Nutznießer des ‚Münzgewinns' – entstehen ... Da jede Form oder Richtung der Geldemission ihre spezifischen Nutznießer hat, scheint es unserer politischen Verfassung am meisten zu entsprechen, wenn der Staat zum Empfänger des ‚Münzgewinns', also der Geldschöpfung abzüglich der Kosten der Währungsbehörde gemacht wird" (ebenda, 85-86). Auch entfällt die demokratische Entscheidungsspielräume einschränkende Bedienung des Zinsdienstes.

Neben die ordnungspolitisch erwünschten Aspekte tritt somit auch ein Kompositionseffekt, der dazu dienen mag, die etwas aus dem Gleichgewicht geratene Balance zwischen öffentlichen und privaten Verwendungen des Sozialproduktes zu korrigieren, das besser an der öffentlichen Investitionsquote als an der Staatsquote, die viele Transfers als reine Durchlaufposten enthält, abzulesen ist. „Die Zusammensetzung des Sozialprodukts wird anders sein, als wenn Unternehmer die ersten Empfänger der zusätzlichen Geldbeträge sind" (ebenda, 111). Auch im Fall des öffentlichen Haushalts als Erstempfänger der zusätzlichen Geldbeträge „wird in einem bescheidenen Maße die Zusammensetzung des

3 Die Geldordnung: Das 100%-Geld

Sozialprodukts beeinflußt, etwa so, wie wenn eine zusätzliche Steuer von gleichem Aufkommen die öffentliche Hand befähigte, mehr Güter und Dienste als bisher an sich zu ziehen ... Ist es so ausgemacht, daß jede von Unternehmern zur Vermehrung des Sozialprodukts ausgegebene Mark höheren Nutzen für die Bevölkerung stiftet als die vom öffentlichen Haushalt ausgegebene Mark" (ebenda, 111-112)?

Unklar ist, ob die durch die hier vorgeschlagene 100%-Bremse und die w.u. folgenden Maßnahmen Verschuldungskaskaden und prozyklische Aufschaukelprozesse im Rahmen bleiben oder nicht. Der Verfasser vermutet, dass sie sich im Rahmen des Akzeptablen halten werden. Falls nicht, wäre zu überlegen, ob man nicht in gelegentlichen Abweichungen vom Prinzip der Geldzufuhr in Abhängigkeit vom Potentialwachstum das Prinzip makroprudentieller Frühindikatoren, die namentlich seit längerem von Claudio Borio (2003, 2004 und 2007) von der BIZ vorgeschlagen wurden, einbeziehen sollte, zumindest als Entscheidungshilfe in den öffentlichen Deliberationen und bei eventuellen Abstimmungen. Dem Ansatz wohnt eine wie bereits erwähnte latent subversive Komponente inne, da Borio auch unter Verweis auf Galbraith und Minsky ein stilisiertes Phasenschema mit selbstverstärkenden und prozyklischen Prozessen einer „generalized overextension" (2003, 8) ausgeht und feststellt, dass „the rapid growth and greater complexity of markets have increased the scope for market distress to have undesirable economic consequences" (2004, 5). Der top-down-Ansatz setzt auch voraus, dass mikrorationales Verhalten der Akteure wie beim BBP makrosystemisch destabilisierend wirken kann, weshalb der Ansatz von Seiten der Privatwirtschaft nicht unbedingt mit Begeisterung aufgenommen wird (Crockett 2000, 3).

Der Selbstregulierungsfähigkeit der Märkte wird also Skepsis gegenübergebracht und gefordert, sich gelegentlich gegen den Wind zu lehnen. Ungleichgewichte mit Krisenfolgen seien zu erwarten, wenn das Wachstum privater Kredite und Schulden (als Prozentsatz zum BIP und Ausdruck des Leverage der Gesamtökonomie) und wesentliche Assetpreise bestimmte Schwellen überschreiten. Eine empirische Untersuchung Borios mit Mathias Drehmann (Borio und Drehmann 2009), bei der 18 Industrieländer über 20 Jahre untersucht wurden, führte zum Vorschlag eines ‚credit-cum-equity indicator', mit dem 77% aller auftretenden Problemsituationen hätten vorhergesagt werden können (die Frage, ob man neben Aktienpreisen auch Immobilienpreise berücksichtigen sollte, kann hier ausgeblendet werden).

„(I)t is possible to build relatively simple indicators that can help inform assessments of the build-up of risks of future banking distress in an economy. These indicators are based on the coexistence of unusually strong and protracted increases in credit and asset prices. We find that they perform reasonably well also out of sample, as indicated by their ability to point to potential banking distress ahead of the current crisis" (2009, 44). Sie schränken aber warnend ein, „we caution against deciding on ‚optimal' performance in sample purely on strict statistical criteria, without acknowledging the ‚fuzzy' nature of the exercise ... For policy purposes, we support the use of ranges rather than point thresholds" (ebenda). Die Erfahrungen der FK lassen daran zweifeln, ob Politiker, Kontrollinstitutionen und Zentralbanken das Rückgrat haben, sich dem Wind der Euphorie entgegen zu stellen.

Im Grunde müsste verbindlich festgelegt werden (z.B. im EU-Vertrag), dass ab dem Eintreten in den kritischen Korridor (für die Berechnung könnte eine Spezialabteilung der EZB zuständig sein, auch müssten konkrete Zahlen zur Bestimmung des Korridors definiert werden) eine Krisenmeldung zu erfolgen hat. Ob und welche Maßnahmen auch rein quantitativ (z.B. Geldmengenwachstum unterhalb des Potentialwachstums mit x Prozent) zu erfolgen hätten, könnte man wiederum durch eine euro(pa)weite Abstimmung klären lassen, um die Kaperung der Frage dem *groupthink* der Finanzexpertokraten zu entziehen und den Einfluss diverser Interessengruppen zu verhindern. Alleine der europaweiten, öffentlichen Diskussion über ein für und wider jenseits der abgeschirmten Expertenkreise dürfte eine abkühlende psychologische Korrekturfunktion zukommen.

4
Größenbegrenzungen: Das 100 Milliarden-Limit

Die Entflechtung der Konglomerate ist nach der hier vertretenen Auffassung der zweitwichtigste, in einem Satz klar und unmissverständlich anzugebende Reformschritt: Kein Finanzunternehmen sollte eine Bilanzsumme von mehr als 100 Mrd. Dollar aufweisen (die wohl beste theoretisch-empirisch-historische Begründung bietet Andrew Haldane 2010, Exekutivdirektor der *Bank of England*). In den USA gab es bereits als makroprudentielle Beruhigungspille seit langem eine 10%ige Begrenzung der nationalen Depositen bei einer Bank *(Riegle-Neal Act)*, von der dann für die *Bank of America* eine Ausnahmeregelung eingeführt wurde. Natürlich ist diese Zahl in gewissem Sinne beliebig (man könnte sich z.b. auch auf einen runden Betrag von 100 Mrd. Euro festlegen), aber es geht hier zunächst um die Größenordnung des notwendigen Schrumpfens der Konglomerate und Megabanken. Sollte sich die Regel international nicht durchsetzen lassen, spricht nichts dagegen, sie nur in der EU durchzusetzen, da man den Argumenten einer Wettbewerbsverzerrung durch Größenvorteile misstrauen darf.

Auch Simon Johnson tritt mittlerweile für die gleiche Größenbegrenzung als Ideallösung ein (www.baselinescenario.com/2010/03/10/the-volcker-principles-move-closer.to-practice/). Als zweitbesten Kompromiss schlägt er 4% des BIP für konservative (Geschäfts)Banken und 2% für risikofreudige Investmentbanken vor (Johnson und Kwak 2010; Stiglitz 2009b und 2009c stellt diese Forderung in den Kontext der Gesamtdiskussion und vor dem Hintergrund des BBP, siehe auch Shull 2010). Interessanterweise wurden bei den Stresstests im Jahr 2009 in den USA 19 systemrelevante Banken einbezogen, die als „Zulassungskriterium" über der 100 Mrd. Dollargrenze lagen.

Gemäß dem Prinzip der Einfachheit ist diese Regel in einer einzigen Zeile zu formulieren. Es bedarf auch keiner weiteren komplexen Berechnungen, da jedes Unternehmen ganz unabhängig von dieser Regel sowieso eine Bilanz aufzustellen hat. Sollte man diese Regel für sinnvoll halten, mag allerdings eine genauere Bilanzprüfung angesagt sein. In Kapitel III.5 wurde auf die auch konzentrationsbedingte Notwendigkeit dieser drastischen Reformmaßnahme hingewiesen. 100 Milliarden stellen das obere Limit dar. Es sollte einzelnen Ländern, z.b. in der Eurozone nicht verwehrt werden, auf nationaler Grundlage ein niedrigeres Limit für in ihrer Jurisdiktion angesiedelte Finanzinstitute festzulegen. Dies mag z.B. für Banken in Irland angezeigt sein, da im Falle nach Einführung der Reformen in Zukunft hoffentlich unwahrscheinlicher Systemdestabilisierungen und Insolvenzen von Finanzinstituten eine nationale Regierung überfordert sein kann. Zwar werden generell Bail-outs abgelehnt, aber weiter unten im Einzelfall zu begründende Zwangsrekapitalisierungen vorgeschlagen, sofern die Shareholder einer Nacheinschusspflicht nicht nachkommen wollen oder können.

Die Gründe für die vorgeschlagene Schrumpfung auf 100 Milliarden sind in den vorherigen Kapiteln diskutiert worden: (1.) Große Institute kann man schlecht fallen lassen, ohne das Gesamtfinanzsystem in Gefahr zu bringen, die vielbeschworene *too-big-too-fail*-Problematik; (2.) Dies animiert die Megaakteure dazu, höhere Risiken einzugehen, da auf das Sicherheitsnetz vertraut werden kann (Moral Hazard-Problematik); (3.) Der allgemeine Steuerzahler darf für die Schadensbehebung im heutigen Schein- oder Ersatz-Kapitalismus bzw. Sozialismus mit negativem Vorzeichen und dank Bail-outs mit *soft budget constraints* im Sinne Kornais (Welfens 2009, 21) aufkommen, ohne unmittelbar für sie verantwortlich zu sein.

Hierfür gibt es interessanterweise keinen Fachausdruck, man könnte es die Nichtäquivalenzproblematik (*non-equivalence problem*) nennen; (4.) Größe hat Macht und Einfluss im Gefolge (die Bilanzsumme der Deutschen Bank steht dem BIP Deutschlands kaum nach), so dass die Gefahr einer oligarchischen Aushöhlung und Untergrabung der Demokratie entsteht; (5.) Aus der beherrschenden Marktstellung v.a. im (OTC)Derivate-, Währungs- und Anleihebereich und den Wechselwirkungen zwischen ihnen können einige Megaakteure Oligopolgewinne realisieren, was dem Konzept fairen Wettbewerbs widerspricht, auch da diese Gewinne nicht auf wohlfahrtserhöhenden Leistungen beruhen. Man wundert sich, dass die Wettbewerbstheorie sich hier nicht herausgefordert fühlt (siehe als Ausnahme F.M. Scherer 2010 mit interessanten

4 Größenbegrenzungen: Das 100 Milliarden-Limit

Zahlen und Überlegungen und Markham 2010, der die Ausblendung der FK aus der Wettbewerbstheorie auf deren engen Post-Chicago-Effizienzfokus zurückführt). Man fragt sich auch, warum niemand bei der WTO vorstellig wird und die Rettungsaktionen als unfairen Protektionismus brandmarkt.

Die reale Wirtschaftspolitik geht andere Wege: Die in Deutschland v.a. von der 100 Milliarden-Regel betroffene Deutsche Bank, die sich nach der Größenregel ungefähr auf ein Zwanzigstel zu reduzieren hätte, hat in Folge der FK an Marktmacht durch Zukäufe gewonnen und sich die Norisbank, Sal. Oppenheim, die Berliner Bank, Teile von ABN Amro und die Postbank, die ideal als Gochtsches Postscheckamt hätte dienen können, einverleibt. Neben der Deutschen Bank (und der Postbank) träfe es in Deutschland v.a. die Commerzbank und die von Unicredit übernommene Hypovereinsbank. Ein eigens zu diskutierendes Kapitel stellt der quasi-öffentliche Sektor dar, bei dem einige Institute eine Bilanzsumme von über 100 Milliarden aufweisen (LBBW, KfW, DZ Bank, HRE, Bayern LB, WestLB, Nord LB, HSH Nordbank, Helaba, NRW-Bank, Landesbank Berlin und die Deka-Bank Deutsche Girozentrale).

In den USA ginge es v.a. um JP Morgan Chase, Citigroup, Bank of America, und Wells Fargo, die zusammen 64% aller Assets der amerikanischen Geschäftsbanken auf sich vereinen, ergänzt durch Goldman Sachs und Morgan Stanley, die seit dem 21.9.2008 als *bank holding companies* auch noch Direktzugang zu Zentralbankgeld erhielten, ohne bis heute auch nur einen einzigen Cent als Gegenleistung erbracht zu haben (Robert Landgraf forderte im *Handelsblatt* vom 23.10.2009 ihre Rückverwandlung in Partnerschaften). „After all, the government was essentially propping up the banks, and yet the banks were still, for the most part, in private-sector hands. So while taxpayers were shouldering the risks, bankers or bank shareholders were receiving most of the gains" (Tett 2010, 308; siehe den Überblick über die gigantischen Verluste der großen Institute bei Ritholtz und Task 2009, 168, die ohne Staatshilfen und Garantien alle nicht überlebt hätten).

In Frankreich träfe es z.B. BNP Paribas, in England HSBC. Bei der Forderung der Entflechtung bzw. Zerschlagung und Dekonzentration hat sich eine interessante Allianz der Einsichtigen gebildet, zu der neben P. Volcker auch J. Stiglitz (2010), S. Johnson (Johnson und Kwak 2010), James Galbraith (2009a), Welfens (2009), Attac (2008) und der nunmehr vielgescholtene A. Greenspan gehören, dem der geistreiche Satz: ‚If they are too big to fail, they are too big' entfuhr. Auch im Kongress und Senat der USA finden sich einige Befürworter wie Bernard Sanders und Paul Kanjorsi und der abgelehnte Vorschlag zur Zerschlagung durch Sherrod Brown und Ted Kaufman und ihr SAFE banking Act vom April 2010. Hinzu kommen der neue Präsident der Schweizer Nationalbank, Philipp Hildebrand, sowie einige Wirtschaftsjournalisten, die die FK nachzeichneten (z.B. Prins 2009, 210-213 und Prins et al. 2010 mit einer Beschreibung der heutigen Megabanken). Auf die hypothetische Frage, ob der Zusammenbruch von Lehman Brothers bei einer Größe von 100 Mrd. Dollar (was ungefähr einem Viertel der damaligen tatsächlichen Bilanzsumme entspricht) auch weltweite Verwerfungen provoziert hätte, dürfte wohl eine negative Antwort zutreffen. Wer die angegebene Größenordnung von 100 Milliarden für zu klein hält sei darauf hingewiesen, dass in den 1980er und bis Mitte der 1990er Jahre die meisten Investmentbanken diese Zielgröße nicht wesentlich überschritten (Ende der 1990er Jahre hatte z.b. Goldman Sachs ¼ seiner heutigen Größe).

Wie die Liste der Unterstützer der Begrenzungsidee zeigt, bedarf es zur Bejahung keines engen Horizonts oder einer bestimmten wirtschaftspolitischen Richtung oder Weltanschauung. Die Gegner stammen natürlich neben z.b. Marktliberalen wie Charles Calomiris (siehe aber mit anderem Schwerpunkt Calomiris 2009a) meist aus der Finanzbranche, wie Gerald Corrigan, ehemaliger Mitarbeiter bei Goldman Sachs und früherer Präsident der New Yorker FED. Linke Kritiker des Finanzkapitals, strikte Liberale im Sinne Walter Euckens und konservative Republikaner vom Schlage eines Ronald Reagan und seiner Nachfolger, deren rational kaum noch zugänglicher massenpopulistischer Flügel der Teapartiten sich gerne auf Hayek beruft, könnten hier ein Bündnis der Vernunft eingehen. Unter Reagan wurde z.b. in den 1980er Jahren der Telekommunikationskonzern AT&T zerschlagen; nach kurzer Zeit waren die hervorgegangenen Baby Bells trotz niedrigerer Preise zusammen mehr wert als der vorherige Quasi-Monopolist. Gleiches ereignete sich auch schon nach der Zerschlagung von Standard Oil im Jahr 1911. Ähnlich den Baby Bells bedarf es keiner Baby Banks, wohl aber eines nicht wirklich niedrigen Größenlimits (immerhin etwa 1/3 der Summe der gegenwärtigen deutschen Bundeshaushalte), das aber niedrig genug ist, dass Banken ohne systemische Gesamtgefährdungen wie Internetfirmen oder Restaurants von der Bildfläche des Wettbewerbs verschwinden und bankrott gehen können. „Though Wall Street – or the City – had

4 Größenbegrenzungen: Das 100 Milliarden-Limit

repeatedly preached the gospel of creative destruction to *other* parts of the economy during the twentieth century – urging non-financial sectors to embrace restructuring – policy makers and bankers were unwilling, or unable, to apply that principle to the banks" (Tett 2010, 307) Der Wirtschaftsliberalimus hat leider eine potentielle Sternstunde verpasst, da er das Eintreten für freie Märkte mit dem Eintreten für die Interessen der Finanzindustrie verwechselte. Hengsbach (2009b, 13) spricht auf den Ordoliberalismus bezogen von einem blinden Fleck (zur sinnvollen Anregung durch ordoliberale Überlegungen auch im Zusammenhang der Haftungsfrage siehe Welfens 2009, 62, 79 und 131; zur potentiellen Aktualität ‚echter Ordos' ferner Sinn 2009, 290). Auch ist die Hayeksche Forderung nach unbehinderter Kontraktfreiheit nicht identisch mit der freien und ungehinderten Entfaltung der (Mega)Banken, das Eigeninteresse der Banken nicht identisch mit den nationalen Interessen; die Wall Street liegt nicht an der Main Street.

Ein durchschlagendes Plädoyer für eine Größenbegrenzung formuliert Mervyn King (2009), der Vorsitzende der Bank von England, der in seiner Rede in Edinburgh vom 20.10.2009 ausführte, dass die FK den größten Moral Hazard der Weltgeschichte offenbarte (an dem er seit 2003 als Vorsitzender Anteil hatte). Der Behauptung, verschärfte Eigenkapitalanforderungen seien doch ausreichend, begegnet er mit der Frage: Wie viel denn genug sei angesichts unbekannter schwarzer Schwäne, was an einem Tag als ausreichend erscheint, kann sich am nächsten Tag als unzureichend erweisen. Diese Überlegung spricht auch gegen alle raffinierten Vorschläge systemisch ausgerichteter Steuern, z.B. eine *systemic risk tax* (Acharya und Richardson 2009) oder die Varianzsteuer nach Welfens (2009, 18, 111 und 124-125), die in Abhängigkeit vom Risiko und der Größe eines Instituts variieren soll, was den Finanzexpertokraten neue Beschäftigungsfelder böte, aber wohl kaum das System einfacher und stabiler werden ließe. Zutreffenderweise meint King, für Extremereignisse *(high-impact events)* sei eine halbwegs vernünftige Risikovorsorge prinzipiell unmöglich.

Auch ist sein Glaube an die überragende Intelligenz, den Erfindungsreichtum und die Innovationsfähigkeit der Finanzbranche im Auffinden von Schlupflöchern und Umgehungsstrategien bei der Suche nach neuen Spekulationsfeldern bei raffinierter Regulation fast grenzenlos, so dass selbst eine angemessene und komplizierte Regulation (z.B. Basel II oder die Reformen in den USA im Juli 2010) eine Illusion ist, die zudem bei den Akteuren zu Risikominderungsillusionen führt. Auch Roubini und Mihm rechnen mit der Unterwanderung der Aufsichtsbemühungen. „Banker und Händler haben ein außergewöhnliches Talent dafür, auch die ausgefeiltesten Regelungen zu unterlaufen. Dieses Problem, das auch als ‚Regulierungsarbitrage' bezeichnet wird, muss die Politik in den Griff bekommen, wenn Reformen Wirkung zeigen sollen ... Heute besteht Einigkeit darüber, dass diese Schattenbanken derselben Regulierung unterworfen werden müssen wie normale Banken" (2010, 285), was die Unterbindung von Ausweichverhalten noch schwieriger macht.

Ferner kann Regulierung nur „ansatzweise ein Ersatz für unvollkommenen Wettbewerb sein ... Auch gilt, dass eben mit einer Erhöhung der Wettbewerbsintensität ein weniger an Marktregulierung einhergehen könnte" (Welfens 2009, 139 und 152). Marktwirtschaft kann nur funktionieren, wenn dem *upside* Gewinn das *downside* Risiko und Verluste bis hin zum Bankrott gegenüberstehen (siehe die informative Diskussion in Cassidy 2009, Kapitel 21). „Wer, wie die Deutsche Bank, mit 25 Prozent Rendite protzt, dem muss man auch abverlangen, dass er 25 Prozent Verlust an seinem Kapital hinnimmt, ohne nach dem Staat zu schreien" (Flassbeck 2009, 141). Es ist darauf hinzuweisen, dass der Gewinnorientierung jenseits falscher Incentives für die Entscheider per se eine nicht geringe Risikofreude auch bei kühler Berechnung innewohnt: Ein Geschäft, dass mit einer 2/3-Wahrscheinlichkeit 60 Mio. Gewinn generiert und zu 1/3 zu einen 60 Mio.-Verlust führen wird, sollte getätigt werden, denn $2/3 \times 60$ Mio. minus $1/3 \times 60$ Mio. $= + 20$ Mio.

Hilferufe der Finanzinstitute können nur dann ignoriert werden, wenn nicht alleine schon die schiere Größe einen systemrelevanten und destabilisierenden Tatbestand darstellt. Eine Deutsche Bank müsste im Extremfall (fast) genauso sang- und klanglos von der Bildfläche verschwinden können wie die weit über hundert Regional- und Kleinbanken in den letzten zwei Jahren in den USA. Nur nebenbei sei bemerkt, dass die Frage in der deutschen Debatte völlig unterging, ob nicht selbst einige „Große" wie die HRE oder die HSH Nordbank nicht geordnet hätten abgewickelt werden können (Pfeiffer 2009), Juristen wundern sich über den Bedeutungsverlust des Insolvenzrechts (2009).

Thomas Hoenig, Präsident der *Federal Reserve Bank of Kansas City*, fordert „for failed institutions that have proven to be too big to fail or too complex to manage well, steps must be taken to break up their operations and sell them off in more manageable pieces. We must also look for

4 Größenbegrenzungen: Das 100 Milliarden-Limit 443

other ways to limit the creation and growth of firms that might be considered ‚too big to fail'" (2009, 12). Auch Stiglitz meint hinsichtlich der Megabanken (siehe zu ihrer quantitativen Rekonsolidierung und weitern Konzentration Prins et al. 2010): „Man sollte sie zerschlagen. Wenn sie so groß sind, dass man sie nicht pleitegehen lassen kann, sind sie zu groß, um zu existieren. Die einzige Rechtfertigung dafür, diese Finanzmolochs zu erhalten, wären nennenswerte Größen- oder Verbundvorteile, die bei einer Zerlegung verloren gingen – das heißt, diese Institute müssten um so vieles effizienter arbeiten als kleinere Institute, dass eine Beschränkung ihrer Größe mit hohen Kosten verbunden wäre. Ich habe keine Hinweise darauf gefunden. Tatsächlich deutet vieles auf das Gegenteil hin, darauf, dass diese faktisch ‚insolvenz- und zerschlagungsgeschützten' Institute zu groß sind, als dass sie effizient geführt werden könnten. Ihr Wettbewerbsvorteil rührt von ihrer Monopolmacht und ihrer stillschweigenden staatlichen Subventionierung her" (Stiglitz 2010b, 220).

Roubini, der dank seiner Weit- und Voraussicht viel Gelobte, fordert ebenfalls eine Zerschlagung (Roubini und Mihm 2010, 298-307), da die Megabanken nicht nur zu groß für einen Bankrott, sondern auch zu komplex seien, um vernünftig gemanagt zu werden. Aber der Text bleibt auch im Ungefähren. Die konkrete Größenbeschränkung wird nicht durch eine Zahl kondensiert, nur eine Liste der ‚Zu-Großen' wird geboten (2010, 306), unter ihnen die Bank of America, Wells Fargo, BNP Paribas, Goldman Sachs u.a., d.h. Finanzkonglomerate, die deutlich über der 100-Milliarden-Grenze liegen. Auch spielen die Autoren mit dem Gedanken, die Eigenkapitalvorschriften differentiell, in Abhängigkeit von der Größe, so auszugestalten, dass es zur „Selbstzerschlagung" kommt. 20% Eigenkapitalanteil wird als Vermutungszahl in den Raum geworfen (2010, 301-302), aber darauf hingewiesen, dass die Pflicht zur Verdoppelung in der Schweiz auf 10,5% und zusätzlichen 9% bedingten Pflichtwandelanleihen für UBS und Credit Suisse ganz und gar nicht diese selbstauflösende Wirkung entfaltete und die Institute diese Erfordernisse sogar ohne Kapitalerhöhungen erfüllen können (*SZ* vom 5.10.2010, 23).

Schließlich wird noch die Überlegung angeführt, einer Regulierungsbehörde eine bestimmte Autorität zu verleihen, um Zerschlagungen im Bedarfsfall vorzunehmen und sich nicht an der Monopolstellung, sondern daran zu orientieren, „ob die betreffende Bank zu groß für einen Konkurs ist" (2010, 307). Diese Option wird nicht näher operationalisiert und gleich wieder in Frage gestellt, da einige den Versuch wohl abwehren könnten. Dann wird vermerkt, daher „wirkt dieser Ansatz vielleicht am besten in Kombination mit einer anderen, ebenso radikalen Strategie: der Zerschlagung der Großbanken" (ebenda). Sind diese Strategien eher komplementär oder substitutiv zu verstehen? Letztlich bleibt ein wenig offen, wo es nun genau hingehen soll. Unter dem Gesichtspunkt des Opportunismus der Selbstvermarktung hat diese leichte Fuzzyness den Vorteil, dass Roubini später melden kann, seine Vorschläge wären in etwa übernommen worden und falls sie dann nicht helfen sollten: Er habe ja im Grunde mehr gefordert.

Ab einer relativ geringen Größe werden keine *economies of scope* realisiert. Doch die Großenbeschränkung alleine reicht nicht aus, da auch viele kleinere Einheiten systemische Auswirkungen z.b. durch gleichgerichtetes Verhalten *(systemic as part of a herd)* oder hohe Risikobereitschaft (*Northern Rock* und *Bear Stears* zum Beispiel) haben können. Die Herausforderung für die Politik besteht in der Durchsetzung des Standards auf längere Sicht: Wird die Politik dem Druck der Finanzunternehmen standhalten, wenn diese sich unter Verweis auf die globale Konkurrenz zusammenschließen wollen oder durch internes Wachstum an die Größenbegrenzung stoßen (Stern und Feldman 2009)? Kommt es zu Aufweichungen des Standards durch großzügige Einrechnung der Inflationsrate oder Umstellung auf BIP%-Gewichtungen?

5
Die Aufspaltung der Geschäfts- und Investmentbanken und weitere Funktionstrennungen

Bei den Überlegungen zum 100%-Plan wurde bereits der Vorschlag der Trennung der üblichen Hauptaktivitäten der Geschäfts- und der Investmentbanken erwähnt (zu den Aufgaben und Strukturen des Finanzsektors vor der FK siehe genauer Becker und Peppmeier, Kapitel 3). Die Verwaltung der Einlagen auf Girokonten, Angebote für Sparer sowie Kreditvergabe im Realsektor sollten im Zentrum der Geschäftsbanken stehen, nicht jedoch der Eigenhandel und der Verkauf von Fondsanteilen usw. Für die nach dem Größenlimit geschrumpften, besser kapitalisierten und hinsichtlich Leverage u.a. (siehe weiter unten) gerupften Investmentbanken bleiben zur Zeit folgende Aufgabenfelder: Die Platzierung von Neuemissionen und Börsengängen (IPOs), Hilfen bei der Aufbringung von Fremdkapital, der Bereich Mergers und Acquisitions (M&A), Vermögensverwaltung und Eigenhandel.

In Kapitel III stellte sich heraus, dass die Vereinigung der Aufgabenfelder der Geschäfts- und Investmentbanken unter einem Dach ungesunde Folgen hat, z.B. nötige Rettungsaktionen zur Chaosvermeidung mit der Folge der Sozialisierung der Verluste. Der regulierte Bereich der Geschäftsbanken und der der anders regulierten Investmentbanken sollten daher klar erkennbar voneinander getrennt sein. In der FK war allen klar, dass die Rettung der Finanzinstitute durch den Steuerzahler unfair ist, aber die Lehre aus den 1930er Jahren lautete, dass es noch Schlimmeres in Form eines Gesamtzusammenbruchs von Wirtschaft und Finanzen gibt. Will man beides vermeiden (Zusammenbruch und Unfairness), so kommt man an den hier vorgeschlagenen Strukturreformen nicht vorbei.

Ferner kommen unvermeidliche Interessen- und Zielkonflikte ins Spiel. Der Girokontoinhaber hat ein vorrangiges Interesse an der Sicherheit seines Geldes, er orientiert sich aber auch an den Zinsen, zumal dann, wenn über die Einlagensicherung der Eindruck der Risikolosigkeit vermittelt wird. Das Funktionieren des Universalbankensystems in Deutschland über viele Jahrzehnte dürfte weniger an der Überlegenheit des Modells, als vielmehr an dem engen regulatorischen Rahmen und impliziten Spielregeln des korporatistischen ‚Modells Deutschlands' gelegen haben.

Hier wird deshalb vorgeschlagen, sich auf die Grundideen des Trennbankensystems nach dem *Glass-Steagall Act* aus dem Jahr 1933 zu besinnen, der auf einer sehr einfachen Idee basierte: „The logic was that since commercial banks would hold the deposits of ordinary Americans they could not be allowed to put their capital in jeopardy by underwriting securities and operating in the risky environment of Wall Street" (Weiner 2005, 7).[12] Ohne hier auf die Details eingehen zu können, wies das Gesetz in die richtige Richtung, hatte aber auch einige Schwächen: „Even under Glass-Steagall commercial banks could invest in bonds, manage mutual funds, execute securities trades on the order of their customers and underwrite government-related securities. The main thing they couldn't do was underwrite corporate stocks and bonds. Even that prohibition was loosened, as regulators permitted bank holding companies to set up special subsidiaries devoted in part to underwriting corporate stocks and bonds" (Pozen 2009, 1).

Der Geschäftsbankenbereich könnte dezentralen, quasi-öffentlichen Einrichtungen wie den Genossenschaftsbanken und Sparkassen überlassen werden, für die es auch eine Einlagensicherung gibt, die eventuell auch nicht dem Renditedruck der Kapitalmärkte unterworfen werden dürften, da sonst der Widerspruch zwischen Rendite und Sicherheit unvermeidlich ist. Sie nehmen wie erwähnt die Depositen auf, managen das Zahlungssystem, vergeben Standardkredite und führen eventuell den An- und Verkauf von Wertpapieren durch. Sie sollten z.B. nicht im eigentlichen Derivatehandel tätig sein, auf keinen Fall im OTC-Bereich (Wilmarth 2010).

---

[12] Zu Inhalt und Geschichte siehe den Kurzüberblick zum Gesetz bei Demos (2009); kritisch zur Anknüpfung äußern sich u.a. Pozen (2010, 138-143) und Kregel (2010); als Dokumente des Zeitgeistes für seine Abschaffung siehe Saunders und Walter (1994), Canals (1997) und Barth et al. (2000).

Einschließlich ihrer übergeordneten Institute (Beispiel: DZ-Bank) und trotz aller Abgrenzungsprobleme (Blinder 2010) sollten sie sich aus dem Eigenhandel heraushalten und keine Drückerkolonnen zur Vermarktung renditeschädlicher Fonds usw. auf die Kundschaft loslassen. Natürlich gibt es hier Public Choice-Probleme zu berücksichtigen, die Landesbanken, an denen auch die Sparkassen beteiligt sind, warfen ein ebenso tristes Bild auf den öffentlichen wie die Marktakteure auf den privaten Sektor. Grundsätzlich gilt: Je langweiliger und einfacher das Geschäftsbankenmodell ist, umso besser, was die stolze Ausbildung eines seriösen Dienstleistungsethos nicht verhindern muss. Man kann sich aber auch vorstellen, dass der Geschäftsbankenbereich zwar dezentral aufgebaut sein sollte, aber durchaus Konkurrenz positiv auf die Qualität der Dienstleistungen durchschlagen könnte, da wie erwähnt auch bei den Sparkassen und Genossenschaftsbanken einiges im Argen liegt. Neben einem zentralistischen (eine große Girobank) und einem dezentral-öffentlichen könnte auch eine Variante mit (kleineren) privaten Geschäftsbanken, die auch an den Kapitalmärkten gelistet sein dürften, ihren Reiz haben.

Adam Smith kann als Wegbereiter einer Sichtweise bewusst beschränkter Geschäftsbanken in Anspruch genommen werden. Die Bedeutung ausreichender liquider Mittel und Reserven, die Problematik des Moral Hazard, die ihn zu einer – damals nicht sehr hohen – vorgeschriebenen 5%igen Kreditzinsobergrenze neigen ließ, die Verführung von Leverage zwecks höherer Eigenkapitalrendite und die Probleme der Geldschöpfung werden von ihm fachkundig diskutiert (1978/1776, 244ff.). Es sei ‚keine handfeste Verletzung der persönlichen Freiheit' „einem Bankier zu verbieten, … [neue] Banknoten auszugeben, obwohl alle Kunden sie annehmen würden. Solche Vorschriften mögen, ohne Zweifel, in gewisser Hinsicht als eine Verletzung der persönlichen Freiheit betrachtet werden, doch wenn einige wenige dieses Naturrecht so ausüben, daß sie die Sicherheit des ganzen Landes gefährden können, so schränkt jede Regierung, die liberalste wie die diktatorischste, dieses Recht gesetzlich ein, und zwar zu Recht" (ebenda, 267). Bei Externalitäten des Finanzsystems versteht Smith keinen liberalistisch-dogmatischen Spaß.

Bankaufgaben sind ihrer Natur nach und als Stabilitätsbedingung möglichst routinemäßig und einfach zu gestalten, so wie die öffentliche Wasserversorgung (siehe das aufschlussreiche Gedankenexperiment bei Kotlikoff 2010, XVII-XVIII), womit hier natürlich nicht die *Spread Ladder Swaps* (Derivatgeschäfte zum „Schuldenmanagement") gemeint sind, dank derer z.B. den Wasserwerken in Leipzig im September 2010 Verluste von fast 300 Mio. Euro drohten. Die begrenzte Haftung (der Direktoren) bei Aktiengesellschaften führt nach Smith zu ‚Torheit, Nachlässigkeit und Verschwendung in der Geschäftsführung' (1978, 632). Im Laufe der Jahrhunderte hat sich an dieser Tatsache scheinbar nicht viel geändert. „Had Fuld, Cayne, O'Neal, Prince, Rubin, Mozilo, Raines, and others known that their mansions, swimming pools, Porsches, airplanes, yachts, villas, and other necessities of life were on the line, they would never in a million years have taken the risks with their companies that they took. They made sure they worked for companies with limited liability and with plenty of directors' and officers' insurance, so they could not be personally sued or, if so sued, could not be financially hurt" (Kotlikoff 2010, 52).

Smith lehnt Aktiengesellschaften wegen ihrer begrenzten Haftung daher ab, mit Ausnahme von Versicherungen gegen Feuerrisiken, bei der Wasserversorgung usw. Als ersten Bereich nennt er das Bankgewerbe, da „man alle Vorgänge so stark reduzieren kann, daß sie zur sogenannten Routine werden oder zu einem solch uniformen Verfahren, bei dem nur eine geringe oder überhaupt keine Veränderung auftritt" (ebenda, 642). Adam Smith war schon klar, dass es im Finanzbereich mannigfaltige ‚Innovationsversuche' geben könne, die aber nicht unbedingt zu begrüßen sind. „Obwohl das Geschäft der Banken in der Theorie etwas kompliziert erscheinen mag, läßt es sich in der Praxis durchaus auf strenge Regeln reduzieren. Von diesen Regeln abzuweichen, verführt durch verlockende Aussicht auf außerordentlichen Gewinn, ist fast immer höchst gefährlich und häufig für die Bankgesellschaft, die es versucht, tödlich" (ebenda). Im Original steht für den außerordentlicher Gewinn „some flattering speculation of extraordinary gain" (1976, II, 279).

Um auf die Durchführbarkeit der Trennung zwischen Geschäfts- und Investmentbanken zurückzukommen: Natürlich können Menschen ihr Geld auch im Investmentbanking-Bereich anlegen (zur stark pfadabhängigen Geschichte des Investmentbanking in den USA siehe Carosso 1970, Myers 1970 und Stedman (Hg.) 1969). Hier soll aber die strikte – gerne in Gesetzen festgehaltene – Regel gelten: Es gibt für Investmentbanken keine Einlagensicherung und keine anderen *bail-outs*, ohne wenn und aber. „Zur Einlagensicherung und zum staatlichen Sicherheitsnetz dürften ausschließlich Geschäftsbanken Zugang haben. Alle anderen Institute – Investmentbanken, Hedge-Fonds, Versicherungen und Kapitalbeteiligungsgesellschaften – wären auf sich gestellt" (Roubini und Mihm 2010, 310).

In diesem Zusammenhang wurde weiter oben über die Trennung und Abschirmung der Geldkreisläufe der Geschäfts- und Investmentbanken nachgedacht *(ring fencing)* und folgende Forderung übernommen: „Um jegliche Verquickung zwischen diesen beiden Gattungen zu vermeiden, dürften Investmentbanken bei versicherten Geschäftsbanken keine [Übernacht]kredite mehr aufnehmen" (Roubini und Mihm 2010, 309). Die Autoren weisen völlig zu Recht auf die in der Diskussion nicht unbedingt angemessen gewürdigte Krisenursache der Aufnahme kurzfristiger, liquider und günstiger Mittel hin, die in langfristige, illiquide Anlagen wandern, was dann bei einer auch nur kurzfristigen Unterbrechung beim Zwang ständiger, revolvierenden Neuaufnahme der kurzfristigen Mittel schnell zu Illiquidität führt, wie in der FK gesehen. Hieraus folgt, „dass Investmentbanken von jeder kurzfristigen Kreditaufnahme ausgeschlossen werden sollten. Wenn sie sich langfristig in nicht liquiden Anlagen engagieren wollen, müssen sie sich das Geld dafür durch die Ausgabe von Aktien oder langfristigen Anleihen beschaffen. Diese Reform würde das Finanzsystem entflechten und die Gefahr der systemübergreifenden Dominoeffekte verringern" (ebenda). Es wird ferner das Problem zu berücksichtigen sein, dass Investmentbanken und das Schattenbanksystem nicht die traditionellen Banken über den ‚Wettbewerb' (laxere Regulationsvorschriften) aus dem Markt drängen, wie dies vor 1999 in den USA zu beobachten war. Hieraus folgt u.a., dass Girokonten nur von den Geschäftsbanken verwaltet werden dürfen!

Date und Konczal (2010) zeigen in ihrer interessanten Rekonstruktion der Situation der Geschäftsbanken vor 1999, dass die endgültige Aufhebung von Glass-Steagall auch auf einigen orthodoxen Prämissen ruhte, die sich alle als falsch erwiesen (siehe auch Hendrickson 2001). Drei dieser Prämissen lauteten: Die Ausdehnung der Geschäftsfelder macht Geschäftsbanken wettbewerbsfähiger; die Schattenbanken werden – obwohl weniger kontrolliert – über freie Marktdisziplin zu vernünftigen Risiko-Ertragsentscheidungen angehalten, wenn eine Schattenbank falsch handelt, wird sie nicht zum Schaden des Steuerzahlers abgewickelt. Die Realität sah bekanntlich anders aus: „(T)he opportunity to enter the securities business has not made banks any more competitive. Moreover, it turns out that non-banks (e.g. Merrill Lynch, GE Capital, CIT, GMAC, the GSEs) made breathtakingly bad credit risk-return decisions. And the lack of any bank-like regulatory governors on growth allowed leading shadow banks to grow so explosively during the credit bubble that, when they failed, taxpayers were forced by the successive Administrations to support them, for fear of the collateral damage of such large firms' collapse" (2010, 61).

Hier soll nicht auf die Einzelheiten der verschiedenen Vorschläge eines neuen Trennbanksystems eingegangen werden. So vertritt Kay (2009) eine Trennung von Zahlungssystem und riskanten Assets, Volcker eine Spaltung von Eigenhandel und Massengeschäft, Kotlikoff (2010) die Variante eines *limited purpose banking*. Eine institutionelle, klare Trennung beider Bereiche, d.h., dass ein Finanzinstitut nur eine der beiden Sparten betrieben darf, ist unabhängig von den Details sicher sinnvoll, da ansonsten verschiedene Firmenkulturen aufeinander treffen und die Verführung der Verwischung (abzweigen der Kundengelder für Spekulation, Vermischung von Eigenhandel und Verkauf) groß ist, was wieder mehr Regulation und Aufsicht erfordert *(simplify!)*. Symbolisch würde zudem jedem Anleger klar: Hier bin ich im sicheren oder im risikofreudigen Sektor, hier kann ich Geld ruhig parken, dort winkt glücklicher Gewinn oder (Total)Verlust. Es soll keine Personen mehr geben, die als jahrzehntelange Kunden der Postbank zu einem Schalter gehen, um etwas Geld auf ein Sparkonto anzulegen, um mit einer direktauszahlenden Sofortrente, einer Containerschiffbeteiligung oder Zertifikaten aus der Filiale wieder heraus zu spazieren.

Doch hiermit nicht genug. Die Investmentbanken als wesentliche Mitverursacher der FK verdienen wie gesehen vor allem durch OTC-Derivate, IPOs und Beratung gutes Geld dank hoher oligopolistischer Margen und impliziter Kollusion, Geld, das in letzter Instanz in erster Linie der Kleininvestor zahlt. Sie legen allergrößten Wert auf die Nichtstandardisierung und auf geringe Transparenz der „Produkte". In vielen Bereichen kann man sich fragen, ob sich ihre teuren Dienste wirklich lohnen. So lassen sich selbst große Börsengänge (Google) über eine einfache Auktion bewerkstelligen. Hier wird zumindest gefordert, eine funktionale Aufspaltung vorzunehmen, um Interessenkollisionen, leistungsfreie Oligopolgewinne und die Bail-out-Problematik zu vermeiden, hatte doch u.a. Augar (2005) auf die Informationsvorteile der integriert-globalen Netzwerke der Investmentbanken hingewiesen, die sich auf die Aktien-, Anleihen- und Währungsmärkte erstrecken, ohne dass diese Informationsvorsprünge der Tobinschen funktionalen Effizienz der Märkte dienlich sein müssten, da sie oft als trendverstärkende Wellenreiter unterwegs sind.

Für funktionale Entflechtung spricht neben kleineren Einheiten auch die zunehmende Unübersichtlichkeit, die mit zum wiederholten Austrocknen des Interbankenmarktes führte. „Given the complex gambles that the banks had undertaken, their failure to adequately appraise risks (including counterparty risk), they knew that they didn't know accurately their own balance sheet; they were exposed to enormous uncertainties. So they knew that they couldn't know that of other banks to whom they might lend. Complexity of assets and derivatives made it nearly impossible to measure and credibly convey solvency to counterparties. No one can prove they are solvent" (Stiglitz 2009d, 18).

Durch funktionale Trennungen wird auch eine funktionierende Finanzregulation angesichts der mehrdimensionalen Komplexität (Produktvielzahl, Unternehmensstruktur usw.) realistischer. „Regulation of the financial sector is a vastly more complex problem than regulating electric or gas utilities. There a dozens of products deeply interconnected in several different ways in a geographically global system ... [For example:] Firm complexity challenges regulation because it requires regulatory agencies with enormous resources to understand the linkages between extremely different financial product markets. To regulate a firm engaged in insurance, banking, investment banking, trading, and other products, a single regulatory agency will have to possess an unbelievable broad range of skills, tools, and resources" (Fox-Penner 2010).

Es tritt noch ein Resilienz-Diversifikationsargument hinzu. Persaud zeigt, dass die Wahrscheinlichkeit schwarzer Löcher der Liquidität, die auch leicht die Solvenz angreifen, durch eine Abnahme der Diversität und Heterogenität erhöht wird, die kaum durch die erhöhte Breite der Märkte kompensiert werden kann. „As markets have other aspects of life, size is not everything. There is a troubling sense that some markets are bigger and yet thinner. In particular that many markets, big and small, there are frequent episodes of intense price disruptions ... there is no evidence that the number of financial crises has fallen over time despite the explosive rise of financial markets in recent decades ... there is evidence that the concentration of capital flows to risky markets, like emerging equity markets, is growing rather than fading, which is not something you would associate with spreading liquidity" (Persaud 2003b, 88, mit empirischen Belegen, siehe auch 2003a).

Die höhere Krisenanfälligkeit wird als Resultat der Abnahme der Informationskosten, der zunehmenden Marktkonsolidierung (Trend zu größeren Universalbanken) und des gleichgerichteten Verhaltens durch Regulation (Basel II, VaR, Mark-to-market) gedeutet. Man kann diese Erkenntnis Persauds teilen, ohne seine – da aus der Branche kommend kaum verwunderliche – Forderung weitgehend unregulierter Hedgefonds unterstützen zu müssen. Es kann noch hinzugefügt werden, dass generell bei drohenden Krisen, z.b. bei sich anbahnender Illiquidität im Gesamtsystem Diversität ab- und gleichgerichtetes Verhalten (Deleveraging) zunimmt, was gerne am Beispiel der *Millenium Bridge* in London exemplifiziert wird, die bei der Einweihung 1996 durch die vielen, sich in eine Richtung bewegenden Fußgänger bedenklich schwankte und stabilisierende Nachbesserungen erfolgen mussten.

Aus diesen Überlegungen folgt, dass Beratung und Eigenhandel bei den Investmentbanken zu trennen sind! Das Gegenargument, *Market Maker*-Funktionen seien wichtig, ist an sich richtig, sie sollten aber von nur hierfür zuständigen Institutionen ausgeübt werden, um Interessenkonflikte auszuschließen. Ferner sollen Investmentbanken Erstemissionen vornehmen und Fremdkapital platzieren dürfen, nicht aber gleichzeitig den Verkauf der neuen Aktien oder von Anleihen übernehmen dürfen, da hiermit ungerechtfertigte Gewinnmitnahmen verbunden sind. Unabhängige Broker sollten als Verkäufer auftreten. Ihnen und den Investmentbanken ist der Eigenhandel nicht erlaubt. So „sollte den Investmentbanken jede Art des riskanten Eigenhandels untersagt werden, und sie sollten sich nicht mehr als Hedge-Fonds und Kapitalbeteiligungsgesellschaften beteiligen dürfen. Stattdessen sollten sie sich auf ihr früheres Kerngeschäft beschränken, also auf die Kapitalbeschaffung und die Platzierung von Wertpapieren. Eigenhandel und Hedge-Fonds-Geschäfte, wie sie derzeit von vielen Investmentbanken betrieben werden, sollten stattdessen auf Hedge-Fonds beschränkt werden" (Roubini und Mihm 2010, 309-310). Mit diesen Maßnahmen würden die exorbitanten Gewinne der Investmentbanken auf ein moderates Niveau sinken, der Tanz auf dem Vulkan von Arroganz, Selbstüberschätzung und die Ausbeutung einer privilegierten Marktstellung wäre wohl am Ende.

Doch mit Roubini und Mihm, die einen radikalen Schnitt und den Aufbau massiver Brandmauern vorschlagen, die über den Glass-Steagall Act noch hinausgehen und mit Persauds Überlegungen im Hinterkopf soll die Strategie der Trennung und ‚Entnetzung' noch einen Schritt weiter getrieben werden: Alle Akteure auf den Kapitalmärkten sollten bestimmten „Kategorien" zentraler Organisations- und Tätigkeitsfelder zugeordnet werden und sie müssten sich auf diese Tätigkeitsfelder beschränken! Für Geschäfts- und Investmentbanken erfolgte bereits eine Beschreibung ihres zulässigen Aktionsradius.

„Weitere Kategorien wären Versicherungen und Kapitalbeteiligungsgesellschaften. Keinem dieser Unternehmen sollte es gestattet sein, sich auf Aktivitäten jenseits ihres Kerngeschäfts auszudehnen. Versicherungen dürften keinen Eigenhandel betreiben, Geschäftsbanken, Investmentbanken oder Hedge-Fonds keine Versicherungsgeschäfte. Kapitalbeteiligung beschränkt sich auf Kapitalbeteiligungsgesellschaften. Ein Unternehmen, das einer Kategorie angehört, darf sich nicht in Sparten betätigen, die in eine andere Unternehmenskategorie fallen" (ebenda, 310). Hinzuzufügen sind Fonds, die heute oft mit Banken verbunden sind (wie der DWS der Deutschen Bank), was zu vielfältigen Interessenkonflikten führen kann. Auch Fonds stellen eine eigene Kategorie dar und sind auf ihr Kerngeschäft zu beschränken. Allen Akteuren der genannten Kategorien ist es untersagt, Geschäftsbeziehungen zum grauen Sektor der Finanzmärkte mit nichtregistrierten und nicht regulierten, oft in Steueroasen ansässigen Akteuren und Institutionen zu unterhalten.

Eine solche Kategoriefokussierung zur Reduzierung der Verflechtungen *(interconnectedness)* und Vermeidung von Interessenkonflikten dürfte zu den selten diskutierten, aber unabdingbaren Voraussetzungen eines zukünftigen aufregenden Lebens, aber bitte ohne Kernschmelzen sein. Es ist der große Verdienst Roubinis und Mihms, diesen Aspekt, wenn auch leider nur sehr kurz (ebenda, 308-311), aber dennoch überzeugend in die Diskussion eingebracht zu haben.

6
Eigenkapital, Leverage und Bilanzierungsregeln

Bisher wurden einige unumgängliche Vorschläge vorgetragen. Sie reichen aber bei Weitem nicht aus, denn es besteht die Gefahr, „that if radicalism is defined exclusively in structural terms – small banks, narrow banks, or the replacement of banks with mutual loan funds – that we will fail to be truly radical in our analysis of the financial system ... An exclusive focus on structural change options, indeed, reflects a confidence that if only we can identify and remove the specific market imperfections which prevent market disciplines form being effective, then at last we will obtain the Arrow-Debreu nirvana of complete and self-equilibrating markets. I instead believe that liquid financial markets are subject for inherent reasons to herd and momentum effects, that credit and asset price cycles are centrally important phenomena, that maturity transforming banks perform economically valuable, but inherently risky functions, and that the widespread trading of credit securities can increase the pro-cyclicality of credit risk assessment and pricing, then we have challenges which cannot be overcome by any one structural solution" (Turner 2010, 46-47). Turner zeigt pointiert, warum weitere Reformen nötig sind, er argumentiert aber nicht überzeugend, wenn er meint, weil strukturelle Vorschläge alleine nicht ausreichen, seien sie unnötig und zugunsten höherer Eigenkapitalvorschriften und einiger, gegen Prozyklizität gerichteter, makroprudentieller Maßnahmen aufzugeben.

In der Diskussion um die Lehren aus der FK spielt der Hinweis auf verschärfte Eigenkapitalregeln in allen Beiträgen eine hervorragende Rolle (siehe die übersichtliche Darstellung bei Sinn 2009, 155-163; zur Befürchtung der in die Höhe schießenden Kreditkosten bei schärferen Eigenkapitalvorschriften siehe die Entwarnung aus dem Mainstream von Hanson et al. 2010). Tatsächlich waren und sind besonders europäische im Vergleich zu Amerikanischen Banken mit sehr geringen Reserven

456   IV. Ist ein Leben ohne Finanzkrisen möglich?

ausgestattet. In Deutschland waren bis 1988 praktisch eine Kernkapitalquote von 4% und eine Gesamtkapitalquote von 8% vorgeschrieben. Auch dank der veränderten Baseler Regeln auf dem Weg von Basel I zu Basel II war es dank der zwischengeschalteten Novelle aus den Jahren 1995/96 (Kapitaladäquanzrichtlinie) möglich, einen viel zu positiven Eindruck bezüglich der Eigenkapitalquoten zu vermitteln. Dies lag zum Einen an den Gewichtungsvorschriften: Für Staatsanleihen von EU-Ländern mussten Banken überhaupt kein Eigenkapital vorhalten (Gewichtung: 0). Für Kredite an Banken in Ländern mit hoher Bonität lautete die Gewichtung 0,2, für sehr gut bewertete Unternehmen liegt die Gewichtung zwischen 0,2 und 0,5. Der Proliferation von CDS wurde Vorschub geleistet, indem bei der Gewichtung das Rating der bürgenden Institution angesetzt wurde (z.b. der erstklassigen AIG; die Probleme der bankeninternen Risikomodelle werden hier ausgeklammert).

Die verschiedenen, unübersichtlichen Angaben zu Eigenkapitalpositionen verdanken sich der Tatsache, dass es drei Quoten gibt: Einmal die Kernkapitalquote (Tier 1), wobei das Kernkapital aus Grundkapital und (Gewinn)Rücklagen (und eventuell stillen Einlagen) besteht. (Tier 2 enthält z.b. unrealisierte Gewinne aus Wertpapieren, Tier 3 z.b. Anleihen mit Laufzeiten von 2-5 Jahren). Die üblicherweise angegebene Kernkapitalquote entspricht dem Kernkapital dividiert durch die *gewichteten* Risikopositionen. Zweitens die in der Regel höher liegende Gesamtkapitalquote, bei der die risikogewichteten Aktiva ins Verhältnis zu den Eigenmitteln gesetzt werden, wobei zum Eigenkapital noch Kapital mit Drittmittelrang gezählt wird. Am aussagekräftigsten ist die bilanzielle Eigenkapitalquote (sie ist der Kehrwert der Leverage Ratio), bei der das Eigenkapital nicht durch die gewichteten Risikopositionen, sondern einfach durch die Summe der (nicht gewichteten) Aktiva geteilt wird, unter Vermeidung des Sichgesundrechnens durch niedrige Risikogewichte. Der Unterschied ist gravierend, so lag die Kernkapitalquote der Deutschen Bank Ende September 2009 bei 10,3%, die der bilanziellen Eigenkapitalquote bei 1,8% (Sinn 2009, 160). Zu berücksichtigen ist, dass das Eigenkapital der bilanziellen Eigenkapitalquote sich von der der Kernkapitalquote unterscheidet, da es gemäß Basel II auch immaterielle Vermögenstitel (z.b. die Differenz zwischen Kaufpreis und Buchwert des Eigenkapitals eines übernommenen Unternehmens) und eigene Aktien enthält.

6 Eigenkapital, Leverage und Bilanzierungsregeln 457

Auf der anderen Seite der Bilanz konnte man sich gesundrechnen, da die *mark-to-market*-Regel galt und noch nicht realisierte Gewinne qua Aufblähung der Assetwerte die Eigenkapitalquote in die Höhe schnellen ließ. Die relevante nicht gewichtete bilanzielle Eigenkapitalquote wesentlicher deutscher Institute betrug wie angedeutet nicht um die 8%, sondern lag und liegt nach wie vor tatsächlich größtenteils unter 2%. Schaut man sich die Eigenkapitalquoten nichtfinanzieller Unternehmen an, so liegt die Quote maximal beim zwei- bis dreifachen des Eigenkapitals, wohl auch, da nichtfinanzielle Unternehmen keinen impliziten Rettungsschirm haben. Man kann die Zahlen als auch noch großzügige Richtschnur, die die höhere Verbundenheit der Unternehmen des Geldnexus hierbei nicht als besonders riskant berücksichtigt, für das Post-Bail-out-Finanzsystem heranziehen und fordern, dass ein bilanzielles nichtgewichtetes Kerneigenkapital von ungefähr 30% bestehen muss! Auf die komplizierten Bestimmungen von Basel II auf mehr als 300 Seiten sollte **vollständig** verzichtet werden *(simplify!)*, d.h. die dort in der Säule 1 festgehaltenen Mindestkapitalanforderungen sollen nur den einfachen, standardisierten Ansatz (dortiger Mindestkapitalkoeffizient: 8%) übernehmen und auf risikosensitivere und bankinterne Risikobewertungsverfahren völlig verzichten. Auch Martin Hellwig (2010) tritt mittlerweile für eine ähnlich hohe und auf Risikogewichtungen verzichtende Eigenkapitalquote ein. Wer solche Eigenkapitalanforderungen für utopisch hält sei daran erinnert, dass sie auch nach 1945 über viele Jahrzehnte ohne größere Probleme der Standard waren. Hellwig gibt zu bedenken: „Wenn die Banken mehr Eigenkapital haben müssen, werden die Risikoprämie und die von Investoren geforderte Eigenkapitalrendite niedriger sein. Die Aussage, die Kapitalkosten der Banken werden steigen, weil Eigenkapital viel teurer ist als Fremdkapital, ist ohne zusätzliche Bedingungen, etwa zur Privilegierung des Fremdkapitals durch Steuer- oder Bailout-Subventionen, falsch" (2010, 5; der detaillierte Beleg wird von ihm mit Admati et al. 2010 erbracht).

Da sich die Baseler Risikogewichtungen als wenig stichhaltig erwiesen, sollte man also keine differentiellen Gewichtungen mehr vornehmen. „Indeed, the crude leverage ratio – an object of scorn of many regulators – turned out to be a more reliable constraint on excessive risk taking than the complex Basel rules" (G. Hubbard 2009, 2). Das Argument, dass dann die Institute riskantere Kredite vergeben, da sie ungewichtet Rücklagen zu bilden haben, ist wenig überzeugend, setzt es doch voraus, dass man den Unternehmen nicht zutraut, riskantere Kredite einzuschätzen. Ein Regulierungsproblem taucht zudem nur dann auf, wenn man ein Institut aus systemischen Gründen retten muss, es also z.b. zu groß ist, was aber durch die Entflechtung und eine konsequente, ordnungspolitisch motivierte Trennbankenpolitik in diesem Sinne in Zukunft nicht mehr der Fall sein soll. Wer zu riskante Kredite vergibt, geht unter. Wer sich dessen bewusst ist und wenn die Politik dies glaubhaft macht, wird aus wohlverstandenem Eigeninteresse in Zukunft hoffentlich vernünftiger handeln, wer dies nicht tut, verdient es, zu verschwinden.

An der Höhe des erforderlichen Eigenkapitals scheiden sich natürlich die Geister, wenige stimmen mit der hier vorgeschlagenen hohen Sicherheitsmarge überein, aber es gibt sie. „(W)e must sharply raise capital requirements at leveraged institutions, so shareholders rather than regulators play the leading role in making sure their money is used sensibly. This means tripling capital requirements so banks hold at least 20-25 per cent of assets in core capital" (Boone und Johnson 2010a; siehe auch ihren Artikel „Changing the rules, not the tax bill" in der *New York Times* vom 14.1.2010). Anfang Oktober 2010 wurde von Seiten der Schweiz für die Großbanken UBS und Crédit Suisse eine insgesamt 19%ige harte Eigenkapitalquote vorgeschrieben, da die Bilanzsummen der Schweizer Banken ein Vielfaches des Schweizer BIP ausmachen. Es wird sich also empirisch zeigen, ob doppelt so hohe Eigenkapitalanforderungen utopisch sind oder nicht. Die beiden Banken haben die Vorschrift auf jeden Fall akzeptiert, vielleicht haben sie hierdurch sogar einen Wettbewerbsvorteil.

Die Bankenlobby hat auch in der Frage, inwieweit außerbilanzielle Vermögenswerte zu berücksichtigen sind, Erfolge aufzuweisen. Europäische Banken forderten erfolgreich, auch Beteiligungen an anderen Instituten einzurechnen, Amerikanische Banken setzten die Anrechnung von Steuergutschriften durch, bei der *Citigroup* immerhin in Höhe von 50 Mrd. Dollar, bei der *Bank of America* von über 30 Mrd. Dollar (die Anrechnung ist auf 15% der Kapitalreserven beschränkt). Die deutsche Seite setzte durch, dass stille Einlagen zum harten Kernkapital (Tier 1) rechnen, sofern die Banken keine Aktiengesellschaften sind. Dies mag für die Sparkassen- und Raiffeisenbanken angemessen sein, doch bei der Anrechnung der staatlichen stillen Einlagen bei der Commerzbank von über 17 Mrd. Euro zeigt sich der sehr breite Rahmen der Regel, alle vom Staat in der FK gewährten Einlagen zum harten Kernkapital hinzuzurechnen.

Am 13.9.2010 einigte man sich in Basel auf die neuen Eigenkapitalanforderungen (Basel III): Bis 2019, also einer schön langen Übergangsfrist, muss ein hartes Eigenkapital von nicht mehr 2%, sondern 7% (man erinnere sich: Der gewichteten Risikopositionen), einen 2,5%igen Risikopuffer einschließend, vorhanden sein. Simon Johnson hatte wie gerade zitiert 15-20% gefordert. Ende 2009 erfüllten alle Großbanken Europas (exklusive dem Sonderfall HRE) die 7% (auch Lehman Brothers vor dem Kollaps), selbst die Commerzbank steht mit 10,8% gut da, weil sie Hybridkapital einrechnen darf, die UBS verfügt gar über 14% (siehe die Tabelle bei Sinn 2009, 160 und Details in D'Hulster 2009). Die Finanztitel im Euro Stoxx 50 legten in Reaktion auf die neue Regel sofort bis zu 6% zu (*SZ* vom 14.9.2010, 17 und 21). Ob die bescheidenen Vorschläge rechtskräftig werden, hängt nun auch noch davon ab, ob die Republikaner in den USA die kommenden Wahlen gewinnen werden.

Um prozyklische, künstliche Aufblähungen der Assetwerte zu vermeiden, sollte man des Weiteren zum konservativen Niederstwertprinzip zurückkehren (das im Vergleich zu *mark-to-market* weniger Nachteile aufweist, (so auch Sinn 2009, 309), nach dem nichtrealisierte Werte in der Bilanz zum Anschaffungspreis oder zu einem niedrigeren aktuellen Marktwert zu bilanzieren sind. Die Idee, neue Finanzvehikel auch zum Zweck einer Einschränkung der prozyklischen Assetaufblähungen einer (öffentlichen) Zulassung dem Vorbild der Pharmabranche zu unterwerfen, ist an sich nicht schlecht, dürfte aber wegen der Plastizität der Finanzprodukte und der hohen Abhängigkeit ihrer Wirkungen von der Marktsituation, der Konzentration der Assets bei einzelnen Akteuren usw. schwierig sein. Mit dem Niederstwertprinzip ist natürlich nicht das prozyklische Ratingbewertungsproblem gelöst: Nach der Berechnungsformel von Basel II sind für ein Wertpapier über eine Million bei Aaa-Rating 5600 Euro, bei einem Ba1 200.000 und bei einem B1 eine Million Euro zu hinterlegen. Daher sollte auf krude Eigenkapitalanforderungen ohne ratingabhängige Basel-Formeln übergegangen werden.

Als weitere Regel empfiehlt sich, bei Schieflage (zu geringes Eigenkapital) nicht einen zerstörerischen Prozess des *deleveraging* vor sich gehen zu lassen, sondern den Finanzinstituten bei drohender Gefahr einer systemischen Schieflage eine obligatorische Nachschusspflicht für Eigenkapital abzuverlangen (ähnlich den Nachschusspflichten bei Wertschwankungen von Optionen und Futures), wenn der Wert des Investmentportfolios unter die Summe ihrer Zahlungsverpflichtungen fällt.

Sollte dies nicht gewünscht werden oder sehen sich die Besitzer nicht in Lage dazu, so steigt der Staat mit stimmberechtigten Anteilen ein (im Unterschied zur deutschen Variante der Freiwilligkeit), um erforderliche Eigenkapitalquoten nicht durch Notverkäufe lösen *(fire sales)* zu lassen. Ein weniger strenges Reglement könnte vorsehen, dass Deleveraging zugelassen wird, aber während dieses Prozesses auf jeden Fall keine Dividendenzahlungen erfolgen dürfen.

Man kann sich natürlich fragen, ob diese Maßnahmen angesichts des 100%Geldreformplans überhaupt nötig sind. Hohe Eigenkapitalforderungen werden durch den 100%-Plan nicht obsolet, da zwar dem Gesamtkreditvolumen Grenzen gesetzt werden, nicht aber dem Verhältnis Eigen- zu Fremdkapital *einzelner* Finanzinstitute! Außerdem müssen natürlich die hier formulierten Anforderungen auf den Bereich des Schattenbankensystems ausgeweitet werden, um überhaupt Sinn zu machen (mit Bezug auf die Modernisierung bei einer Rückkehr zum *Glass-Steagall Act* siehe Posner 2010, 353-360 und Date und Konczal 2010). Zum Beispiel „Hedgefonds, die keinen Banken gehören, sind ebenfalls als selbstständige Einrichtungen zu regulieren und zur Eigenkapitalunterlegung ihres Geschäfts zu zwingen" (Sinn 2009, 310).

Dem Entstehen einer Kreditklemme wird durch den 100%-Plan durch die Nichtkontraktion und privatwirtschaftliche Kontrolle der Geldmenge ein gewisser Riegel vorgeschoben. Zur Vermeidung einer solchen Kreditklemme *(credit crunch)* wäre aber die Beeinflussung der Kreditvergabe durch Stimmrechte nach Zwangsrekapitalisierungen und staatlicher Teilhaberschaft (erzwungene Kapitalerhöhungen, siehe auch Sinn 2009, 297-299) als Kontrollprämie möglich (am Beispiel der USA siehe die Diskussion bei Ritholtz und Task 2009, Kapitel 22, mit der treffenden Abschlussbemerkung: „Real capitalists nationalize; faux capitalists look for the free lunch", ebenda, 281). Auch die automatische Umwandlung von Schuldtiteln in Eigenkapital (Aktien) als neuartige Wandelanleihen (*contingent convertible bonds*, kurz *cocos*) wird vorgeschlagen, so dass den Kreditoren unmissverständlich klar wird, dass sie einen Teil des Risikos zu tragen haben (Boone und Johnson 2010b, 271; Roubini und Mihm 2010, 277). Hellwig (2010, 4) gibt allerdings zu bedenken, dass die Spezifizierung des Konversionsereignisses schwierig sein dürfte und eventuell Investoren (z.B. Pensionskassen) durch den Umwandlungszwang in einen Strudel gerissen werden und so letztlich die Verluste wieder beim Staat landen.

7
Die Finanzmarkttransaktionssteuer und die Begrenzung der Derivate

Zur Eindämmung der Spekulation und des Handelsvolumens (an der New Yorker Börse NYSE werden heute an einem Tag mehr Deals abgewickelt als 1929 in einem Jahr) ist in diesem komplementären Sinne auch die ursprünglich von Keynes und Tobin vorgeschlagene Finanzmarkttransaktionssteuer (FTS) angezeigt (siehe zum Stand der kritischen Diskussion den Überblick bei Yates 2009), die man mit Pigou auch als Internalisierung negativer externer Bankeffekte ansehen kann und deren politische Symbolkraft sogar zur Namensgebung einer NRO führte (Attac) und z.b. vom Chef der britischen Bankenaufsicht, Adair Turner, unterstützt wird. Sie soll bewusst Sand ins Getriebe hyperaktiver Finanzmärkte streuen.

Der Ausrichtung des BBP entsprechend bemerken Eichengreen, Tobin und Wyplosz: „Volatility in exchange rates and interest rates induced by speculation and capital flows could have real economic consequences devastating for particular sectors and whole economies" (Eichengreen et al. 1995, 164). Für Tobin ging es damals auch immer um das Gewinnen eines gewissen Autonomiespielraums in geld- und fiskalpolitischer Hinsicht. Ansätze einer FTS gab es in Form der deutschen Börsenumsatzsteuer und gibt es in Form der 0,5% betragenden Aktientransaktionssteuer (neben neun anderen EU-Ländern) am Finanzplatz London, die diesen nicht beeinträchtigt, wegen ihrer Beschränkung auf Aktienkäufe aber alleine auch nicht schützt.

Die FTS soll im minimalen Bereich von 0,01% (ein Basispunkt, bei Teilung der Kosten zwischen Käufer und Verkäufer also 0,005% für beide Seiten) bis 0,1% pro Transaktion liegen. Im Unterschied zur diskutierten allgemeinen Bankenabgabe (Restrukturierungsfondsgesetz), deren Aufkommen als Sicherheitsfonds für systemrelevante Banken dienen soll und die weitestgehend auf die Kunden abgewälzt (Inzidenz) werden könnte (von der Politik als Anteil der Finanzinstitute an den Krisenfolgekosten fehltituliert), da unlogischerweise alle Finanzinstitute zahlen müssen und die Bemessungsgrundlage recht arbiträr ist (Höhe der Interbankenverbindlichkeit und Derivatepositionen), schmerzt eine FTS, die deutlich schwerer auf die Durchschnittskunden abgewälzt werden kann.

Dies hängt auch mit der erwünschten selektiven, ordnungspolitisch erwünschten Wirkung einer FTS ab: Sie macht sich wegen ihres sehr niedrigen Steuersatzes kaum bei realen Spotkäufen und Hedging bemerkbar, was leider auch von sogenannten Finanzexperten in der deutschen Geisterdiskussion um die FTS immer wieder falsch dargestellt wurde (,Kleinanleger werden zur Kasse gebeten'; so auch Spahn 2002, der wesentliche Überwälzungen auf den Produktionssektor und die privaten Haushalte vermutet). Warum ausgerechnet hier der viel gepriesene Wettbewerb nicht greifen sollte und Kleinanleger nicht zu den Instituten wechseln, die günstigere Konditionen anbieten können, da sie z.B. nicht in Geschäfte mit Derivaten verwickelt sind und keine Kostenüberwälzung betreiben „müssen", bleibt unerfindlich.

Richtig teuer wird die FTS nur in zwei Fällen: Bei Transaktionen mit sehr kurzem Zeithorizont und v.a. bei Derivaten, da hier die Steuer auf den *notional value* (Kontraktwert) erhoben werden sollte und nicht auf die tatsächlich eingezahlte *margin*. 80% aller Transaktionen beziehen sich auf einen Zeithorizont von weniger als 8 Tagen, 40% auf weniger als 2 Tage bei einem hohen Anteil des Minuten- und Sekundenhandels. Nach Spahn (2002, 2) läuft bei einem Steuersatz von 0,1% eine Halteperiode von einem Tag auf einen Steuersatz von 50,7% hinaus (3 Tage: 18,5%, 1 Woche: 10,7%, ein Monat: 6,4%). Es sei hier nur daran erinnert, dass z.B. 1995 der Wert aller Zinsderivate 18 Billionen Dollar betrug, vor der FK stieg dieser Wert auf 400 Billionen Dollar, in dieser Zeitspanne verdoppelte sich das Welt-BIP, das Volumen der Zinsspekulation stieg um das 20fache.

Ferner: Wenn Staatspapiere im Wert von 100.000 Euro über eine Option oder einen Future mit einer geforderten Einzahlung von 1500 Euro *(margin call)* als Sicherheit abgegolten werden, so würde die Steuer auf den Kontraktwert von 100.000 Euro anfallen. Da die Gewinne in diesem Bereich oft im niedrigen Basispunktebereich liegen, würden tendenziell nur solche Derivate ge- und verkauft, die dem Hedging dienen und so die spekulativ bedingten manisch-depressiven Schwankungen reduziert. An diesem Beispiel zeigt sich, dass bei der Forderung nach einer FTS entscheidende Aspekte auch in den in der Öffentlichkeit kaum diskutierten Details liegen. So schlägt Baker (2008, 2) vor, für Anleihen 0,01% für jedes Jahr bis Fälligkeit, für Futures 0,02% des Kontraktwertes, für Optionen 0,5% der für die Option bezahlten Prämie und für Zinsswaps 0,02% des Assetwertes für jedes Jahr bis Auslaufen der Vereinbarung zu berechnen.

Minimalistisch schlägt Spahn vor, nur Kassageschäfte und Termingeschäfte sowie Swaps mit einer Laufzeit von einem Monat der Steuer zu unterwerfen und Optionen und andere Derivate freizustellen (2002, III). Er hält einen Erfolg bei EU-weiter Anwendung für gegeben und vermutet bescheidene 20 Mrd. Euro Einnahmen. Die von ihm zur Vermeidung von spekulativen Schwankungen vorgeschlagene Zusatzsteuer bei starken Wechselkursschwankungen, die sich an einem EWS-Korridor-Modell orientiert, ist von ihm nur für Schwellenländer und Industrieländer außerhalb der großen Währungsräume gedacht.

Die FTS muss möglichst umfassend sein, aber z.b. keine Neuemissionen betreffen (nur die Aktivitäten an den Sekundärmärkten). „Besteuert werden sollen Banken und andere Wertpapier- und Devisenhändler (Broker) sowie deren Großkunden: multinationale Unternehmen, Versicherungen, Investitions-, Pensions- und Hedgefonds etc. – all jene, die regen Anteil am Finanzhandel haben ... Dabei entfällt [verständlicher: gibt] die Steuer schlichtweg auf alle Arten von Wertpapier- und Devisentransaktionen ...: alle börslichen Wertpapiertransaktionen (Aktien, Anleihen, Derivate), alle außerbörslichen Wertpapiertransaktionen, alle Devisentransaktionen" (Reiners 2008, 1-2).

Das österreichische WIFO schätzt, dass sich die Handelssumme bei Derivaten durch Einführung der Steuer bei zeitlich sehr kurzfristigen Transaktionen um bis zu 90% reduzieren könnte. Insgesamt würde das Handelsvolumen der mit der Steuer belegten Bereiche bei einer Steuer von 0,01% wohl um etwa 30% abnehmen und trotzdem weltweit ein Steueraufkommen von 300 Mrd. Dollar pro Jahr generieren (zu Ausgestaltung, Details und Berechnungen siehe die Analyse von Schulmeister, Schratzenstaller und Picek in Schulmeister et al. 2008).

Auf die wahrscheinlich wieder zu komplizierten und vermeidungslabilen Vorschläge einer Steuervariation bei der FTS als antizyklischer Maßnahme wird im Weiteren ebenso wenig eingegangen wie auf die verbundene Problematik der Steueroasen. Angesichts fast vollständig computerisierter und automatisierter Abwicklung bestünde eine einfache

Technik der Erhebung, was zu sehr niedrigen Verwaltungskosten führt (0,05% des Steuerbetrages). Die große Frage lautet natürlich, auf welcher Ebene man die FTS mindestens einführen müsste, um Ausweichverhalten zu vermeiden. Aller Wahrscheinlichkeit nach dürfte hier Europa ausreichen, d.h. die Handelsplätze Frankfurt und London (und Zürich). Selbst wenn es zu Abwanderungen kommen würde: Wer sollte etwas gegen freiwillige Entsorgung von potentiell Toxischem haben (ohne dass hier *rebound*-Effekte kleingeredet werden sollen).

Das orthodoxe ökonomische Standardargument gegen eine FTS lautet natürlich, dass kleinere Transaktionsvolumina zu höherer Volatilität führen. Im Rahmen der EMH stimmt dies. Hält man aber Spekulation, *Noise trader* usw. für weitverbreitet, kann eine FTS zu einer höheren Effizienz führen. Baker gibt weiters zu bedenken, „if trading of the most liquid assets, like government bonds, were cut by 50 percent, or even 75 percent, these assets would still have enormous markets. Such reductions in trading may reduce the volume to levels of 20-25 years ago, but these markets were already highly liquid in the 80s" (2008, 4). Die Kosten der FTS werden relativ geringer bei illiquideren Assets sein, da sie höhere *bid/ask spreads* (Differenz zwischen An- und Verkaufspreis) haben. „The impact on volatility is also ambiguous. Theoretically, the impact can be in either direction ... However, if there are substantial numbers of noise traders ... in the market, the reduction in trading volume could actually reduce volatility since it can prevent price swings driven by momentum rather than fundamentals" (ebenda, 4). Man kann hinzufügen, dass das Argument, man besteure auch notwendige Transaktionen auf dem Geldmarkt und behindere so das Funktionieren der Interaktion zwischen Zentralbank und Geschäftsbanken beim Vorschlag der Injizierung frischen Geldes über den Staat entfällt. Zu klären wäre, wie sich die FTS auf den Interbankenmarkt auswirkt.

Im Lager heterodox-kritischer Ökonomen gibt es aber auch kritische Stimmen gegenüber einer FTS. Zu ihnen gehört seit längerem der Postkeynesianer Paul Davidson (1998), der stattdessen einen politischen *Market Maker* vorschlägt, der bei Bedarf gegen Herdenverhalten Gegenwind erzeugen soll. Entweder sei die Steuer nämlich zu niedrig, um Spekulation wirklich verhindern zu können, oder aber sie erreicht dieses Ziel und wäre dann zu hoch und behindere internationale Kapitalflüsse. Das Problem ist wohl nicht zu bestreiten, wenn man annimmt, dass bei gewagter Spekulation besonders hohe Gewinne (oder Verluste) anfallen

7 Finanzmarkttransaktionssteuer und Begrenzung der Derivate 465

können, etwa durch (erwartete) hohe kurzfristige Wechselkursschwankungen von 5%. Davidsons Vorschlag soll hier aber angesichts des Versagens öffentlicher Akteure in der FK nicht gefolgt, sondern stattdessen überlegt werden, wie man regelgebunden ausufernden Derivaten zu Leibe rücken kann.

Wie soll jenseits der FTS mit Derivaten verfahren werden (siehe den kompetenten Überblick über Funktionsweise, Gefahren und Volumen Anson et al. 2004)? Eine Forderung zu OTC-Derivaten lautet, sie zwar nicht zwangsweise zu standardisieren, sondern aufgrund der über viele Akteure laufenden *exposures*, die wie im Falle von AIG systemische Dimensionen annehmen können, vollständig transparent und zu einer öffentlich zugänglichen Information zu machen (so Viral Acharya und Robert Engle: „Derivatives trades should all be transparent" im *Wall Street Journal* vom 15.5.2009). Natürlich wird die Finanzindustrie argumentieren, dass man ihnen hier unlauter in die Karten schauen will. Es ist vor allem fraglich, ob diese Maßnahme ausreicht.

Gary Gensler, Vorsitzender der amerikanischen CFTC *(Commodity Futures Trading Commission)* und vormals u.a. 18 Jahre in leitender Stellung bei Goldman Sachs tätig, schlug deutlich höhere Einschussmargen und die Registrierungs- und Meldepflicht aller Transaktionen an eine Kontrollbehörde einschließlich der OTCs und ihre Abwicklung über ein oder mehrere Clearinghäuser vor (nach Ronald Orol in *MarketWatch.com* vom 24.6.2009). Dem hält Frank Partnoy entgegen, dass eine Registrierungs- und Transparenzpflicht bei weitem nicht ausreicht, denn „(w)e've been through decades of watching regulators chase innovation and fall progressively further behind" (zitiert nach Stephen Labaton: „Regulator to detail plan for derivatives" in der *New York Times* vom 3.6.2009). Als aus der Finanzbranche kommender Insider hat Partnoy über Jahrzehnte ein Hase-Igel-Spiel zwischen Finanzinnovationshasen und Regulationsigeln verfolgt, das entgegen der Fabel immer zugunsten der Finanzhasen ausging.

Selten wird bei den verhaltenen Vorschlägen zu mehr Transparenz eine makroökonomisch bedenkliche Nebenwirkung von Derivaten thematisiert: Ihre Verstärkung der Konjunkturzyklen und besondere Probleme für die Zielerreichung die Notenbanken „by introducing more leverage into the system and thus expand credit availability, especially for marginal borrowers. During an upswing in the business cycle, this additional borrowing capacity allows the private sector to withstand monetary restraint for a long time. As a result, the central bank eventually will need to engineer considerably higher interest rates – with corresponding lower asset values – that are normally expected in order to cool down the economy ... And, conversely, after a business recession, interest rates will have to drop more than is generally anticipated in order to revive economic activity" (Kaufman 2000, 81).

Warren Buffet hat schon recht, wenn er Derivate als Massenvernichtungswaffen bezeichnete. An der Frankfurter Börse werden alleine 280.000 Zertifikate und Optionen angeboten. Ihr schieres weltweites Volumen von 600 Billionen Dollar (2007), dem damaligen 11fachen Wert des Welt-BIPs, beantwortet die Frage nicht, ob von Derivaten netto positive Effekte auf die Realökonomie ausgehen. In Kapitel III und im Zitat Kaufmans wurde mehrfach darauf hingewiesen, dass die Volatilität der Spotpreise über die Derivate allem Anschein nach erhöht wird und der Kasinoaspekt der Finanzmärkte über die Hebelwirkung der Derivate voll zum Tragen kommt: Wenn ein Future z.b. einer Staatsanleihe über 100.000 Euro für 1500 Euro *(margin call)* zu kaufen ist, so führt eine alles andere als unwahrscheinliche 1%ige Wertschwankung der Anleihe zu einem Plus oder Minus der Geldanlage von 66%. Es wundert kaum, dass ein solches Wertsteigerungspotential die Vernunft aushebeln und die Verluste vergessen lassen kann, vor allem, wenn man sie nicht selbst tragen muss. Kapitel III hat auf die vielfältigen Schwächen menschlicher Rationalität hingewiesen (so auch Buiter 2009a, der neben makroökonomischen Risiken durch Derivate die Anheizung des Spieltriebes hervorhebt). Wenn eine Fehlbepreisung der den Derivaten unterliegenden Assets (aus welchen Gründen auch immer) stattfindet, so schlägt dies überproportional stark auch auf die auf sie bezogenen Derivate durch (Woolley 2010, 127).

Was folgt nun regulatorisch aus den Erkenntnissen über menschliches Entscheiden und die Eigendynamik von Derivaten. Zunächst wird ihnen in gewissem Rahmen durch die FTS ein Riegel vorgeschoben. Doch wie erwähnt dürfte dies wenig bei einem hohen Gewinnpotential helfen, das besonders bei OTC-Derivaten winkt. Das Argument, OTC-Derivate ließen sich nicht kontrollieren und sollten wegen den Vorteilen des Maßgeschneiderten auch nicht verboten werden, stehen die Nachteile ihres Missbrauchs, nicht zuletzt durch Informationsasymmetrien gegenüber. Diese spielen im Modell Woolleys (2010) eine herausragende Rolle bei der Erklärung von Fehlbepreisungen und Rentenabschöpfung durch

Finanzmanager gegenüber den Käufern. In seinem Modell scheinen allerdings unter strikter Anwendung der üblichen (Rationalitäts)Annahmen die wesentlichen Probleme durch transparente, weniger opake Märkte gelöst zu sein.

Es erstaunt, dass Roubini und Mihm, die dem BBP verbunden ansonsten zu den radikaleren Reformern gehören, Derivaten gegenüber eine milde bis ambivalente Haltung einnehmen (2010, 267-273). „Die meisten Derivate funktionieren nämlich ohne schädliche Nebenwirkungen. Einzig die Auswüchse, die bestimmte Derivate verursachen können, müssen unter Kontrolle gebracht werden" (ebenda, 270). Ohne weitere Begründung meinen sie, Zins- und Währungsderivate könnten weiterhin auch im Freiverkehr gehandelt werden, nur Kreditderivate nicht, der OTC-Handel sei unverzichtbar (ebenda, 267-273). Erfreulich wäre ihre Abwicklung über eine Clearingstelle, die auch nicht alle Probleme löse, weshalb sich eine Anhebung der Einschusserfordernisse empfehle, ohne zu sagen, um wie viel.

Das wichtige Thema der Derivate im Allgemeinen spielt bei Roubini und Mihm zumindest kaum eine Rolle in ihrem Buch und die Reformvorschläge sind sehr kurz gehalten und machen keinen allzu durchdachten Eindruck. In den Kapiteln 8 und 9 zu den nötigen Finanzmarktreformen hätte man sich mehr anstelle des weniger ergiebigen weltökonomischen Streifzugs ab Kapitel 10 mit 80 Seiten gewünscht, wodurch der Text etwas lau endet und zentrale Bereiche (Basel II, ebenda, 273-280) besonders kursorisch und viele Forderungen (z.B. keine Vorzugsaktien beim Kernkapital zu berücksichtigen) ohne Erläuterung und Begründung einfach statuiert werden. Der heiklen Frage, wie formale Risikobewertungsmodelle (Value-at-Risk, ebenda, 279-280) einzuschätzen sind, wird durch Allgemeinplätze aus dem Weg gegangen („Modelle sind immer nur so gut wie die Menschen, die sie einsetzen", ebenda, 280). Über Derivate scheinen sich die Autoren letztlich nicht recht schlüssig zu sein, ihr explosives Wachstum scheint sie aber doch zu irritieren: „Von einem Versicherungsinstrument haben sie sich zu einem reinen Spekulationsinstrument gewandelt, das für die oftmals naiven Investoren – zum Beispiel die Manager von Rentenfonds – ein gewaltiges Risiko darstellen" (ebenda, 273; man vergleiche das obige Zitat von Seite 270).

Der hier angedachte Vorschlag folgt im Unterschied zu Roubini und Mihm der historischen und sachlogischen Argumentation Lynn Stouts (1995, 2003), die darauf hinwies, dass OTC-Derivate über viele Jahrzehnte in den USA rechtlich nicht einklagbar *(legally unenforcable)* waren. Durch die Nicht-Einklagbarkeit dürfte sich ein guter Prozentsatz dieser Geschäfte von selbst erledigen (zu Volumen und Intransparenz siehe noch einmal Segoviano und Singh 2008). Ähnlich argumentiert neuerdings Jakob von Uexküll: „Spielschulden sind Ehrenschulden, die nicht einklagbar sind. So bald dies auch für Finanzwetten gilt, schrumpft der Markt schnell auf ein Minimum des heutigen Volumens. Da bedarf es dann keines Verbots bestimmter Spekulationsgeschäfte mehr, wie es die US-Regierung in Erwägung zieht" (2010, 26).

Es bedürfte auch keiner vollständigen (und eher leicht umgehbaren) öffentlichen Registrierung, um diese Wirkung auszuüben, wobei gegen ein internationales Kreditregister natürlich nichts spricht. Wenn Derivate von beiden Seiten für praktisch erachtet werden, sind sie auch bei Nichteinklagbarkeit realistisch. Ein Akteur, der über Informationsvorsprünge verfügt, wird es sich aber mehrfach überlegen, überteuerte oder sinnlose Produkte an jemanden zu verkaufen, der sich ohne unmittelbare Rechtsfolgen beim Bemerken der Benachteiligung verweigern kann. Der Käufer wird sich die Exit-Option gut überlegen, da er Reputation verliert.

Anders sollten OTC-Geschäfte mit Reallieferung gehandhabt werden: Bei Nachweis eines Realtransfers sollte Rechtssicherheit bestehen. Diese gilt auch generell für den Handel von Derivaten über offizielle Börsen oder Plattformen. Allerdings käme hier z.B. Anthony Ward und seine Geschäfte mit Terminkontrakten (siehe weiter unten) ungeschoren davon. Zur Vermeidung hoher spekulativer Hebel müssten daher höhere Einschusszahlungen vorgesehen werden, man könnte hier an bis zu 30% denken (zurzeit gibt es wie im obigen Beispiel Derivate, die nur mit 5% der Kontraktsumme abzusichern sind). Um Shareholder und Aufsichtsbehörden vor unerfreulichen Überraschungen zu bewahren, müssen in den Bilanzen und Quartalsberichten auch alle offenen Positionen vermerkt werden. Schließlich sollte man über ein Verbot der meisten Derivate an Kleinanleger nachdenken, da leider wieder in größerem Stil sinnlose (heute: „Garantie")Zertifikate mit netten Provisionen aggressiv verhökert werden und Kleinanleger scheinbar aus Schaden nicht klug werden, was nach den in Kapitel III.6 gewonnenen Einsichten nicht verwundert.

Nicht näher soll hier die Frage von Kapitalverkehrskontrollen und Politikinstrumente zur Steuerung der Wechselkurse diskutiert werden (Epstein et al. 2004, Agosin 1998, Bofinger 2000). Es sei nur darauf hingewiesen, dass große Ungleichgewichte zwischen Export- und Importüberschussländern mit zur gesamten Verschuldungsproblematik gehören. Man sieht, dass dauerhafte Exportüberschüsse (wie die Deutschlands) ungesund sind, d.h. die Einkommensentstehung und -verwendung auf Dauer und räumlich nicht zu sehr auseinander driften sollten. Die offizielle Politikdevise in Deutschland lautet, weiterhin ein exportorientiertes Modell zu verfolgen. Die hiermit verbundenen, potentiellen finanzmarktpolitischen Verwerfungen werden nicht thematisiert, um der minimalistischen deutschen Lohnpolitik mit um sich greifendem Niedriglohnsektor, Hartz-IV und in vielen Bereichen fehlenden Mindestlöhnen einen Ausweg der Nachfrage durch das Ausland zu bieten. Sinnvoll wäre sicherlich, über die Festsetzung von einzuhaltenden Bandbreiten die Wechselkurse zu stabilisieren, worauf aber hier nicht näher eingegangen werden soll.

Bekanntlich hatte Keynes vorgeschlagen, Überschussländer zu mehr Importen oder inländischem Konsum anzuregen, indem beim Nichtabbau der Überschüsse diese abgeschöpft und den Defizitländern zugeführt werden sollen. Exportüberschüssen stehen zudem Kapitalexporte gegenüber, die einen Verlust an Investitionskapital bedeuten können. Im Falle Deutschlands war die Nettoinvestitionsquote von 1995-2008 die niedrigste aller OECD-Länder. 2008 wurden nur 40% des Sparaufkommens in Deutschland im Land selbst investiert. Ein Zahlungsbilanzungleichgewicht hat demnach mehrere Kehrseiten. Auch könnte eine gewisse Preisstabilisierung wichtiger Güter wie einiger Rohstoffe über die Notierung in einem Währungskorb z.B. der vier wichtigsten Währungen und nicht nur in Dollar geboten sein (Schulmeister 2010, 85).

Eine ausgeglichene Handelsbilanz widerspräche nebenbei bemerkt den Interessen der deutschen Exportindustrie, aufwertungsfreie Exportüberschüsse in den europäischen Defizitländern zu realisieren. Eine gemeinsame europäische Währung erfordert auch eine gewisse koordinierte Lohnpolitik, was von keynesianischer Seite seit Langem angemahnt wird (z.B. von Flassbeck und Spiecker 2009). Tatsächlich stiegen die Lohnstückkosten der anderen Eurozonenländer seit 2000 um 5,5%, die Deutschlands sanken um 7,9% (siehe die Daten bei http://www.jjahnke.net/rundbr69.html#1986).

8
Credit Default Swaps, Leerverkäufe, Ratingagenturen, Zweckgesellschaften und Sekuritisierung und das Schattenbankensystem

In diesem Teil kommen einige weitere für nötig gehaltene Reformmaßnahmen zur Sprache, bei denen immer zu bedenken ist, dass die Erfinder neuer Finanzprodukte so einfallsreich sind, dass die Möglichkeit besteht, dass sie systemdestabilisierend wirken, bevor Behörden, Aufsichtsräte, Vorstände und selbst Risikomanager es überhaupt bemerken. Am Anfang sollen **Credit Default Swaps** (CDS) stehen (zu Funktionsweise und Volumen siehe auch Mengle 2007). Im Rahmen der sogenannten Griechenlandkrise gerieten sie nach dem Zusammenbruch von AIG erneut in die Diskussion. Eine Studie von Deutsche Bank Research (DBR 2010), mit dem Ziel, vor zu starker Begrenzung des Instruments zu warnen, trägt einige Daten aus diversen Quellen zu CDS zusammen, die ausschließlich OTC, also nicht börsengehandelt werden. „Das Geschäft konzentriert sich auf eine Handvoll meist bekannter Investmenthäuser. Mit dem Ausscheiden für diesen Markt wichtiger Institute, wie Lehman Brothers, Merrill Lynch und Bear Stearns, dürfte der Kreis der Hauptumsatzträger noch kleiner geworden sein. Nach einer Umfrage ... sind die fünf größten befragten Institute für etwa 88% der gehandelten Volumina verantwortlich" (DBR 2010, 6). Der CDS-Markt macht übrigens nur 10% des gesamten OTC-Derivatehandels aus, der sich auf sagenhafte 600 Billionen Dollar in 2007 belief (ebenda, 5).

Der „Markt" wird als sogenannter Händlermarkt bezeichnet, auf dem sich vor allem Banken und Hedgefonds auf der Käufer- und Verkäuferseite tummeln, selbstverständlich mit den hierbei verbundenen hohen Gegenparteirisiken und dem im Prinzip zugestandenen systemischen Risiko (DBR 2010, 15-16). Zu den Top 5 CDS-Händlern zählen die üblichen Verdächtigen: J.P. Morgan, Goldman Sachs, Morgan Stanley, Deutsche Bank und Barclays Group mit Bruttowertbeteiligungen zwischen 6-7 Mrd. Dollar. Durch die hohe Konzentration *(interconnectedness)* und eine unübersichtliche Netzwerkstruktur dürfte gelten: Wenn ein Akteur in die Knie geht, trifft es alle. Die Versicherer agieren fast ausschließlich als Verkäufer, Ende 2007 waren AIG, *MBIA* und *Ambac*, die „zu den größten Spielern in diesem Markt gehören, für insgesamt USD 1.050 Milliarden [für] den verkauften Sicherungsschutz verantwortlich" (ebenda, 7). Diese Zahl bezieht sich auf die Gesamtversicherungssumme der Institute, was aber Rückschlüsse auf die Konzentration des Versicherungsgeschäfts zulässt. Bis zum (Teil)Ausfall des Versicherungsgegenstandes sind CDS ein einträgliches und gemütliches Geschäft ist, da man regelmäßige Versicherungsprovisionen erhält, ohne ansonsten etwas tun zu müssen, vom eigentlich erforderlichen Risikomanagement abgesehen.

In einer Fußnote wird von DBR verschämt hinzugefügt: „Das Engagement in CDSs lief meist außerhalb der offiziell geregelten und beaufsichtigten Versicherungsaktivitäten" (ebenda, 7). Als Motive des Handels mit CDS werden schön verklausuliert das ‚Kreditrisikomanagement' und der ‚Eigenhandel' erwähnt. Dass es sich oft um Wetten durch Versicherungspolicen handelt, bei denen man den Versicherungsgegenstand nicht einmal besitzen muss, bleibt unausgesprochen. Gelegentlich übersteigt das Volumen der CDS das der am Markt gehandelten Anleihen deutlich; bei General Motors standen sich hier Anfang 2009 65:45 Mrd. Dollar gegenüber (ebenda, 19). Andrew Ang, CDS Experte der Columbia Business School, gibt folgende Zahl an: Das weltweite Volumen des Marktes für Unternehmensobligationen liegt bei etwa 5.000 Mrd. Dollar, der Nennwert aller ausstehenden CDS bei erstaunlichen 60.000 Mrd. Dollar, eine Summe, die nur durch Spekulation zu erklären ist (*NZZ Folio* 01/2009, 3; der Text der Beilage der *NZZ* enthält einen verständlichen Überblick über die Funktionsweise von CDS).

Auch das Problem des Moral Hazard wird von DBR erwähnt: Ein Kreditgeber vergibt großzügiger Kredite und kontrolliert weniger, wenn er sich im gleichen Atemzug gegen Ausfall versichern kann. Hinzu kommt, dass wenn die großen Kreditinstitute wechselseitig als Käufer- und Verkäufer von CDS auftreten, hier keine Nettorisikoabsicherung vorliegt, sondern nur eine die interne und externe Aufsicht beruhigende Absicherung auf der Einzelinstitutsebene. Interessant wäre natürlich zu wissen, wer auf der Käufer- und Verkäuferseite (nicht nur) der griechischen Staatsanleihen steht. Hierüber erfährt der Staatsbürger nichts (der Autor dieser Zeilen hat bei der Deutschen Bank und Bafin vergeblich angefragt). Unklar ist, ob die Berliner Politiker hierüber ausreichend Bescheid wissen.

Nach dem Muster der Selbstregulierung werden zwar Daten von der privatwirtschaftlichen DTCC *(Depository Trust and Clearing Corporation)* ermittelt, die wöchentlich Informationen über aggregierte Gesamtmarkt- und Nettopositionen für einzelne Referenzschuldner veröffentlicht, die zur Beantwortung dieser Frage aber wegen ihrer Aggregationshöhe nicht wesentlich helfen. Wie man munkelte, stand die Deutsche Bank, die im DBR-Bericht (2010, 15) als weltweit zweitgrößter Referenzschuldner erwähnt wird, bei Griechenland-CDS auf der *short*-Seite, so dass es nicht verwundert, dass Herr Ackermann in seiner Selbstdarstellung im öffentlich-rechtlichen Fernsehen über eine notwendige Umschuldung sinnierte (*SZ* vom 14.5.2010, 17), was dann doch einmal der ansonsten fügsamen deutschen Volksseele zu viel wurde und von ihm später (nach dem Ende der Deals?) wieder relativiert wurde.

Sehr schön ist im Text auch die übliche Indienstnahme der EMH erkennbar. Es wird trotz einiger problematisierender Zugeständnisse gefragt, warum CDS aus finanztheoretischer Sicht eingeschränkt werden sollten. „Schließlich würde jede (erkennbar) übertriebene Preisentwicklung durch Arbitrageure ausgenutzt werden. Damit wäre eine Abweichung der CDS Prämien von ihren fundamental gerechtfertigten Werten ausgeschlossen" (ebenda, 18). Es folgen Einschränkungen *(short squeeze, empty creditor)* und die interessante Frage gestellt, „wie verlässlich die Ergebnisse marktwirtschaftlicher Prozesse sind" (ebenda, 18), um zu guter Letzt dann aber festzustellen, dass Einschränkungen des CDS-Handels kontraproduktiv seien. „Ein Verbot würde die Liquidität und Tiefe des Marktes treffen und ihn damit nicht robuster, sondern anfälliger gegenüber Manipulationen machen. Der Preisfindungsmechanismus und damit die Effizienz des Marktes würden empfindlich gestört" (ebenda, 24; siehe auch z.B. Hemetsberger 2009).

Wer meint, diese einfache Auffassung spiele in der eigentlichen Wissenschaft eine untergeordnete Rolle, möge in die entsprechenden Lehr- und Fachbücher blicken. Bei Benhamou wird man typischerweise informiert, dass „speculators can be considered as the counterparts of hedgers. They accept the risks that hedgers are not willing to take … In a sense, they allow the market to be efficient by taking the risks, which, taken individually, would seem unreasonably high. Speculators contribute to increase the market's liquidity. In fact with few players in market, there would be a larger spread ... Thus the market efficiency and transparency are improved" (2007, 25). Es wird sodann zugestanden, dass generell Spekulation Preise auch unnatürlich nach oben oder unten treiben können, „they create [e.g.] a positive sphere in which prices rise spectacularly above the ‚true worth'. Thus an economic bubble is created. This is usually followed by speculative selling in which the goes down: we are living in a crash" (ebenda, 26). Wie beide Aussagen zusammenpassen bleibt unklar. Es folgen die konkreten und formalen Bepreisungsmodelle von Futures usw., wobei das Spekulationsmotiv ausgeschlossen ist.

Für den Fall Griechenlands wird von DBR ähnlich doppelstrategisch nach der Behauptung der generellen Funktionalität beim Preisfindungsprozess nun ausgeschlossen, dass CDS in Griechenland Einfluss zukam, da die Nettorisikopositionen nur 2-3% betrugen. Der Bruttonominalwert liegt allerdings bei über 20%, er erfasst auch den Weiterverkauf von CDS (ebenda, 18). Da die Spekulation auf Staatsanleihen davon lebt, dass CDS auf zunehmend höhere Spreads getrieben werden, fragt es sich, ob die Nominalwerte nicht den Spekulationsprozess besser abbilden, da im Falle Griechenlands von Schuldner zu Schuldner der Spread angestiegen sein dürfte und so Druck auf die Anleihepreise ausgeübt wurde. Eine interessante Frage lautet natürlich auch, wer die Verkäufer der GL-CDS waren, denn sie haben durch das „Rettungsprogramm" gutes Geld verdient, da sie keine Ausfälle begleichen mussten.

Da man sich bei klaren Untersagungen immer des Verdachts altdeutscher Kontrollkultur und der Übermotivation und eventuell gut gemeinter Übertreibung als Variante des *overshooting*-Phänomens aussetzt, wurden hier vorab einige kritische Überlegungen zu CDS angestellt: Aus Gründen der Marktkonzentration, der Intransparenz, der Scheinrisikominderung auf der Makroebene (wegen wechselseitiger Versicherungen), der auf Spekulation im großen Stil hinweisenden Überdimensionierung und des potentiellen Destabilisierungspotentials von CDS sollte auf sie verzichtet werden (so auch vehement Wolfgang Münchau in der Kolumne der *Financial Times Deutschland* vom 8.12.2009). Sie werden von Sinn (2009, 315-315) ironisch-kritisch als Friedhofsversicherungen bezeichnet. Ein halbes Jahrhundert kam man nach 1945 auch Bestens ohne sie aus. Es „müssen die bloßen Wetten auf den Untergang von Firmen oder andere Ereignisse, von denen keine der Vertragsparteien selbst betroffen ist, schleunigst unterbunden werden" (ebenda, 316). George Soros bezeichnet sie als ‚giftige Instrumente der Zerstörung' und spricht sich für ein generelles Verbot aus, da durch Kreditversicherungen ein Abwärtsdruck entsteht, der Unternehmen und Staaten unnötig in die Knie zwingen kann (SZ vom 13./14.9.2010, 27). Anders sieht dies der dem *American Enterprise Institute* nahestehende Peter Wallison 2009a). Er (2009b) weist aber auch auf die spekulative Qualität der Tatsache hin, dass man Versicherungen auf Assets abschließen kann, die man nicht besitzt. Ferner würden Versicherungen zwischen Akteuren abgeschlossen, die oft das enthaltene Risiko nicht abschätzen können.

Im Unterschied zur sonstigen generösen Haltung Roubinis und Mihms (2010, 267-273) gegenüber Derivaten sollten CDS nach ihrer Ansicht am besten ganz verboten werden. Sie wenden sich nur dagegen, dass man sich versichern könne, ohne das Underlying zu besitzen (so dass man allen Grund hätte, das versicherte Haus anzuzünden). Warum man dann nicht nur CDS ohne Underlying verbieten sollte, wird nicht erwogen. Könne man CDS-Verträge nicht verbieten, so sollte nach Roubini ihr Handel auf Hedgefonds und andere Risikoinstitutionen begrenzt werden.

Der amerikanische Rechnungshof GAO hat wiederholt auf das immense Volumen von CDS, ihre Rolle als spekulatives Instrument (z.B. beim Zusammenbruch von Lehman Brothers und natürlich AIG), das hohe *counterparty risk* und die fast völlig fehlende und zersplitterte Aufsicht hingewiesen, ein aufsichtsbehördlicher Flickenteppich, der dem Potential von CDS zur systemischen Destabilisierung absolut nicht gerecht wird. Der CDS-Markt sei angesichts der Risiken ein besonders riskanter Teilbereich der OTC-Derivate (GAO 2009a). Auf CDS sollte nach der hier vertretenen Ansicht am besten ganz verzichtet werden (bis vor 10 Jahren ging es auch ohne), da einige Nachteile kaum erkennbaren Vorteilen gegenüberstehen. Sollte man sie dennoch für sinnvoll halten, wären sie auf Hedgingzwecke zu begrenzen, d.h. nur der Besitz des Underlyings würde dazu berechtigen, die Versicherung in Anspruch zu nehmen. Einfacher wäre es, generell CDS zu unterlassen, so dass auch nicht die Frage auftreten würde, ob man mit CDS abgesicherte Papiere hinsichtlich des Kreditrisikos in den eigenen Modellen auf null setzen darf oder nicht.

Es gibt auch gute Gründe, **Leerverkäufe** generell zu unterbinden und nicht nur für die Einsetzung der *up-tick*-Regel einzutreten, nach der nur bei (kurzfristig) steigenden Preisen Leerverkäufe getätigt werden dürfen. Die Regel bewirkt wenig, da eine kurzfristige, einmalige Preisbewegung leicht zu manipulieren ist, sie häufiger ohne Anzeige eines Trends vorkommt und Zufällen unterliegen kann. Zwar treiben gedeckte Leerverkäufe „den zukünftigen Börsenkurs wieder hoch, doch zunächst einmal wird der Kurs durch den Verkauf der geliehenen Papiere heruntergedrückt. Es entsteht also eine Abwärts- und Aufwärtsbewegung bei den Kursen, die es ohne die Leerverkäufe so nicht gegeben hätte. Insofern destabilisieren Leerverkäufe den Markt ... Da der private Vorteil aus den Leerverkäufen den privaten Vorteil aus Terminverkäufen nur dann übersteigt, wenn Marktmacht ausgeübt wird, ist bei den Leerverkäufen kein volkswirtschaftlicher Zusatznutzen erkennbar. Sie sollten verboten werden" (Sinn 2009, 311-312). Es langt somit nicht, nur ungedeckte Leerverkäufe zu verbieten, wenngleich durch ihr Verbot mehr Kapital aufgebracht werden muss, um z.B. die Aktien oder Anleihen tatsächlich zu besitzen (oder „auszuleihen").

Leerverkäufe tragen auch in Experimenten nicht zwingend zur Marktberuhigung bei. „The possibility that short sellers might help fuel bubbles has been observed when they have been added to bubble experiments. In any event, the presence of short sellers by itself does not prevent bubbles from forming in the laboratory" (Miller 2002, 99). Dies verwundert nicht, da Leerverkäufen problematische Dynamiken und Risikoprofile innewohnen können. „The buyer of an asset stands to lose the entire purchase price of the asset. In contrast, potential loss to a short seller is unbounded [VW]; there is no limit to how high the price of an asset can rise. In order to protect the individual from whom the asset was initially borrowed, the short seller is required to put up *margin*, which serves as a kind of security deposit. As the price of the asset rises, the amount of margin is increased. Hence, a short seller can be correct about an asset being overpriced, but can end up bankrupt if the price of the asset rises sufficiently before reverting to its fundamental value and he or she does not have the financial resources to meet the ever-increasing margin requirements. Because short sellers unable to meet a margin call are forced to purchase the asset in order to return it to the individual from whom it was borrowed, they can actually help to fuel an asset *bubble* rather than bring it under control" (Miller 2002, 99).

Hinzu kommt, dass sich die Marktbedingungen ändern können und ein tatsächlich unterbewertetes Asset nun überbewertet ist. Neben der Anheizung von Bubbles bestehen somit vielfältige Konstellationen, in denen des *gambler's ruin* marktdestabilisierend wirken kann, was nur die Regel bestätigt, dass Extragewinnen als Schattenseite Hyperverluste gegenüberstehen.

Mit Leerverkäufen (und anderen Derivaten wie Optionen) lassen sich auch Marktmanipulationen hervorrufen, insbesondere dann, wenn es sich um finanzstärkere Akteure handelt. „Once a fund gets sufficiently large, some of its holdings will grow to the point that they exceed the security's average daily trading volume. For the largest mutual fund families, holdings that exceed the average trading volume for an entire week are common" (Miller 2002, 157). Diese Manipulationsmöglichkeit muss nicht unbedingt von Vorteil sein, da Verkäufe im großen Stil den Preis drücken und selbstschädigend wirken, was auch wieder marktdestabilisierend wirkt. Andererseits kann über den *price impact* versucht werden, eine Momentumstrategie zu fahren: Man leiht sich Aktien aus (noch kein Preiseffekt), verkauft diese möglichst so, dass eine Abwärtsbewegung des Preises entsteht und andere auf den Zug aufspringen und kauft dann zu einem deutlich niedrigeren als dem Kaufpreis das Asset am Markt und retourniert es an den Entleiher.

Zwar können Leerverkäufe die Hoch- und Niedrigpreise abflachen, aber genauso gut die Talfahrt erst initiieren oder deutlich verstärken. Ideal wäre es (ähnlich wie bei CDS) demnach, wenn man das Asset und die dahinter stehende Einrichtung gleich ganz in die Knie zwänge. „(I)f you drive the issuer out of business, nothing needs to be bought back because the shares have become worthless" (Miller 2002, 158). Neben die vielbeschworene Preisentdeckungsfunktion tritt hier die profitable Preismanipulation. Zwar ist wohl das Argument meist zutreffend, dass nur substantiell auf eher schwachen Füßen stehende Assets (wie Währungen) erfolgreich zu Fall gebracht werden können, allerdings: Zwischen einer unvermeidlichen Korrektur und einem Hineintreiben in eine definitive (Staats)Pleite besteht schon ein Unterschied. Das Argument, dass spekulative Attacken nur fundamentale Fehlbeurteilungen offenlegt, übersieht, dass z.B. der Ankauf riskanter und fehlbepreister Staatsanleihen durch genau die Finanzbranche erfolgt, die dann auf den Zusammenbruch setzt.

Das **Ratingagenturen**-Triopol, das 95% des globalen Geschäfts unter sich aufteilt und seine fragwürdige Rolle in der FK verdient eigene Beachtung (Sy 2009, IOSCO 2008, aus politologischer Sicht wertvoll

Rosenbaum 2009). Roubini und Mihm (2010, 263-167) sprechen sich für die Abtrennung der Beratungsfunktion, mehr Konkurrenz, die Abschaffung des halboffiziellen Status der großen Drei (siehe unten) und für die Bezahlung durch die Käufer der Assets und nicht der Anbieter aus. Ein Problem ist darin zu sehen, dass bei Fehlratings keine unmittelbaren Sanktionen zu befürchten sind (Welfens 2009, 50). Es langt nicht, wie oft und auch hier u.a. gefordert, die einfache Lösung, statt den Anbieter die Käufer der bewerteten Produkte für die Ratings bezahlen zu lassen, da Calomiris (2009a) zutreffend beobachtete, dass auch die Nachfrager der Assets, d.h. meist institutionelle Akteure Interesse an soften Bewertungen hatten, deren Manager für vermeintlich erstklassige Anlagen ein gutes Gehalt abrechnen konnten. Um Ratingshopping zu vermeiden, wird eine nachgelagerte Überprüfung der Akkuratesse der Ratings vorgeschlagen (Lardner 2009), eventuell durch eine öffentliche (Stichproben)-Aufsicht *(public sample audits)*. Bei der Finanzierung wird auch ein vielleicht erstbestes *pooling*- oder *clearinghouse*-Modell vorgeschlagen, nach dem die Zuweisung der zugelassenen Ratingagenturen nach dem Zufallsprinzip erfolgt.

Auch wenige Ratingagenturen stellen ein Problem an sich dar, da eine Zunahme der Ratingagenturen im engen Oligopol die Gesamtqualität der Ratingagenturen sogar verringern kann (Becker und Milbourn 2008, Bolton et al. 2009). Zur Belebung des Wettbewerbs jenseits enger Oligopole könnte man die Vorschrift, auch jeweils eine kleinere Ratingagentur zu beteiligen, einführen oder eine öffentliche europäische Ratingagentur ins Leben rufen, die dann hoffentlich keine Gefälligkeitsgutachten für angeschlagene Länder und nationale oder europäische Champions erstellt. Um die Vorherrschaft der drei großen amerikanischen Ratingagenturen zu brechen, bedarf es aber vor allem der Aufgabe ihrer privilegierten Stellung als *Nationally Recognized Statistical Ratings Organizations* (NRSROs), was bei Umstellung des Zahlungsmodus durch die Käufer der bewerteten Produkte leichter, da in ihrem Interesse, sein dürfte. Niemand verbietet ihnen, (zusätzliche) Ratingagenturen zu beteiligen.

Generell sind Ratings in den letzten Jahren problematischer geworden, weil das Finanzsystem und seine Assets komplexer wurden und Raum für Einschätzungsspielräume und Ungewissheiten geben, was Ratingshopping erleichtert (Skreta und Veldkamp 2009). Dessen ungeachtet haben Ratingagenturen offenkundige Fehlentscheidungen zu verantworten, so rieten sie z.B. der HRE zur Diversifizierung und animierten sie zum Kauf der Depfa (so Risiko-Controller Stéphane Wolter bei *Spiegel-Online* vom 17.5.2009), zu Risiken und milliardenschweren Nebenwirkungen frage man den Steuerzahler.

Angesichts des schwankenden Grundes, auf dem Ratings heute erstellt werden, müsste auch gefragt werden, ob man sich ihnen überhaupt so fraglos hingeben sollte. So ist die EZB nicht gezwungen, sich bei der Annahme von Wertpapieren gegen Zentralbankgeld unkritisch auf die Ratings zu verlassen. Das Problem würde überhaupt bei der vorgeschlagenen Geldzufuhr des Zentralbankgeldes an die Staaten entfallen, da Ratings für die Zuteilung keine Bedeutung haben. Noch kritischer ist die Rolle der Ratingagenturen zu beurteilen, die ihnen nach Basel II zukommt, da ihre Urteile massiven Einfluss auf die Eigenkapitalhinterlegung haben. Nach dem weiter oben (IV.6) Vorgeschlagenen sollte zu kruden Eigenkapitalvorschriften zurückgekehrt werden, wodurch den weisen Urteilen der Agenturen eine sehr viel geringere Bedeutung zukommen wird.

Hier werden als weitere zentrale Reformschritte vorgeschlagen, **Verbriefungen** (**Sekuritisierung**) und **Zweckgesellschaften** generell zu unterbinden, da aus strukturellen Gründen die Nachteile überwiegen. Zu den Nachteilen gehört die Praxis, langfristige Kredite durch sehr kurzfristige Kapitalaufnahme aus Kostengründen zu finanzieren (oft *Commercial Paper*), was leicht zu einem Fristentransformationsproblem führt. Weiter oben wurde bereits in Anlehnung an Roubini und Mihm die Forderung aufgestellt, dass v.a. Investmentbanken längerfristige illiquide Anlagen durch Aktien oder fristengerechte Anleihen finanzieren sollen. Sie sehen dies bei Verbriefungen etwas anders (2010, 257-263), die sie nicht generell untersagen wollen, sondern sie sprechen sich für eine größere Standardisierung aus, ohne hierbei in die Details zu gehen.

Doch es gibt eine ganze Reihe kritischer Aspekte. Neben dem *Rollover*-Problem kommt man schnell in Schwierigkeiten, wenn man zu günstigen Zinsen Kredite vergibt und sich bei steigenden Zinsen refinanzieren muss. Da man bei Zweckgesellschaften große Bündel von Krediten und deren Korrelation bewerten muss, bestehen hohe Parameterrisiken, d.h. Bewertungsschwierigkeiten (Coval et al. 2009, Fender und Kiff 2004). Da die Tranchen in alle Welt verkauft werden, kann man kaum das Risiko des Ausfalls der Gegenseite angemessen beurteilen *(counterparty risk)*.

In ihrer gründlichen und verständlichen Einführung gehen Fabozzi et al. auf die fragwürdigen Vorteile der Sekuritisierung mit erfrischender Offenheit ein (2006, Kapitel 4; zu ihrem Anteil neben hohem Leverage beim Zusammenbruch des Hedgefonds LTCM siehe Johansson und Brömsen 2009). Neben dem Pro-Argument der Verringerung der Eigenkapitalhinterlegung (unter Ausnutzung von Regulierungsarbitrage) werden die Diversifizierung der Finanzierung und die Verringerung der Fristeninkongruenzen genannt. Als Beispiel wird in diesem Kontext ausgerechnet die einzige später von ihren Kunden gestürmte Bank, nämlich Northern Rock plc, angeführt (2006, 76). Als grundsätzlicher Vorteil gilt auch die Verringerung der Aufwandskosten durch Sekuritisierung und Auslagerung in eine eigenständige, meist sehr vorteilhaft geratete Zweckgesellschaft (hier können die Unterschiede zwischen Circuits, SPVs usw. vernachlässigt werden), für eine Anleihe des Originators hätte es sehr oft ein deutlich schlechteres Rating gegeben, was einen höheren Anleihezins bedeutet.

Zur Finanzierung verkauft zum Beispiel eine (hier FEAT genannte) Zweckgesellschaft Anleihen. „What credit rating will be received for the bonds issued by FEAT? Whatever FEAT wants the credit rating to be! *It may seem strange that the issuer (the SPV, FEAT) can get any credit rating it wants, but that is the case.* The reason is that FEAT will show the characteristics of the collateral for the asset-backed securities ... to a rating agency. In turn, the rating agency will evaluate the credit quality of the collateral and inform the issuer what must be done to obtain a desired credit rating. More specifically, the issuer may be asked to ‚credit enhance' the structure ... Basically, the rating agencies looks [sic] at the potential losses from the collateral and make a determination of how much credit enhancement is needed for the bond classes to achieve the ratings targeted by the issuer ... [Thus, the originating institution] which is triple-B rated, can obtain funding using its loans to its customers as collateral to obtain a better credit rating for the bonds issued (i.e. asset-backed securities) than its own credit rating. In fact, with enough credit enhancement, it can issue a bond of the highest credit rating, triple A" (ebenda, 71, i.O. nicht kursiv).

Die Praxis hat ferner gezeigt, dass es völlig unmöglich ist, für Tausende von Kreditverträgen (von Hypotheken bis zu Autokäufen) eine gebündelte Risikoeinordnung vorzunehmen. Was als kaum korreliert erschien, erwies sich im Abschwung als höchstkorreliert. Viele Hedge-

8. Credit Default Swaps, Leerverkäufe, Ratingagenturen 481

fonds gingen von vornherein von der hohen Korrelation aus und setzen eine *short-long*-Strategie ein (*long:* Kauf hochverzinster, riskanterer Equitytranchen, gleichzeitig *short:* Verkauf niedrig verzinster, sicherer Seniortranchen), die dann doch schief ging, weil sich der Marktwert der Tranchen unüblich entwickelte. Die erstaunliche Tatsache, dass sich jeder Pool an Krediten zu einem Triple A aufhübschen lässt, unterläuft den Sinn von Vorschriften z.B. für Pensionsfonds, die aus Gründen der Sicherheit nur bestbewertete Tranchen kaufen durften. Entgegen der häufig geäußerten Auffassung, dass das Zusammenspiel zwischen Ratingagenturen und Originator eine konzeptions- und eventuell rechtswidrige Angelegenheit sei, belegt der Text, dass dies zum Wesen des ganzen Arrangements dazugehört!

Die „Erschleichung" eines besseren Ratings für den Kreditpool und die günstigere Finanzierung setzt von Seiten der Käufer (Fondsmanager, die mit fremdem Geld handeln) Ignoranz oder eine Informationsasymmetrie voraus, beides sollte nicht gefördert werden. Oft hätten sie sich zudem auf den Ankauf nicht eingelassen, wenn nicht eine mehr oder minder verbindlich fixierte *backstop liquidity guarantee* des Originators vorlag (Versicherung bei Insolvenz), die im obigen Beispiel natürlich nur BBB wert war, da für diese Garantie kein Eigenkapital hinterlegt werden musste. Mit der Umsetzung von Basel II wird sich dies ändern, werden die Finanzgenies aber früher ruhen, bevor sie nicht neue Schlupflöcher entdecken?

Praktisch folgt aus diesen Überlegungen, dass Tranchierungen, Sekuritisierungen und die Einrichtung von Zweckgesellschaften elementare Schwächen haben, die für ein Ende dieser Instrumente sprechen. Zweckgesellschaften dürften sich weitgehend von selbst erledigen, wenn für den Originator die volle Eigenkapitalhinterlegung gefordert wird, d.h. er gleich viel zu unterlegen hat, als hielte er die Assets in den eigenen Büchern. Da die Einrichtung von Zweckgesellschaften nicht ganz billig ist dürften sie sich nach dem Entfallen des Motivs der Regulierungsarbitrage (wie von Basel II vorgesehen) nicht mehr lohnen.

Die einfache Alternative besteht in den altbekannten gedeckten Anleihen *(covered bonds)*, bei denen der Originator auf seinen Namen Anleihen ausgibt, die durch die eingehenden Tilgungsraten und Zinszahlungen gedeckt sind, ohne Erschleichung von Bestratings, Ausnutzung von Regulierungsarbitrage usw., bei voller und offenkundiger Haftung des Originators und einschätzbarem Ausfallrisiko. Wenn keine Bail-out-

Garantie mehr besteht, dürften es sich die Anbieter der gedeckten Anleihen bei der Zusammenstellung des Collateral genauer überlegen, was sie hier zusammenschnüren.

Sollte man sich hierzu nicht durchringen können, sollten mindestens 20% vom Originator selbst gehalten werden (so auch Sinn 2009, 314) und dieser muss für Zweckgesellschaften selbst so viel Eigenkapital zurücklegen, als hätte er die Assets in den eigenen Büchern. Welfens (2009, 18) schlägt vor, eine Rückkaufgarantie zu 50% des Nominalwertes einzuführen, d.h. wenn der Marktwert unter 50% sinkt, muss der Originator diesen 50%-Wert garantieren. Auf das Argument, dass unter diesen Bedingungen erst Recht keine Zweckgesellschaften mehr gegründet werden, ist zu sagen: Dies beweist ihre Überflüssigkeit und fragwürdige Motivation.

Taub (2009 und 2010) belegt wie erwähnt empirisch, dass am Höhepunkt vor der Krise im Jahr 2007 **Hedgefonds** rund zwei Billionen Dollar verwalteten, 75% davon wurden von 200 Firmen gemanagt. In bestimmten Bereichen der Kreditderivate machen sie 80% aus (siehe auch den kritischen Bericht des amerikanischen Rechnungshofes mit reichem Zahlenmaterial, GAO 2009c). Als Beispiel ihres Einflusses und der zunehmenden internationalen Spekulation bei Agrarrohstoffen (Weizen, Kaffee, Reis, Soja) sei hier nur auf Anthony Ward hingewiesen, der 1998 das Agrarhandelshaus *Armajaro* gründete, zu dem auch ein Hedgefonds gehört. In 2010 kaufte er Terminkontrakte im Wert von einer Mrd. Dollar (dies entspricht 241.000 Tonnen Kakao) an der Londoner Warenterminbörse *Liffe*, an der im Unterschied zu den vergleichbaren amerikanischen Börsen keine Melde- und Veröffentlichungspflicht besteht, an denen auch bis in die 1990er Jahre das Spekulieren mit Agrarrohstoffen dank des *Commodity Exchange Act* von 1936 stark begrenzt war.

Die Kakaopreise stiegen im Juli 2010 auf ein 33-Jahres-Hoch (+86% gegenüber Anfang 2007), nachdem Ward sich unüblicherweise den Kakao ausliefern ließ (nur noch 2% der Termingeschäfte an den Rohstoffmärkten endet mit einem realen Austausch). So gelang ihm eine Marktbeherrschung *(cornering)*, da er die gesamte, in europäischen Lagerhäusern aufbewahrte Menge kontrollierte. Amann und Jung (2010) wiesen in ihrer detailreichen Darstellung darauf hin, dass der alte „Weltrekord" von einer Milliarde hungernder Menschen in diesem Jahr eingestellt werden könnte. Natürlich mischen auch die altbekannten Akteure wie Goldman Sachs (Gewinne mit Rohstoffen in 2009: 5 Mrd. Dollar),

8. Credit Default Swaps, Leerverkäufe, Ratingagenturen

Deutsche Bank, Bank of America Morgan Stanley und J.P. Morgan über auf den Preisanstieg setzende Hebelinstrumente *(Collateralized Commodity Obligations/CCOs)* mit. So werden Zertifikate für 60 Mio. Tonnen Kakao gehandelt, dem 20fachen der physisch verfügbaren Jahresmenge. Kakao ist keine Ausnahme. 2003 investierten Indexfonds 13 Mrd. Dollar in Weizen, 2008 waren es bereits 328 Mrd. Dollar. Generell sind die Investmentbanken wieder zu *high-stakes games* zurückgekehrt, also zu den Spielen, die sie zu spielen gelernt haben und auf die sie programmiert sind. So nahm es nicht wunder, dass in 2009 rapide an Wert verlierende Papiere in höher bewertete umverpackt wurden. Die sogenannten *Re-remics* machten im Häuserbereich alleine 30 Billionen Dollar in 2009 aus. Auch dachte man sich neue, nicht weniger riskante Sekuritisierungsspiele aus. An erster Stelle sind hier die Vorauszahlungen und Bündelungen von Lebensversicherungen zu nennen. Goldman Sachs hat sogar einen handelbaren Index entwickelt, der es erlaubt, darauf zu wetten, ob die Menschen im Durchschnitt früher oder später als erwartet sterben (*NYT*-Artikel: *Business as usual* in der *SZ*-Beilage vom 14.9.2009, 1 und 4).

Natürlich wird auch (oft von interessierter Seite) die Ansicht vertreten, dass die Rohstoffpreise Ausdruck der natürlichen Angebots- und Nachfragebedingungen sind (siehe z.B. Till 2008, Jacks 2007). Es liegt aber eine ganze Reihe von Beispielen aus jüngerer Zeit zu spekulativ verzerrten und vermachteten Märkten aus dem Bereich der Rohstoffe vor. So erläutert Tobias Bayer in einem Beitrag der *Financial Times Deutschland* vom 14.5.2009 das erstaunliche, plötzliche Steigen des Erdgaspreises. Der börsennotierte Fonds *United States Natural Gas Fund* (UNG) hielt offenbar 80% der offenen Positionen im Juni 2009 an Erdgaskontrakten an der New Yorker Energiebörse NYMEX, sowie an der Londoner ICE Futures und außerbörsliche Swap-Kontrakte. Bereits im Februar soll der zum gleichen Unternehmen gehörige *United States Oil Fund* (USO) gut 100.000 Kontrakte des US-Rohöls West Texas gehalten haben. Nach Intervention der US-Terminmarktaufsicht CFTC wurde das Kontraktvolumen auf die Hälfte geschrumpft.

Hinter den Erdgas- und Ölfonds steckt die Obergesellschaft *United States Commodity Funds*, die 2005 als Limited Partnership nicht zufällig in Delaware aufgelegt wurde. Neben den erhöhten Schwankungen, die dank der Hebelwirkung von Derivaten (Futures, die vor Fälligkeit übergerollt werden) bereits durch wenige Akteuren ausgelöst werden können, treiben diese Aktivitäten auch das allgemeine Preisniveau und führen zu allgemein höheren Rohstoffpreisen. Eine Studie im Auftrag der Bundestagsfraktion der Grünen kam zu dem Ergebnis, dass an den Tankstellen in Deutschland 14 Cent pro Liter Mehrkosten durch Spekulation anfallen (*SZ* vom 9.4.2010, 19). Im Beitrag von Michael Greenberger (2008) findet sich reichlich Literatur zur Frage der negativen Auswirkungen von Rohstoffspekulation, unter den Kritikern findet sich George Soros, der IWF und die Internationale Energieagentur; vielfältige Möglichkeiten, sich der in den USA bestehenden Regulationen zu entziehen, werden erläutert.

Angesichts der wie hier aufgezeigten zum Teil bedeutenden Rolle von Hedgefonds (zu ihrer Entwicklung und den diversen Strategien siehe Götte 2007), denen im Zuge der FK ein Banken ähnlicher Status durch direkten Zugang zur Finanzierung über die FED im Rahmen des Finanzrettungsprogramms (PDCF) gewährt wurde, ist zu fordern, dass sie und die anderen Schattenbanken (Zweckgesellschaften, amerikanische Hypothekenfinanzierer, Investmentfonds u.a.) den gleichen Eigenkapitalanforderungen zu unterliegen haben wie Banken (siehe IV.6). Dies setzt voraus, dass sie sich registrieren lassen und (ab einer bestimmten Größe) Transparenzvorschriften hinsichtlich monatlichem Umsatz, Leverage, verwalteten Assets, Vergütung, Handelsinstrumenten sowie aller finanziellen, kreditären und sonstiger Beziehungen unterliegen.

Dem Argument, dass drastische Eigenkapitalvorschriften mit dem Geschäftsmodell vieler Hedgefonds nicht vereinbar sind, kann entgegengehalten werden, dass ein Geschäftsmodell, das essentiell von hohem Leverage abhängt, keine Unterstützung verdient. Schließlich ist dem Gefahrenherd ungünstiger Fristentransformation und kurzfristiger Illiquidität nach Roubini und Mihm wie erwähnt bei Hedgefonds wie bei den Investmentbanken zu begegnen: „Wie die Investmentbanken sollten aber auch die Hedge-Fonds keine kurzfristigen Kredite bei Banken und anderen Finanzunternehmen aufnehmen dürfen. Staatsdessen müssten sie sich alternative langfristige Finanzierungsquellen suchen" (2010, 310).

9
Die große Vermögensvernichtung: Der verkaufte Kleinanleger und Riesterrentner

Angesichts der Galbraithschen Skepsis hinsichtlich einer Eingrenzung des manisch-depressiven Charakters des (Kapital)Marktgeschehens und der strukturell-objektiven Instabilitäten im Anschluss an Keynes, Minsky und das BBP stellt sich auch die Frage, was ein Kleinanleger von diesen Märkten zu erwarten hat. Sie stellt sich nachdrücklich, da von Seiten der Politik eine gewisse Umstellung auf kapitalgedeckte Verfahren im Bereich der Sozialpolitik (Beispiel Riesterrente) eingeleitet wurde und der Faktor Arbeit im Verteilungskampf mit dem Faktor Kapital erst einmal weiter an Boden verlieren dürfte, so dass, systemimmanent gedacht, eine Beteiligung von Arbeitnehmern am Kapitalertrag naheliegt. So lauern in Deutschland rund 600.000 „Finanzberater" auf ihre „Kunden", 99% von Ihnen auf Provisionsbasis.

Es geht also darum, ob und wenn ja wie ein solcher Vermögensaufbau aus volkswirtschaftlicher Sicht im Interesse der (Klein)Anleger aussehen könnte. Man mag zunächst vermuten, dass sich dies auf keinen Fall angesichts der weiter oben behaupteten marktinhärenten Ausschläge lohnen dürfte. Ein solches Urteil liegt aber nach den Erfahrungen der letzten 200 Jahre auf den Finanzmärkten nicht nahe, zumindest wenn man einen längeren Anlagezeitraum wählt, da man im längerfristigen Mittel mit einer Realrendite von ungefähr 8-9% rechnen kann. Am Anfang soll zunächst nur an die die paradoxe Grundwahrheit erinnert werden, dass für Finanzmärkte sowohl aus EMH- als auch BBP-Sicht gilt: „Niemand weiß, wohin der Markt geht – weder Experten noch Neulinge, weder Wahrsager noch Astrologen" (aus *Fortune* vom 12.5.1997, zitiert nach Binz 2009, 5; ich danke Honorarberater Peter Binz für wertvolle Gespräche zum Thema).

Die Unvorhersehbarkeit des Finanzmarktgeschehens z.b. auch hinsichtlich der Kursentwicklung von einzelnen Aktien, aber auch aller Indizes wie dem DAX, ergibt sich zwingend aus der vorherrschenden EMH, aber auch aus dem entgegengesetzten BBP. Teure, aktiv gemanagte Fonds können sich weder auf die EMH noch auf das BBP als Legitimation ihrer Existenz berufen. Es fehlt ihnen erstaunlicherweise an jeglicher theoretischen Basierung. Sie müssen Markteffizienz (Bestehen von Arbitragemöglichkeiten, Marktanomalien usw.) und/oder nichtzufällige Markt- und Kursentwicklungen behaupten. Letztere mag es geben, aber können wir sie auch vorhersehen?

Nach der EMH haben die relevanten Marktakteure bereits alle öffentlich zugänglichen Informationen eingepreist, so dass Wissen über zukünftige Zustände sich morgen nicht in erwartbaren Preisänderungen niederschlagen wird, da dies bereits heute passierte. Die Preise der Zukunft unterliegen daher einer völligen Unvorhersehbarkeit. Die EMH geht wie erläutert auch davon aus, dass Marktanomalien direkt zerstört werden. Banken, Pensions- und Investmentfonds beschäftigen viele Menschen damit, auf solche Marktanomalien zu reagieren.

Nur sehr wenige *first mover* fahren hierbei einen Vorteil ein, die meisten kommen zu spät, da die Preise bereits gestiegen sind. Nach der EMH sind alle Versuche, schlauer als der Markt zu sein, vergeblich, schon gar für Kleinanleger. Man mag Glück haben oder der Zufall wollte es so, aber eine dauerhafte systematische Outperformance ist nicht möglich. Gleichzeitig wird aber durch diese (individuell ineffizienten) Versuche der Ausbeutung von Marktanomalien eine gewisse Effizienz als öffentliches Gut hergestellt. Die von A. Smith behauptete These der unsichtbaren Hand gälte hier schon, wenn rationales Verhalten der Akteure vorausgesetzt werden könnte: Alle Akteure zusammen beseitigen immer wieder die Marktanomalien, die Preise spiegeln die Fundamentalwerte wieder, ohne dass die einzelnen Akteure hiervon in der Regel etwas hätten. Für den Privatanleger wird im Gegensatz zu den oft die EMH vertretenden Anbieter aktiver Fonds vorgeschlagen, die Herstellung dieses öffentlichen Gutes, wenn es denn bestehen sollte, zu seinen Gunsten auszunutzen, d.h. die profitorientierten professionellen Anleger stellen die Effizienz her, die der kleine Anleger dann kostengünstig ausnutzen kann.

Praktisch folgt für einen Anleger aus diesen Überlegungen, dass sowohl *stock-picking* (die zielgerichtete Auswahl einzelner Anleihen,

Aktien usw.), aber auch das *market timing*, d.h. der Versuch, den optimalen Einstiegszeitpunkt (nach Kursstürzen) zu treffen, völlig unnütz sind. So lassen sich natürlich immer wieder einzelne Fonds, die den Durchschnitt schlagen, als Outperformer feiern, für den Anleger besteht nur das Problem, dass sie – nach dem bisher Ausgeführten wenig verwunderlich – ständig wechseln (selbst der lange von vielen hochgelobte *Templeton Growth Fund* eignet sich nicht mehr als gutes Dauerbeispiel) und eine Outperformance in der Vergangenheit genauso wenig die Wahrscheinlichkeit der Outperformance in der Zukunft erhöht, wie beim Roulette die Farbe Rot, nachdem vorher bereits mehrmals die Kugel auf eine Zahl in Rot fiel.

Fest steht ferner, dass, ganz unabhängig von EMH oder BBP, eine hohe Rendite prinzipiell nicht ohne ein hohes Risiko zu haben ist. Hieraus folgt aber für den Einzelanleger nicht, eine beliebige oder besser gar keine Strategie anzuwenden, sondern soweit wie möglich (unsystematische) Risiken wegzudiversifizieren. Dies bedeutet, über alle Assets (Einzelwerte), alle Asset-Klassen (Aktien, Anleihen, Staatspapiere, Immobilien, Rohstoffe), alle Länder und Weltregionen breitestmöglich zu streuen. Wie dies auch für Kleinanleger sehr einfach zu bewerkstelligen ist, wird weiter unten erläutert. Aus dieser Perspektive lassen sich eine Zahl klassische Anlagefehler identifizieren. Als häufig anzutreffende Fehler sind schon jetzt zu nennen: die Orientierung an historischen Renditen (Performance in der Vergangenheit), an Einzelwerten, an einzelnen Asset-Klassen (nur Aktien z.B.), aber auch die Meinung, ein gut aufgestelltes Unternehmen sei – unter Renditegesichtspunkten – auch eine gute Aktienanlage. Eine oft anzutreffende Schwäche besteht darin, die Transaktionskosten massiv für den langfristigen Vermögensaufbau zu unterschätzen.

Viele Anleger achten kaum auf (neben den geringen Gebühren des Handels z.B. auf Xetra in Rechnung gestellten) Ausgabeaufschläge (bis zu 5%), die jährlichen Verwaltungsgebühren (in der Regel bis zu 3%) und teilweise versteckten Gebühren und Erfolgsbeteiligungen bei aktiv gemanagten Fonds. Oft liegen diese Fonds unter dem Durchschnittswert des Index, d.h. die Rosinenpickerei kostet doppelt. Natürlich müssen viele Fonds unter dem Renditedurchschnitt liegen, wenn andere Fonds über dem Durchschnitt liegen, da alle Anlagen zusammen, mathematisch zwangsläufig den Durchschnittswert bilden. Daraus folgt: Da nicht alle den Durchschnitt schlagen können und man nicht weiß, wer ihn schlägt, macht es Sinn, gleich den Index (Dax, MSCI World, Euro Stoxx 50 usw.) zu kaufen und die horrenden Gebühren der Fonds zu sparen. Es macht keinen Sinn, auf Kursprognosen der Experten, Ratings oder Bankberatungen für ausgewählte, aktive Fonds zu setzen. Den Markt schlagen zu wollen ist naiv und teuer, da sich durch aktive Anlagestrategien keine dauerhaft erwartbaren Überrenditen erzielen lassen. Sie kosten den Anleger aber viel Geld.

Nun lässt sich die EMH durch das BBP, wie in Kapitel III ausgeführt anzweifeln. Tatsächlich hat sich in den letzten zwei Jahrzehnten wie gesehen eine Alternativtheorie herausgebildet, die nicht-rationales Verhalten und Emotionen berücksichtigt. Natürlich widersprechen die Ergebnisse von Behavioral Finance der EMH diametral. Erstaunlicherweise führen sie aber, was die Anlegerperspektive betrifft, beide zu demselben Ergebnis, nämlich weitgehende Unvorhersehbarkeit, was *stock-picking* und *market timing* sinnlos macht (als Beleg siehe Weber et al. 2007, der Behavioral finance nahesteht und auch einen passiven ‚Weltportfolioansatz' vertritt). Versuche, aus den Irrationalitäten Kapital zu schlagen, indem man unter Kenntnis der entsprechenden Theorie die Wellen mit reitet und frühzeitig abspringt, sind erfolglos geblieben. In der wissenschaftlichen Literatur herrscht wie dargelegt Unsicherheit darüber, welche der beiden Ansätze (mehr) oder für bestimmte Entwicklungsphasen zutrifft. Oft findet man die Variante einer vorherrschenden EMH, gesteht aber gelegentlichen irrationalen Überschwang, excessive Volatilität usw. zu.

In pragmatischer Hinsicht lässt sich auf jeden Fall das Ergebnis beider Ansätze als gesichert festhalten: Die Unvorhersehbarkeit der konkreten Kursentwicklungen. Aus dieser Erkenntnis folgt eine bestimmte Vorgehensweise souveränen Investierens, nämlich die *buy and hold*-Strategie. Man sollte demnach ein breit diversifiziertes Wertpapierportfolio kaufen und dann so lange wie möglich halten. Die breitestmögliche Streuung ergibt sich einerseits aus den Phänomenen der Asset-Klassen-Rotation, d.h. der im Zeitablauf (sich ab)wechselnden Höhen der Renditen der verschiedenen Asset-Klassen (Aktien versus Rohstoffe usw.). Die sogenannte langfristige Regression zum Mittelwert besagt, dass sich im Zeitverlauf die einzelnen Anlagen in Richtung durchschnittliche Rendite bewegen, nachdem sie zwischenzeitlich hohe Volatilitäten aufweisen. Ein erfreulicher Nebeneffekt der *buy and hold*-Strategie kann darin gesehen werden, dass es zu keiner (unnötigen) Zeit- und Energieverschwendung bei der Auswahl kommt und die Seelenruhe des Anlegers gefördert wird. An häufigen Käufen und Verkäufen können nur die Vermittler verdienen, nicht der Kunde (nach der Devise: Hin und her, Taschen leer).

Die maximal erreichbare Sicherheit erfolgt durch globale Streuung, die eine etwa 8%ige jährliche Realrendite bei längerem Zeithorizont ermöglichte (siehe den empirischen Beleg und die theoretischen Bezüge bei Siegel 2007). Hierbei wird unterstellt, dass die Asset-Klassenrenditen sich in der Zukunft über längere Zeiträume nicht wesentlich anders als die Renditen der letzten 100 Jahre entwickeln werden, es also z.B. nicht zu massiv durchschlagenden ökologischen Katastrophen kommt. Bedauerlich ist überhaupt, dass es keine ökologischen Anlagemöglichkeiten mit Risikodiversifikation gibt.

Da aktive Strategien wie erwähnt keinen Sinn machen, empfiehlt sich also eine deutlich billigere Strategie des passiven Investierens mit einfachen Indexing-Produkten. Dies geht zum Beispiel über sogenannte *Exchange Traded Funds* (ETFs), die Indizes nachbilden, im Unterschied zu Zertifikaten Sondervermögen darstellen und radikale Kostensenkungen erlauben. Sie sind nicht zu verwechseln mit *Exchange Traded Notes* (ETNs) und *Exchange Traded Commodities* (ETCs). Da sie Indizes nachbilden, generieren sie deren Durchschnittsrendite. Sie kamen in den USA in den 1990er Jahren auf und sind in Deutschland seit April 2000 auf dem Markt.

Es handelt sich also um Fonds, die einen Börsenindex nachbilden, dessen Anteile wie einzelne Aktien fortdauernd an der Börse gehandelt werden. Mittlerweile gibt es in Deutschland über 700 ETFs, die an der Börse gehandelt werden und ab Mindestbeträgen auch vom Kleinanleger über ein (Direktorder)Konto bei seiner Bank problemlos und schnell ge- und verkauft werden können. Das Universum der ETFs umfasst neben den bekannten Indizes wie die DAX-, die Dow Jones-, die MSCI- u.a. Familien, Schwellenländer, viele Nebenwerte, Rohstoffe, Immobilien, diverse Staatsanleihen, Strategie-ETFs (shorts usw., siehe die Auflistung unter boerse-frankfurt.com). Es sei nicht verschwiegen, dass mittlerweile eine ganze Reihe von ETFs auf dem Markt sind, die nicht zu empfehlen sind (beispielsweise ETFs, die die Performance von Hedgefonds abbilden) und dem Grundgedanken der ETFs nicht mehr entsprechen.

Heute werden international etwa 30-40% des entsprechenden Anlagevolumens in Form von ETFs gehalten. Ihre Anhänger finden sich im

Bereich der Wissenschaft, eine ähnliche Strategie verfolgt W. Buffet. Die großen Gegner finden sich bei (die ETFs allerdings teilweise selbst anbietenden und strategisch einsetzenden) Banken und Fondsgesellschaften, Teilen der Medien und unter Vermögensberatern. Der Grund ist einfach: An ETFs verdient der Vermittler kaum etwas, hier ist der Kunde bei der richtigen Auswahl wirklich König. So kann ein aktiver Fonds, der sich auf ausgewählte DAX-Werte konzentriert, im ersten Jahr Gebühren (einschließlich Ausgabeaufschlag) von weit über 5% des Nominalwertes einstreichen, der Dax-ETF kostet ganze 0,12% Verwaltungsgebühr (z.B. bei Comstage). Der Wettbewerb der etwa 10 Anbieter (unter ihnen Barclays, die Deutsche Bank und die Commerzbank, ABN Amro/Royal Bank of Scotland und die Société Générale mit Lyxor) sorgt für niedrige Verwaltungskosten, auch die Spreads (Differenz zwischen An- und Verkaufspreis) sind niedrig (von 0,08 bis i.d.R. max. 0,5%). Da die Renditen nur einmal zu verteilen sind, verliert der Kunde bei aktiven Fonds. Dies gilt v.a. unter Inrechnungstellung der Zinseszinswirkungen bei geringeren Renditen. Die durch die erwähnten Kosten geschmälerte Rendite kann auf einen 25-Jahreszeitraum gerechnet mehr als 50% betragen. Weniger als 10% der aktiven Fonds erzielten z.b. bessere Renditen als der Vergleichsindex DJ Euro Stoxx 50.

Ein breit diversifiziertes Weltportfolio zusammenzustellen, wäre nach der Markowitz-Methode alles andere als eine einfache Aufgabe, da Unmengen an Daten zu verarbeiten wären. Stattdessen kann man eine heuristische Zusammenstellung des globalen Investmentuniversums vornehmen, in dem man eine empirisch begründete Anlagestrategie verfolgt (zur Diskussion siehe z.b. Jacobs et al. 2008). So kann man z.b. folgende fünf ETFs erwerben (bei mehreren Anbietern haben wir hier beispielhaft den ETF der Deutschen Bank gewählt): 30% MSCI World (LU0274208692), 25% MSCI Emerging Markets (LU0292107645, 15% Euro Stoxx 50 (LU0380865021, zum Ausgleich der starken US- und GB-Gewichtung der vorherigen beiden ETFs), ferner einen Rohstoff-ETF (z.B. mit 20% den GSCI-Goldman Sachs Commodity Index, LU0203243414) und einen Immobilien-Index mit 20% (beispielsweise den FTSE Epra/Nareit, DE000A0LGQL5). Jeder muss für sich entscheiden, ein wie hoher Prozentsatz insgesamt auf den Rendite-Risikoanteil (die hier angegebenen fünf ETFs) entfallen soll. Der Rest ist als sichere Anlage festverzinslich anzulegen, viele empfehlen hier (kurzfristige) Staatsanleihen, die in verschiedenen Kombinationen auch als ETFs zu erwerben sind (zum Vorschlag inflationsindexierter Anleihen siehe Kapitel IV.10).

Die Vorteile der ETFs als demokratische Beteiligungsvariante auch für Kleinanleger sind kaum zu schlagen. An dieser Stelle wird das Problem der Rohstoff-ETFs ausgeklammert die, wie an anderer Stelle thematisiert, zunehmend für steigende Rohstoffpreise verantwortlich sein dürften. Auch könnte in fernerer Zukunft ein Problem entstehen, wenn sich passives Investieren zu sehr verbreiten sollte, da dann aktive Investoren sehr großen Einfluss auf die (kurzfristigen) Preisschwankungen haben könnten.

ETFs werden an der Börse gehandelt, mit sofortiger Ausführung einer Handelsorder. Die Kursfeststellung erfolgt mindestens viertelstündlich. Der Wert der eigenen Anlage ist jederzeit via Internet in Echtzeit ermittelbar. Zu den geringen Kosten kommen also eine hohe Flexibilität, eine einfach zu bewerkstelligende breite Risikostreuung, hohe Liquidität, Transparenz und ein fehlendes Emittentenrisiko. Auf spezielle Fragen wie die Besteuerung (thesaurierende ETFs mit Swap, die vor dem 1.1.2009 erworben wurden, sind dauerhaft vollkommen steuerfrei, worauf der Normalanleger nicht hingewiesen wurde), ausschüttende versus thesaurierende ETFs, Ausfall und Fremdwährungsrisiken, unechte ETFs, hinter denen sich verkappte aktive Fonds verstecken, swapbasierte versus voll replizierende ETFs usw., sei hier nicht näher eingegangen (zur Funktionsweise von Swaps siehe Deutschen Bank 2009).

Auch sei die Frage ausgeklammert, ob Nebenwerte eine eigene Anlageklasse bilden und ob Value- von Growth-Werten zu unterscheiden und/oder zu bevorzugen sind (der Verfasser bleibt skeptisch). Die beste Einführung in die Thematik bietet Gerd Kommer (2007 und 2009), auch wenn er mit Leib und Seele auf Seiten der EMH steht, aber u.a. sinnvolle Anlagevorschläge darlegt. Mittlerweile gibt es auch Anbieter, die einen ETF präsentieren, der selbst mehrere ETFs gemäß einer Weltportfoliostrategie enthält. Hierzu gehört neben der Quirin-Bank der erwähnenswerte Arero: Der Weltfonds (ISIN LU0360863863) mit einer Kostenpauschale von 0,45% (inklusive Rebalancing), der allerdings keine Immobilien enthält, aber ansonsten kaum zu schlagen ist. Mit Kosten, einer Liste aller ETFs, Informationen über Neuigkeiten und Trends wartet das im Internet zugängliche Journal *EXtra: Investieren mit Exchange Traded Funds* auf, das auch verschiedene Anlagestrategien erklärt (www.extra-funds.de). Wem dies nicht langt oder zu kompliziert ist, der kann sich einem Honorarberater anvertrauen, der in der Regel bis zu 1% der Anlagesumme berechnet, aber auch das jährlich erforderliche Rebalancing vornimmt und über vorher kaum geahnte Klippen der praktischen Umsetzung hinweghelfen kann. Hierunter versteht man die Zu- und/oder Verkäufe einzelner ETFs, um den jeweiligen, vorher festgelegten, erwünschten Prozentsatz trotz Schwankungen der Werte der ETFs am Gesamtportfolio aufrecht zu erhalten.

An dieser Stelle zeigt sich im Zusammenhang mit der FK auch die Verkürzung der Debatte auf fragwürdig strukturierte Derivate, Zertifikate usw., mit besonderem Augenmerk auf Lehman Brothers. Das weiter schwelende Grundproblem besteht vielmehr in den weit über 6000 Fonds, die renditemindernd, aber Provisionen an Bankberater u.a. verteilend, den Anleger im Regelfall schadigen. Dieser Sachverhalt kann nicht mit einer farbenprächtigen Güte-Ampel bei Finanzprodukten ausgedrückt werden. Hier helfen auch wenig aufwändig-bürokratische Protokolle, die die (Bank)Berater ausfüllen müssen, wodurch wieder einmal die Böcke zu Gärtnern gemacht werden (zu den weiterhin miserablen Bankberatungen finden sich fast täglich Berichte, auch die nötigen Protokolle erweisen sich praktisch als wirkungslos, siehe z.b. die *SZ* vom 30.6.2009, 26, vom 16.12.2009, 17 und vom 17.3.2010, 24,). Wenig bringen dürfte auch ein im Internet herunter ladbarer Routenplaner für die Finanzberatung, wie vom Bundesverbraucherschutzministerium geplant. Hilfreicher wäre eine Stärkung neutraler und kostenloser Beratung durch Fachleute, die z.b. den Verbraucherzentralen zuzuordnen wären oder die finanzielle Unterstützung einer kritischen, unabhängigen NRO, sie könnte *Finance Watch* heißen. Hierfür fehlt es aber wegen fehlendem Willen an Geld, was man leicht durch eine Umlage der Finanzinstitute bewerkstelligen könnte, die sich dann ja das Protokollieren ersparten. Das Recht jedes Inländers auf eine kostenlose und zeitnahe Beratung, in der die Vorschläge der Banken kritisch gesichtet werden könnten und man sich über alternative Formen der Anlage informieren könnte (z.B. ein ETF-Weltportfolio), wäre eine saubere Lösung.

Allerdings mangelt es der *Stiftung Warentest* hier selber etwas an der kritischen Distanz bei Geldanlagen zu Investmentfonds. In den Heften des *Finanztest Spezial* werden Rankings aufgeführt, die suggerieren, es ließen sich dauerhaft gute Fonds ermitteln. So heißen die Überschriften u.a.: „Die Perlen entdecken" oder „Dauerhaft gut – auf diese Fonds ist Verlass" (2008, 20). Durch Eingabe der jeweiligen ISIN ist leicht überprüfbar, als wie verlässlich diese Fonds sich in den letzten Jahren und Monaten tatsächlich erwiesen. Sie fielen in der FK fast alle gleich stark wie die entsprechenden Vergleichsindices, weshalb sollte man dann hierfür noch alle möglichen Gebühren zahlen? Glaubt(e) die *Stiftung Warentest,* die gelegentliche Umschichtungen empfiehlt, wirklich an die Möglichkeit, aktuelle Trends frühzeitig erkennen zu können? (Wenn dem so wäre, warum leiden dann die Verbraucherzentralen unter Geldknappheit?) Zweifelhafterweise wird bei ihren Vergleichen angemerkt, interne Kosten der Fonds ließen sich eben nicht vermeiden und man rechnet sich gesund. „Weil die Kaufkosten je nach Anbieter sehr unterschiedlich ausfallen, haben wir sie ebenso wie die Depotkosten nicht in die Wertentwicklung unserer Fondstabellen eingerechnet" (2008, 36). Ein kritischer Brief zu dieser unseriösen Vorgehensweise vom Verfasser bleibt seit zwei Jahren unbeantwortet. Von ETFs als kostengünstiger Alternative ist in den Heften mit Fondsvergleichen keine Rede.

Die bescheidenen Leistungen der aktiven Fonds verwundert nicht, da nach der EMH alle Informationsbeschaffung nutzlos ist, da bereits eingepreist. Auch wurde in Kapitel 3 erwähnt, dass die Wirtschaft als offenes System unkalkulierbar ist und durch unerwartete irrationale Verhaltensweisen zusätzlicher Lärm entsteht. Es macht daher keinen Sinn, unter Anlagegesichtspunkten die Zeitschrift *Finanztest* mit ihren Tipps überhaupt zu beziehen, die bei konsequenter Umsetzung der Erkenntnis der Unvorhersehbarkeit ihr Erscheinen einstellen müsste. Die fehlende Verbreitung der ETFs unter Kleinanlegern liegt wie herausgestellt daran, dass sie so einfach und billig sind und dass mit ihnen Dritte nicht an die Rendite der Anleger herankommen.

Es ist ausgesprochen bedauerlich, dass es nicht eine Institution im Allgemeininteresse gibt, die Kleinanlegern diese effizienteste Anlagemöglichkeit erläutert und bei der Durchführung hilft (Auswahl der ETFs, Ordervorgang, Rebalancing usw.). Vermögensbildung in Arbeitnehmer- oder Kleinanlegerhand wird so nicht einmal auf Sparflamme gefördert. Eine Institution, die dafür prädestiniert sein könnte, sind die Gewerkschaften, deren Exkursionen ins Bankgeschäft weder in Deutschland noch in Österreich optimistisch stimmen und die Gewerkschaften wohl die vielfach überflüssigen Beraterstellen in Banken usw. als Jobkiller beklagen würden. Sie könnten die gewerkschaftsskeptische Gesellschaft aber eines Besseren belehren und sich völlig neue Aktionsräume im Interesse der Mehrzahl der Arbeitnehmer eröffnen.

Einen erstklassigen Einstieg in die hier vorgeschlagene Anlagestrategie hätte eine kapitalgedeckte Umsteuerung in der Rentenversicherung ermöglicht, sofern man diese grundsätzlich für sinnvoll hält. Stattdessen hat Riester, der nunmehr sechsstellige Summen pro Jahr durch Vorträge vor der Versicherungswirtschaft bezieht, der Beratungsbranche die Menschen einzeln vor die Flinte gejagt, da betriebliche Riesterrenten sozialabgabepflichtig sind und so z.b. größere Unternehmen für ihre Arbeitnehmer keine guten Konditionen verhandeln können, da sich die betriebliche Variante von vornherein nicht lohnt. Sein etwas jüngeres Pendant Rürup verdient mittlerweile in der Versicherungsbranche sein Geld, so rief er mit dem windigen AWD-Gründer Carsten Maschmeyer eine eigene Firma ins Leben – mit Walter Riester als Berater (*SZ* vom 16.12.2009, 24). Bei der Zertifizierung der Riesterrenten spielten die anfallenden Verwaltungskosten der Produkte keine Rolle. So zahlt der Staat mittlerweile weit über 10 Mrd. Euro pro Jahr in die Riesterrente, die zum größten Teil direkt als Gebühren in die Taschen der Anbieter wandern und dann im umlagefinanzierten Rentenbereich fehlen. Auch indirekt kommt es zu niedrigeren Renten im Umlagesystem, weil die Einzahlungen in die Riesterrente von der Berechnung der Rentenhöhe in Abhängigkeit von der Einkommensentwicklung vorher abgezogen werden (zur Kritik des Konstrukts siehe auch im Detail das Gutachten von Oehler 2009 im Auftrag der Verbraucherzentrale Bundesverband).

Es gibt auch keine Vorschrift zur Angabe einer *Total Expense Ratio*, d.h. einer für den Kunden verständlichen prozentualen Gesamtkostenangabe, wie es bei fast allen sonstigen Finanzprodukten (z.b. den erwähnten aktiven Fonds) vorgeschrieben ist. Unkritischen Flankenschutz gab es längere Zeit von der Zeitschrift *Finanztest* der Verbraucherzentralen, dessen Spezial zur Riesterrente oft wie eine Werbebroschüre ausfiel, was angesichts der (stets etwas prekären) Finanzierung der Stiftung durch den Staat kaum verwundert. Die Riesterrente wurde übrigens genau dann zum Renner, als man das Provisionsschema änderte und diese nicht mehr auf 10 Jahre streckte. Man darf davon ausgehen, dass weit über 90% derer, die eine Riesterrente abschließen, ihr spezifisches Produkt hinsichtlich Kosten und Leistungen nicht verstehen (können).

Um nur wenige Beispiele für Kosten(intransparenz) zu geben. Bei der *UniProfiRente* von *Union Investment,* die von den Genossenschaftsbanken angeboten wird, beispielsweise (dem Testsieger im *Finanztest*

10/2002) in der Variante Aktien + Staatsanleihen fällt von vorneherein ein Ausgabeaufschlag von 5% für *UniGlobal* (Aktien) und 3% für *UniEuroRenta* (Staatsanleihen) an. Ein Blick auf den Aktienfonds im Vergleich zum Benchmarkindex zeigt, dass man mit einem passiven Indexprodukt mindestens genauso gut lag und keinen Aufschlag hätte zahlen müssen. Hinzu kommen weiter Gebühren von 1,2% (Aktien) und 0,6% (Staatsanleihen), nicht zu vergessen eine jährliche Depotgebühr von fast 10 Euro. Zur Verwirrrung werden dem armen Kunden, der unter Hunderten von Angeboten wählen muss, Sätze wie der folgende vorgesetzt: „Außer den Depotgebühren erhält die Depotbank eine tägliche Vergütung in Höhe von 1/365 (in Schaltjahren: 1/366) von bis zu 0,05% des börsentäglich festgestellten Inventarwertes der betreffenden Investmentfonds" (Auszug aus § 5 der UniProfiRente Altersversorgungsverträge). Ein Anruf bei den Profis der Profirente ergab, dass die ansonsten sicher kompetenten Mitarbeiter sich nicht in der Lage sahen, den aktuellen Tageswert noch den Gesamtwert z.b. für das zurückliegende Jahr anzugeben.

Die Nichtvergleichbarkeit zwischen den Fonds wird erreicht, indem z.b. bei der ebenfalls hochgelobten *CosmosDirekt* 0,13% auf die aufgelaufene Summe erhoben und bei Rentenbezug 1,5% des Jahresbeitrages einbehalten wird und auf die Zulage und den Eigenbeitrag unterschiedliche Prozentsätze berechnet werden. Fortis als einziger Anbieter von Riesterrenten auf ETF-Basis lässt sich auch fürstlich bezahlen (abgesehen davon, dass sie in der Regel nur über Honorarberater vertrieben werden): Die Abschluss- und Vertriebskosten betragen pro Jahr 79,97 Euro in den ersten fünf und 39,05 Euro in den Folgejahren. Pro Jahr fallen Verwaltungskosten von 57,26 Euro und 0,15 Euro je 154 Euro eingegangene Zulage und 1 Euro je 1000 Euro vorhandenes Fondsvermögen an. Als Motto der Kostenstrukturen der Riesterrenten ließe sich mit einem Titel Thomas Bernhards sagen: Einfach kompliziert!

Die Garantie der Nominalwertsicherung zu Beginn des Rentenbezugs sollte nicht beruhigen, da bei einer Ansparzeit von 20 Jahren über 50% des zugesicherten Betrages von der Inflation aufgefressen werden dürfte. Ein eigenes Kapitel stellen die tatsächlich völlig undurchsichtigen Umschichtungsstrategien in der Ansparphase dar. So hat man bei der *UniProfiRente* Anfang 2009 Aktien in damals teure Staatsanleihen umgeschichtet. Auf Anfrage, welche Strategie dahinter steckt, wenn man billige Aktien verkauft und durch teure Staatsanleihen ersetzt, konnte nicht beantwortet werden („das schreibt der Computer vor', wurde bei Anfrage geantwortet). Berechnungen, die den dauerhaften Renditeverlust dieses Vorgehens ermitteln (bis Mitte 2010 stiegen die Aktienwerte wieder um rund 40%), liegen dem Verfasser nicht vor. Man hätte in Schweden sehen können, dass es auch anders geht (Cronqvist und Thaler 2004). Dort hat man – entsprechend der Theorie des soften Paternalismus (Thaler und Sunstein 2008) – selbstgewählte Rentenversicherungen à la Riester als Exit-Option zugelassen. Man konnte sich ohne Probleme für ungefähr 400 private Fonds entscheiden. Jeder Beschäftigte wurde allerdings zunächst automatisch mit einem bestimmten Prozentsatz seines Einkommens in einen vom Staat organisierten Fonds einbezogen, der am Prinzip des passiv gemanagten Weltportfolios orientiert war und dessen Renditen durchschnittlich keinesfalls hinter denen der privaten Fonds zurückstanden. Unter softem Paternalismus versteht man den Ansatz, den Menschen einerseits nicht zu etwas zwingen zu wollen (obligatorische Rentenversicherung). Wie bei Behavioral finance nimmt man aber an, dass er viele kleine Schwächen wie Zaudern und das Anwenden begrenzter Heuristiken hat (begrenzte Fähigkeit, sich über alle Alltagsdinge bestens zu informieren, Unterschätzung von Risikolagen in der Zukunft, begrenztes Widerstandspotential gegen geschulte Produktberater usw.).

Die bekannten menschlichen Schwächen schaden ihm langfristig, seine Einstellungen entsprechen nicht dem Modiglianischen Modell der rationalen Konsumglättung über den Lebenszyklus, sondern eher dem in den 1990er Jahren entwickelten Shefrinschen Behavioral-Life-Cycle-Modell. Man versucht die Menschen daher, mit leichtem Druck in eine bestimmte Richtung zu lenken, also mit Wahlfreiheit *(designed choices)* und Ausstiegsoptionen *(default options)*. Ein solcher staatlicher Fonds könnte mit weit unter 1% (mindestens 0,1%) Gesamtgebühren geführt werden. Junge Versicherte könnten über die Jahrzehnte bis zu einer doppelt so hohen Rente aus diesem Fonds beziehen!

In Deutschland hat man sich stattdessen für eine freiwillige Versicherung ohne Rückfalloption, mit unübersichtlichen Kosten, ohne neutrale Beratung, aber mit profitierenden Produktanbietern, mit vielen aktiven, d.h. ineffizienten und hochriskanten Produkten entschieden. Die Politik hat sich somit für die schlechteste aller möglichen Varianten eines finanzmarktkapitalistischen (Renten)Systems entschieden. Die einfachste Regel wäre gewesen, allen privaten Anbietern durch Transparenzvorschriften vergleichbare Kostenangaben abzunötigen und bei der Zulassung vorzuschreiben, dass die Gebühren zusammengerechnet nicht 0,5% übersteigen dürfen. Durch einfachste Regeln würden den Versicherten im Alter viele Milliarden Euro mehr zur Verfügung stehen.

Es wurde, um dies noch einmal hervorzuheben, hier etwas näher auf die Riesterrente eingegangen, da durch sie die Bedeutung der Finanzmärkte im sozialpolitischen Bereich wächst. Es zeigte sich, dass man es mit einem weiteren politischen Konstruktionsfehler zu tun hat. Man darf sich über Riesters Gesinnungswandel nicht wundern, da ihm in der Konzeptionsphase neben der Versicherungslobby Unternehmensberater zur Seite standen, denn damals herrschte gerade eine Beratungsflaute im Privatsektor. Es handelt sich bei den Änderungen im Rentenbereich und generell bei der üblichen Anlageberatung um eine Art dauerhafte Finanzkrise, die öffentlich kaum angemessen thematisiert wird und alleine durch die Konstruktion der Riesterrente eine Umverteilung in Milliardenhöhe pro Jahr stattfindet.

Nur nebenbei sei bemerkt, dass die vorgeschlagenen Reformen und die hier präsentierte Anlagestrategie auch dazu dienen, das Auftreten von Extremereignissen *(fat tails)* zu vermeiden. Sie können insofern auch eine Demokratisierung des Finanzmarktgeschehens bewirken, da sie die Angst und Unsicherheit der Anleger vermindern und ETFs ihnen leichten Zugang ermöglichen. Der Mainstream könnte dies unter den Gesichtspunkten breiterer Märkte und der Zuführung von Kapital auf die Finanzmärkte begrüßen. Easley und O'Hara entwickeln ein Modell, bei dem durch Regulation Ambiguität und Nichtpartizipation auf Finanzmärkten reduziert wird. „(R)egulation, particularly regulation of unlikely events, can moderate the effects of ambiguity, thereby increasing participation in financial markets, and generating welfare gains. These welfare gains arise because legal rules designed to limit ‚worst case' outcomes can succeed in fostering participation when more traditional market remedies such as disclosure will fail" (2009, 1841).

10
Der gesamtgesellschaftliche Rahmen

In diesem kurzen, abschließenden Teil sollen keine detaillierten Vorschläge z.B. zu einer für einen Finanzsoziologen naheliegenden, die Finanzmärkte stabilisierenden Steuerreform in Angriff genommen werden. Hierzu würde etwa die Nichtabziehbarkeit von Zinszahlungen von der Steuer gehören, deren weitgehende bilanzielle Absetzung als Kosten heute die Aufnahme von Fremd- gegenüber Eigenkapital begünstigt (Leverage). Aufgrund der deutschen Abgeltungssteuer ist es zudem günstiger, Unternehmen mit Krediten zu finanzieren, da eine Finanzierung aus eigenem Kapitel mit bis zu 48% besteuert werden kann, Fremdkapital aber nur mit 25%. Die Bezieher hoher Kapitaleinkünfte haben eine durchschnittliche Abgabenlast von klar unter 30%, mittlere Arbeitseinkommen werden mit eingerechneten Sozialabgaben mit über 50% belastet.

Anstatt in die Steuerdebatte im Detail einzusteigen soll über den Rahmen des Bisherigen hinausgehend die säkulare Langfristperspektive angesprochen werden. Wurden bisher Reformschritte zur Behebung der FK diskutiert, die systemimmanent kurz- bis mittelfristig umsetzbar wären, so geht es nunmehr um die letztlich alles entscheidende längerfristige Perspektive: Wie wollen und müssen wir in Zukunft angesichts nicht verhandelbarer natürlicher Grenzen des Ökosystems leben? Dies soll nicht heißen, dass für die Eindämmung der Klimaerwärmung allzu viel Zeit verbleibt, da die entscheidenden Weichenstellungen in den nächsten 10 Jahren erfolgen müssen. Insofern trifft es sich gut, dass die bisher vorgeschlagenen Reformen der Finanzmärkte zur Vermeidung zukünftiger Finanzkrisen für sich stehen, aber zum Teil auch erfreulicherweise in die Richtung deuten, die längerfristig einzuschlagen sein wird.

Die obigen Reformen werden nicht zur Erlahmung der Dynamik im Realsektor führen, man kann vom Gegenteil ausgehen, da das Geld nicht am Kapitalmarkt verspielt wird. Insofern wird unsere Beziehung zur Ökosphäre sicher nicht allein durch eine Reform des Geldwesens genesen. Aber der Vorschlag des 100%-Geldes, der sachlogisch einen positiven Zins für Girokonten unmöglich macht, ist doch ein Anfang. Man kann hieran anknüpfend überlegen, unter welchen Bedingungen Menschen bereit wären, auch auf den Zins beim Sparen zu verzichten, der letztlich durch eine Ausdehnung des Realsektors zu bezahlen ist. Sollte der hier vorgeschlagene Weg der Einspeisung frischen Geldes nicht realisiert werden oder die zusätzliche Ausgabe von Anleihen erfordern, so könne man z.b. über inflationsindexierte Staatsanleihen mit recht geringer Verzinsung nachdenken. Wer Geld fürs Alter sicher parken möchte, kauft eine z.b. 30jährige Anleihe mit Inflationsschutz. Warum gibt es sie in Deutschland nicht als Massenanlageprodukt? Die Finanzindustrie mag solche Anleihen nicht, da die Menschen kein Motiv zum dauernden Umschichten hätten. Dabei hätten solche Anleihen positive Nebeneffekte, man könnte z.b. die Staatsschuld nicht weginflationieren. Auf solche Anleihen könnte ein gewisser Zins gezahlt werden, wenn man davon ausgeht, dass der Staat das Geld sinnvoll investiert (z.B. in die vielbeschworene Bildung) und daher Steuermehreinnahmen realisieren kann. Es müsste dem Bürger eigentlich verständlich zu machen sein, dass er keinen Zins über der Wachstumsrate erhalten kann. Niedrige Zinsen sind auch nur halb so schlimm, wenn man nicht meint, der idealtypische Nachbar wäre besser dran.

Dieser letzte, kursorische Teil ist erforderlich, weil der Autor sich an die letzte Wurzel des Problems der Finanzmärkte bisher nicht herantraute: Wie kann ein Wirtschaftssystem überleben, dass angesichts positiver Zinssätze und mit Vermögenswerten, die Rendite abwerfen sollen, was letztlich nur durch Erlöse aus der Realsphäre geleistet werden kann, ein System also, das auf Wachstum angelegt ist, mit den Erfordernissen der Ökosphäre harmonieren, die stetiges Wachstum nicht mehr verträgt?[13] Die gesamtwirtschaftlichen und -gesellschaftlichen Veränderungen vom Real- zum Finanzkapitalismus (Windolf (Hg.) 2005), die hier nicht im Einzelnen untersucht werden sollen (Schulmeister 2010, 40-45), haben das Problem nur verschärft.

Wachstum ist das magische Konzept, das Finanz- und Umweltkrisen nach dem Prinzip: Weiter wie bisher ohne Rücksicht auf Verluste ver-

---

[13] Das Problem lässt sich allgemein verständlich auf wenigen Seiten umreißen (Binswanger 2009, 98-119), praktische Vorschläge für Deutschland unterbreitet das Wuppertal Institut (2008).

bindet, der Tanz muss weitergehen, solange die Musik spielt, nach uns die Sintflut. Die deutschen Konjunkturprogramme mit fast völlig fehlenden *green new Deal*-Elementen und die Laufzeitverlängerungen der Atomreaktoren in Deutschland zeigen, wie wenig von der erforderlichen Erneuerung in der Regierungspolitik bis hin zur Streichung des KfW-Förderprogramms zur Unterstützung energetischer Häusersanierung Ende August 2010 angekommen ist. Die Anerkennung natürlicher Grenzen, nötige Redundanzen (etwa niedriges Leverage) und Entschleunigung stehen nicht hoch im Kurs. Die gleichen Mechanismen (kurzfristiges Gewinndenken, kollektives Ignorieren der Gefahren) führten zur FK und der Katastrophe im Golf von Mexiko, wo es, wie man nebenbei erfährt, aus 26.000 weiteren ehemaligen Borlöchern vor sich hin tropft.

Nach David Brooks bestehen die Parallelen in der Unfähigkeit vieler Menschen, sich vorzustellen, wie die Akkumulation kleiner Fehler zu großen Katastrophen führen kann; auch scheinen Menschen sich mit der Zeit an Risiken zu gewöhnen (das letzte Mal ist es gutgegangen oder nicht ganz so schlecht gelaufen, es wird deshalb auch in Zukunft nicht so schlimm kommen). Ferner glauben Menschen gerne an Sicherheitssysteme, um sich außer Gefahr wähnen zu können (überdurchschnittlich viele Menschen verunglücken durch Unachtsamkeit an Fußgängerüberwegen). Des Weiteren werden oft komplizierte technische Systeme durch komplizierte Überwachungsstrukturen noch unübersichtlicher. Außerdem tendieren sie dazu, gute Neuigkeiten gerne zu verbreiten und schlechte (z.B. Lecks) zu unterdrücken. Schließlich haben Menschen, die im gleichen Berufsfeld arbeiten die Tendenz, ähnlich zu denken, was zur kognitiven Kaperung der Kontrolleure in der firmeninternen und öffentlichen Umweltkontrolle führen kann (Beilage der *New York Times* in der *SZ* vom 7.6.2010, 2). Die von Brooks auf den Umweltbereich bezogenen Schwachpunkte menschlicher Urteilskraft lassen unschwer die in diesem Text ermittelten Parallelen im Finanzbereich hervortreten (siehe insbesondere Kapitel III.6).

So enden auch Klima- und Finanzgipfel ähnlich unbefriedigend und man hält offenbar (Mittelrhein)Brücken und den (Auto)Moloch für wichtiger als das Weltkulturerbe. Die ‚wundersame, gewaltige Melodei' (H. Heine) der Nixe Loreley wird ersetzt durch den Geräuschpegel der Rastlosen. Unsere materiale und mentale Infrastruktur ist offenkundig unbelehrbar auf das Prinzip beständiger Steigerung ausgerichtet. Dabei sinken die Wachstumsraten auch noch (in Deutschland im letzten Jahrzehn unter 1% im Durchschnitt), trotz größer werdenden ökologischen Fußabdrücken. Wie kann dann überhaupt der Zinssatz auf Dauer deutlich über Null liegen und z.b. eine kapitalgedeckte Rentenversicherung funktionieren? Ist es vielleicht die strukturelle Unmöglichkeit ständigen Wachstums, die zu sich immer schneller wiederholenden Potlatchs der Wertvernichtung durch Finanzkrisen nötigt, als Ausdruck der institutionalisierten Vergeudung, die wahrscheinlich nur durch eine Fundamentalrevitalisierung der spirituell-kulturellen Dimension durchbrochen werden könnte?

John Bogle (2010) wies auf die hier bewusst ausgeklammerte ethische Reformdimension nach der FK hin: An die Stelle des Prinzips, dass man bestimmte Dinge einfach nicht tut, durch das in der Gesellschaft Vertrauen aufgebaut werden kann, trat in den letzten Jahren die Maxime: Was alle tun, kann (oder muss) ich auch tun. Nach Bogle sollte an die Stelle des *salesman*- das Leitmotiv des *stewardship* treten, bei dem die Professionen und Intellektuellen sich wieder bewusst zu werden hätten, dass sie nicht nur spezifisches, zweckrationales Wissen, sondern auch eine eigentümliche ethische Beziehung zur Gesellschaft pflegen sollten.

Die entscheidende Zukunftsfrage der Finanzmärkte lautet: *Wie kann man auf Dauer ein solides Finanzsystem konstruieren, dass nicht eigendynamisch durch den (Zinses)Zins auf ständige Expansion angelegt ist?* Kann unser heutiges Wirtschaftssystem ohne Wachstum auskommen? Vom alten Testament der Bibel (Peukert 2007) bis in die frühe Neuzeit misstraute man zumindest aus guten Gründen dem Zins. Zur Veranschaulichung wird gerne auf den Josefspfennig hingewiesen, der, als ein Cent zu 5% bei Jesu Geburt angelegt, dank des Zinseszinses heute einen Wert von fast 300 Mrd. Weltkugeln aus Gold hätte (siehe die anschauliche Erläuterung von Dirk Müller in weniger als vier Minuten, der als Mr. Dax die Unmöglichkeit eines solchen System behauptet: http://www.youtube.com/watch?v=2a5QLDPP5_M). Falls man nur 3% oder weniger für realistisch hält, so der sinnige Einwurf des ehemaligen Finanzministers Eichel, wären es immer noch einige MilliardenWeltkugeln.

Historisch trat das Problem bisher kaum in Erscheinung, da Kriege usw. immer wieder für eine ausgleichende Wertvernichtung sorgten. Seit nunmehr 60 Jahren wächst in Deutschland (West) das Sozialprodukt im Prinzip linear an (Reuter 2000, 386-389), die privaten Geldvermögen steigen durchschnittlich um 7,5% pro Jahr bei stagnierenden Reallöhnen, so dass die Lohnquote seit Ende der 1970er Jahre von über 75% auf 65%

sank (siehe das reiche statistische Material hierzu bei www.jjahnke.net/asmussen/html). In den USA ist die Walton-Familie (Wal-Mart) reicher als das untere Drittel der amerikanischen Bevölkerung von ungefähr 100 Millionen Menschen. Das Ausbleiben von Widerstand gegen die auseinandergehende Verteilungsschere in den USA ist auch durch die Verschuldung privater Haushalte als (längerfristig instabiles, aber kurzfristig entlastendes) Druckablassventil zu erklären. So richtet sich der Zorn der Wähler nach dem langsamen Ausfall des Ventils nicht gegen die profitierenden Verursacher der FK, sondern gegen Präsident Obama, der umgehend den alten Modus durch Steuererleichterungen trotz Rekordverschuldung fortzusetzen versucht.

Ohne das wiederum weltwirtschaftlich destabilisierende Exportventil als deutsche Lösung oder höhere Staatsverschuldung führt diese Tendenz zu einem immer höheren Gesamtverschuldungsgrad der Volkswirtschaft und einer weiter auseinanderklaffenden Schere bei Einkommen und Vermögen. Ist ein Geldsystem ohne positiven Zinssatz als wesentliche Ursache dieser Schere möglich? Mit Binswanger (2009, 139-149) kann man im 100%-Plan einen ersten Ansatz (Nullzins auf Girokonten) in die richtige Richtung sehen. Auch ließe sich über seinen Vorschlag neuer, nachhaltigkeitsorientierter Unternehmensverfassungen in Form von Stiftungen von Genossenschaften nachdenken (ebenda, 150-160).

Die Bonusfrage (zu den seit langem diskutierten Auswüchsen, siehe Bebchuk und Fried 2004), die in der öffentlichen Diskussion oft als populistisches Ablenkungsmanöver diente, deren Thematisierung hier bisher vielleicht vermisst wurde, erledigt sich dann zu einem guten Teil von selbst. Bei Umsetzung der hier vorgeschlagenen Reformen würden auch ohne neue Unternehmensverfassungen die Boni deutlich sinken, da die Extragewinne weitgehend verschwänden. Aus finanzsoziologischer Sicht kann man auch argumentieren, dass die Gemeinschaft der Steuerzahler sich nur freuen kann, wenn Aktionäre großzügig sind, da bei angemessenem Spitzensteuersatz der Einkommen und einer begrenzten Steuerabsetzbarkeit der Bonuszahlungen der Allgemeinheit Geld zufließt. Warum sollte man hier in Entscheidungen der Privatwirtschaft eingreifen (zu den praktischen Umgehungsproblemen siehe Kaplan 2009)? Allerdings provozieren hohe „erfolgsabhängige" Bonuszahlungen natürlich die Ausrichtung an Unternehmensstrategien, die auf hohe Gewinne zielen und das heißt im Finanzbereich inklusive korrespondierender Risiken und dann eventuell eintretender negativer Extremereignisse *(fat tails)*.

IV. Ist ein Leben ohne Finanzkrisen möglich?

So haben auch alle „pay for performance"-Ansätze der Betriebswirtschaftslehre einen Dämpfer erhalten, die annahmen, eine hohe, „leistungsabhängige" Bezahlung fördere das Wohl des Unternehmens und der Allgemeinheit. Mit Eucken ließe sich fragen, warum nicht zum Prinzip voller Haftung wenigstens die Boni betreffend übergegangen werden sollte. Mindestens drei Jahre sollten die Boni auf ein Spreekonto wandern, bis sich herausstellt, ob der Erfolg auf dem Eingehen schlechter Risiken beruht oder nicht. Roubini und Mihm schlagen sogar vor, dass Boni in Form von Aktien(optionen) mindestens 10 Jahre auf ein Sperrkonto wandern sollen oder erst im Ruhestand auszuzahlen sind, also über ein Bonus-Malus-System nachzudenken sei (Beispiel UBS: 2/3 der Boni gehen auf ein Sperrkonto, bei negativen Ergebnissen kommt es zu Abzügen) und Boni am Besten in den (Gift?)Papieren ausgezahlt werden sollen, die zu den Boni führen (2010, 249-257).

Auch sollten die Boni nur einen geringen, deutlich unter 50% liegenden Anteil am Gesamtgehalt einnehmen. Neben dem Ausschöpfen der bestehenden rechtlichen Möglichkeiten der Organhaftung (Lutter 2009) könnte dies kleine Wunder der Verantwortlichkeit bewirken. Natürlich bestehen hier gravierende Probleme, da die Entscheidungen der Bonusbezieher sich nicht immer eindeutig als richtig oder falsch oder als fahrlässig beurteilen lassen. Gerät ein Unternehmen in gravierende Schwierigkeiten, so kann dies auch durch veränderte, unvorhersehbare Marktentwicklungen bedingt sein, die niemand voraussehen konnte. Wen kann man hier als neutrale Instanz entscheiden lassen? Ob die zum Teil in Gesetzesform gegossenen Vorschriften der zeitlichen Streckung von Bonuszahlungen und Hinterlegungspflichten *(claw-back provisions)* ohne weitere grundlegende Reformschritte Wirkung zeigen, bleibt abzuwarten.

Tatsache ist aber auch, dass Manager mit hohen Gehältern eigentlich bei begrenzter Haftung überhaupt keinen echten Risiken gegenüberstehen. Wenn sie z.B. 30 Mio. Euro als Gehalt in einem oder mehreren Jahren angesammelt haben, lässt es sich hiermit für den Rest seiner Tage gut leben. Für viele personelle Problemfälle finden sich ferner neue Verwendungen, so musste der Chef der Bayerischen Landesbank, Michael Kemmer, gehen, weil er als Finanzchef beim Fehlkauf der Hypo Alpe Adria beteiligt war, dank seiner „diplomatischen Erfahrungen" (*SZ* vom 1.9.2010, 18) wird er dann im September 2010 Hauptgeschäftsführer des Bundesverbandes deutscher Banken.

Auch wirken sich Finanzkrisen trotz Vermögensverlusten kaum auf den alltäglichen Lebenswandel aus, da hier zwar viel Geld verausgabt wird, das aber im Vergleich zum Gesamtvermögen gering ist und kaum zu Einschränkungen nötigt. Abgesehen davon erholten sich die ‚Etablierten Reichen' nach der FK nach der Studie *Global Wealth* von der Boston Consulting Group am schnellsten: Ein Jahr nach der FK wurden die Vermögensverluste weitgehend ausgeglichen (SZ vom 11.6.2010, 28). Auch die Boni sprudeln wieder. Zwar hält sich die erste Reihe zurück, Blankfein von Goldman Sachs erhielt 2009 *nur* 9 Mio. Dollar, das meiste in Aktien (2007: 68 Mio. Dollar, nach *SZ* vom 25.2.2010, 26), aber dafür kassiert die zweite Reihe (Händler und Broker) ab, die 38 führenden Finanzfirmen der USA schütteten für 2009 den Rekordbetrag von 140 Mrd. Dollar aus. Anders sieht es bei den Hedgefonds aus, die weniger unter Beobachtung stehen. Die 25 führenden Anlagestrategen verdienten in 2009 25,3 Mrd. Dollar (SZ vom 7.4.2010, 28).

Hedgefonds und andere Investmentgesellschaften könnte man aber von der Börse fernhalten und von ihnen die Unternehmensverfassung der Partnerschaft fordern, die bei Investmentfonds auch bis Ende der 1980er Jahre vorherrschte. Um Druck vom hektischen Geschehen der Sekundärmärkte zu nehmen, könnte man auch vorschreiben, dass z.B. Aktien nur zum Nennwert gehandelt werden dürfen, es beim Kauf also nur auf die (längerfristig orientierte) Dividende ankäme.

Angesichts der anstehenden Gestaltungsaufgaben der Überwindung der Wachstumsgesellschaft lässt sich mit Frey überlegen, ob nicht neben der Intensität auch über die erwähnte Ausrichtung der Leistung nachzudenken wäre. Die zähen Prozesse von versagenden Managern auf Gehaltsweiterzahlungen und Abfindungen zeigen, worauf es ihnen ankommt: Eigennutz und materiellen Vorteil. Die Umweltbewegung fordert aber zu Recht weitsichtigeres Spitzenpersonal mit Sinn für „corporate compliance with environmental and social standards as a condition of listing on public exchanges" (Friends of the Earth 2008, 2, die auch u.a. eine Größenbeschränkung von Finanzunternehmen befürworten).

Banktrack fordert, „(b)anking regulators should mandate the inclusion of environmental and social issues into risk assessment processes for bank financing activities" (2008, 4). Selbst liberale Ökonomen geben hinsichtlich eines uneingeschränkten Freihandelsprinzips zu bedenken: „The political and economic reality demands a more nuanced and cooperative approach. They should say no to trade protectionism straight and simple. But they should be willing to negotiate with advanced nations on avoiding regulatory races to the bottom in such areas as labour standards or tax competition. This is in their long-term self interest. Without buy-in from the middle classes of the advanced nations, it will be very difficult to maintain a global trade regime as open as the one we have had in recent years" (Rodrik 2009, 2).

Solche Readjustierungen auf der Mikro- und Makroebene sind mit dem heutigen Führungspersonal indes völlig illusorisch. Auch steht sozialer und dennoch effizienter Teamproduktion die immer weiter um sich greifende Abschwächung prosozialer Einstellungen im Wege (Frey und Osterloh 2000, 2005 und Osterloh und Frey 2005). Es bedürfte völlig anders orientierter Schumpeter-Titanen, die auch die Selbstbestimmung und Selbstachtung der in Unternehmen arbeitenden Menschen und ihrer intrinsischen Motivation höchsten Stellenwert einräumen würden. Plato hatte bereits gefordert, die wichtigsten (Staats)Ämter nur mit Personen zu besetzen, die überhaupt kein eigenes Interesse mit dem Amt verbinden (bin hin zur Auflösung der Familienbande). Als Mindestforderung in diese Richtung ist unter Kaperungsgesichtspunkten sicher eine 2jährige Abstinenzphase bzw. Karenzzeit *(cooling-off)* für ehemalige Regulatoren als verbindlicher Vorschlag zu Corporate Governance sinnvoll, denen untersagt wäre, in dieser Zeitspanne in den Privatsektor abzuwandern (Boone und Johnson 2010b, 272). Man sollte die gleiche Regel auch für die umgekehrte Richtung einführen.

Ein weiterer Aspekt wäre hier die Beteiligung von Insidern (Mitbestimmung) an der Kontrolle der Unternehmensführung, die oft als Einzige beurteilen können, was in einem (Finanz)Unternehmen wirklich vor sich geht. Prosoziale intrinsische Motivation und Einsicht in die ökologische Begrenzungsproblematik sind auf keinen Fall mit den heutigen Firmenkulturen und ihren Entlohnungsstrukturen mit einer Hundertfachen Lohnspreizung vereinbar.

Dabei hat sich Wachstum und Wohlstandsmehrung für die Mehrzahl der Menschen entkoppelt und die durchschnittlichen Realeinkommen haben seit einem Jahrzehnt nicht mehr zugenommen. Ist dies letztlich auch Ausdruck der Tatsache, dass wir an Wachstumsgrenzen stoßen, die sich nur noch durch Scheininnovationen wie denen der Finanzbranche überspielen lassen? Für die materielle Realproduktion und den entsprechenden Umgang Mensch-Natur gilt dasselbe Grundprinzip wie für die „Produktion" von Geld: Sie muss vorab durch politische Entscheidungsfindung quantitativ kontingentiert werden (Notenbankmonopol, Emissionshandel), da Märkte das Skalenproblem nicht lösen (Daly und Farley 2004, Kapitel 2). Qualitative Veränderungen im Sinne der Festlegung des absoluten physischen Durchflusses *(throughput)* sind hier nötig, da angesichts schmelzender Polkappen, einem dramatischen Schwund der Biodiversität, der Versauerung der Weltmeere, der (Plastik)Vermüllung der Ozeane und bis in den Weltraum, des Abholzens der Regenwälder usw. der quantitative Weg des Wirtschaftswachstums so nicht weitergehen kann. Der hydraulisch-keynesianische Weg, der Wirtschaft, Umwelt und Soziales durch Umweltschutzinvestitionen (Jäger et al. 2009) und eine Änderung der Verteilung in Einklang zu bringen versucht,[14] ist versperrt, da sich die Entkoppelungshoffnungen nicht erfüllten.

In seiner diesbezüglichen Kritik des Keynesianismus bemerkt Sarel Sarkar, eigentlich steht „der Geist des Keynesianismus im grundsätzlichen Widerspruch zum Geist des *ökologischen* Gleichgewichts (Nachhaltigkeit). Die These z.b., dass in entwickelten Industriegesellschaften Sparsamkeit etwas Schlechtes ist, weil sie eine Ursache der Arbeitslosigkeit ist (Sparparadoxon), kann nicht vereinbart werden mit dem Ziel des nachhaltigen Wirtschaftens. Im Keynesianismus ist kein Platz ... für Verzicht auf überflüssigen Konsum ... [Er] bleibt ein Programm für die Fortsetzung des Wachstumswahns in schon überindustrialisierten Ländern. Er schlägt nur eine andere Strategie dafür vor" (2010, 238-239). Er akzeptiert die Grenzen des Wachstums durch die Hoffnung auf nachhaltiges Wachstum nicht und übersieht nach Sarkar, dass Innovationen à la Schumpeter nicht mehr die erwünschten Beschäftigungswirkungen zeitigen (ebenda, 272-277).

Der heutige ökologische Fußabdruck der Menschheit benötigte 2-3 Welten, um nachhaltig zu sein. Wir müssen die Keyneßche Enkelgeneration sein: Umverteilung und Ankurbelung der Binnennachfrage durch Mindestlöhne, eine andere Steuerstruktur usw. (IMK 2009c) mit der Zielfunktion schöner Wachstumsraten ist passé. Auch dürfte die Wohlfahrtsnutzen- von der Wohlfahrtskostenkurve in entwickelten Ländern angesichts diverser Tretmühlen eingeholt worden sein. Mathias Bins-

---

[14] Siehe z.b. Bofinger (2009) und Schulmeister (2010) mit ansonsten sehr bedenkenswerten Überlegungen, der auf den Seiten 95-96 für prinzipiell zwei Prozent unter der Wachstumsrate liegende Kreditzinsen eintritt.

anger (2006) untersucht die Status-, Anspruchs-, Multioptions- und Zeitpartretmühlen und kommt zu einem entsprechenden Ergebnis.

Viele der von sozialdemokratischen Keynesianern vorgebrachten Gestaltungsvorschläge sind nötig, aber das Wachstumsziel ist überholt: Wenn die Wirtschaft nicht mehr wachsen sollte, dann gilt nicht mehr dem Wachsen des Kuchens das Augenmerk, sondern seiner fairen und gerechten Aufteilung. Aus Gerechtigkeitsüberlegungen stellen sich die Fragen einer stärker progressiven Einkommens-, Vermögens- und Erbschaftssteuer (aus den letzten beiden fließen in Deutschland 0,9% des BIP zu, USA: 3,1%) und einer umfassenden Zinsbesteuerung nachdrücklich, wobei die Abgeltungssteuer wegen ihrer Umgehungsmöglichkeiten eine Steuer des kleinen Mannes darstellt.

Nur nebenbei sei darauf hingewiesen, dass man eine einmalige Vermögensabgabe bei Kapitaleinkünften über z.B. 50.000 Euro zum Auffangen der FK auch in Deutschland nicht erwog; eine Vermögensabgabe wurde hingegen selbst vom konservativen J. Schumpeter (1976/1918) in Reaktion auf die Verschuldung nach dem Ersten Weltkrieg vorgeschlagen. Die unteren 60% der Haushalte besitzen zusammen genommen überhaupt kein Nettovermögen, die obersten 10% über 60%. Eine teilweise Abschöpfung der Einkommen aus Unternehmertätigkeit und Vermögen hätte auch die Funktion, sonst auf den Finanzmärkten auftauchendes anlagesuchendes Kapital abzuziehen und über Umverteilung der Realsphäre (etwa durch die Wiedereinführung des Kindergeldes für alleinerziehende Mütter mit Harz IV) zuzuführen. Aus vielen Experimenten (z.B. Solnick und Hemenway 1998) weiß man, dass es Menschen (ab einem gewissen Minimum) zum Wohlbefinden weniger auf das absolute (Konsum)Niveau, als vielmehr auf die Relation zum relevanten Anderen (so bereits Veblen 1994/1899), also auf das relative und nicht das absolute Einkommen ankommt. Märkte können in vielen Bereichen die Allokation bei richtiger Rahmengestaltung einigermaßen effizient bewerkstelligen, nicht aber die Distribution (zur Sicherstellung einer gewünschten Verteilung über das Steuersystem siehe den Vorschlag von Burman et al. 2007 zu einem *rising tide tax system,* nach dem die Steuern sich jährlich variabel an einer maximal zulässigen Einkommens- und Vermögensspreizung als Zielmarke orientieren; zur Reform des deutchen Steuersystems Jarass 2010b).

Im heutigen Wirtschaftssystem ist somit zusammenfassend eine dreifache Ponzi-Verschuldung festzustellen: Die meisten Staaten häufen

Schulden an, von denen sie bestenfalls die Zinsen bedienen können; im Finanzsektor bauen sich sachlogische Verschuldungskaskaden auf und im Realsektor lebt die Menschheit seit langem von der Substanz des „Naturkapitals". Das an dieser Stelle nicht zu lösende Kunststück der Wirtschaftspolitik wird darin bestehen, eine Vollbeschäftigung neuen Typs (bei Null- oder sogar Negativwachstum) realisieren zu müssen. Hier zeigt sich die enge Wahlverwandschaft der Probleme des Realsektors und der Geld- und Finanzsphäre: Über den Zins ist die Geldsphäre genauso wie die Realsphäre auf exponentielles Wachstum angelegt und in beiden Sektoren treten wachstumsbedingte Strukturprobleme auf. Die internationale Wirtschaftskrise hat eindrücklich die Abhängigkeit vom Wachstum gezeigt.

Die Gretchenfragen lauten: *Wie hätte ein zu einer nicht unter Wachstumszwang stehenden Wirtschaft und Gesellschaft korrespondierendes Geldsystem auszusehen?* Langt hierbei von der Geldseite her der 100%-Plan und die anderen Reformvorschläge, was müsste hinzukommen? Kann ein modernes Geldsystem ohne exponentielle Verschuldung (als Kehrwert eines positiven Zinssatzes) und kann eine privatwirtschaftliche, auf Gewinn ausgerichtete Marktwirtschaft in einer stationären oder – wenn man den Schwellenländern etwas mehr als bisher gönnen will (Böll-Stiftung (Hg.) 2008) – schrumpfenden Wirtschaft überleben? Schrumpfung bedeutet kurzfristig Rezession, Arbeitslosigkeit und Verteilungskämpfe. Die harten physikalischen treffen hier auf die sozialen und ökonomischen Grenzen (unmissverständlich das nicht geschönte Szenario bei Smith 2010). Bloße Appelle an die Einschränkung von Gier, an moralisches Wachstum und mehr Kooperation helfen hier wenig und die Planwirtschaften (inklusive hybrider Ableger wie Gesundheitssysteme und z.B. hierarchisch-planwirtschaftlich organisierte Megabanken) sind auch kläglich gescheitert. Was tun?

Von asiatischer Seite wird an eine Fehljustierung (nur?) westlicher Gesellschaften erinnert. „Die größte Bedrohung für die Entwicklung der Welt ist, dass westliche Demokratien die Interessen der Individuen zu sehr über die der Gemeinschaft stellen und dadurch grundlegende Probleme nicht gelöst werden können" (Nadir 2009, 3). Die Sinnfrage stellt sich aber, „ob man Teil jener Generation gewesen sein möchte, die den Planeten ruiniert hat, weil sie dumm und ungeprüft Glaubenssätzen von Wachstum, Fortschritt und Wettbewerb gefolgt ist, ohne zu prüfen, wie weit sie tragen – oder ob man Teil jener Generation gewesen sein möchte, die die Zeichen der Zeit erkannt und noch rechtzeitig umgesteuert hat" (Welzer 2010, 4; siehe auch Miegel 2010).

Eine neue ‚große Erzählung' als Metanarrativ, die auf moralisches Wachstum und eine Suffizienzrevolution setzt, fehlt bis heute, sicher auch, weil alle relevanten Akteure (Unternehmen, abhängig Beschäftigte, der Staat) am Tropf des Wachstums hängen und auf Gedeih und Verderb an die Wachstumsspiralen der Wirtschaft und des Geldes gekettet sind. Sollten die hier auf die Finanzmärkte bezogenen Interpretationen und zu ihrer Stabilisierung vorgeschlagenen Reformen auch einen gewissen Überschuss auf dem Weg zur Suffizienzrevolution beinhalten und zu ihrer Verwirklichung anregen, dann würde den Verfasser dies sehr freuen.

Literaturverzeichnis

Acharya, V. et al. „International alignment of financial sector regulation". Acharya, V. und Richardson, M. (Hg.). Restoring financial stability. Hoboken: John Wiley and Sons, 2009. S. 365-376.

Acharya, V. und Richardson, M. (Hg.). Restoring financial stability. Hoboken: John Wiley and Sons, 2009.

Acharya, V. und Richardson, M. „Government guarantees: Why the genie needs to be put back in the bottle". The Economist's Voice, Nov. 2009. (http://www.bepress.com/ev).

Acharya, V.V. et al. Securitization without risk transfer. 22.3.2009. (http:// ssrn.com./abstract=1364525).

Ackerman, F. „The economics of collapsing markets". Real-world economics review, 48 (2008), 279-290. (http://www.paecon.net).

Admati, A. R. et al.: Fallacies, irrelevant facts, and myths in the discussion of capital regulation: Why bank equity is *not* expensive. 30.9.2010. (http://ssrn.com/abstract=1669704).

Adrian, T. und Brunnermeier, M.K. CoVaR. Aug. 2009. (http://www.princeton.edu/~markus/research/papers/CoVaR).

Afheldt, H. „Weltweiter Wohlstand für alle? Für niemand? Oder für wenige". Ulrich, P. und Maak, T. (Hg.). Die Wirtschaft in der Gesellschaft: Perspektiven an der Schwelle zum 3. Jahrtausend. Bern: Paul Haupt, 2000. S. 35-85.

Aglietta, M. La crise. Paris: Michalon, 2010.

Agosin, M.R. „Capital inflows and investment performance: Chile in the 1990s". French-Davis, R. und Reisen, H. (Hg.). Capital flows and investment performance. Paris: OECD, 1998. S. 111-146.

Aikman, D. et al. Uncertainty in macroeconomic policy making: Art or science? 22.3.2010. (http://www.bankofengland.co.uk/publications/speeches/ 2010 /speech432.pdf).

Akerlof, G.A. and Shiller, R.J. Animal spirits. Frankfurt: Campus, 2009.

Alexander, K. et al. Global governance of financial systems: The international regulation of systemic risk. Oxford: Oxford University Press, 2006.

Allen, F. „Modelling financial instability". 2005. (http://finance.wharton.upenn. edu/~allenf/download/Vita/MODELINGFINANCIALINSTABILITY.pdf).

Allen, F. und Carletti, E. „Banks, markets and liquidity". 2007. (http://www.rba.gov.au/publications/confs/2007/allen-carletti.pdf).

Amable, B. The diversity of modern capitalism. Oxford: Oxford University Press, 2003.

Amann, S. und Jung, A. „Schokofingers Superwette". Der Spiegel, Nr. 30 (2010), 62-63.

Amel, D. et al. Consolidation and efficiency in the financial sector: A review of the international evidence. 15.8.2002. (http://www.federalreserve.gov/pubs/feds/2002/200247pap.pdf).

Amend, A. „Das Finanzmarktstabilisierungsergänzungsgesetz oder der Bedeutungsverlust des Insolvenzrechts". Zeitschrift für Wirtschaftsrecht, 30 (2009), 589-599.

Anderson, G. Cityboy: Bear and loathing in the square mile. London. Headline, 2009 (2008).

Anne T. Die Gier war grenzenlos. Berlin: Econ, 2009.

Anson, M.J.P. et al. Credit derivatives. New York: John Wiley and Sons, 2004.

Appelbaum, B. und Cho, D. Fed's approach to regulation left banks exposed to crisis. (http://www.washingtonpost.com/wp-dyn/content/article/2009/12/20/AR2009122002580.html).

Ariely, D. Predictably irrational: The hidden forces that shape our decisions. New York: Harper Collins, 2008.

Arlt, H.-J. und Storz, W. Wirtschaftsjournalismus in der Krise: Zum massenmedialen Umgang mit Finanzmarktpolitik. Arbeitsheft 63 der Otto Brenner Stiftung. Frankfurt, 2010 (http://www.otto-brenner-shop.de/uploads/tx_mplightshop/AH63.pdf).

Arnold, V. „Vom Sollen zum Wollen – über neuere Entwicklungen in der Wirtschaftsethik". Perspektiven der Wirtschaftspolitik, 10 (2009), 253-265.

Arthur, B. et al. „Asset pricing under endogenous expectations in an artificial stock market". Arthur, B. et al. (Hg.). The economy as an evolving complex system II. Reading (Mass.): Addison-Wesley, 1997a. S. 15-44.

Arthur, B. et al. „Introduction". Arthur, B. et al. (Hg.). The economy as an evolving complex system II. Reading (Mass.): Addison-Wesley, 1997b. S. 1-13.

Artus, P. und Virard, M.-P. Le capitalisme est en train de s'autodétruire. Paris: La Découverte, 2005.

Aschinger, G. Währungs- und Finanzkrisen. München: Vahlen, 2001.

Attac. Die Zeit ist reif – Das Casino schließen: Erklärung zur Finanzkrise und demokratischen Alternativen. 2008. (http://sandimgetriebe.attac.at/6871. html).

Augar, P. The greed merchants: How the investment banks played the free market game. London: Allen Lane, 2005.

Bagehot, W. Lombard Street. New York: John Wiley and Sons, 1999 (1873).

Baker, D. The benefits of a financial transactions tax. Dez. 2008. (http://www.cepr.net/documents/publications/financial-transactions-tax-2008-12.pdf).

Baker, D. Plunder and blunder. Sausalito: PoliPoint Press, 2009.

Baker, D. False profits. Sausalito: PoliPoint Press, 2010.

Balzli, B. et al. „Der Bankraub". Der Spiegel, Nr. 47 (2008), 45-80.

BankTrack. Bank to the future: Es Escorial statement on banks and the financial crisis. 6.11.2008. (http://www.banktrack.org).

Barrett, R. und Ewan, J. BBA Credit derivatives report 2006. (http://www.bba.org.uk/content/1/c4/76/71/ Credit_derivative_report_2006_exec_summary.pdf).

Barth, J.R. et al. Rethinking bank regulation: Till angels govern. Cambridge (Mass.): Cambridge University Press, 2008.

Barth, J.R. et al. „The repeal of Glass-Steagall and the advent of broad banking". Journal of Economic Perspectives, 14 (2000), 191-204.

Bateman, B. W. et al. (Hg.). The return to Keynes. Cambridge (Mass.): Belknap Press of Harvard University Press, 2010.

Bateman, B.W. „Das Maynard Keynes problem". Cambridge Journal of Economics, 15 (1991), 101-111.

Bebchuk, L. und Fried, J. Pay without performance: The unfulfilled promise of executive compensation. Cambridge (Mass.): Harvard University Press, 2004.

Becker, B. und Milbourn, T. Reputation and competition: evidence from the credit rating industry. 2.10. 2008. (http://ideas.repec.org/p/hbs/wpaper/09-051.html).

Becker, H.P. und Peppmeier, A. Bankbetriebslehre. 7., akt. Aufl. Ludwigshafen: Kiehl, 2008.

Beder, T.S. „VAR: Seductive but dangerous". Financial Analysts' Journal, 51 (1995), 12-24.

Beine, M. et al. Imitation among exchange-rate forecasters: Evidence from survey data. Juli 2003. (http://www.u-cergy.fr/IMG/2003-39Benassy.pdf)

Beinhocker, E.D. The origin of wealth: Evolution, complexity and the radical remaking of economics. Boston: Harvard Business School Press, 2006.

Bell, S. und Nell, E. (Hg.). The state, the market and the euro. Cheltenham: Edward Elgar, 2003.

Benhamou, E. Global derivatives: Products, theory and practice. Singapore: World Scientific Publishing, 2007.

Bennett, D.J. Randomness. Cambridge (Mass.): Harvard University Press, 1998.

Benston, G.J. The separation of commercial and investment banking. London: Macmillan, 1990.

Berger, A.N. und Humphrey, D.B. Bank scale economies, mergers, concentration, and efficiency: The U.S. experience. 1993. (http://fic.wharton.upenn.edu/fic/papers/94/9425.pdf).

Bernanke, B.S. „Nonmonetary effects of the financial crisis in the propagation of the great depression". American Economic Review, 73 (1983), 257-276.

Bernanke, B.S. Reducing systemic risk. 22.8.2008. (http://www.ferderalreserve.gov/newsevents/speech/bernake20080).

Bernanke, B.S. Asset price „bubbles" and monetary policy. 15.10.2002a. (http://www.federalreserve.gov/BoardDocs/Speeches/2002/2002101).

Bernanke, B.S. Deflation: Making sure „it" doesn't happen here. 21.11.2002b. (http://www.federalreserve.gov/BOARDDOCS/SPEECHES/2002/20021121/default.htm).

Bernanke, B.S. Monetary policy and the housing bubble. 3.1.2010. (http://www.federalreserve.gov/newsevents/speech/bernanke20100103a.htm).

Bernstein, P.L. Die Entstehung der modernen Finanztheorie (Capital ideas evolving). München: FinanzBuch Verlag, 2009 (2007).

Bernstein, P.L. Wider die Götter: Die Geschichte von Risiko und Risikomanagement von der Antike bis heute. München: Gerling-Akademie-Verlag, 1997 (1996).

Beigewum/Attac (Hg.). Mythen der Krise: Einsprüche gegen falsche Lehren aus dem großen Crash. Hamburg: VSA, 2010.

Bezemer, D.J. „No one saw this coming": Understanding financial crisis through accounting models. 16.6.2009.
(http://mpra.ub.uni-muenchen.de/15892/1/MPRA_paper_15892.pdf).

Bigo, V. „Explaining modern economics (as a microcosm of society)". Cambridge Journal of Economics, 32 (2008), 527-554.

Bikhchandani, S. et al. „A theory of fads, fashion, custom, and cultural change as informational cascades". Journal of Political Economy, 100 (1992), 992-1026.

Bikhchandani, S. et al. „Learning from the behavior of others: Conformity, fads, and informational cascades". Journal of Economic Perspectives, 12 (1998), 151-170.

Bikhchandani, S. und Sharma, S. „Herd behavior in financial markets". IMF Staff Papers, 47 (2001), 279-310.

Binswanger, H.C. Die Wachstumsspirale. Marburg: Metropolis, 2006.

Binswanger, H.C. Vorwärts zur Mäßigung. Hamburg: Murmann, 2009.

Binswanger, M. Stock markets, speculative bubbles and economic growth. Northampton: Edward Elgar, 1999.

Binswanger, M. Die Tretmühlen des Glücks. Freiburg: Herder, 2006.

Binz, P. Geniale Anlagestrategie: Weltweit investieren mit Indexfonds (ETF). Starnberg: Eigendruck, 2009. 14 S.

BIS (Bank for International Settlements). „The international banking market". BIS Quarterly Review. Dez. 2009, A3-A112. (http://www.bis.org/statistics/bankstats.htm).

BIS. 80. Jahresbericht. 28.6.2010. (http://www.bis.org/publ/arpdf/ar2010_de.htm).

Bischoff, J. Globale Finanzkrise. Hamburg: VSA, 2008.

Bitner, R. Confessions of a suprime lender. Hoboken: John Wiley and Sons, 2008.

Black, F. „Fact and fantasy in the use of options". Financial Analysts' Journal, 31 (1975), 36-72.

Black, F. „How we came up with the option formula". Journal of Portfolio Management, 15 (1989), 4-8.

Black, F. und Scholes, M. „The pricing of options and corporate liabilities". Journal of Political Economy, 81 (1973), 637-654.

Black, W.K. „Reexamining the law-and-economics theory of corporate governance": Challenge, 46 (2003), 22-40.

Black, W.K. The best way to rob a bank is to own one: How corporate executives and politicians looted the S & L industry. Austin: University of Texas Press, 2005a.

Black, W.K. When fragile becomes friable: Control fraud as a cause of economic stagnation and collapse. Dez. 2005b. (http://www.networkideas.org/feathm/may2006/william_k_black.pdf).

Blätter für deutsche und internationale Politik (Hg.). Das Ende des Kasino-Kapitalismus? Berlin: Edition Blätter, 2009.

Blanchard, O. The State of macro. MIT Working Paper 08-17, 2008. (http://papers.ssrn.com/sol3/papers.cfm?abstract_id=1235536).

Blanchard, O. The crisis: Basic mechanisms, and appropriate policies. April 2009. (http://www.catalogue.polytechnique.fr/site.php?id=334&fileid= 2293).

Blanchard, O. et al. Rethinking macroeconomic policy. IMF Staff Position Note, SPN/10/03. 12.10.2010. (http://www.img.org/externalpubs/ft/spn/2010/spn1003.pdf).

Blanchard, O. und G. Illing. Makroökonomie. 5., akt. und erw. Aufl. München: Pearson, 2009.

Blinder, A.S. „Time for financial reform, plan c". The Economist's Voice, Feb. 2010. (http://www.bepress.com/ev/).

Blinder, A.S. und Reis, R. Understanding the Greenspan standard. 4.8.2005. (http://ideas.repec.org/a/fip/fedkpr/y2005iaugp11-96.html).

Bloss, M. et al. Von der Subprime-Krise zur Finanzkrise. München: Oldenbourg, 2009.

Blum, J. „Do capital adequacy requirements reduce risks in banking?". Journal of Banking and Finance, 23 (1999), 755-771.

Blundell-Wignall, A. und Atkinson, P. The sub-prime crisis: Causal distortions and regulatory reform. 2009. (http://www.oecd.org/dataoecd/33/6/42031344.pdf).

Boehringer, Simone. „Geld darf nicht billig sein: Dauerhaft niedrige Zinsen gefährden den Wohlstand". SZ vom 19.3.2009.

Böll-Stiftung (Hg.). The greenhouse development rights framework. Berlin: agit-druck, 2008.

Bofinger, P. „A framework for stabilizing the euro/yen/dollar triplet". North American Journal of Economics and Finance, 11 (2000), 137-151.

Bofinger, P. Grundzüge der Volkswirtschaftslehre. 2., akt. Aufl. München: Pearson, 2007.

Bofinger, P. Ist der Markt noch zu retten. Econ: Berlin, 2009.

Bogle, J.C. Financial reform: Will it forestall a future crisis of *ethic* proportions? 22.7.2010. (http://www.huffingtonpost.com/john-c-bogle/financial -reform-will-it_b_656043.html).

Bolton, P. et al. The credit ratings game. Febr. 2009. (http://www.nber.org/papers/w14712).

Bookstaber, R. Teufelskreis der Finanzmärkte: Märkte, Hedgefonds und die Risiken von Finanzinnovationen (A demon of our own design). Kulmbach: Börsenbuchverlag, 2008 (2007).

Bookstaber, R. und Langsam, J. „On the optimality of coarse behavior rules". Journal of Theoretical Biology, 116 (1985), 161-193.

Boone, P. und Johnson, S. „The doomsday cycle". CentrePiece, Winter 2009/ 10. S. 2-6.

Boone, P. und Johnson, S. „A bank levy will not stop the doomsday cycle." Financial Times vom 18.1.2010a (http://www.ft.com/cms/s/0/e118fc2- 0461-11df-8603-00144feabdc0.html).

Boone, P. und Johnson, S. „Will the politics of global moral hazard sink us again?". LSE (Hg.). The future of finance: The LSE report. 2010b. S. 247-288 (www.futureoffinance.org.uk).

Bordo, M. et al. Is the crisis problem growing more severe? Dez. 2000. (http://emlab.berkeley.edu/~eichengr/research/EconomicPolicy.pdf).

Bordo, M. und Jeanne, O. Boom-busts in assets prices, economic instability, and monetary policy. NBER Working Papers, Nr. 8966. Mai 2002. (http://www.nber.org/papers/w8966).

Borio, C. Towards a macroprudential framework for financial supervision and regulation? 2003. (http://papers.ssrn.com/sol3/papers.cfm?abstract_id=841306).

Borio, C. Market distress and vanishing liquidity: Anatomy and policy options. BIS. Working Paper, Nr. 158. 2004 (http://papers.ssrn.com/sol3/papers.cfm?abstract_id=781228).

Borio, C. „Change and constancy in the financial system: Implications for financial distress and policy". Kent, C. und Lawson, J. (Hg.). The structure and resilience of the financial system. Reserve Bank of Australia. Kirribilli, 2007. S. 8-35.

Borio, C. und Drehmann, M. „Assessing the risk of banking crises: Revisited". BIS Quarterly Review, März 2009, 29-46.

Bouchaud, J.P. „Economics needs a scientific revolution". Real-world economics review, 48 (2008), 291-292. (http://www.paecon.net).

Bouchaud, J.P. Economics needs a scientific revolution. 2008. (http://www.paecon.net/PAEReview/issue48/Bouchaud48.pdf).

Bourdieu, P. Acts of resistance: Against the tyranny of the market. New York: New Press, 1998.

Brainard, W.C. und Tobin, J. „Pitfalls in financial model building": American Economic Review, 58 (1968), 99-122.

Brandeis, L. Other people's money and how the bankers use it. New York: Frederick A. Stokes, 1914 (1913).

Braunberger, G. und Fehr, B. (Hg.). Crash: Finanzkrisen gestern und heute. Frankfurt: Frankfurter Allgemeine Buch, 2008.

Brenner, R. und Brenner, G.A. Gambling and speculation. Cambridge (Mass.): Cambridge University Press, 1990.

Breuer, R.-E. „Bankenstruktur und Finanzplatz Deutschland". Kley, M.D. et al. (Hg.). Aktie und Kapitalmarkt (Festschrift Rosen). Stuttgart: Schäffer-Poeschel, 2008. S. 49-64.

Bronzin, V. Theorie der Prämiengeschäfte. Leipzig: Franz Deticke, 1908.

Brown, J.M. Econ gangs of New York. 24.6.2010. (http://www.thereformed broker.com/2010/06/24/econ-gangs-of-new-york/).

Brown, M. et al. Can science help solve the economic crisis? 2009. (http://www.edge.org/3rd_culture/brown08/brown08_index.html).

Brown, R. und Sarma, N. CEO overconfidence, CEO dominance and corporate acquisitions. Nov. 2006. (http://www.mbs.ac.uk/research/accounting finance/documents/RaynaBrownManchester.pdf).

Bruce, B.R. (Hg.). Handbook of behavioral finance. Cheltenham: Edward Elgar, 2010.

Brüderle, R. „Ordnungspolitische Leitlinien für die Legislaturperiode". Schlaglichter der Wirtschaftspolitik. Monatsbericht. Dez. 2009. S. 2-3.

Brunnermeier, M. et al. The fundamental principles of financial regulation. Centre for Economic Policy Research. 2009. (http://www.cepr.org).

Brunnermeier, M.K. und S. Nagel. „Hedge Funds and the technology bubble". Journal of Finance, 59 (2004), 2013-2040.

Buchanan, M. Warum die Reichen immer reicher werden und ihr Nachbar so aussieht wie sie. Campus: Frankfurt, 2008.

Buiter, W. The unfortunate uselessness of most ‚state of the art' academic monetary economics. 6.3.2009a. (http://www.voxeu.org/index.php?q=node/3210).

Buiter, W. Useless finance, harmful finance and useful finance. 12.4.2009b. (http://blogs.ft.com/maverecon/2009/04/useless-finance-harmful-finance-and-useful-finance/).

Buiter, W.H. Lessons from the 2007 financial crisis. Dez. 2007. (http://www.nber.org/~wbuiter/lessons.pdf).

Burman, L. et al. The rising tide tax system: Indexing the tax system for changes in inequality. 2007. (http://newfinancialorder.com/burman-nyu-030807.pdf).

Caballero, R.J. und Krishnamurthy, A. „Musical chairs: A comment on the credit crisis". Banque de France: Financial Stability Review, Nr. 11 (2008), 9-11.

Caldentey, E.P. und Vernengo, M. „Modern finance, methodology and the global crisis". Real-world economics review, 52 (2010), 69-81. (http://www.paecon.net).

Calomiris, C.W. The subprime turmoil: What's old, what's new, and what's next. 2.10.2008. (http://www.aei.org/paper/28720).

Calomiris, C.W. „A recipe for ratings reform". The Economist's Voice, Nov. 2009a. (http://www.bepress.com/ev).

Calomiris, C.W. „Financial innovation, regulation, and reform". Cato Journal, 29 (2009b), 65-91.

Calomiris, C.W. und Mason, J.R. Credit card securitization and regulatory arbitrage. April 2003. (http://papers.ssrn.com/sol3/papers.cfm?abstract_id=569862).

Canals, J. Universal banking. Oxford: Clarendon Press, 1997.

Carletti, E. et al. Implications of the bank merger wave for competition and stability. Aug. 2002. (http://www.elenacarletti.com/elena-papers/implications-mergers-2002.pdf).

Carosso, V.P. Investment banking in America. Cambridge (Mass.): Harvard University Press, 1970.

Carruthers, B.G. „The meanings of money: A sociological perspective". Theoretical Inquiries in Law, 11 (2010), 50-74.

Caruana, J. Drei Herausforderungen für die Wirtschaftspolitik weltweit. 28.6.2010. (http://www.bis.org/speeches/sp100628a_de.pdf).

Cassidy, J. How markets fail: The logic of economic calamities. New York: Farrar, Straus and Giroux, 2009.

CDU/CSU-Fraktion. Antrag: Förderung des Finanzplatzes Deutschland. Drucksache 15/748, 1.4.2003. (http://www.stetten.info/initiativen/Antrag%20vom%2001_04_2003.pdf).

Cecchetti, S. et al. The future of public debt: Prospects and implications. BIS. Working Paper, Nr. 300. 26.3.2010. (http://www.bis.org/publ/othp09.pdf).

Cerra, V. und Saxena, S. „Growth dynamics: The myth of economic recovery". American Economic Review, 98 (2008), 439-457.

CFS (Center for Financial Studies). News, 2/2009. Frankfurt, 2009 (http://www.ifk-cfs.de).

Chancellor, E. Devil take the hindmost: A history of financial speculation. New York: Plume/Penguin, 1999.

Chang, H.-J. „Breaking the mould: An institutionalist political economy alternative to the neo-liberal theory of the market and the state". Cambridge Journal of Economics, 26 (2002), 539-559.

Chang, H.-J. „What is wrong with the ‚official history of capitalism'?". Fullbrook, E. (Hg.). A guide to what's wrong with economics. London: Anthem Press, 2005. S. 279-288.

Chick, V. „Could the crisis at Northern Rock have been predicted? An evolutionary approach". Contributions to Political Economy, 27 (2008), 115-124.

Choi, J.J. et al. Why does the law of one price fail? An experiment on index mutual funds. März 2008. (http://papersssrn.com/sol3/papers.cfm?abstract_id=1125023).

Clarke, P. Keynes. London: Bloomsbury, 2010.

Claussen, C.P. „Wege aus der Finanzkrise". Der Betrieb, 19/2009, 999-1003.

Cluse, M. und Göttgens, M. „Rating und Kreditrisikounterlegung nach Basel II". Büschgen, H.E. und Everling, O. (Hg.). Handbuch Rating. 2., erw. Aufl. Wiesbaden: Gabler, 2007. S. 67-94.

Cohan, W.D. House of cards: How Wall Street's gamblers broke capitalism. London: Allen Lane, 2009.

Cohen, B.H. und Shin, H.S. „Measuring liquidity black holes". Persaud, A.D. (Hg.). Liquidity black holes. London: Risk Books, 2003. S. 123-138.

Cohen, P. „Ivory tower unswayed by crashing economy". New York Times vom 4.3.2009.
(http://www.nytimes.com/2009/03/05/books/05deba.html).

Colander, D. „The death of neoclassical economics". Journal of the History of Economic Thought, 22 (2000), 127-143.

Colander, D. et al. The financial crisis and the systemic failure of academic economics. Kiel Institute for the World Economy Working Papers, Nr. 1489, 2009a (http://www.ifw-kiel.de).

Colander, D. et al. „The financial crisis and the systemic failure of the economics profession". Critical Review, 21 (2009b), 249-267.

Collins, J. How the mighty fall. London: Random House, 2009.

Condon, B. und Wagner, D. Bank overhaul bill has plenty of rules and critics. 28.6.2010. (http://abcnews.go.com/Business/wireStory?id=11029977).

Cooter, G. The origin of financial crises: Central banks, credit bubbles, and the efficient market fallacy. New York: Vintage Books, 2008.

Cootner, P.H. „Speculation, hedging, and arbitrage". Seligman, E.R. (Hg.). Encyclopedia of the social sciences. New York: Macmillan, 1934. Bd. 13. S. 117-121.

Coval, J. et al. „The economics of structured finance." Journal of Economic Perspectives, 23 (2009), 3-25.

Cowing, C. Populists, plungers, and progressives. Princeton: Princeton University Press, 1965.

Coy, P. „What good are economists anyway?".Businessweek vom 16.4.2009. (http://www.businessweek.com/print/magazine/content).

CRMPG (III, Counterparty Risk Management Policy Group). Containing systemic risk: The road to reform. 6.8.2008.
(http://www.crmpolicygroup.org/).

Crockett, A. „Marrying the micro- and macro-prudential dimensions of financial stability". BIS Review, 76 (2000), 1-7.

Cronqvist, H. und Thaler, R.H. „Design choices in privatized social-security systems: Learning from the Swedish experience". American Economic Association, P & P, Memos to the council of behavioral-economics advisors, 94 (2004), 424-428.

Crotty, J. Structural causes of the global crisis: A critical assessment of the ‚New financial architecture'. 2008.
(http://ideas.repec.org/p/ums/papers/2008-14.html).

Crotty, J. „Structural causes of the global financial crisis: A critical assessment of the ‚new financial architecture'". Cambridge Journal of Economics, 33 (2009), 563-580.

Crotty, J. und Epstein, G. Regulating the U.S. financial system to avoid another meltdown. 2008. (http://www.peri.umass.edu).

D'Arista, J. und Griffith-Jones, S. Agenda and criteria for financial regulatory reform. 2009. (http://www.fondad.org/uploaded/ D%20Arista%20-%20Griffith-Jones/DArista-Griffith-Jones%20on%20 Financial%20regulatory%20reform.pdf).

Dale, R. International banking deregulation: The great banking experiment. Oxford: Blackwell, 1992.

Daly, H.E. und Farley, J. Ecological economics. Washington DC: Island Press, 2004.

Danielsson, J. et al. An Academic Response to Basel II. LSE Financial Market Group. 2001. (http://www.bis.org/bcbs/ca/fmg.pdf).

Das, S. Traders, guns & money: Knowns and unknowns in the dazzling world of derivatives. Harlow: Pearson, 2006.

Date, J. und Konczal, M. „Out of the shadows: Creating a 21st century Glass-Steagall". Roosevelt Institute (Hg.). Make markets, be markets. 2010. S. 61-70 http://www.rooseveltinstitute.org/sites/all/files/Glass%20 Steagall. pdf).

Dauderstädt, M. „Krisenzeiten: Was Schulden vermögen und was Vermögen schulden". WISOdirekt (Friedrich Ebert Stiftung). Juli 2009. S. 2-4.

David, P.A. „Signals from a very brief but emblematic catastrophe on Wall Street". Real-world economics review, 53 (2010), 2-27. (http://www.paecon.net).

Davidson, P. „Alternative explanations of the operation of a capitalist economy: Efficient market theory vs. Keynes's liquidity theory". Real-world economics review, 50 (2009a), 85-100. (http://www.paecon.net).

Davidson, P. „Efficiency and fragile speculative markets: Against the Tobin tax and for a creditable market maker". American Journal of Economics and Sociology, 57 (1998), 639-662.

Davidson, P. The Keynes solution. New York: Palgrave, 2009b.

Davies, D. Remuneration and risk. 1997. (http://www.bankofengland.co.uk/ publications/fsr/1997/art4(Issue%202).pdf).

Davis, K. „Banking concentration, financial stability and public policy". Kent, C. und Lawson, J. (Hg.). The structure and resilience of the financial system. Reserve Bank of Australia. Kirribilli, 2007. S. 255-284.

DBR (Deutsche Bank Research). Plädoyer für eine Europäisierung der Finanzaufsicht. 18.7.2007. (http://www.dbresearch.com/PROD/ DBR_INTERNET_EN-PROD/PROD0000000000216808.pdf).

DBR (Deutsche Bank Research). Credit Default Swaps. 8.3.2010. (http:// www.dbresearch.de/PROD/DBR_INTERNET_-PROD/PROD000000000 0254634.pdf).

De Antoni, E. „Minsky on financial instability". Arestis, P. und Sawyer, M. (Hg.). A handbook of alternative monetary economics. Cheltenham: Edward Elgar, 2006. S. 154-171.

De Bondt, W.F.M. und Thaler, R. „Further evidence on investor overreaction and stock market seasonality". Journal of Finance, 62 (1987), 557-580.

De Goede, M. Virtue, fortune, and faith: A genealogy of finance. Minneapolis: University of Minnesota Press, 2005.

De Grauwe, P. Keynes' savings paradox, Fisher's debt deflation and the banking crisis. 6.4.2009. (http://www.eurointelligence.com/article.581+M5a44f3fb3ec.0.html).

De Grauwe, P. und Polan, M. „Is inflation always and everywhere a monetary phenomenon?". Scandinavian Journal of Economics, 107 (2005), 239-259.

De Larosière Group. The high-level group on financial supervision in the EU. Report. 25.2.2009. (http://ec.europa.eu/internal_market/finances/docs/ de_larosiere_report_en.pdf).

De Long, B. et al. Noise trader risk in financial markets. Dez. 1989. (http://ideas.repec.org/a/ucp/jpolec/v98y1990i49703-38.html).

De Long, B. et al. „Positive feedback investment strategies and destabilizing rational speculation". Journal of Finance, 45 (1990), 379-395.

De Nicoló, G. et al. Bank consolidation, internationalization, and conglomeration: Trends and implications for financial risk. IMF WP/03/158. Juli 2003. (http://www.imf.org/external/pubs/cat/longres.cfm?sk=16607.0).

Department of the Treasury. Financial regulatory reform. 2009. (http://www.financialstability.gov/docs/regs/FinalReport_web.pdf)

De Weck, R. Nach der Krise: Gibt es einen anderen Kapitalismus? München: Nagel und Kimche, 2009.

Demos. A brief history of the Glass-Steagall Act. Nov 2009. (http://www.demos.org/publication.cfm?currentpublicationID=DEF8F45 1-3FF4-6C82-552CC1037CA0FA10).

Department of the Treasury. Blueprint for a modernized financial regulatory structure. März 2008. (http://www.ustreas.gov/press/releases/reports/Blueprint.pdf).

Department of the Treasury. Financial regulatory reform. A new foundation. 18.6.2009. (http://www.financialstability.gov./docs/regs/FinalReport_web.pdf).

Deutsche Bank. Exchange Traded Funds – ETFs 2.0, die neue Art, Indizes zu replizieren. 2009. (http://www.dbxtrackers.de/pdf/DE/Swap_Broschuere _d_Update_090409-03.pdf).

Deutsche Bundesbank. „Credit Default Swaps: Funktionen, Bedeutung, Informationsgehalt". Monatsberichte. Frankfurt. Dez. 2004. S. 43-58.

DGB. Griechenland-Resolution des DGB-Bundesvorstandes. 4.5.2010. (http://free-books-online.net/bundesvorstand-pdf).

D'Hulster, K. The leverage ratio. Dez. 2009. (http://www.worldbank.org/financialcrisis/pdf/levrage-ratio-web.pdf)

Diamond, D.W. und Dybvig, P.H. „Bank runs, deposit insurance, and liquidity". Federal Reserve Bank of Minneapolis Quarterly Review, 24 (2000), 14-23.

Dietz, R. Die Explosion der Vermögensansprüche: Zur Krise des internationalen Finanzsystems. Nov. 2006. (http://www.rd-coaching.at/img/downloads/docs/rd_26.pdf).

Dill, A. Der große Raubzug. München: FinanzBuch Verlag, 2009.

Dilnot, C. „The triumph – and costs – of greed I". Fullbrook, E. (Hg.). Crash. 2009. S. 95-114 (http://www.paecon.net/CRASH-1.pdf).

DIW (Deutsches Institut für Wirtschaftsforschung) (Hg.). Die Krise: Was auf den Finanzmärkten geschah und was jetzt zu tun ist. 2009. (http://www.diw.de/documents/dokumentenarchiv/17/diw_02.c.239355.de/ 20090708_krise.pdf).

Dodd, R. und Mills, P. „Outbreak: U.S. subprime contagion". Finance and development (IMF), 45 (2008), 1-8.

Donges, J.B. Wer schützt den Euro vor dem Staat? 1.6.2010. (http://www.iwp. uni-koeln.de/DE/Publikationen/komment/pdf-Dateien/OK_06_2010.pdf).

Doran, J.S. et al. „Confidence, opinions of market efficiency, and investment behavior of finance professors". Journal of Financial Markets, 13 (2010), 174-195.

Dow, S.C. „Pluralism in economics". Groenewegen, J. (Hg.). Teaching pluralism in economics. Cheltenham: Edward Elgar, 2007. S. 22-39.

Dow, S.C. „Mainstream methodology, financial markets and global political economy". Contributions to Political Economy, 27 (2008), 13-29.

Dueck, G. Abschied vom Homo oeconomicus. Frankfurt: Eichborn, 2008.

Dullien, S. et al. Der gute Kapitalismus. Bielefeld: transcript, 2009.

Dürmeier, T. et al. (Hg.). Die Scheuklappen der Wirtschaftswissenschaft: Postautistische Ökonomik für eine pluralistische Wirtschaftslehre. Marburg: Metropolis, 2006.

Dunbar, N. Inventing money: The story of Long-Term Capital Management and the legends behind it. Chichester: John Wiley and Sons, 2000.

Easley, D. und O'Hara, M. „Ambiguity and nonparticipation: The role of regulation". Review of Financial Studies, 22 (2009), 1817-1843.

Easterbrook, F.H. und Fischel, D.R. The economic structure of corporate law. Cambridge (Mass.): Harvard University Press, 1991.

Eatwell, J. und Taylor, L. Global finance at risk. New York: New Press, 2000.

Eichengreen, B. und Mitchener, K.J. The great depression as a credit boom gone wrong. 2003.
(http://papers.ssrn.com/sol3/papers.cfm?abstract-id=959644).

Eichengreen, B. et al. „Two cases for sand in the wheels of international finance". Economic Journal, 105 (1995), 162-172.

Eichhorn, W. und Solte, D. Das Kartenhaus Weltfinanzsystem. Frankfurt: Fischer, 2009.

Eigendorf, J. Die Politik kapituliert vor der Macht der Märkte. 2.5.2010.
(http://www.welt.de/die-welt/wirtschaft/article7429036/
Die-Politik-kapituliert-vor-den-Maerkten.html).

Elger, C.E. Neuroleadership: Erkenntnisse der Hirnforschung für die Führung von Mitarbeitern. Freiburg: Haufe Mediengruppe, 2009.

Elger, C.E. und Schwarz, F. Neurofinance: Wie Vertrauen, Angst und Gier Entscheidungen treffen. Freiburg: Haufe Mediengruppe, 2009.

Elul, R. „Welfare effects of financial innovation in incomplete markets economies with several consumption goods". Journal of Economic Theory, 65 (1995), 43-78.

Emunds, B. Schwacher starker Staat. Oswald von Nell-Breuning Institut. Dez. 2008. (http://www.sankt-georgen.de/nbi).

Engelen, E. et al. Financial innovation: frame, conjuncture and bricolage. CRESC Working Papers. Nr. 59. Manchester, 2008.
(http://www.cresc.ac.uk).

Epstein, G. et al. Capital management techniques in developing countries: Managing outflows in Malaysia, India and China. Mimeo. Juli 2004. 31 S.

ERP (Economic report of the president). Transmitted to the congress January 2009. Kapitel 2: Housing and financial markets.
(http://www.gpoaccess.gov/eop/2009/2009_erp.pdf).

Erturk, K.A. On the Minskyan business cycle. 2006.
(http://ideas.repec.org/e/per22.html).

Estrella, A. und Mishkin, F.S. „Is there a role for monetary aggregates in the conduct of monetary policy?". Journal of Monetary Economics, 40 (1997), 279-304.

Eucken, W. Grundsätze der Wirtschaftspolitik. 4. Aufl. Tübingen: Mohr, 1968 (1952).

Evanoff, D.D. et al. (Hg.). Globalization and systemic risk. Singapur: World Scientific Publishing, 2009.

Ewald, F. Der Vorsorgestaat. Frankfurt: Suhrkamp, 1986.

EZB (Europäische Zentralbank). EU banking structures. EZB Monatsbericht. Frankfurt, Okt. 2008. (http://www.ecb.int/pub/pdf/other/eubankingstrucutres2008en.pdf).

EZB. Institutionelle Unterscheide zwischen den Hypothekenmärkten im Eurowährungsgebiet und in den Vereinigten Staaten. Aug. 2009a. (http://www.bundesbank.de/download/ezb/monatsberichte/2009/200908.mb_ezb.pdf).

EZB. European commission's consultation on hedge funds: Eurosystem contribution. Frankfurt, 25.2.2009b. Mimeo. 7 S.

Fabozzi, F.J. et al. Introduction to structured finance. 4. Aufl. Hoboken: John Wiley and Sons, 2006.

Fama, E.F. „The behavior of stock market prices." Journal of Business, 38 (1965), 34-105.

Fama, E.F. „An interview with Eugene Fama [by P. Tanous]". Feb. 1997. (http://www.dfaca.com/library/reprints/interview_fama_tanous).

Fama, E.F. „Efficient capital markets: A review of theory and empirical work". Journal of Finance, 25 (1970), 383-417.

Fama, E.F. „Efficient capital markets: II". Journal of Finance, 46 (1991), 1575-1617.

Fama, E.F. „The behavior of stock-market prices". Journal of Business, 38 (1965), 34-105.

Fama, E.F. My life in finance. März 2010. (http://www.diemnsional.com/fama french/2010/03/my-life-in-finance.html).

Feldstein, M. Rethinking the role of fiscal policy. Jan. 2009. (http://www.nber.org/feldstein/RethinkingtheRole.pdf).

Fender, I. und Kiff, J. CDO rating methodology: Some thoughts on model risk and its implications. Nov. 2004 (http://www.bis.org/publ/work163.pdf).

Ferguson, N. Empires on the edge of chaos. Febr. 2010. (http://rajeev2004.blogspot.com/2010/03/us-empire-on-edge-of-chaos-niall.html).

Ferguson, T. und Johnson, R. „The god that failed: Free market fundamentalism and the Lehman bankruptcy". The Economist's Voice. Jan. 2010. (http://www.bepress.com/ev).

Fernandez, L. et al. On democratizing financial turmoil: A Minskian analysis of the subprime crisis. 2008. (http://www.levyinstitute.org/pubs/wp_548.pdf).

Findlay, M.C. und Williams, E.E. „A fresh look at the efficient market hypothesis: How the intellectual history of finance encouraged a real ‚fraud-on-the-market'". Journal of Post Keynesian Economics, 23 (2000/01), 181-199.

Fisher, I. „The debt-deflation theory of great depressions". Econometrica, 1 (1933), 337-357.

Fisher, I. 100%-Money. Kiel: Verlag für Sozialökonomie, 2007 (1935).

Fitoussi, J.-P. und Stiglitz, J. The ways out of the crisis and the building of a more cohesive world. Mai 2009. (http://www0.gsb.columbia.edu/ipd/pub/FITOUSSI-STIGLITZ-05.09.pdf).

Flassbeck, H. und La Marca, M. Global imbalances and destabilizing speculation. 2007. (http://www.igidr.ac.in/~money/mfc_10/Massimiliano_submission_40.pdf).

Flassbeck, H. Gescheitert: Warum die Politik vor der Wirtschaft kapituliert. Frankfurt: Westend, 2009.

Flassbeck, H. Die Marktwirtschaft des 21. Jahrhunderts. Frankfurt: Westend, 2010.

Flassbeck, H. und Spiecker, F. „Der Euro am seidenen Faden". Chaloupek, G. und Kromphart, J. (Hg.). Finanzkrise und Divergenzen in der Wirtschaftsentwicklung als Herausforderung für die Europäische Währungsunion. Marburg: Metropolis, 2009.

Fontana, M. The complexity approach to economics: A paradigm shift. 2008. (http://ideas.repec.org/p/uto/cesmep/200801.html).

Fox, J. The myth of the rational market: A history of risk, reward, and delusion on Wall Street. New York: Harper, 2009.

Fox-Penner, P. Too big to regulate? 2010. (http://baselinescenario.com/2010/01/16/too-big-to-regulate/).

Frank, S. Die Weltvernichtungsmaschine. Saarbrücken: Conte Verlag, 2009.

Fraser, S. Wall Street: America's dream palace. New Haven: Yale University Press, 2008.

Frey, B.S. und Osterloh, M. „Pay for performance: Immer empfehlenswert?". Zeitschrift für Führung und Organisation, 69 (2000), 64-69.

Frey, B.S. und Osterloh, M. „Yes, managers should be paid like bureaucrats". Journal of Management Inquiry, 14 (2005), 96-111.

Frey, D. und Lenz, A. „Wert(e)los: Die wahren Ursachen der Finanzkrise". Psychologie Heute, 37 (2010), 44-48.

Friedman, M. Essays in positive economics. Chicago: University of Chicago Press, 1953.

Friends of the Earth. Towards a just and sustainable financial system. 13.11.2008.
(http://www.foe.org/financialsystem/FinancialReformProposals.pdf).

Fry, E. CBO budget projections: Make way for more debt. 10.5.2010. (http://dailyreckoning.com/cbo-budget-projections-make-way-for-more-debt/).

Frydman, R. und Goldberg, M.D. Imperfect knowledge economics. Princeton: Princeton University Press, 2007.

FSF (Financial Stability Forum). Report of the financial stability forum on enhancing market and institutional resilience. April 2008a. (http://www.financialstabilityboard.org/publications/r_0804a.pdf?noframes=1).

FSF. Report of the Financial Stability Forum on enhancing market and institutional resilience: Follow-up on implementation. Okt. 2008b.
(http://www.financialstabilityboard.org/press/pr_081009f.pdf).

FSF. Report of the financial forum on addressing procyclicality in the financial system. 2.1.2009.
(http://www.financialstabilityboard.org/publications/r_0904a.pdf).

Fuest, C. et al. „Erklärung zur Nachfolgeregelung für die Rettungspakete". *FAZ* vom 18.6.2010, S. 10.

Fullbrook, E. (Hg.). Crash: Why it happened and what to do about it. Bd. 1. Eine Publikation des real-world economics review. 2009. 128 S. (http://www.paecon.net).

Fullbrook, E. (Hg.). Intersubjectivity in economics. London: Routledge, 2002.

Fullbrook, E. „The meltdown and economics textbooks". Reardon, J. (Hg.). The handbook of pluralist economics education. New York: Routledge, 2009.

Fullbrook, E. (Hg.). The crisis in economics: The post-autistic economics movement: The first 600 days. London: Routledge, 2003.

G 20. Declaration of the summit on financial markets and the world economy. Washington DC, 15.11.2008
(http://www.whitehouse.gov/news/releases/2008/11/20081115-1.html).

G 20. Global plan for recovery and reform. London, 2.4.2009
(http://www.londonsummit.gov.uk/resources/en/news/15766232/communique-020409).

G 20 (Group of Twenty). The G-20 Toronto summit declaration. 26.-27.6.2010. (http://www.g20.org/Documents/g20_declaration_en.pdf).

G 30 (Group of Thirty). Financial reform: A framework for financial stability. Washington DC, 2008. (http://www.group30.org).

Gabrisch, H. „Finanzielle Instabilität und Krise in den Post-Transformations-Ländern". Wirtschaftspolitische Blätter, 56 (2009), 183-197.

Galbraith, James K. „Statement". Fullbrook, E. (Hg.). Crash. 2009c. S. 85-94. (http://www.paecon.net/CRASH-1.pdf).

Galbraith, James K. The predatory state. New York: Free Press, 2008 (Der geplünderte Staat, 2010).

Galbraith, James K. „Who are these economists, anyway?". The NEA Higher Education Journal, Herbst 2009a, 85-97.

Galbraith, James K. The economic crisis and Obama's response. Cambridge Transcriptions. 2009b. (http://www.ctran.com).

Galbraith, John K. The great crash 1929. Boston: Houghton Mifflin Company, 1988 (1954).

Galbraith, John K. A short history of financial euphoria. Knoxville: Whittle Direct Books, 1990 (Eine kurze Geschichte der Spekulation, 2010).

Gallagher, K. „The G20 must wake America up". The Guardian, 24.9.2009 (Guardian.co.uk).

GAO (US Government Accountability Office). Financial derivatives: Actions needed to protect the financial system. Mai 1994. (http://archive.gao.gov/t2pbat3/151647.pdf).

GAO. Systemic risk: Regulatory oversight and recent initiatives to address risk posed by credit default swaps. 5.3.2009a. (http://financialservices.house.gov/Media/File/Key_Issues/TARP_Oversight_and_Accountability_Reports/GAO_SysRisk_Testimony_03052009.pdf)

GAO. Financial regulation. 21.1.2009b. (http://www.gao.gov/new.items/d09314t.pdf).

GAO. Hedge Funds. 7.5.2009c. (http://www.gao.gov/new.items/d09677t.pdf).

Geithner, T.F. „Hedge Funds and derivatives and their implications for the financial system". BIS Review, 85/2006. (http://www.bis.org/review/r060918b.pdf).

Gesell, S. „Die natürliche Wirtschaftsordnung durch Freiland und Freigeld". Stiftung für persönliche Freiheit und soziale Sicherheit (Hg.). Gesammelte Werke. Bd. 9. Lütjenburg: Fachverlag für Sozialökonomie, 1991 (1916). S. XIII-422.

Gieve, J. Rebuilding confidence in the financial system. BBA's 12th annual supervision conference. 28.10.2008. (http://www.cnbv.gob.mx/recursos/AHBI1.pdf).

Gilbert, C.L. Commodity speculation and commodity investment. 2008. (http://econpapers.repec.org/paper/tmutwpde/0820.htm).

Glötzl, E. „Die Krise einer alternden Volkswirtschaft". Widowitsch, R. et al. (Hg.). Im Roulette der Finanzmärkte. Wien: ProMedia, 2002. S. 55ff.

Gocht, R. Kritische Betrachtungen zur nationalen und internationalen Geldordnung. Berlin: Duncker und Humblot, 1975.

Godechot, O. „What do heads of dealing rooms do? The social capital of internal entrepreneurs". Savage, M. und Williams, K. (Hg.). Remembering elites. Malden: Blackwell, 2008. S. 145-161.

Godley, W. und Lavoie, M. Monetary economics. Basingstoke: Macmillan, 2007.

Goodhart, C. Financial crisis and the future of the financial system. 22.1.2009. (http://www.case.com.pl/plik--24052990.pdf).

Goodhart, C.A.E. „A framework for assessing financial stability?". Journal of Banking and Finance, 30 (2006), 3415-3422.

Gordon, R.J. Is modern macro or 1978-era more relevant to the understanding of the current economic crisis. 3.8.2009. (http://faculty-web.at.north western.edu/economics/gordon/GRU_Combined_090909.pdf).

Götte, R. Hedgefonds. Stuttgart: ibidem-Verlag, 2007.

Gowan, P. „Crisis in the heartland". Real-world economics review, 50 (2009a), 101-117. (http://www.paecon.net).

Gowan, P. „Crisis in the heartland". New Left Review, 55 (2009b), 5-29.

Gray, J. Black mass: Apocalyptic religion and the death of utopia. New York: Farrar, Strauss and Giroux, 2007.

Greenberger, M. Testimony on energy speculation. 2008. (http://www.michaelgreenberger.com/files/June_23_2008_testmony.pdf).

Greenspan, A. The age of turbulence. New York: Penguin, 2007.

Greider, W. „Fixing the Fed". The Nation vom 30.3.2009. (http://www.thenation.com/doc/20090330/greider/print).

Grim, R. „Priceless: How the Federal Reserve bought the economics profession". 23.10.2009. (http://www.huffingtonpost.com/2009/09/07/priceless-how-the-federal_n_278805.html?view=screen).

Gros, D. und Micosso, S. The beginning of the end game. 18.9.2008. (http://www.ceps.eu/files/book/1712.pdf).

Gross, D. Pop! Why bubbles are great for the economy. New York: Harper Business, 2007.

Grossman, S.J. und Stiglitz, J.E. „On the impossibility of informationally efficient markets". American Economic Review, 70 (1980), 393-408.

Group of Ten. Consolidation in the financial sector: Summary report. Jan. 2001. (http://www.bis.org/publ/gten05.htm).

Guba, E.G. und Lincoln, Y.S. „Paradigmatic controversies, contradictions, and emerging confluences". Denzin, N.K. und Lincoln, Y.S. Handbook of qualitative research. 2., erg. Aufl. Thousand Oaks: Sage, 2005. S. 191-215.

Hanson, S. et al. A macroprudential approach to financial regulation. Juli 2010.
(http://www.assoeconomiepolitique.org/spip.php?article205&lang=fr).

Haar, K. et al. Would you bank on them? Why we shouldn't trust EU's financial "wise men". Feb. 2009.
(http://archive.corporateeurope.org/docs/would-you-bank-on-them.pdf).

Habermas, J. Zur Logik der Sozialwissenschaften. Frankfurt: Suhrkamp, 1970.

Hacking, I. The taming of chance. Cambridge: Cambridge University Press, 1990.

Hager, S.B. „Ph. Augar: The greed merchants [Rezension]". Journal of Economic Issues, 43 (2009), 1067-1069.

Haldane, A.G. The $100 billion question. 2010.
(http://www.bis.org/review/r100406d.pdf).

Hänsel, D.N. und Krahnen, J.P. Does credit securitization reduce bank risk? Evidence from the European CDO market. Jan. 2007.
(http://ssm.com/abstract=967430).

Häring, N. Es werde Geld – es werde Krise. 24.6.2009.
(http://www.handelsblatt.com/politik/nachrichten/
es-werde-geld-es-werde-krise;2386105;0).

Häring, N. Markt und Macht. Stuttgart: Schäffer-Poeschel, 2010.

Hardy, C.O. „Speculation". Sills, D.L. (Hg.). International encyclopedia of the social sciences. New York: Macmillan, 1968. Bd. 15. S. 288-293.

Hart, O. D. „Price destabilizing speculation". Journal of Political Economy, 94 (1986), 927-952.

Hart, O. und Kreps, D. „Price destabilizing speculation". Journal of Political Economy, 94 (1986), 927-952.

Hartmann-Wendels, T. et al. Bankbetriebslehre. 4., überarb. Aufl. Berlin: Springer, 2007.

Harvey, D. A brief history of neoliberalism. Oxford: Oxford University Press, 2005.

Harvey, J.T. Currencies, capital flows, and crises: A Post Keynesian analysis of exchange rate determination. London: Routledge, 2009a.

Harvey, J.T. „Currency market participants' mental model and the collapse of the dollar: 2001-2008." Journal of Economic Issues, 43 (2009b), 931-949.

Haug, E.G. und Taleb, N.N. Why we have never used the Black-Scholes-Merton option pricing fomula. Feb. 2009. 11 S.
(http://ssm.com/abstract=1012075).

Heilbroner, R. „Economcis as universal science". Social Research, 71 (2004), 615-632.

Hellwig, M. Systemic risk in the financial sector: An analysis of the subprime-mortgage financial crisis. Nov. 2008. (http://www.coll.mpg.de/pdf_dat/2008_43online.pdf).

Hellwig, M. Banken sollten 20 Prozent Eigenkapital halten. Basler Zeitung, 13.10.2010. (http://bazonline.ch/wirtschaft/unternehmen-und-konjunktur/ Banken-sollten-20-Prozent-Eigenkapital-halten/story/23044340/print.html).

Hemetsberger, W. The CDs market: Issues, trends and shortcomings. 2009. (http://www.oenb.at/deimg/01-hemetsberger_tcm14-142294.pdf).

Hendrickson, J.M. „The long and bumpy road to Glass-Steagall reform: A historical and evolutionary analysis of banking legislation ". American Journal of Economics and Sociology, 60 (2001), 849-879.

Hengsbach, F. „‚Die Banken haben Fehler gemacht, sicher' ". Oswald von Nell-Breuning Institut. Dez. 2008 (http://www.sankt-georgen.de/nbi).

Hengsbach, F. „Nach der Krise ist vor der Krise". Blätter für deutsche und internationale Politik, 5/2009a, 53-61.

Hengsbach, F. „Normativer und politischer Neustart". Oswald von Nell-Breuning Institut. 2009b. (http://www.sankt-georgen.de/nbi).

Henwood, D. Wall Street. London: Verso, 1997.

Herr, H. Time, expectations and financial markets. 2009. (http://www.ipe-berlin.org/fileadmin/downloads/working_paper/ ipe_working_paper_03.pdf).

Herrmann, U. Hurra, wir dürfen zahlen: Der Selbstbetrug der Mittelschicht. Frankfurt: Westend, 2010.

Hetzer, W. Finanzkrise zwischen Risikomanagement und Strafverfolgung. 16.11.2009a. (http://www.cleanstate.de/Euro_Finance_Week_Finanz krise_Dr._Wilhelm_Hetzer.html).

Hetzer, W. Finanzkrise: Inkompetenz oder Systemkriminalität? 2009b. (http://www.cleanstate.de/Finanzkrise_Inkompetenz_oder_Systemkrimin alitaet.html).

Heun, W. Der Staat und die Finanzkrise". JZ (JuristenZeitung), 65 (2010), 53-62.

Hilferding, R. Das Finanzkapital. Frankfurt: EVA, 1968 (1927).

Hillinger, C. „How to deal with the US financial crisis at no cost to the taxpayer". Real-world economics review, 50 (2009), 65-70. (http://www.paecon.net).

Hirshleifer, J. „Speculation and equilibrium: Information, risk, and markets". Quarterly Journal of Economics, 89 (1975), 519-542 und 90 (1976), 689-696.

Hirshleifer, J. „The theory of speculation under alternative regimes of markets". Journal of Finance, 32 (1977), 975-999.

Hochgesand, H. „Spekulation". Albers, W. et al. (Hg.) Handwörterbuch der Wirtschaftswissenschaft. Bd. 7. Stuttgart: Fischer et al., 1977. S. 170-177.

Hodgson, G.M. „After 1929 economics changed: Will economists wake up in 2009?". Real-world economics review, 48, (2008), 273-278. (http://www.paecon.net).

Hodgson, G.M. „The great crash of 2008 and the reform of economics". Cambridge Journal of Economics, 33 (2009), 205-221.

Hoenig, T.M. Too big has failed. 2009. (http://www.kc.frb.org/speechbio/hoenigPDF/Omaha.03.06.09.pdf).

Hönighaus, R. EU sorgt sich um Demokratie. 21.6.2010. (http://www.ftd.de/ politik/europa/:dominante-finanzindustrie-eu-sorgt-sich-um-demokratie/ 50131276.html).

Honegger, C. et al. (Hg.). Strukturierte Verantwortungslosigkeit: Berichte aus der Bankenwelt. Frankfurt: Suhrkamp, 2010.

Hubbard, D.W. The failure of risk management. New York: John Wiley and Sons, 2009.

Hubbard, G. „Finding the sweet spot for effective regulation". The Economist's Voice, Nov. 2009. (http://www.bepress.com/ev).

Huber, J. Reform der Geldschöpfung: Wiederherstellung des staatlichen Geldregals und der Seigniorage durch Vollgeld. 2004. (http://www.soziologie.uni-halle.de/publikationen/pdf/ 0405.pdf).

Huber, J. Geldordnung II: Reform der Geldschöpfung: Vollgeld-Konzept und Seigniorage Reform. 2009. (http://www.monetative.de/wp-content/uploads/geldordnung-ii-reformder-geldschopfung-durch-vollgeld-m-homepage.pdf).

Huber, J. Monetäre Modernisierung. Marburg: Metropolis, 2010.

Huber, J. und Robertson, J. Geldschöpfung in öffentlicher Hand. Kiel: Gauke, 2008.

Hudson, M. The new road to serfdom. Mai 2006. (http://www.insurgent american.net/download/MichaelHudson/Hudson_RoadToSerfdom.pdf).

Huffschmid, J. Politische Ökonomie der Finanzmärkte. Erw. Aufl. Hamburg: VSA, 2002.

Hull, J.C. Optionen, Futures und andere Derivate. München: Pearson, 2006.

Hummler, K. Des Kaisers neue Kleider. *NZZ-Online* vom 26.6.2010. (http://www.nzz.ch/nachrichten/kultur/literatur_und_kunst/ des_kaisers_neue_kleider_1.6259279.html).

Hummler, K. Die Finanzmarktkrise als politökonomisches Problem. Mimeo. 2009. 18 S.

IDW (Institut der Wirtschaftsprüfer). Erkenntnisse aus der Finanzmarktkrise: Ein Blick nach vorn. 12.02.2009. (http://www.idw.de/idw/portal/d587764).

IHK (Industrie- und Handelskammer) Berlin. Auswirkungen der Finanzkrise auf den Standort Berlin. Berlin, 6.11.2008. Mimeo. 32 S.

Ikeda, S. „Market process". Boettke, P.J. (Hg.). The Elgar companion to Austrian economics. Aldershot: Edward Elgar, 1994. S. 23-29.

IMF (International Monetary Fund). „International capital markets". Sept. 1998. Teil V. (http://www.imf.org/external/pubs/ft/icm/icm98/index.htm).

IMF. Global Financial Stability Report. April 2008. (http://www.imf.org/external/pubs/ft/gfsr/2008/01/index.htm).

IMK (Institut für Makroökonomie und Konjunkturforschung). Von der Finanzkrise zur Weltwirtschaftskrise (I): Wie die Krise entstand und wie sie überwunden werden kann. 2009a. (http://www.boeckler.de/pdf/p_imk_report_38_2009.pdf).

IMK. Gesamtwirtschaftliche Stabilität durch bessere Regulierung: Vorschläge für eine Neuordnung der Finanzmärkte. 2009b. (http://www.boeckler.de/pdf/p_imk_report_36_2009.pdf).

IMK. Von der Finanzkrise zur Weltwirtschaftskrise (III): Die Rolle der Ungleichheit. Sept. 2009c. (http://www.boeckler.de/pdf/p_imk_report_41_2009.pdf).

IMK. Euroraum vor der Zerreißprobe? Report Nr. 48. April 2010. (http://www.boeckler.de/pdf/p_imk_report_48_2010.pdf)

IOSCO (International Organization of Securities Commissions). The role of credit rating agencies in structured finance markets: Final report. Mai 2008. (http://www.tsi-gmbh.de/fileadmin/tsi_downloads/ABS_Research/ Materialien_zur_aktuellen_Finanzmarktdebatte/IOSCO-Ratingagenturen. pdf).

Ishikawa, T. How I caused the credit crunch: An insider's story of the financial meltdown. London: Icon Books, 2009.

Issing Committee. New financial order: Recommendations. Part I. Okt. 2008. (http://www.ifkcfs.de/fileadmin/downloads/publications/white_paper/ White_Paper_No1_Final.pdf).

Issing Committee. New financial order: Recommendations. Part II. Feb. 2009. (http://www.ifkcfs.de/fileadmin/downloads/publications/white_paper/ White_Paper_No2_2009_Final.pdf).

Jacks, D.S. „Populist versus theorists: Future markets and the volatility of prices". Explorations in Economic History, 44 (2007), 342-362.

Jacobs, H. et al. Wie diversifiziere ich richtig? Eine Diskussion alternativer Asset Allocation Ansätze zur Konstruktion eines „Weltportfolios". 2008. (http://www.dgf2008.de/content/paper/worldportfolio_12082008.pdf).

Jäger, C. et al. Eckpunkte einer nachhaltigen Antwort auf die Wachstumskrise. Gutachten im Auftrag des Bundesministeriums für Umwelt, Naturschutz und Reaktorsicherheit. 4.9.2009. (http://www.bmu.de/files/pdfs/allgemein/application/pdf/wwk_gutachten_bf.pdf).

James, H. „Die Krise der Finanzmärkte und die Rückkehr des Staates". Zeitschrift für Staats- und Europawissenschaften, 7 (2009), 14-30.

Jarass, L. und Obermair, G.M. Geheimnisse der Unternehmenssteuern. Marburg: Metropolis, 2004.

Jarass, L. „Wie höhere Staatseinnahmen Wachstum und Beschäftigung fördern". Börsen-Zeitung vom 5.5.2010a. S. 7 und 3 S. Anhang.

Jarass, L. „Faire und effiziente Steuerpolitik". Seidl, I. und Zahrnt, A. (Hg.). Postwachstumsgesellschaft. Marburg: Metropolis, 2010b. S. 156-166.

Jarsulic, M. Anatomy of a financial crisis. New York: Palgrave, 2010.

Jensen, M.C. „Capital markets: Theory and evidence". Bell Journal of Economics and Management, 3 (1972), 357-398.

Johansson, S. und Brömsen, T. Long Term Capital Management. Mimeo. 2.3.2009. 7 S.

Johnson, S. „The quiet coup". The Atlantic, Mai 2009a. (http://www.theatlantic.com/doc/print/200905/imf-advice).

Johnson, S. Testimony submitted to the Joint Economic Committee vom 29.10.2009b. (http://baselinescenario.com/2008/10/30/testimony-before-joint-economic-committee-today/).

Johnson, S. und Kwak, J. 13 bankers and the Wall Street takeover. New York: Pantheon, 2010.

Ju, X. und Pearson, N.D. „Using value-at-risk to control risk taking: How wrong can you be?". Okt. 1998. (http://ideas.repec.org/p/wpa/wuwpfi/9810002.html).

Kädler, J. „Finanzmärkte: Zur Soziologie einer organisierten Öffentlichkeit". SOFI-Mitteilungen, 33/2005, 31-37.

Kahneman, D. et al. (Hg.). Judgment under uncertainty: Heuristics and biases. London: Cambridge University Press, 1982.

Kähr, R. Diskontexturalitäten: Wozu neue Formen des Denkens? 1996. (http://www.thinkartlab.com/pkl/diskontext.htm).

Kaletsky, A. „Goodbye, homo economicus". Prospect Magazine, Nr. 157 (2009), 6 S.

Kaletsky, A. „Now is the time for a revolution in economic thought". 9.2.2009. (http://www.timesonline.co.uk/tol/comment/columnists/article5689642.ece).

Kaminsky, G.L. und Reinhart, C.M. „The twin crises: The causes of banking and balance-of-payment problems". American Economic Review, 89 (1999), 473-500.

Kansas, D. Guide to the end of Wall Street as we know it. New York: Collins Business, 2009.

Kaplan, S.N. „Should banker pay be regulated?". The Economist's Voice, Dez. 2009. (http://www.bepress.com/ev).

Kaufman, H. On money and markets: A Wall Street memoir. New York: McGraw-Hill, 2000.

Kaufman, T. Unusual market activity: The SEC and high frequency trading. 13.5.2010. (http://www.huffingtonpost.com/sen-ted-kaufman/unusual-marekt-activity-t_b_574914.html).

Kay, J. Narrow banking: The reform of banking regulation. 2009. (http://www2.johnkay.com/papers/JK_NarrowBanking.pdf).

Keen, S. Debunking economics. Annandale: Pluto Press, 2001.

Keen, S. „Declaring victory at half time". Real-world economics review, 52 (2010a), 54-68. (http://www.paecon.net).

Keen, S. „Wir sind in der größten Finanzblase aller Zeiten". FazNet vom 8.1.2010b. (http://www.faz.net/s/RubF3F7C1F630AE4F8D8326C2A80BDBBDE/Doc~EE812E98924024354BC1DDBD34A5406C4~ATpl~Ecommon~Sspezial.html).

Keen, S. The lily and the pond. 12.12.2006. (http://evatt.org.au/news/445.html).

Kelly, K. Street fighters: The last 72 hours of Bear Stearns, the toughest firm on Wall Street. New York: Portfolio, 2009.

Kelton, S.A. und Wray, L.R. Can euroland survive? 2009. (http://www.levyinstitute.org/pubs/ppb_106.pdf).

Kessler, Oliver. „Towards an economic sociology of the subprime crisis?" Economic sociology_The European electronic newsletter, 10 (2009), 11-16.

Keynes, J.M. The general theory of employment, interest and money. Collected Writings of John Maynard Keynes. VII. London: Macmillan, 1973a (1936).

Keynes, J.M. „The general theory of employment." Collected Writings of John Maynard Keynes. XIV: The General Theory and After: II. London: Macmillan, 1973b (1937). S. 109-123.

Keynes, John M. Treatise on Probability. Collected Writings of John Maynard Keynes. VIII. London: Macmillan, 1973c (1921).

Keynes, John M. „Letter to Roy F. Harrod (4.7.1938)." Collected Writings of John Maynard Keynes. XIV: The General Theory and After: II. London: Macmillan, 1973d. S. 295-297.

Kiff, J. und Mills, P. Money for nothing and checks for free: recent developments in U.S. subprime mortgage markets. Aug. 2007. (http://papers.ssrn.com/sol3/papers.cfm?abstract_id=1006316).

Kindleberger, C.P. Manias, panics and crashes: A history of financial crises. 4. Aufl. New York: John Wiley and Sons, 2000 (1978).

King, M. Speech. Edinburgh. 20.10.2009. (http://www.bankofengland.co.uk. publications/speeches/2009/speech406.pdf).

Kirchgässner, G. „Die Krise der Wirtschaft: Auch eine Krise der Wirtschaftswissenschaft?". Perspektiven der Wirtschaftspolitik, 10 (2009), 436-468.

Klein, E. 5 places to look for the next financial crisis. 16.7.2010. (http://www.washingtonpost.com/wp-dyn/content/article/2010/07/16/AR2010071606840.html).

Klimenta, H. „Probleme und Chancen der deutschen Bankenlandschaft". Aus Politik und Zeitgeschichte, 26 (2009), 14-19. (http://www.bpb.de/publikationen/GR3TXU.html).

Kling, A. Not what they had in mind: A history of policies that produced the financial crisis of 2008. Sept. 2009. (http://ssrn.com//sol3/papers.cfm?abstract=1474430).

Knapp, G.F. Staatliche Theorie des Geldes. Leipzig: Duncker und Humblot, 1905.

Knee, J.A. The accidental investment banker. Oxford: Oxford University Press, 2006.

Knorr Cetina, K. „Epistemic cultures: Forms of reason in science". History of Political Economy, 23 (1991), 105-122.

Knorr Cetina, K. und Preda, A. (Hg.). The sociology of financial markets. Oxford: Oxford University Press, 2005.

Koalitionsvertrag 2009. Wachstum. Bildung. Zusammenhalt. (http://www.cdu.de/doc/pdfc/091024-koalitionsvertrag-cducsu-fdp.pdf).

Kommer, G. Souverän investieren mit Indexfonds, Indexzertifikaten und ETFs. 2., ver. Aufl. Frankfurt: Campus, 2007.

Kommer, G. Die Buy-and-Hold-Bibel. Frankfurt: Campus, 2009.

Kommission (der EU). Mitteilung der Kommission: Ein EU-Rahmen für das grenzübergreifende Krisenmanagement auf dem Bankensektor. KOM (2009) 561. 20.10.2009. (http://eur-lex.europa.eu/LexUriServ.do?uri=COM:2009:0561:FIN:DE:PDF).

Konrad, K.A. und Zschäpitz, H. Schulden ohne Sühne? Warum der Absturz der Staatsfinanzen uns alle trifft. München: Beck, 2010.

Koslowski, P. Ethik der Banken. München: Wilhelm Fink, 2010.

Kotlikoff, L.J. Jimmy Stewart is dead: Ending the world's ongoing financial plague with limited purpose banking. Hoboken: John Wiley and Sons, 2010.

Kotz, H.-H. „Finanzmarktmoden". Wirtschaftsdienst, 84 (2004), 432-437.

Koutsobinas, T. „A Keynes moment in the global financial collapse". Real-world economics review, 52 (2010), 82-99. (http://www.paecon.net).

Krahnen, J.P. „Der Handel von Kreditrisiken: Eine neue Dimension des Kapitalmarktes". Perspektiven der Wirtschaftspolitik, 6 (2005), 499-519.

Krahnen, J.P. „In rating regulation, sometimes less is more". CFS News, 2/2009. Frankfurt, 2009 (http://www.ifk-cfs.de). S. 1-2.

Krahnen, J.P. und Wilde, C. Risk transfer with CDOs and systemic risk in banking. Juni 2006. (http://ideas.repec.org/p/cfs/cfswop/wp200604.html).

Krahnen, J.P. und Wilde, C. Risk transfer with CDOs. April 2008. (http://ideas.repec.org/p/cfs/cfswop/wp200815.html).

Krämer, H. Der Konstruktionsfehler des Euro-Stabilitätspaktes. Wirtschaftsdienst, 90 (2010), 379-384.

Krause-Junk, G. „Moral und Gesetz: Einige Anmerkungen zu Volker Arnold". Perspektiven der Wirtschaftspolitik, 11 (2010), 99-102.

Kregel, J. No going back: Why we cannot restore Glass-Steagall's segregation of banking and finance. 2010. (http://www.networkideas.org/featart/jan2010/Jan_Kregel.pdf).

Kristof, N.D. „Learning how to think". Beilage der New York Times in der SZ vom 6.4.2009, S. 2.

Kromphardt, J. Finanzmärkte und Realwirtschaft in der Weltwirtschaftskrise 1929-1932 und in Keynes' „General Theory". 2009. (https://economics.uni-hohenheim.de/fileadmin/einrichtungen/economics/Keyens/paper_kromphardt.pdf).

Krugman, P. Die neue Weltwirtschaftskrise. Frankfurt: Campus, 2009.

Krysmanski, H.J. „Eliten und der Geldmarktkomplex". luxemburg, 1/2009.

Kuttner, R. Financial regulation after the fall. 2009. (http://www.demos.org/publication.cfm?currentpublicationID=B8B65B84-3FF4-6C82-5F3F750B53E44E1B).

Lafontaine, O. Das Herz schlägt links. Berlin: Econ, 1999.

Lakatos, I. Philosophical papers 1: The methodology of scientific research programs. Cambridge (Mass.): Cambridge University Press, 1978.

Lamont, O.A. und Thaler, R.H. „Can the market add and subtract? Mispricing in tech stock carve-outs". Journal of Political Economy, 111 (2003), 227-268.

Länderrat (Bündnis 90/Die Grünen). Beschluss: Währungsunion und Wirtschaftsregierung. 25.4.2010. (http://www.gruene.de/fileadmin/user_upload/Dokumente/Beschl%C3%BCsse/Beschluesse_Laenderrat/K%C3%B6ln__2010/Beschluss_Eurozone__EZ-01_.pdf).

Lardner, J. Reforming the rating agencies. 2009. (http://www.demos.org/pubs/reforming_ratingagencies.pdf).

Lawson, T. Reorienting economics. London: Routledge, 2003.

Lawson, T. „The nature of heterodox economics". Cambridge Journal of Economics, 30 (2006), 483-505.

Lawson, T. „The current economic crisis: Its nature and the course of academic economics." Cambridge Journal of Economics, 33 (2009a), 759-777.

Lawson, T. „Contemporary economics and the crisis". Real-world economics review, Nr. 50 (2009b), 122-131. (http://www.paecon.net).

Layard, R. Die glückliche Gesellschaft. Frankfurt: Campus, 2005.

Leach, J. „Rational speculation". Journal of Political Economy, 99 (1991), 131-144.

Lee, F. A history of heterodox economics. London: Routledge, 2009.

Leijonhufvud, A. Macroeconomics and the crisis: A personal appraisal. Nov. 2009. (http://www.cepr.org/pubs/PolicyInsights/CEPR_Policy_Insight_041.asp).

LeRoy, S.F. „Capital market efficiency: An update". 1990. (http://ideas.repec.org/a/fip/fedfer/y1990isprp29-40.html).

Levine, R. An autopsy of the U.S. financial system. NBER Working Paper 15956. April 2010. (http://www.nber.org/papers/w15956.pdf).

Lewis, M. Wall Street Poker: Die authentische Story eines Salomon-Brokers. 4. Aufl. Düsseldorf: Econ, 1991 (1989).

Lewis, M. The Big Short: wie eine Handvoll Trader die Welt verzockte. Frankfurt: Campus, 2010.

Lindenberg, A. Albtraum Neuer Markt. 2. Aufl. München: FinanzBuch Verlag, 2002.

Lo, A.W. Hedgefunds: An analytic perspective. Princeton: Princeton University Press, 2008.

Lo, A.W. und MacKinlay, A.C. „Stock market prices do not follow random walks: evidence from a simple specification test". Review of Financial Studies, 1 (1988), 41-66.

Lo, A.W. und MacKinlay, A.C. A non-random walk down Wall Street. Princeton: Princeton University Press, 1999.

Luhmann, N. Soziologie des Risikos. Berlin: De Gruyter, 1991.

Lukken, W. Keynote address before FIA futures and options expo. 11.11.2008. (http://www.cftc.gov/ucm/groups/public/@newsroom/documents/speechandtestimony/opalukken-50.pdf).

Lutter, M. „Bankenkrise und Organhaftung". Zeitschrift für Wirtschaftsrecht, 30 (2009), 197-201.

Lux, T. und Westerhoff, F. „Economics crisis". Nature Physics, 5 (2009), 1-2.

Lynn, B.C. Cornered: The new monopoly capitalism and the economics of destruction. Hoboken: Wiley and Sons, 2010.

MacKay, C. (und de la Vega, J.). Gier und Wahnsinn. München: FinanzBuch Verlag, 2010 (1841).

MacKenzie, D. An engine, not a camera. Cambridge (Mass.): MIT Press, 2006.

MacKenzie, D. et al. (Hg.). Do economists make markets? Princeton: Princeton University Press, 2007.

Malkiel, B.G. A random walk down Wall Street. Erg. Aufl. New York: Norton and Company, 1999 (1973).

Malkiel, B.G. The efficient market hypothesis and its critics. April 2003. (http://www.priceton.edu/~ceps/workingpapers/91malkiel.pdf).

Mandelbrot, B. und Hudson, R.L. The (mis)behavior of markets. New York: Basic Books, 2004 (Fraktale und Finanzen. München: Piper, 2007).

Mankiw, N.G. The macroeconomist as scientist and engineer. 2006. (http://www.economics.harvard.edu/files/faculty/40_Macroeconomist_as_Scientist.pdf).

Mankiw, N.G. That freshman course won't be quite the same. 23.5.2009. (http://www.nytimes.com/2009/05/24/business/economy/24view.html).

Mankiw, N.G. und Taylor, M.P. Grundzüge der Volkswirtschaftslehre. 4., überarb. Auflage. Stuttgart: Schäffer-Poeschel, 2008.

Marietta, M. und Perlman, M.. „The uses of authority in economics: Shared intellectual frameworks as the foundation of personal persuasion." American Journal of Economics and Sociology, 59 (2000), 151-189.

Markham, J.W. Lessons for competition law from the economic crisis: The prospects for antitrust responses to the „too-big-to-fail" phenomenon. 2010. (http://works.bepress.com/cgi/viewcontent.cgi?article=1001&context=jesse_markham).

Markowitz, J. „Portfolio selection". Journal of Finance, 7 (1952), 77-91.

Masters, M.W. Testimony before the Committee on Homeland Security and Governmental Affairs United States Senate. (http://hsgac.senate.gov.public/_files/052008Masters.pdf).

Matutinovic, I. „Economic complexity and the role of markets". Journal of Economic Issues, 44 (2010), 31-51.

McCloskey, D. The vices of economists: The virtues of the bourgeoisie. Amsterdam: Amsterdam University Press, 1996.

McCloskey, D. The rhetoric of economics. Madison: University of Wisconsin Press, 1985.

McCoy, C. „Liquidity black holes: Testing the theory's predictions". Persaud, A.D. (Hg.). Liquidity black holes. London: Risk Books, 2003. S. 139-148.

McDonald, L.G. und Robinson, P. A colossal failure of common sense: The inside story of the collapse of Lehman Brothers. New York: Crown Business, 2009.

McGowan, J.F. Why a financial stimulus may fail and what to do. 10.1.2009. (http://www.scribd.com/doc/10043581/Why-a-Fiscal-Stimulus-May-Fail-and-What-To-Do).

LSE (London School of Economics) (Hg.). The future of finance: The LSE report. 2010. (www.futureoffinance.org.uk).

Memorandum Gruppe. Memorandum 2010. Köln: PapyRossa, 2010.

Mengle, D. Credit derivatives: An overview. 15.5.2007. (http://www.frbatlanta.org/news/conferen/07fmc/07FMC_mengle.pdf).

Merriam, S.B. Qualitative research and case study applications in education. 2., erg. Aufl. San Francisco: Allyn and Bacon, 1998.

Miegel, M. Wegmarken 2010: Wohlstand ohne Wachstum (Teil 2). Deutschlandradio vom 2.1.2010 (http://www.dradio.de/dlf/sendungen/hintergrundpolitik/1095823/).

Miller, R.M. Paving Wall Street: Experimental economics and the quest for the perfect market. New York: John Wiley and Sons, 2002.

Milne, F. Credit crises, risk management systems and liquidity modelling. Sept. 2008. (http://ideas.repec.org/p/jdi/wpaper/1.html).

Minsky. H. Stabilizing an unstable economy. New Haven: Yale University Press, 1986.

Mirowski, P. More heat than light. Cambridge (Mass.): Cambridge University Press, 1999.

Mirowski, P. Machine dreams. Cambridge (Mass.): Cambridge University Press, 2002.

Mirowski, P. „Postface: Defining neoliberalism". Mirowski, P. und Plehwe, D. (Hg.). The road from Mont Pèlerin. Cambridge (Mass.): Harvard University Press, 2009. S. 417-455.

Mirowski, P. „The great mortification: Economists' responses to the crisis of 2007 – (and counting)". The Hedgehog Review, 12 (2010), 28-41.

Mises, L. Nationalökonomie: Theorie des Handelns und Wirtschaftens. 2. Aufl. München: Philosophia Verlag, 1980 (1940).

Mises, L. Theory and history. New Haven: Yale University Press, 1957.

Mishkin, F.S. The economics of money, banking, and financial markets. 4. Aufl. New York: Harper Collins, 1995.

Mishkin, F.S. und Eakins, S.G. Financial markets and institutions. 5. Aufl. Boston: Pearson, 2006.

Mitchell, L.E. The speculation economy: How finance triumphed over industry. San Francisco: Berrett-Koehler Publishers, 2007.

Monopolkommission. Gestaltungsoptionen und Leistungsgrenzen einer kartellrechtlichen Unternehmensentflechtung. Sondergutachten 58. Nomos: Baden-Baden, 2010.

Morgan Stanley. Banking: Large and midcap banks. Mimeo. 17.11.2009. 12 S.

Morris, C.R. The two trillion dollar meltdown. New York: Public Affairs, 2008.

Müller, D. Crashkurs. München: Droemer, 2009.

Münchau, W. Kernschmelze im Finanzsystem. München: Hanser, 2008.

Mullainathan, S. und Shleifer, A. Persuasion in finance. Okt. 2005. (http://www.nccr-finrisk.uzh.ch/media/pdf/conferences/PaperShleifer.pdf).

Muller, J.Z. „Our epistemological depression". The American. 29.1.2009. (http://www.american.com/archive/2009/february-2009/our-epistemo logical-depression).

Mulligan, C.B. „Is macroeconomics off track?". The Economist's Voice, Nov. 2009. (http://www.bepress.com/ev).

Myers, M.G. A financial history of the United States. New York: Columbia University Press, 1970.

Nadeau, R. „The economist has no clothes". Scientific American vom 25.3.2008. (http://www.scientificamerican.com/article.cfm?id=the-economist).

Nadir, C. „Autoritär gegen die Verschwendung [Interview]". Zeit-Online vom 22.12.2209 (http://www.zeit.de/2009/53/Interview-Nadir).

Nef (new economics foundation). 20 first steps to rise from ashes of crash. 11.5.2008. (http://www.neweconomics.org/gen/fromtheashesofthecrashes 05110).

Nelson, R.H. Economics as religion: From Samuelson to Chicago and beyond. University Park: Pennsylvania State University, 2001.

Nersisyan, Y. und Wray, R.L. Deficit hysteria redux? Why we should stop worrying about U.S. government deficits. 2010. (http://www.levyinstitute.org/pubs/ppb_111.pdf).

Nesvetailova, A. „The crisis of invented money: Liquidity illusion and the global credit meltdown". Theoretical Inquiries in Law, 11 (2010), 124-147.

Netzwerk Steuergerechtigkeit. Der International Accounting Standards Board: Privater Standardsetzer der Weltwirtschaft. Juni 2010. (http://www.taxjustice.net/cms/upload/pdf/Deutsch/info-steuergerechtigkeit03.pdf).

New York Times. Europe's web of debt. 1.5.2010. (http://www.nytimes.com/interactive/2010/05/02/weekinreview/02marsh.html).

Nier, E. et al. Network models and financial stability. April 2008. (http://www.bankofengland.co.uk/publications/workingpapers/wp346.pdf).

Nocera, J. Risk management. New York Times vom 2.1.2009. (http://www.nytimes.com/2009/01/04/magazine/04risk-t.html).

Norberg, P. Re-enchanting financial markets: Community, myth and morality. SSE/EFI Working Paper Series in Business Administration. Mimeo. Nr. 15. 2003.

Oberlechner, T. et al. „Surfing the money tides: Understanding the foreign exchange market through metaphors." British Journal of Social Psychology, 43 (2004), 133-156.

Oberlechner, T. und Hocking, S. „Information sources, news, and rumors in financial markets: Insights into the foreign exchange market." Journal of Economic Psychology, 25 (2004), 407-424.

Oberlechner, T. und Osler, C.L. „Overconfidence in currency markets". 18.3.2008. (http://papers.ssrn.com/sol3/papers.cfm?abstract_id=1108787).

OCC (Comptroller of the Currency). OCC's quarterly report on bank trading and derivatives activities fourth quarter 2008.
(http://www.occ.treas.gov/deriv/deriv.htm).

Oehler, A. Alles „Riester"? Die Umsetzung der Förderidee in der Praxis 7.12.2009. (http://www.vzbv.de/mediapics/altersvorsorge_gutachten_oehler_12_2009.pdf).

Omerod, P. The current crisis and the culpability of macroeconomic theory. (http://www.paulormerod.com/pdf/accsoct09%20br.pdf).

Orléans, A. Le pouvoir de la finance. Paris: Jakob, 1999.

Ormerod, P. Butterfly economics. New York: faber und faber, 1998.

Ortlieb, C.P. „‚Ökonomie ist eigentlich keine Wissenschaft'". Frankfurter Allgemeine Sonntagszeitung vom 9.5.2010, S. 53.

Osterloh, M. und Frey, B.S. Shareholders should welcome employees as directors. Jan. 2005. (http://www.iew.uzh.ch/wp/iewwp228.pdf).

Ötsch, W.O. Mythos Markt: Marktradikale Propaganda und ökonomische Theorie. Marburg: Metropolis, 2009.

Otte, M. Der Crash kommt. 12. Aufl. Berlin: Ullstein, 2008.

Otte, M. „Einleitung: 1929 und die Finanzkrise von 2007". Galbraith, J.K. Der große Crash 1929. 4. Neuauflage. München: FinanzBuch Verlag, 2009a. S. 7-19.

Otte, M. Der Informationscrash. Berlin: Econ, 2009b.

Pahlke, J. Steuerbedarf und Geldpolitik in der wachsenden Wirtschaft: Geldschöpfung als Mittel der Staatsfinanzierung. Berlin: De Gruyter, 1970.

Palley, T.I. „America's exhausted paradigm: Macroeconomic causes of the financial crisis and great recession". Real-world economics review, 50 (2009), 53-74. (http://www.paecon.net).

Palley, T.I. Financialization: What it is and why it matters. 2007. (http://www.levyinstitute.org/pubs/wp_525.pdf).

Papadimitriou, D.B. and Wray, R.L. Time to bail out: Alternatives to the Bush-Paulson plan. 2008. (http://www.levyinstitute.org/pubs/ppb_99.pdf).

Papadimitriou, D.B. und Wray, R.L. The economic contributions of Hyman Minsky: Varieties of capitalism and institutional reform. Dez. 1997. (http://www.levyinstitute.org/pubs/wp217.pdf).

Parker, R.E. The economics of the great depression. Cheltenham: Edward Elgar, 2007.

Parramore, L. Disappointing and inspiring: Warren, Johnson, Black and more react to Finreg. 25.6.2010. (http://www.newdeal20.org/2010/06/25/disappointing-and-inspiring-rooseveltians-react-to-finreg-13398/).

Partnoy, F. F.I.A.S.C.O.: Blood in the water on Wall Street. New York: Norton, 1997.

Partnoy, F. Infectious greed: How deceit and risk corrupted the financial markets. London: Profile Books, 2003.

Paul, R. End the Fed. New York: Grand Central Publishing, 2009.

Paulson, H. et al. Recommendations. Department of the Treasury. 2008.

Pauly, L.W. „Financial crisis management in Europe and beyond". Contributions to Political Economy, 27 (2008), 73-89.

Pento, M. Why the greater depression still lies ahead. 2010. (http://www.forbes.com/2010/06/30/greater-depression-still-ahead-personal-finance-economy.html).

Perry, J. und Nölke, A. „The political economy of international accounting standards". Review of International Political Economy, 13 (2006), 559-586.

Persaud, A.D. „Market liquidity and risk management". Persaud, A.D. (Hg.). Liquidity black holes. London: Risk Books, 2003a. S. 177-194.

Persaud, A.D. „Liquidity black holes". Persaud, A.D. (Hg.). Liquidity black holes. London: Risk Books, 2003b. S. 85-104.

Petersdorff, W.v. Ein Staatsbankrott ist halb so schlimm. 15.3.2010. (http://www.seiten.faz-archiv.de/fas/20100314/sd1201003142630936.html).

Peterson, R.L. Inside the investor's brain: The power of mind over money. Hoboken: John Wiley and Sons, 2007.

Peukert, H. Keynes' „General Theory" aus der Sicht der Wissenschaftstheorie. Frankfurt: R.G. Fischer, 1991.

Peukert, H. Das sozialökonomische Werk Wilhelm Röpkes. Teil 1. Frankfurt: Peter Lang, 1992.

Peukert, H. Das Handlungsparadigma in der Nationalökonomie. Marburg: Metropolis, 1998.

Peukert, H. „Adam Smith's Invisible Hands". Economic policy in an orderly framework: Liber Amicorum for Gerrit Meijer, J. Backhaus et al. (Hg.) Münster: Lit, 2003. S. 344-360.

Peukert, H. Das tradierte Konzept der Staatswissenschaft. Berlin: De Gruyter, 2005.

Peukert, H. „Der Alltagswissenschaftler aus institutionenökonomischer Sicht". Dürmeier, T. et al. (Hg.). Die Scheuklappen der Wirtschaftswissenschaft. Marburg: Metropolis, 2006a. S. 41-53.

Peukert, H. „Vilfredo Pareto and Public Choice: A reappraisal". Backhaus, J.G. und Maks, J.A. (Hg.). Form Walras to Pareto. Berlin: Springer, 2006b. S. 83-101.

Peukert, H. „Die Wirtschaft in der Bibel". Hagemann, H. (Hg.). Studien zur Entwicklung der ökonomischen Theorie XXI. Berlin: Duncker und Humblot, 2007. S. 19-62.

Peukert, H. Rudolf Goldscheid: Menschenökonom und Finanzsoziologe. Frankfurt: Peter Lang, 2009.

Peukert, H. „Das Wettbewerbskonzept der EU aus Sicht der Wirtschaftswissenschaften". Blanke, H.-J. et al. (Hg.) Dimensionen des Wettbewerbs. Tübingen: Mohr, 2010a. S. 81-107.

Peukert, H. „The financial crisis: Origins and remedies in a critical institutionalist perspective". Journal of Economic Issues, 44 (2010b), 830-838.

Pfeiffer, H. „Lasst die Banken pleitegehen". Blätter für deutsche und internationale Politik, 4/2009, 9-13.

Phelps, E.S. „Refounding capitalism". Capitalism and Society, 4 (2009), 1-11.

Philippon, T. und Reshef, A. Wages and human capital in the U.S. financial industry: 1909-2006. Dez. 2008.
(http://pages.stern.nyu.edu/~tphillipp/research.htm).

Phillips, R.J. The Chicago plan and New Deal banking reforms. New York: M.E. Sharpe, 1995.

Pinner, F. Die großen Weltkrisen. Zürich: Max Niehans, 1937.

Popper, K. The poverty of historicism. London: Routledge, 2004 (1957).

Porter, T.M. „Making things quantitative". Science in Context, 7 (1994), 389-407.

Posner, R. A failure of capitalism. Cambridge (Mass.): Harvard University Press, 2009a.

Posner, R.A. „Financial regulatory reform: The politics of denial". The Economist's Voice. Nov. 2009b. (http://www.bepress.com/ev).

Posner, R.A. The crisis of capitalist democracy. Cambridge (Mass.): Harvard University Press, 2010.

Pozen, R. Stop pining for Glass-Steagall. 10.5.2009. (http://www.forbes.com/forbes/2009/1005/opinions-glass-steagall-on-my-mind.html).

Pozen, R. Too big to save? How to fix the U.S. financial system. Hoboken: John Wiley and Sons, 2010.

Preda, A. „Socio-technical agency in financial markets: The case of the stockticker". Social Studies of Science, 36 (2006), 753-782.

Priewe, J. Von der U.S. Subprime-Krise zur Weltwirtschaftskrise: Eine Diskussion unterschiedlicher Erklärungsmuster. 2009. (https://economics.uni-hohenheim.de/fileadmin/einrichtungen/economics/Keynes/paper_priewe.pdf).

Prins, N. et al. Bigger banks, riskier banks. 2010. (http://www.demos.org/pubs/BiggerRiskier-edit19.pdf).

Prins, N. It takes a pillage: Behind the bailouts, bonuses, and backroom deals from Washington to Wall Street. Hoboken: John Wiley and Sons, 2009.

Pühretmayer, H. „Über das Politische des Wissenschaftlichen". Kurswechsel, Nr. 4 (2005), 28-44.

Rajan, R. Has financial development made the world riskier? 2005. (http://www.kansascityfed.org/publicat/sympos/2005/PDF/Rajan2005.pdf).

Ramonet, I. Der perfekte Crash. Berlin: Rotbuch, 2010.

Rehman, S.S. „The Obama administration and the U.S. financial crisis". Global Economy Journal, 10 (2010), 1-22 (http://www.bepress.com/gej/vol10/iss1/6).

Reichert, R. Das Wissen der Börse. Bielefeld: transcript-Verlag, 2009.

Reiermann, C. „Währungsunion: Gekaufte Zeit". Der Spiegel, Nr. 36 (2010), 76-78.

Reiners, S. Die Finanztransaktionssteuer. Mimeo. Aug. 2008. 5 S.

Reinert, E.S. „Stepped in two mind-sets: Schumpeter in the context of the two canons of economics." Backhaus, J.G. (Hg.) Joseph Alois Schumpeter. Boston: Kluwer, 2003. S. 261-292.

Reinert, E.S. How rich countries got rich ... and why poor countries stay poor. New Delhi: Anthem Press India, 2008.

Reinhart, C.M. und Rogoff, K.S. Is the U.S. sub-prime financial crisis so different? An international historical comparison. 2008a. (http://www.nber.org/papers/w13761.pdf).

Reinhart, C.M. und Rogoff, K.S. The aftermath of financial crises. Dez. 2008b. (http://www.economics.harvard.edu/files/faculty/51_Aftermath.pdf).

Reinhart, C.M. und Rogoff, K.S. This time is different: A panoramic view of eight centuries of financial crises 2008c. (http://www.nber.org/papers/w13882).

Reinhart, C.M. und Rogoff, K.S. Dieses Mal ist alles anders: Acht Jahrhunderte Finanzkrisen. 3. Aufl. München: FinanzBuch Verlag, 2010.

Reuter, N. Ökonomik der „Langen Frist". Marburg: Metropolis, 2000.

Riedel, M. Erklären oder Verstehen? Stuttgart: Klett-Cotta, 1978.

Ritholtz, B. und Task, A. Bailout nation: How greed and easy money corrupted Wall Street and shook the world economy. Hoboken: John Wiley and Sons, 2009.

Roberts, R. „How little we know: The challenges of financial reform". The Economist's Voice, Nov. 2009. (http://www.bepress.com/ev).

Rodrik, D. Let developing nations rule. 28.1.2009. (http://www.project-syndicate.org/commentary/rodrik26/English).

Roll, R. „The hubris hypothesis of corporate takeover". Journal of Business, 59 (1986), 197-216.

Roosevelt Institute (Hg.). Make markets, be markets. 2010. (http://www.makemarketsbemarkets.org).

Rosenbaum, J. Der politische Einfluss von Ratingagenturen. Wiesbaden: VS, 2009.

Rothbard, M. The mystery of banking. New York: Richardson and Snyder, 1893.

Roubini, N. „Current market turmoil: Non-priceable Knightian ‚uncertainty' rather than priceable market ‚risk' ". Nouriel Rubini's Global Econo-Monitor vom 15.8.2007 (http://www.rgemonitor.com/blog/roubini/210688).

Roubini, N. und Mihm, S. Das Ende der Weltwirtschaft und ihre Zukunft (Crisis economics). Frankfurt: Campus, 2010.

Rubinstein, A. „Dilemmas of an economic theorist". Econometrica, 74 (2006), 865-883.

Rudolph, B. „§3. Die internationale Finanzkrise: Grundsatzfragen und Verantwortung aus der Sicht der Kreditinstitute". Grundmann, S. et al. (Hg.). Finanzkrise und Wirtschaftsordnung. Berlin: De Gruyter, 2009. S. 55-76.

Rutherford, M. Institutions in economics. Cambridge (Mass.): Cambridge University Press, 1996.

Sachs, J. Das Ende der Armut. München: Pantheon-Verlag, 2006.

Sachs, J. „Rethinking macroeconomics". Capital and Society, 4 (2009), 1-8. (http://www.bepress.com/cas/vol4/iss3/art3).

Sachverständigenrat (zur Begutachtung der gesamtwirtschaftlichen Entwicklung). Das deutsche Finanzsystem: Effizienz steigern – Stabilität erhöhen. Expertise im Auftrag der Bundesregierung. 2008a. (http://www.sachverstaendigenrat-wirtschaft.de/download/publikationen/expertise_finanzsystem.pdf)

Sachverständigenrat. Die Finanzkrise meistern: Wachstumskräfte stärken. Jahresgutachten 2008/09. Drittes Kapitel. Finanzsystem auf der Intensivstation. 2008b. (http://www.sachverstaendigenrat.org/download/gutachten/ga08_ges.pdf)

Sachverständigenrat. Die Zukunft nicht aufs Spiel setzen. Jahresgutachten 2009/10. Viertes Kapitel. Finanzsystem am Tropf: Vor schwierigen Entzugsprozessen. 2009. S. 116-163. (http://www.sachverstaendigenrat-wirtschaft.de/gutacht/ga-content.php?gaid=55)

Salmon, F. „Recipe for disaster: The formula that killed Wall Street". Wired Magazine, 23.2.2009. (http://www.wired.com/techbiz/it/magazine/17-03/wp_quant?currentPage=all).

Samuelson, P. Interview mit Conor Clarke in The Atlantic vom 18.6.2009. (http://correspondents.theatlantic.com/conor_clarke/2009/06/an_interview_with_paul_samuelson_part_two.php)

Sarkar, S. Die Krisen des Kapitalismus. Neu-Ulm: AG Spak-Bücher, 2010.

Sauer, T. et al. (Hg.). Das Casino schließen! Hamburg: VSA, 2009.

Saunders, A. und Walter, I. Universal banking in the United States. New York: Oxford University Press, 1994.

Saurina, J. Dynamic provisioning. Juli 2009. (http://rru.worldbank.org/documents/CrisisResponse/Note7.pdf).

Schäfer, U. Der Crash des Kapitalismus. Frankfurt: Campus, 2009.

Scharenberg, A. „Die Lähmung der Linken". Blätter für deutsche und internationale Politik, 4/2009, 5-9.

Scheer, A.-W. „Verloren in der Welt der Modelle". Süddeutsche Zeitung vom 9./10.5.2009, S. 2.

Schefold, B. und Peukert, H. „Wirtschaftssysteme im historischen Vergleich: Ein Projekt". Jahrbuch für Wirtschaftsgeschichte, 1 (1992), 243-254.

Scherer, F.M. A perplexed economist confronts ‚too big to fail'. 2010. (http://iel.carloalberto.org/public/docs/http___web.hks.harvard.edu_publications_getFile.aspx_Id=511.pdf).

Schiff, P.D. Crash proof 2.0. Hoboken: John Wiley and Sons, 2009.

Schiff, P.D. und Schiff, A.J. How an economy grows and why it crashes. John Wiley and Sons, 2010.

Schildbach, T. „Was bringt die Lockerung der IFRS für Finanzinstrumente?". Deutsches Steuerrecht (DStR), 46 (2008), 2381-2385.

Schinasi, G.J. Safeguarding financial stability: Theory and practice. Washington DC: International Monetary Fund, 2005.

i, H. Außer Dienst. München: Siedler, 2008.

Schmidt, S. Markt ohne Moral: Das Versagen der internationalen Finanzelite. München: Drömer, 2010.

Schmoller, G. Grundriß der Allgemeinen Volkswirtschaftslehre. 2 Bde. 6. Aufl. Berlin, 1978 (1900).

Schoess, S. Politics, regulation, banking, finance and the real economy: The road from bad to worst. Mimeo. 2009. 18 S.

Schünemann, B. (Hg.). Die sogenannte Finanzkrise: Systemversagen oder global organisierte Kriminalität? Berlin: Berliner Wissenschafts-Verlag, 2010.

Schularick, M. „The end of financial globalization 3.0". The Economist's Voice, Jan. 2010. (http://www.bepress.com/ev).

Schularick, M. und Taylor, A.M. Credit booms gone bust: Monetary policy, leverage cycles and financial crises, 1870-2008. (http://www.nber.org/papers/w15512).

Schulmeister, S. „Die manisch-depressiven Preisschwankungen auf den Finanzmärkten: wie macht das die ‚unsichtbare Hand'?". WSI-Mitteilungen 60 (2007), 657-663. (http://www.boeckler.de/169_89944.html).

Schulmeister, S. et al. A general financial transaction tax: Motives, revenues, feasibility and effects. WIFO. April 2008.
(http://www.greens-efa.org/cms/default/dokbin/230/230150.pdf).

Schulmeister, S. Asset price fluctuations, financial crisis and the stabilizing effects of a general transaction tax. 2009a. (http://www.wifo.ac.at/wwa/jsp/index.jsp?typeid=8&display_mode=2&fid=23923&id=36441).

Schulmeister, S. Die neue Weltwirtschaftskrise. 2009b.
(http://stephan.schulmeister.wifo.ac.at/fileadmin/homepage_schulmeister/files/Grosskrise_AK_MuWG_106.pdf).

Schulmeister, S. „Der Boom der Finanzderivate und seine Folgen". Aus Politik und Zeitgeschichte, 26/2009c, 6-13.

Schulmeister, S. Mitten in der großen Krise: Ein „New Deal" für Europa. Wien: Picus, 2010.

Schulze, T. Wohlfahrt: Auf dem Weg nach unten. Der Spiegel, Nr. 33 (2010), 70-73.

Schumann, H. und Grefe, C. Der globale Countdown. Köln: Kiepenheuer und Witsch, 2008.

Schumpeter, J.A. „Die Krise des Steuerstaates". Hickel, R. (Hg.). Rudolf Goldscheid/Joseph Schumpeter: Die Finanzkrise des Steuerstaates. Frankfurt: Suhrkamp, 1976 (1918). S. 329-379.

Schumpeter, J.A. Essays. Cambridge (Mass.): Addison-Wesley Press, 1951.

Schumpeter, J.A. Theorie der wirtschaftlichen Entwicklung. 6. Aufl. Berlin: Duncker und Humblot, 1964 (1911).

Schwarz, G. Liberalismus trotz allem: Eine Handvoll Bemerkungen zum Umgang mit der Gegenreformation der Staatsanbeter. 2009. (http://roepke-institut.hwwi.net/uploads/tx_wilpubdb/HWWI_Policy_Paper_5-2.pdf).

Segoviano, M.A. und Singh, M. „Counterparty risk in the over-the-counter derivatives market". Nov. 2008. (http://papers.ssrn.com/sol3/papers.cfm?abstract=1457596).

Shackle, G.L.S. Epistemics and economics. New Brunswick: Transaction Publishers, 1972.

Shefrin, H. Beyond greed and fear. Boston: Harvard Business School Press, 2000.

Shiller, R. „Do stock prices move too much to be justified by subsequent changes in dividends?". American Economic Journal, 71 (1981), 421-436.

Shiller, R.J. Irrational exuberance. Princeton: Princeton University Press, 2000.

Shiller, R.J. Die Subprime Lösung. Kulmbach: Börsenbuchverlag, 2008.

Shleifer, A. Inefficient markets. Oxford: Oxford University Press, 2000.

Shull, B. Too big to fail in financial crisis: Motives, countermeasures, and prospects. 2010. (http://www.levyinstitute.org/pubs/wp_601.pdf).

Siegel, J. Stocks for the long run. New York: McGrawHill, 2007.

Simons, H. A positive program for laissez faire. Chicago: Chicago University Press, 1934.

Sinn, H.-W. „Euro-Krise". Ifo-schnelldienst, 63 (2010), Sonderausgabe.

Sinn, H.-W. Kasino-Kapitalismus. 2., überarb. Aufl. Berlin: Econ, 2009.

Skidelsky, R. Die Rückkehr des Meisters: Keynes für das 21. Jahrhundert. München: Kunstmann, 2010.

Skidelsky, R. Farewell to the neo-classical revolution. 2008. (http://www.project-syndicate.org/commentary/skidelsky9/English).

Skreta, V. und Veldkamp, L. „The origin of bias in credit ratings". Vox vom 27.3.2009. (http://www.voxeu.org/index.php?q=node/3352).

Smith, A. Der Wohlstand der Nationen. München: DTV, 1978 (1776)

Smith, A. The wealth of nations. Chicago: University of Chicago Press, 1976.

Smith, R. „Beyond growth or beyond capitalism?". Real-world economics review, 53 (2010), 28-42. (http://www.paecon.net).

Smolin, L. Time and symmetry in models of economic markets. 25.2.2009. (http://arxiv.org/PS_cache/arxiv/pdf/0902/0902.4274v1.pdf).

Solnick, S. und Hemenway, D. „Is more always better?" A survey of positional concerns". Journal of Economic Behavior and Organization, 37 (1998), 373-383.

Solte, D. Weltfinanzsystem am Limit. Berlin: Terra Media, 2007.

Sombart, W. „Die Ordnung des Wirtschaftslebens". Ebner, A. und Peukert, H. (Hg.). Werner Sombart: Nationalökonomie als Kapitalismustheorie. Marburg: Metropolis, 2002 (1925). S. 265-376.

Sorkin, A.R. „‚Riesige Egos' (Interview)". Der Spiegel, Nr. 33 (2010), 76-78.

Sorkin, A.R. Too big to fail: Inside the battle to save Wall Street. London: Allen Lane, 2009.

Soros, G. The new paradigm for financial markets. New York: Public Affairs, 2008.

Soros, G. „The crisis and what to do about it". Fullbrook, E. (Hg.). Crash. 2009. S. 71-77. (http://www.paecon.net).

Spahn, P.B. Zur Durchführbarkeit einer Devisentransaktionssteuer. Jan. 2002. (http://www.wiwi.uni-frankfurt.de/professoren/spahn/tobintax/).

Spiethoff, A. Die Allgemeine Volkswirtschaftslehre als geschichtliche Theorie: die Wirtschaftsstile. Schmollers Jahrbuch 56 (1932), 891-924.

Spiethoff, A. „Anschauliche und reine volkswirtschaftliche Theorie und ihr Verhältnis zueinander". Salin, E. (Hg.). Synopsis (Festschrift für Alfred Weber). Heidelberg: Schneider, 1948. S. 569-664.

Spremann, K. und Gantenbein, P. Kapitalmärkte. Stuttgart: Lucius und Lucius, 2005.

Stäheli, U. Spektakuläre Spekulation. Frankfurt: Suhrkamp, 2007.

Stedman, E.C. (Hg.). The New York stock exchange. New York: Greenwood Press, 1969.

Stein, J. „Informational externalities and welfare-reducing speculation". Journal of Political Economy, 95 (1987), 1123-1145.

Steinbrück, P. Unterm Strich. Hamburg: Hoffmann und Campe, 2010.

Steinmeier, F.-W. und Steinbrück, P. Die Finanzmärkte grundsätzlich neu ordnen: Unsere Finanzmarktgrundsätze. Mimeo. Berlin, Februar 2009. 19 S.

Stern, G.und Feldman, R. Too big to fail. Washington DC. Brookings Institution Press, 2004.

Stern, G.H. und Feldman, R. Addressing TBTF by shrinking financial institutions: An initial assessment. 2009. (http://www.minneapolisfed.org/publications_papers/studies/tbtf/addressing_tbtf_by_shrinking_revised05-20-09.pdf)

Stiftung Lesen (Börse Frankfurt). Von Bulle und Bär: Die Börse – Ideen für den Unterricht. Inklusive einer CD. Mainz, 2009. 25 S.

Stiftung Marktwirtschaft (Frankfurter Institut/Kronberger Kreis). Lehren der Finanzmarktkrise. 2009. (http://www.stiftung-marktwirtschaft.de/fileadmin/user_upload/ Argumente/Argument_106_Finanzmarktkrise_2009.01.pdf).

Stiftung Warentest. Finanztest Spezial: 6000 Fonds im Test. Berlin, 2008.

Stiglitz, J. „The anatomy of a murder: Who killed America's economy?". Critical Review, 21 (2009a), 329-339.

Stiglitz, J. Frontline-Interview vom 28.7.2009b. (http://www.pbs.org/wgbh/ pages/frontline/warning/interviews/stiglitz.html#4).

Stiglitz, J. The commission of experts of the president of the UN general assembly on reforms of the international monetary and financial system. 2009c. (http://www.un.org/ga/president/63/commission/financial_commi ssion.shtml).

Stiglitz, J. Testimony before the congressional oversight panel: Regulatory reform hearing. 14.1.2009d. (http://cop.senate.gov/documents/testimony-011409-stiglitz.pdf).

Stiglitz, J. „Government failure vs. market failure: Principles of regulation". Government and markets: Toward a new theory of regulation. Cambridge: Cambridge University Press, 2010a. S. 13-51.

Stiglitz, J. Im freien Fall: Vom Versagen der Märkte zur Neuordnung der Weltwirtschaft (Freefall). München: Siedler, 2010b.

Storbeck, O. Wissenslücken bei VWL- und BWL-Studenten, 30.11.2009, http://www.handelsblatt.com/politik/nachrichten/wirtschaftswissenschaft en-wissensluecken-bei-vwl-und-bwl-studenten;2491607).

Story, L. „A rich education for Summers (after Harvard)". New York Times vom 5.4.2009. (http://www.nytimes.com/2009/04/06/business/06 summers.html).

Stout, L. „Are stock markets costly casinos?" Virginia Law Review, 81 (1995), 611-712.

Stout, L. „Irrational expectations". Legal Theory, 3 (1997), 227-248.

Stout, L. „Why the law hates speculators: Regulation and private ordering in the market for OTC derivatives." Duke Law Journal, 48 (1999), 701-786.

Stout, L. „Stock prices and social wealth". Nov. 2000. (http://papers.ssrn.com/paper.taf?abstract_id=249991).

Stout, L. The mechanisms of market inefficiency: An introduction to the new finance. 2003 (http://ssrn.com/abstract=523747).

Straubhaar, T. et al. „Rückkehr des Keynesianismus: Anmerkungen aus ordnungspolitischer Sicht". Aus Politik und Zeitgeschichte, 20/2009. S. 19-26.

Streit, M.E. und Wegner, G. „Wissensmangel, Wissenserwerb und Wettbewerbsfolgen: Transaktionskosten aus evolutorischer Sicht". Ordo, 40 (1989), 183-200.

Stretton, H. Economics: A new introduction. London: Pluto Press, 2000.

Stulz, R. Risk management failures: What are they and when do they happen? Okt. 2008. (http://www.ssrn.com/sol3/papers.cfm?abstract=1278073).

Summers, L.H. „International financial crises: Causes, prevention, and cures". American Economic Review, P & P, 90 (2000), 1-16.

Summers, L.H. und Summers, V.P. „When financial markets work too well: A cautious case for a securities transactions tax (Richard T. Ely Lecture)". Journal of Financial Services Research, 3 (1989), 261-286.

Suntum, U.v. Kalte Insolvenz für Griechenland. 10.5.2010. (http://www.ftd.de/politik/europa/:euro-krise-kalte-insolvenz-fuer-griechenland/50112357.html)

Sy, A.N.R. The systemic regulation of credit rating agencies and rated markets. Juni 2009. (http://www.imf.org/external/pubs/ft/wp/2009/wp09129.pdf).

Taleb, N.N. Narren des Zufalls. Weinheim: John Wiley and Sons, 2002 (2001).

Taleb, N.N. Der schwarze Schwan. München: Hanser, 2008 (2007).

Taleb, N.N. Der schwarze Schwan: Konsequenzen aus der Krise. München: Hanser, 2010 (Postscript Essay).

Taleb, N. N. und Pilpel, A. On the unfortunate problem of the nonobservability of the probability distribution. Okt. 2004. (http://www.fooledbyrandomness.com/knowledge.pdf).

Taub, J.S. Recommendations for reality-based regulatory reform of hedge funds and other private pools of capital. 2009. (http://papers.ssrn.com/sol3/papers.cfm?abstract_id=1543862).

Taub, J.S. What we don't talk about when we talk about banking. Sept. 2010. (http://law.fordham.edu/assets/CorporateCenter/Taub_What_We_Dont_-_Talk_About(1).pdf).

Taylor, J.B. The financial crisis and the policy responses: An empirical analysis of what went wrong. Nov. 2008. (http://www.stanford.edu/~johntayl/FCPR.pdf).

Taylor, J.B. Getting off track. Stanford: Hoover Press, 2009.

Taylor, L. Maynard's revenge. Cambridge (Mass.): Cambridge University Press, 2010.

Teachout, Z. Proposal for a new antitrust law. Mimeo. 2010. 8 S.

Tetlock, P. Expert political judgment. Princeton: Princeton University Press, 2005.

Tett, G. „The appliance of financial science". Financial Times vom 21.5.2007. (http://www.ft.com/cms).

Tett, G. Fool's gold. London: Abacus, 2010.

Thaler, R.H. und Sunstein, C.R. Nudge. New Haven: Yale University Press, 2008.

The Economist. Rebuilding the banks: A special report on international banking vom 16.5.2009. 20 ExtraS. und S. 13.

Thielemann, U. System Error: Warum der freie Markt zur Unfreiheit führt. Frankfurt: Westend, 2009.

Till, H. The oil markets: Let the data speak for itself. EDHEC Paper. Okt. 2008. (http://www.edhec-risk.com).

Tobin, J. „On the efficiency of financial markets." Lloyds Bank Review, Juli (1984), 1-14.

Todd, E. Après la démocratie. Paris: Editions Gallimard, 2007.

Tufano, P. Financial innovation. Juni 2002. (http://www.econ.sdu.educn/jrtzx/uploadfile/pdf/books/handbook/10.pdf).

Turner, A. „What do banks do? Why do credit booms and busts occur and what can public policy do about it?". LSE (Hg.). The future of finance: The LSE report. 2010. S. 5-86. (www.futureoffinance.org.uk)

Uexküll, J.v. „Die Finnazwelt muss der Wirtschaft dienen, nicht umgekehrt". SZ vom 9.2.2010, 25.

UNCTAD. Recent developments on global financial markets. 2007. (http://www.unctad.org/en/docs/tdb54crp2_en.pdf).

UNCTAD. The global economic crisis. 2009a. (http://www.unctad.org/Tem plates/webflyer.asp?docid=11200&intIternID=2068).

UNCTAD. Trade and development report, 2009b. (http://www.unctad.org/en/docs/tdr2009_en.pdf).

Van Horne, J.C. „Of financial innovations and excesses". Journal of Finance, 40 (1985), 621-631.

Vaubel, R. Lehren aus der Finanzkrise: Rolle des Staates und internationale Dimension. 2009. (http://www.vwl.uni-mannheim.de/vaubel/pdf-Dateien/ Lehren%20aus%20der%20Finanzmarktkrise%20100309.pdf).

Veblen, T.B. The place of science in modern civilization. New York: Kelley, 1961 (1919).

Veblen, T.B. Absentee ownership. New York: Kelley, 1964 (1923).

Veblen, T.B. „Why is economics not an evolutionary science?". Lerner, M. (Hg.). The portable Veblen. New York: Viking Press, 1976 (1898). S. 215-240.

Veblen, T.B. „Industrial and Pecuniary Employments." Tilman, R. (Hg.). A Veblen treasury. New York: M.E. Sharpe, 1993 (1901).

Veblen, T.B. The theory of the leisure class. London: Penguin, 1994 (1899).

Veblen, T.B. „The preconceptions of economic science". Whitefish (Montana): Kessinger Publishing, 2010 (1898-1900).

Vestergaard, J. Discipline in the global economy? International finance and the end of liberalism. New York: Routledge, 2009.

Wade, R. „Financial regime change?". New Left Review, Nr. 53 (2008), 7-15. (http://www.newleftreview.org?view=2739).

Wagenknecht, S. Wahnsinn mit Methode: Finanzcrash und Weltwirtschaft. 4. Aufl. Berlin: Das Neue Berlin, 2009 (2008).

Wallison, P.J. „Credit-default swaps are not to blame". Critical Review, 21 (2009a), 377-387.

Wallison, P.J. Everything you wanted to know about credit default swaps – but were never told. RGE Monitor. 25.1.2009b.
(http://www.rgemonitor.com/globalmacro-monitor/255257).

Watkins, J.P. „Rescuing the rentier – neoliberalism, social imbalance, and the current economic crisis: A synthesis of Keynes, Galbraith, and Minsky". Journal of Economic Issues, 44 (2010), 471-478.

Webber, S. No leverage. Mai/Juni 2009. (http://www.tcbreview.com/no-leverage.php).

Weber, B. „Krise der Finanzmärkte, Krise der Risikoindividualisierung". PROKLA, 1/2009, 141-159.

Weber, M. et al. Genial einfach investieren. Frankfurt: Campus, 2007.

Wegelin (und Co. Privatbankiers). „Vor einem Jahr der Entscheidungen". 7.12.2009. (http://www.wegelin.ch/download/medien/presse/Pressemitteilung_WegelinAnlagekommentar267.pdf).

Wehler, H.-U. Die Deutschen und der Kapitalismus. 2010. (Erscheint in G. Budde (Hg.). Zur Geschichte des Kapitalismus, 2010).

Weiner, E.J. What goes up: The uncensored history of modern Wall Street as told by the bankers, brokers, CEOs, and scoundrels who made it happen. New York: Little, Brown and Company, 2005.

Weiss, M. Dangerous unintended consequences. 19.3.2009. (http://www.moneyandmarkets.com/dangerous-unintended-consequences-32776).

Welfens, P.J.J. Transatlantische Bankenkrise. Stuttgart: Lucius und Lucius, 2009.

Welzer, H. Wegmarken 2010: Wohlstand ohne Wachstum (Teil 1). Deutschlandradio vom 1.1.2010.
(http://www.dradio.de/dlf/sendungen/hintergrundpolitik/1095078/).

Wessel, D. Die große Panik: Das Wettrennen zur Rettung der Weltwirtschaft (In Fed we trust). München: FinanzBuch Verlag, 2010.

Westbrook, D.A. „Happy talk and the stock market:Why our situation is worse than many people think". Real-world economics review, 53 (2010), 43-46. (http://www.paecon.net).

Westbrook, D.A. Out of the crisis: Rethinking our capital markets. Boulder: Paradigm Pulishers, 2009.

White House. Declaration of the summit on financial markets and the world economy. Nov. 2008. (http://www.whitehouse.gov/news/releases/2008/11/20081115-1.html).

White, E.N. The regulation and reform of the American banking system, 1900-1929. Princeton: Princeton University Press, 1983.

Whitley, R. „The transformation of business finance into financial economics: The roles of academic expansion and changes in U.S. capital markets". Accounting Organizations and Society, 11 (1986), 171-192.

WIFO (Österreichisches Institut für Wirtschaftsforschung). A general financial transaction tax: Motives, revenues, feasibility and effects. 2008. (http://www.wifo.ac.at/wwa/jsp/index.jsp?typeid=8&display_mode=2&fid=23923&id=31819).

Will, M.A. Bad Banker. Basel: Friedrich Reinhardt Verlag, 2010.

Williams, J.B. The theory of investment value. Amsterdam: North-Holland Publ., 1964 (1938).

Williamson, J. Differing interpretations of the Washington consensus. April 2005. (http://www.tiger.edu.pl/publikacje/dist/williamson.pdf).

Wilmarth, A.E. Reforming financial regulation to address the too-big-to-fail problem. 28.2.2010. (http://papers.ssrn.com/sol3/papers.cfm?abstract_id=1645921).

Wimmel, A. Überleben in der Wissenschaft: 10 Faustregeln. (http://sites.google.com/site/anwimmel/ueberleben-in-der-wissenschaft).

Winch, P. Die Idee der Sozialwissenschaft und ihr Verhältnis zur Philosophie. Frankfurt: Suhrkamp, 1974.

Windolf, P. (Hg.). Finanzmarktkapitalismus. Wiesbaden: VS, 2005.

Wittmann, W. Staatsbankrott. Zürich: Orell Füssli Verlag, 2010.

Wolf, H. „Rethinking banking supervision in the EU". International Economics and Economic Policy, 4 (2008), 357-361.

Wolf, M. Fixing global finance. Baltimore: Johns Hopkins University Press, 2008.

Wolf, M. Seeds of its own destruction. 8.3.2009. (http://agonist.org/node/58149/print).

Wolf, W. Sieben Krisen – ein Crash. Wien: Promedia, 2009.

Wolfe, A. „Hedonic man". Real-world economics review, 48 (2008), 351-366. (http://www.paecon.net).

Woolley, P. „Why are financial markets so inefficient and exploitable – and a suggested remedy". LSE (Hg.). The future of finance: The LSE report. 2010. S. 121-143. (www.futureoffinance.org.uk).

Wörl, V. Die Quittung. München: Verlag Neue Stadt, 2009.

Wray, L.R. „Alternative theories of the rate of interest". Cambridge Journal of Economics, 16 (1992), 69-89.

Wray, L.R. Understanding modern money. Cheltenham: Edward Elgar, 1998.

Wray, L.R. „The rise and fall of money manager capitalism: A Minskian approach". Cambridge Journal of Economics, 33 (1999), 807-828.

Wray, L.R. „Lessons from the subprime meltdown". Challenge, 51 (2008), 40-68.

Wray, L.R. „Alternative approaches to money". Theoretical Inquiries in Law, 11 (2010a), 29-49 (http://www.bepress.com/til/default/vol11/iss1/art3).

Wray, L.R. Deficits do matter, but not the way you think. 20.7.2010b. (http://www.newdeal20.org/2010/07/20/deficits-do-matter-but-not-the-way-you-think-15355/).

Wray, L.R. und Tymoigne, E. Macroeconomics meets Hyman P. Minsky: The financial theory of investment. 2008. (http://www.levyinstitute.org/pubs/wp_543.pdf).

Wuppertal Institut (für Klima, Umwelt, Energie). Zukunftsfähiges Deutschland in einer globalisierten Welt. Frankfurt: Fischer, 2008.

Wyplosz, C. Macroeconomics after the crisis: Dealing with the Tobin curse. 2009. (http://www.fgn.unisg.ch/org/fgn/web.nsf/SysWebRessources/Joehr_2009_Wyplosz/$FILE/Joehr_2009_Wyplosz.pdf).

Yates, N.A. „Revisiting the Tobin tax, in the context of development and the financial crisis". The Law and Development Review, 2 (2009), 256-282.

Yefimov, V. Comparative historical institutional analysis of German, English and American economics. 2009. 66 S.
(zu beziehen über: vladimir.yefimov@wanadoo.fr).

Yunker, J. „Panglossian tendencies in economics: The case of theoretical welfare economics." Journal of Economic Issues, 43 (2009), 759-778.

Zandi, M. Financial shock. Upper Saddle River (NJ): Financial Times Press, 2008.

Zanoni, A. „Hedge funds' empty voting in mergers and acquisitions: A fiduciary perspective". Global Jurist, 9 (2009), 1-43.

Zeise, L. Ende der Party. 2., akt. und erw. Aufl. Köln: PapyRossa, 2009.

Zeise, L. Woher kommen die Gewinne der Banken? 8.4.2010a. (http://blog.zeit.de/herdentrieb/2010/04/08/).

Zeise, L. Geld: Der vertrackte Kern des Kapitalismus. Köln: PapyRossa, 2010b.

Zeyer, R. Bank, Banker, Bankrott: Storys aus der Welt der Abzocker. 5. Aufl. Zürich: orell füssli, 2009.

Zinn, K.G. „Sättigung oder zwei Grenzen des Wachstums". Le Monde Diplomatique, deutsche Ausgabe vom 10.7.2009. (http://www.mondediplomatique.de/pm/2009/07/10.mondeText1.artikel,a0055.idx,12).

Zizek, S. Auf verlorenem Posten. Frankfurt: Suhrkamp, 2009.

Zuckerman, G. The greatest trade ever: The behind-the-scene-s story of how John Paulson defied Wall Street and made financial history. New York: Random House, 2009.

Zweynert, J. „60 Jahre Soziale Marktwirtschaft". 2010. (http://www.soziale marktwirtschaft.eu/uploads/tx_wilpubdb/ HWWI-News-Thueringen_0208_04.pdf).